工商管理优秀教材译丛

经济学系列 ——▸

宏观经济学原理

[美] 罗伯特·H. 弗兰克（Robert H. Frank）
本·S. 伯南克（Ben S. Bernanke） 著

第 5 版

潘艳丽 吴秀云 等 译

Principles of Macroeconomics Fifth Edition

清华大学出版社
北京

Robert H. Frank, Ben S. Bernanke
Principles of Macroeconomics, 5e
ISBN: 9780077318505

图书在版编目（CIP）数据

宏观经济学原理：第 5 版/（美）弗兰克（Frank，R. H.），（美）伯南克（Bernanke，B. S.）著；潘艳丽，吴秀云等译. —北京：清华大学出版社，2013（2021. 7 重印）
（工商管理优秀教材译丛·经济学系列）
书名原文：Principles of Macroeconomics
ISBN 978-7-302-31601-5

Ⅰ. ①宏…　Ⅱ. ①弗…　②伯…　③潘…　④吴…　Ⅲ. ①宏观经济学　Ⅳ. ①F015

中国版本图书馆 CIP 数据核字（2013）第 030602 号

责任编辑：王　青
封面设计：常雪影
责任校对：宋玉莲
责任印制：杨　艳

出版发行：清华大学出版社
网　　址：http://www.tup.com.cn，http://www.wqbook.com
地　　址：北京清华大学学研大厦 A 座　**邮　　编：**100084
社 总 机：010-62770175　**邮　　购：**010-62786544
投稿与读者服务：010-62776969，c-service@tup.tsinghua.edu.cn
质量反馈：010-62772015，zhiliang@tup.tsinghua.edu.cn
印 装 者：三河市科茂嘉荣印务有限公司
经　　销：全国新华书店
开　　本：185mm×260mm　**印　　张：**27.5　**插　　页：**2　**字　　数：**620 千字
版　　次：2013 年 4 月第 1 版　**印　　次：**2021 年 7 月第 4 次印刷
印　　数：7001 ～ 7500
定　　价：69.00 元

产品编号：048550-02

作者简介

宏观经济学原理
Principles of Macroeconomics

罗伯特·H. 弗兰克(Robert H. Frank)

弗兰克教授1972年开始在康奈尔大学任教,担任约翰逊管理学院的管理系教授和经济系教授。《纽约时报》定期刊载他的“经济观察”专栏。1966年,他从美国佐治亚理工学院获得学士学位,其后的两年他作为和平组织的志愿者在尼泊尔的乡村教授数学和自然科学方面的课程。1971年获得加州大学伯克利分校统计学硕士学位,1972年获得经济学博士学位。离开康奈尔大学之后,他1978—1980年担任民用航空委员会的首席经济学家,1992—1993年在行为科学高等研究中心从事研究工作,2000—2001年在巴黎一所大学任教,主要讲授美国文明方面的内容,2008—2009年在纽约大学斯特恩商学院担任客座教授。

弗兰克教授著有畅销的中级经济学教材——《微观经济学与行为》(第8版)(Irwin / McGraw-Hill, 2010年)。他的研究主要集中于经济、社会行为中的对抗与合作,与此相关的出版物包括《选择正确的池塘》(牛津大学出版社,1995年)、《理智中的激情》(W. W. Norton,1988年)、《如何定价道德制高点》(普林斯顿出版社,2004年)、《牛奶可乐经济学》(Basic Books,2007年)、《经济自然主义者的行动指南》(Basic Books,2009年)、《达尔文经济学》(普林斯顿出版社,2011年),这些著作被翻译成22国语言。他和菲利普·库克是《赢家通吃的社会》(自由出版社,1995年)一书的主要作者,此书获得了批评家协会选择奖,同时荣登《纽约时报杂志》知名书籍排行榜和商业周刊十大最佳书籍排行榜。他所发表的《奢侈的热潮》(自由出版社,1999年)被提名为1999年骑士最佳书籍。

除了在研究领域的骄人成果外,弗兰克教授在教育领域也获得了很多荣誉,1987—1990年他被授予安德鲁·W. 梅隆教授的称号,1991年获得美林学者项目的杰出教育者称号,1993年获得卡南事业奖。2004年他与合作者因《推动经济学思想前沿的发展》一书而荣获里昂惕夫奖,同年他又获得约翰逊学院的斯蒂芬·鲁歇尔杰出教学奖,2005年再次获得该学院的苹果杰出教学奖。弗兰克教授开设的微观经济学入门教程每年都会吸引7 000多名学生。

本·S. 伯南克(Ben S. Bernanke)

伯南克教授1975年获得哈佛大学经济学学士学位,1979年获得MIT经济学博士学位。1979—1985年任教于斯坦福商学院,1985年转而任教于普林斯顿大学,其间被授予经济学和公共事务领域的“霍华德·哈里森和加布里埃尔·施奈德贝克教授”称号,同时还担任经济系系主任。

2006 年 2 月 1 日，伯南克教授宣誓就任美联储主席，他的第二个任期至 2014 年 1 月 31 日届满。伯南克教授同时兼任美联邦公开市场委员会主席，作为联储管理委员会成员，伯南克的任期将为 14 年，到 2020 年 1 月 31 日届满。在被提名为美联储主席之前，伯南克教授于 2005 年 6 月至 2006 年 1 月担任美国总统经济顾问小组的主席。

伯南克教授和阿德鲁·阿贝尔合写的中级教材《宏观经济学》(第 7 版)(Addison-Wesley, 2011 年)是该领域的畅销书籍。他在宏观经济学、宏观经济史和金融方面发表了 50 余篇学术文章。他对经济大萧条的原因、商业周期内金融市场和机构的作用以及经济中货币政策的效应度量问题进行过深入研究，并得到了非常有意义的结果。

伯南克教授拥有古根汉基金和斯隆基金的研究员职务，他还是计量经济学会以及美国艺术与科学学会的会员。他曾任美国国家经济研究局(NBER)货币经济学项目的负责人，以及 NBER 商业周期测定委员会的会员。2001 年，伯南克教授被任命为《美国经济评论》的主编。伯南克教授在市民和专业团体方面的工作包括曾经担任两届蒙哥马利市教育委员会的会员。

序　言

宏观经济学原理
Principles of Macroeconomics

虽然每年用在美国大学的经济学入门课程的资金高达数百万美元，但是这项投资的回报却低得令人心寒。研究表明，在学过经济学原理课程几个月之后，上过课的学生回答简单的经济学问题的能力并不比从未学过这些课程的人强。看起来大多数学生在课程结束的时候甚至连最重要的基本经济学原理都还没有学会。

在我们看来，这个问题的根源在于这些课程想教给学生的内容总是太多了。在讲课的过程中，真正重要的问题并没有得到足够的讲解，所有内容都是匆匆带过。大多数教师更关心的问题是“我今天应该讲多少内容”而不是“我的学生能够吸收多少内容”。

本书就是基于这个理念：我们试图覆盖的内容越少，学生学到的就会越多。我们的基本前提是少量的经济学基本原理在经济中扮演重量级的角色，如果我们专注于这些理论，不断地重复，学生就可以在短短一个学期内真正掌握它们。

本书前几版读者的热烈反应肯定了这个前提的正确性。我们避免了对数学推导的过度依赖，而是通过读者所熟悉的环境下的例子来直观地展示概念。我们在书中专注于七大核心原理，通过重复地展示和应用来加深和巩固它们。

通过这些程序，我们鼓励学生成为“经济自然主义者”，利用经济学的基本原理来理解和解释在周围世界中观察到的现象。例如，一位经济自然主义者能够解释“为什么汽车上有婴儿安全座位而飞机上却没有”，这是因为在汽车上提供这种座位的空间边际成本一般是零，而在飞机上设计这种座位的边际成本却常常高达数百美元。大量类似的例子都可以在本书中找到。我们相信每一个问题都可以让一个有好奇心的正常人想要学着去回答。利用这些例子的教学可以向学生们灌输一种理念：他们身边的每一种经济现象，其实都可以视为某种隐性的或者显性的成本—收益计算的反映。这种教学方式可以极大地激发学生们的兴趣。学生们还会和他们的朋友或是家庭成员谈起这些例子。学习经济学就像学习一门语言，在每种情况下，没有比说出来更有效的学习方法了。这些经济自然主义者的例子就是要通过促使学生们“说”经济学来实现这个目的。

对于想要学习更多经济学事例的同学，YouTube 的“Authors@Google”系列里有罗伯特·弗兰克有关这方面的讲义（http://www.youtube.com/watch?v=QalNVxeIKEE 或搜索“Authors@Google：Robert Frank”）。

本书的特点

强调七大核心原理

正像上面提到的那样，为数不多的核心原理能够解释绝大部分经济现象。本书正是通过对这些原理近乎不厌其烦的分析与应用，以确保大多数学生在学完这门课程时能够扎实地掌握这些原理。相比之下，传统的百科全书式教材使学生陷于众多复杂烦琐的细节知识中，以至于他们在学完课程之后，仍无法学以致用。

- **稀缺原理**：拥有更多的某种物品通常意味着拥有更少的另一种物品。
- **成本—收益原理**：除非边际收益至少大于边际成本，否则不要采取行动。
- **激励原理**：成本—收益的比较不仅在确定理性人该做什么决定时是有用的，同样，它在预测理性人最终实际做出的决定时也很重要。
- **比较优势原理**：当每个人都专注于他相对而言最有生产率的行为时，每个人都能做到最好。
- **机会成本递增原理**：将资源先用在机会成本较低的地方，然后再转向机会成本较高的地方。
- **效率原理**：效率是一个重要的社会目标，因为当经济蛋糕变大的时候，每个人都可以分到更大的一块。
- **均衡原理**：在均衡市场上，对个人而言，不复存在未被挖掘的机会，不过不太可能通过集体行为挖掘出所有可挖掘的收益。

经济自然主义

我们的最终目标是培养经济自然主义者——他们将每一个人类行为视为成本—收益分析的隐含或外在结果。经济自然主义者用一种崭新的眼光来看待日常生活的寻常细节，并且积极地试图理解这些细节。下面是一些颇具代表性的例子：

- 为什么计算机领域的投资近几十年增长得如此之多？
- 为什么有关通货膨胀的新闻会对股市造成不利影响？
- 为什么几乎所有的国家都提供免费的公立教育？

重视学习的主动性

如果你想掌握网球中的高球扣杀技术，那么你只有一种方法，就是不断练习。学习经济学也是一样的。因此，每次我们在介绍新的思想之后，总会辅之以一些简单的例子作为补充，然后再提供一些说明这些新思想在现实经济中如何运作的应用性内容。我们还会在各章节中频繁地穿插一些练习，用来检测学生对这些新思想的理解程度，同时起到巩固其掌握水平的作用。在每章的末尾，我们都精心设计了一系列的复习题与练习题，帮助学生实现对核心概念的融会贯通。使用前几版教材进行教学所获得的经验告诉我们，本书确实有助于培养学生应用基本经济学原理解决现实世界中的经济难题的能力。

体现宏观经济学的现代特征

2007年年底开始的严重经济衰退在不否定诸如经济增长、生产率、实际工资变革以及资本形成等长期经济问题重要性的同时，再次唤起了经济学家对周期性波动的兴趣。对于这些研究主题，我们在内容上做了如下安排：

- 先用长达3章的篇幅介绍长期经济中的各个研究主题，在此之后，我们运用现代的分析方法转而研究短期波动与稳定性政策，其中强调了经济的长期和短期行为之间的重要区别。
- 这些章的编排是为了方便教师们灵活地安排教学，因此短期材料(第10～14章)可以在长期材料(第7～9章)之前讲授，而完全不会产生断裂感。
- 本书对全球化现象给予了高度重视，对涉及问题的相关分析包括以下几个方面：全球化对实际工资不平等性的影响；全球化带来的贸易利益；资本流动对国内资本形成的作用；汇率与货币政策之间的联系。

本版的改进

- **灵活的、模块式介绍**：第2部分"宏观经济学：数据和主题"由自成体系的几章构成，涵盖了有关度量方面的主题，这使得教师接下来既可以讲解长期经济(第3部分的内容)，也可以讲解短期经济(第4部分的内容)。
- **对劳动力市场的整合讨论**：劳动力市场关于就业、工资和失业的趋势统一收录在第6章中，以帮助学生充分理解它们之间的联系。
- **对金融市场和货币之间联系的更多关注**：第9章将金融中介机构、债券和股票市场以及货币的相关知识整合到一起，从而可以使学生掌握股票市场、债券市场、商业银行和货币之间的联系。
- **对产出缺口和奥肯法则的清晰讨论**：产出缺口和奥肯法则的公式在这一版清楚地列出，以方便学生将这些概念应用于真实的数据中。
- **简单的凯恩斯模型**：我们通过用图表和数字诠释的例子来说明简单的凯恩斯模型。
- **对货币政策的更深入阐述**：我们重新组织了内容，在第12章的开篇讨论美国联邦储备系统的细节，然后讨论联邦储备政策对计划总支出的影响。我们仍然讨论了货币市场，但是不打算讲授货币市场内容的教师可以很容易地略过这部分内容。另外，我们用学生容易理解的逻辑链来总结货币政策的影响。
- **对总供给和总需求的展示**：我们在第13章和第14章展示了总供给和总需求模型的理论和应用。
  - 在第13章，我们将重心放在AD-AS模型本身的具体细节上。我们给出了AD曲线和AS曲线的连贯的直观推导，同时着重强调了模型的各个方面与学生们在前几章学到的概念的联系。接下来，我们将模型应用于商业周期，尤其强调了2007—2009年的经济衰退。

- 在第 14 章，我们将 AD-AS 模型应用于宏观经济政策。首先，我们重点讨论在总需求和总供给面临冲击时应如何实施财政政策和货币政策。接下来，我们考察通货膨胀预期和政策制定可信度的作用，并将其与通货膨胀目标制联系起来。最后，我们分析财政政策对于长期增长的影响，着重探讨边际税率的变化如何影响劳动力供给进而影响潜在产出。

- **对国际经济的灵活覆盖**：第 15 章专门讨论了汇率，教师可以在任何合适的时候通过讲述这一章，引入这一重要主题。这一章还整合了对贸易和资本流动的讨论，帮助学生理解贸易盈余和净资本流入是一件事情的两个方面。

本版的特色

每章学习目标

老师和学生可以放心的是，各章内容的组织都是围绕每章章首提出的 4～7 个学习目标展开的。这些学习目标，连同 AACSB 和 Bloom 分类学的学习类别，以及习题库中的练习题和章末复习材料，会带给您全面而彻底的教学体验和学习经历。

学习成效

如今很多教育机构都很重视学习成效这一理念，这也是一条重要的评价标准。本书第 5 版在内容设计上特别注重用一种简单而有力的方法来支持学习成效。

AACSB 认证标准

麦格劳—希尔公司是 AACSB 国际的企业会员。意识到 AACSB 认证的重要性和价值，我们致力于使习题库中的练习题和章末复习材料与 AACSB 认证标准中的通用知识和技能指导相一致。值得指出的是，本书中包含的说明只是为了给本书的读者提供指导。

关于本版写作的说明

本・伯南克 2006 年 2 月出任美国联邦储备委员会主席兼理事会理事，并于 2010 年 1 月再次获得任命。2005 年 6 月至 2006 年 1 月，伯南克担任美国总统经济顾问委员会主席。上述职务使得伯南克在美国经济政策的制定中发挥了积极的作用，不过美国政府的规章制度使得他无法参与本版的修订工作。

幸运的是，我们请到了圣约翰大学圣本尼迪克学院的路易斯・D. 约翰斯顿（Louis D. Johnston）来主持本版宏观部分的修订。本・伯南克和罗伯特・弗兰克对于路易斯在本版修订过程中表现出来的热情和创造性深表感谢。

目　录

宏观经济学原理
Principles of Macroeconomics

第 2 部分 宏观经济学：数据和主题

第3部分 长期经济

第4部分 短期经济

第5部分 国际经济

第 1 部分

导　论

开始学习经济学之前，读者首先必须清楚一个非常重要的事实：经济学不是固定不变的事件的集合，学习经济学也不是简单地抄写背诵一些概念。马克·吐温有一句名言：没有比昨天的报纸更陈旧的东西。这里我们也可以说：没有比昨天的经济统计数据更陈旧的东西。事实上，我们能对经济充满自信地做出的预测就是：它仍将会有很大的变化，并且是不可预知的。

如果经济学不是固定不变的事件的集合，那么经济学到底是什么？从根本上说，经济学是看待世界的一种方式。多年来经济学家们建立了一些简单但是适用性很强的原理，这些原理可以帮助人们理解几乎所有的经济事件，小至人们日常的简单经济决策，大至国际金融市场极度复杂的运作方式等。本书最主要的目的就是帮助你学习这些原理，并应用这些原理分析一系列的经济问题。

第 1 部分中的 3 章介绍了基本的经济学原理，我们会在本书中不断地应用到这些基本原理。

第 1 章介绍了 3 个核心原理，第一个是稀缺原理——虽然我们的需求是无限的，但是可以用来满足需求的资源是有限的，这是任何人都无法回避的事实。这一章接着介绍了成本—收益原理，即通过比较某种活动的成本和收益来决定是否采取行动，这在研究稀缺环境下不可避免的权衡非常有用。第 1 章在讨论了一些重要的决策错误之后，介绍了激励原理并引入了经济自然主义的概念。

第 2 章的研究超出个人决策的范围，分析了个体和国家间的贸易。贸易的一个重要原因是比较优势原理：人们(或者国家)专门生产特定的产品或服务，可以提高其生产能力和生活水平。此外，人们和各个国家通过应用机会成本递增原理来扩大产品或服务的生产——首先利用机会成本较低的资源，然后才利用机会成本较高的资源。

第 3 章概述性地介绍了供给和需求的概念，这可能是经济学家所运用的最基本也是最熟悉的工具。我们用这些工具展示了最后两个核心原理：效率原理(效率是一个重要的社会目标，因为经济学的蛋糕变得更大时，每个人都能分到更大的一块)和均衡原理(均衡的市场对于个体来说不存在未被利用的机会，但是可能存在集体行动可以获得的收益)。

第 1 章

像经济学家一样思考

学习目标

学完本章，你应该能够：

1. 解释并应用稀缺原理，即拥有更多的一种商品必然会减少另一种商品的拥有量。

2. 解释并应用成本—收益原理，即当且仅当一项活动的收益大于成本时，我们才会采取该行动。

3. 讨论当不坚持应用成本—收益原则时有可能犯的三个严重错误。

4. 解释并应用激励原理，即如果你希望预测人们的行为，那么考察对他们的激励因素将是一个不错的出发点。

你们的经济学入门课上一共有多少学生？有些学校这门课大约只有 20 名学生，有些学校有 35 名、100 名或者 200 名学生。在某些学校，经济学入门课程的学生甚至有 2 000 名。究竟多少学生是最合适的？

如果不考虑成本，经济学入门课——或者其他任何课程的学生应该是一名。试想：这个学期，整个课堂上只有你和老师面对面，所有内容和进度都依据你的学习能力和学习基础量身定做，这种教学方式还会促进你和教师之间的直接交流和相互信任。此外，你学习成绩的好坏主要由实际学到的知识决定，而不是靠在多项选择题考试上碰运气。为了讨论方便，我们甚至可以假设，教育心理学家的研究表明，在这种只有一名学生的情况下学习效果是最佳的。

为什么很多大学仍然将数以百计的学生安排到同一门经济学入门课上？最主要的原因就是成本。不仅修建教室以及支付员工薪水的学校管理者要考虑成本，学生也同样需要考虑成本。为你提供个人经济学课程最直接的成本(也是最主要的成本)是教师的薪水和教室的租借费用，这些费用可能高达 5 万美元。必须有人支付这些成本。在私立大学，成本的很大一部分由高额的学费支付；在公立大学，成本一部分由高额学费支付，一部分由税收支付。无论在哪种情况下，仍有很多学生无法承担这门课的成本。

听课的学生越多，每个学生的成本就越低。举个例子，一个学生人数为 300 人的经济学入门课程,每个学生的成本可能只有200美元。但是大课堂的低成本是以牺牲学习环境的质量为代价的。不过,与上文的辅导模式相比,大容量的成本负担大幅降低。

在选择经济学入门课程的学生人数时,学校的管理者面临一个典型的权衡问题。学生人数越多,教学质量越低——这不是一件好事;但同时,成本减少,学生需要支付的学费也就越低——这是一件好事。

本章我们将介绍三个基本的原理,这些原理能够帮助你理解和解释你在现实生活中看到的一些行为方式。这些原理还能够帮助你避免在日常生活中做决策时可能会犯的三个错误。

经济学:研究稀缺环境下的选择

即使在美国这样富足的社会中,稀缺仍是一个基本的社会现实。没有无限的时间、金钱和精力让我们随心所欲地去做事情。**经济学**就是研究稀缺条件下人们如何做出选择以及这些选择怎样影响社会的科学。

在前面讨论的课堂规模的例子中,在其他条件都相同的情况下,一个希望学习知识的经济系学生会倾向于选择20人的课堂,而不是100人的课堂。但事实上其他条件不可能等同。学生可以得到小班上课的收益,但这个选择使得从事其他活动的资金变少。学生的选择不可避免地会归结到权衡这些相互冲突的活动的相对重要性上。

小班授课会比大班好吗?

这种权衡的普遍存在性和重要性是经济学的主要原理之一。我们称之为**稀缺原理**,正是稀缺性造成了这些交易的必要性。稀缺原理也称为**无免费午餐原理**(因为施舍的午餐也不是完全免费的,总要有人支付这些午餐的费用)。

稀缺原理(也称为无免费午餐原理):人的需求虽然是无限的,但是可以获得的资源有限。因此对一种商品拥有得多些,通常就意味着对另一种商品拥有得少些。

这种权衡观点隐含着一个事实:选择是在相互竞争的利益之间寻求妥协。经济学家通过使用成本—收益分析方法解决这种权衡问题。成本—收益分析方法建立在一个很简单的原理上:当且仅当收益超过成本时,人们才会采取某种行动。这被称为**成本—收益**

原理，也是经济学的主要原理之一。

成本—收益原理：当且仅当采取某种行动的额外收益超过额外成本时，个人（企业或者社会）才会采取该行动。

了解成本—收益原理之后，我们再来讨论上文的课程规模问题。假设你所在大学针对100位经济系同学开设的经济学入门课程仅有两种规模　100个座位的报告厅和20个座位的教室。问题：学校管理者会将规模缩减到20人吗？答案：当且仅当教学结构调整的价值超出附加成本时，学校才会缩减规模。

答案听起来很简单，但要真正实施还需要衡量相对的成本和收益——这在实际中很难衡量。如果我们做一些假设使问题简化，就可以应用这种分析框架了。从成本的角度，将课堂规模从100人缩减到20人的成本是所需要的教师数量从原来的1位变为5位。此外，还需要5个比较小的教室，而不是1个大教室，这种变化也会对成本产生影响。为了讨论方便，我们进一步假设课堂规模为20人时，每个学生负担的成本比课堂规模为100人时多1 000美元。那么学校的管理者应该缩减课堂规模吗？应用成本—收益原理可以知道，仅当每个学生参加小班课程的人均价值比参加大班课程的价值高出至少1 000美元时，课堂规模的缩减才有实际意义。

你（或者你的家庭）会为了更小的经济学课堂规模额外支付1 000美元吗？如果你的答案是否定的，并且其他学生的想法和你一样，那么维持现有的大班授课方式在经济上是合算的。但是如果你和其他同学都愿意支付额外的学费，那么将课堂规模缩减到20人在经济上是合算的。

需要注意的是，从经济角度来说的“最佳”课堂规模并不等同于从教育心理学角度而言的“最佳”课堂规模。之所以会产生差别，是因为经济意义的“最佳”是在比较不同课堂规模的成本和收益之后得出的结论。教育心理学家仅仅考虑不同课堂规模时的学习收益，而忽视了成本因素。

实际上，不同的人对于小班上课价值的判断是不同的。例如，高收入的人倾向于为小班上课支付更多的费用。这也恰恰解释了为什么在学生大多来自高收入家庭的私立大学，平均课堂规模较小而学费较高。

用来分析课堂规模问题的成本—收益框架同样可以用来解释美国的大学近年来课堂规模不断扩大的现象。在过去的20年间，教师薪水的大幅上涨使得小班上课的成本增加。同时，中等家庭收入的学生对于小班上课的支付意愿基本保持不变。当小班上课的成本增加但支付意愿基本不变时，大学将倾向于采取大班授课的方式。

如果比尔·盖茨看到路边有一张百元钞票，他会愿意花时间捡吗？

稀缺以及这些权衡问题同样适用于货币之外的资源。比尔·盖茨是全球最富有的人之一，曾有人估计他拥有的财富超过 1 000 亿美元——比美国 40%最穷的人拥有的财富总额还要多。盖茨有足够的钱购买大量房屋、汽车、度假产品以及其他消费品。但是盖茨也和我们一样，一天只有 24 个小时，并且精力有限。因此他也需要在各种活动之间进行权衡——是建立他的商业帝国还是重新装修他的豪宅——这些活动都占据了他可以用于其他事情的时间和精力。事实上，有人曾经计算说盖茨的时间价值很高，如果路边有 100 美元他也不会停下来去捡，因为这样做对他而言并不值得。

成本—收益原理的应用

研究稀缺条件下的选择问题时，我们通常假设人都是理性的，就是说每个人都有明确的目标，并且会尽力实现这些目标。课堂规模例子中的成本—收益原理是研究理性人如何做出选择的一个基本工具。

如同课堂规模的例子一样，应用成本—收益原理时实际存在的唯一困难是如何理性地衡量成本和收益。只有在极少的例子中，成本和收益可以很方便地用确切的货币量来衡量。但即使相关的市场数据不存在，成本—收益原理也可以帮助我们理清思路。

下面的例子说明了如何应用成本—收益原理，你需要决定是否进行一项经济活动，这项活动的成本用模糊的定量方法来描述。

例 1.1 比较成本与收益

对于一个定价 25 美元的计算机游戏软件，你愿意为了节省 10 美元而走到市区去购买吗？

假设你正要到附近的校园商店购买一个 25 美元的计算机游戏软件，这时候你的朋友告诉你，在市区的商店，同样的计算机游戏软件只卖 15 美元。如果走到市区的商店需要 30 分钟，你应该在哪儿购买这款计算机游戏软件？

成本—收益原理告诉我们：如果收益超过成本，就应该到市区购买游戏软件。经济活动的收益是通过活动得到的用美元衡量的价值。因此，去市区购买游戏软件的收益是 10 美元，等于你到市区购买游戏软件可以节省的金额。经济活动的成本是由于活动而放弃的用美元衡量的价值。因此去市区购买游戏软件的成本是你走到市区的时间和精力的美元价值。但我们如何估计这些美元价值呢？

一种方法是下面这种假想的竞价。假设一个陌生人愿意付钱让你做一件事，这件事同样需要你走到市区（如为她到邮局递送一封信件）。如果她愿意付给你 1 000 美元，你会做吗？如果答案是肯定的，那就意味着你走到市区再返回的成本低于 1 000 美元。设想她愿意付给你的费用不断减少，直到最后你拒绝了她的出价。举个例子，如果支付给你 9 美元的时候你仍然同意走到市区再返回，但价格降到 8.99 美元时你会拒绝，那么你走到市区再返回的成本就是 9 美元。在这种情况下，你应该去市区购买游戏软件，因为去市区购买省下的 10 美元（你的收益）超过了你走这一趟的成本（9 美元）。

但假设你走一趟的成本大于 10 美元。在这种情况下，你就应该从附近的校园商店购买游戏软件。面临这种选择时，不同的人可能得出不同的结论，这取决于他们所估计的成本是多少。虽然没有唯一正确的选择，但大多数被问到这个问题的人都选择了去市区购买游戏软件。

经济剩余

假设例 1.1 中你走到市区再返回的成本是 9 美元。与在邻近的校园商店购买游戏软件相比，到市区购买会产生 1 美元的**经济剩余**，这是去市区购买的收益和成本之差。一般来说，作为经济决策的制定者，你的目标就是获得尽可能多的经济剩余。也就是说，进行所有可以产生正的总经济剩余的经济活动，这也是对成本—收益原理的另一种描述。

需要指出的是：你的最佳选择是去市区购买游戏软件并不意味着你喜欢走到市区；同样，选择大班授课也不意味着你喜欢大班授课的方式。这仅仅意味着你认为走到市区购买比多支付 10 美元购买要好。在这种情况下，你再次面临一个权衡问题——你需要在更低的价格和不必走到市区换来的自由时间之间进行权衡。

机会成本

当然你心理竞价的结果可能完全不同。假设走到市区再返回的时间恰好是你用来准备明天的一门很难的考试的时间，或者假设你正在看一部自己非常喜欢的电影，再或者你现在很疲劳需要休息一下。在这些情况下，你走到市区的**机会成本**——也就是你为走到市区再返回所必须放弃的价值——是非常高的，你很有可能因此决定不到市区购买。

严格来讲，一项活动的机会成本等于你为了参与这项活动所放弃的所有东西的价值。例如，如果看一场电影不仅需要花 10 美元买张电影票，还需要你放弃一项本来可以去做的能挣 20 美元的临时保姆的工作，那么看这场电影的机会成本就是 30 美元。

在这种定义下，所有的成本(显性成本和隐性成本)都被算作机会成本，除非特殊说明，我们将严格应用这一定义。

然而，必须注意，有些经济学家所说的机会成本仅仅指放弃的机会的显性价值，所以，在刚才的例子中，这些经济学家在计算看电影的机会成本时，不会把买电影票的 10 美元也计算在内。但是，所有的经济学家最终都会认同放弃临时保姆工作的机会成本是 20 美元。

在这个例子中，如果观看有线电视中正在放映的电影的最后一个小时对你而言价值最高，那么进行这次市区往返的机会成本就是你观看电影的美元价值——你对观看电影结局的最大支付意愿。应该注意，往返的机会成本不是这段时间内你可能进行的所有活动的综合价值，而是你的最佳选择——不走这一趟时最有可能选择的活动的价值。

在本书中，会经常出现下面这样的练习。你会发现停下来思考这些问题对掌握书中的关键经济概念很有帮助。因为做这些练习的成本不是很高(很多学生甚至认为这些练习很有趣)，根据成本—收益原理，它们值得你做。

练习 1.1

到市区购买游戏软件比在校园商店购买便宜 10 美元，但此时你往返的成本是 12 美元，而不再是 9 美元。那么到市区购买游戏软件的话，你会获得多少经济剩余？你应该在哪里购买游戏软件？

经济模型的作用

经济学家将成本—收益原理作为一个抽象的模型，用来分析一个理想化的理性人在面临不同的经济活动时如何做出选择(这里的“抽象”是指能抓住事物的基本要素并且可以用逻辑方法来分析的一个简化表述)。描述诸如气候变化等复杂现象的计算机模型就是抽象模型的一个例子。这些模型在模拟时忽略很多细节，而只包括那些最主要的影响因素。

非经济学家经常无端地批评经济学家的成本—收益模型，认为现实世界中的人们在决定是否去市区之前根本不会进行假想的心理竞价。这种批评说明很多人对抽象模型如何帮助解释和预测人的行为存在根本的误解。经济学家清楚地知道人们在做出简单决定的时候不会先在头脑中进行假想的心理竞价。成本—收益原理真正要说明的是，一个理性的决定总是直接或者间接地建立在对成本和收益的相对衡量上。

大多数人在大多数时候做出的决定都是合理的，但是很少有人会意识到自己在决策过程中始终在权衡成本和收益，这就如同大多数骑自行车的人都没有意识到什么使得他们一直保持平衡一样。通过实践和不断地纠正错误，我们逐渐认识到不同情境中的最佳决策各是什么，就如同骑自行车的人虽然没有意识到物理法则，可是这些物理法则却已经深入其头脑中了。

尽管如此，学习成本—收益分析原理可以帮助我们更好地做出决定，就像知道了物理规律可以帮助我们更好地学习骑自行车一样。举个例子，一位年轻的经济学家正在教他的大儿子骑自行车。他遵循历史悠久的传统，在自行车的一侧一边跑步一边在必要时给儿子以有力的支撑。几个小时之后儿子的肘部和膝盖都是伤痕，但终于学会了骑车。一年之后，有人指出学习骑自行车的诀窍就是向车子倾斜的方向微转车把。经济学家将这个信息传递给了二儿子，二儿子很快学会了骑车。正如知道一些物理知识可以帮助你学会骑自行车一样，了解一些经济学知识可以帮助你更好地做出决定。

重点回顾：成本—收益分析

稀缺是经济生活中普遍存在的事实。因为稀缺，拥有较多的某种商品几乎总是意味着拥有的其他商品的减少(稀缺原理)。成本—收益原理说明，当且仅当进行一项经济活动的额外收益超出额外成本时，个人(或者是企业或社会)才应该进行该活动。活动的收益减去成本就是活动的**经济剩余**。根据成本—收益原理，当且仅当可以创造额外的经济剩余时，我们才会进行这项活动。

三种重要的决策错误

大多数情况下，理性人都会应用成本—收益原理进行分析，尽管是用一种本能的近似的判断，而不是明确精密的计算。理性人对成本和收益的比较使得经济学家能够对他们可能的行为进行预测。例如，正如我们在前面提到的，我们可以预测富裕家庭的学生更倾向于选择小班授课方式的学校（当对于所有家庭而言小班授课的成本都相等时，对于富裕家庭而言，用支付意愿衡量的小班授课收益会更高）。

但是研究者们也指出了人们的行为与成本—收益原则不相一致的一些情况，在这些情况下，成本—收益原理并不能精确地预测人们的行为，但是在找出特定的策略来避免"坏"的决定时，成本—收益原理被证明是有用的。

错误 1：用比例而不是绝对的美元数额来衡量成本和收益

下面的例子从另一个角度阐述了成本—收益原理的实用性。该案例说明即使是知道应该权衡行动利弊的人有时候也并不清楚该如何权衡相关的成本和收益。

例 1.2　比较成本与收益

对于一台定价 2 020 美元的笔记本电脑，你会为了节省 10 美元去市区购买吗？

假设你要到附近的校园商店购买一台 2 020 美元的笔记本电脑，而你的朋友告诉你在市区的商店，同样的电脑只卖 2 010 美元。如果走到市区商店需要半个小时，你应该在哪儿购买这台电脑呢？

假设笔记本电脑非常轻，你可以不费任何力气地随身携带。这个例子的结构和例 1.1 完全一样——唯一的区别在于笔记本电脑的价格远远高于游戏软件的价格。和上文一样，到市区购买的收益在于你能够节省的美元数——10 美元。你需要走的路径完全一样，因此去市区购买的成本也和例 1.1 中一样。如果你是完全理性的，那么在这两个例子中你所做的决定也应该是一样的。但是现实中大多数人都会选择去市区购买游戏软件，在附近的校园商店购买笔记本电脑。大多数人的理由是："去市区买游戏软件可以节省 40%，因此值得走一趟；但是买笔记本电脑只能节省 2 020 美元中的 10 美元，不值得走一趟。"

这种推理是错误的。去市区的收益并不是你能够节省的钱数占总钱数的比例，而是节省的绝对美元数额。因为到市区购买笔记本电脑的收益是 10 美元——和购买游戏软件例子中的收益相等——往返的成本也相等，两种情况下的经济剩余也就完全相等。这意味着理性决策者在两个例子中做出的决定应该完全相同。但正如我们所看到的，大多数人都做出了不同的选择。

上文讨论的决策过程中出现的错误推理方式只是人们易犯的几个决策错误之一。在下面的讨论中，我们将介绍其他两种决策错误。在一些情况下，人们往往忽略应该纳入考虑范围的成本或者收益，而在另一些情况下，人们又容易受到不相关的成本或者收益的干扰。

练习 1.2

如果纽约到东京的飞机票在 2 000 美元的基础上下调 100 美元，而纽约到芝加哥的飞机票在 200 美元的基础上下调 90 美元，哪种降价的价值更大？

错误 2：忽视隐性成本

柯南道尔侦探小说中的传奇侦探——夏洛克·福尔摩斯的成功在于他注意到了被多数人忽略的细节。在《银色火焰》中，一匹昂贵的赛马被人从马厩中偷走了，福尔摩斯被请来调查这一案件。负责此案的苏格兰场调查员就案件的细节是否需要进一步研究的问题请教福尔摩斯。“是的，”福尔摩斯回答，并描述说，“在夜里，狗的古怪行为需要进一步调查。”“狗在夜里什么也没有做啊。”一头雾水的调查员说道。但是福尔摩斯意识到这正是问题的所在。当“银色火焰”被偷走的时候看门狗没有吠叫，这说明看门狗认识盗马贼。这个结论最终成为理清整个谜团的关键。

机会成本如同深夜不吠的犬。

如同很多人都忽略了狗没有吠叫的事实一样，人们同样会忽略那些没有发生的经济行为的潜在价值。如上文所说，我们只有合理地考虑被遗忘的机会，才能够做出明智的决定。

一项活动的机会成本是指为了进行这项活动而必须舍弃的次优活动的价值。如果购买电脑游戏软件就意味着不能观看电影结局，那么你观看电影结局的价值就是去市区购买游戏软件的机会成本。很多人忽视了这些机会的价值，也因此做出了错误的决定。为了防止人们忽视机会成本，经济学家们通常将问题“我是否应该去市区”变成“我应该去市区还是应该观看电影结局”。

例 1.3 隐含成本

你应该使用机票兑换券飞往劳德代尔堡度过春季小假期吗？

还有一周就到春季学期的小假期了，但你还没有决定是否与艾奥瓦大学的同学们一起飞往劳德代尔堡度假。从塞达拉皮兹飞往劳德代尔堡的往返机票是 500 美元，而且你有一张机票兑换券可以用来支付机票费用。去海边度假的其他所有相关费用是 1 000 美元，你对劳德代尔堡之行的最大预算是 1 350 美元，这个数额等于你从这次旅行中可以获得的收益。这张机票兑换券除此之外仅有一个用途，即支付春假之后飞往波士顿参加哥哥的婚礼的机票费用（你的机票兑换券很快就要到期了）。如果从塞达拉皮兹到波士顿的往返机票是 400 美元，那么你还要用机票兑换券支付飞往劳德代尔堡的机票费用吗？

根据成本—收益原理，当且仅当旅行的收益大于成本时，你才应该飞往劳德代尔堡度假。如果不考虑机票兑换券，这个问题就变得比较直观，只需要比较一下旅行的收益和所有的相关费用。因为机票费用和其他的相关费用一共是 1 500 美元，比 1 350 美元的收益多 150 美元，所以你应该选择不飞往劳德代尔堡度假。

使用机票兑换券支付飞往劳德代尔堡的费用，你的飞行就是免费的吗？

但如果使用了机票兑换券，情况又是怎么样的呢？使用兑换券时，劳德代尔堡的飞行等同于免费，那么这次旅行你就可以得到 350 美元的经济剩余。但是随后你就需要为飞往波士顿支付 400 美元。如果你用机票兑换券支付了去波士顿的机票费用，这次周末度假的总成本就是 1 400 美元，超出收益 50 美元，你仍然没有正的经济剩余。在这种情况下，你通常会问自己：“我究竟应该用机票兑换券购买去哪里的机票？”

正确应用机会成本概念的关键在于清楚地认识到我们为进行一项活动所放弃的其他事情，这无论怎么强调都不为过。下面的练习稍微修改了例 1.3 的细节，说明了如何才能正确地应用机会成本的概念。

练习 1.3

假设你的机票兑换券在一个星期后到期，其他条件和例 1.3 中一样。那么你使用兑换券的唯一机会就是飞往劳德代尔堡。在这种情况下，你会使用飞机票兑换券吗?

错误 3：没有从边际角度考虑问题

在决定是否该做一件事时，相关的成本和收益是那些当你做这件事时所发生的成本和收益。有些时候人们会被应该忽视的成本所影响，而另一些时候他们所比较的又是错误的成本和收益。唯一影响行动决策的成本是那些我们可以通过不采取行动而避免的成本。类似地，我们应当考虑的收益仅是采取行动才能得到的。但在实际生活中，很多决策者总是受到与是否采取行动无关的成本的影响。所以，人们总是受到**沉没成本**——在制定决策时已经无法收回的成本的影响。例如，用于购买不可转让并且不可赔偿的机票的钱就是沉没成本。

正如下面的例子所表明的，无论一项行动是否被实施，沉没成本都存在，因此它与我们是否采取一项行动的决策无关。

例 1.4　沉没成本

在自助餐厅里你应该吃多少?

桑柑姆是位于美国费城的一家印度餐馆，提供价格为 5 美元的自助餐。顾客在门口交 5 美元后就可以在餐馆内不受任何限制地消费，不加收其他任何费用。一天，作为一项吸引顾客的手段，餐馆老板随机挑选了 20 位客人实施免费优惠，而其他的顾客仍需支付 5 美元。如果所有的消费者都是理性的，这两组顾客的平均食物消费量是否会有区别?

吃完第一份食物之后，得到或没有得到优惠的顾客都会考虑同样的问题："我是否应该再去取一份食物?"对于理性的顾客，如果再取一份食物的收益大于成本，他就会这么做，否则答案就应该是否定的。应该注意到，在你决定是否取第二份食物时，你支付的 5 美元已经是沉没成本。对于那些没有得到优惠的顾客，支付的费用不可能再收回了。因此对于这两类顾客来说，再取一份食物的额外成本几乎为零。因为享受免费午餐优惠的顾客是随机挑选的，所以完全可以假设他们的食量以及收入与其他顾客相同。因此两类顾客另取一份食物的平均成本也一样。既然两类顾客另取一份食物的成本和收益都相等，他们平均消费的食物量也应该是相等的。

但心理学家和经济学家的实验结果却表明两类顾客的食物消费量并不相同。[①] 那些交了钱的顾客吃的食物量远比没有交钱的顾客多。交钱的顾客就好像要将他们支付的 5 美元"吃回本"一样。他们内心的目的是尽可能地将消费的每单位食物的平均成本最小化。但是最小化平均成本并不是一个很理性的目标。这就像是一个夜里在高速路上开车的人，即使没有任何目的地也会不停地开，因为他要提高汽油的平均利用率。具有讽刺意味的是，那些想要"吃回本"的顾客通常都会撑着自己，进而抱怨说不该去取最后的那份食物。

---

① Richard Thaler, "Toward a Positive Theory of Consumer Choice," *Journal of Economic Behavior and Organization*, 1, no. 1(1980).

虽然成本—收益分析在这个例子中未能正确地预测人们的行为，但这无损于它在建议人们应当如何权衡方面的有效性。如果你的决定受到了沉没成本的影响，那么改变你的行为会让你受益。

除了要注意那些应该忽视的成本和收益以外，人们经常错误地衡量相关的成本和收益。这种错误常常发生于我们决定在多大程度上进行一项活动（而不是是否应该进行这次活动）时。这时我们可以应用成本—收益原理，反复询问自己“我是否应该加大对现有活动的投入”。

要回答这个问题，应着重分析额外单位活动的成本和收益分别是多少。经济学家将额外一单位活动的成本称为活动的**边际成本**，将额外一单位活动的收益称为活动的**边际收益**。

在确定一项活动的最佳投入力度时，根据成本—收益原理，只要边际收益大于边际成本，就应该加大对活动的投入力度。但是正如我们将要在下面的例子中看到的，人们经常由于混淆了平均成本和边际成本两个概念而做出错误的决策。

例 1.5 关注边际成本与边际收益

美国宇航局（NASA）是否应该将火箭的发射次数从每年 4 次增加到 5 次？

科斯特·班尼福特教授是美国宇航局航天飞机项目的支持者。他估计这个项目的收益大约是每年 240 亿美元（每次火箭发射的平均收益为 60 亿美元），成本大约是每年 200 亿美元（每次火箭发射的平均成本为 50 亿美元）。基于这些估计，班尼福特教授在国会发言时表示 NASA 绝对应该扩大航天飞机项目。国会是否应该采纳班尼福特教授的建议？

要从经济学的角度回答这个问题，我们首先需要比较多进行一次火箭发射的边际成本和边际收益。但是教授只估计了项目的**平均成本**和**平均收益**——分别用项目的总成本以及总收益除以火箭的发射次数。仅仅知道发射火箭的平均成本和平均收益还不足以帮助我们决定是否应该扩大该项目。当然，也存在发射的平均成本等于一次额外发射的边际成本的可能性。同样，平均成本也可能大于或者小于一次额外发射的边际成本。发射的平均收益和边际收益之间也存在类似的关系。

为了讨论方便，假设一次额外发射的边际收益与平均收益均为 60 亿美元，那么 NASA 是否应该进行第五次发射？如果第五次发射的成本超出 60 亿美元，我们的答案显然是否定的。前几次发射的平均成本（50 亿美元）和第五次发射的边际成本之间不存在任何关系。

假设火箭发射次数和项目总成本之间的关系如表 1.1 所示。如果一共发射 4 次，每次发射的平均成本（第三列）就等于 200 亿美元/4＝50 亿美元，与班尼福特教授国会发言中的数据一样。当增加了第五次发射后，表中第二列的总成本从 200 亿美元增加到 320 亿美元，也就是说第五次发射的边际成本是 120 亿美元。已知第五次发射的边际收益为 60 亿美元，从经济学的角度分析，显然不应该进行第五次发射。

表 1.1 总成本如何随着发射次数而变化

发射次数	总成本/亿美元	平均成本/（亿美元/次）
0	0	0
1	30	30
2	70	35
3	120	40
4	200	50
5	320	64

例 1.6 说明了如何在例 1.5 中应用成本—收益原理做出正确的决策。

例 1.6　关注边际成本与边际收益

美国宇航局(NASA)应该进行多少次火箭发射?

NASA 必须对火箭发射次数做出决定。每次发射的收益估计为 60 亿美元,项目的总成本和火箭发射次数的关系如表 1.1 所示。那么到底应该发射多少次?

只要增加一次发射的边际收益大于边际成本,NASA 就应该继续发射火箭。在这个例子中,每次发射的边际收益与发射次数无关,是不变的常数(60 亿美元)。因此只要发射的边际成本小于或等于 60 亿美元,NASA 就应该继续进行火箭发射。

根据边际成本的定义,我们可以从表 1.1 中第二列的总成本得到每次发射的边际成本(因为边际成本等于发射数量每增加一次引起的总成本变化,我们将边际成本的数据列在相应的两次总成本数据的中间),即表 1.2 中的第三列。当发射次数从一次增加到两次时,边际成本是 40 亿美元,是发射两次的总成本 70 亿美元和发射一次的总成本 30 亿美元的差额。

将每次发射的边际收益 60 亿美元和表 1.2 中第三列的边际成本进行比较,我们发现前三次发射都满足成本—收益原理,但是第四次和第五次发射的情况有所不同,边际成本大于边际收益,因此美国宇航局每年应该发射三次火箭。

表 1.2　边际成本如何随着发射次数而变化

发射次数	总成本/亿美元	边际成本/(亿美元/次)
0	0	
		30
1	30	
		40
2	70	
		50
3	120	
		80
4	200	
		120
5	320	

练习 1.4

如果每次发射的边际收益不是 60 亿美元而是 90 亿美元,那么 NASA 应该发射多少次火箭?

成本—收益分析框架强调了是否进一步采取一项活动的唯一决定因素——边际成本和边际收益,即对应于现有活动增量的测度指标。不过,在很多情况下人们似乎更倾向于比较活动的平均成本和平均收益。如例 1.5 所示,即使现有水平下的平均收益超过平均成本,我们仍不能做出增加活动力度的决定。

下面的练习会进一步说明从边际角度考虑问题的重要性。

练习 1.5

一个篮球队里的最佳球员是否应包揽球队的所有投篮?

一个职业篮球队聘请了一位新的助理教练。助理教练注意到一名球员的投篮命中率远高于其他球员,因此向主教练建议让这名球员包揽所有的投篮机会。他认为这样球队的得分会更高,赢得的比赛场次也会更多。

听了这个建议,主教练就以不称职为由解雇了他。助理教练的建议究竟错在哪儿了?

重点回顾:三种重要的决策错误

1. **用比例而不是绝对的美元数额来衡量成本和收益的错误**。很多决策者认为,如果成本或者收益的变化仅占初始数额的很小比例,这种变化就是不重要的。我们应该用绝对的美元数额,而不是用比例来测度成本和收益。

2. **忽视隐性成本的错误**。当对某一行动进行成本—收益分析时,一定要把所有相关的成本包括各种备选方案的隐性成本考虑在内。一种资源(如一张机票兑换券)即使是免费获得的,只要它的最佳替代行为的价值很高,其隐性成本就会很高。同样,这种资源如果没有其他用途,它的隐性成本就会很低。

3. **没有从边际角度考虑问题的错误**。在决定是否进行一项活动时,我们只需要考虑这项活动所带来的成本和收益,要忽略沉没成本——不进行该活动也无法避免的成本。即使一张演唱会的门票花了你100美元,但如果你买了这张门票并且无法转让给其他人,对你而言,这100美元就是沉没成本,不应该影响你是否去听演唱会的决策。还有一点很重要,就是不要把边际收益和边际成本与平均收益和平均成本相混淆。对于决策者而言,一项活动的总成本和总收益通常是已知的,根据这些数据可以计算出平均成本和平均收益。人们经常错误地认为当平均收益超出平均成本时应该增加活动投入力度。而成本—收益原理告诉我们,当且仅当边际收益超过边际成本时,人们才应该增加活动投入力度。

有些成本和收益,尤其是边际成本、边际收益和机会成本,是决策的重要影响因素;其他一些成本和收益,如沉没成本以及平均成本和平均收益从根本上说则与决策无关。我们最初对成本—收益原理(当且仅当额外的收益超出额外成本时,才应该采取一项活动)的叙述就隐含了这个结论。

规范经济学与实证经济学

上面讨论的例子说明人们有时候会做出非理性的决定。需要再次申明的是,我们讨论这些例子的目的并不是要说明大多数人总是做出非理性决定。相反,大多数时间里很多人做出的决定都是正确的,尤其是当这个决定关系重大或者和以前的决定类似的时候。经济学家的理性决策观点不仅仅为如何做出更好的决定提供了有用的建议,更为预测和解释人们的行为提供了基础。我们使用成本—收益方法讨论了为什么教师工资增加时学校倾向于提供大班授课,同样,我们可以用这种推理过程帮助解释几乎所有领域的人的行为。

成本—收益原理是**规范经济学原理**的一个例子,规范经济学向人们提供应该怎么做的指导。例如,根据成本—收益原理,我们在对未来做计划时必须忽略沉没成本。但是,随着我们将各种决策失误讨论得更清楚，我们会发现成本—收益原理并不总是**描述性经济原理**，也就是能把我们将会做什么描述出来的原理。正如我们看到的，成本—收益原理在具体实施的时候可能很困难，而且人们有时候不能成功地观察到它给出的迹象。

因此，我们强调了解相对成本和收益确实有助于预期大多数时候人们的行为。如果一项行动的收益上升，一般情况下可以预期人们更可能采取这一行动。相反，如果一项行动的成本上升，最安全的预期就是人们更不可能采取这项行动。这个观点非常重要，所以我们将其定义为激励原理。

激励原理：当一项行动的收益上升时，人们（或企业或社会）更可能采取这项行动；如果该行动的成本上升，则采取它的可能性降低。简而言之，激励会起作用。

激励原理是实证经济学原理。它强调相对成本和收益通常有助于对行为进行预测，但是不能保证人们在任何情况下都会做出理性的举动。例如，如果燃油价格急剧上涨，采用成本—收益原理时会认为必须降低暖气的温度，而采用激励原理，则预测平均的暖气温度事实上会下降。

经济学：微观和宏观

依照惯例，我们使用**微观经济学**这个术语表示对个人选择的研究和对个体市场上群体行为的研究，同时用**宏观经济学**这个术语表示对国家经济表现的研究以及政府为了改善经济所采取的政策的研究。宏观经济学力图弄清楚国家失业率、整体价格水平和国家产出总价值等指标的决定因素。

本章集中讨论个体决策者面临的问题，无论这个个体面临的是个人决策、家庭决策、商业决策、政府政策决策还是其他任何一种形式的决策。此外，我们还会讨论个体所组成的群体的经济模型，如在一个特定市场上所有购买者或者销售者组成的群体。之后我们会讨论更为广泛的经济问题和度量标准。

无论讨论什么层面的问题，我们都必须记住：虽然经济需求是无限的，但可以用来满足这些需求的物质资料和人力资源是有限的。要清楚地思考经济学问题，还需要牢记权衡的含义——多拥有一单位的某种商品意味着必须减少其他商品的拥有量。我们的经济和社会在很大程度上是由人们在面临权衡时做出的选择构成的。

本书的方法

决定课堂规模只是经济学入门课程准备过程中的一个重要决策。另外还要决定课程中所要包含的主题。正如稀缺原理所说的，可以纳入经济学入门课程的主题几乎是无穷无尽的，但是可以用来讨论这些话题的时间是有限的。天下没有免费的午餐，讨论一些问题就意味着要放弃另一些问题。

所有的教科书作者都必须对主题进行挑选。一本教科书如果涵盖了经济学研究的所有问题，无疑会占据学校图书馆整层楼的空间，因为它太大了。我们一直认为大多数的经济学入门教材总是尽可能地介绍更多的内容。回想一下，我们之所以被吸引到经济学的研究中，主要原因在于经济学能用相对少的核心观点解释周围世界中大量繁杂的行为和事情。因此写作本书时，我们集中分析了经济学的核心观点，在全书中不断地重复这些观点的内涵，而不是力图介绍尽可能多的内容。这样读完本书后，这些核心的经济学观点就会深入读者的脑海中。这种只学习最重要的东西并且牢记于心的学习方法，远胜于学了一大堆不是非常重要的内容并且最后还忘记了很大一部分的做法。

到目前为止，我们讨论了三个核心观点：稀缺原理、成本—收益原理和激励原理。这些观点将会在以后的讨论中不断出现，以帮助读者温故知新，并且当提出一个新的主要观点后，我们会正式重述该观点以进一步强化。

本书写作中的第二个特别之处在于我们非常强调学习过程中参与的重要性。譬如，你只有通过说和写才能学习西班牙语，只有通过练习才能学会打网球，同样你也只有通过参与经济活动才能了解经济学。我们希望能够帮助读者学习如何应用经济学，而不仅仅是阅读或者被动地听作者或者教师讲经济学，我们会尽最大的努力鼓励读者参与经济活动。

比如，我们经常会假设一个明确的背景，举例告诉读者经济学的观点如何影响现实中的经济活动，而不是仅仅介绍观点的内容。分析完例子后我们还会让读者试着解答一些练习题，学习在现实生活中应用这些经济学观点。最好是做完练习题之后再看答案(答案附在每一章的最后)。

仔细想想上面介绍的经济学观点的应用：你是否真的清楚结论是如何得出的？是否真的通过例子知道了这些经济学观点的内涵？试着解答章节后面的练习题，尤其是那些涉及你还不是很了解的观点的问题，要仔细思考。试着用这些经济学原理解释周围的事情(当我们讨论下面的经济自然主义者小短文时，会详细说明这一点)。最后，当你发现一个有趣的观点或者例子时，不妨将它告诉身边的朋友。你会发现解释一个观点或例子能够帮助你理解并且记住例子中暗含的经济学原理。越积极地参与到学习过程中来，学习的效果就会越好。

经济自然主义

能够初步运用成本—收益框架分析问题后，你将有望成为一名“经济自然主义者”，也就是说你能够在经济学的帮助下更好地理解和把握日常生活。学过生物学的人能比别人观察到更多自然界的细微之处。举个例子，同样是 4 月上旬走在一条林荫道上，非生物专业的学生看到的可能只是树木，而生物专业的学生却能看出树木之间种类的不同，并且知道为什么有些树木已经发出新芽，而有些树木仍然是光秃秃的一片。同样，外行人可能只会注意到一些动物雄性比雌性的体形大，但生物专业的学生却知道只有当雄性的配偶较多时才会出现雄性体形大于雌性的现象。因为为了争得配偶，这些雄性之间通常会进行流血争夺，自然选择的结果造成那些种类的雄性体形偏大。相反，在单配偶的动物中雄性的体形几乎和雌性的体形一样大，这是因为同性之间的争夺不是很激烈。

和上面的道理一样，学习一些简单的经济学原理可以帮助我们从一个全新的角度观察和分析人类社会中的细节。没有经验的人通常会忽略这些细微之处，但是经济自然主义者不仅会看到这些，还会积极地尝试解释这些现象。下面讨论几个经济自然主义者可能会问自己的问题。

经济自然主义者 1.1 为什么很多硬件生产商的计算机内包含了价值超过 1 000 美元的免费软件，而计算机的价格却仅仅稍高于 1 000 美元？

软件行业和其他很多行业的不同之处在于顾客很关注产品的兼容性能。举个例子，当你和你的同学一起参加一个项目时，如果你们能够采用同样的文字处理系统，任务会简单得多。再举个例子，如果一位行政主管使用的财务软件与会计师使用的软件一样，那么在处理税务问题时，这位主管也会轻松很多。

上面的两个例子说明随着使用同种产品人数的增多，拥有并且使用这种软件系统的价值会随之增加。这种特定的关系赋予最常用的程序的生产商很大的竞争优势，使得其他程序很难进入市场。

意识到这一点后，Intuit 公司向计算机制造商免费提供 Quicken 软件，这是一种个人财务管理软件。计算机制造商很乐于接受这种免费软件，这会让他们的计算机更具竞争力。Quicken 很快成为个人财务管理软件行业的权威。通过免费发放软件，Intuit 公司为自己争得了更多的市场份额，同时为 Quicken 的升级版本以及其他相关的软件创造了很大的需求。Intuit 公司的个人所得税软件 Turbo Tax 和 Macintax 因而成为个人税务程序的权威。

受这个成功故事的启发，其他的软件制造商都采取了这样的做法。现在很多硬件都捆绑了很多软件程序，很多软件制造商甚至愿意付费给计算机制造商，以求计算机能够安装他们的软件程序。

免费软件的例子说明有时候一种产品的收益与使用的人数相关。下面的例子说明有时候一种产品的成本也与使用的人数有关。

经济自然主义者 1.2 为什么汽车制造商不生产没有加热器的汽车？

事实上现在美国国内出售的每一辆新车都有加热器，但是并非所有的汽车都有卫星导航系统。为什么会有这种差别呢？

有些人可能会说这是因为加热器人人需要，而对于很多人而言卫星导航系统可有可无。但在夏威夷和加利福尼亚南部，加热器几乎没有存在的价值。此外，20 世纪 50 年代生产的一些汽车也没有加热器（1955 年庞蒂亚克的分类广告中就以汽车配有广播、加热器和白胎壁轮胎作为吸引潜在顾客的卖点）。

虽然加热器并不总是有用，生产商还要为其支付额外的费用，但加热器的成本并不高，而且在美国大部分地区的某段时间内都是有用的。随着时间的流逝，人们的收入越来越高，生产商发现购买不带加热器的汽车的人越来越少。事实上在所有汽车内安装加热器的成本小于仅在部分汽车上安装而导致的生产过程中的管理费用。当然如果没有加热器的汽车价格相对较低，肯定会有一些消费者选择购买不带加热器的汽车。但是为了迎合这些消费者而专门生产不带加热器的汽车是得不偿失的。

同样的原因也可以解释为什么当前生产的某些车型一定安装了卫星导航系统。例如，2009BMW 750i 的购买者发现无论他们是否需要，车内都安装了卫星导航系统。这些花费 75 000 美元的车主们拥有高收入，因此当可以选择时，大多数人还是会选择安装了卫星导航系统的车型。同样，当所有汽车在生产时都配置了卫星导航系统时，为少数人提供不带卫星导航系统的汽车的成本反倒更高。

购买廉价车的车主平均收入比 2009BMW 750i 车主低得多。因此从经济的角度考虑，这些车主通常不会选择装有卫星导航系统的汽车，这解释了为什么很多廉价车仅仅将卫星导航系统作为一个供选择的装备，而不是每辆车中都安装。但是随着收入持续增长，没有安装卫星导航系统的新车最终会退出历史舞台。

上一个例子为下面这个比较奇怪的问题提供了解答的思路。

经济自然主义者 1.3 为什么专供驾车者使用（指驾车者无须下车即可接受服务）的自动出纳机的键盘按键上都有盲人专用键？

电梯按钮上和自动出纳机键盘上的盲人专用键可以帮助盲人充分参与日常的活动。但即使他们可以做很多正常人能做的事情，却显然无法在公路上驾驶汽车。那么为什么生产自动出纳机的厂商还要在为驾车者设计的机器上安装盲人专用键呢？

为什么专供驾车者使用的自动出纳机的键盘按键上都有盲人专用键？

答案在于一旦键盘的模型被制作出来，生产带有盲人专用键键盘的成本并不会高于生产普通键盘的成本。生产带有盲人专用键的键盘和普通键盘需要不同的模型，并且会产生两种类型的存货。如果带有盲人专用键会影响人们的使用，或许厂商会生产普通键盘。但实际上这些按键对视力正常的使用者并没有造成障碍，因此最好、最便宜的方法就是只生产带有盲人专用键的键盘。

上面的例子是康奈尔大学的学生比尔·乔阿在回答下面这道练习题时提出的。

练习 1.6

运用成本—收益分析方法，分析你所处环境中的一些事情和行为。

我们认为学习经济学最有效的方法就是多做一些类似练习 1.6 的作业，多尝试使用经济学解释周围的世界。如果你能够不断地这么做，你就会变成一名终身经济学自然主义者。你对经济学概念的了解不会随着时间的推移而衰退，反而会越来越清晰。因此，强烈建议读者采取这种方法。

小结

- 经济学研究稀缺条件下人们如何做出选择以及这些选择对社会的影响。对人类行为的经济学分析建立在理性人——每个人都有明确的目标，并且会尽其所能地实现这个目标的假设之上。在力图实现目标的过程中，人们通常会面临权衡：因为物质和人力资源都是有限的，因此多拥有一单位的某种商品意味着减少另一种商品的拥有量。
- 本章重点讨论了理性人如何在多个行为中做出决策。我们使用的基本分析工具是成本—收益分析。成本—收益原理说明当且仅当一项活动的收益超过或者等于其成本时，人们才会进行这项活动。一项活动的收益由这个人最多愿意为这项活动支付的美元数额表示，而活动的成本由这个人为了该活动所放弃的活动的美元价值表示。
- 使用成本—收益框架时，我们不需要假设人们永远都是理性的。文中我们指出了决策者在生活中通常会犯的三种错误：认为小比例变化不重要的倾向、忽视隐性成本的倾向以及没有从边际角度考虑问题的倾向，例如未能忽视机会成本或未能比较边际成本与边际收益。
- 问题通常不是是否应该进行一项活动，而是在多大程度上进行该项活动。事实上，只要边际收益（多进行一单位活动带来的额外收益）超出边际成本（多进行一单位活动带来的额外成本），理性人就会增加活动的投入力度。
- 微观经济学研究个体决策以及个体市场上的群体决策情况；宏观经济学研究国家经济的表现以及政府用来改善经济状况的政策。

核心原理

- **稀缺原理**（也称为**无免费午餐原理**）

  虽然我们有无穷无尽的需求，但是可得的资源有限。因此多拥有一单位的某种商品就意味着要减少其他商品的拥有量。

- **成本—收益原理**

  当且仅当额外收益至少等于额外成本时，个人、家庭（或企业或社会）才会进行一项活动。

- **激励原理**

  当一项行动的收益上升时，人们（或企业或社会）更可能采取这项行动；如果该行动成本上升，则采取它的可能性降低。

名词与概念

average benefit	平均收益	microeconomics	微观经济学
average cost	平均成本	normative economic principle	规范经济学原理
economic surplus	经济剩余	opportunity cost	机会成本
economics	经济学	positive economic principle	实证经济学原理
macroeconomics	宏观经济学	rational person	理性人
marginal benefit	边际收益	sunk cost	沉没成本
marginal cost	边际成本		

复习题

1. 你在网球队的一个朋友告诉你“单人网球课比团体网球课好”。解释这句话的意思，然后用成本—收益原理解释为什么并非对每个人而言私人课程都是最佳选择。

2. 判断正误：你为了节省 30 美元而开车到市区购买家用电器的决定取决于这 30 美元占总花费的比例。简述你的理由。

3. 为什么有些人在决定是否看电影时，10 美元的票价对其决策的影响会大于因为看电影不帮人照看小孩而损失的 20 美元的收入？

4. 很多人认为，使用机票兑换券时他们的飞机旅行是免费的。解释为什么这些人通常会做出不经济的旅行决策。

5. 这学期你交给大学的不可偿还的学费对你而言是不是沉没成本？如果学校会对开学后前两个月内退学的同学全额返还学费，你的回答会有什么变化？

练习题

1. 约会前你为了洗车最多愿意支付 6 美元。你为别人洗车最少要得到 3.5 美元。今天晚上你要外出，但你的车很脏。当你决定洗车时，你可以得到多少经济剩余？

2. 这个夏天为了挣到更多的钱，你种植了西红柿，然后在菜市场上以每磅 30 美分的价格出售。通过使用复合肥料，你可以得到如下表所示的产出增量。如果每磅复合肥料的成本是 50 美分，并且你的目标是赚尽可能多的钱，那么你会使用多少磅复合肥料？

复合肥料/磅	西红柿/磅
0	100
1	120
2	125
3	128
4	130
5	131
6	131.5

3.* 你和你的朋友乔伊的兴趣相同。在下午 2 点时，你到当地的售票中心花 30 美元购买了一张当晚在锡拉库扎举行的篮球赛的门票。锡拉库扎在你居住的伊萨卡岛的北部 50 英里处。乔伊同样打算到现场观看这场篮球赛，但因为她没时间去当地的售票中心，因此打算到比赛现场买票。比赛现场的门票为 25 美元，没有售票中心的附加费用，所以比较便宜(很多人之所以在售票中心买票是为了确保能够得到一个比较好的座位)。但下午 4 点出现了一场意外的暴风雪，很多人放弃了开车去锡拉库扎观看比赛(同时在现场买票得到好座位的可能性增大)。假设你和乔伊都是理性人，你们当中的一个人去锡拉库扎观看比赛的意愿是否比另一个人强?

4. 汤姆是一个种植蘑菇的农民。他用所有的闲置资金购买蘑菇并种在农场后面的空地上。第一年内蘑菇的产量会翻倍，汤姆收割这些蘑菇并拿到市场上卖，假设蘑菇的价格是一个不变的常数。汤姆的朋友迪克向汤姆借 200 美元，并且许诺一年之后还钱。迪克需要支付给汤姆多少利息才能补偿汤姆借钱的机会成本? 简要地解释你的答案。

5. 假设物理考试中，你用于做第一道题的最后几秒钟可以帮你多得 4 分；用来做第二道题的最后几秒钟可以帮你多得 10 分。最后这两道题你分别得到了 48 分和 12 分，并且每道题使用的时间相等。如果重新进行一次考试，你会如何分配时间?

6. 玛莎和莎拉有同样的偏好和收入。当玛莎到达剧院门口打算进去看演出时，她发现自己的票丢了，之前她为了买这张票花费了 10 美元。莎拉这时候也到了剧院门口，打算买一张票进去看演出。此时莎拉发现自己丢了一张 10 美元的钞票。如果莎拉和玛莎都是理性人并且都有足够的钱再购买一张票，那么其中某个人购票看演出的意愿是否大于另一个人?

7. 你所在城市的居民每周需要为回收垃圾支付 6 美元的固定费用。他们只需要将垃圾袋放在门口，垃圾袋的数目不限。平均每个家庭每周会有 3 袋垃圾。假设现在你所在的城市改变了这种收费方式，变成按照单件收费，每个垃圾袋都需要附上一个标签，每个标签价值 2 美元并且不可以循环使用。你认为这种新的收费方式会对回收垃圾袋的总数产生什么影响? 简要地解释你的答案。

8. 每周史密斯都会为两个孩子购买 6 瓶可乐，并放在冰箱里。他发现 6 瓶可乐总是在买回来的第一天就被喝光了。琼斯也是每周为两个孩子购买 6 瓶可乐，但与史密斯不

---

* 表示习题难度较高。

同的是，琼斯告诉孩子们每个人最多只可以喝 3 瓶。如果每次孩子们在决定是否喝可乐的时候都用成本—收益原理进行分析，试解释为什么琼斯家的可乐的存储时间长于史密斯家。

9.* 有很多电话公司提供美洲大陆范围内长途电话的服务。有一家公司对每个电话最开始的两分钟收取每分钟 30 美分的费用，此后每分钟的通话费用为 2 美分。现在为汤姆提供服务的电话公司每分钟收取 10 美分，汤姆每次打电话的时间不低于 7 分钟，如果转为使用新公司的服务，汤姆每次电话的平均长度会有什么变化？

10.* A 大学的学生每学期交 500 美元的伙食费后可以在食堂任意消费。平均每个学生每学期会消费 250 磅的食物。B 大学的学生每学期用 500 美元购买饭票，这些饭票可以保证学生购买 250 磅的食物。如果某个学生吃的食物超出 250 磅，他需要为多消费的食物支付每磅 2 美元的费用；如果学生吃的食物不足 250 磅，那么不足的部分学校会返还每磅 2 美元的费用。如果学生都是理性人，哪个学校的平均食物消费量会更多？简要地说明原因。

正文中练习题的答案

1.1　到市区购买电脑游戏软件的收益同样是 10 美元，但是现在的往返成本是 12 美元，因此到市区购买电脑游戏软件的经济剩余等于 10 美元－12 美元＝－2 美元。往返一趟的经济剩余为负，因此你会在校园商店购买。

1.2　虽然去芝加哥的飞机票节省的比例较大，但是节省 100 美元比节省 90 美元多出了 10 美元。

1.3　因为你的飞机票兑换券没有其他用途，因此用兑换券购买到劳德代尔堡的机票的机会成本等于零。这意味着这趟旅行你获得的经济剩余是 1 350 美元－1 000 美元＝350 美元＞0，因此你应该用兑换券购买去劳德代尔堡的机票。

1.4　第四次发射的边际收益是 90 亿美元，超出了 80 亿美元的边际成本，因此应该进行第四次发射。但第五次发射的边际成本（120 亿美元）超出了边际收益（90 亿美元），因此不应该进行第五次发射。

1.5　如果明星球员多投篮一次，其他球员就会少投一次。明星球员的平均命中率高于其他球员并不意味着他下一次投篮的命中率（他多一次投篮机会的边际收益）一定比其他球员高。实际上，如果球队的每次投篮机会都给明星球员，对方球队就会将所有的防御措施用到这个球员身上，球队根本无法获胜。

附录　应用等式、图和表格

虽然本书中的很多例子以及每个章节后的练习题都与数量有关，但所涉及的数学知识都不过是高中的几何和代数。本附录将介绍解答例子和问题所需要的一些工具和技巧。

能够读懂简单的文字描述并且将其中的信息翻译成相应的等式或者图形，是一个很重要的技巧。此外，你还要学会将以表格形式给出的信息转换成等式或图形，或者将图形信息转换成表格或等式。最后，你还要学会求解二元方程组。下面的例子详细地说明了你将会用到的工具和技巧。

根据文字描述建立等式

我们首先用一个例子说明如何根据对收费项目的描述建立一个长途电话收费等式。

例 1A.1　文字描述

你现在使用的长途电话方案每个月收取 5 美元的固定费用，并且每分钟的通话费用为 10 美分。用一个等式描述你每月的电话费。

等式是描述两个或多个有一定取值范围的**变量**之间关系的简单的数学表达式。我们最常用到的等式通常包括两种类型的变量：**因变量**和**自变量**。在这个例子中，因变量是你每个月的电话账单额，自变量是决定账单额的变量，也就是每个月的长途电话次数。你的账单由每个月 5 美元的固定费用和每分钟 10 美分的费用构成。但是在这个例子中，这些都是**常数**，而不是变量。常数，也称为**参数**，是等式中取值不变的量。根据定义，因变量的取值是由自变量的取值决定的。

确定了因变量和自变量之后，通常要选用简单的符号来表示它们。在代数课程中，通常用 X 表示自变量，用 Y 表示因变量。很多人都发现使用某种简单易懂的符号来表示变量可以帮助记忆。因此，在这个例子中，我们用 B 表示每个月的账单额，用 T 表示每个月长途电话的总分钟数。

确定了相关的变量，并选择了符号来表示这些变量后，即可写出表示变量之间关系的等式：

$$B = 5 + 0.10T \tag{1A.1}$$

式中，B 表示每个月的账单额，T 表示每个月长途电话的总分钟数。每个月的固定费用(5 美元)以及每分钟收取的费用(10 美分)在等式中都是参数。需要注意的是每个符号所表示变量的单位。因为 B 代表每个月的账单额，因此必须用美元表示每个月的固定费用和每分钟长途电话收取的费用，这就是为什么式(1A.1)右边的后一项参数是 0.10 而不是 10。式(1A.1)的写法符合常规，因变量单独出现在左侧，自变量或者变量和常数出现在等式的右侧。

写出了每月账单额的等式之后，我们可以应用这个等式计算你每个月的长途电话费用。例如，这个月你一共打了 32 分钟的长途电话，只需要将 32 分钟代入式(1A.1)中的 T，即可计算每个月的账单额：

$$B = 5 + 0.10 \times 32 = 8.20 \tag{1A.2}$$

如果你每个月的长途电话用时为 32 分钟，你将要支付 8.20 美元。

练习 1A.1

在例 1A.1 描述的长途电话方案中，如果你每个月拨打的长途电话是 45 分钟，那么你需要支付多少钱?

用一条直线表示等式

下面的例子说明了如何用图形表示例 1A.1 中每个月的账单额。

例 1A.2 画图表示等式

画图表示例 1A.1 中的月长途电话收费方案。用纵轴表示电话费用，单位是美元/月；横轴表示总的通话时间，单位是分钟/月。

我们要做的第一步是将文字描述转换为等式。用图形表示等式时，通常的做法是用纵轴表示因变量，横轴表示自变量。因此在图 1A.1 中，我们将 B 写在纵轴上，将 T 写在横轴上。画出图中曲线的一个方法是先在图中用几个点表示由不同的长途通话时间以及相应的费用确定的一些点。例如，如果打了 10 分钟的长途电话，那么需要支付 $B=5+0.10\times10=6$ 美元。因此，在图 1A.1 中，横轴上 10 分钟/月对应着纵轴上的 6 美元/月，即 A 点。如果打了 30 分钟的长途电话，那么需要支付 $B=5+0.10\times30=8$ 美元。因此，在图 1A.1 中，横轴上 30 分钟/月对应着纵轴上的 8 美元/月，即 C 点。同样，如果打了 70 分钟的长途电话，那么需要支付 $B=5+0.10\times70=12$ 美元。因此，在图 1A.1 中，横轴上 70 分钟/月对应着纵轴上的 12 美元/月，即 D 点。穿过所有这些点的线就是式(1A.1)所表示的每月费用。

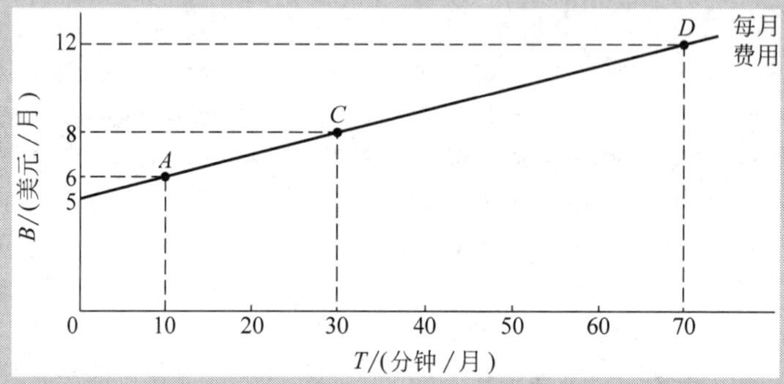

图 1A.1 例 1A.1 中的月电话账单

等式 $B=5+0.10T$ 的图形是图中所示的直线，其纵截距为 5，斜率为 0.10。

如图 1A.1 所示，等式 $B=5+0.10T$ 的图形是一条直线。参数 5 就是直线的纵截距——当 $T=0$ 时 B 的取值，或者这条直线和纵轴的交点。参数 0.10 等于这条直线的斜率，也就是随着 T 的变化 B 变化的速度。$\frac{\text{因变量的增量}}{\text{自变量的增量}}$这个比率等于直线上任意两点之间的纵轴距离除以这两点之间的横轴距离。比如，如果我们选择图 1A.1 中的 A 点和 C 点，那么因变量的增量是 $8-6=2$，而相应的自变量增量是 $30-10=20$，因此两者的比率为 $\frac{2}{20}=0.10$。通常对于任一等式 $Y=a+bX$，参数 a 就是纵轴截距，参数 b 就是斜率。

从图中的直线得出等式

下面的例子说明了如何根据图中的直线推导直线所表示的等式。

例 1A.3 根据图推导等式

图 1A.2 是某个新的长途电话方案每月账单额的图形。该图对应的等式是什么？这个方案每个月的固定收费是多少？每分钟收取的费用又是多少？

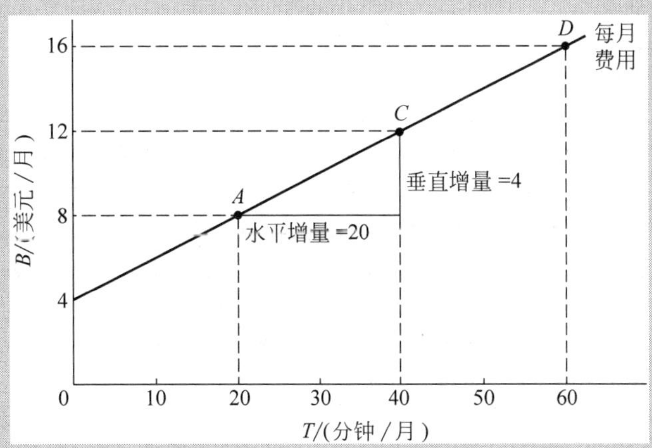

图 1A.2　另一个长途电话方案

A 点和 C 点之间的垂直距离为 12－8＝4 个单位，水平距离为 40－20＝20 个单位，因此这条直线的斜率等于 4/20＝1/5＝0.20。纵截距（T＝0 时 B 的取值）是 4，因此这个新方案的费用等式为 B＝4＋0.20T。

图中直线的斜率等于线上任意两点之间因变量的增量除以自变量的增量。对于 A 点和 C 点，因变量的增量是 12－8＝4，而自变量的增量是 40－20＝20，因此斜率等于两者的比率 4/20＝1/5＝0.20。已知直线的纵截距等于 4，因此等式为：

$$B=4+0.20T \tag{1A.3}$$

在这个新的方案下，每个月的固定费用即为 T＝0 时的账单费用，也就是 4 美元。每分钟收取的费用等于直线的斜率 0.20，即每分钟 20 美分。

练习 1A.2

写出下图中直线表示的等式。每个月的固定费用是多少？每分钟收取的费用又是多少？

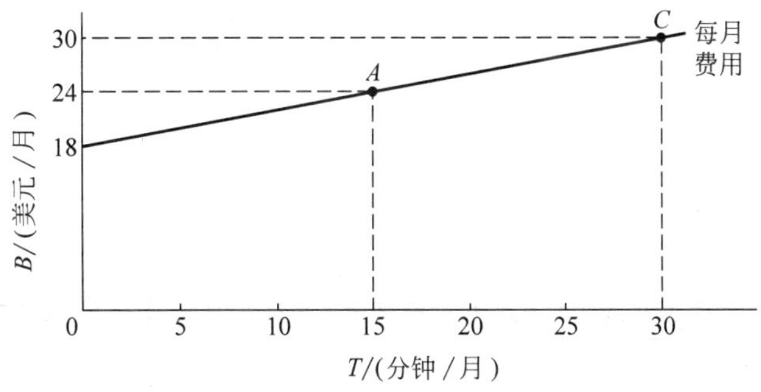

纵截距和斜率的变化

例 1A.4 和例 1A.5 以及练习 1A.3 和练习 1A.4 都说明了一条直线如何随着纵截距

或者斜率的变化而变化。

例 1A.4　纵截距的变化

描述当每个月的固定费用从 4 美元上涨到 8 美元时，图 1A.2 中收费方案的直线如何变化。

每个月的固定费用从 4 美元上涨到 8 美元后，收费项目的纵截距就会上升 4 个单位，但同时直线的斜率保持不变。固定费用的上涨导致收费项目直线平行上移，如图 1A.3 所示。对于任何给定的长途通话时间，新方案下每个月的费用会比原来多 4 美元。因此每个月 20 分钟的长途电话原来只需要支付 8 美元（A 点），现在则需要支付 12 美元（A'点）。同样，原来 40 分钟的通话时间只需要支付 12 美元（C 点），现在需要支付 16 美元（C'点）；原来通话 60 分钟只需要支付 16 美元（D 点），现在需要支付 20 美元（D'点）。

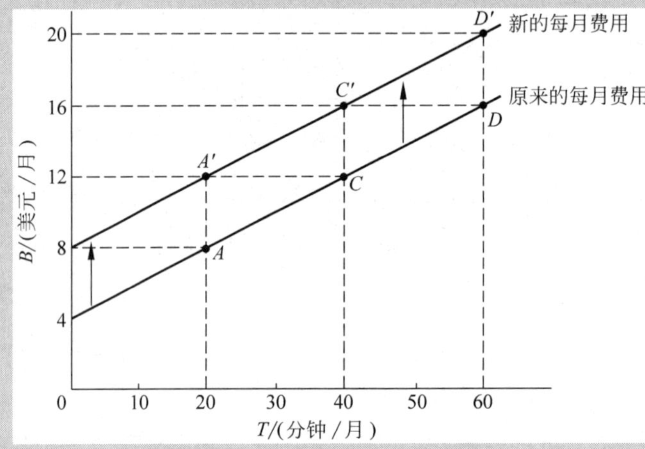

图 1A.3　纵截距增加的效应

直线的纵截距增加使得直线平行上移。

练习 1A.3

如果每月的固定费用从 4 美元下降到 2 美元，那么图 1A.2 中表示收费方案的直线会有什么变化？

例 1A.5　斜率的变化

如果每分钟的通话费用从 20 美分上涨到 40 美分，那么图 1A.2 中表示收费方案的直线会有什么变化？

因为每月的固定费用不变，因此新收费方案的纵截距仍然是 4。但是新方案的斜率，如图 1A.4 所示，变成了 0.40，是原来斜率的 2 倍。通常等式 $Y=a+bX$ 中，b 的增加意味着等式对应的直线的斜率更陡峭。

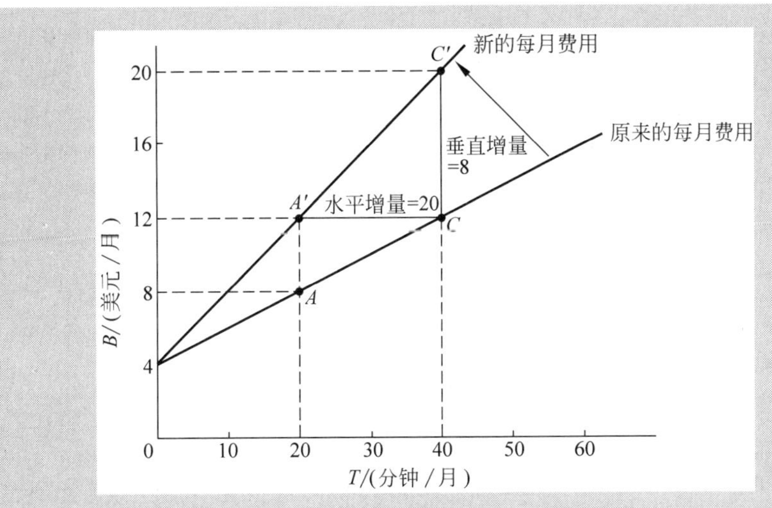

图 1A.4 每分钟费用增加的效应

因为每个月的固定费用仍然是4美元,因此新方案的纵截距与原项目的纵截距相等。当每分钟新的收费标准变成40美分时,该收费方案的斜率从0.20增长到0.40。

练习 1A.4

说明如果每分钟的通话费用从20美分降到10美分,图1A.2中表示收费方案的直线会有什么变化。

练习1A.4说明当等式 $Y=a+bX$ 中的 b 下降时,等式所对应的直线的斜率变得不那么陡峭。

根据表格写出等式、画出图形

例1A.6和练习1A.5说明如何根据表格中的信息写出等式,画出图形。

例 1A.6 将表格转化为图形

表1A.1列出了每月长途电话费用等式中的4个点。如果这个等式中所有的点都位于同一条直线上,求出等式的纵截距,并画出图形。每月的固定费用是多少?每分钟收取的费用是多少?计算当每月的长途通话时间为1小时的时候需要缴纳的总费用金额。

表 1A.1 长途电话费用方案的点

长途电话费用/(美元/月)	长途电话通话时间/(分钟/月)
10.50	10
11.00	20
11.50	30
12.00	40

这个问题的一种解决方法是在图中标出表中的任意两个点。因为等式中所有的点都在同一条直线上，因此这条线肯定经过等式的任意两点。图 1A.5 中用 A 点表示表 1A.1 中每月长途通话时间为 20 分钟时总费用等于 11 美元的情况(第二行)，用 C 点表示表 1A.1 中每月长途通话时间为 40 分钟时总费用等于 12 美元的情况(第四行)。通过这两点的直线就是费用等式所对应的图形。

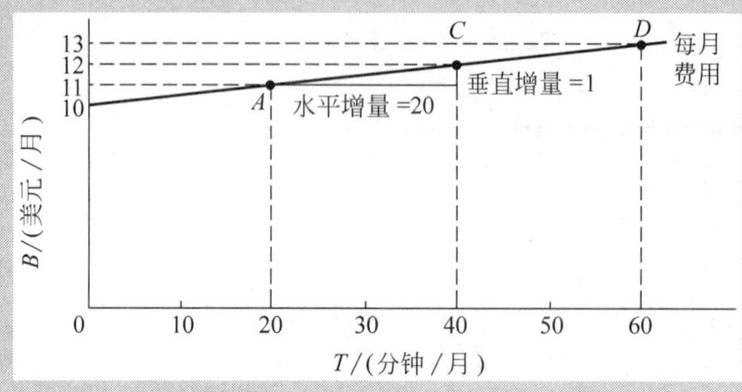

图 1A.5 根据一些点画出每月费用等式的图形

根据表 1A.1 中第二行的 A 点以及第四行的 C 点，绘出经过这些点的直线就可得到每月费用的图形。

除非你画图非常精确或者使用了画图纸，否则这种定两点画直线的方法很难精确表示。还有一种方法是直接计算等式。因为等式用一条直线表示，因此它的基本形式为 $B=f+sT$，其中 f 表示每个月的固定费用，s 表示斜率。根据之前画出的 A 点和 C 点，我们可以计算收费方案的斜率 $s=\frac{\text{因变量的增量}}{\text{自变量的增量}}=\frac{1}{20}=0.05$。

接下来我们要计算 f 的数值，即每月的固定费用。在项目中的 C 点，通话时间为 40 分钟时每月的总费用为 12 美元，因此将 $B=12, s=0.05, T=40$ 代入等式 $B=f+sT$，得到：

$$12=f+0.05\times 40 \tag{1A.4}$$

整理得到：

$$12=f+2 \tag{1A.5}$$

可以解出 $f=10$。每月的费用等式为：

$$B=10+0.05T \tag{1A.6}$$

根据这个等式，每月的固定费用是 10 美元，每分钟的费用是 5 美分(0.05 美元/分钟)，通话时间为 1 个小时的时候，总费用为 $B=10+0.05\times 60=13$ 美元，如图 1A.5 所示。

练习 1A.5

下表列出了每月长途电话收费方案中的 4 个点。

长途电话费用/(美元/月)	长途电话通话时间/(分钟/月)
20.00	10
30.00	20
40.00	30
50.00	40

如果所有的点都位于同一条直线上，在不画图的情况下计算相应等式的纵截距。每月的固定费用是多少？每分钟收取的费用是多少？通话 1 小时收取的总费用是多少？

解联立方程组

例 1A.7 和练习 1A.6 演示了当你需要求解包含两个未知数的两个方程时该怎么做。

例 1A.7　解联立方程组

假设你正在两套长途通话服务收费方案之间进行选择。

如果你选择方案 1，那么你的费用就用下列公式来计算：

$$B = 10 + 0.04T \tag{1A.7}$$

式中，B 是你每月的账单，以美元为单位；T 是以分钟衡量的你每月长途通话时长。如果你选择方案 2，那么你每月的账单就根据下面这个公式来计算：

$$B = 20 + 0.02T \tag{1A.8}$$

如果想要使得方案 2 更便宜，你每月平均应该打多长时间的长途电话呢？

方案 1 吸引人的地方在于固定月租费较低，但也有一个不吸引人的地方，即每分钟通话费相对较高。相反，方案 2 的固定月租费相对较高而每分钟通话费则较低。那些极少打电话（例如，每月通话 10 分钟）的人选择方案 1（每月账单＝10.40 美元）比选择方案 2（每月账单＝20.20 美元）好，因为方案 1 中较低的固定费用可以抵消较高的每分钟通话费。相反，那些打很多电话（例如，每月通话 10 000 分钟）的人选择方案 2（每月账单＝220 美元）比选择方案 1（每月账单＝410 美元）好，因为方案 2 中较低的每分钟通话费可以抵消较高的固定费用。

我们在这里的任务是找出**通话时长的平衡点**，即使得两种方案下的每月账单相等的月通话时长。求解这个问题的方法之一是画出这两个收费方案的图，找出它们的交点。在交点上，两个方程同时成立，也就是说两种方案下的月通话时长和月账单相等。

在图 1A.6 中，两种方案相交于 A 点，都产生了每月 30 美元的账单和 500 分钟的通话时长。所以使两个方案平衡的通话时长是每月 500 分钟。如果你的平均通话时长多于每月 500 分钟，那么采用方案 2 会省钱。例如，如果你平均通话 700 分钟，方案 2 下的账单（34 美元）比方案 1 下的账单（38 美元）便宜 4 美元。相反，如果你的平均通话时长少于每月 500 分钟，那么采用方案 1 更好。例如，如果你每月平均只通话 200 分钟，方案 1 下的账单（18 美元）比方案 2 下的账单（24 美元）降低 6 美元。每月通话 500 分钟时，两种方案花的钱相同（30 美元）。

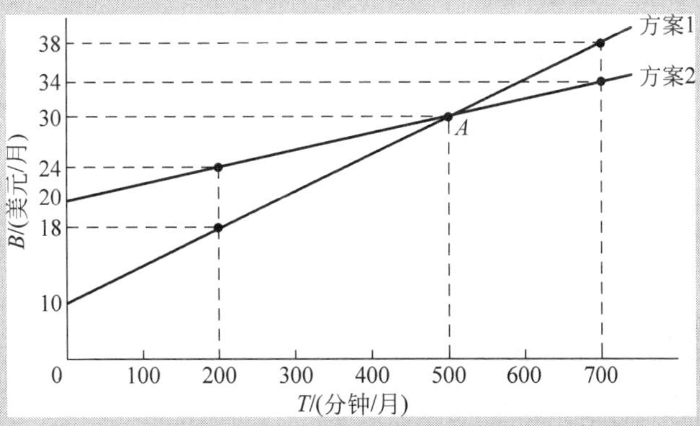

图 1A.6　通话时长的平衡点

当通话时长为 500 分钟时，两种方案下的费用相等；当多于 500 分钟时，方案 2 更便宜；少于 500 分钟时，方案 1 更便宜。

例 1A.7 中的问题也可以用代数方法求解。就像刚才讨论的图解法一样，我们的目标是找出使两个方程都得到满足的点(T,B)。第一步，我们改写这两个账单方程，把一个放在另一个上面，如下所示：

$$B=10+0.04T \quad \text{(方案 1)}$$
$$B=20+0.02T \quad \text{(方案 2)}$$

回顾一下高中代数，用一个方程某一边的项减去另一个方程对应的项，得到的差会相等。所以，如果我们把方案 2 方程两边都用方案 1 方程中对应的项来减，得到：

$$\begin{array}{rll} B &= 10+0.04T & \text{(方案 1)} \\ -B &= -20-0.02T & \text{(-方案 2)} \\ \hline 0 &= -10+0.02T & \text{(方案 1-方案 2)} \end{array}$$

然后，解最下面的方程$(0=-10+0.02T)$，得到 $T=500$。

将 $T=500$ 代入两个方程，我们发现 $B=30$。例如，方案 1 的方程得到 $10+0.04\times500=30$，与方案 2 的结果 $20+0.02\times500=30$ 一样。

因为点$(T,B)=(500,30)$同时位于两个方案的方程上，所以刚才描述的那种代数解法经常被称为解联立方程组。

练习 1A.6

假设你正在两套长途通话服务收费方案之间进行选择。如果你选择方案 1，那么你的费用可以用下面这个公式来计算：

$$B=10+0.10T \quad \text{(方案 1)}$$

式中，B 是你每月的账单，以美元为单位；T 是以分钟衡量的你每月长途通话时长。如果你选择方案 2，那么你每月的账单可以根据下面的公式来计算：

$$B=100+0.01T \quad \text{(方案 2)}$$

用例 1A.7 中的代数方法找出使两种付费方案的月通话时长的盈亏平衡点。

名词与概念

constant	常数	rise	因变量的增量
dependent variable	因变量	run	自变量的增量
equation	等式	slope	斜率
independent variable	自变量	variable	变量
parameter	参数	vertical intercept	纵截距

附录中练习题的答案

1A.1 计算每月通话时间为 45 分钟时的总费用，用 45 分钟代替 T 代入式(1A.1)，得到 $B=5+0.10\times45=9.50$(美元)。

1A.2 根据 A 点和 C 点计算斜率，已知因变量的增量$=30-24=6$，自变量的增量＝30－15＝15，因此二者的比率＝6/15＝2/5＝0.40。因为直线的纵截距是 18，因此等式为$B=18+0.40T$。在这个方案下，每月的固定费用是 18 美元，每分钟收取的费用等于收费直线的斜率 0.40，即每分钟 40 美分。

1A.3　每月的固定费用下降 2 美元会使得收费方案的直线平行下移 2 个单位。

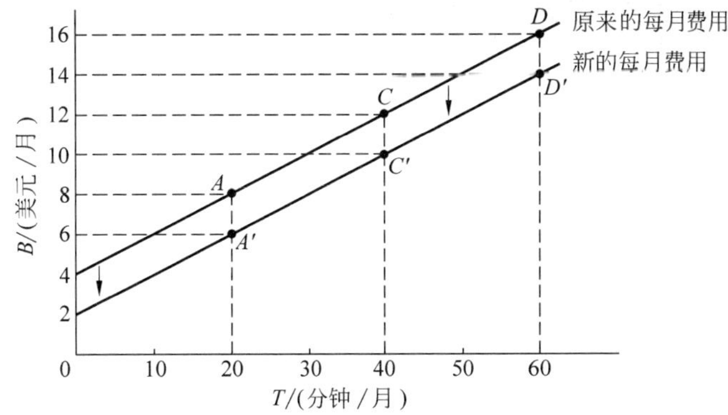

1A.4　当每月固定费用不变时，新直线的纵截距仍然等于 4。但是新方案的斜率为 0.10，是原来的一半。

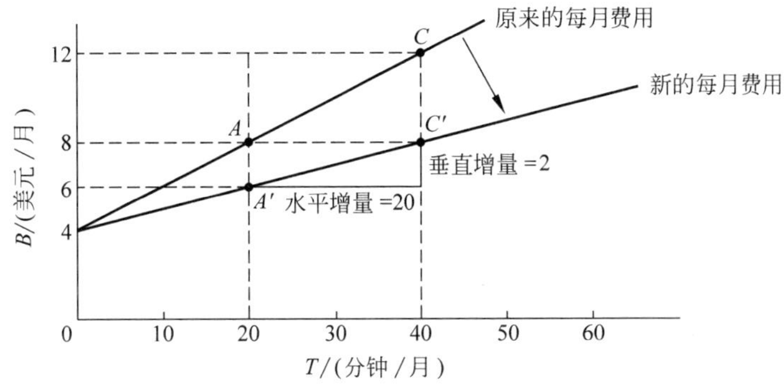

1A.5　写出费用等式通常的形式，$B=f+sT$，f 表示每个月的固定费用，s 表示斜率。根据表中最开始的两个点，计算出斜率 $s=\frac{\text{因变量的增量}}{\text{自变量的增量}}=\frac{10}{10}=1.0$。下面计算 f，根据表中第一行的信息写出费用等式 $20=f+1.0\times10$，解出 $f=10$。因此等式为 $B=10+1.0T$。根据等式，每个月的固定费用是 10 美元，每分钟收取的费用为 1 美元，通话 1 个小时的总费用是 $B=10+1.0\times60=70$(美元)。

1A.6　用方案 1 的方程减方案 2 的方程，得到

$$0=-90+0.09T \qquad (\text{方案 1－方案 2})$$

解得 $T=1\,000$。所以，如果你每月通话时长多于 1 000 分钟，那么用方案 2 比较好。

第 2 章

比较优势

学习目标

学完本章,你应该能够:

1. 解释并应用比较优势原理。
2. 解释并应用机会成本递增原理(又称"低果先摘"原理)。用生产可能性曲线来说明机会成本和比较优势。
3. 识别引起生产可能性边界移动的因素。
4. 解释比较优势在国际贸易中的作用,并说明为什么有些工作比其他工作更适合外包。

一名年轻的经济自然主义者志愿加入联合国维和部队,驻扎在尼泊尔的农村。为了节省开支,他雇用了一位名叫伯克哈曼的厨师。伯克哈曼来自邻国不丹喜马拉雅山脚下一个偏僻的小山村。虽然没有接受过正规的教育,但伯克哈曼却是位多才多艺的人。他的主要职责是准备三餐并且保持厨房的洁净,这两点伯克哈曼都做得非常好。此外,他还拥有其他的技能,如能够用茅草覆盖屋顶、宰杀山羊和修鞋。伯克哈曼还是一位出色的洋铁匠和木匠,能够修理破损的闹钟和用石膏抹墙,在家庭医疗保健方面他也很有一套,是当地的权威。

在尼泊尔,大多数人都有多种才能,即使技能最少的村民也能提供很多服务。但是在美国则不同,美国人会雇用其他人做一些尼泊尔人自己做的事。为什么会有这样的差别呢?

一个可能的答案是尼泊尔人很穷,没有多余的钱雇用他人为自己提供服务。的确,尼泊尔是个贫穷的国家,人均收入不足美国人均收入的$\frac{1}{40}$。在尼泊尔,很少有人拥有足够的财力去支付外雇的服务。或许很多人觉得这个解释合情合理,但事实却恰好相反。尼泊尔人不是因为贫穷才不得不亲自做很多事情,而是因为他们过多地依靠自身能力才导致了贫困。

除了这种每个人都尽力做所有自己能做的事情的经济体系之外,还有一种截然不同的经济体系。在这种经济体系下，每个人专门从事某项特定的生产或者服务，然后通过相互交换得到各自所需的产品和服务。通常而言，这种在专门化以及产品与服务的交换基础上建立的经济体系的生产能力远远高于专门化程度低的经济体系。本章的主要目的就是讨论为什么专门化和交换会带来生产能力的提高。

这个人是因为贫穷才依靠自身完成很多事情，还是因为他过多地依靠自身能力才变得贫穷？

本章将揭示专门化提高生产率的原因在于存在比较优势。我们说一个人在生产某种产品或服务上具有比较优势，以理发为例，是指这个人理发的效率相对于他生产其他产品和服务的效率较高。本章指出如果每个人都专门从事某种自身具有比较优势的生产或服务，那么每种产品和服务的数量都会增加。

本章还会介绍生产可能性曲线，即用图形的方法描述经济所能够生产的产品和服务的组合。在这个工具的帮助下，我们可以清楚地看出专门化会如何增强哪怕是最简单的经济的生产能力。

交换和机会成本

稀缺原理（参见第1章）告诉我们：在某一种经济活动上投入的时间越多，可以投入其他活动的时间就越少。下面的例子用这个原理清楚地解释了为什么人们通过专门从事某种他比别人干得好的活动，可以使得每个人都生活得更好。

例 2.1 稀缺原理

乔·贾梅尔应该撰写自己的遗嘱吗？

以“民事诉讼之王”的美誉为人所熟知的乔·贾梅尔是美国历史上最有名的律师。他也是最富有的律师之一，拥有超过15亿美元的总资产，在福布斯美国400富豪排行榜上，他名列第269名。

虽然贾梅尔的主要时间都用来处理高端诉讼，他在其他法律服务方面也很杰出。假设他可以在2个小时内写好自己的遗嘱，而其他律师则需要4个小时。这是否意味着贾梅尔应该自己撰写自己的遗嘱？

作为一名杰出的诉讼律师，贾梅尔每年的收入为上百万美元，也就是说他用来准备自己遗嘱的时间的机会成本大约是每小时数千美元，而专门从事财产法的律师的收费远低于这个数目。贾梅尔可以以低于每小时800美元的费用聘请一位能干的财产律师为自己写遗嘱。因此，即使贾梅尔自身的能力使得他可以更快地完成这份遗嘱，从经济学的角度而言这样做也是很不划算的。

在例2.1中，用经济学的术语来说贾梅尔具有撰写遗嘱的**绝对优势**，但是在庭审上具有**比较优势**。因为他能够用比财产律师更短的时间撰写好一份遗嘱，所以说他在这方面具有绝对优势。但即使是这样，财产律师相对于贾梅尔在撰写遗嘱方面具有比较优势，因为财产律师撰写遗嘱的机会成本远低于贾梅尔。

Courtesy of Joe Jamail

乔·贾梅尔应该自己撰写遗嘱吗？

要注意的是例 2.1 并不是要告诉读者时间价值更宝贵的人永远都不应该自己为自己做事情。例子中暗含的假设是，如果贾梅尔决定自己亲自写遗嘱，表明他用 1 个小时撰写遗嘱得到的满足和用 1 个小时准备诉讼得到的满足相等。但如果我们假设贾梅尔厌烦了审讯陈述，转而进行财产法业务会让他感到更愉快，那么他自己撰写自己的遗嘱从经济学的角度而言也许就是可行的。但除非他能够从这项活动中得到特别的满足，否则雇用一位财产律师撰写遗嘱仍是更佳的选择。当然财产律师也会从中获益，否则他也不会在商定的价格下接受这个案子。

比较优势原理

现代经济学的一个重要的核心是如果两个人（或者两个国家）从事不同的活动时具有不同的机会成本，他们总是可以通过交换增加产品和服务总量。下面的例子说明了这个核心观点的逻辑。

例 2.2　比较优势

贝思应该更新自己的网页吗？

假设有一个很小的社团，在这个社团里贝思是唯一的专业自行车技师，而保拉是唯一的超文本链接标示语言（HTML）程序员。如果她们用来进行这两项活动的时间如表 2.1 所示，并且认为从事这两项活动得到的满足（或者不满足）程度相等，那么贝思写程序的速度比保拉快是否意味着贝思应该自己更新自己的网页呢？

表 2.1　贝思和保拉的生产信息　　分钟

姓名	更新网页的时间	修理自行车的时间
贝思	20	10
保拉	30	30

表 2.1 中的数字说明贝思在更新网页和修理自行车两项活动中都具备绝对优势。作为技师的贝思更新网页需要花费 20 分钟，而作为程序员的保拉更新网页则需要花费 30 分钟。在修理自行车时，贝思相对于保拉的优势更加明显：她可以在 10 分钟内修好自行车，而保拉则需要 30 分钟。

但是贝思与保拉相比是位更好的程序员的事实并不意味着贝思应该自己更新自己的网页。就如同贾梅尔律师应该准备诉讼而不是自己撰写遗嘱一样，保拉在编写程序方面相对于贝思具有比较优势：她在编写程序方面更有效率。同样，贝思在修理自行车方面具有比较优势（一个人在某项活动上具有比较优势是指他进行这项活动的机会成本比其他人低）。

保拉更新网页的机会成本是什么？因为保拉需要 30 分钟更新网页——和她修理自行车所需要的时间相等——因此，她更新网页的机会成本就是修理一辆自行车。换句话说，通过将时间投入更新网页而不是修理自行车上，保拉的选择是有效的。相反，贝思可以在更新网页需要的时间内修理2辆自行车。对她而言,更新网页的机会成本是修理2辆自行车。用修理的自行车数量来表示,贝思编写程序的机会成本就是2辆自行车,是保拉机会成本的2倍。因此,保拉在编写程序上具有比较优势。

表2.2总结了贝思和保拉各自从事某种活动时的机会成本。该表一个有趣而重要的结论是如果保拉和贝思将她们的时间部分用于更新网页、部分用于修理自行车,那么她们可以拥有的网页更新数量和自行车修理数量的总和少于她们各自专门从事自己具有比较优势的活动时的总和。假设人们每天一共需要更新16个网页。如果贝思用一半的时间更新网页,用另一半时间修理自行车。那么一天工作8个小时后贝思可以更新12个网页,修理24辆自行车。剩下的4个网页,保拉花2个小时就可以完成更新工作,这样她可以用剩下的6个小时修理自行车。修理1辆自行车平均需要30分钟,因此6个小时内保拉可以修理12辆自行车。这样当她们进行交换时,一共有16个更新的网页和36辆修理的自行车。

表2.2 贝思和保拉的机会成本

姓名	更新网页的机会成本	修理自行车的机会成本
贝思	修理2辆自行车	更新0.5个网页
保拉	修理1辆自行车	更新1个网页

让我们看看如果贝思和保拉分别专门从事她们具有比较优势的活动,会有什么样的结果。保拉可以自己更新16个网页,贝思可以修理48辆自行车。专门化可以凭空多出12辆自行车修理的服务。

"Rachel,我们简直是天生一对。我负责知识产权事宜,而你则是一名内容提供商。"

以一种商品为单位计算另一种商品的机会成本时,我们必须时刻关注生产力信息的表现形式。在例2.2中,我们知道了每个人做每项活动所需要的时间。相反,我们也可能知道的是每小时每人可以进行的活动单位的数量。请通过下面的练习掌握采用后一种方法时如何计算机会成本。

练习 2.1

巴伯应该自己更新网页吗?

假设在一个小型社会中巴伯是唯一的职业自行车技师,帕特是唯一一个超文本链接标示语言(HTML)程序员。他们从事这两种活动的生产速度如下表所示,并且从事这两种活动带来的满足(不满足)程度相等,那么巴伯比帕特更新网页的速度快是否意味着巴伯应该自己更新网页?

姓名	更新网页的生产力	修理自行车的生产力
帕特	每小时更新 2 个网页	每小时修理 1 辆自行车
巴伯	每小时更新 3 个网页	每小时修理 3 辆自行车

上面的例子暗含的经济学原理非常重要,我们将其正式表述为一个经济学的核心原理。

比较优势原理:当每个人(或者每个国家)集中进行其机会成本最低的活动时,所有人都会实现最优。

的确,基于比较优势的专门化生产可能产生的收益构成了市场交换的基本原理。这解释了为什么每个人不是将自己时间的 10%用于生产汽车、5%用于购买食物、25%用于建造房屋,然后还有 0.000 1%用于进行脑外科手术或者其他的活动。通过专门从事我们每个人具有比较优势的生产,我们可以生产远多于自给自足情况下的产品和服务。

现在我们重新回顾一下厨师伯克哈曼。虽然伯克哈曼多才多艺,能够自己做很多事情,但是他肯定不如在医科学校受过专业训练的医生医术高明,也没有每天都从事修理工作的修理工熟练。如果很多和伯克哈曼一样具有天生技能的人都聚集到一起,然后每个人都专门从事一种或者两种产品的生产,那么他们能够生产的产品和服务的总数量以及质量都要明显优于每个人独自生产所有自己所需产品和服务的情况。虽然依靠自身的技能自力更生的人应该受到社会的尊重,但是从繁荣经济的角度来看,这种做法不值得提倡。

专门化及其效应给经济自然主义者提供了充足的物质资料。下面这则体坛的例子就说明了这个道理。

经济自然主义者 2.1 0.400 的击球手都到哪儿去了?

在棒球运动中,0.400 的击球手是指 10 次击球中至少有 4 次击中的球员。虽然在职业棒球界 0.400 的击球手并不常见,但是他们出现的频率还是比较高的。例如,20 世纪早期,有位名叫卫·威力·克勒的球员是 0.432 的击球手,也就是说每 100 次击球能够击中 43 次以上。但是自从 1941 年波士顿 Red Sox 队的泰德·威廉姆斯击出 0.406 的成绩后,联赛中再也没有出现过 0.400 的击球手。为什么?

一些棒球爱好者认为 0.400 击球手的消失意味着如今棒球运动员的水平下降了。但是这种观点经不起事实的检验。我们查看资料就会发现现在的棒球运动员与卫·威力·克勒相比块头更大、更强壮,奔跑速度也更快(卫·威力·克勒的身高只有5英尺4英寸多,体重仅为140磅)。

比尔·詹姆斯是棒球运动史的权威分析师。他认为0.400击球手的消失反而是棒球联赛质量提升的结果。事实上投手和外场球员的标准都更高了,因此要达到0.400的击球目标也变得更困难了。

棒球队的整体水平为什么上升了?可能的原因很多,譬如营养更好、训练更科学、装备更好,但要注意专门化也在球队水平的提高中扮演了很重要的角色。[①] 过去,一个投手通常会在整场比赛中充当投手的角色。但是现在的投手包括比赛开始时的投手(先发投手)、比赛中间两到三局的投手(中场投手)以及最后一局的投手(终场投手)。这些不同的角色需要不同的技能和战术。投手可能还会分成专门应付左手或右手击球球员的投手、专门让击球手出局的投手以及使击球手将球击落在比赛场地上的投手。类似的,外场球员如今很少负责多项防御,大多数球员只负责一项防御任务。有些球员专门负责防御(使对方无法充分发挥击球能力);这些"防御专家"可以在比赛的后半时帮助保持领先地位。即使是在管理和教练方面,专门化也成了主要趋势。救援投手有专门的教练并且统计专家还会应用计算机帮助发现对方击球手的弱点。专门化的增加最终导致了如今就连最弱的球队的防御能力也很出色的现状。在没有弱手的今天,击球手要在整个赛季打出0.400几乎是不可能完成的任务。

© Bettmann/CORBIS

为什么自泰德·威廉姆斯之后的半个世纪在联赛中一直没有出现过0.400击球手?

比较优势的来源

对于个体而言,比较优势通常源自与生俱来的才能。比如,有些人生来就有编写计算机程序的天赋,而有些人生来就知道修理自行车的诀窍。但比较优势的产生更多是因为教育、培训或者经验。因此我们通常雇用受过建筑培训的人来设计厨房,雇用学过法律的人来拟订合约,雇用具有物理学高学历的人来教授物理。

对一个国家而言,比较优势源于自然资源或社会文化的差异。美国拥有世界上大量杰出的研究型大学,因此在设计电子计算机软件和硬件上具有比较优势。加拿大的人均农田和森林面积居全世界首位,因此加拿大在生产农产品上具有比较优势。地形和气候可以帮助解释为什么美国科罗拉多州的滑雪行业很发达,而夏威夷州则是知名的海滨度假胜地。

① 参见 Stephen Jay Gould, *Full House*. New York: Three Rivers Press, 1996, Part 3,作者从一个物种进化学家的角度分析了专门化以及0.400击球手减少的有趣现象。

一些非经济因素也可能产生比较优势。比如说因为英语实际上是世界语言，因此相对于非英语国家，说英语的国家在出版、电影和流行音乐行业具有比较优势。甚至一个国家的社会制度也能够影响该国在某个特定行业中拥有比较优势的程度。例如，鼓励创业的文化会使得该国在生产新产品上具有比较优势，而促进工艺高标准化的文化则使得该国在生产高品质的已有商品上具有比较优势。

经济自然主义者 2.2 美国在电视和数字录像市场上的领先地位为什么丧失了？

美国发明了电视和录像带并且首先对其进行工业生产，但是现在美国电视和录像带的产量只占全世界总产量中很小的一部分。美国在技术研究上的比较优势可以部分地解释为什么电视机和录像机在美国被发明和改进。美国之所以具有技术研究上的比较优势，一个原因是它具有杰出的高等教育体系。另一个原因是每年投入军用电子产品的高额实验经费和鼓励创业的文化。在生产这些产品的初期，美国具有优势是因为这些产品在初始阶段的研发速度比较快，因此将厂房设置在紧邻产品设计开发的地方可以帮助不断地改进产品。此外，早期的生产技能在很大程度上依靠熟练工人，而美国的熟练技工有很多。但随着产品开发的稳定化以及复杂生产装置的自动化，生产过程需要的熟练工人随之减少。因此，美国这种高工资国家的产品相对于海外低工资国家生产的同等产品而言失去了竞争优势。

为什么美国无法保持在电视机和其他电子设备生产方面的竞争力？

重点回顾：交换和机会成本

如果交换的对象具有生产不同产品和服务的比较优势，通过交换就有可能获益。假设你在生产网页产品上具有比较优势，即你生产一个网页的机会成本——如果用放弃的其他产品的数量来表示——小于贸易对象相应的机会成本。每个人都专门生产自己具有最低机会成本（比较优势原理）的产品或服务就可以达到最大的产量。即使贸易对象在所有活动中用绝对数量衡量的生产能力都更高，基于比较优势进行专门化仍然有价值。

比较优势和生产可能性

比较优势和专门化使得一个经济体的产量远大于每个人都进行一小部分各种活动时的产量。本节我们将通过引进一种图形来进一步分析专门化的好处，这种图形可以用来描述一个经济体所能够生产的所有产品和服务的组合。

生产可能性曲线

假设一个经济体只生产两种产品：咖啡豆和松果。这是一个小的岛国经济，所谓的"生产"就是指到岛屿中央谷底的灌木丛中摘取咖啡豆或者到可以俯瞰村庄的陡峭山腰的树上采拾松果。工人花费在摘咖啡豆上的时间越多，可以用来采拾松果的时间就越少。因此，如果人们想要喝更多的咖啡，他们就只能得到更少的松果。

如果知道每种活动中工人的生产能力，我们就可以得出每天工人可以摘的咖啡豆和松果的数量的不同组合。这一选择的组合就是经济学上的**生产可能性曲线**。

下面我们还是用一个例子来做简单的介绍。在这个例子中只有一个工人，这个工人可以将自己的时间任意分配到两种活动上。

例 2.3　生产可能性曲线

在只有苏珊一名工人的经济体中，生产可能性曲线是什么样的？

假设一个经济体只有苏珊一名工人，她可以将自己的生产时间任意分配到生产咖啡豆或者松果上。苏珊身材矮小，但是手指很灵活，这两个因素决定了苏珊摘咖啡豆的效率高于采松果。假设她每小时可以采 2 磅松果或者摘 4 磅咖啡豆。如果苏珊每天工作 6 个小时，根据上述信息，画出她的生产可能性曲线——描述在任意一种松果产量下，苏珊可以摘的咖啡豆的最大产量图。

图 2.1 的纵轴表示苏珊每天可以摘的咖啡豆量，横轴表示她每天可以采的松果量。下面先讨论两种极端的工作时间分配方案。首先假设她将自己所有的工作时间(6 个小时)都用于摘咖啡豆。这种情况下她每小时可以摘 4 磅咖啡豆，每天可以摘 24 磅咖啡豆，但此时松果的产量为零。这种咖啡豆和松果的组合用图 2.1 中的 A 点表示，也就是苏珊的生产可能性曲线的纵截距。

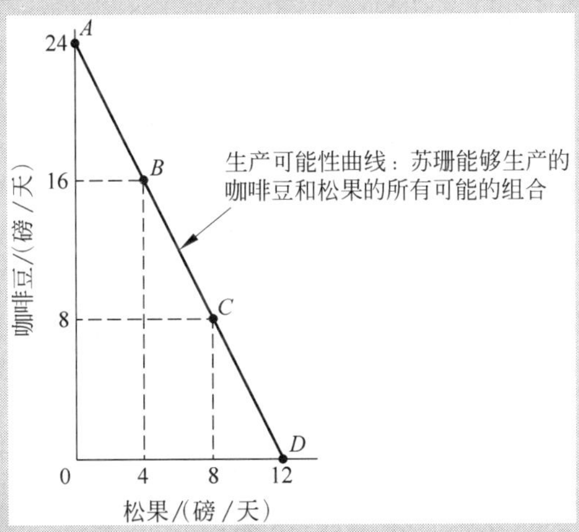

图 2.1　苏珊的生产可能性曲线

对于给定的生产关系，生产可能性曲线是一条直线。

接着假设现在苏珊不摘咖啡豆，而将所有的时间用于采松果。因为她每小时可以采摘 2 磅松果，所以每天可以采摘 12 磅松果。这种产量组合用图 2.1 中的 D 点表示，也就是生产可能性曲线的横截距。因为苏珊生产每种产品的产量与对应的生产活动时间成正比，因此她的生产可能性曲线的其他所有点都位于经过 A 点和 D 点的直线上。

假设苏珊每天用4个小时摘咖啡豆，2个小时采松果，那么她每天会得到(4小时)×(4磅/小时)=16磅咖啡豆以及(2小时)×(2磅/小时)=4磅松果。这个点在图2.1中用B点表示。但如果苏珊每天花4个小时采松果，2个小时摘咖啡豆，那么每天她会得到(4小时)×(2磅/小时)=8磅松果以及(2小时)×(4磅/小时)=8磅咖啡豆。这个点在图中用C点表示。

既然苏珊的生产可能性曲线(PPC)是一条直线，那么它的斜率就是一个常数。苏珊PPC的斜率的绝对值等于这条线的纵截距和横截距的比率：(24磅咖啡豆/天)/(12磅松果/天)=(2磅咖啡豆)/(1磅松果)(注意计算比率保留每个轴的变量的单位)。这个比率说明苏珊多生产1磅松果的机会成本是2磅的咖啡豆。

苏珊生产松果的机会成本(OC)可以用下面这个简单的公式表示：

$$\mathrm{OC}_{\text{松果}}=\frac{\text{咖啡豆减少量}}{\text{松果增加量}} \tag{2.1}$$

这里“咖啡豆减少量”是指减少摘咖啡豆的时间而损失的咖啡豆产量，“松果增加量”是指增加采松果的时间而增加的松果产量。同样，苏珊生产咖啡豆的机会成本也可以用这个公式表示成：

$$\mathrm{OC}_{\text{咖啡豆}}=\frac{\text{松果减少量}}{\text{咖啡豆增加量}} \tag{2.2}$$

下面两种说法是完全等同的：(1)苏珊多生产1磅松果的机会成本是2磅咖啡豆；(2)苏珊多生产1磅咖啡豆的机会成本是1/2磅松果。

图2.1中的生产可能性曲线向下倾斜再次证明了稀缺原理——因为我们拥有的资源有限，因此多拥有一单位某种产品必然会引起其他产品拥有量的减少(参见第1章)。只有当苏珊愿意放弃消费1/2磅松果时，她才可能多拥有1磅咖啡豆。如果整个经济体中只有苏珊一个人，那么事实上某种产品的价格就等于她生产这种产品的机会成本。因此她要支付的多生产1磅咖啡豆的价格就是1/2磅松果；或者说她要支付的多生产1磅松果的价格是2磅咖啡豆。

位于生产可能性曲线上或者曲线内的任一点被称为**可实现的点**，也就是说这种产量组合可以通过利用现有的资源得到。例如，在图2.2中，A、B、C、D和E点都是可实现的点。位于生产可能性曲线外的点被称为**不可实现的点**，也就是说这种产量组合无法在现有的资源下实现。在图2.2中，F点就是一个不可实现的点，因为苏珊不可能在每天摘

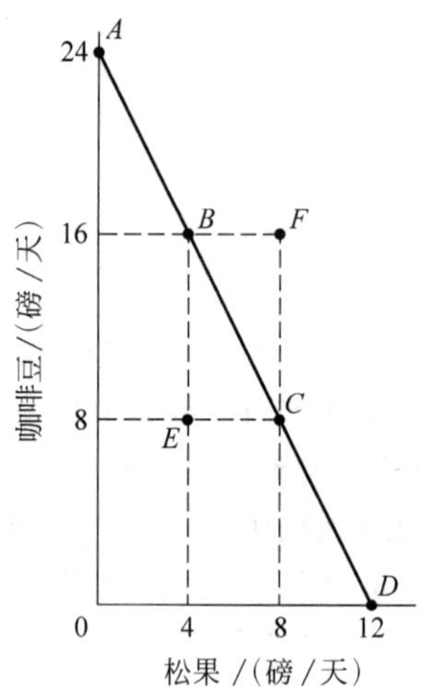

图2.2 在苏珊的生产可能性曲线上，可实现的点和有效率的点

位于生产可能性曲线上(如A、B、C和D点)或者以内(如E点)的点；称为可实现的点；位于生产可能性曲线以外的点(如F点)是不可达到的；位于曲线上的点称为有效率的点，而位于曲线内的点称为无效率的点。

16 磅咖啡豆的同时采 8 磅松果。位于曲线内的点是**无效率的点**，因为利用现有的资源完全可以在不减少一种产品产量的同时使另一种产品增加至少 1 个单位的产量。例如，在 *E* 点，苏珊每天只摘 8 磅咖啡豆和 4 磅松果，但其实她可以在维持 4 磅松果时多摘 8 磅咖啡豆(从 *E* 点移到 *B* 点)。或者说她可以在维持 8 磅咖啡豆时多摘 4 磅松果(从 *E* 点移到 *C* 点)。位于生产可能性曲线上的点称为**有效率的点**。在有效率的点处，多生产一种产品就必须减少另一种产品的产量。

练习 2.2

根据图 2.2 中的生产可能性曲线，说明下面哪些点是可实现的点并且/或者是有效率的点：

(1) 每天生产 20 磅咖啡豆，4 磅松果；

(2) 每天生产 12 磅咖啡豆，6 磅松果；

(3) 每天生产 4 磅咖啡豆，8 磅松果。

个体生产率如何影响生产可能性曲线的斜率和位置

为了说明生产可能性曲线的斜率和位置如何取决于个体的生产力，我们将苏珊的生产可能性曲线和汤姆的生产可能性曲线做个比较。假设汤姆摘咖啡豆的能力不如苏珊，但是采松果的能力比苏珊高。

例 2.4 生产率的变化

生产率的变化如何影响松果的机会成本？

汤姆身材矮小，眼力很好，还具有其他优势，使他很适合采摘长在山腰树上的松果。汤姆每小时可以采摘 4 磅松果或者 2 磅咖啡豆。如果汤姆是整个经济体中唯一的工人，试画出整体经济的生产可能性曲线。

我们用与画苏珊生产可能性曲线同样的方法画出汤姆的生产可能性曲线。如果汤姆将所有的工作时间(6 个小时)用于采摘咖啡豆，这种情况下他每天可以采摘(6 小时)×(2 磅/小时)=12 磅咖啡豆和 0 磅松果，这就是汤姆生产可能性曲线的纵截距，在图 2.3 中用 *A* 点表示。但是如果汤姆将每天所有的时间用来采摘松果，那么他可以得到(6 小时)×(4 磅/小时)=24 磅松果和 0 磅咖啡豆，这就是汤姆生产可能性曲线的横截距，在图 2.3 中用 *D* 点表示。因为汤姆生产每种产品的产量和这种生产活动的时间成正比，因此他的生产可能性曲线就是经过 *A* 点和 *D* 点的直线。

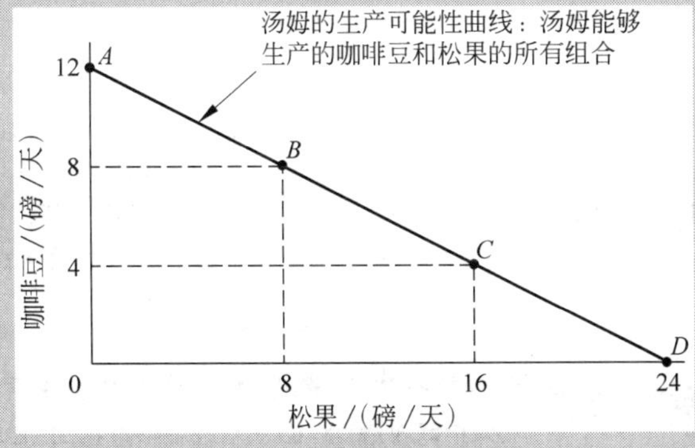

图 2.3 汤姆的生产可能性曲线

汤姆生产 1 磅松果的机会成本是 1/2 磅咖啡豆。

举个例子，如果汤姆每天花 4 个小时摘咖啡豆，2 个小时采松果，那么他每天会得到(4 小时)×(2 磅/小时)=8 磅咖啡豆以及(2 小时)×(4 磅/小时)=8 磅松果。这个点在图中用 *B* 点表示。但如果汤姆每天花 4 个小时采松果，2 个小时摘咖啡豆，那么他每天会得到(2 小时/天)×(2 磅/小时)=4 磅咖啡豆以及(4 小时/天)×(4 磅/小时)=16 磅松果。这个点在图中用 C 点表示。

如何比较苏珊和汤姆的生产可能性曲线呢？注意在图 2.4 中汤姆摘咖啡豆的绝对生产能力低于苏珊，因此他的生产可能性曲线与纵轴的交点更靠近原点。同样，因为苏珊采松果的绝对生产能力低于汤姆，因此她的生产可能性曲线与横轴的交点更靠近原点。对于汤姆而言，多生产 1 磅松果的机会成本是 1/2 磅咖啡豆，相当于苏珊的 1/4。这个机会成本的差异也体现在他们的生产可能性曲线的差异上：汤姆的生产可能性曲线斜率的绝对值是 1/2，而苏珊的生产可能性曲线斜率的绝对值是 2。

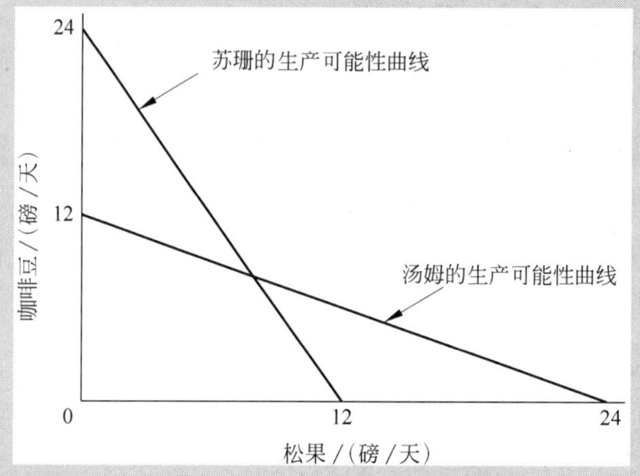

图 2.4 比较个人生产可能性曲线

汤姆在咖啡豆的生产上效率低于苏珊，但在松果的生产上效率高于苏珊。

在这个例子中，汤姆相对于苏珊在采松果上既有绝对优势又有比较优势，而苏珊相对于汤姆在摘咖啡豆上既有绝对优势又有比较优势。

我们必须再次强调，比较优势原理只是一个相对的概念——只有比较两个或者多个人(或国家)的生产能力时这个概念才有经济意义。读者可以通过下面的练习巩固对这个概念的理解。

练习 2.3

假设苏珊每小时可以摘 2 磅咖啡豆或者采 4 磅松果，汤姆每小时可以摘 1 磅咖啡豆或者采 1 磅松果。苏珊采 1 磅松果的机会成本是多少？汤姆采 1 磅松果的机会成本是多少？苏珊在哪项生产中具有比较优势？

专门化和交换的益处

前文中我们曾经说过因不同人的机会成本不同而引起的比较优势可以使每个人都获益(参见例 2.1 和例 2.2)。下面的例子从生产可能性曲线的角度阐述了这个道理。

例 2.5　专门化

不实施专门化的代价有多昂贵?

假设例 2.4 中苏珊和汤姆对于两项活动的时间分配恰好使每个人采的松果磅数等于摘的咖啡豆磅数,那么苏珊和汤姆可供消费的松果和咖啡豆各是多少磅? 如果汤姆和苏珊都专门从事自己有比较优势的生产,他们可供消费的松果和咖啡豆又各是多少磅?

因为汤姆在 1 个小时内可以采的松果磅数是他可以摘的咖啡豆磅数的 2 倍,因此要使两种产品的磅数相同,他就应该每采 1 个小时的松果后用 2 个小时摘咖啡豆。因为汤姆和苏珊都是每天工作 6 个小时,因此汤姆每天应该采 2 个小时松果,摘 4 个小时咖啡豆。根据这种时间分配方式,一天下来汤姆可以生产 8 磅松果和 8 磅咖啡豆。同样,苏珊在 1 个小时内可以摘的咖啡豆磅数是她可以采的松果磅数的 2 倍,因此要使两种产品的磅数相同,她就应该每摘 1 个小时的咖啡豆后用 2 个小时来采松果。因为苏珊也是每天工作 6 个小时,因此苏珊每天应该摘 2 个小时咖啡豆,采 4 个小时松果,从而苏珊每天也可以生产 8 磅松果和 8 磅咖啡豆(参见图 2.5)。这样一来他们两个人每天的总产量就是 16 磅的松果和 16 磅的咖啡豆。但如果他们两个人都专门生产自己具有比较优势的产品,那么他们每天的总产量应该是 24 磅咖啡豆和 24 磅松果。

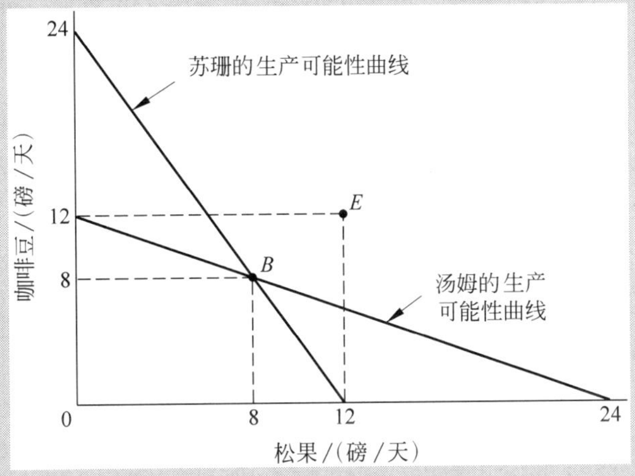

图 2.5　无分工情况下的生产

当汤姆和苏珊都花费时间来生产同样磅数的咖啡豆和松果时,他们每天一共有 16 磅的咖啡豆和 16 磅的松果可供消费。

在这种情况下,如果他们彼此之间进行贸易交换自己的产品,那么现在每个人能够消费的两种产品的组合的可实现点在不进行贸易的情况下是不可实现的点。例如,苏珊可以用 12 磅咖啡豆和汤姆交换 12 磅松果,这样每个人都可以多消费 4 磅咖啡豆和 4 磅松果。我们可以看到图 2.5 中的 E 点,即每天每个人可以消费 12 磅咖啡豆和 12 磅松果,位于苏珊和汤姆两个人生产可能性曲线的外部,但是这个点通过专门化生产和贸易变成了可实现的点。

通过下面的练习题,读者可以看到专门化生产的好处会随着机会成本之间差异的增大而增加。

练习 2.4

机会成本的差异如何影响专门化的好处?

苏珊每小时可以摘 5 磅咖啡豆或者采 1 磅松果,而汤姆每小时可以摘 1 磅咖啡豆或者采 5 磅松果。假设他们每天工作 6 个小时,并且每个人都希望消费等量的咖啡豆和松果,那么相对于各自生产各自消费的情况而言，他们通过专门化生产可以增加多少消费量？

虽然专门化生产和贸易的好处随着贸易伙伴之间机会成本差异的扩大而增加，但这些机会成本的差异还不能完全解释贫穷国家和富裕国家之间生活水平的巨大差距。例如，2008 年世界上最富裕的 20 个国家或地区的人均收入超过 47 000 美元，而同时世界上最贫穷的 20 个国家的人均收入却只有 400 美元。[①] 下文还将进一步说明专门化在这些差异中的作用，这里我们首先讨论如何建立整个经济的生产可能性曲线，然后讨论除了专门化之外还有什么因素可能引起生产可能性曲线向外移动。

多人经济的生产可能性曲线

即使现实经济是由上百万人组成的，构建这样一个整体经济的生产可能性曲线的过程仍然和构建单人经济的生产可能性曲线一样。我们依旧假设一个经济体中只有两种产品：咖啡豆和松果。同样用横轴表示松果的数量，用纵轴表示咖啡豆的数量。该经济的生产可能性曲线的纵截距意味着经济中所有工人将所有的工作时间都用于摘咖啡豆时可以生产的咖啡豆总量，即这个假想经济可能达到的最大咖啡豆产量，在图 2.6 中表示为每天100 000 磅（这是为了便于画图，假想的一个数量）。该经济体的生产可能性曲线的横截距意味着经济体中所有工人将所有的工作时间都用于采松果时可以生产的松果的总量，即这个假想经济体可能达到的最大松果产量，在图 2.6 中表示为每天 80 000 磅（同样是一个假想的数量）。注意图中的生产可能性曲线不再是一条直线——前面例子中只有一个工人的经济体的生产可能性曲线是一条直线——而是一条凸离原点的弓形曲线。

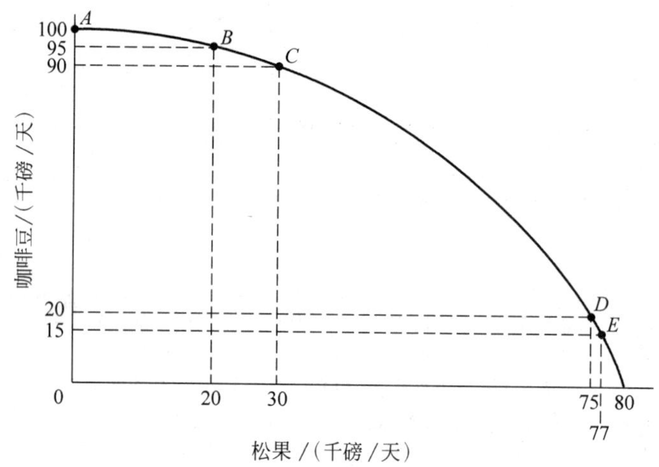

图 2.6 一个大经济体的生产可能性曲线

当一个经济体中有数以百万计的工人时，生产可能性曲线的形状通常比较平缓。

---

① 高收入国家或地区有：澳大利亚、奥地利、比利时、文莱、加拿大、中国香港、冰岛、爱尔兰、科威特、卢森堡、荷兰、挪威、卡塔尔、新加坡、瑞典、瑞士、阿联酋、英国和美国。低收入国家有：阿富汗、布隆迪、中非共和国、科摩罗联盟和刚果民主共和国、乍得、埃塞俄比亚、加纳、几内亚比绍共和国、海地、利比里亚、马达加斯加、马拉维、马里、莫桑比克、尼日尔、卢旺达、塞拉利昂、多哥和津巴布韦（资料来源：IMF 2010 www. gfmag. com/tools/global-database/economic-data/10299-the-worlds-richest-and-poorest-countries. html # axzz1UkVpJon2）。

后文我们会解释生产可能性曲线为什么会是这种形状。不过，我们首先要指出，弓形生产可能性曲线意味着生产松果的机会成本随着整个经济体生产松果数量的增多而增大。例如，当经济体中产品组合从只生产咖啡豆的 A 点，向下移动到 B 点时，每天将少生产 5 000 磅咖啡豆而多生产 20 000 磅松果。当松果的产量继续增加——譬如从 B 点移动到 C 点——每天少生产 5 000 磅咖啡豆而只多生产 10 000 磅松果。随着松果产量的进一步增加，这种机会成本不断增加的现象一直存在。从 D 点移动到 E 点时，每天少生产 5 000磅的咖啡豆节省的资源只能多生产 2 000 磅的松果。我们可以看出生产咖啡豆的过程中也发生了这种机会成本递增的现象。因此，随着咖啡豆产量的增加，多生产 1 磅咖啡豆的机会成本——用因之减少的松果磅数表示——也会增加。

为什么多人经济的生产可能性曲线是弓形的？这是因为经济中有些资源比较适合采松果而其他资源比较适合摘咖啡豆。如果最初经济体只生产咖啡豆并且开始想要一些松果，那么应该安排哪些工人不摘咖啡豆而去采松果呢？回顾我们在例 2.5 中提到的两个工人：苏珊和汤姆。汤姆在采松果上具有比较优势，苏珊在摘咖啡豆上具有比较优势。如果两个工人现在都在摘咖啡豆，而你想要安排他们中的一个去采松果，你会安排谁去？答案很显然是汤姆，因为这样采 1 磅松果只会损失 1/2 磅咖啡豆，而如果让苏珊去采松果，采 1 磅松果就会损失 2 磅咖啡豆。

不管多人经济体的规模有多大，除了不同工人之间机会成本的差异可能不同于前面提到的两个工人的例子（例 2.5）之外，其中蕴含的原理是一样的。随着不断地安排原本摘咖啡豆的工人去采松果，采松果人数增加，到后来的某一点像苏珊这样适于摘咖啡豆的人也一定会被安排去采松果。这样到最后很多机会成本高于苏珊的人也会被要求去采松果了。

图 2.6 中生产可能性曲线的形状说明了一个一般性的原理：当不同资源的机会成本不同时，我们应该首先利用机会成本最低的资源。因为水果采收工总是先摘最容易摘到的水果，因此我们将这个原理称为低果先摘原理。

机会成本增加原理（也称为低果先摘原理）：在扩大一种产品产量的时候，首先使用机会成本最低的资源，然后再逐渐使用机会成本较高的资源。

水果采收工规则的逻辑注释　为什么水果采收工要先采收最低处的水果？这有下列几个原因。一个原因在于低处的水果容易采摘（因此更便宜），如果一名水果采收工打算先采摘一定数量的水果，他显然会避免采摘高处树枝上难以采到的水果。即使他决定将树上所有的水果都摘下来，也会从低处的水果先摘起，因为这样能够更快地得到出售水果的利益。

一名要对效率低下且经济状况不佳的企业进行改革的新上任的 CEO 的任务与水果采收工的工作差不多。CEO 的时间和精力是有限的，因此他会首先处理那些比较容易解决并且会带来经营状况最大改善的问题——最靠近地面的水果。然后，CEO 才会考虑那些对经营状况的影响不是很大的问题。

说得通俗一些,机会成本递增原理强调的就是首先利用对你而言最有利的机会。

重点回顾:比较优势和生产可能性

对于一个只生产两种产品的经济体而言,生产可能性曲线描述了在一种产品的任意一种可能产量下,另一种产品可能达到的最大产量。位于曲线上或者曲线内部的点称为可实现的点,位于曲线外部的点称为不可实现的点,位于曲线上的点又称为有效率点。生产可能性曲线的斜率说明了多生产一单位横轴表示的产品的机会成本。机会成本递增原理,也称为低果先摘原理,告诉我们沿着曲线向右移动时生产可能性曲线变得越来越陡峭。此外,不同人之间机会成本的差异越大,生产可能性曲线的弓形程度越明显,专门化生产带来的利益也就越大。

导致生产可能性曲线移动的因素

生产可能性曲线列出了社会可以得到的所有产出组合。在任何一个时刻,生产可能性曲线促使社会进行贸易。人们要生产并且消费更多咖啡豆的唯一方法就是减少松果的产量和消费量。但是长期内,使得所有商品的产量同时增加也不是不可能的。这就是人们所说的经济增长。如图 2.7 所示,经济增长使得生产可能性曲线向外移动。经济增长可能是因为可以获得的生产资源增加,或者是因为知识或技术的进步提高了现有资源的生产率。

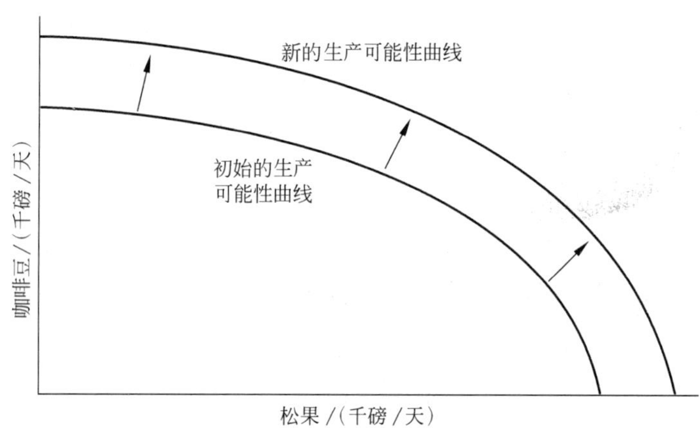

图 2.7 经济增长:生产可能性曲线的外移

生产性资源(如劳动力和资本品)的增加,以及知识和技术的改进能引起生产可能性曲线的外移。它们是经济增长的主要驱动力量。

一个经济体中可得到的生产资源增加是由哪些原因引起的?是对新厂房和设备进行投资。当工人在生产过程中使用的设备越来越好时,他们的生产率就会增加,而且通常是大幅增加。这也是引起贫穷国家和富裕国家之间生活水平巨大差异的一个重要因素。例如，根据某项研究，美国的人均资本投资价值大约是尼泊尔的人均资本投资价值的 30 倍。[①]

这种人均资本投资的重大差异不是一朝一夕可以形成的，而是几十年甚至几个世纪储蓄率和投资率差异累积的结果。随着时间的推移，投资率的细小差异逐渐变成每个工人可用的资本设备数量上的极端差异。这种类型的差异就像滚雪球一样：不只是高比率的储蓄和投资引起收入的增长，由此产生的收入水平增长反过来会导致储蓄和投资的进一步增长。因此随着时间的推移，最初很小的专门化生产带来的生产率优势会转化成巨大的收入差距。

人口增长同样会导致一个经济体的生产可能性曲线向外移动，因此也是经济增长的一个原因。但是因为人口增长意味着经济体中有更多张嘴要喂饱，因此仅凭人口增长不能提高国家的生活水平。如果现有的人口已经使得土地、水资源和其他稀缺资源不堪重负，那么人口的增长甚至会带来生活水平的下降。

知识和技术的进步可能是经济增长最重要的来源。很早以前经济学家就发现，这种知识和技术的进步通常会经由专门化程度的增加带来更高的产出。技术进步有时候会自然地发生，但是更多时候技术进步都直接或间接地与教育水平的提高有关。

前文曾经讨论过一个 2 人经济体的例子，在那个例子中因为个人机会成本差异的存在，专门化生产可以使产品总量增长 3 倍（练习 2.4）。现实生活中专门化生产的益处甚至远大于那个例子所描述的好处。一个原因在于专门化生产不仅将先前存在的个人技能上的差异资本化，而且通过练习和经验的增长进一步强化了个人技能。此外，专门化生产大幅减少了人们的转行和启动成本。这些收益不仅是因为工人的关系，也与工人使用的工具和设备有关。如果将一个任务分解成几个简单的步骤，并且每个步骤使用不同的机器设备，那么每个工人的生产率都会成倍增长。

这些因素综合到一起，可以将生产率提高几百乃至几千倍。现代经济学的鼻祖，苏格兰哲学家亚当·斯密第一个发现了劳动分工和专门化生产可以产生巨大的利益。下面是他对 18 世纪苏格兰大头针工厂工作的描述：

> 一名工人拽出金属丝，另一名工人弄直金属丝，然后第三名工人将金属丝切割成小段，第四名工人弄尖金属丝段，第五名工人研磨金属丝段的顶端做出大头针的头部；而要做出头部还需要两个或者三个不同的操作……我曾经见过一些生产大头针的小型工厂，在那些工厂中只需要 10 名工人……他们在全力工作之后每天一共能够生产 12 磅大头针。假定 4 000 个中等大小的大头针的重量为 1 磅，那么这 10 名工人每天一共可以生产 48 000 个大头针。因此如果所有人的工作量相等，每个人就生产了 48 000 个大头针的 1/10。但是如果这些人单个且完全独立地进行生产，而且他们没有受到特别的培训，那么不难想象几乎所有人每天都无法独自生产 20 个大头针，甚至可能一个都生产不了。[②]

① Alan Heston and Robert Summers, "The Penn World Table (Mark 5): An Expanded Set of International Comparisons, 1950—1988," *Quarterly Journal of Economics*, May 1991, pp. 327-368.

② Adam Smith, *The Wealth of Nations*. New York: Everyman's Library, 1910(1776), book 1.

专门化生产带来的生产率的增加的确很大。这就是不重视专门化生产和贸易的国家迅速走向衰退的非常重要的原因。

为什么有些国家专门化速度很慢

你可能会问自己："如果专门化生产真有这么好，为什么尼泊尔这样的贫穷国家不进行专门化生产？"能够提出这个问题，说明你已经有了一定的经济学思考能力。亚当·斯密为了明确地回答同样的问题，用了很多年的时间研究这个现象。最后，他解释说人口密度是专门化生产的一个重要的前提条件。作为经济自然主义者的斯密发现，18 世纪在英格兰的大城市这种人口密度高的地方专门化生产程度远远高于偏远的苏格兰高地的专门化生产程度。

> 在苏格兰高地这种非常荒凉的地区，分布着很多小的山村，住户之间相隔很远。因此每个农民除了种粮食之外，还要自己充当家庭里的屠夫、面包师和裁缝……一个乡村木匠……不仅仅是木匠，还是工匠、家具匠、木头雕刻匠、车匠、造犁匠以及手推车和四轮马车制造匠。①

与此形成对比的是，在斯密的时代，在英格兰和苏格兰的大城市，这些不同的工作都是由不同的专业人员完成的。苏格兰高地人如果能够专门化生产，应该也会选择与英格兰大城市同样的做法，但是他们面临的市场非常小而且很分散。当然，高的人口密度不能百分之百地保证专门化生产可以带来经济的高速增长。但是在现代船运业和电子通信技术问世前的时代，低人口密度的确是发展专门化生产的一个障碍。

尼泊尔是全球最偏远孤立的国家之一。20 世纪 60 年代中期，尼泊尔每平方英里的平均人口密度还不足 30 人（为了更清楚地理解，我们用美国新泽西州当时的人口密度作为参照，美国新泽西州当时每平方英里的平均人口密度超过 1 000 人）。此外，专门化生产还受到了尼泊尔崎岖地势的限制。与其他村庄的村民进行产品和服务的交换非常困难，因为大多数时候通过高低起伏的喜马拉雅山脉走到最邻近的村庄需要好几个小时，甚至好几天。相对于其他因素，这种村庄之间的隔离现象是尼泊尔无法通过推广专门化生产获得经济利益的主要原因。

人口密度绝对不是专业化程度的唯一重要影响因素。举个例子，如果法律和风俗习惯限制了人们之间相互贸易的自由，那么要推广专门化生产就非常困难。朝鲜以及民主德国的执政政府严格控制贸易，这也是这些国家的专门化生产程度远低于韩国和联邦德国的原因，韩国和联邦德国的政府采取了鼓励贸易的政策。

专门化程度是否越高越好

当然，专门化生产促进生产率增长的事实并不意味着专门化程度越高越好，因为加深专门化的程度也有成本。例如，很多人喜欢从事多样性的工作，但是随着专门化程度的加深，工作内容越来越狭窄，工作的多样性也会越来越少。

---

① Adam Smith, *The Wealth of Nations*. New York: Everyman's Library, 1910(1776), book 1, chapter 3.

卡尔·马克思的主要观点之一是人为工作任务的细分会使得工人的心理受到伤害。他这样写道：

> 所有改进生产的方法……使得劳动者变得支离破碎，把人变成机器的附加物，破坏了工作原有的吸引力，将之变成令人憎恶的苦工。①

查理·卓别林1936年在电影《摩登时代》中形象生动地刻画了重复性工厂劳动带来的心理创伤。作为一名装配工，查理每天的任务就是拿着扳手不停地拧紧经过他面前的螺钉上的螺母。最后他在工作的压力下崩溃了，从工厂里蹒跚走出，用手上的扳手不停地拧着他看到的每个类似螺母的凸起物。

Drawing by Gini Kennedy

专门化程度是否会太过分？

这种专门化生产可能实现的额外产品的成本是不是太高了？我们至少要认识到专门化生产可以无限深化。但是专门化生产并不一定是指严格细分的、不需要任何脑力思考的重复性工作。此外，我们还要知道不专门化生产也需要付出成本。不专门化生产的国家必须承受较低的工资或者很长的工作时间。

如果我们将很大一部分精力用来从事自己具有比较优势的生产，我们可以在最短的时间内实现人生的理财目标——从而可以有更多的时间做我们感兴趣的事。

① Karl Marx, *Das Kapital*. New York: Modern Library, pp. 708, 709.

比较优势和国际贸易

经济中促使个人专门化生产并且交换的逻辑同样使得国家间进行专门化生产和贸易。和个人一样，即使一个国家在所有产品的生产上都具有绝对优势，它仍能从贸易中获益。

经济自然主义者 2.3 如果国家间的贸易如此有益，为什么很多人反对自由贸易协定？

1996 年总统竞选中最热门的一个争论是克林顿总统是否应该支持《北美自由贸易协定》(NAFTA)。该协定大幅减少了美国与其北部和南部邻国之间的贸易壁垒。第三方总统候选人罗斯·佩罗特(Ross Perot)对这个协定进行了猛烈的抨击，他认为这个协定会让美国上百万的工人失业。如果国家间的贸易如此有益，为什么这么多人反对自由贸易协定？

既然自由贸易这么棒，为什么还有如此多的人反对？

答案在于虽然减少国际贸易壁垒可以增加每个国家产品和服务的总价值，但是并不能保证每个人都会因此受益。人们反对 NAFTA 的一个主要原因是担心因低廉的劳动而在很多产品生产上具有比较优势的墨西哥的产品大量涌入美国市场。虽然美国消费者会因为这些产品价格下降得到利益，但是很多美国人担心美国的非熟练工人会因此失业。

即使遭到工会的反对，美国最后还是签订了 NAFTA。到目前为止，还没有研究表明美国非熟练工人的失业率因此大幅上升，虽然某些行业的确蒙受了损失。

外包

近几年的热点新闻是美国服务工作的外包。这种形式最开始是指由公司外的转包商提供服务，后来逐渐演变成了用相对便宜的国外服务工人代替相对昂贵的美国服务工人。

一个相关的例子是病历卡归档。为了保存确切的记录，医生在检查病人后，口述病历记录。过去，这种档案是由医生的助手在空余时间记录的，但助手也会被许多杂务扰乱思维。他们要接听电话、做接待员、进行通信准备等。由于 20 世纪 80—90 年代，保险争议和误诊诉讼日益普遍，医生在病历卡上犯错误会对自己造成严重的后果。于是，成立了很多由全职专业人员提供病历卡归档服务的独立公司。

这些公司只为本社区的医生提供服务。虽然管理病历卡服务的很多公司都坐落在美国，但实际上越来越多的工作逐步在国外开展。例如，总部位于加利福尼亚北部的公司 Eight Crossings，可以让医生安全地将口述文件上传到互联网，然后传送给印度的抄录者。完成的电子文件再传送回医生，由其对这些记录进行编辑甚至是通过网络签名。当然，医生所得的好处在于这种服务的价格比由国内工人完成的低，因为印度的工资比美国低得多。

在中国、韩国、印尼、印度和其他国家，哪怕是熟练的高级技工的工资都只是美国同类工人工资的一小部分。因此，公司面临巨大的压力，不仅进口国外提供的低成本产品，还越来越多地进口专业服务。

正如微软公司的总裁比尔·盖茨在1999年的一次访谈时所说的：

> 作为一名职业经理，你需要仔细查看你的核心竞争力。重新审视你公司中并不直接参与核心竞争力的部分，考虑互联网技术能否使你创新这些业务。让其他公司来承担这些任务的管理责任，运用现代通信技术与负责这些工作的人紧密合作，他们现在不是雇员，而是合作伙伴。在互联网工作模式下，雇主能将互联网提供的自由发挥到极致。

在经济学术语中，将服务外包给低工资外国工人与进口由低工资国家生产的产品是非常类似的。在两种情况下，节约的成本都有利于美国消费者，并且在两种情况下，美国的就业至少暂时会受到威胁。如果可以从国外以低成本进口某种产品，就会危及生产这种产品的美国工人的饭碗。也就是说，如果低工资的工人能在国外提供某种服务，从事这项服务的美国工人的饭碗就难保了。

经济自然主义者 2.4 美国公共广播公司的经济记者保罗·索曼的工作可以外包吗？

保罗·索曼及其助手李·克罗姆维克思负责制作美国公共广播公司(PBS)的晚间新闻节目“吉姆·莱赫(Jim Lehrer)新闻时间”中深入分析经济事件的视频材料。这份工作可以外包给海得拉巴的低工资记者吗？

在最近出版的一本书中，经济学家弗兰克·利维(Frank Levy)和理查德·默南(Richard Murnane)正试图寻找可外包工作的特征。[①] 他们认为，任何可以计算机化的任务都可以外包。计算机化是指可以将它分割成小单位，每个单位都可以用简单的规则管理。例如，ATM机可以代替许多原本由银行出纳员完成的工作，因为它可以将这些工作细分成一系列简单的可以由机器回答的问题。同样的道理，离岸呼叫中心负责机票和住宿预订的员工遵循的也是简单的规则，这与计算机程序很相似。

Courtesy MacNeil /Lehrer Productions.

保罗·索曼是否有可能被工资低廉的外国经济记者所取代？

因此一份工作越是没有规则，它就越难以外包。其中最安全的就是利维和默南称之为“面对面”的工作。

① Frank Levy and Richard Murnane, *The New Division of Labor: How Computers Are Creating the Next Job Market*(Princeton, NJ: Princeton University Press, 2004).

与许多按部就班的工作不同，这些工作要求进行复杂的面对面的交流，正是这种交流支撑着索曼先生的经济报道。

在“吉姆·莱赫新闻时间”的一次采访中，索曼先生问起利维先生“复杂的交流”的确切含义是什么。

> “如果我说一个词语：bill，”利维回答，“你听见了。但问题是它是什么意思？我是在说一张纸币，还是在说一纸法律文书？你的答案来自你对整个对话内容的理解。这是很难拆分成一些软件的。”①

利维和默南描述了不容易外包的第二类工作——因为种种原因需要工人处于现场的工作。例如，很难见到中国或印度的工人扩建芝加哥郊外的房子，或是为亚特兰大的雪佛兰巡洋舰汽车修理密封垫，或者为洛杉矶的某人补牙。

所以从两方面说，保罗·索曼的工作现在看起来是很安全的。因为这份工作需要面对面的复杂的交流，也因为许多采访只能在美国进行，看来海得拉巴的记者很难替代他。

当然，一份工作相对安全并不是说它是高枕无忧的。例如，许多医生认为他们不会被外包替代，但现在一个人可以选择在新德里补牙，而仍可以省下足够的钱用于机票和印度的两周假期。

美国的劳动大军目前有 1.35 亿多。大约每 3 个月，就有 700 万人失去工作，又有 700 万人找到新工作。在你人生的不同时期，你会在这些群体中不断变换。从长期来看，你和其他工人最好的安全保障就是尽快适应新环境。良好的教育并不能使你免于失业，但它可以使你具有比较优势，而不是仅仅从事按部就班的工作。

重点回顾：比较优势和国际贸易

国家和个人一样，即使一个贸易主体在所有方面都比另一个具有绝对优势，贸易也可以使双方都获益。国家机会成本和全球机会成本的差异越大，一个国家可以从与其他国家的贸易中获得的利益就越多。但是贸易的扩大并不能保证每个人都会更好。尤其是高工资国家的非熟练工人短期内可能会因为低工资国家贸易壁垒的减少遭受损失。

小结

- 如果一个人生产的某种产品比其他人多，则称这个人在生产这种产品时具有**绝对优势**。如果一个人生产某种产品的效率比其他人高，即他生产这种产品的机会成本比其他人低，则称这个人在生产这种产品时具有**比较优势**。基于比较优势的专门化生产是经济贸易的基础。当每个人都专门从事他具有相对最高效率的任务

① http://www.pbs.org/newshour/bb/economy/july-dec04/jobs 8-16.html.

时，经济蛋糕实现最大化，因此每个人可以分得的部分也就更大。

- 对于个人而言，比较优势可能源于能力的差异或者教育、培训以及经验的不同。对于国家而言，比较优势的来源包括先天的和后天的差异，此外，语言、文化、组织机构、气候、自然资源和其他很多因素也可能产生比较优势。
- 生产可能性曲线用简单的方式列出了社会充分利用现有资源的条件下可能产出的所有产品组合。在一个只生产咖啡豆和松果的简单经济中，生产可能性曲线描述了在任意一种松果的可能产量（用横轴表示）下可以达到的最大的咖啡豆产量（用纵轴表示）。生产可能性曲线上任意一点的斜率表示该点处用咖啡豆磅数表示的松果的机会成本。
- 所有的生产可能性曲线都向下倾斜，因为根据稀缺原理，消费者要多拥有一单位某种产品就必须减少其他产品的拥有量。当一个经济体中每个工人生产某种产品的机会成本都不相等时，沿着曲线向右侧移动的过程中生产可能性曲线越来越陡。这种斜率的变化可以用机会成本递增原理（也称为低果先摘原理）解释，即在扩大任一种产品的生产时，社会总是首先使用机会成本最低的资源，然后再使用机会成本较高的资源。
- 使得一个国家的生产可能性曲线随着时间向外移动的因素包括新厂房和设备的投资、人口增长以及知识和技术的进步。
- 经济中促使个人专门化生产和交换的逻辑同样也使得国家之间进行专门化生产和贸易。对于个人和国家而言，即使一方在所有产品的生产上都具有绝对优势，它同样能够从贸易中获益，并且这种贸易的好处会随着贸易伙伴之间机会成本差异的增大而增大。

核心原理

- **比较优势原理**

当每个人（或者每个国家）集中进行其机会成本最低的经济活动时，所有人都会达到最优。

- **机会成本递增原理**（也称为**低果先摘原理**）

扩大任一种产品的生产时，首先是使用机会成本最低的资源，然后再使用机会成本较高的资源。

名词与概念

absolute advantage	绝对优势	inefficient point	无效率的点
attainable point	可实现的点	outsourcing	外包
comparative advantage	比较优势	production possibilities curve	生产可能性曲线
efficient point	有效率的点	unattainable point	不可能实现的点

复习题

1. 解释在生产某种产品或者提供某种服务时“具有比较优势”的含义。生产某种产品或者提供某种服务时“具有绝对优势”又是什么意思？

2. 为什么从经济学角度上说，“人们贫困是因为他们不专业化”的说法优于“人们自给自足是因为贫困”的说法？

3. 每天工作小时数的减少会如何影响经济体的生产可能性曲线？

4. 大幅提高劳动生产率的经济创新会如何影响生产可能性曲线？

5. 哪些因素帮助美国成为全世界主要的电影、书籍和流行音乐的出口国？

练习题

1. 泰德每天可以给 4 辆汽车打蜡，或者冲洗 12 辆汽车。汤姆每天可以给 3 辆汽车打蜡，或者冲洗 6 辆汽车。他们冲洗汽车的机会成本各是多少？谁在冲洗汽车上具有比较优势？

2. 南希和比尔都是汽车技师。南希更换一个离合器需要 4 个小时，更换一套刹车需要 2 个小时。比尔更换一个离合器需要 6 个小时，更换一套刹车需要 2 个小时。说明是否有人在两个活动上都具有绝对优势；指出每种活动中谁具有比较优势。

3. 假设某个经济体中只有海伦一个人，海伦将自己的时间分配来缝制衣服和烘烤面包。每小时海伦可以缝制 4 件衣服，或者烘烤 8 块面包。

(1) 如果海伦每天工作 8 个小时，画出她的生产可能性曲线。

根据你绘制的图形，下面列出的点哪些是可实现的点？哪些是有效率的点？

每天缝制 28 件衣服，烘烤 16 块面包；

每天缝制 16 件衣服，烘烤 32 块面包；

每天缝制 18 件衣服，烘烤 24 块面包。

4. 假设第 3 道题中，在缝纫机的帮助下海伦每小时可以缝制 8 件衣服，而不是 4 件。

(1) 说明海伦的生产可能性曲线会发生什么变化。

(2) 指出在使用缝纫机之前和之后，下列各点是否为可实现的点和/或有效率的点。

每天缝制 16 件衣服，烘烤 48 块面包；

每天缝制 24 件衣服，烘烤 16 块面包。

(3) 解释下面这句话的含义：“提高某一种产品的生产率将增加我们生产和消费其他所有产品的能力。”

(4) 解释下面一句话的意思：“任何一种产品生产率的提高都会增加我们生产和消费其他所有产品的选择余地。”

5. 苏珊 1 个小时可以摘 4 磅咖啡豆或采 2 磅松果。汤姆 1 个小时可以摘 2 磅咖啡豆或采 4 磅松果。每个人每天工作 6 个小时。

(1) 两个人一天最多能摘多少磅咖啡豆？

(2) 两个人一天最多能采多少磅松果？

(3) 如果苏珊和汤姆都在摘咖啡豆，然后他们决定每天应该采 4 磅松果，那么谁应该去采松果？此时他们每天还能摘多少磅咖啡豆？

(4) 现在假设苏珊和汤姆都在采松果，然后他们决定每天应该摘 8 磅咖啡豆，那么谁应该去摘咖啡豆？此时他们每天还能采多少磅松果？

(5) 苏珊和汤姆有可能一天内采 26 磅松果和 20 磅咖啡豆吗？如果可能，每个人应该分别摘多少咖啡豆、多少松果？

(6) 点(每天 30 磅咖啡豆，12 磅松果)是否为可实现的点？是否为有效率的点？

(7) 点(每天 24 磅咖啡豆，24 磅松果)是否为可实现的点？是否为有效率的点？

(8) 在一个纵轴表示每天的咖啡豆磅数、横轴表示每天的松果磅数的图上标出(1)～(7)列出的所有点。

6. * 参考第 5 道题中的两人经济体。

(1) 假设苏珊和汤姆可以在全球市场上以每磅 2 美元的价格买卖咖啡豆，以每磅 2 美元的价格买卖松果。如果每个人完全专门从事其具有比较优势的经济活动，那么他们通过出售产品可以赚到多少钱？

(2) 在上述价格下，苏珊和汤姆最多可以从全球市场上购买多少咖啡豆？最多可以购买多少松果？他们有可能每天消费 40 磅松果和 8 磅咖啡豆吗？

(3) 当他们可以上述价格在全球市场上自由买卖时，在同一张图上画出他们所有可能消费的产品的组合。

正文中练习题的答案

2.1

姓名	更新网页的生产力	修理自行车的生产力
帕特	每小时更新 2 个网页	每小时修理 1 辆自行车
巴伯	每小时更新 3 个网页	每小时修理 3 辆自行车

表中的数字说明巴伯在两项经济活动中都具有绝对优势。作为技师的巴伯可以在 1 个小时内更新 3 个网页，而作为程序员的帕特只能在 1 个小时内更新 2 个网页。修理自行车时巴伯的绝对优势更加明显，每小时可以修理 3 辆自行车，而帕特只能修理 1 辆。

但是在例 2.2 中，巴伯相对于帕特更精于更新网页的事实并不意味着巴伯应该自己更新网页。巴伯更新 1 个网页的机会成本是修理 1 辆自行车，而帕特的机会成本是修理1/2 辆自行车。在更新网页上帕特比巴伯具有比较优势，而在修理自行车上巴伯比帕特具有比较优势。

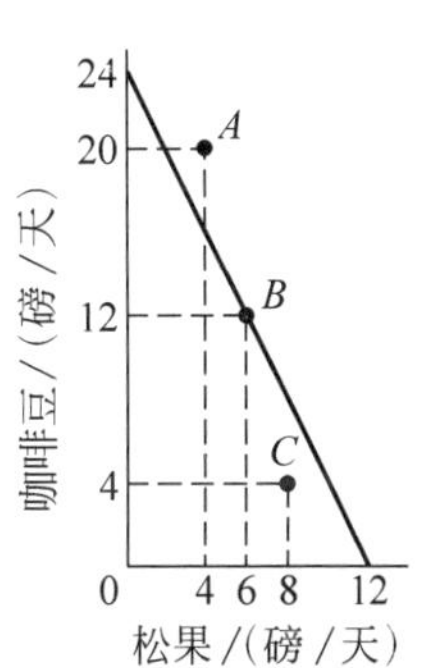

2.2 在右边的图中，A 点(每天 20 磅咖啡豆，4 磅松果)不可实现；B 点(每天 12 磅咖啡豆，6 磅松果)可实现并且有效率；C 点(每天 4 磅咖啡豆，8 磅松果)也是可实现的，但属于无效率点。

2.3　苏珊采 1 磅松果的机会成本是 1/2 磅咖啡豆，汤姆采1 磅松果的机会成本是 1 磅咖啡豆。因此，汤姆在摘咖啡豆方面具有比较优势，而苏珊在采松果方面具有比较优势。

2.4　因为汤姆每小时采的松果磅数是每小时摘的咖啡豆磅数的 5 倍，因此他用 5 个小时摘的咖啡豆数等于 1 个小时采的松果数。因为他每天工作 6 个小时，因此他每天花 5 个小时摘咖啡豆，1 个小时采松果。这样分配时间后，他可以得到 5 磅咖啡豆和松果。同样，如果苏珊得到的咖啡豆和松果磅数也要相等，她每天必须花 5 个小时采松果，1 个小时摘咖啡豆。这样，他们每天的产品组合就是 10 磅咖啡豆和 10 磅松果。但是通过专门化生产，他们可以生产和消费 30 磅咖啡豆和 30 磅松果。

Principles of Macroeconomics

第3章

供给和需求

学习目标

学完本章,你应该能够:

1. 描述需求曲线和供给曲线如何对市场上买卖双方的行为进行了总结。
2. 讨论供给曲线和需求曲线如何相互作用以确定均衡的价格和数量。
3. 说明供给曲线和需求曲线的移动如何影响均衡的价格和数量。
4. 介绍并应用效率原理和均衡原理(又称"桌子上不存在现金"原理)。

在任何时候,纽约市的食品店、餐馆和私人厨房备有的食品储备都足以供应该地区1 000万名居民约一个星期的生活之用。由于绝大多数人要求足够的营养和丰富的食谱,而纽约几乎不生产食品,因此,纽约市每天有数百万磅的食品和饮料需要被运到城市的各个角落。

毫无疑问,在喜欢的杂货店购买食品、在中意的意大利餐馆就餐的很多美国人,不会想到供给一个城市居民日常需要的这个近乎不可思议的过程。但事情的确是这样。即使对纽约市的供给只是每天把一定数量的食品送到一个个目的地,这也是一项很不平常的事情,至少需要一个训练有素的队伍去完成。

事实上,整个过程更为复杂。例如,系统必须设法保证有足够的食品运到,它们不仅需要满足纽约市民的各种口味,还必须是市民所喜欢的种类。既不能有过多的雉鸡,熏制食品也不能太少;既不能有过多的咸肉,蛋类也不能太少;既不能有过多的鱼子酱,金枪鱼罐头也不能太少……对于各类食品和饮料,也需要做出类似的决策:瑞士硬干酪、菠萝伏洛干酪、戈贡佐拉干酪和羊乳酪的数量应不多不少。

然而这些仍不足以描述大城市日常供给的决策和行动的复杂性。一些人要决定每种食品的生产地点、生产方式和生产人员;另一些人要决定运送到城市中成千上万个餐馆和食品店的各类食品的数量;还有一些人则需要决定运输的方式——大卡车或小卡车,安排它们在指定的时间内将食品运到指定的地点,并要保证有足够的汽油和合格的司机。

成千上万的人需要决定他们在这项集体工作中扮演的角色。一些人——数量合适即可——应选择驾驶运送食品而不是木材的卡车。一些人需要掌握机修工的基本技能,而不是成为一个木匠。另一些人要做农民，而不是建筑师或者泥瓦匠。还有一些人则需要成为高档餐馆的厨师，或者麦当劳的汉堡包制作工，而不是水管工和电工。

尽管包含数量繁多、内容复杂的任务，纽约市的食品供应工作却进行得井井有条。有时候，杂货店会出现牛后腹肉排短缺的情况，或者一个宴会被告知最后一只烤鸭已经卖掉了。我们之所以会记得这些情况，正是因为它们很少见。更多的时候，纽约市的食品运送系统——像这个国家的其他城市一样——都是一环紧扣一环地运作着，并不为人们所关注。

在纽约市的房屋租赁市场上，情况则大不相同。根据最近的一项评估，该城市每年需要 20 000～40 000 套新房屋以满足人口的增长以及替代现有的那些年久失修的房屋。而城市的实际房屋增加速度约为每年 6 000 套。这个美国人口最密集的城市已经面临房屋短缺的局面。但奇怪的是，在短缺的情况下，公寓式建筑还在被拆除，附近的居民在这些闲置的土地上种起了花草。

纽约市不仅存在出租房屋紧缺的问题，还面临房东与房客间的长期关系紧张问题。举一个典型案例，一位住在朝东阁楼里的摄影师与房东打了 8 年的官司，法规文书多达上千页。"每次我在自己的房间装上门铃，"摄影师回忆道，"他都会把它拆掉，因此最后我拆了他的门铃线。"[①]而房东则指责这位摄影师妨碍他更新屋内设施。房东认为，摄影师之所以愿意让房子保持现在这种简陋的局面，是为了将房租维持在较低的水平。

© Robert Brenner/Photo Edit

© Joseph Sohm/Visions of America/Corbis

为什么纽约市的食品供应系统运行得比房屋租赁市场好？

同样是在这个城市，存在两种截然不同的情况：在食品业，各种产品和服务可以满足多种需要，人们（至少是那些有足够收入的人）一般对他们得到的及可以选择范围内的产品和服务比较满意。与此相反，在房屋租赁市场上，长期的短缺与不满在买方和卖方中普遍存在。为什么会存在这种差异？

简单地说，在纽约市，房屋的分配受到一个复杂的管理租赁规则的限制，而食品的分配却由市场力量支配——这种力量就是供给和需求。尽管与我们通常的直觉不同，但是理论和实际都表明，看起来混乱无序的市场力量与政府机构（举例而言）相比，在很多情况

---

① 引自 John Tierney，"The Rentocracy：At the Intersection of Supply and Demand，" *New York Times Magazine*，May 4，1997，p. 39。

下可以实现对经济资源更好的分配，即使政府机构制定法规是出于良好的意图。

本章将研究市场如何对食品、房屋以及其他产品和服务进行高效率的分配。当然，市场不可能是完美的。本章将对通常被普通大众忽视或者误解的市场的作用进行充分的说明。但是，在讨论中我们将试图说明为什么多数时间里市场都可以正常运行，而政策法规却很少可以在解决复杂经济问题时起到积极作用。

这门课程的主要目的是使大家了解市场的运行规律，本章首先做一个简要的介绍和概述。随着课程内容的不断深入，我们将就市场的各种经济因素以及市场所存在的一些问题和优势进行详细讨论。

做什么？怎样做？为谁做？中央计划与市场

没有一个城市、国家或者社会——无论它们的组成方式如何——能够忽略那些基本的经济问题。举例来说，我们应该消耗多少有限的时间和资源来建造房屋、生产食品以及提供其他产品和服务？在生产食品时，我们应该应用何种技术？对于每一项任务应该指派谁来完成？这些产品和服务应该如何在人们之间进行分配？

在有历史记载的数千个社会中，这类事件基本上有两种解决途径。其中一种途径是由少数人代表大多数人进行经济决策。例如，历史上的一些农业社会、家族或其他小型社会采用自给自足的方式生活，由某个部落或家族首领负责绝大多数重要的生产和分配决策。在一个更广的范围内，苏联（和其他共产主义国家）的经济组织在很大程度上实行的也是中央集权制。在中央计划经济的国家，中央委员会为国家的农业和工业设定生产目标，为实现这些目标订立控制计划（包括对具体生产人员的详细说明），并为这些产品和服务的分配和使用制定方针。

21世纪初，多数地区的经济系统由自由市场中相互影响的个体实施生产和分配的决策。在所谓的资本主义社会，或者自由市场经济中，人们自主决定他们从事的工作、生产和购买的产品。事实上，现在的经济中并不存在纯粹的自由市场。现代工业国家大多是“混合经济”，产品和服务由自由市场、规章制度和其他形式的控制因素共同分配。在大部分时候，人们可以自由地开办、关闭或出售他们的企业，因此，关于自由市场的判断是合理的。由于个体在劳动市场中得到的收入决定了他的购买力，因此，产品和服务的分配由基于消费购买力的个体偏好所决定。

在很多国家，为了使生产和消费更加有效，市场已经替代了中央控制。人们普遍认为经济学家在一些问题上总是表现出意见的不一致（正如一些人所说的，“如果将所有的经济学家都集中在一个地方，他们仍然不会得出什么结论”）。而事实却是，在很多问题上，经济学家们的观点惊人的一致，特别是市场在分配社会稀缺资源时起到的关键作用的观点。举例来说，一项最近的调查显示90%以上的美国经济学家认为像纽约市那样对房屋租赁市场进行管制弊大于利。尽管这种管制是出于使中低收入家庭可以负担租赁费用的良好目的，但是这样做会给纽约市的房屋市场带来负面影响。为了解释这种现象，我们需要研究产品和服务在自由市场上的分配方式，以及非市场的产品和服务分配手段经常不能达到预期效果的原因。

市场中的买方和卖方

我们首先介绍一些简单的概念和定义，以解释买方和卖方之间的相互作用如何决定在市场中进行交易的各种产品和服务的价格及数量。我们首先对市场进行定义：任何一种商品的市场由这种商品的买方和卖方组成。举例而言，在一个特定的日子、在一个特定的地方，比萨饼的市场就是那群在这一时间和地点有可能购买或出售比萨饼的人（或者其他经济体，如公司）。

在比萨饼的市场上，卖方包括专门或者在适当的环境下出售比萨饼的人和公司。类似的，市场上的买方则包括购买或可能购买比萨饼的人。

在美国的大多数地区，花不到 10 美元就可以买到一张不错的比萨饼或者一餐饭所需的其他食品，那么比萨饼的价格是如何制定的？扩展到我们日常生活中交易的其他商品，我们可能会问："为什么有些商品便宜，而其他商品比较贵？"亚里士多德、柏拉图、哥白尼和牛顿都无法回答这个问题。仔细想想，我们会惊奇地发现，在漫长的人类历史上，不但那些睿智且具有创造性思维的大思想家无法回答，就连著有《国富论》(1776 年)的苏格兰哲学家亚当·斯密都无法回答上面的问题。

斯密和其他早期的经济学家（包括卡尔·马克思）认为商品在市场上交易的价格由其生产成本决定。但是尽管成本的确对价格有所影响，他们却无法解释为什么帕布罗·毕加索的油画比杰克逊·波洛克(Jackson Pollock)的油画贵得多。

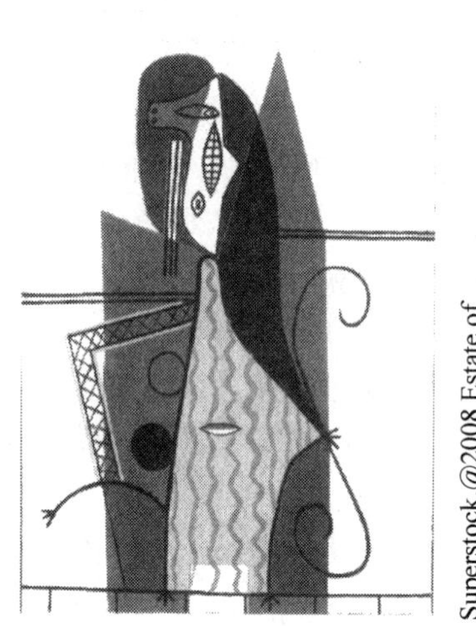

为什么帕布罗·毕加索的油画比杰克逊·波洛克的油画贵很多？

斯坦利·杰文斯(Stanley Jevons)和 19 世纪的其他经济学家试图通过考察人们消费不同的产品和服务时得到的价值来解释价格问题。这种思路看起来很合理，因为人们会为自己认为价值高的商品支付更高的费用。但支付意愿并不是决定价格的全部因素。在沙漠中，一个人如果没有水喝，几个小时后就会死去，但是 1 加仑水的价格却不到 1 美分。与此形成鲜明对比的是，黄金并不是人们在生活中必须拥有的，但是每盎司黄金却卖到了

1 000 多美元的高价。

生产的成本？对于使用者而言的价值？哪一个是决定价格的因素？现在经济学家认为两者共同决定了商品的价格。19 世纪末英国经济学家阿尔弗雷德·马歇尔最早提出这种观点，他认为成本和使用价值的相互作用决定了商品的市场价格以及购买和出售的数量。在下文中，我们将研究马歇尔的这种思想，同时给出一些具体应用的实例。首先，我们介绍马歇尔的两项具有开创性的研究成果——需求曲线和供给曲线。

需求曲线

在比萨饼的市场上，需求曲线是说明在每种价格上，人们愿意购买的比萨饼的数量的简单图形。为了方便起见，经济学家通常用纵轴表示价格，横轴表示数量。

需求曲线的一个基本性质是，随着价格的增加，曲线向下倾斜。举例来说，比萨饼的需求曲线告诉我们随着价格的下降，人们的购买数量会增加。图 3.1 是芝加哥的比萨饼日需求曲线（尽管经济学家常说需求曲线和供给曲线，在例子中我们通常将其画成直线）。

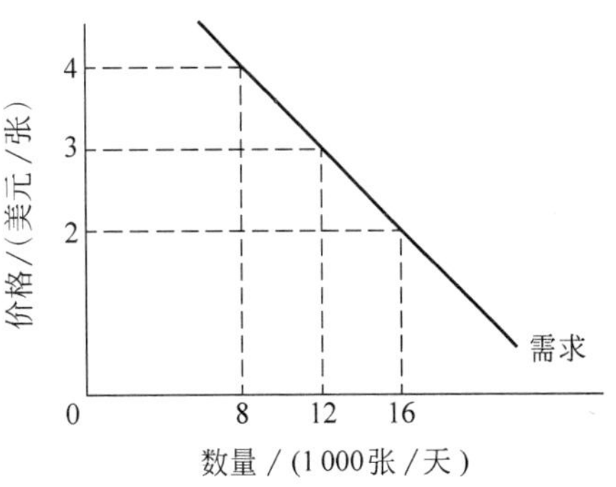

图 3.1　芝加哥比萨饼的日需求曲线

对于任何商品，需求曲线均为价格的减函数。

图 3.1 中的需求曲线告诉我们当比萨饼的价格较低，如每张 2 美元时，一天之中消费者的购买数量会达到 16 000 张；当价格为每张 3 美元时，数量为 12 000 张；当价格为每张 4 美元时，数量仅为 8 000 张。比萨饼的需求曲线——像其他商品一样——向下倾斜。部分原因在于消费者对价格变化的反应。因为随着比萨饼价格的逐步升高，消费者可能转而购买鸡肉三明治、汉堡包或者其他食品以替代比萨饼，这称为价格的**替代效应**。另外，价格的升高会降低消费者的购买力，进而减少需求数量：价格较高时，消费者可能没有能力购买低价格时的消费数量。这称为价格的**收入效应**。

需求曲线向下倾斜的另一个原因是消费者支付意愿的差异。成本—收益原理告诉我们，如果预期收益高于成本，人们就会购买这种商品。预期收益是**消费者的购买意愿**，是购买这种商品所愿意支付的最高价格。商品的成本是消费者在购买时必须支付的价格，是商品的市场价格。在大多数市场上，不同的消费者具有不同的购买意愿。因此，根据成本—收益原理，较高的价格与较低的价格相比，适合的消费者更少。

从另一个角度考察这个问题，需求曲线向下倾斜表示随着商品需求量的增加，边际消费者的购买意愿逐渐降低。这里的边际消费者是指购买最后一单位商品的人。例如，在图 3.1中，如果消费者的日需求量为 12 000 张，第 12 000 张比萨饼的买方的购买意愿就是每张 3 美元（如果有人愿意支付更高的价格，每张 3 美元对应的需求量就会高于 12 000 张）。类似的，如果消费者的日需求量为 16 000 张，边际消费者的购买意愿仅为每张2 美元。

根据我们的定义，需求曲线表示每种价格下商品的需求量。这称为需求曲线的横向解释。根据横向解释，我们可以由纵轴上的价格找到所对应的消费者需求数量。因此，当价格为每张 4 美元时，由图 3.1 可以看出，对应的比萨饼需求量为每天 8 000 张。

需求曲线还有另一种理解，我们可以根据横轴的需求数量在纵轴上找到所对应的商品价格。因此，如图 3.1 所示，当比萨饼的日需求量为 8 000 张时，边际消费者的购买意愿为每张 4 美元。这被称为需求曲线的**纵向解释**。

练习 3.1

在图 3.1 中，日需求量 10 000 张对应的边际消费者购买意愿为多少？每张价格为 2.5 美元时，对应的比萨饼日需求量又是多少？

供给曲线

在比萨饼市场上，供给曲线是说明任意一个价格下比萨饼卖方愿意出售的数量的简单图形。供给曲线的形状取决于一个合理的假设：只要价格足以弥补供应商的机会成本，他们就愿意提供商品。因此，如果出售比萨饼的收入低于一个人把时间和资金投入其他事情所能得到的收入，他就不会选择出售比萨饼；反之，则会选择出售比萨饼。

正如买方对于比萨饼的支付意愿彼此不同，卖方对于出售比萨饼机会成本的度量也不尽相同。对于那些受教育程度很低和工作经验十分有限的人来说，出售比萨饼的机会成本相对较低（因为他们没有更多的高收入可供选择）。对于其他人而言，机会成本相对较高，而对于摇滚歌星和运动健将来说，机会成本则非常高。由于机会成本在不同人群之间的差异，比萨饼的日供给曲线相对于价格而言**向上倾斜**。图 3.2 是芝加哥的比萨饼日供给曲线。

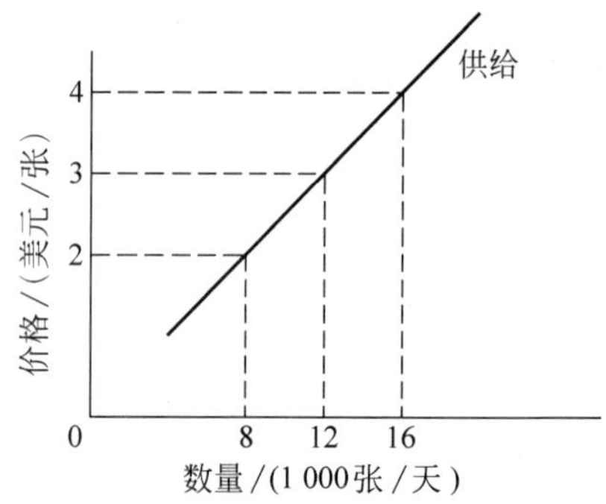

图 3.2 芝加哥的比萨饼日供给曲线

价格越高，卖方会提供越多的产品用于出售。

供给曲线向上倾斜的特征符合我们在前面讨论的低果先摘原理。当比萨饼的产量增加时，我们首先想到的是那些机会成本最低的供应商，然后才是机会成本更高的供应商。

与需求曲线类似，供给曲线也可以从横轴或纵轴出发给予解释。从横轴出发解释时，我们从商品价格出发，通过供给曲线找到横轴上对应的卖方愿意出售的商品数量。例如，当价格为每张 2 美元时，由图 3.2 可以看出，此时卖方愿意出售的数量为每天 8 000 张。

从纵轴出发解释时，我们从数量出发，通过供给曲线找到纵轴上对应的商品价格。如在图 3.2 中，当日供给量为 12 000 张时，边际卖方的机会成本为每张 3 美元。换句话说，供给曲线告诉我们生产第 12 000 张比萨饼的边际成本是 3 美元（如果有人可以以低于 3 美元的边际成本生产第 12 001 张比萨饼，他一定会选择生产和销售比萨饼，因此在每张 3 美元的价格上，比萨饼的供给量不再是每天 12 000 张）。类似的，当比萨饼的供给量为每天 16 000 张时，生产的边际成本为 4 美元。卖方多出售一单位商品的出售意愿就是生产该产品的边际成本，即多出售一单位产品时，不会使卖方情况变坏的最低价格。

练习 3.2

在图 3.2 中，比萨饼的日销售量为 10 000 张时对应的边际成本是多少？当每张售价为 3.5 美元时，对应的供给数量又是多少？

重点回顾：供给曲线和需求曲线

一种商品的市场由该商品的实际和潜在的买方和卖方构成。对于任何一个既定价格，需求曲线显示了买方愿意购买的商品数量，供给曲线则显示了卖方愿意出售的商品数量。随着商品价格的升高，卖方愿意出售的商品数量增加(供给曲线向上倾斜)，而买方愿意购买的商品数量减少(需求曲线向下倾斜)。

市场均衡

均衡的概念存在于自然科学和社会科学中，在经济学分析中，均衡更是处于举足轻重的地位。一般而言，当系统中的所有作用均被抵消，达到一种稳定、平衡或者不变的状态时，则称该系统处于均衡状态。例如，在物理学中，把一个小球放在弹簧上，当弹簧对小球施加的向上的力与小球的重力刚好相等时，这个系统处于均衡状态。在经济学中，当市场中的所有参与者都不想改变他们的行为，进而产品的生产和价格不会再发生变化时，则称市场达到了均衡状态。

要想决定弹簧上小球的最终状态，需要找到弹簧的弹力和小球的重力相等、系统处于平衡的那一点。类似的，要想找到使商品销售状况达到最佳的价格(称为**均衡价格**)和数量(称为**均衡数量**)，需要找到这种商品市场中的均衡状态。供给曲线和需求曲线可以帮我们实现这一点。当一种商品的供给曲线和需求曲线相交时，交点所对应的商品价格和数量就是其均衡价格和均衡数量。例如，我们在前面提到的芝加哥比萨饼的供给曲线和需求曲线，均衡价格为每张 3 美元，均衡数量为每天销售 12 000 张，如图 3.3 所示。

注意当比萨饼的均衡价格是每张 3 美元时，买方和卖方在某种意义上都得到了满足：在这个价格下，买方可以买到他们希望购买的数量的比萨饼(每天 12 000 张)，卖方也可以卖出他们希望销售的数量的比萨饼(同样是每天 12 000 张)。因此，买方和卖方不再有动机改变他们的行为。

注意**市场均衡**概念中“满足”的含义。这并不意味着卖方不愿意以高于均衡价格的价格出售商品。确切地说，这仅仅意味着在这个价格下他们可以卖出希望销售的所有数量的商品。类似的，买方在均衡价格上得到满足并不意味着买方不愿意以低于均衡价格的价格购买商品，而仅仅意味着在这个价格下他们可以买到希望购买的所有数量的商品。

还要注意，如果在芝加哥市场上，比萨饼的价格不是每张 3 美元，买方和卖方都不会满意。假设比萨饼的价格是每张 4 美元，从图 3.4 可以看出，在这个价格下，买方每天希望购买8 000 张，而卖方却希望出售 16 000 张。没有人可以强迫别人做出违背意愿的消费决策，这就意味着买方每天只会购买 8 000 张比萨饼。因此当市场价格高于均衡价格时，卖方无法将产品全部出售。价格为每张 4 美元时，卖方每天的**超额供给**为 8 000 张。

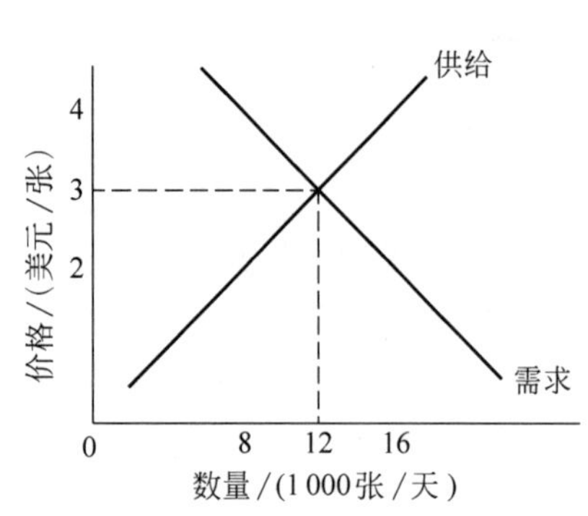

图 3.3 芝加哥比萨饼的均衡价格和数量

商品的均衡价格和数量是供给曲线和需求曲线相交时所对应的价格和数量。

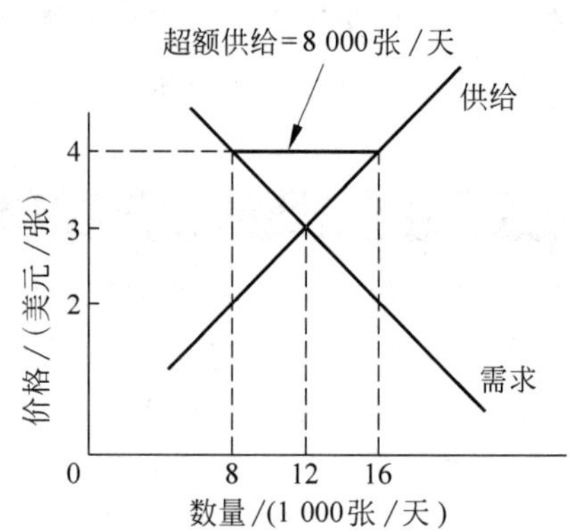

图 3.4 超额供给

当市场价格高于均衡价格时存在超额供给，即卖方供给量与买方需求量之间的差额。

与此相反，假设芝加哥的比萨饼是每张 2 美元，低于均衡价格。从图 3.5 中可以看出，买方每天希望购买 16 000 张，而卖方仅仅希望出售 8 000 张。卖方不会出售更多的比萨饼，因此买方无法购买到他们期望消费的数量。在价格为每张 2 美元时，买方每天的**超额需求**为 8 000 张。

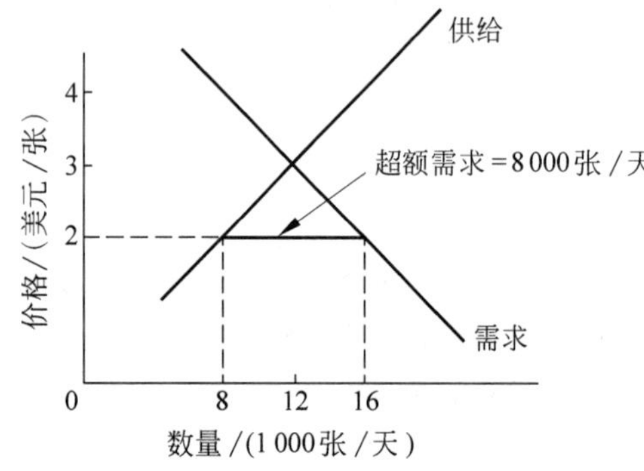

图 3.5 超额需求

当市场价格低于均衡价格时存在超额需求，即买方需求量与卖方供给量之间的差额。

自由市场的一个显著特征是可以自动地向均衡价格和均衡数量调整。这种机制蕴含在我们对超额供给和超额需求的定义中。举例来说，假设比萨饼的价格是每张 4 美元，导致了图 3.4 中的超额供给，因为卖方希望出售的数量多于买方可以购买的数量。对于卖方而言，最好的方法是降低商品的价格。因此，如果一个供应商将价格从每张 4 美元降到3.95 美元，他就可以吸引那些支付每张 4 美元给其他供应商购买比萨饼的消费者来购买他的商品。这样，其他的供应商为了弥补他们失去顾客的损失，也会纷纷降价。但应该注意到，如果所有的供应商将价格降低到每张 3.95 美元，他们仍然会有较大数量的超额供给。因此，卖方仍然有动机继续降价，直到价格达到每张 3 美元。

与此相反，假设市场价格为每张 2 美元，低于均衡价格。此时消费者的需求不能全部得到满足。如果一个消费者不能以每张 2 美元的价格买到他所希望购买的数量，他会希望提高价格以购买原本卖给别人的商品。这种情况下，只要超额需求存在，卖方就有动机提高价格。

因此，只要存在超额供给或超额需求，价格就会不断向均衡水平靠拢。达到均衡价格后，买方和卖方都会感到满意，因为他们可以购买或出售他们期望数量的商品。

例 3.1　市场均衡

表 3.1 列出了比萨饼市场需求曲线和供给曲线上的一些样本点。根据这些点画出该市场的供给曲线和需求曲线，并求出均衡价格和数量。

表 3.1　比萨饼市场需求曲线和供给曲线上的若干样本点

对比萨饼的需求		对比萨饼的供给	
价格 /(美元/张)	需求数量 /(1 000 张/天)	价格 /(美元/张)	供给数量 /(1 000 张/天)
1	8	1	2
2	6	2	4
3	4	3	6
4	2	4	8

将表 3.1 中的这些点画在图 3.6 中，连在一起就形成了市场的供给曲线和需求曲线。两条曲线的交点就是市场的均衡状态，此时的价格为每张 2.5 美元，均衡数量为每天 5 000 张。

需要强调的是，市场均衡并不意味着每一个市场参与者都会得到理想的结果。因此，在上述例子中，市场参与者对于他们以每张 2.50 美元购买或出售的比萨饼数量感到满意，但是对于那些经济状况不好的买方而言，这可能意味着如果他们希望购买更多的比萨饼，就不得不减少其他高价值商品的消费。

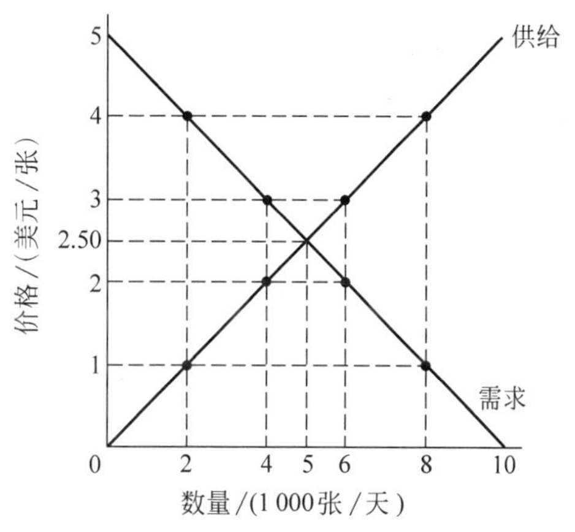

图 3.6　比萨饼市场供给曲线和需求曲线，以及均衡价格和均衡数量

将表 3.1 中的样本点画在图上，把这些点连成直线就可以得到供给曲线和需求曲线。均衡价格和均衡数量为两条曲线交点对应的价格和数量。

事实上，一些低收入者甚至没有能力购买最基本的产品和服务，而需要依靠政府的补贴，这种现象几乎在所有的社会中都存在。但是，供求规律不能因为立法机关的介入而被简单地否定。从下文可以看出，当立法者试图阻止市场达到均衡价格和数量时，往往是弊大于利。

租金管制的再思考

再次考虑纽约市的房屋租赁市场，假设一居室的供给曲线和需求曲线如图 3.7 所示。市场在月租金为 1 600 美元时达到均衡，这时可以租出 200 万套房屋。房东和房客均得到了满意的结果，因为在这个价格上，他们没有意愿出租或承租更多或更少的房屋。

但这并不意味着已经达到了比较好的状态。例如，很多潜在的房客可能由于无法负担每个月 1 600 美元的房租而无家可归(或者搬到另一个房租相对便宜的地方)。我们假设立法者出于良好的目的，规定一居室的租金每月不得超过 800 美元。制定这条法规的目的是使人们不再因为房租太贵而无家可归。

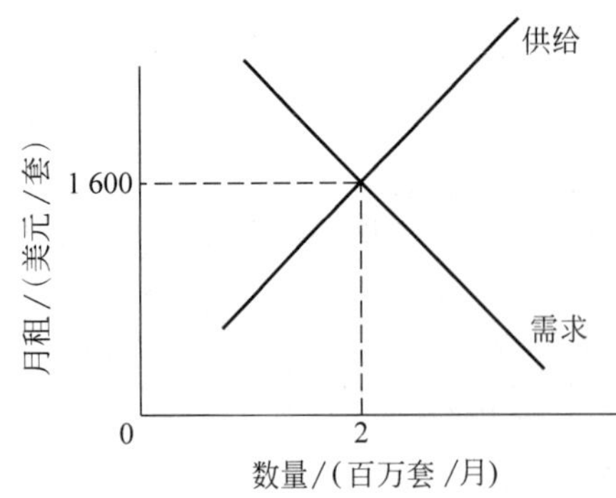

图 3.7 不存在管制的房屋市场

对于如图中所示的供给曲线和需求曲线，均衡租金为每月 1 600 美元，在这个价格下每个月将有 200 万套房屋被出租。

从图 3.8 可以看出，如果一居室的租金被限制在每月 800 美元以下，房东每个月仅愿意出租 100 万套一居室，低于房租为每月 1 600 美元时的数量。但是，在这种价格下房客每个月需要承租 300 万套一居室（例如，原本因为纽约 1 600 美元一个月的高额房租已经决定搬到新泽西的人可能重新考虑住在纽约）。因此，当租金被限制在每个月 800 美元以下时，市场上出现了 200 万套的超额需求。换句话说，租金管制导致每个月 200 万套的房屋短缺，而且每个月可利用的房屋减少了 100 万套。

如果房屋市场完全不受管制，对于如此之高的超额需求的反应将是租金的迅速升高。但是在这里，法规将租金限制在了每个月800 美元以下。然而，超额需求的压力可能通过其他方式反映出来。例如，房东会发现即使他们不再像以前那样注意维护房屋，也不需要为此付出什么代价。毕竟，如果对待租房屋有一个统一的评价标准，房东自然会用各种方法使房子保持得好一些。当房租被限制在市场均衡水平之下时，管道泄漏、墙面掉漆、炉子故障，以及其他诸如此类的问题很有可能不为房东所关注。

待租房屋数量的减少和现有房屋质量的降低并不是唯一的问题。当每个月只有 100 万套待租房屋时，从图 3.8 中可以看出，竟然有房客愿意支付每月 2 400 美元的租金。这种现象无论是否合法，却总是存在的。例如在纽约，“中介佣金”的现象很常见，有时可高达几千美元。不能以市场均衡租金出租房屋的房东可以选择公寓公私共有或生活合作社的形式，从而使他们出售资产的价格十分接近其经济价值。

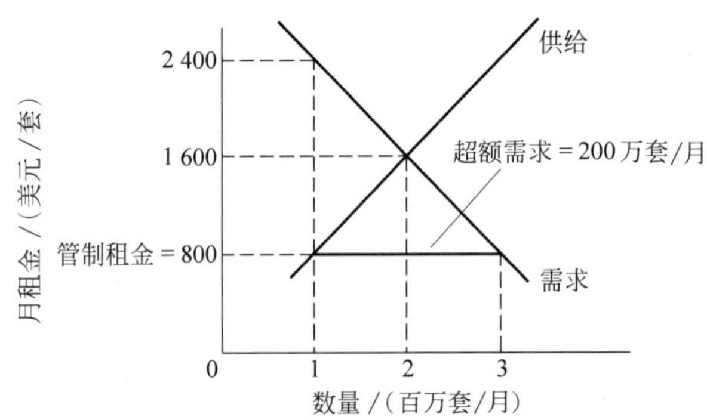

图 3.8 租金管制

当租金被控制在均衡水平以下时会产生超额需求。

即使有些房东并不因为自己的房屋受到租金管制而采取上述种种变相加价的措施，仍然会存在很多不合理分配的情况。例如，两个时常发生口角的合租者很难通过房屋市场各自租到合意的房子，因此他们会选择仍然住在一起。一个已经丧偶的妇女，即使子女们已经搬出家独立居住，她也仍旧会住在原来住的七居室里，因为这比那些不受租金管制的公寓便宜得多。其实，如果她将这栋大房子让给那些人数较多的家庭，会使它更有价值。但由于租金管制的存在，从经济意义上考虑，她显然不会这样做。

还存在另一种更糟糕的租金管制。在没有租金管制的市场上，房东不能由于潜在房客的种族、性取向、身体残疾或国籍而歧视他们，因为这样会遭受经济损失。拒绝将房子租给以上特殊人群会使人们对它的需求下降，这意味着房东将被迫降低房租。但当租金被人为地控制在均衡水平以下时，超额需求的存在使得房东可以随意挑选房客而不必承受经济损失。

租金管制并不是政府救济穷人的唯一手段。20 世纪 70 年代末，为了减轻汽油价格过高给低收入者带来的沉重负担，美国政府试图将汽油的价格控制在均衡水平以下。正如存在租金管制的房屋市场一样，该政策实施成本之高是政府实行价格管制前并未预料到的。汽油的短缺导致加油站前排起了长队，不但浪费了人们宝贵的时间，而且有很多汽车由于买不到汽油而被闲置起来。

对租金管制和类似手段的反对，是否说明经济学家对穷人漠不关心？尽管一些不了解情况或是政府管制的既得利益者常常作出这种指责，但它却是站不住脚的。经济学家只不过意识到有很多比将房屋和其他商品的价格人为限制在低水平上更加有效的救济穷人的办法。一个直接的办法是给穷人额外的收入，由他们决定如何支配这些收入。事实上，这种给予穷人额外购买力的方法在实施上存在一些困难——如何将这些钱资助给真正需要的人，又不会使他们失去自我谋生的动力？不过，可以找到一些实用的方法来克服这些困难。例如，政府可以对工资低的穷人提供补贴，或者向无法在私营部门找到工作的人提供公共服务领域的职业岗位，这些措施的成本都小于价格管制。

将价格控制在均衡水平之下的这种管制手段会对市场产生长期影响。在下面的练习中我们将看到价格管制使市场价格高于均衡水平时的情况。

练习 3.3

下图中显示的是房屋租赁市场的供给曲线和需求曲线。如果租金被控制在每月 1 200美元以下，情况会如何？

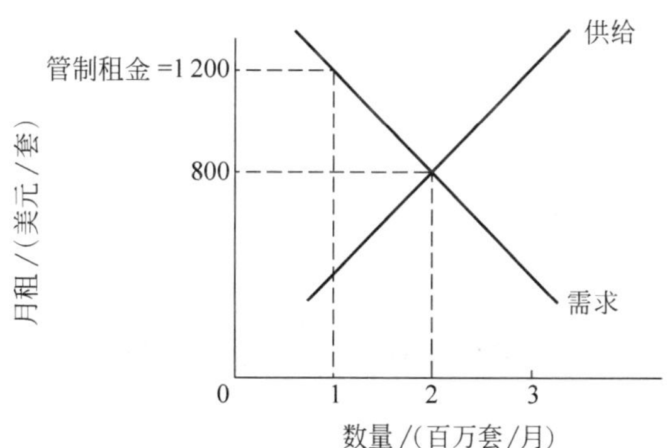

比萨饼的价格管制

我们可以想象一下，如果政府为了救济穷人，对比萨饼的价格也进行管制，会是什么情形？这可以使我们更透彻地理解存在租金管制的纽约房屋市场与不受管制的食品市场之间的差异。假设比萨饼的供给曲线和需求曲线如图 3.9 所示，政府制定的价格上限为每张 2 美元，超过此价格即属于违法行为。当价格为每张 2 美元时，买方每天需要购买 16 000 张比萨饼，但卖方仅愿意出售 8 000 张。

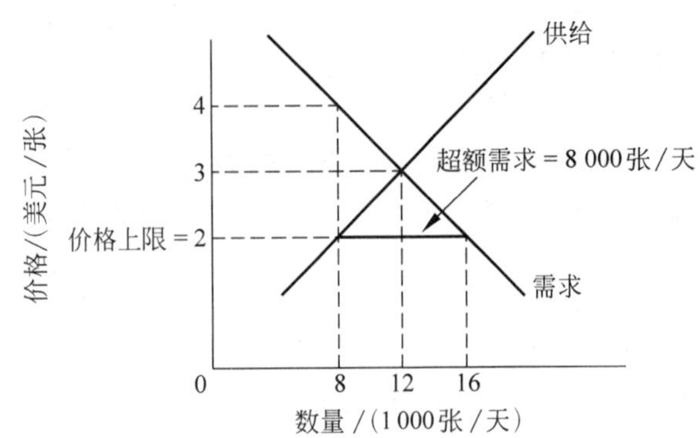

图 3.9 比萨饼市场的价格管制

低于均衡水平的价格上限会导致对比萨饼的超额需求。

当价格为每张 2 美元时，城市中的每一个比萨饼店门前都会排起长长的抢购队伍。商店管理者的朋友可以得到优先购买的待遇。商家会制定各种间接的价格策略（如每张 2 美元的比萨饼与每杯 5 美元的可乐捆绑销售）。比萨饼会用廉价的原料生产，甚至市场上会流传关于黑市比萨饼的各种谣言，等等。尽管这种情况看起来有些可笑，却时常发生在那些价格低于均衡水平的市场中。

重点回顾：市场均衡

市场均衡是一种状态，在这种状态下，市场中的买方和卖方对于在市场价格下购买和出售的数量均感到满意，在供求曲线图中即为两条曲线相交的那一点。对应的价格和数量称为均衡价格和均衡数量。

除非存在价格管制，价格和数量会由于买方和卖方的行为而逐渐向均衡状态靠近。如果一开始价格较高，市场上存在超额供给，卖不出去商品的供应商会实行降价策略。如果一开始价格较低，市场上存在超额需求，消费者之间的竞争会促使价格升高。这种现象会一直持续，直至达到均衡状态。

对价格和数量变化的预测和解释

如果我们了解使得供给和需求发生变化的各种因素，就可以预测价格和相应的数量变化。但是描述市场变化的环境时，必须注意区分一些术语。例如，我们应该区分**需求量的变化**和**需求的变化**。“需求量的变化”指的是价格变化时，人们希望购买的商品数量的变化。图 3.10(a) 中显示了金枪鱼价格下降引起的需求数量的增加。当每罐金枪鱼从 2 美元降到 1 美元时，需求数量从每天 8 000 罐增加到 10 000 罐。与此不同的是，“需求的变化”是指整个需求曲线的移动。图 3.10(b)中显示的是需求的增加，这意味着在每一种价格下，与变化前相比需求量都增加了。总而言之，“需求量的变化”是指沿着需求曲线移动，而“需求的变化”则是指整个需求曲线的移动。

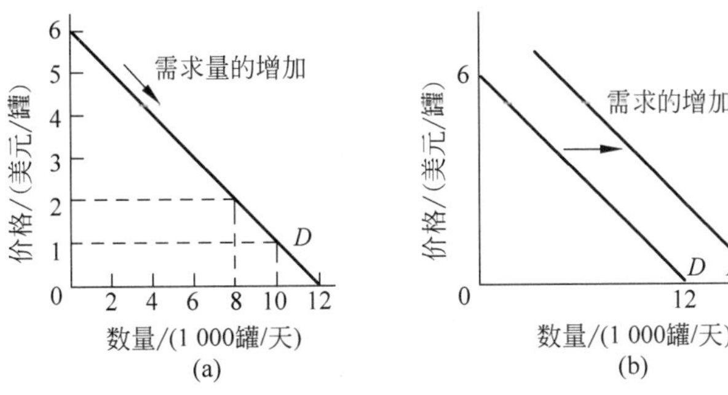

图 3.10　需求量的增加与需求的增加

(a) 价格下降时，需求量的增加体现为沿着需求曲线向下移动；

(b) 需求的增加体现为整个需求曲线向外移动。

需要加以类似区分的还有供给方面的术语。**供给的变化**是指整个供给曲线的移动，而**供给量的变化**则是指沿着供给曲线的移动。

阿尔弗雷德·马歇尔的供求模型是经济学最实用的工具之一。只要我们了解了决定供给曲线和需求曲线位置的因素，就可以理解周围很多有趣的现象了。

需求曲线的移动

为了更好地理解供求模型如何帮助预测和解释价格和数量的变化，我们首先来看几个例子。第一个例子说明了市场以外的因素引起的需求曲线的移动。

例 3.2　互补品

如果场地租赁费降低，网球市场的均衡价格和数量会有怎样的变化？

图 3.11 中的 S 和 D 分别为网球市场最初的供给曲线和需求曲线，这时的均衡价格为每个球 1 美元，均衡数量为每月 4 000 万个球。网球场和网球是**互补品**，即把它们放在一起使用的价值要高于分别使用的价值。因为如果没有场地，网球也就没有了价值(当父母将网球用来给孩子练习拍球时，网球还是有一些价值的)。当租用场地的费用降低时，人们会愿意多打网球，这就增加了网球的需求。因此，场地租赁费的减少使得网球需求曲线从 D 移动到 D'(需求曲线“向右移动”也可称为“向上移动”，两种说法分别对应着对需求曲线的横向理解和纵向理解)。

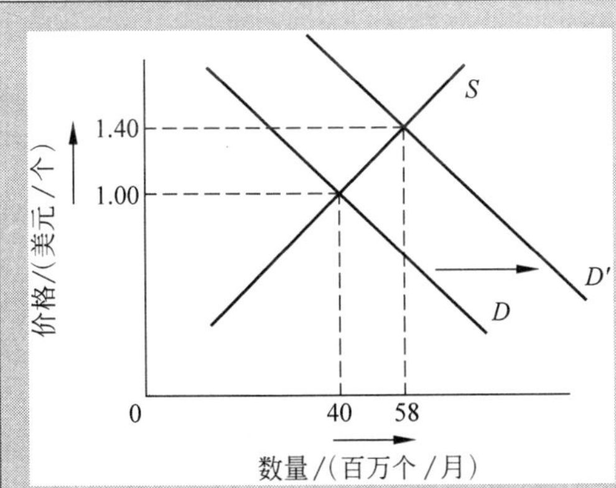

图 3.11　场地租赁费的降低对网球市场的影响

当互补品的价格下降时，需求曲线向右移动，均衡价格和均衡数量随之增加。

在图 3.11 中，需求曲线移动后，网球的新均衡价格为 1.40 美元，高于原来的均衡价格，新的均衡数量为每个月 5 800 万个球，也高于原来的均衡数量。

例 3.3 替代品

如果上网费用下降，信件快递服务的均衡价格和均衡数量会发生什么样的变化？

假设信件快递服务的初始供给曲线和需求曲线如图 3.12 中的 S 和 D 所示，此时的均衡价格为 P，对应的均衡数量为 Q。电子邮件和信件快递被经济学家称为一对替代品，也就是说，至少在某些方面，这两种服务的作用大体相同（有些非经济学家也把它们称为替代品，经济学家并不总是对这些重要概念应用模糊的术语）。当两种商品或服务互为替代品时，其中一种商品价格的下降会引起另一种商品的需求曲线向左移动（需求曲线“向左移动”也可称为“向下移动”）。用图表示，即信件快递的需求曲线从 D 移动到 D'。

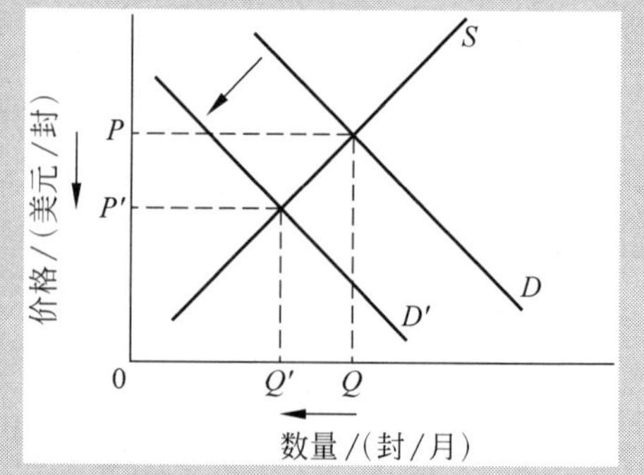

图 3.12 上网费用的下降对信件快递市场的影响

当替代品的价格下降时，需求曲线向左移动，均衡价格和均衡数量随之降低。

如图所示，新的均衡价格 P' 和均衡数量 Q' 均低于初始值 P 和 Q。上网费用的降低不会导致联邦快递和 UPS 退出市场，但会被抢走一部分客源。

总而言之，如果一种商品的价格上涨导致另一种商品的需求曲线向右移动，经济学家就认为这两种商品互为替代品。与此相反，如果一种商品的价格上涨导致另一种商品的需求曲线向左移动，就称之为互补品。

替代品和互补品的概念可以帮助我们回答下面的问题。

练习 3.4

机票价格下降会对度假胜地的巴士票价和酒店价格产生什么样的影响？

需求曲线的移动不仅仅是由替代品和互补品价格的变动引起的，它还受到消费者对一种既定商品或服务支付意愿的各种决定因素的影响。收入就是这些因素中比较重要的一个。

经济自然主义者 3.1 美国联邦政府为职员加薪后，为什么距华盛顿地铁站较近的房屋租金相对于较远的房屋租金会升高？

对于大部分都是政府雇员的华盛顿居民而言，住在距地铁站仅一个街区的地方比距地铁站 20 个街区的地方要便利得多。这些街区交通便利，因此房租要贵得多。假设这种房屋初始的供给曲线和需求曲线如图 3.13 所示。随着美国联邦政府薪水的提高，雇员们可以利用增发薪水的一部分来支付高额房租，因此一些原本居住在非便利街区的雇员会考虑搬到便利街区；而那些已经居住在便利街区的雇员对他们租赁的房子会有更高的支付意愿。因此，薪水的提高使得便利街区房屋的需求曲线向右移动，在图 3.13 中即为从 D 移动到 D'。这些房屋的均衡价格和均衡数量也由此分别增加到 P' 和 Q'。

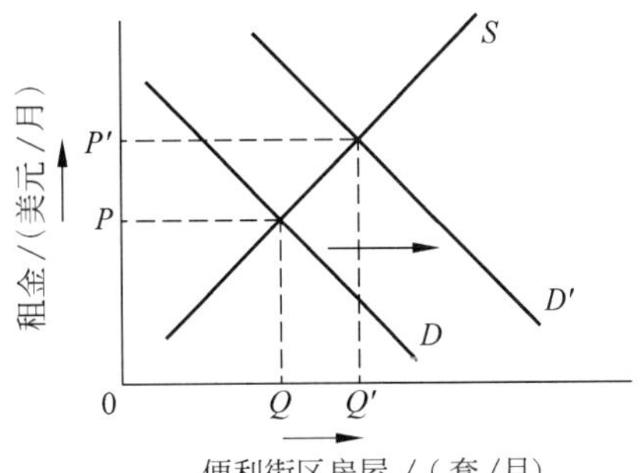

图 3.13　美国联邦政府雇员薪水的增加对华盛顿便利街区房屋租赁的影响

收入的增加使得正常品的需求曲线向右移动，导致均衡价格和均衡数量的增加。

到这里可能有人会问，便利街区的房屋数量受到地理条件的限制，不可能增加。但是激励原理告诉我们绝不能低估可以通过提供更多的商品而增加赢利时卖方的智慧。例如，当租金上涨到足够多时，房东可能会将仓库用作出租。或者一些拥有私家车的人会把便利街区的房屋卖给房东，以提供给那些急需的人们（这种情况会引起沿着便利街区房屋供给曲线的移动，而不是供给曲线自身的移动）。

谁会住在坐落在最便利的位置的房屋里？

当收入增加时，大部分商品的需求曲线会像上述便利街区房屋的需求曲线一样向右移动，经济学家称这类商品为**正常品**。

并非所有的商品都是一般商品。事实上，收入增加时，有些商品的需求曲线会向左移动，这类商品称为**劣等品**。

有了更多收入以后，在什么情况下你会希望少购买某些商品？一般而言，当一种商品存在比它的价格只高一点点，而且很有吸引力的替代品时，会出现这种情况。位于那些既不安全又不便利的地方的房屋就是一个很好的例子。绝大多数居住者一旦有了足够的收入可以负担更高的房租，就会搬离这类地区，这说明收入的增加使得这类房屋的需求曲线向左移动。

练习 3.5

当美国联邦政府雇员的薪水大幅增加时，距离华盛顿地铁站较远的房屋租金会有什么变化？

脂肪含量很高的绞细牛肉是另一个劣等品的例子。出于健康的考虑，大多数人更偏好脂肪含量较低的精肉，如果他们购买高脂肪含量的肉类，说明他们正处于经济不宽裕的时期。当得到更高的收入时，他们会马上改为消费精肉。

偏好，或者称为口味，是决定一种商品是否符合成本—收益原理的另一个重要因素。斯蒂芬·斯皮尔伯格的电影《侏罗纪公园》唤起了儿童长久以来对玩具恐龙潜在的、强烈的需求。这部电影首映后，对这种玩具的需求急剧向右移动。即使这些孩子无法拥有足够多的玩具恐龙，他们对诸如玩具马和其他世界上现有的动物的玩具模型也不再像以前那样感兴趣了，这些玩具的需求曲线大幅向左移动。

对未来的期望是导致需求曲线移动的另一个因素。例如，如果苹果计算机的使用者听说下个月将有一款更便宜或性能更好的机器推出，他们对市场上现有型号的计算机的需求曲线就会向左移动。

供给曲线的移动

上面给出了一些需求曲线移动的例子。接下来，我们看看当供给曲线移动时会发生什么。由于供给曲线以生产成本为基础，任何改变生产成本的因素都会导致供给曲线的移动，进而造成均衡价格和均衡数量的改变。

例 3.4 机会成本的增加

如果制作滑板的一种原材料——玻璃丝的价格上涨，滑板的均衡价格和均衡数量会发生什么变化？

假设滑板的初始供给曲线和需求曲线如图 3.14 所示为 S 和 D，均衡价格为每个滑板 60 美元，均衡数量为每个月 1 000 个。由于玻璃丝是制作滑板的原材料之一，因此玻璃丝价格的上涨会造成生产滑板的边际成本增加。这会对滑板的供给曲线产生什么影响？前面曾经说过，当滑板的价格很低时，只有那些生产边际成本低的供应商出售商品，因为他们可以从中获利；但是价格上涨后，边际成本较高的供应商也可以进入市场进行交易，获取利润(低果先摘原理)。因此，如果生产滑板的原料价格上涨，一定价格下潜在供应商的数量会减少。也就是说，滑板的供给曲线向左移动。供给曲线的“向左移动”又可称为“向上移动”。前者对应着横向解释，而后者则对应着纵向解释，两者含义相同。新的供给曲线为图 3.14 中的 S'(玻璃丝价格上涨以后)。

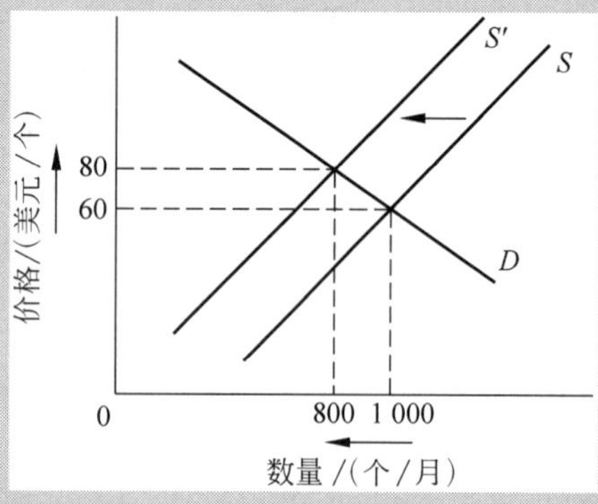

图 3.14 玻璃丝价格上涨对滑板市场的影响

当生产原料价格上涨时，供给曲线向左移动，均衡价格上涨，均衡数量减少。

玻璃丝成本的增加会对滑板的需求曲线产生影响吗？需求曲线描述了在每种价格下消费者希望购买的滑板数量。只要这些消费者的购买意愿高于滑板的市场价格，他们就希望购买。每个消费者的购买意愿由拥有滑板所获得的效用决定，并不取决于玻璃丝的价格，因此滑板的需求曲线不会移动。

在图 3.14 中，我们可以看出当供给曲线向左移动，而需求曲线保持不变时，新的均衡价格为 80 美元，高于初始均衡价格，新的均衡数量为每个月 800 个，低于初始均衡数量(这里新的均衡价格和数量的数值仅仅是为了说明问题，例中并没有足够的信息可以计算出它们的确切数值)。

如果消费者不愿购买价格为 80 美元或更贵的滑板，则只能选择其他消费品。

我们将在例3.5中看到，生产的边际成本下降对均衡价格和均衡数量的影响恰好与此相反。

例3.5 边际成本的下降

当木匠的工资率下降时，新房屋的价格和数量会发生怎样的变化？

假设新房屋的初始供给曲线和需求曲线为图3.15中的S和D，均衡价格为每套房屋120 000美元，均衡数量为每个月40套。木匠工资率的下降使得建造新房屋的边际成本下降，这意味着对于既定的房屋价格，建造者可以得到更多利润。在图上表示为房屋供给曲线从S向右移动到S'(供给曲线的“向右移动”又可称为“向下移动”)。

木匠工资率的下降会对房屋的需求曲线产生影响吗？需求曲线描述的是各种价格下消费者愿意购买的房屋数量。由于木匠的工资减少了，他们对新房屋的支付意愿会随之降低，这意味着需求曲线向左移动。但是由于木匠只是众多潜在房屋消费者中很小的一部分，这种移动可忽略不计。因此木匠工资率的下降会导致房屋供给曲线大幅向右移动，但对需求曲线却没有影响。

在图3.15中可以看到，新的均衡价格为每套房屋90 000美元，低于初始价格，而均衡数量为每个月50套，高于初始均衡数量。

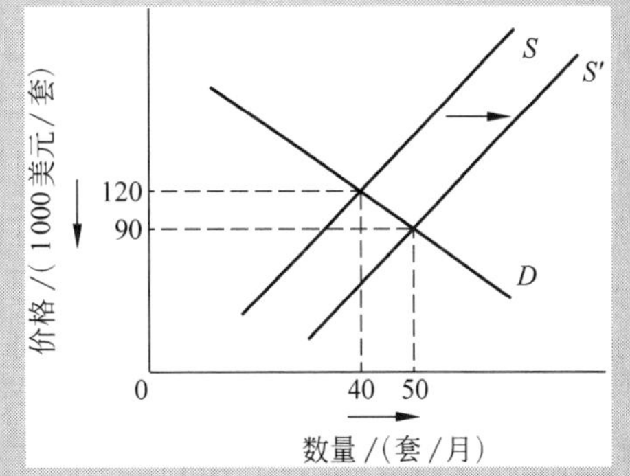

图3.15 木匠工资率的下降对新房屋市场的影响

当投入减少时，供给曲线向右移动，均衡价格下降，而均衡数量增加。

上述两个例子都涉及生产投入的变化，如生产滑板使用的玻璃丝和建造房屋的木匠。在下面的例子中，我们将告诉大家，当技术因素改变时，供给曲线同样会发生移动。

经济自然主义者3.2 为什么主要的学期论文的校对次数多于20世纪70年代？

在文字处理技术被广泛应用之前，学生们每对学期论文进行一次修改，都要把全文重新抄写一遍。而文字处理技术的产生从根本上改变了这种局面。学生们不需要再像以前那样重写整篇文章，而只要将所修改的部分添加进去就可以了。

在图3.16中，S和D表示的是文字处理技术产生以前校对的供给曲线和需求曲线，S'则表示现在校对的供给曲线。如图所示，移动的结果不只是每次校对价格大幅下降，还伴随着均衡数量的相应增加。

为什么现在文章的校对次数比20世纪70年代多很多？

在前面的讨论中，我们假设学生在市场中寻求抄写服务。事实上，有些学生是自己完成这项工作的。这两种情况有什么区别吗？尽管预算约束改变了学生的行为，但那些自己抄写论文的学生也要支付费用——这个费用就是他们完成这项工作所花时间的机会成本。

由于技术降低了成本,我们认为,尽管也许大多数人会自己抄写,但对学期论文校对工作的需求量会大幅提高。

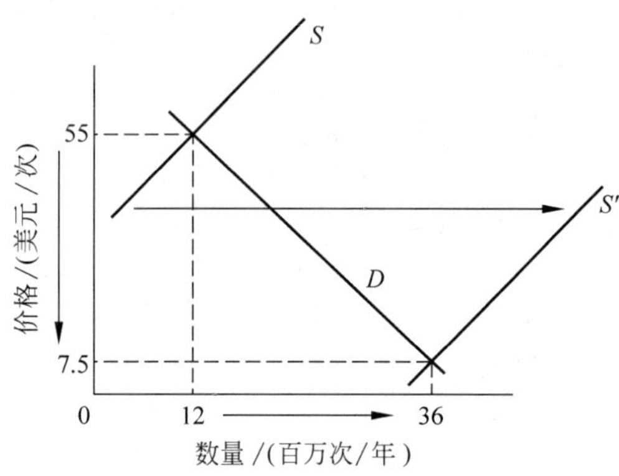

图 3.16 技术变化对学期论文校对市场的影响

当新技术的应用降低了生产成本时,供给曲线向右移动,导致了均衡价格的下降和均衡数量的增加。

生产投入和技术的改变是造成供给曲线移动的最主要的两个因素。对于农产品而言,天气也许是另一个重要因素,好天气使供给曲线向右移动,坏天气使供给曲线向左移动(天气也可能通过影响国内的交通系统来影响其他非农产品的供给曲线)。对未来价格的预期可能造成当前供给曲线的移动,因为供应商可能会由于目前的干旱天气预期未来粮食歉收,预留一些粮食以期在将来卖更高的价钱。市场上卖方数量的变化也会导致供给曲线的移动。

四个简单的规律

由于供给曲线和需求曲线的斜率方向不变(供给曲线向上倾斜,需求曲线向下倾斜),根据前面的几个例子可以总结出四条基本规律,综述供给曲线和需求曲线的移动对均衡价格和均衡数量的影响。这些规律概括在图 3.17 中。

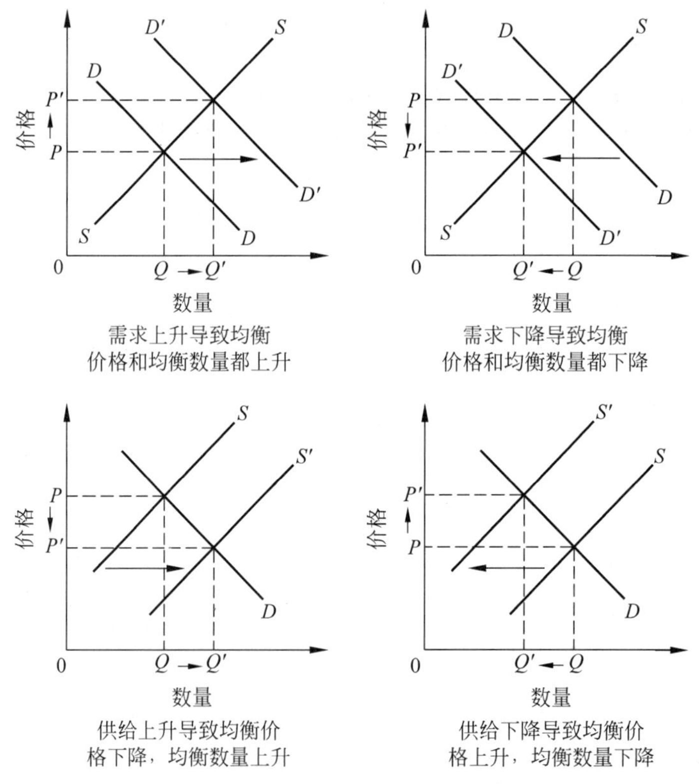

图 3.17 四条规律——供给曲线和需求曲线移动的影响

重点回顾：供给曲线和需求曲线移动的因素

引起需求增加(需求曲线右移或上移)的因素：

1. 产品或服务的互补品价格降低。
2. 产品或服务的替代品价格升高。
3. 收入增加(对于正常品而言)。
4. 需求者对产品或服务偏好增加。
5. 潜在购买者人数增加。
6. 未来价格的高预期。

当上述因素反方向变化时，需求曲线向左移动。

引起供给增加(供给曲线右移或下移)的因素：

1. 生产商品或提供服务所需的原材料、劳动力或者其他投入费用减少。
2. 降低生产商品或提供服务成本的技术进步。
3. 天气的转好(特别是对农产品而言)。
4. 供应商数量增多。
5. 未来价格的低预期。

当上述因素反方向变化时，供给曲线向左移动。

只要曲线的斜率满足上述条件，我们在图3.17中归纳的这些规律对于供给曲线和需求曲线的任何变动幅度都成立。但是正如我们在下面的例子中将要看到的，当供给曲线和需求曲线同时移动时，均衡价格和均衡数量的变化方向取决于两条曲线的相对移动幅度。

例3.6 供给曲线和需求曲线的移动

当供给曲线和需求曲线同时移动时，均衡价格和均衡数量又会如何变化？

下列情况同时发生时，对玉米薄饼市场的均衡价格和均衡数量会有怎样的影响？(1)研究表明，用于炸制玉米薄饼的油对人体有害；(2)收割玉米的设备价格下降。

生产用油对人体有害的研究结论会使那些注重健康的人转而购买别的食物，进而使玉米薄饼的需求曲线向左移动。而收割玉米所用设备价格的下降会导致玉米薄饼的供给曲线向右移动，因为有更多的农民认为进入这个市场可以获利。在图3.18(a)和图3.18(b)中，初始供给曲线和需求曲线为S和D，变动后为S'和D'。可以发现，两条曲线的移动均会导致均衡价格的下降。

但同时需要注意，如果我们不知道两条曲线的移动幅度，就不能决定变化后的均衡数量究竟是增加还是减少了。分开分析可以看到，需求曲线的移动导致均衡数量的下降，而供给曲线的移动却使得均衡数量增加。两种变化的总影响取决于移动幅度较大的那一方。在图3.18(a)中，需求曲线的移动起决定性作用，因此均衡数量下降。在图3.18(b)中，供给曲线的移动起决定性作用，因此均衡数量增加。

下面的练习将对例3.6中的问题进行具体考察。

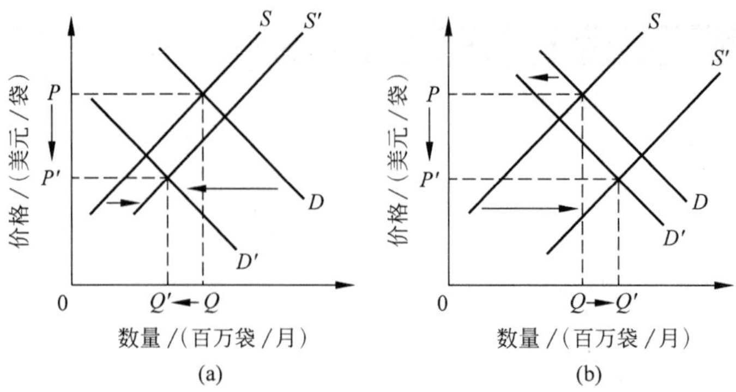

图 3.18 供给曲线和需求曲线同时移动的影响

当需求曲线向左移动而供给曲线向右移动时,均衡价格下降,均衡数量可能增加(b),也可能减少(a)。

练习 3.6

下列情况同时发生时,玉米薄饼市场的均衡价格和均衡数量会发生怎样的变化?(1)研究表明,玉米薄饼中含有一种可以预防癌症和心脏病的维生素;(2)蝗虫破坏了部分玉米作物。

在消费旺季,为什么有些商品的价格会上涨,而有些商品的价格会下降?

经济自然主义者 3.3 为什么飞往欧洲的机票等商品在消费旺季会涨价,而甜玉米这类商品却会降价?

机票价格的季节性变化从根本上讲是由需求的季节性变化导致的。因此如图 3.19(a)所示,夏季人们对飞往欧洲的机票需求量最大,因此这几个月中机票的价格最高。在图中,w 和 s 分别表示冬季和夏季的机票价格。

与此相反的是,甜玉米价格的季节性变化从根本上讲是由供给的季节性变化引起的。因此,如图 3.19(b)所示,夏季甜玉米的供给量最大,因此这几个月中它的价格也最低。

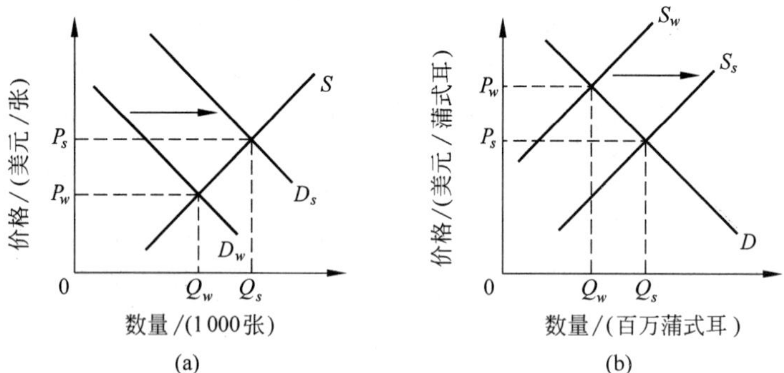

图 3.19 机票和甜玉米市场的季节性变化

(a) 当高需求量导致高消费量时,在高消费量时期商品价格最高;

(b) 当高供给量导致高消费量时,在高消费量时期商品价格最低。

效率与均衡

市场代表了一个高度有效的资源分配系统。当一种商品的市场达到均衡时，均衡价格是市场向潜在供应者传递的一种信息，它告诉供应者那些潜在的需求者对商品评估的价值。与此同时，均衡价格也是市场向潜在需求者传递的信息，它告诉需求者供应这种商品的机会成本。这种双向的信息传递就是尽管没有任何人或组织监督，市场仍然能够调节像纽约食品供应那样复杂的系统的重要原因。

但是如果从最大化社会总剩余的角度讲，由市场决定的价格和数量实现了整个社会的最优化吗？也就是说，没有政府管制的市场均衡是否总能实现市场参与者总收益与总成本差额的最大化呢？在下文中我们将看到，这依情况而定：一个像纽约房屋市场那样没有实现均衡的市场，人们总会找到机会进行可以增加个人经济剩余的交易活动。但是对于那些已经实现均衡的市场，当其供给曲线和需求曲线完全反映了市场中与该商品的生产和消费相联系的成本和收益时，总剩余是最大的。

“桌子上的现金”

经济学假设所有的交易都是出于自愿的。这意味着只有当买方愿意支付的价格达到或超过卖方愿意销售的价格时，交易才会发生。当上述情况出现时，交易双方均得到了经济剩余。交易产生的**买方剩余**是买方愿意支付的价格与实际交易价格的差额。**卖方剩余**则是实际交易价格与卖方愿意销售的价格的差额。交易的**总剩余**是买方剩余与卖方剩余的总和。它总是等于买方愿意支付的价格与卖方愿意销售的价格之间的差额。

假设存在一个潜在的消费者，他购买一张比萨饼的购买意愿为 4 美元。另外一名潜在供应者的出售意愿为 2 美元。如果这个消费者从供应商那里以 3 美元购买了一张比萨饼，这笔交易的总剩余就是 4－2＝2(美元)，其中 4－3＝1(美元)为买方剩余，3－2＝1(美元)为卖方剩余。

一项干预市场达到均衡的政策会不必要地阻止交易的发生，进而减少交易的总剩余。我们再次假设比萨饼的市场上存在价格管制。图 3.20 中的需求曲线表示，如果价格上限为 2 美元，市场中仅有 8 000 张比萨饼出售。这时，根据供给曲线和需求曲线的纵向解释，买方最多愿意支付 4 美元，卖方则希望最低以 2 美元的价格出售。相差的 2 美元就是每张比萨饼被生产并出售时形成的经济剩余。在前面的讨论中，价格为 3 美元时，买方和卖方的经济剩余均为 1 美元。

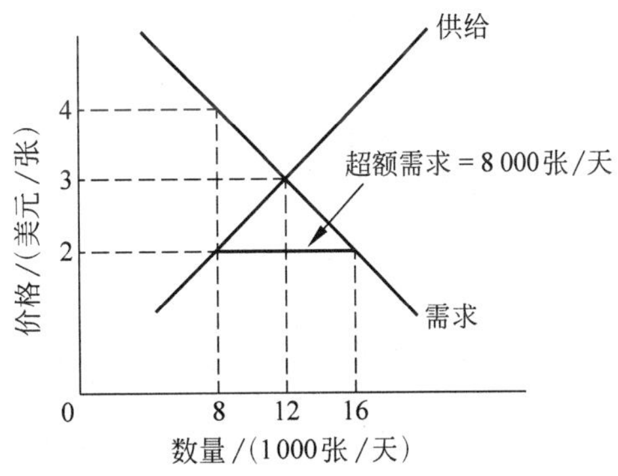

图 3.20 比萨饼市场的价格管制

低于均衡价格的价格上限会导致对比萨饼的超额需求。

当市场没有达到均衡时，我们总可以实现这种对双方都有利的交易。如果人们没有对这些双赢交易加以利用，我们就说存在**“桌子上的现金”**——这是对那些未被利用的机会的一种比喻。当市场价格低于均衡价格时，存在"桌子上的现金"，因为卖方的出售意愿（边际成本）总会低于买方的购买意愿。如果没有将交易价格限制在 2 美元，餐馆会迅速提高价格、扩大产量，直到达到 3 美元的均衡价格。在此价格下，消费者每天可以购买 12 000 张比萨饼。所有的双赢交易都已发生，市场中不再有"桌子上的现金"。

了解了激励原理之后，就不难理解市场中的买方和卖方总是可以及时意识到"桌子上的现金"的存在。这就好像那些未被利用的机会发出了一种特殊的气味，刺激大脑嗅觉中枢做出反应一样。充分利用机会得到"桌子上的现金"是纽约市成千上万家食品供应商如此勤奋工作以满足消费者需求的强劲动力，因此，他们比租金管制房屋市场的参与者更成功也在情理之中。尽管可能存在一些不足，与中央分配机制相比，市场可以更快的速度持久运作。但是正如我们在下面要强调的，这并不意味着市场总是可以实现最优。

个人最优并非社会最优

一种商品的社会最优产量是可以通过生产和消费该种商品而使社会经济剩余达到最大的数量。根据成本—收益原理，只要商品的边际收益不低于边际成本，我们就应该持续增大产量。也就是说，社会最优产量是使商品的边际成本与边际收益相等的产量。

当商品的数量低于社会最优产量时，增大产量可以增加总的经济剩余。同理，当商品的数量超过社会最优产量时，降低产量可以增加总的经济剩余。当经济中的每种产品和服务均以各自的社会最优水平生产和消费时就实现了**经济效率**，或直接称为**效率**。

效率是社会的一项重要目标。没有实现效率就意味着总经济剩余没有达到最大，逐步实现效率的过程可以扩大经济蛋糕，使得经济中的每个个体得到更多。在后面我们还会多次提到效率的重要性，这里将其作为一个核心原理提出。

效率原理：效率是一项重要的社会目标，因为当经济蛋糕变大时，经济体中的每个人都可以得到更多。

市场均衡数量是否实现了效率？也就是说，在市场均衡数量下，参与者得到的总经济剩余是否达到最大？当一种既定商品的市场达到均衡时，卖方多出售一单位产品的成本与买方多购买一单位产品的收益是相等的。如果生产的所有成本均由卖方承担，所有的收益都由买方得到，市场均衡数量就会使边际成本与边际收益相等。也就是说，均衡数量实现了总经济剩余的最大化。

但是有时候生产的成本并不都由卖方承担。例如有一种产品，它的生产会导致很严重的环境污染。每多生产一单位这种商品，人们（不一定是卖方）就要承受更多的污染。对于这种商品的市场均衡来说，买方消费最后一单位的收益仍然等于卖方生产这一单位商品的成本。但是由于产品生产的同时为他人带来了环境污染成本，最后一单位商品的总边际成本——卖方的生产边际成本与他人承受的环境污染成本之和——就会高于消费者单位商品的收益。因此在这种情况下，市场均衡数量大于社会最优产量。降低产出可以提高总经济剩余，但此时无论是卖方还是买方都没有动力改变自己的行为。

另一种可能的情况是，一些人因为他人的购买行为获得了收益。例如，当一些人接种囊虫病疫苗时，他不仅保护自己不感染囊虫病，也减低了他人患上这种病的概率。从整个社会的角度来看，应该增加接种疫苗的人数，直到边际成本等于边际收益。接种疫苗的边际收益是接种人和他人得到的预防收益的总和。但是对于个体消费者而言，只有他们的边际收益超过疫苗的价格，他们才会选择接种疫苗。因此这种情况下，接种疫苗的市场均衡数量小于使得总经济剩余达到最大的数量。但是同样的，人们并没有动机改变自己的行为。

上述情况正是所谓"个人最优并非社会最优"的具体事例。在每个例子中，经济个体都是理性的。他们尽可能实现最优，但就整个社会而言仍然存在未被开发的机会。主要的问题在于，经济个体有时不能独立地找到这些未被开发的机会。在以后的章节，我们将研究人们如何通过集体行为对这些机会加以利用。现在先用下面的原理概括上述讨论。

均衡原理(又称为"桌子上不存在现金"原理)：当市场达到均衡时，对于市场中的个体而言，不再存在未被开发的机会，却可能并未得到通过联合行动可以实现的全部收益。

重点回顾：市场和社会福利

当一种商品的供给曲线和需求曲线反映了与该种商品的生产、消费密切相关的所有成本和收益时，在市场均衡实现的同时，社会经济剩余达到最大。但是如果买方以外的人从商品消费中得到了收益，或者卖方以外的人从中承担了成本，市场均衡的实现并不意味着社会经济剩余的最大化。

小结

- 需求曲线是一条向下倾斜的曲线，它告诉我们在每个既定价格下消费者愿意购买的商品数量。供给曲线是一条向上倾斜的曲线，它告诉我们在每个既定价格下供应商愿意出售的商品数量。
- 阿尔弗雷德·马歇尔的供求模型说明了为什么单独利用生产成本或消费价值(以支付意愿衡量)均不足以解释商品价格高低不同的现象。为了解释价格的差异现象，我们必须同时考虑成本和支付意愿的相互作用。正如我们在本章中看到的，商品的价格由供给曲线和需求曲线共同决定。
- 如果在市场价格下，买方的需求数量等于卖方的供给数量，则称市场达到了均衡。均衡的价格—数量组合即是需求曲线与供给曲线相交的那一点。均衡时，市场价格衡量了最后一单位产品的购买价值和生产成本。
- 当商品价格高于均衡价格时存在超额供给。它驱使卖方降低价格直到达到均衡水平。当商品价格低于均衡价格时存在超额需求，它驱使买方提高价格，直到达到均衡水平。市场的一个显著特征就是根据不同个体对市场价格信号做出的利己主义行为，市场可以对几十亿个买者和卖者的行为进行调节。超额需求和超额供给的存在是微小且短暂的，除非政府管制阻止了价格的自由调节。

- 基本供求模型是经济自然主义者的重要工具。我们可以通过供给曲线或需求曲线的移动预测一种商品均衡价格的变化以及在市场上的交易数量的变化。下列四条规律对于任何需求曲线向下倾斜和供给曲线向上倾斜的商品均成立：
  - 需求增加导致均衡价格和均衡数量的增加。
  - 需求减少导致均衡价格和均衡数量的减少。
  - 供给增加导致均衡价格的减少和均衡数量的增加。
  - 供给减少导致均衡价格的增加和均衡数量的减少。
- 收入、偏好、人口、期望以及替代品和互补品的价格是引起需求曲线移动的因素。而供给曲线的移动主要由技术、投入品价格、期望、供应商数量和天气(特别对于农产品而言)等因素决定。
- 市场分配资源的效率并不会消除社会对于各种产品和服务如何在不同人之间分配这一问题的关注。例如,我们经常对于一些低收入消费者在市场上仅仅可以购买最基础的产品和服务的事实感到惋惜。从穷人的福利角度出发,很多政府通过不同的手段干预市场以改变市场分配的结果。有时候这些干预以法律的形式出现,如将市场价格限制在均衡水平以下。这样的法律尽管是无意识的,却给市场带来很多负面影响。例如,租金管制就导致了严重的房屋短缺,黑市的出现以及房东、房客关系的恶化。
- 如果问题的关键在于穷人的收入过低,最好的解决办法就是想方设法直接提高他们的收入。供求规律并不会因为法规的存在而失效。但是立法者的确有能力改变供给曲线和需求曲线的形状与位置。
- 当一种商品的供给曲线和需求曲线反映了与该商品生产和消费相关的所有成本及收益时,市场的均衡价格使得人们生产和消费的产品数量实现经济剩余的最大化。当市场中除买者以外的一些人获利(如一些人由于其邻居接种了囊虫病疫苗而获益),或者一些卖者以外的人承担了部分成本(如生产带来的环境污染)时,这个结论就不再成立。在这种情况下,市场均衡并不会同时达到经济剩余的最大化。

核心原理

- **效率原理**

效率是一项重要的社会目标,因为当经济蛋糕变大时,经济体中的每个人都可以得到更多。

- **均衡原理(又称“桌子上不存在现金”原理)**

当市场达到均衡时,对于市场中的个体而言,不再存在未被开发的机会,却可能并未得到通过联合行动可以实现的全部收益。

名词与概念

buyer's reservation price	买方愿意支付的价格	cash on the table	“桌子上的现金”
buyer's surplus	买方剩余	change in demand	需求的变化

change in the quantity demanded	需求量的变化
change in the quantity supplied	供给量的变化
change in supply	供给的变化
complements	互补品
demand curve	需求曲线
economic efficiency	经济效率
efficiency	效率
equilibrium	均衡
equilibrium price	均衡价格
equilibrium quantity	均衡数量
excess demand	超额需求
excess supply	超额供给
income effect	收入效应
inferior goods	劣等品
market	市场
market equilibrium	市场均衡
normal goods	正常品
price ceiling	价格上限
seller's reservation price	卖方愿意销售的价格
seller's surplus	卖方剩余
socially optimal quantity	社会最优产量
substitutes	替代品
substitution effect	替代效应
supply curve	供给曲线
total surplus	总剩余

复习题

1. 给出需求曲线的横向解释和纵向解释的区别。
2. 为什么知道一种商品的生产成本不足以预测其市场价格？
3. 前些年一位政府官员提出了一项将汽油价格限制在较低水平的提议，希望以此帮助穷人。你是支持还是反对这个提议？说明原因。
4. 区别“需求的变化”与“需求量的变化”的不同含义。
5. 举一个关于“个人最优并非社会最优”的例子。

练习题

1. 下列各因素会对美国玉米市场的供给曲线产生什么影响？

(1) 先进庄稼轮作技术的发明；

(2) 肥料价格下降；

(3) 政府对农民征收新税种；

(4) 艾奥瓦州遭受龙卷风侵袭。

2. 简要说明各个市场中，下列各种因素会对需求曲线产生什么影响。

(1) 旅游市场的消费者收入增加；

(2) 比萨饼市场的消费者阅读了有关汉堡包导致心脏病的报道；

(3) CD 市场的消费者得知可下载 MP3(CD 的一种替代品)的价格上涨；

(4) CD 市场的消费者得知 CD 价格上涨。

3. 亚利桑那州的一名学生声称在图森市周边的沙漠看见了飞碟。这会对图森市商场中双筒望远镜的供给(不是供给量)产生什么影响?

4. 指出下列商品是互补品还是替代品(如果你认为不能简单地归为一类,请说明理由)。

(1) 洗衣机和烘干机;

(2) 壁球拍和壁球;

(3) 冰激凌和巧克力;

(4) 布制尿布和纸尿布。

5. 出生率的提高会对土地的均衡价格产生什么影响?

6. 如果鸡饲料的价格上涨,牛肉的均衡价格和均衡数量会发生什么变化?

7. 颁布强制汽车加入保险计划的法规会对新车市场的均衡价格和均衡数量产生什么影响?

8. 如果出现下列情况,预测柑橘的均衡价格和数量会发生什么变化。

(1) 一项研究发现每天饮用一杯柑橘汁可以降低患心脏病的风险。

(2) 葡萄汁的价格大幅下降。

(3) 支付给柑橘采摘工的工资上升。

(4) 出乎意料的好天气使得柑橘的产量远远超出人们的预期。

9. 假设最近一期的《纽约时报》报道,在内布拉斯加州发现了疯牛病,同时还发现一种需要较少饲料喂养的小鸡。这会对美国鸡类产品的均衡价格和均衡数量产生什么影响?

10. 25 年前,我们只能在亚洲的一些大城市看到豆腐。现在,豆腐作为一种蛋白质含量很高的健康食品已经变得十分普遍,在美国的大部分超级市场均有销售。与此同时,豆腐的生产已经发展为利用现代食品加工技术的工厂生产。分别画出 25 年前和现在豆腐的供给曲线和需求曲线。根据上述信息用供求模型分析,从过去到现在,豆腐的销售量和价格都发生了怎样的变化。

正文中练习题的答案

3.1 需求量为每天 10 000 张时,买方的边际购买意愿为每张 3.50 美元。价格为每张 2.50 美元时,需求数量为每天 14 000 张。

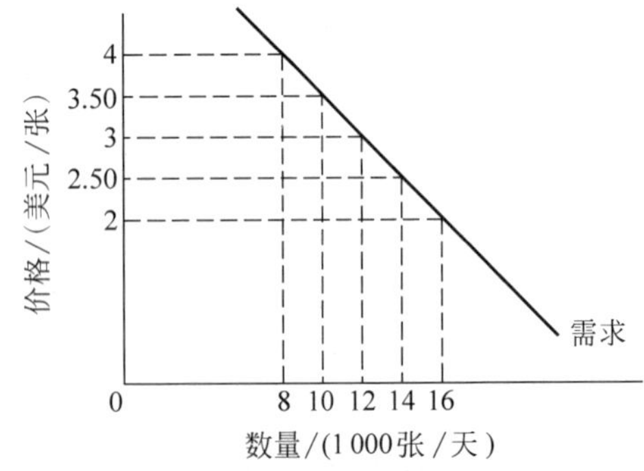

3.2 需求量为每天 10 000 张时，比萨饼的边际成本为每张 2.50 美元；价格为每张 3.50 美元时，供给量为每天 14 000 张。

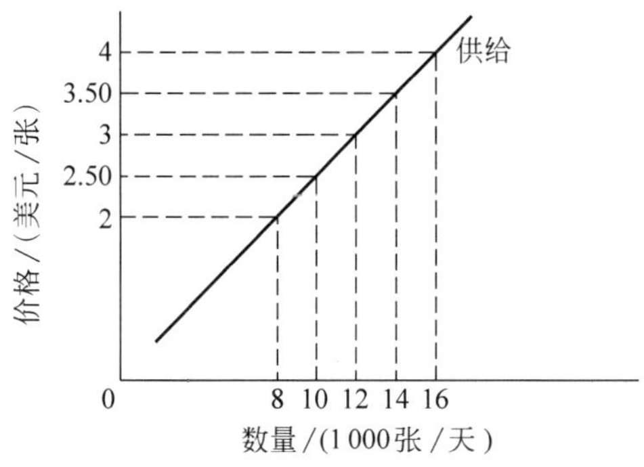

3.3 法规允许房东将房租制定在低于租金管制条例规定的最高房租水平，因此由于市场的均衡房租水平为 800 美元，将租金上限定为 1 200 美元对市场中的实际房租没有任何影响。

3.4 搭乘飞机或汽车往来于不同城市间是互为替代品的两种方式，因此机票价格的下降会引起汽车需求曲线向左移动，因而导致更低的汽车票价和更少的搭乘数量。搭乘飞机旅行与旅游胜地的饭店是一对互补品，因此机票价格下降会引起旅游胜地饭店需求曲线向右移动，因而导致了更高的饭店价格和更多的住宿需求。

3.5 离华盛顿地铁站距离较远的房屋是劣等品。政府雇员薪水增加会导致这种房屋的需求曲线向下移动，进而导致房租的均衡水平下降。

3.6 维生素含量的发现会引起玉米薄饼的需求曲线向右移动，供给曲线向左移动，进而引起均衡价格的上涨，而均衡数量的增加(如下左图中所示)或减少(如下右图中所示)取决于两条曲线的相对移动幅度。

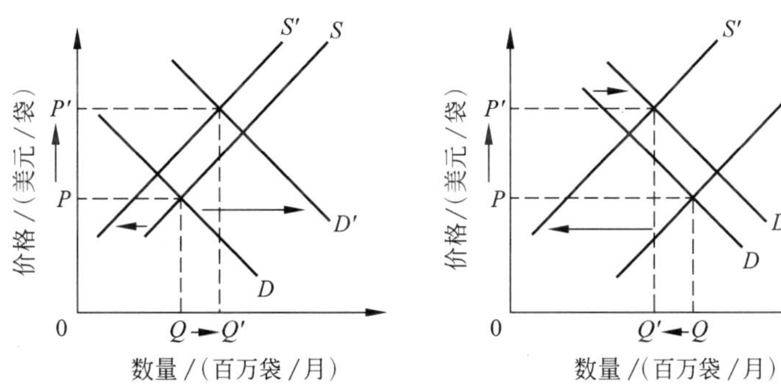

附录 供给与需求的代数分析

在本章的正文部分，我们从几何学框架上引入了供求分析。这一框架的优点在于可以直观地看到曲线的移动，不论是对均衡价格还是对均衡数量的影响，从而更易于理解。

将供求分析转入代数框架是一个很直接的扩展。在这个简短的附录里，我们将会展示如何操作。代数框架的优点在于大大简化了均衡价格和均衡数量的数值计算。

例如，考虑图 3A.1 中的供给曲线与需求曲线，其中 P 代表物品的价格，Q 代表数量。这两条曲线所代表的方程是什么？

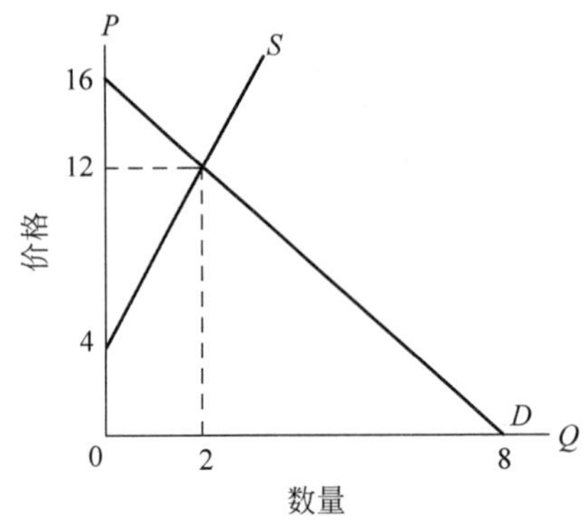

图 3A.1 供给曲线与需求曲线

回顾第 1 章的附录，直线型的需求曲线必须满足 $P=a+bQ^d$ 的形式，其中 P 为产品价格（用纵轴表示），Q^d 表示每种价格下的需求数量（用横轴表示），a 是需求曲线在纵轴上的截距，b 是斜率。图 3A.1 中所示的需求曲线的截距为 16，斜率为 −2，所以需求曲线为

$$P = 16 - 2Q^d \tag{3A.1}$$

类似的，直线形的供给曲线必须满足 $P=c+dQ^s$ 的形式，其中 P 还是产品价格，Q^s 是每个价格上的供给数量，c 是供给曲线的截距，d 是斜率。图 3A.1 中所示的供给曲线的截距为 4，斜率也为 4，所以供给曲线为

$$P = 4 + 4Q^s \tag{3A.2}$$

已知任何市场上的供给曲线和需求曲线，可以很容易地用第 1 章附录里所学的齐次方程组解出均衡价格和均衡数量。接下来这个例子解释了如何应用这个方法。

例 3A.1 齐次方程组

如果某个市场的供给曲线和需求曲线分别是 $P=4+4Q^s$ 和 $P=16-2Q^d$，找出这个市场的均衡价格和均衡数量。

均衡状态下，$Q^s=Q^d$，用 Q^* 来表示这个值，我们将式(3A.1)和式(3A.2)的右边用等号连接：

$$4+4Q^* = 16-2Q^* \tag{3A.3}$$

解得 $Q^*=2$。将 $Q^*=2$ 代入供给或需求方程，得到均衡价格 $P^*=12$。

当然，通过式(3A.1)和式(3A.2)的图示，我们可以直接从图 3A.1 中看出均衡价格和均衡数量（这就是为什么我们会说图解法有助于看出结果）。下面这个例子将会说明，代数解法的好处在于不用非常费力地画出精确的供给—需求曲线图，就能求出均衡价格和均衡数量。

练习 3A.1

找出这个市场上的均衡价格和均衡数量，其中供给曲线和需求曲线分别为 $P=2Q^s$ 和 $P=8-2Q^d$。

附录中练习题的答案

3A.1　用 Q^* 表示均衡数量。因为均衡价格和均衡数量同时处于供给曲线和需求曲线上，所以我们将两个方程的右边用等号连接，得到

$$2Q^* = 8 - 2Q^*$$

解得 $Q^*=2$，将 $Q^*=2$ 代入供给方程或需求方程，得到均衡价格 $P^*=4$。

第 2 部分

宏观经济学：数据和主题

宏观经济学原理
Principles of Macroeconomics

物理学家从不同的层次研究这个世界，其研究范围既可以小至原子的内部运行规律，也可以大到广阔无垠的宇宙时空。他们根据分析水平应用不同的研究方法。同样，经济自然主义者也认识到，兼具从较小的范围（“微观”层次）和较大的范围（“宏观”层次）分析经济行为的方法是十分有益的。

在第1章，我们讨论了微观经济学和宏观经济学的区别。前者研究个体的选择以及在个体市场上的群体行为；后者研究国家经济的表现以及政府用于提高这些表现的政策。本部分的内容以介绍一些中心的概念和在这个领域常用的衡量方法为开端来展开我们对宏观经济学的讨论。在第4章我们讨论国内生产总值（GDP）——一个广为人知的却常常被误解的宏观经济学概念。除了描述GDP是如何构造的，我们还考察了美国GDP在长期是如何增长的，以及它与个体的经济状况是如何关联的。

第5章描述了经济学家是如何度量经济的整体价格水平的，也就是我们常说的物价水平和通货膨胀。这一章还讨论了通货膨胀加诸经济的成本，其中包括通货膨胀对利率的影响。第6章从两个角度研究了劳动力市场的长期趋势。首先，我们分析了世界各地在真实工资和就业机会方面的4个重要的劳动力市场趋势。其次，我们认真探讨了经济学家是如何度量真实世界经济中的就业率和失业率的。

在本部分以及后续的部分，我们将会把我们所提出的概念和度量指标与一些关键的宏观经济话题和问题联系起来。其中包括寻找那些在长期中促使很多国家的生产力得到提高、生活水平得到改善而使得另一些国家出现萧条甚至是衰退的因素。宏观经济学家还会研究较短时期内的经济波动（称为衰退和扩张），失业和通货膨胀的原因以及各国之间经济相互依赖所产生的后果等话题。最后，我们将开始考虑宏观经济政策——改善经济表现的政府行为，因为这些是宏观经济学家特别关注的问题。正如你将在后续部分看到的，宏观经济政策的质量对于一国经济状况来说是重要的决定因素。

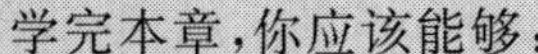

第 4 章

支出、收入和国内生产总值

学习目标

学完本章,你应该能够:

1. 解释经济学家如何定义和衡量一个经济体的产出。
2. 用衡量国内生产总值(GDP)的支出法来分析经济体的行为。
3. 定义和计算名义 GDP 与实际 GDP。
4. 讨论实际 GDP 与经济体福利之间的关系。

"美国非农业工人的薪水第三季度增长了 2%……"

"道·琼斯股票指数在昨日的适度交易中上升了 93 点……"

"通货膨胀似乎已经得到了抑制,因为上个月的消费者价格指数只上升了 0.2%……"

"失业率在上个月升至 5.8%,这是自从……以来的最高值。"

类似上面的新闻报道充斥各种媒体,甚至有专门报道这类新闻的专业化电视和广播节目。大多数人希望通过观看或收听这些节目有所受益,从而有助于他们在商业决策、金融投资和职业选择中有更好的表现。而经济学家也需要这些经济数据,这些数据对他们的重要性,如同病人的脉搏、血压和体温等指标对医生的重要性。缺乏这些指标,医生就无法做出正确的诊断;同样,没有经济数据,经济学家也无法分析经济行为。为了理解经济的发展,并向政策制定者、商业人士和金融投资者提供有益的建议,经济学家首先必须获得最新的准确数据。政治领袖和政策制定者也需要经济数据来帮助他们进行决策和规划。

对经济度量的兴趣与尝试由来已久,探索其源头可以追溯到 17 世纪中期威廉·配第(William Petty)(1623—1687)对爱尔兰土地与财富的详细调查。然而直到 20 世纪,它才真正得到重视。第二次世界大战对经济精确统计的发展起了重要的催化作用,因为战争的结果在很大程度上取决于对经济资源的动用和调配。美国的西蒙·库兹涅茨(Simon Kuznets)和英国的理查德·斯通(Richard Stone)两位经济学家在前人基础上全面建立了一国产品与服务产出的度量体系,这对盟军领袖在战争时期的规划有很大帮助。由于他们的工作为今天世界各国所广泛使用的经济账户奠定了基础，库兹涅茨和斯通分别获得了诺贝尔经济学奖。时至今日，美国政府和世界上其他很多国家的政府都有专门的机构负责经济各方面统计数据的收集和发布工作。

从本章开始，我们将讨论经济学家如何度量在经济状况分析中频繁出现的三个基本宏观经济变量：国内生产总值、失业率和通货膨胀率。本章分析的重点是第一个统计指标——国内生产总值，它是对一国经济活动总水平的度量指标。接下来的两章会分别讨论通货膨胀率和失业率。

学习完本章你将会了解总产出度量指标的建立与使用过程，并会对关于指标准确性的争论有更深刻的认识。理解经济统计的重要性与局限性是正确使用经济数据的首要条件，也是进行在后续章节中将要介绍的经济分析的必要条件。

国内生产总值：对国家产出的度量

在度量经济产出的各种指标中使用最频繁的是国内生产总值，或称 GDP。**国内生产总值(GDP)**是一个国家在一定时期生产的所有最终产品与服务的市场价值。

为了便于理解这一定义，我们将定义拆分成几个部分，并分别进行解释。定义中的第一个关键词是“市场价值”。

市场价值

现代经济的产出包括形形色色的产品与服务，从清洁牙齿的牙线（产品）到针灸疗法（服务），都属于经济产出的内容。为了可以谈论如“总产出”、“总产量”之类的概念（这些概念不同于某种产品如牙线的产量），经济学家需要对各种不同产品与服务的产量进行加总，以获得一个体现总水平的量。他们通过合计经济所提供的所有产品与服务的市场价值实现这一点。我们用例 4.1 来说明这一点。

例 4.1　度量一国的产出

Orchardia 的 GDP

在一个虚拟的 Orchardia 经济体，产出为 4 个苹果和 6 只香蕉。为了计算 Orchardia 的总产出，我们可以把苹果的数量加上香蕉的数量，得到总产出为 10 个单位水果。但如果这个经济体还生产了 3 双鞋子，该如何计算？把苹果、香蕉和鞋子的数量加在一起显然是没有意义的。

假设我们知道：苹果的价格为每个 0.25 美元，香蕉的价格为每只 0.50 美元，鞋子的价格为每双 20.00 美元。那么这个经济体产出的市场价值，即 GDP 应该等于：

(4 个苹果×0.25 美元/个苹果)+(6 只香蕉×0.50 美元/只香蕉)+
(3 双鞋子×20.00 美元/双鞋子)=64 美元

请注意，用这种方法计算总产出时，价格高昂的产品（鞋子）相比价格便宜的产品（苹果和香蕉）会获得更高的权重（在这里价格作为权重）。一般而言，人们对一种产品所愿意支付的货币数量在很大程度上代表他们期望从中获得的经济利益（详见第 3 章）。因此，高价产品在总产出的度量指标中应该占有较高的权重。

练习 4.1

假设 Orchardia 已经生产了三种产品，其产量和价格与例 4.1 的设定一致。现在，它又额外生产了 5 个橘子，每个橘子的价格为 0.30 美元。现在 Orchardia 的 GDP 应该是多少？

通过引入市场价值的概念，我们能够非常方便地对现代经济中形形色色的产品与服务进行加总。不过，使用市场价值的方法也有一定的局限性，因为并非所有存在经济价值的产品与服务都是在市场上进行交易的。例如，家庭主妇的无偿打扫工作显然也是具有经济价值的，不过由于她们并没有将这种工作推向市场，也没有获得报酬，因而这部分服务无法在 GDP 中体现出来。而那些有偿的房屋打扫和幼儿看护服务，由于存在相关的市场，是计算在 GDP 之内的。

尽管家务劳动并没有纳入 GDP 的计算范围，但在某些情况下，一些不在市场上出售的产品与服务也被包括在 GDP 中。其中最重要的是美国联邦政府、州政府和地方政府所提供的产品与服务。军队的保护、州际高速公路带来的交通方便、公立学校的教育等，都是公共部门提供的没有在市场上出售的产品与服务的例子。

由于公共部门提供的产品与服务并不存在市场价格，因此经济统计学家将提供这些产品与服务的成本看做其经济价值的近似度量，加到 GDP 上去。例如，为了把公共教育纳入 GDP，统计学家要考虑教师和管理者的薪金、教科书和其他供应品的成本，以及类似的其他成本，并将之作为 GDP 的一部分。同样，出于计算 GDP 的目的，国防的经济价值也用其成本——士兵的收入和武器的制造与维护费用等来近似衡量。

除了类似公共部门提供的产品与服务这些特殊情况外，GDP 是通过对市场价值进行加总计算得到的。不过，并非具有市场价值的全部产品与服务都已经被计算在 GDP 里。接下来我们将会看到，GDP 只包括生产过程的最后产物，我们称之为最终产品与服务。

最终产品与服务

很多产品在生产过程中就会被使用和消耗掉。例如，面包师烘焙一块面包的过程，实际上是由以下完整的一系列经济活动构成的：种植并收割小麦，将小麦磨成面粉，加入其他成分烤成面包。在这一过程中生产了三种主要产品——小麦、面粉和面包，其中只有面包最终能到达消费者手中。由于整个过程的最终目的是生产面包，我们将面包称为最终产品。

一般而言，**最终产品或服务**是指整个生产过程的最后产出物，即消费者实际享受的产品或服务。而那些在制造最终产品的过程中所生产并被使用的产品或服务——在这个例子中是小麦和面粉——则被称为**中间产品或服务**。经济学家只对度量具有直接经济价值的产出感兴趣，因而 GDP 中只包括最终产品与服务。中间产品与服务不包括在内。

为具体说明这一点，我们假设前文例子中小麦的市场价值为 0.50 美元（面粉公司向粮食公司支付的小麦价格）。小麦碾磨成面粉后，其市场价值变为 1.20 美元（面包师向面粉公司支付的面粉价格）。最后，面粉被制成一块香甜可口的法式面包，在当地的商店里以 2.00 美元出售。现在我们计算整个过程对 GDP 的贡献，能否把小麦、面粉和面包的价值都加在一起？这么做是不对的。这样会错误地把 GDP 算成 0.50 美元＋1.20 美元＋2.00 美元＝3.70 美元。小麦的价值被算了 3 次：小麦 1 次，作为面粉的一部分又算了 1 次，最后作为面包价值的部分还算了 1 次。因为小麦和面粉是中间产品，它们的价值只体现在能够用来制作面包这一点上。因此在这个例子中，对 GDP 的总贡献为 2.00 美元，也就是最终产品面包的价值。

例 4.2 也阐述了这两者之间的不同，只不过这次我们关注的对象是服务。

例 4.2　理发师及其助手的 GDP

一次理发如何计入 GDP？

理发师为你理一次发要收 10 美元。同时，理发师每次理发都要给他的助手支付 2 美元作为磨剪刀、扫地和负责其他杂务的报酬。你每理一次发，理发师和他的助手对 GDP 的总贡献是多少？

这个问题的答案是 10 美元，即理发的价格(或者市场价值)。理发行为要计入 GDP 之中，这是因为它是最终服务，对最终的客户有实际经济价值。而理发师的助手所提供的服务虽然也有价值，但它的价值只体现在对理发过程的贡献上，因此不应该纳入 GDP 的计算范围。它的 2 美元的价值已经包括在理发的 10 美元里了。

例 4.3 则向我们介绍了这样一种情况：如果用于不同的途径，一种产品既可能是中间产品，也可能是最终产品。

例 4.3　可以同时具有中间产品和最终产品的双重身份的产品

什么是中间产品？

农民布朗生产了价值 100 美元的牛奶。他将其中价值 40 美元的牛奶卖给他的邻居，并把剩下的牛奶用于饲养猪，最后，他将猪以 120 美元的价格卖给了他的邻居。农民布朗对 GDP 的贡献是多少？

在这个例子中，40 美元的牛奶和卖给邻居的价值 120 美元的猪是最终产品。将 40 美元和 120 美元相加，得到 160 美元，这就是农民布朗对 GDP 的贡献。我们注意到这样一个有趣的事实：布朗所生产的牛奶中有一部分是中间产品，另一部分是最终产品。其中用于养猪的 60 美元牛奶是中间产品，因此没有被纳入 GDP 的计算范围。而卖给邻居的 40 美元牛奶是最终产品，因此是 GDP 的一部分。

还存在这样一类特殊的产品，它很难被归类为中间产品或者是最终产品，我们称之为资本品。**资本品**是为了协助其他产品与服务的生产而生产和使用的耐用品。厂房和机器便是典型的资本品。资本品并不满足最终产品的定义，因为生产它们的目的是生产其他产品。此外，它们在生产过程中不会很快被消耗，因而也不是中间产品。

出于计算 GDP 的目的，经济学家达成一致，将新生产的资本品视为最终产品。否则，一个通过建造现代厂房和购买新机器对未来的生产进行投资的国家，其 GDP 反而不如一个将所有资源用于生产消费品的国家。

我们已经建立了计算 GDP 的一个规则：GDP 中只能包括最终产品与服务(包括新生产的资本品)。那些在生产最终产品与服务的过程中会被消耗的中间产品与服务不应计算在内。然而，在实际操作中，由于生产过程经常会跨越GDP的多个计量时期，从而使这一规则执行起来并不容易。

为了说明这一点，请回想我们曾举过的小麦磨成面粉、最后制成法式面包的例子。整个过程对GDP的贡献是最终产品面包的价值——2美元。现在假设，小麦和面粉在2011年年末生产出来，而面包要在2012年年初才能制作出来。在这种情况下，我们到底应把面包的2美元价值看做对2011年GDP的贡献还是对2012年GDP的贡献？

这两种处理方式都无法令人信服，因为面包生产过程的前一部分发生在2011年，而后一部分则发生在2012年，将整个过程的贡献单独归于其中任何一年都不合理。我们应该将面包的一部分价值计入2011年的GDP，另一部分计入2012年的GDP。但应该怎样进行分割呢？

为了解决这个难题，经济学家通过对生产过程中每个企业所创造的增加值进行加总来间接确定最终产品与服务的市场价值。对任何企业而言，它所创造的**增加值**都等于其产品或服务的市场价值减去从其他企业购买的投入品的成本。我们将会看到，累计所有企业(既包括中间产品与服务的生产者，也包括最终产品与服务的生产者)创造的增加值，得到的结果与通过简单加总最终产品与服务的价值所求得的GDP是一样的。不同的是，累计增加值的方法解决了跨越多期的最终产品与服务的价值划分问题。

为了介绍这种方法的具体运用，我们再次利用作为多期生产的产出——法式面包的例子。我们已经知道，整个生产过程对GDP的总贡献是面包的价值(2美元)。下面，让我们通过累计增加值的方法得到相同的结果。假设面包是以下三家企业的最终产出：生产小麦的ABC粮食公司、生产面粉的通用面粉公司和生产面包的热鲜面包烘烤店。如果小麦、面粉和面包的市场价值与前文的假定一致，每家企业创造的增加值分别是多少？

ABC粮食公司生产了0.50美元小麦，没有从其他公司购买投入品，因此它创造的增加值为0.50美元。通用面粉公司从ABC粮食公司购买0.50美元小麦来生产1.20美元的面粉。所以通用面粉公司创造的增加值是其产出价值(1.20美元)与投入成本(0.50美元)的差(0.70美元)。最后，热鲜面包烘烤店从通用面粉公司购买1.20美元的面粉，并把它做成价值2.00美元的面包。类似的，我们可以计算出，热鲜面包烘烤店创造的增加值是0.80美元。

如表4.1所示，将每家企业创造的增加值累加起来的方法，与只计算最终产品与服务的市场价值求出的对GDP的贡献是相同的，均为2.00美元。基本而言，每家企业创造的增加值代表了这家企业在它负责的生产阶段所创造的蕴含在最终产品或服务中的那部分价值。对经济中所有企业创造的增加值进行累加，就可以得到最终产品与服务的总价值，即GDP。

表4.1　面包生产过程中的增加值　　美元

公司名称	收入	－	购买的投入品成品	＝	增加值
ABC粮食公司	0.50		0.00		0.50
通用面粉公司	1.20		0.50		0.70
新鲜面包烘烤店	2.00		1.20		0.80
合计					2.00

这个例子还解释了增加值的方法是如何解决了生产过程跨越多期的问题。假设小麦和面粉是在2011年生产的，但面包直到2012年才被制作出来。根据增加值的方法，这个生产过程对2011年GDP的贡献等于粮食公司和面粉公司所创造的增加值之和——1.20美元；而其对2012年GDP的贡献则等于面包店创造的增加值——0.80美元。经过这样的处理，最终产品面包的价值就被合理地划分为两部分并分别计入两年的GDP，从而反映了生产过程跨越多期的经济事实。

练习 4.2

艾米的贺卡店在2012年12月购买了一批情人节贺卡，她为此向批发商支付了500美元。2013年2月，她通过出售这批贺卡得到700美元的收入。这些交易对2012年和2013年GDP的贡献分别是多少？

我们已经知道GDP等于最终产品与服务的市场价值。下面让我们来考察定义的最后一部分，“一个国家在一定时期内的生产”。

一个国家在一定时期内的生产

国内生产总值概念中的国内一词告诉我们，GDP是对某一国家范围内经济活动的度量。因此，只有那些在一国地域范围内发生的生产活动才能计入该国的GDP。例如，美国的GDP包括在美国领土生产的所有汽车的市场价值，也包括那些由外国工厂生产的汽车。然而，美国公司（如通用汽车）在墨西哥的工厂所制造的汽车，则不计入美国的GDP。

我们也注意到，GDP是用于度量在一定时期内（如一年内）发生的生产活动总量的指标。基于此，只有那些在当年生产的产品与服务才能计入该年的GDP。例4.4和练习4.3来说明了这一点。

例 4.4 房屋出售与GDP

现有房屋的销售应计入GDP吗？

一对年轻夫妇用200 000美元购买了一所已有20年历史的住房。同时，他们还要向房地产代理商支付6%的佣金（12 000美元）。这笔交易对GDP的贡献是多少？

由于房屋并非当年建造的，它的价值不应计入该年的GDP（房屋的价值已包含在20年前建造房屋那年的GDP中）。一般而言，对旧房、旧车等现有资产的购买和出售并不会对当年的GDP做出贡献。不过，支付给房地产代理商的12 000美元费用却体现了代理商协助家庭寻找房屋实现购买这些服务的市场价值。由于这些服务的提供发生在当年，代理商的这部分收入应该计入当年的GDP。

练习 4.3

罗特在本森股票交易所以每股50美元的价格卖出100股股票。每次交易她都要向经纪人支付2%的佣金。罗特的交易对当年的GDP会产生什么样的影响？

重点回顾

国内生产总值(GDP)是一个国家在一定时期内生产的所有最终产品与服务的市场价值。

- GDP是经济体所生产的各种产品与服务的市场价值的总和。
- 没有在市场上出售的产品与服务,如无偿的家务劳动,并不纳入GDP的计算。但政府提供的产品与服务却是一个例外,这些产品与服务要以政府提供它们的成本作为价值的近似度量包括在GDP内。
- 最终产品与服务(由最终使用者消费的产品与服务)属于GDP的计算范围。按照惯例,在生产最终产品与服务的过程中被消耗的中间产品与服务则没有进入GDP的计算。
- 在实际操作中,最终产品与服务的价值是用增加值的方法来确定的。对任何企业而言,它所创造的增加值都等于其出售产出所获得的收入减去从其他企业购买的投入品的成本。对生产过程中所有企业创造的增加值进行累加,即可得到最终产品或服务的价值。
- 只有那些在一国地域范围内生产的产品与服务才能计入该国的GDP。
- 只有那些在当年生产的产品与服务(或者产出中由该年的生产活动所创造的那一部分价值)才能计入该年的GDP。

用于度量GDP的支出法

GDP是衡量一个经济体所生产的产品与服务总量的指标。但是,所生产的任何产品或服务都会被某个经济实体购买和使用——消费者购买圣诞礼物,企业投资于新机器,等等。在很多情况下,只知道生产了多少是不够的,还需要了解是谁使用以及怎样使用这些产品与服务。

对于那些GDP所包括的最终产品与服务的使用者,经济学家将之归纳为四类:家庭、企业、政府和国外部门(国内产品的国外购买者)。他们假定,一个国家在一定时期内生产的所有最终产品与服务,都会被以上四类对象中的一类或几类所购买和使用。不仅如此,购买者在各种最终产品与服务上的支出应该正好等于那些产品与服务的市场价值。

因此,GDP实际上可以通过两种等价的方法进行度量:(1)加总国内生产的所有最终产品与服务的市场价值;(2)加总上述四类对象在最终产品与服务上的支出,并扣除在进口产品与服务上的那部分花费。两种方法得到的结果应该是相同的。

分别与四类最终用户相对应的是四类支出行为:消费、投资、政府采购和净出口。也就是说,家庭的支出由消费行为决定,企业的支出主要是投资,政府的一部分支出表现为政府采购,国外部分的支出其实是国家的出口。表4.2列出了2010年美国经济各部分支出的美元价值。如表4.2所示,2010年美国的GDP大约为14.7万亿美元,人均GDP将近47 000美元。下面我们将详细介绍各部分支出及其主要的构成项目。在学习的过程中,你可以对照表4.2,以了解各部分对美国经济的实际重要程度。

消费支出，或简称**消费**，是指家庭在食物、衣着和娱乐等产品与服务上的花费。消费支出可以细分为三类。

- 耐用消费品是指使用寿命较长的消费品，如汽车和家具等。请注意，新建的房屋不是耐用消费品，它被视为投资的一部分。

表 4.2 2010 年美国 GDP 的支出构成 10 亿美元

消费		**10 350.6**
耐用品	1 089.3	
非耐用品	2 337.4	
服务	6 923.9	
投资		**1 822.5**
企业固定投资	1 413.2	
居民投资	340.4	
存货投资	68.9	
政府采购		**3 000.3**
净出口		**−515.7**
出口	1 838.5	
进口	2 354.1	
合计：国内生产总值		**14 657.8**

资料来源：美国经济分析局(http://www.bea.gov)。

- 非耐用消费品是指使用寿命较短的产品，如食物和衣服等。
- 服务在消费者支出中占有很大的比重，它包括各种各样的服务形式，从理发、出租车载客的简单服务到法律、金融和教育服务，都属于服务的范围。

投资是指企业在最终产品与服务上的花费，主要是资本品和房产的支出。投资也可以细分为三类。

- 企业固定投资是指企业对机器、工厂和办公建筑等新的资本品的购买行为(我们曾经提到过，出于计算 GDP 的考虑，耐用资本品被视为最终产品而不是中间产品)。企业通过购买资本品来扩大其生产能力。
- 居民投资的对象是新建的住宅和公寓。回顾一下，房屋和公寓，有时候又被称为居民资本，也是资本品。出于计算 GDP 的考虑，居民投资被视为企业部门将住宅销售给家庭的投资活动。
- 存货投资是指企业将未售出的产品作为存货处理。换句话说，其实就是为便于 GDP 的度量，企业对那些已生产但未在当期卖出的产品，进行自我购买(这种处理方法保证了生产等于支出关系的成立)。存货投资可正可负，取决于在一年内，存货价值上升还是下降。

人们经常把购买股票、债券等金融资产的行为称为“投资”。那种投资不同于我们这里所定义的投资。公司股票的购买者会获得对该公司现有实物资产和金融资产的部分所有权。但是，股票购买往往与新实物资本的创造没有关系，因此并非本章所指意义上的投资。一般情况下，我们会把购买股票、债券等金融资产的行为称做“金融投资”，以区别于企业对厂房和机器等新资本品的投资行为。

政府采购是政府对最终产品(如战斗机)与服务(如公共教育)的购买行为。政府采购不包括政府无偿支出的转移支付行为。像社会保障福利、失业救济金、政府工作人员的养老金和福利支出等都是转移支付的例子，它们都不属于政府采购。对政府债券的利息支付也应排除在政府采购之外。

净出口等于出口减去进口。

- 出口是指国内生产的最终产品与服务销往国外。
- 进口是指国内购买者购买国外生产的产品与服务。由于进口包括在消费、投资和政府采购中，但并不代表对国内产出的支出，必须将其减去。加上出口、减去进口的一个简便的方法是加上净出口，它等于出口减进口。

一个国家的净出口反映了世界上其他各国对其产品与服务的净需求。由于在任何给定的年份里进口都可能超过出口，所以净出口可以为负值。如表4.2所示，2010年美国的进口就明显大于出口。

GDP和产品与服务的支出之间的关系可以用下面的等式来总结。我们令

Y = 国内生产总值，或产出

C = 消费支出

I = 投资

G = 政府采购

NX = 净出口

使用这些符号，我们可以将GDP等于四类支出总和的关系用一个代数表达式来体现：

$$Y = C + I + G + \mathrm{NX}$$

例4.5 用生产法和支出法度量GDP

用两种方法得到的GDP是否相等？

一个经济体生产了100万辆汽车，每辆汽车价值1.5万美元。消费者购买了其中的70万辆，企业购买了20万辆，政府购买了5万辆，有2.5万辆销往国外。该经济体没有从外部进口汽车。到年末汽车厂商将没有出售的汽车作为存货处理。

该经济体所生产最终产品与服务的市场价值为100万辆汽车乘以1.5万美元/辆，计算结果是150亿美元。

为了用支出法度量GDP，我们必须考虑在消费、投资、政府采购和净出口这四个方面的支出。消费总额为70万辆汽车乘以1.5万美元/辆，即105亿美元。政府采购总额为5万辆汽车乘以1.5万美元/辆，即7.5亿美元。净出口总额等于出口总额(2.5万辆汽车乘以1.5万美元/辆，即3.75亿美元)减去进口总额(零)，因此净出口总额为3.75亿美元。

那么投资总额是多少？处理这个问题我们必须小心谨慎。销售给企业的20万辆汽车，价值30亿美元，显然应该计入投资总额。不过我们也要注意到这样一个可能会被忽略的事实：汽车公司一共生产了100万辆汽车，但到年末为止只售出了97.5万辆(700 000+200 000+50 000+25 000)。因此，该年年末还有2.5万辆汽车没有售出，被汽车厂商作为存货处理。厂商存货的增加额(2.5万辆汽车乘以1.5万美元/辆，即3.75亿美元)应视为存货投资，是投资总额的一部分。因此，在投资上的总支出就等于出售给企业的30亿美元汽车加上存货投资3.75亿美元，即33.75亿美元。

将前面的计算结果罗列如下：消费总额为105亿美元，投资总额(包括存货投资)为33.75亿美元，政府采购总额为7.5亿美元，净出口总额为3.75亿美元。对这四项支出进行累加，我们得到150亿美元——这一结果与采用生产的市场价值计算得到的GDP是一样的。

练习 4.4

对例 4.5 进行拓展，假设家庭所购买的汽车中有 2.5 万辆来自进口，而并非由国内生产。国内的产量仍然维持在 100 万辆，价格仍是 1.5 万美元。请再次通过两种方法来计算 GDP：(1)根据生产所创造的市场价值；(2)对各项支出进行加总。

GDP 与资本和劳动的收入

我们既可以认为 GDP 是总生产的衡量指标，也可以将它看做对总支出的度量——这两种计算 GDP 的方法得到的最终结果是相同的。其实，还可以从第三个角度来理解 GDP，即资本和劳动的收入。

一种产品或服务，不管它在何时生产、何时出售，一旦售出，从中获得的收入总是在工人和生产这种产品或服务所用资本的所有者之间进行分配的。因此，经过一些在此可以忽略的技术性调整之后，GDP 也等于劳动收入与资本收入之和。

- 劳动收入(大约占 GDP 的 2/3)包括工资、薪金以及自我雇用的收入。
- 资本收入(大约占 GDP 的 1/3)是指那些对实物资本(如厂房、机器和办公大楼等)和无形资本(如版权和专利等)所有者的给付。企业主赚取的利润、土地或建筑所有者收取的租金、债券持有人获得的利息，以及版权或专利所有人得到的版税或专利许可费等，都属于资本收入的范围。

劳动收入和资本收入都是按照税前值来衡量的。当然，最终这两种收入都会有一部分被政府通过税收方式获得。

图 4.1 可以帮助我们从三种不同但等价的角度来理解 GDP：生产所创造的市场价值；支出总额；资本收入和劳动收入之和。从这幅图中，我们也能对各支出部分和收入部分相对重要性有一个大致的了解。在总支出中，大约 70%用于消费，20%属于政府采购，剩余部分则是投资与净出口(事实上，如表 4.2 所示，美国的净出口近来一直为负值，这说明美国处于贸易赤字状态)。正如前文提到的，劳动收入大致占总收入的 2/3，剩余部分则是资本收入。

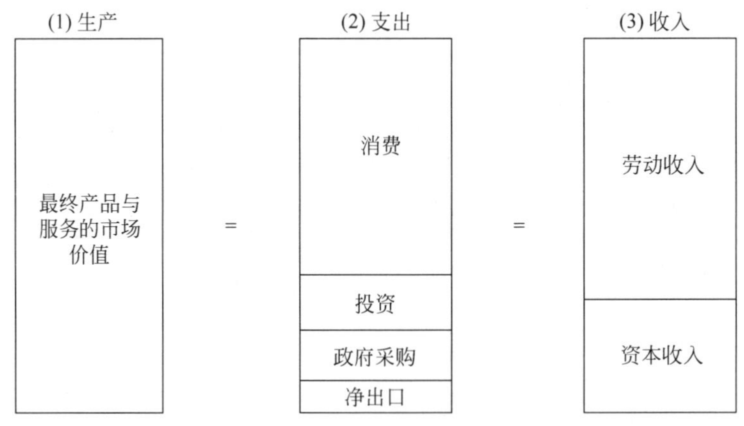

图 4.1 GDP 的三种度量方法

GDP 可以用三种方法来进行等价的度量：(1)生产所创造的市场价值；(2)总支出(包括消费、投资、政府采购和净出口)；(3)总收入(包括劳动收入和资本收入)。

重点回顾：GDP 的支出构成

GDP 可以用购买国内生产的最终产品与服务的支出总和来表示。纳入 GDP 计算范围的四种支出形式，以及与四种支出联系在一起的四种经济群体，可以整理为下表的形式：

支出类型	支出行为的主体	例　子
消费	家庭	食物、衣着、理发、新车
投资	企业	新厂房与设备、新住宅、存货的增量
政府采购	政府	新教学楼、新军队装备、士兵和政府官员的薪金
净出口(出口减进口)	国外部门	出口的制造品、向外国提供的法律或金融服务

名义 GDP 与实际 GDP

给定年度 GDP 在比较不同地方经济活动时具有很重要的价值。例如，将 2010 年的 GDP 数据按州分解，就可以用于比较纽约州和加利福尼亚州的总产出水平。不过，经济学家并不满足于此，他们不仅比较不同地区的经济活动水平，还希望能够进行基于不同时间的比较。例如，由于推出成功的经济政策而竞选连任的总统，一定很想知道在其任期内美国经济产出有多大幅度的增长。

不过，使用 GDP 来比较两个不同时点的经济活动水平可能得到错误的答案，下面的例子可以证实这一点。为便于说明问题，假设该经济体只生产两种产品：比萨饼和馅饼。这两种产品在 2009 年(总统任期开始)和 2013 年(总统任期结束)的价格与数量如表 4.3 所示。如果用生产所创造的市场价值来计算各年的 GDP，我们会发现，2009 年的 GDP 为(10 个比萨饼×10 美元/个比萨饼)+(15 个馅饼×5 美元/个馅饼)=175 美元。2013 年的 GDP 为(20 个比萨饼×12 美元/个比萨饼)+(30 个馅饼×6 美元/个馅饼)=420 美元。如果将 2009 年的 GDP 与 2013 年的 GDP 放在一起进行比较，我们可能会认为，GDP 增长了 1.4 倍，是原来的 2.4 倍(420 美元/175 美元)。

表 4.3　2009 年和 2013 年的价格与数量

年份	比萨饼的数量	比萨饼的价格/美元	馅饼的数量	馅饼的价格/美元
2009	10	10	15	5
2013	20	12	30	6

但在对表 4.3 给出的数据进行仔细分析之后，你会发现这个结论并不正确。2013 年生产的比萨饼和馅饼的数量恰好都是 2009 年生产的两倍。如果以两种产品的实际产量来衡量，经济活动的水平在 4 年里只扩大了 1 倍，可为什么 GDP 的计算结果显示经济有更大的增长呢？

观察表中数据你会发现，这是价格随着产量的增加出现上涨所造成的。由于价格上涨，在这 4 年里生产活动所创造的市场价值以超过实际产出的速度在增长。在这种情况下，GDP无法对总统任期内经济的增长水平进行正确的度量，因为真正决定人们经济财富的因素是一定时期内产品与服务的实物产量，而不是这些产出的货币价值。其实，如果从2009年到2013年比萨饼和馅饼的价格都上升为原来的2.4倍，而产量保持不变，那么GDP也会增长为原来的2.4倍。在这种情况下，宣称经济(实物)产出在总统任期里增长了1倍多显然是错误的。

经济学家往往需要使用GDP比较不同时点经济活动的水平，因此必须使用某种方法排除价格变化的影响。换句话说，我们需要对通货膨胀现象进行调整。为了实现这一目的，经济学家使用一组基本价格对不同年份的产量进行计价。

具体的操作是这样的：选择一个特定的年份，我们称之为基年，用该年的价格水平计算产出的市场价值。利用基年而不是当年的价格水平计算得到的GDP，我们称之为**实际GDP**，它是实际产出的度量指标。实际GDP是调整通货膨胀因素后所得到的GDP。为了区分以基年价格水平计算的实际GDP和用当年价格水平计算的GDP，经济学家把后者称为**名义GDP**。

例4.6 计算总统任期里实际GDP的变化

在总统任期内，实际GDP增长了多少？

利用表4.3的数据，并假定2009年为基年，求出2009年与2013年的实际GDP。从2009年到2013年实际产出到底增加了多少？

为了求出2013年的实际GDP，我们必须使用基年，即2009年的价格水平对2013年的产量进行计价。利用表4.3的数据，可以求得：

2013年的GDP＝2013年比萨饼产量×2009年比萨饼价格
＋2013年馅饼产量×2009年馅饼价格
＝20×10美元＋30×5美元
＝350美元

所以，2013年经济的实际GDP为350美元。

2009年的实际GDP是多少？根据定义，2009年的实际GDP等于以基年价格水平计价的2009年的产出。在这个例子里，基年正好是2009年，因此2009年的实际GDP就等于以2009年价格水平计价的2009年的产出，也就等于2009年的名义GDP。一般而言，在基年，实际GDP和名义GDP是相等的。我们已经知道2009年的名义GDP为175美元，这也就是2009年实际GDP的值。

现在我们可以确定在这4年中实际生产的增长水平了。我们已经求出，实际GDP在2009年是175美元，在2013年是350美元，所以从2009年到2013年实际产出翻了一番。这个结果与表4.3所显示的这段时间里比萨饼和馅饼产量翻倍的事实完全符合，因而具有较强的经济意义。通过使用实际GDP，我们消除了价格变化的影响，对4年里产出的实际变化做出了合理的度量。

当然，并非所有产品的产出都会像例4.6中那样按照同一比例增长。练习4.5就是让你计算比萨饼和馅饼的产出增长不一致的情况下实际GDP是多少。

练习4.5

假设2009年和2013年比萨饼与馅饼的生产结果如下表所示：

年份	比萨饼的数量	比萨饼的价格/美元	馅饼的数量	馅饼的价格/美元
2009	10	10	15	5
2013	30	12	30	6

除了比萨饼的产量从 2009 年到 2013 年增长了 2 倍而不是 1 倍以外，其余的数据均保持表 4.3 中的水平。请计算 2009 年和 2013 年的实际 GDP，并求出在这 4 年中实际产出的增长水平（仍然假定 2009 年为基年）。

完成练习 4.5 后，你会发现从 2009 年到 2013 年实际 GDP 的增长速度是比萨饼和馅饼产出增长的某种意义上的平均。因此，即使不同产品与服务的生产以不同速度增长，实际 GDP 仍然是衡量实际总产出的有用指标。①

经济自然主义者 4.1 名义 GDP 和实际 GDP 会向相反方向移动吗？

在大多数国家，几乎每年名义 GDP 和实际 GDP 都会上升。但是，它们也很有可能向相反方向移动。美国最近一次发生这种情况是在 1990—1991 年。那段时间内，用以 2005 年为基年的物价水平衡量，实际 GDP 下降了 0.2%，从 8.03 万亿美元降到 8.02 万亿美元。这表现为产品和服务产量的全面下降。但是，由于这段时间内价格涨幅比产量下降幅度大，所以名义 GDP 上升了 3.3%，从 5 万亿美元上升为 5.99 万亿美元。

上述例子也表明，如果当年的价格比基年价格低，名义 GDP 会低于实际 GDP。这种情况一般发生在该年比基年早的例子中。

名义 GDP 下降的年份中，实际 GDP 有可能上升吗？这个答案仍然是肯定的。例如，这种情况可能发生在那些同时经历经济增长和通货紧缩的国家。这种情况曾在 20 世纪 90 年代的日本发生过。

重点回顾：名义 GDP 与实际 GDP

实际 GDP 利用产品与服务在基年而不是当年的价格水平进行计算。名义 GDP 则采用当年价格水平进行计算。实际 GDP 是调整了通货膨胀后的 GDP，它被认为是衡量生产实际产出的指标。比较不同时期经济活动的水平，我们应该使用实际 GDP，而不是名义 GDP。

① 这里所介绍的计算实际 GDP 的方法沿用已久，如美国负责 GDP 统计的政府机构——经济分析局（BEA）多年来一直采用这种方法。不过近年来 BEA 开始采用一种更复杂的过程来确定实际 GDP，我们把这种方法称为链式加权法。新的计算方法能够减弱基年的不同选择对实际 GDP 的影响。但不管是链式加权法还是传统的方法，它们的基本思想都是采用基年的价格水平对产出进行计价，其计算结果通常也十分相似。

实际 GDP 与经济福利

图 4.2 给出了 1929—2010 年美国实际 GDP 水平。政府的政策制定者十分关注实际 GDP 的值，他们通常认为 GDP 的值越高，经济就越好。其实，实际 GDP 与经济福利并不等价。它最多也只是衡量经济福利的一个重要指标，这在很大程度上是因为它只包括那些通过市场定价并出售的产品与服务。还有很多对经济福利做出贡献的因素没有在市场上定价和出售，因此在 GDP 的计算过程中，这些因素大部分甚至完全被忽略了。因此，政府政策制定者的正确目标不应该是始终追求实际 GDP 的最大化。促进 GDP 增长的政策是否也会提高人们的生活水平，其答案并非总是肯定的，我们只能在具体问题具体分析的基础上回答这一问题。

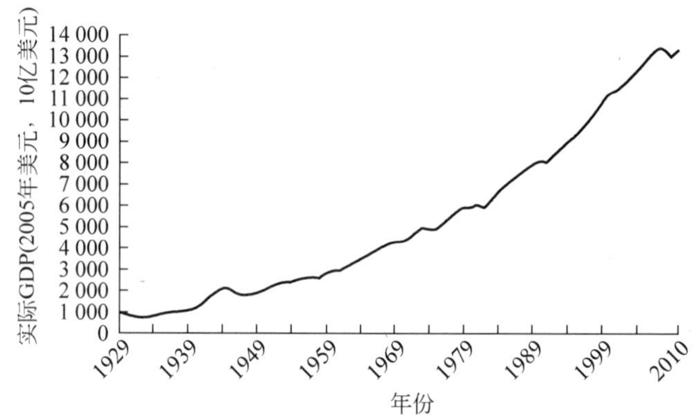

图 4.2 美国 1929—2010 年的产出

2010 年的实际 GDP 大约是 1929 年的 13 倍，比 1960 年高出 5 倍左右。

资料来源：美国经济分析局(www.bea.gov)。

为什么实际 GDP 与经济福利并不等价

为了理解实际 GDP 增长不一定提高经济福利的原因，下面我们介绍一些并没有包括在 GDP 中，但会影响人们生活水平的因素。

闲暇时间 大多数美国人(以及其他工业化国家的人)的工作时间远远少于他们 100 年前的先辈们。20 世纪初，一些产业工人(如钢铁工人)每天的工作时间长达 12 小时，一周工作 7 天。而在今天，一周 40 小时的工作时间已经变得非常普遍。现在的美国人还倾向于将工作生涯的起点向后推延(完成大学或研究生学业之后)，同时在很多领域人们都会提前退休。美国和其他工业化国家的工人拥有的闲暇时间越来越多，这使得他们可以更好地从事一些有意义的活动——与家人朋友相处、参加运动、进行业余爱好活动、从事文化和教育活动等。更多的闲暇时间可以说是在富有国家生活和工作的一种巨大福利。不过这种额外的闲暇时间无法用市场来定价，因而无法在 GDP 中反映出来。

经济自然主义者4.2 为什么现在人们的工作时间少于其先辈？

现在的美国人有这样一种趋势：他们延迟工作，提早退休。在很多领域，他们每周的工作时间要少于50年前或100年前的人。

你可以通过提早退休或者缩短每周工作时间来减少工作，这里的机会成本是你选择不工作因而放弃的收入。我们举个例子来说明这个问题，如果你通过在百货商店进行暑期打工每周可以赚取400美元，那么提前两周结束工作与朋友出去旅游的机会成本是800美元。如今人们工作时间缩短的事实暗示我们，他们的机会成本（所放弃的收入）要低于他们的先辈。为什么会出现这种不同？

我们可以用成本—收益原理来帮助我们理解这种现象。在过去的一个世纪，美国和其他工业化国家的高速经济增长大大提高了工人工资的购买能力（详见第6章）。换句话说，与以往任何时候相比，今天的普通工人能用他的收入购买更多的产品与服务。这一经济事实似乎暗示着，与以往相比，现在的机会成本（用放弃的收入原本能购买的产品来衡量）是增大了，而不是减小了。不过，由于现在工资的购买力比以前高，以至于美国人完全可以通过减少工作时间来达到一个比较满意的生活水平。因此，你的祖辈往往是为了支付租金或者购买食物而不得不工作更长的时间，而在今天，从事额外工作的收入很可能只是用于购买华丽时装、豪车轿车之类的奢侈品。由于放弃这种随意性的购买行为比解决基本的食宿问题容易得多，所以说今日社会的真实机会成本（放弃的收入）比50年前小很多。随着闲暇机会成本的降低，美国人开始选择拥有更多的闲暇时间。

非市场经济活动　并非所有重要的经济活动都在市场上进行。除了政府服务等少数例外情况，一般的非市场经济活动都没有进入GDP的计算，如前文中我们提到过的无偿家务劳动的例子。志愿者服务，如很多小城镇里自发组织的消防队和救援小组，是非市场经济活动的另一个例子。GDP没有考虑这些无偿服务的事实，并不表明它们无足轻重。问题在于，这些无偿服务不存在市场价格，也无法量化，因而很难度量其市场价值。

经济学家未将非市场经济活动考虑进GDP，这一处理会造成GDP度量效果多大的偏差？对这个问题的回答取决于所研究经济的类型。尽管非市场经济活动在所有的经济中都普遍存在，但它们在不发达经济中更加重要。例如，在发展中国家的乡村，人们常常相互提供服务或者合作完成各种工作而不涉及货币。这些地方的家庭也具有比较显著的自给自足特征：他们自己生产食物，大部分的基本服务也由自己提供（请回顾第2章描述的尼泊尔厨师伯克哈曼的各种技能）。由于官方的统计不包括这些非市场经济活动，因此，那些贫穷国家的GDP数据会在很大程度上低估经济活动的实际水平。

与非市场经济活动紧密联系在一起的是地下经济，它是指那些从未上报政府官员和数据收集人员的交易活动。地下经济既包括合法的经济活动（如非正式的婴儿照顾工作），也包括非法的经济活动（有组织的犯罪活动）。在实际生活中，有些人会向房屋清洁工或油漆工等临时或兼职工人支付现金，这就使得后者避免了所得税的部分支出。尝试考察这类服务价值的经济学家，在研究了公众持有的现金数量之后认为，这种交易即使在工业化国家也占有重要地位。

环境质量与资源消耗 近年来,中国经历了实际GDP飞速增长的时期。但是,在扩大生产基础的同时,中国的空气质量和水质量也出现了严重的下滑。迅速增加的污染现象已经影响了生活的质量,但由于空气质量和水质量无法在市场上买卖,所以中国的GDP无法反映经济增长所带来的这种负面影响。

对有限自然资源进行开采的事实也没有在GDP中得到体现。石油公司开采并出售了一桶石油后,GDP里相应地增加了这桶石油的价值。但实际情况是,地下的石油资源减少了相同的量,这意味着以后可供开采的量减少了,而这一点并没有在GDP中反映出来。

为了将空气质量和资源消耗等因素纳入GDP的广义度量范围中,经济学家付出了很大的努力。不过这一目标的实现仍十分有难度,因为它经常涉及对无形利益的估价问题,例如,在干净的河水中游泳与在受污染的河水中游泳相比,很难说出前者的货币价值是多少。但是,尽管环境质量和节约资源所带来的收益很难用货币价值来衡量,这并不意味着它们不重要。

生活质量 是什么因素让一个小镇或城市成为受人青睐的生活乐土?你可能会想到下面这些因素:宽敞舒适的住宅、繁华发达的饮食业和商业、大量的娱乐场所、高质量的医疗服务,所有这些都可以从GDP中反映出来。不过,也有体现生活质量的其他一些指标,由于不在市场上出售而无法纳入GDP的计算范围。这些指标包括:较低的犯罪率、较少的交通拥挤、活跃的社区组织,以及较大的露天场所等。从这个角度来看,即使兴建一家新的沃尔玛超市会促进GDP的增长,乡村地区的居民也很可能会反对,因为它会给其生活质量造成负面影响(交通拥挤与空间占用)。

贫困与经济不平衡 GDP度量一个经济体所生产和销售的产品与服务总量,但它并不包含有关谁享受这些产品与服务的信息。具有相同GDP的两个国家,其经济福利在人口的分布上很可能存在很大不同。例如,我们假设,在一个叫做公平的国家,大部分人都过着中产阶级的舒适生活,极度富裕与极度贫穷的人只占很少一部分。但在另一个叫做不公平的国家,它与"公平"有着相同的实际GDP,但财富分配却大不相同:很少一部分富有的家庭控制着整个经济,大部分人生活在贫穷中。尽管大多数人都会认为"公平"国家的经济状况更好,但作为衡量的标准,GDP却无法反映这一点——两个国家的GDP是相同的。

在美国,绝对贫困人口一直在下降。今天,大部分收入低于官方"贫困线"(2011年四口之家的贫困线是22 350美元)的家庭,都已经拥有电视机和汽车,有的还拥有自己的住房。经济学家认为,今天被认为属于贫困的人,其生活水平不会低于20世纪50年代的中产阶级。

不过,尽管美国的绝对贫困人口在下降,收入的不平衡现象却仍在加剧。美国一个大型公司的首席执行官(CEO)所获得的收入可能是这家企业普通员工收入的几百倍。心理学家告诉我们,人们的经济满意度不仅取决于自身的绝对经济地位(他们所拥有的食物、衣服和住房),还取决于与他人的比较。如果你拥有一辆破旧的老式车而你的邻居都没有车,你会产生很强的优越感。但如果你的邻居都拥有豪华轿车,你会不大满足于现状。从比较会影响人们的福利这种意义上说,经济不平衡现象与绝对贫困现象一样应该引起人们的注意。由于 GDP 关注的是总生产而不是产出的分配，因此无法体现经济不平衡的影响。

然而 GDP 与经济福利具有相关性

在了解上述所列的一系列被官方统计所忽略的重要因素之后，你可能会认为，GDP 作为经济福利的衡量指标用处不大。事实上，确实有很多的批判都表达了这种观点。在评价经济政策的效用时，只考虑对 GDP 的影响显然是不够的。政策制定者还必须考察政策对经济福利中未包括在 GDP 之内的那些方面的影响。例如，环境治理可能会降低钢铁的产量，从而降低 GDP 的值。但这一事实并不足以判断这种治理的优劣。评价这类政策的正确方法是应用成本—收益原理：对人们而言，治理所带来的空气清洁的收益是否大于因此造成的产出和就业减少的成本？如果答案是肯定的，那么这种治理就应该实施；否则，就应该取消。

尽管考虑某一政策对实际 GDP 的影响并不足以评价这项政策的好坏，但人均实际 GDP 确实与人们所重视的很多方面都保持着正相关性。一般而言，较高的人均实际 GDP 总是与较高的物质生活水平、较好的健康状况、较长的平均寿命、较高的受教育水平联系在一起。下面我们将从几个角度进行讨论，更高的人均实际 GDP 意味着更好的经济福利状况。

大量的产品与服务　显然，拥有较高 GDP 的国家的公民能够获得更多更好的产品与服务（这一点可以从 GDP 的定义中直接看出）。平均而言，在 GDP 较高的国家，人们可以拥有更宽敞舒适的住房，可以享受更优越的衣食条件，可以进行更多种类的娱乐项目，可以接受更多形式的文化熏陶，可以获得更便捷的运输与旅游，也可以享受更高质量的交通与卫生服务……尽管社会评论家会对物质消费的价值进行质疑，我们也承认富裕不一定会带来生活的幸福与心灵的宁静，但世界上的大多数人都非常努力地去追求物质财富。纵观历史，人类经历了巨大的风险，付出了沉重的代价，其目的就是给自己和家人带来更高的生活水平，事实上，美国的建立在很大程度上要归功于那些因为身处困境而离开家园并怀着改善自身经济状况愿望的人们。

健康与教育　更高的 GDP 水平除了能带来大量的消费品之外，还有其他基本优势。表 4.4 展示了富有国家与贫困国家在一些重要福利指标上的差距。这些指标包括：平均寿命、婴幼儿死亡率、医生数量以及关于营养水平和受教育机会方面的其他指标。我们比较的对象是三类国家：(1)所有的发展中国家（总人口 36 亿人）；(2)最不发达国家（共 50 个国家，总人口大约 8.54 亿人）；(3)工业化国家（包括美国、加拿大、西欧各国和日本在内的共 24 个国家，总人口 10 亿人）。如表 4.4 的第一行所示，这三类国家的人均 GDP 水平存在根本差异。最引人注意的一点是，工业化国家的人均 GDP 是最不发达国家的 40 多倍。[①]

GDP 上的这种显著差异是否也会体现在其他福利指标上？表 4.4 显示，在某些最重要的基本福利指标上面，发展中国家的表现远远不如工业化国家。最不发达国家出生的

---

① 表 4.4 中的 GDP 数据是采用美国的价格水平对发展中国家的产品与服务进行计价的。由于在贫穷的国家，基本产品与服务的价格较低，因此这种调整会大幅提高这些国家的 GDP 水平。

表 4.4 GDP 和基本的福利指标

指　　标	所有发展中国家	最不发达国家	工业化国家
人均 GDP/美元	2 200	1 001	40 976
预期寿命/年	69.3	57.7	80.3
婴幼儿死亡率/‰	38	82	5
5 岁以下幼儿死亡率/‰	49	126	6
由熟练医疗人员接生的新生儿数量/%	74	36	99
初中教育的净入学率/%	57	30.8	91.8
成年人识字率(2005—2008 年)/%	80.7	59.9	99.9
国家组的总人口/百万人	3 597.2	854.7	1 026.3

资料来源：联合国《2010 年人类发展报告》，见 http://hdr.undp.org/en/reports/global/hdr2010/。表中为以下年度的数据：2010 年(预期寿命、总人口)，2008 年(人均 GDP，死亡率)，2005—2008 年平均(识字率)，2001—2009 年平均(净入学率)，2000—2008 年平均(由熟练医疗人员接生的新生儿数量)。“工业化国家”一列的数据采用的是 OECD 国家的数据。表中对 GDP 数据进行了调整(购买力平价调整)以消除基本商品与服务价格水平的地区差异。

小孩在迎来他的第一个生日之前，有 8%(82/1 000)的概率会死亡，而在迎来第 5 个生日之前，则约有 13%(126/1 000)的概率会死亡。我们来看一下工业化国家的情况，其相应数据则分别仅为 0.5%(5/1 000)和 0.6%(6/1 000)。工业化国家出生的孩子，其预期寿命约为 80 岁，相比之下，最不发达国家出生的孩子的预期寿命只有 58 岁。富国在营养、卫生和医疗服务等方面所表现的更高水平，也显示了这种基本福利上的巨大差异。工业化国家 99%的婴儿出生有医生协助，而在最不发达国家只有 36%。

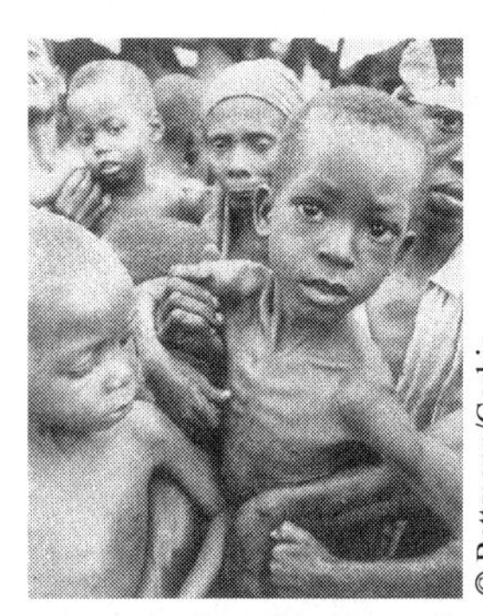

最不发达国家出生的小孩在迎来第 5 个生日之前，约有 13% 的概率会死亡。

文化教育水平是人类福利水平的另一个重要尺度，在这方面，工业化国家也具有优势。如表 4.4 所示，在工业化国家，拥有读书写字这些基本能力的成年人的比率约为 100%，而在最不发达国家，这一数字约为 60%。工业化国家的儿童小学、中学入学比率达到 92%，而相比之下，最不发达国家的儿童小学、中学入学率只有 31%。而且，入学率还没有反映穷国与富国教育质量上存在差别这一重要事实，如果用教师的教育背景和师生比等指标来衡量教育质量的差别，结果将更为显著。文化教育水平的比较结果也表明，工业化国家普通人的生活状况要优于贫困的发展中国家。

经济自然主义者 4.3 为什么穷国完成中学学业的孩子比富国少得多？

一个可能的解释是，富国的人相比穷国的人把教育放在更加突出和优先的地位。但是，来自穷国的移民却往往十分重视教育——虽然穷国迁出者的看法并不一定能代表穷国所有公民的观念，但这毕竟也反映了穷国的人可能重视教育的事实。

经济自然主义者们对穷国入学率较低现象的解释并不是从文化差异的角度出发，而是利用机会成本概念。在贫困的社会中，农业成分往往在经济中占很大比例，从而每个家庭的子女也成为劳动力的一个重要来源。在子女长到一定的年龄之后，让他们继续上学会给家庭带来较高的机会成本。上学的子女将无法帮助家人从事种植、收割以及其他农业家庭生存所必需的工作。另外，教科书和学校其他供应品的费用也让贫困的家庭无法承担。因此，根据成本—收益原理，子女应该待在家里，而不是去上学。而在富有的非农业化国家，处于上学年龄的儿童几乎没有工作机会，他们可能创造的潜在收入相比家庭的其他收入要少得多。因此，在富裕国家，人们让子女上学的机会成本较低，这是这些国家儿童入学率较高的一个重要原因。

我们将在第 7 章对经济增长(在实际分析中用人均实际 GDP 来度量)的成本与收益进行更深层次的讨论。在那里，我们将重新面对增长的实际 GDP 是否等价于更大的经济福利这一问题。

重点回顾：实际 GDP 与经济福利

实际 GDP 最多只是经济福利的一个不完美的度量指标。那些影响福利水平却没有纳入实际 GDP 计算范围的因素包括：闲暇时间、无偿家务劳动和志愿者活动等非市场服务、环境质量与资源节约以及较低犯罪率等体现生活质量的指标。GDP 也无法反映一个国家经济不平衡的程度。由于实际 GDP 并不等价于经济福利，我们在提出政策建议时不应该只考虑它们对 GDP 的影响。

尽管 GDP 与经济福利不完全相同，但它与人们所重视的很多方面都保持着正相关性。人们所追求的这些方面包括：更高的物质生活水平、更好的健康状况、更长的平均寿命、更高的识字率与受教育水平。实际 GDP 与经济福利之间的这种联系促使很多人从贫困的国家迁出去追求更好的生活，也激励着发展中国家的政策制定者努力提高本国的经济增长速度。

小结

- 度量一个经济体的产出的基本指标是国内生产总值(GDP)，它是指一个国家在一定时期生产的所有最终产品与服务的市场价值。用市场价值衡量产出的方法，使得经济学家可以对现代经济生产的成千上万的产品与服务进行加总。
- 只有最终产品与服务(包括资本品)才能纳入 GDP 的计算范围，因为它们是直接使最终用户受益的产品与服务。中间产品或服务是指在制造最终产品的过程中被使用或消耗的产品与服务，它们不属于 GDP 的计算范围。已有资产(如一所已有 20 年历史的房子)的出售也不会对 GDP 作出贡献。对生产过程中每个企业创造的附加值进行累加，是计算最终产品与服务价值的一种有用方法。
- GDP 也可以表现为四类支出的总和，即消费、投资、政府采购和净出口。这四种支出行为分别与家庭、企业、政府和国外部门这四类最终用户联系在一起。
- 为了比较不同时点的 GDP 水平，经济学家必须消除通货膨胀的影响。他们通过采用基年价格水平衡量产品与服务的市场价值来实现这一目的。用这种方法衡量的 GDP 被称为实际 GDP,而用当年价格水平计价的 GDP 则被称为名义 GDP。在比较不同时间经济活动的水平时,我们必须使用实际 GDP。

- 人均实际 GDP 只是经济福利的一个不完美的度量指标。GDP 中只包括在市场上出售的产品与服务,这一点只在某些情况下例外。一个突出的例子是政府提供的产品与服务,它们虽然不在市场上出售,但以其生产成本作为价值近似度量从而纳入 GDP 计算。GDP 不能反映影响人们福利的一些重要因素,包括:可获得的闲暇时间、无偿服务或志愿者活动的价值、环境的质量、犯罪率等生活指标的水平以及经济不平衡的程度。
- 不过,实际 GDP 仍然是衡量经济福利的一个有用指标。人均实际 GDP 水平较高的国家不仅拥有较高的平均生活水平,也有着较长的平均寿命、较低的婴幼儿死亡率以及较高的儿童入学率和识字率。

名词与概念

capital good	资本品	investment	投资
consumption expenditure	消费支出	net exports	净出口
final goods or services	最终产品或服务	nominal GDP	名义 GDP
government purchases	政府采购	real GDP	实际 GDP
gross domestic product,GDP	国内生产总值	value added	附加值
intermediate goods or services	中间产品或服务		

复习题

1. 为什么经济学家在计算 GDP 时要使用市场价值?在 GDP 的计算中,为什么高值品的权重要大于低值品,其中涉及的经济学基本原理是什么?

2. 大部分发展中国家的农业部门都属于小规模自给性农业形式,农民所生产的食物大部分供自己和家人消费。试分析这一事实对贫困国家 GDP 度量的影响。

3. 列举四种总支出类型的具体例子。哪种支出行为在美国 GDP 中占最大份额?每种支出类型的总额可以为负值吗?试解释理由。

4. 艾尔的经久擦鞋店去年为 1 000 双皮鞋上鞋油,今年服务的总量为 1 200 双。去年他对每次服务的收费为 4 美元,今年服务价格上升为 5 美元。如果把去年作为基年,试分别计算艾尔在这两年对名义 GDP 和实际 GDP 的贡献值。如果你要衡量过去一年艾尔生产率的变化,采用哪种度量指标会更好?为什么?

5. 你是否认为人均实际 GDP 是度量经济福利的有用指标?请为你的结论提供依据。

练习题

1. 乔治和约翰坐船在海上航行时发生了触礁事故。他们流落到一个小岛上，从此开始了新的生活。他们使用贝壳作为货币。去年乔治捕获了 300 条鱼和 5 只野猪。约翰收获了 200 捆香蕉。在乔治和约翰建立的这个二人经济体中，每条鱼的售价为 1 个贝壳，每只野猪的售价为 10 个贝壳，每捆香蕉的售价为 5 个贝壳。乔治为报答约翰替他挖诱饵捕鱼一共向约翰支付了 30 个贝壳，此外他还以每棵树 30 个贝壳的价格从约翰那里购买了 5 棵已经结果的香蕉树。乔治和约翰所处的这个小岛以贝壳计价的 GDP 是多少？

2. 下列各项交易对美国 GDP 会产生怎样的影响？

(1) 美国政府向政府工作人员支付 10 亿美元薪金。

(2) 美国政府在社会安全福利方面支出 10 亿美元。

(3) 美国政府从一家美国企业购买新生产的飞机部件，向其支付 10 亿美元。

(4) 美国政府向美国政府债券的持有者支付 10 亿美元，作为他们的利息收入。

(5) 美国政府从沙特阿拉伯购买 10 亿美元原油，以增加美国官方石油储备。

3. 智能公司生产了 100 个计算机芯片，并以每个 200 美元的价格全部出售给贝尔计算机公司。利用购得的芯片和其他人力物力资源，贝尔生产了 100 台个人计算机。贝尔计算机公司将这些计算机与宏软公司的软件捆绑在一起，以每台 800 美元的价格全部出售给霹雳计算机公司。宏软公司通过对贝尔计算机公司进行软件授权，从贝尔计算机公司那里获得每台计算机 50 美元的收入。霹雳计算机公司将这些计算机以每台 1 000 美元的价格卖给消费者。使用增加值方法计算上述事实对 GDP 的总贡献。这与通过合计最终产品与服务市场价值所获得的结果是否相同？

4. MN 原木公司收获了在明尼苏达州北部土地里的原木（没有来自其他公司的投入），并以 1 500 美元的价格把这些原木卖给了 MN 木材公司。MN 木材公司把原木加工成木材，并把这些木材以 4 000 美元的价格卖给了 MN 家具公司。MN 家具公司把木材加工成 100 张桌子，以每张 70 美元的价格卖给消费者。

(1) 计算每个公司的附加值，完成下表。

公司	收益	投入成本	附加值
MN 原木			
MN 木材			
MN 家具			

(2) 假定所有交易都发生在 2011 年，那么这些交易使 GDP 增加了多少？

(3) 假定 MN 原木公司在 2011 年 10 月收获了原木，2011 年 12 月把原木卖给 MN 木材公司，MN 木材公司 2012 年 4 月把加工好的木材卖给 MN 家具公司，MN 家具公司在 2012 年 4～12 月把桌子卖给消费者。那么 2011 年和 2012 年的 GDP 分别因这些交易增加了多少？

5. 分析下列交易活动对美国 GDP 以及四类总支出的影响。

(1) 你的母亲购买了一辆美国厂商生产的新车。

(2) 你的母亲购买了一辆从瑞典进口的新车。

(3) 你的母亲所在的汽车出租公司购买了一辆美国厂商生产的新车。

(4) 你的母亲所在的汽车出租公司购买了一辆从瑞典进口的新车。

(5) 美国政府购买了一辆国产新车供你的母亲——美国驻瑞典大使使用。

6. 下面是某经济体的一些数据。请计算它的 GDP,并对你的计算结果做出解释。

美元

消费支出	600
出口	75
政府采购的产品与服务	200
新建住宅与公寓	100
出售原有住宅与公寓	200
进口	50
年初存货	100
年末存货	125
企业固定投资	100
政府对退休人员的支付	100
家庭购买的耐用品	150

7. 某国生产冰球、乐啤露(一种饮料)和背部按摩机三种产品。下面是 2011 年和 2014 年这三种产品的价格和产量数据。

年份	冰　球		乐啤露		背部按摩机	
	数量	价格/美元	数量	价格/美元	数量	价格/美元
2011	100	5	300	20	100	20
2014	125	7	250	20	110	25

假设以 2011 年为基年,试分别计算两年各自的名义 GDP 和实际 GDP。

8. 政府在考虑制定一项限制工厂使用劣质燃料的政策来降低空气污染程度。在决定是否实施该政策的过程中,我们是否应该把该政策对实际 GDP 的影响也纳入考虑范围? 试对这一问题进行讨论。

9. 我们已经讨论了送子女上学的机会成本如何影响了不同国家的入学率。美国《2010 年人口发展报告》报告了 2010 年人均 GDP 的数据(以 2008 年美元计)。

加拿大	39 035
丹麦	35 736
希腊	28 608
莱索托	1 605
埃塞俄比亚	991

(1) 你觉得哪个国家会有最高的入学率? 哪个国家的入学率最低?

(2) 除了人均 GDP 以外，一个家庭在应用成本—收益原理决定是否送子女上学时还要考虑哪些因素？请讨论。

正文中练习题的答案

4.1　文中已经求得原来的 GDP 为 64 美元。如果现在 Orchardia 又额外生产了 5 个橘子，每个橘子的价格为 0.30 美元，那么 GDP 增加了 1.5 美元，变为 65.5 美元。

4.2　在最终产品贺卡的价值中，属于批发商创造的增加值为 500 美元，艾米创造的增加值——她的收入减去对其他企业的支付，为 200 美元。由于贺卡是在 2012 年生产并被艾米购买的(我们这样假设)，因此对 2012 年的 GDP 的贡献为 500 美元。而这批贺卡是在 2013 年从艾米的店中卖出的，所以艾米创造的增加值 200 美元应该计入 2013 年的 GDP。

4.3　股票的出售代表股票交易所部分资产所有权的转移，而不是新产品或服务的创造过程，因此股票出售本身并不会对 GDP 做出贡献。不过，经纪人的 100 美元佣金(股票交易额的 2%)是对当时服务进行支付的一种体现，从而应该计入 GDP。

4.4　与例 4.5 中的结果一样，国内产出的市场价值为 100 万辆汽车乘以 15 000 美元/辆，计算结果是 150 亿美元。

消费和政府采购的计算结果也与例 4.5 保持一致，分别为 105 亿美元和 7.5 亿美元。不过，由于家庭购买的汽车中有 2.5 万辆来自进口而非国内生产，因此国内厂商在该年年末未售出的存货增加量应为 5 万辆(而不再是例 4.5 中的 2.5 万辆)。这样存货投资便是 5 万辆汽车乘以 1.5 万美元/辆，即 7.5 亿美元，而投资总额(企业购买的汽车价值加上存货投资)是 37.5 亿美元。由于出口量与进口量相等(都为 2.5 万辆汽车)，因此净出口(出口减去进口)为零。在计算中要注意，由于我们在得到净出口的过程中已经从出口中减去了进口量，因此不需要再从消费中扣除进口量。消费的定义是家庭的购买总额，而不仅仅是对国内产品的购买。

总支出为 $C+I+G+\text{NX}=$ 105 亿美元＋37.5 亿美元＋7.5 亿美元＋0＝150 亿美元。这一结果等于国内产出的市场价值。

4.5　2013 年的实际 GDP 等于用基年 2009 年市场价格来衡量的 2013 年生产的比萨饼和馅饼的总量。所以 2013 年实际 GDP＝(30 个比萨饼×10 美元/个)＋(30 个馅饼×5 美元/个)＝450 美元。

2009 年的实际 GDP 等于用 2009 年市场价格来衡量的 2009 年生产的比萨饼和馅饼的总量，其计算结果为 175 美元。请注意，由于 2009 年为基年，这一年的实际 GDP 和名义 GDP 是相等的。

2013 年实际 GDP 约为 2009 年实际 GDP 的 2.6 倍(450 美元/175 美元)。我们看到，实际 GDP 的增长速度(是原来的 2.6 倍)低于比萨饼产量增长速度(是原来的 3 倍)，而高于馅饼产量增长速度(是原来的 2 倍)，处于两者之间。

第 5 章

通货膨胀与价格水平

学习目标

学完本章,你应该能够:

1. 解释消费者价格指数(CPI)是怎样计算的,并且用 CPI 计算通货膨胀率。
2. 会用 CPI 调节经济数据来消除通货膨胀的影响。
3. 讨论 CPI 的两大重要偏差。
4. 能够区分通货膨胀和相对价格变化,以便找出通货膨胀的真实成本。
5. 总结通货膨胀、名义利率和真实利率之间的联系。

1930 年,伟大的棒球运动员巴布·鲁思赚了 8 万美元。当有人指出他比胡佛总统赚得还多时,他辩解说:"我今年年景比他好。"2001 年,巴里·邦德由于击出了 73 个本垒打而破了职业棒球联合总会的纪录后,赚了 1 030 万美元。哪位棒球运动员更富有?是巴里·邦德用他 2001 年的 1 030 万美元能买到更多产品和服务,还是巴布·鲁思用 1930 年的 8 万美元能买到更多产品和服务?这个答案并不明显,因为美国的物价水平从 1930 年到 2001 年经历了大幅上升,反映了美国在这段时间内的通货膨胀。

通货膨胀会令对不同时点经济状况的比较变得非常困难。你的祖父母记得孩提时代一本漫画书和一个巧克力圣代冰激凌加起来只要 25 美分,而在今天同样是这两种商品却标价 4 美元或 5 美元。你可能由此得出结论,过去年代的孩子更加幸福,但事实究竟是否如此?如果没有更进一步的信息,我们无法做出判断,因为尽管漫画书和圣代冰激凌的价格上涨了,但工资收入水平也可能随之提高。真正要考虑的问题是,年轻人的可支配资金是否随他们所要购买产品的价格上涨而同步或更快增长。答案如果是肯定的,那么现在年轻人的生活至少不会比其祖父母年轻时一块糖只要 5 美分那时候差。

用美元(或其他货币单位)来衡量并针对通货膨胀进行调整的数量被称为**实际数量**(例如,回忆一下上一章中介绍的实际 GDP 的概念)。使用实际数量,经济学家不仅可以比较巴布·鲁思和巴里·邦德的实际收入,而且可以比较任何用美元来代表的经济量。本章我们将讨论经济学家可以如何衡量通货膨胀,你将学到可以如何针对通货膨胀对美元所代表的量进行调整。

通货膨胀也使得我们难以比较不同时期的利率。1981年10月30年期的贷款利率为18.5%，而2010年10月30年期的贷款利率为4.2%。哪一种利率实际上更高，也就是说，哪一种贷款用购买力来衡量成本更高？我们将讨论这个问题的答案，在这个过程中你将学会如何计算真实利率，即消除了通货膨胀影响的利率。

学习宏观经济学的一个重要收获在于知道在比较不同时期的经济状况时如何避免通货膨胀造成的困扰。经济政策制定者们经常声称低且稳定的通货膨胀率是其主要目标之一。我们将让你了解为什么这是一个重要的目标，并且向你展示通货膨胀的成本可能与你的想象有很大的出入。

消费者价格指数与通货膨胀

经济学家用来度量美国经济价格水平和通货膨胀程度的基本工具是消费者价格指数，简称CPI。CPI是一定时期内"生活费用"的度量指标。更准确地说，一定时期的**消费者价格指数（CPI）**衡量的是相对于某一固定年份（基年）购买产品与服务的某一标准集合或称一篮子产品与服务的费用，在当期购买同样一篮子产品与服务的花费情况。

为了说明CPI这一统计指标的建立过程，我们假定政府将2010年作为基年。为计算方便起见，我们假设2010年普通美国家庭的月生活预算只包括对三种物品的支出：两居室公寓的租金、汉堡和电影票。当然事实上每个家庭每个月都要购买数以百计的不同物品，不过，无论将多少物品包括在内，建立CPI的基本原理都是一样的。我们还假设在基年2010年家庭的平均月支出情况如表5.1所示。

表5.1　2010年（基年）普通家庭的月生活支出预算　　美元

物品	费用
租金，两居室公寓	500
汉堡（60个，每个2.00美元）	120
电影票（10张，每张6.00美元）	60
总支出	680

现在让我们来关注2015年的情况。过了5年，各种产品与服务的价格可能发生了变化：有的物品涨价了而另一些物品可能降价了。我们假设，到2015年普通家庭为他们的两居室公寓所支付的租金涨到了630美元，汉堡的价格变为每个2.50美元，电影票的价格也涨到每张7.00美元。从整体上说，价格上涨了。

但是，2010—2015年，家庭的生活费用究竟增加了多少？表5.2显示，如果普通家庭在2015年消费的是2010年所购买的相同一篮子产品与服务，那么他们每月将支出850美元，比2010年的每月680美元多支出170美元。换句话说，为了能使2015年的生活维持在与2010年一样的水平，家庭必须每月多支出25%（170美元/680美元）的费用。因此可以认为，在这个例子里，2010—2015年普通家庭的生活费用上升了25%。

表 5.2　2015 年重新提供 2010 年(基年)一篮子产品与服务的费用　　美元

物　品	费用(2015 年)	费用(2010 年)
租金,两居室公寓	630	500
汉堡(60 个,每个 2.50 美元)	150	120
电影票(10 张,每张 7.00 美元)	70	60
总支出	850	680

美国劳工统计局(BLS)用基本类似的方法计算官方消费者价格指数(CPI)。推导 CPI 过程的第一步是选择基年并确定在该年普通家庭所消费的一篮子产品与服务。实际操作中,政府通过一项详细的调查来确定消费者如何对他们的支出进行分配。这项调查被称为消费者支出调查,它要求随机选择的家庭在某一指定月份对他们所进行的每次购买与支付的价格进行记录。我们把所得的一篮子产品与服务形象地称为**基年篮子**。在这之后,劳工统计局的人员会每月走访数万家商店,并进行大量的调查来确定基年篮子里产品与服务的当期价格。[①]

对任一给定年份的 CPI,其计算公式为

$$\text{CPI}=\frac{\text{基年一篮子产品与服务的当年费用}}{\text{基年一篮子产品与服务的基年费用}}$$

回到前面普通家庭消费三种产品的例子,我们可以用这种方法计算 2015 年的 CPI,其计算公式为

$$2015\text{ 年的 CPI}=\frac{850\text{ 美元}}{680\text{ 美元}}=1.25$$

换句话说,在这个例子里 2015 年的生活费用比基年 2010 年上升了 25%。我们注意到,基年的 CPI 总是等于 1.00,这是因为该年 CPI 计算公式中的分子和分母相同。一定时期内(如一个月或者一年)的 CPI,用于度量**相对于**基年而言当期的生活费用。

美国劳工统计局经常通过将 CPI 乘以 100 的方法来消除小数点。如果我们在这里也进行这样的处理,那么 2015 年的 CPI 将不再是 1.25,而应该表示为 125,基年的 CPI 也不再是 1.00,而应该表示为 100。不过,由于在本章接下来进行的一些计算中用小数形式表示 CPI 会比较简便,因此我们在这里不沿袭对 CPI 乘以 100 的惯例。

例 5.1　计算 CPI

如何度量普通家庭的生活成本?

假设普通家庭在 2010 年除了消费原来的三种产品与服务之外,还以每件 30 美元的价格购买了 4 件毛线衫。2015 年,相同的毛线衫每件要花费 50 美元。2010 年和 2015 年其他产品与服务的价格如表 5.2 所示。试求 2010—2015 年间家庭生活费用的变化。

在前文的例子中,基年(2010 年)篮子的费用为 680 美元。加入 4 件单价为 30 美元的毛线衫,会使基年篮子的费用上升为 800 美元。那么在 2015 年相同的这一篮子物品(包括 4 件毛线衫)要花费多少?与前面一样,公寓、汉堡和电影票的费用是 850 美元。再加入 4 件单价为 50 美元的毛线衫

① 有关美国劳工统计局计算 CPI 的具体方法,参见 www.bls.gov/cpi/cpifaq.htm。

的费用，这一篮子物品的总费用为 1 050 美元。从而 CPI 等于 2015 年篮子里物品的费用除以 2010 年(基年)相同一篮子物品的费用，即 1 050 美元/800 美元＝1.31。我们得出结论，2010—2015 年家庭的生活费用上升了 31%。

练习 5.1

根据表 5.1 和表 5.2 所示的三种产品的例子，并假设 2015 年公寓租金费用从 2010 年的 500 美元下降到 400 美元，试计算 2015 年的 CPI。两个年份的汉堡与电影票价格均维持表中水平不变。

CPI 本身并不是某种特殊产品或服务的价格，因为分母里的美元和分子里的美元抵消了，它是一种价格指数。某年的指数值只能与其他年份的指数进行对比。**价格指数**度量的是，相对于一类产品或服务的基年价格，这些相同产品或服务在当期的平均价格。CPI 是一种广为人知的价格指数，很多经济学家都将它作为一种基本工具来分析经济的趋势。例如，制造商可能要提高他们提供给顾客的原材料价格，这时经济学家就可以使用原材料价格指数来预测制成品的价格变化。其他指数则用于研究能源、食品、卫生保健以及其他主要的产品与服务等方面。

练习 5.2

消费者价格指数度量“普通”家庭或者说一般家庭的生活费用。假设你准备建立一种个人价格指数，来度量你自己的生活费用随时间变化的情况。一般来说，你会怎样建立这个指数？为什么你建立的个人价格指数，其变化可能不同于 CPI 的变化情况？

通货膨胀

CPI 提供了一种比较当前平均价格水平与基年价格水平的度量方法。相比之下，通货膨胀则是对平均价格水平随时间变化程度的度量。**通货膨胀率**是年价格水平(可由 CPI 来度量)变化的百分比。例如，我们假设 2010 年的 CPI 值为 1.25，2011 年的 CPI 值等于 1.30。那么 2010—2011 年的通货膨胀率便是价格水平提高的百分比，即价格水平的提高幅度(0.05)与初期价格水平(1.25)的比值等于 4%。

例 5.2　计算 2006—2010 年的通货膨胀率

如何利用 CPI 来计算通货膨胀率？

2006—2010 年的 CPI 数据如下表所示。

年份	CPI
2006	2.02
2007	2.07
2008	2.15
2009	2.15
2010	2.18

2006—2007 年的通货膨胀率是在这两年间价格水平提高的百分比，即(2.07－2.02)/2.02＝2.8%。请读者自己独立完成剩余年度通货膨胀率的计算。

练习 5.3

下面给出了 1929—1933 年的 CPI 数据。试分别计算 1929—1930 年、1930—1931 年、1931—1932 年、1932—1933 年的通货膨胀率。

年份	CPI
1929	0.171
1930	0.167
1931	0.152
1932	0.137
1933	0.130

20 世纪 30 年代的通货膨胀率与 2006 年以来的情况有何不同？

练习 5.3 的计算结果中出现了通货膨胀率为负的情况。在一定时期内大部分产品与服务的价格出现下跌的现象称为**通货紧缩**。美国历史上距今最近的一次通货紧缩出现在 20 世纪 30 年代早期。日本在 20 世纪 90 年代也经历了相对而言比较温和的通货紧缩时期。

图 5.1 给出了美国 1900—2010 年的通货膨胀率。

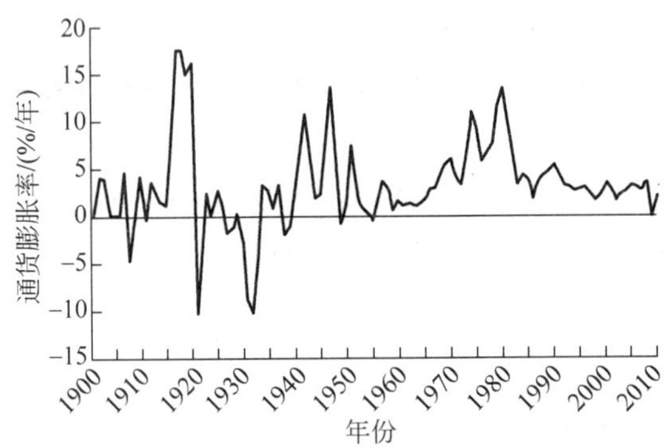

图 5.1 美国 1900—2010 年通货膨胀率

美国的通货膨胀率随时间波动，在 20 世纪 70 年代通胀率很高，但在最近几年很低。

资料来源：1900—1959 年：www.measuring worth.com，1960—2010 年：《美国总统经济报告》，2011 年 2 月，表 B-60(http://www.gpoaccess.gov/eop/)。

经济自然主义者 5.1 什么是核心通货膨胀？

2010年3月18日《纽约时报》上的一篇文章开篇写道："美国劳工部宣布，上个月价格整体没有变动，但是扣除波动较大的食品和汽油的成本之后，消费者价格指数所度量的成本上升了0.1%。"在度量通货膨胀时为什么要扣除食品和能源的成本？食品和汽油这两样东西是家庭购买中至关重要的物品，这么做岂不是会影响通货膨胀的度量？

我们将通货膨胀定义为度量长期内平均价格水平的变化速率的指标。在一个月左右的期间，这一比率有可能剧烈波动，从而很难将短期的价格变动从通货膨胀率的长期趋势中剥离出来。**核心通货膨胀**的定义是除食品和汽油以外的所有价格的增长率。食品和汽油是通货膨胀率短期波动的两个最主要的动因。因为核心通货膨胀将最不稳定的价格变动因素排除在外，因此可以将其视为短期内度量通货膨胀走势的一个有用的指标。

例如，表5.3给出了2007—2010年的通货膨胀和核心通货膨胀。CPI通货膨胀率2007—2008年上升了，2009年则跌为负值，2010年重又变为正值。然而，核心通货膨胀率则呈逐渐下跌的走势，显示通货膨胀率并未与长期趋势出现重大偏离。

表5.3　2007—2010年美国的年通货膨胀率

年份	CPI通货膨胀/%	核心通货膨胀(扣除食品和能源的CPI通货膨胀)/%
2007	2.85	2.35
2008	3.84	2.30
2009	−0.36	1.70
2010	1.64	0.96

资料来源：根据2011年2月《美国总统报告》表B-62(www.gpoaccess.gov/eop)中的数据计算。

因此，关注核心通货膨胀并不意味着汽油和食品的价格上涨不重要。核心通货膨胀可以让我们监控通货膨胀在长期的走势，从而确定是否需要对政策进行调整以控制通货膨胀。我们可以将通货膨胀与核心通货膨胀结合起来使用：利用通货膨胀率来了解各个月之间的情况，用核心通货膨胀率来监控长期通货膨胀。

基于通货膨胀的调整

CPI是个十分有用的工具。它不仅能够用于衡量生活费用的变化，还可以用于调整经济数据以消除通货膨胀的影响。本节我们将会看到，CPI是如何将用当期货币价值衡量的量转变为实际量的，经济学家把它称为减缩化过程。我们还会看到，CPI也可以逆转上一过程，将实际量转变为用当期货币价值衡量的量，这被经济学家称为指数化过程。这两个过程不仅对经济学家有重要意义，对于所有希望对支出、账目或者其他经济数据进行调整以消除通货膨胀影响的人来说，也是值得运用的方法。

名义量的减缩化过程

CPI的一个重要作用是对**名义量**——用当期货币价值衡量的量，进行基于通货膨胀的调整。为了说明这一点，假设已知居住在大都市的某普通家庭2010年的收入为40 000美元，2015年的收入为44 000美元。这是否意味着2015年他们的经济境况比2010年好？

如果没有更进一步的信息，我们可能会对这个问题给予肯定的答复。毕竟，在这5年的时间里，他们的收入提高了10%。不过，事实上价格也可能上涨，其上涨的速度也许比收入的提高还要快。假设家庭所消费产品与服务的价格在这段时间上涨了25%。由于家庭收入只提高了10%，我们得出结论，尽管家庭的名义收入（以当期美元价值表示的收入）提高了，但如果用他们所能购买的产品与服务来衡量，其生活水平变差了。

通过计算2010年和2015年的实际收入，我们可以对这两年的家庭购买能力进行更准确的比较。一般而言，**实际量**是用实物的形式——如产品与服务的数量来衡量的量。为了把一个名义量转变为实际量，我们必须用名义量除以相应的价格指数，具体计算如表5.4所示。表中的计算结果显示，2010—2015年，以实际方式或者说购买能力来衡量的家庭收入事实上下降了4 800美元，下降幅度占其初始收入40 000美元的12%。

表5.4 2010—2015年家庭收入实际价值的比较

年份	名义家庭收入/美元	CPI	实际家庭收入＝名义家庭收入/CPI
2010	40 000	1.00	40 000美元/1.00＝40 000美元
2015	44 000	1.25	44 000美元/1.25＝35 200美元

这个家庭生活水平下降的原因在于，他们的收入只是在名义（美元价值）上有所提高，而没有与通货膨胀保持同步。用名义量除以相应的价格指数来得到实际量的过程称为**减缩**名义量。请注意，不要混淆减缩名义量与通货紧缩（负通货膨胀）这两个不同的概念。

用名义量除以价格指数的当期值求得以实际方式或者说购买能力来衡量的实际量是一种十分有用的方法。在对任何名义量（如工人工资、医疗支出、联邦预算的各组成部分等）进行比较时，它可用于消除通货膨胀的影响。那么这种方法的原理是什么？一般而言，如果你知道在某种物品上所花费的金额和这种物品的价格，就可以（用总支出除以价格）计算你所购买的这种物品的数量。例如，如果你上个月总共花了100美元购买汉堡，每个汉堡的价格为2.50美元，那么你可以确定自己购买了40个汉堡。基于相似的原理，你用一个家庭的货币收入或支出除以衡量他们所购买产品与服务平均价格的价格指数，即可得到衡量他们所购买产品与服务的实际量。这样得到的实际量有时候被称为经过通货膨胀调整的量。

例5.3 巴布·鲁思与巴里·邦德

这两个人谁赚得更多？

让我们回到章首提出的那个问题。当巴里·邦德2001年赚到1 030万美元时，他比1930年赚到8万美元的巴布·鲁思更富还是更穷？

为了回答这个问题，我们首先要将他们的收入转为实际值（以 1982—1984 年的平均水平作为基年水平）：1930 年 CPI 为 0.167，而在 2001 年则为 1.78。将巴布·鲁思的年薪除以 0.167，我们求出的结果大约为 479 000 美元，这就是鲁思用“1982—1984 年美元”衡量的年薪水平。换句话说，为了在 1982—1984 年获得与 1930 年相同的购买力，巴布·鲁思将需要达到 479 000 美元的年薪。将巴里·邦德 2001 年的年薪除以 2001 年 CPI 1.78，得到巴里·邦德用“1982—1984 年美元”衡量的年薪为 579 万美元。现在，我们可以比较这两位实力派击球手的年薪了。尽管经过通货膨胀调整之后，这两个数字变得很接近（因为邦德年薪中的一部分要被 1930—2001 年价格水平提高的效应所抵偿），但是即使用实际量来衡量，邦德的收入仍然是鲁思的 12 倍多。顺便提及一点，邦德的收入大约是美国总统布什 2001 年收入的 25 倍。

显然，在比较不同时点的工资或收入时，我们必须对价格水平的差异进行调整。经过调整之后的工资称为**实际工资**——以实际购买力度量的工资。任一特定时期的实际工资可以通过用名义工资（美元价值）除以当期 CPI 计算得到。

练习 5.4

2009 年，美国扬基队的阿历克斯·罗德里格斯赚了 2 750 万美元，当年的 CPI 为 2.15。罗德里格斯 2009 年的实际收入与例 5.3 中邦德 2001 年的实际收入相比如何？

例 5.4　美国生产工人的实际工资

如何比较生产工人的实际工资？

生产工人是指承担基层工作的工人，如那些工作在工厂装配线上的工人。美国生产工人的平均收入在 1970 年为每小时 3.40 美元，在 2010 年升至每小时 19.00 美元。请比较这类工人在这两年的实际工资情况。

为了计算 1970 年和 2010 年的实际工资，我们首先需要知道 1970 年和 2010 年的 CPI，然后用各年的工资除以当年的 CPI。1970 年的名义工资为 3.40 美元，CPI 为 0.39（仍然以 1982—1984 年的平均水平作为基年水平），因此 1970 年的实际工资为 8.72 美元。类似地，2010 年的名义工资为 19.00 美元，CPI 为 2.18，因此 2010 年的实际工资为 8.72 美元。这样一来，我们发现尽管 2010 年的名义工资是 1970 年的 5.5 倍，但以实际方式来衡量，生产工人的工资实际上在 2010 年与 1970 年持平。

图 5.2 展示了 1960—2010 年美国生产工人的名义工资和实际工资水平。我们发现，名义工资和实际工资随时间变化的趋势存在很大差异。如果只注意名义工资的变化趋势，我们可能认为，2010 年生产线工人的生活情况要比 1960 年的同行优越得多。不过一旦工资经过通货膨胀的调整，我们就会清楚地看到，用购买力来衡量，生产线工人的工资从 20 世纪 70 年代开始就止步不前了。这个例子说明了在比较不同时间的货币价值时，基于通货膨胀的调整的重要性。

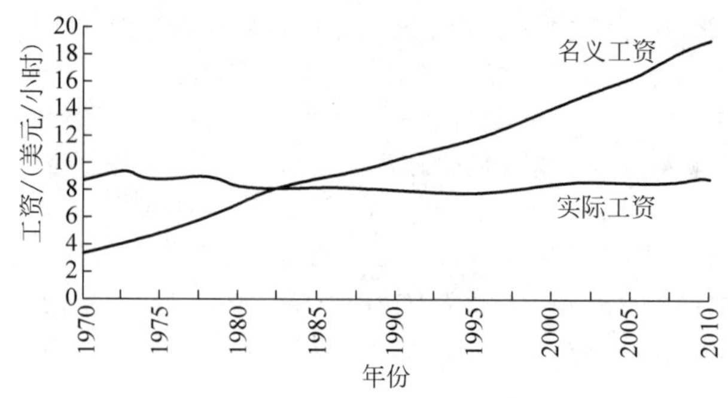

图 5.2 1960—2010 年生产线工人的名义工资和实际工资

尽管 1960 年以来生产线工人的名义工资一直显著上升，但实际工资却始终止步不前。

资料来源：《美国总统经济报告》，2010 年 2 月，表 B-47(http://www.gpoaccess.gov/eop/)。

练习 5.5

1950 年，美国联邦法律规定最低工资为每小时 0.75 美元。2010 年最低工资提高到每小时 7.25 美元。如果对 1950 年和 2010 年的实际最低工资进行比较，会得出怎样的结果？1950 年 CPI 为 0.24，2010 年 CPI 为 2.18。

维持购买力的指数化过程

消费者价格指数也可以用来把实际量转变为名义量。例如，我们假定，2010 年政府每月向社会安全福利的受济者支付 1 000 美元。现在国会希望这部分救济金的购买力不会随时间而发生改变，从而使受济者的生活水平免受通货膨胀的影响。为了实现这一目标，国会应该将 2015 年的每月社会保障救济金设定在什么水平？

国会为了维持退休人群的购买力，2015 年所应支付的名义救济金数量(用当期美元表示)取决于 2010—2015 年所发生的通货膨胀的程度。假设 2010—2015 年 CPI 上升了 20%。也就是说，消费者所购买的产品与服务的平均价格水平在这段期间上涨了 20%。为了使社会安全福利的受济者与通货膨胀"保持同步"，2015 年的救济金应该为 1 000 美元$+0.2\times1\ 000$ 美元$=1\ 200$ 美元，比 2010 年提高 20%。一般而言，为了保持购买力恒定，名义救济金必须以与每年 CPI 上升百分比相同的幅度增加。

根据价格指数的变化来改变名义量的值以防止通货膨胀削弱购买力的操作过程，被称为**指数化过程**。例如在社会保障福利方面，美国联邦法律就对救济金的自动指数化做了相关规定。在国会不采取任何措施的前提下，每年救济金的增加速度会与 CPI 上升的百分比保持一致。一些劳动合同也有类似的指数化规定，这使得工资额的确定能够完全或部分考虑通货膨胀变化带来的影响。

例 5.5　指数化劳动合同

拥有指数化合同时工人能拿到多少工资？

一份劳动合同规定，第一年工资为每小时 12.00 美元，实际工资在签订合同后的第二年提高 2%，第三年再提高 2%。第一年 CPI 为 1.00，第二年为 1.05，第三年为 1.10。请分别求出第二年与第三年所需支付的名义工资。

由于在第一年 CPI 等于 1.00，因此名义工资和实际工资都为 12.00 美元。我们用 W_2 代表第二年的名义工资。用第二年的 CPI 进行减缩化处理，我们可以把第二年的实际工资表示为 $W_2/1.05$。合同规定，第二年的实际工资必须比第一年的实际工资高 2%，所以 $W_2/1.05=12.00$ 美元 $\times 1.02=12.24$ 美元。两边同乘以 1.05，即可解出 W_2，我们求得 $W_2=12.85$ 美元，这就是根据合同所要求的第二年的名义工资。在第三年，名义工资 W_3 必须满足等式 $W_3/1.10=12.24$ 美元 $\times 1.02=12.48$ 美元(请思考上式为什么成立)。求解这一方程可得 $W_3=13.73$ 美元，这就是第三年必须支付的名义工资。

练习 5.6

最低工资这一指标并没有经过指数化处理，但现在我们假设 1950 年引入这一指标时已经考虑了通货膨胀的影响。那么 2010 年，名义最低工资是多少？可以从练习 5.5 中获得解题所需的数据。

由于最低工资没有经过指数化处理，其购买力会随着价格的上涨而下降，因此国会必须定期提高名义最低工资以保证最低工资的实际值不会下降。

重点回顾：调整通货膨胀的方法

减缩化过程。对家庭货币收入等名义量进行价格水平变化意义上的修正，把它除以某一相应的价格指数(如 CPI)。这一过程被称为对名义量的减缩化，经过这样的处理，原来的名义量便可以用实际购买力进行度量。发生于不同年份的名义量经过定义于同一基年的价格指数的减缩化处理，就可以对这两个减缩量的购买力进行比较。

指数化过程。为了保证某一名义支付(如社会保障福利金)维持恒定的实际购买力，每年增加该名义量的值，使其增加的百分比等于该年的通货膨胀率。

CPI 所度量的是不是"真实"的通货膨胀

政策制定者在决定采取某些行动时会密切关注最新的通货膨胀数据。不仅如此，由于指数化方法的广泛使用，CPI 的变化还会直接影响政府的预算。例如，如果 CPI 在某一给定年份上升 3%，根据法律规定，社会保障福利金(联邦政府支出的一个重要部分)也要相应增长 3%。其他许多政府支出和工会劳动合同等私人合同也都会进行基于 CPI 的指数化处理。

然而,如果 CPI 并非“真实”通货膨胀的理想指标又会怎样?首先,社会保障和其他政府福利与 CPI 的指数化处理每年将白白耗费美国联邦政府数十亿美元的资金。其次,通货膨胀率的高估可能导致我们低估长期内生活水平的改善。例如,如果普通家庭的名义收入每年增长 3%,而所报告的通货膨胀为每年 3%,那么经济学家会认为美国家庭的实际收入没有增长。然而,“真实”通货膨胀率实际上是每年 2%,因此美国家庭的实际收入事实上每年增长了 1%(3%的名义收入增长减去 2%的通货膨胀)。

一份被称为“波斯金委员会报告”的于 1996 年发布的研究报告指出,官方的 CPI 通货膨胀率高估了真实的通货膨胀率,每年高估的程度为 1~2 个百分点。这份报告列举了大量原因,来解释官方基于 CPI 的通货膨胀率为何会高估真实通货膨胀率。其中有两点最为重要。第一点,在实际操作中政府的统计人员不能保证永远做到对产品与服务的质量进行适当的调整。假设一台新的个人计算机在内存、计算速度和数据存储能力等方面都比去年生产的款式提高了 20%。为叙述简便起见,我们假设其价格也提高了 20%,那么个人计算机的价格是否存在通货膨胀?经济学家的答案是不存在。尽管消费者在每台个人计算机上的支出增加了 20%,但他们得到的是性能提高了 20%的机器。这种情况其实无异于多花 20%的钱去购买增大了 20%的比萨饼。不过,一方面由于质量的变化难以准确衡量,另一方面由于统计人员需要考虑大量的产品与服务,这就导致他们经常发生忽视或低估产品与服务质量的现象。一般而言,只要统计人员无法对产品与服务的质量改善做出正确调整,他们就会有高估通货膨胀水平的可能。这种类型的高估被称为质量调整偏差。[①]

全新产品的推出是发生质量调整偏差的一个极端例子。例如,治疗艾滋病的第一例特效药的推出显著提高了艾滋病患者所得到的医疗保健质量。然而在实际操作中,全新产品可能带来的质量提高即使存在也难以在 CPI 中反映出来。这是因为在基年并不存在这种新产品,因而没有可以用来与这种产品当期价格进行比较的基年价格。政府统计员尝试运用各种方法来纠正这一问题,如将这种全新特效药的成本与次优疗法的成本进行比较等。不过这些方法显然缺乏准确性,从而遭到了很多批评。

以波斯金为首的委员会强调的第二个问题来自这样一个事实:CPI 的计算基于某一固定篮子的产品与服务。因而该过程排除了这样一种可能性:消费者可能会减少购买那些价格一直上涨的产品而更多地购买那些价格稳定或下降的产品。如果忽视消费者能够放弃高价品转向购买低价品的事实,统计人员将难以避免地高估真实生活费用上升的幅度。

例如,假设人们对咖啡和茶有同等的偏爱程度,并在基年消费了相同数量的咖啡和茶。但在一场寒流席卷了主要的咖啡生产国之后,咖啡的价格上涨了一倍。咖啡价格的提高使得消费者放弃喝咖啡而转向喝茶——这种习惯上的改变并没有使他们的生活境况变糟,因为他们对咖啡和茶的偏爱程度相同。不过,由于 CPI 度量的是购买基年篮子里

---

① 美国劳工统计局有许多辛勤的雇员一直试图衡量质量变化。类似个人计算机速度和内存增加这样的改进相对容易衡量,但是其他许多变量却难以量化。

产品与服务的费用，它将随着咖啡价格的倍增而出现显著上升。CPI的这种上升忽视了人们可以用茶来替代咖啡而没有使生活境况严重恶化的事实，从而不可避免地对生活成本上升的真实情况进行了夸大。对通货膨胀的这种类型的高估被称为替代偏差。

例 5.6 替代偏差

为什么替代偏差不容忽视？

假定基年2010年的CPI篮子里有如下物品：

物 品	支出/美元
咖啡(50杯，每杯1美元)	50.00
茶(50杯，每杯1美元)	50.00
烤饼(100个，每个1美元)	100.00
合计	200.00

假设消费者在吃烤饼时，喝咖啡与喝茶能带给他们相同的快感。2010年咖啡和茶的费用相同，大多数人饮用了相同数量的咖啡和茶。

2015年，咖啡的价格翻了一番，变为每杯2美元；茶仍然保持每杯1美元的价格；而烤饼的价格涨到每个1.50美元。用CPI度量的生活费用发生了什么变化？这一结果与真实生活费用的变化有何不同？

为了计算2015年的CPI，首先要求出在该年消费2010年篮子里物品的费用。根据2015年的价格水平，50杯咖啡、50杯茶与100个烤饼的总费用为50×2美元＋50×1美元＋100×1.50美元＝300美元。由于在基年2010年消费相同的一篮子物品只需花费200美元，我们可以计算出2015年的CPI为300美元/200美元，即1.50。这一计算结果会让我们认为，2010—2015年生活费用提高了50%。

然而，我们忽视了这样一种可能性：消费者完全可以用一种低价品(茶)来替代高价品(咖啡)。事实上，由于消费者对咖啡和茶的偏好相同，当咖啡价格倍增时，他们会全部转向喝茶而不喝咖啡。这时新的消费篮子——100杯茶与100个烤饼，与初始篮子里的物品给他们带来的享受是相同的。如果考虑这种低价品替代高价品的情形，那么真正的生活费用提高了多少？2015年购买100杯茶与100个烤饼只需花费250美元，而不是300美元。从消费者的角度看，生活的真实费用只上升了50美元，即提高了25%。因此，CPI所显示的50%的提高幅度其实是由于替代偏差而产生的对生活费用的高估。

对于波斯金委员会的发现存在争议。尽管质量调整偏差与替代偏差毫无疑问会影响对通货膨胀的度量，但要确定它们产生了多大程度的高估却十分困难(如果经济学家能够知道这些偏差的大小，他们早就可以对这些数据进行简单的修正了)。不过，正是因为有这份报告，最近美国劳工统计局(负责计算CPI的机构)花了很大气力来提高其数据的质量。

通货膨胀的成本：并非如你所想

20世纪70年代末期，通货膨胀远比现在严重。当时的民意调查显示，公众将通货膨胀视为“头号公敌”——国家最严重的问题。

尽管近年来美国的通货膨胀率并不是很高，但现今的很多美国公民对通货膨胀，或者说对通货膨胀的威胁仍十分担心。人们为什么对通货膨胀会如此头疼？通过深入的意见调查，我们发现，很多人其实并不清楚通货膨胀的意义及其对经济的影响。

事实上，通货膨胀的经济成本确实存在，也十分严重。但在阐述它的各种成本之前，先让我们来审视人们对通货膨胀及其成本的模糊认识。

首先，我们需要区分两个概念：价格水平和产品或服务的相对价格。**价格水平**是指由价格指数（如 CPI）度量的某一时点价格的总水平。请回忆一下通货膨胀率的定义，它是不同年份之间价格水平变化的百分比。**相对价格**的含义则并非如此，它是指相对于其他产品与服务的价格而言，某种产品或服务的价格。例如，如果石油价格上涨了 10%，而其他产品与服务的价格平均只上涨了 3%，则称石油的相对价格提高了。但如果石油价格只上涨 3%，而其他的价格上涨了 10%，那么石油的相对价格就会下降。也就是说，尽管石油从绝对值意义上说并没有降价，但相对其他产品与服务而言，石油变便宜了。

民意调查表明，很多人并不清楚通货膨胀（总价格水平的上升）与某一相对价格上升这两者之间的区别。我们假设，中东供给中断使用汽油的价格提升为原来的两倍，而其他价格保持不变。乍听到汽油价格上升这一消息，惊慌失措的人们可能要求政府对这种“通货膨胀”进行干预。尽管汽油涨价现象确实损害了消费者的利益，但这究竟是不是通货膨胀的例子呢？汽油只是消费者预算中的一项物品，消费者实际上每天要购买成千上万的产品与服务。因此，汽油价格的提高对总价格水平只能产生十分微弱的影响，对通货膨胀率的影响自然也微不足道。在这个例子中，通货膨胀不是症结所在。真正让消费者发愁的是汽油相对价格的变化，这种相对价格的提高尤其体现在汽油价格与劳动力价格（工资）的对比上。汽油相对价格的上升，增加了使用汽车的成本，从而使人们不得不减少在其他方面的支出。

而且，相对价格的变化也不一定会造成显著的通货膨胀。例如，某些产品价格上涨所带来的影响很可能被另一些产品价格下跌的影响抵消，这就可以使价格水平和通货膨胀率大体上保持原有水平。相反，高通货膨胀的现象却可能在不影响相对价格的情况下发生。例如，我们假设，经济中包括工资和薪金在内的所有价格每年上涨 10%，那么通货膨胀率为 10%，但是相对价格并没有发生变化。事实上，由于工资（劳动力的价格）每年也增长 10%，人们购买产品与服务的能力并没有受到通货膨胀的影响。

这些例子表明，平均价格水平（通货膨胀）的变化与某些产品相对价格的变化是两个截然不同的概念。公众对这两者的混淆之所以不容忽视是因为两类问题的解决方法并不相同。为了消除相对价格的变动，政府需要做的是实施某些政策以影响特定产品的供给与需求状况。比如，在石油价格上涨这个例子中，政府可以鼓励替代能源的开发。然而，为了消除通货膨胀，政府必须在改变货币政策或财政政策等宏观经济政策方面做出努力（我们将在下面的例子中说明这一点）。如果公众对这两者区分不清，他们可能会要求政府采取反通货膨胀政策去解决实际上由相对价格变化引起的问题，这种努力不但无济于事，而且会对经济产生负面影响。下面的例子将说明，对政策制定者和全体公民来说，掌握一定的经济学知识是十分重要的。

例 5.7　价格水平、相对价格和通货膨胀

价格水平、相对价格和通货膨胀有何关联？

假设 2010 年、2011 年和 2012 年 CPI 数据分别为 1.20、1.32 和 1.40。2010—2011 年石油价格上涨了 8%，2011—2012 年也有 8%的上涨幅度。请问价格水平、通货膨胀率和石油的相对价格发生了什么变化？

价格水平可以用 CPI 来衡量。由于在这 3 年里 CPI 的值逐年增加，所以可以认为这段时期价格水平一直在提高。通货膨胀率是 CPI 增加的百分比。由于 2011 年的 CPI 比 2010 年增长了 10%，所以该期间的通货膨胀率为 10%。而 2011—2012 年 CPI 只增加了 6%左右（1.40/1.32≈1.06），所以该期间的通货膨胀率下降到 6%左右。通货膨胀率的下降表明，尽管价格水平一直在上升，但其上升的速度在逐年放缓。

2010—2011 年汽油价格上涨了 8%。但由于这段时期的通货膨胀率是 10%，因而相对其他所有产品与服务，汽油的价格下降了大约 2%（8%－10%＝－2%）。2011—2012 年汽油价格又上涨了 8%，而该期间的通货膨胀率约为 6%。因此，2011—2012 年汽油的相对价格上涨了大约 2%（8%－6%）。

通货膨胀的真实成本

澄清了人们对于通货膨胀和相对价格变化之间的混淆后，我们现在可以阐述通货膨胀的真实经济成本了。这些成本为数众多，每种成本的存在都降低了经济的运行效率。这里讨论其中最重要的五种成本。

价格体系中的“噪声”　第 3 章曾描述过向纽约市市民提供合适的食物种类以及数量这样一个不同寻常的经济配给。这个分配过程并不是由某个食物分配部门的全体人员策划的。它是通过自由市场的自我运作实现的，不涉及任何集中的管理与干预，其效果也远远优于任何一个部门规划的结果。

自由市场究竟如何传递为完成负责纽约市供给等复杂任务所必需的大量信息？在第 3 章我们已经知道了答案——通过价格体系来实现这一点。当曼哈顿法式餐馆的老板发现鸡油菌（一种稀少而美味的蘑菇）供应不足时，他们便会抬高其市场价格。鸡油菌的供应商在发现这种食品价格上涨之后，就会意识到他们可以通过向市场提供更多的鸡油菌来获取利润。同时，对价格敏感的用餐者也会转向食用价格便宜而供应充足的其他蘑菇。只有当获利机会不再存在并且供给者和需求者都对市场价格表示满意的时候，鸡油菌市场才会达到均衡状态（均衡原理）。这个例子只说明了一个小市场的情况，如果将其规模扩大 100 万倍，你就可以想象得到，价格体系在相当大的程度上实现了经济配给。

通货膨胀在价格变化传递的信息中加入了噪声。

然而，当通货膨胀比较严重时，人们会难以察觉价格体系所传递的微妙信号，这就好比随机“噪声”的存在让人们无法听清楚广播消息的内容一样。在一个不存在或几乎没有通货膨胀的经济中，像鸡油菌这类食品如果出现价格上涨的现象，其供应商会立刻意识到，这实际上是市场向他们发出了增加供应量的信号。但是，如果通货膨胀很严重，供应商就无法确定，鸡油菌的价格上涨是代表真实的需求增加抑或只是通货膨胀导致所有食品涨价的结果。如果价格上涨只反映了通货膨胀现象，那么相对于其他产品与服务，鸡油菌的价格并没有真正发生变化。因此，供应商不应该改变自己向市场供应的鸡油菌的数量。

在发生通货膨胀的环境里，为了鉴别鸡油菌涨价是否代表需求增加的真实信号，供应商不仅要知道鸡油菌的价格情况，还需要知道其他产品与服务的价格变化。由于这些信息的收集需要花费时间和精力，因此供应商对鸡油菌价格变化的反应很可能变得缓慢甚至犹豫不决。

总之，价格变化是市场向供给者与需求者传递信息的方式。例如，如果某种产品或服务价格上涨了，这就告诉需求者，他们应该减少在这种产品或服务上的支出；同时供给者也得到了一个信号，他们应该增加对市场的供给。但是在存在通货膨胀的情况下，价格将不仅仅受产品供求的影响，还会受到整体价格水平变化的干扰。从这个意义上说，通货膨胀在价格体系中制造了“噪声”，掩盖了价格所传递的信息，从而降低了整个市场体系的效率。正是这种效率的降低造成了真实经济成本。

税收体系的扭曲 正如一些政府支出(如社会保障福利金)会经过基于通货膨胀的指数化调整，在很多税收的设计过程中也运用了指数化方法。在美国，高收入人群相对低收入人群而言，要缴纳更高比例的所得税。如果所得税没有经过指数化处理，那么通货膨胀所引起的人们名义收入的提高将会迫使他们支付更高比例的所得税，而事实上他们的实际收入很可能并没有增加。为了避免这种我们称之为税级攀爬现象的发生，美国国会进行了基于 CPI 的所得税税级的指数化调整。经过这种调整，名义收入与通货膨胀保持同步增长的家庭不再需要支付更高比例的所得税了。

尽管指数化调整能够解决税级攀爬的问题，但税法中仍有很多规定没有经过指数化处理，这可能是由于政治上缺乏支持，也可能是由于任务过于复杂。因此，通货膨胀会造成人们所支付税额的不合理变化，这反过来又会迫使他们以不合意的方式改变自己的经济行为。

为了说明这一点，我们以企业税的一项重要规定——资本折旧备抵为例，来考察在其操作过程中通货膨胀是如何引发问题的。假设一家企业用 1 000 美元购买了一台机器，并预计这台机器可以使用 10 年。按照美国税法的规定，在接下来的 10 年，企业可以每年从其税前利润中扣除机器购买价格的 1/10，即 100 美元。通过从税前利润中扣除机器的部分购买价格，企业支付的税额减少了。每年额外减少的税额等于企业所得税税率与 100 美元的乘积。

税法做这一规定的目的在于，它认为机器的磨损是企业从事商业活动的一项成本，应该从企业的利润中扣除。通过向企业投资于新机器的行为提供税盾，国会其实也在鼓励企业对工厂的投资与改建活动。然而，资本折旧备抵并未经过基于通货膨胀的指数化调整。现在我们假设，在一个通货膨胀十分严重的时期，企业正在考虑购买一台价格为 1 000 美元的机器。经理们都知道，如果购买这台机器，在今后 10 年他们每年可以从税前利润中扣除 100 美元。不过这 100 美元是一个没有经过基于通货膨胀指数化调整的固定数额。在考虑未来的情况时，经理们会意识到，由于存在通货膨胀，在五六年之后，特别是到了最后一年，这 100 美元税收扣除的实际价值会远远小于当前的价值。想到这些，他们购买机器的决定就会发生动摇，这次投资很可能以取消告终。事实上，很多研究都表明，高通货膨胀率会显著降低企业投资于新厂房和新设备的比例。

由于复杂的美国税法包括大量未经指数化处理的税率与规定，因此通货膨胀的存在会严重扭曲税收体系对人们工作、储蓄和投资的激励。由此造成的对经济效率与经济增长的负面影响，就是通货膨胀的一种真实成本。

“皮鞋”成本　所有的购物者都明白，现金是使用起来最方便的货币。支票有其局限性：并不是所有的地方都可以使用支票。信用卡也有不足之处：它经常有最低消费额的限制。而现金几乎可以用于所有的日常交易。企业也认为持有现金十分方便。手边拥有充足的现金，大大促进了与客户之间的交易活动，企业不再需要频繁地到银行重复存取款过程。

通货膨胀提高了消费者和企业持有现金的成本。我们假设有这样一位吝啬鬼，他一共有 10 000 美元的积蓄，他把这些钱全部换成 20 美元的钞票藏在床下面。那么他这笔积蓄的购买力会随时间发生什么变化？如果通货膨胀率为零，即产品与服务的平均价格水平没有发生变化，10 000 美元的购买力不会随时间改变。在年末这位吝啬鬼的购买力与年初时相同。现在假设通货膨胀率是 10%，在这种情况下，这笔积蓄的购买力每年会下降 10%。1 年之后，他将只有 9 000 美元的购买力。一般而言，通货膨胀率越高，越少的人愿意持有现金，因为持有现金会使他们遭受购买力的损失。

从理论上分析，通货代表的是政府对通货持有者的债务。这就是说，即使通货贬值，现金持有人的损失也可以由政府的获利而弥补(以实际方式来衡量，政府对通货持有者的债务减少了)。所以，如果从整个社会的角度看待这个问题，购买力的损失本身并不是通货膨胀的成本，因为它没有涉及资源的浪费(事实上，即使吝啬鬼以通货形式持有的积蓄损失了大半价值，也没有任何实际的产品或服务被使用或消耗)。

不过，人们在面对通货膨胀的时候，一般不可能甘心接受购买力的损失，他们会采取一定的行动来“节省”其现金的持有量。例如，在下次去银行的时候，他们可能不会再像以前那样一次性取出足够一个月花费的现金，而是只取出维持一周生活的现金量。这种为了减少现金持有量而频繁出入银行所造成的不方便，是通货膨胀的真实成本之一。类似的，企业会通过让其雇员经常去银行取钱或是安装管理现金使用情况的核算系统来降低现金持有量。那些试图持有更少现金的消费者和企业会给银行带来额外的业务量，为了应付由此而来的交易活动的增加，银行不得不雇用更多的职员并扩张业务。

更频繁出入银行的行为、新的现金管理系统，以及银行增加的雇员人数所引起的成本是通货膨胀的实际成本。它们消耗了包括时间和努力在内的资源，而这些资源本可以用于其他方面。按照经济学的习惯，我们把这种为了节省现金持有量而造成的成本形象地称为**“皮鞋”成本**——之所以这样命名是考虑了额外进出银行会给皮鞋带来磨损这一事实。在现今年通货膨胀率只有 2%～3%的美国，皮鞋成本可能已经不再是主要的问题。不过在那些具有高通货膨胀率的经济中，这种成本可能是非常巨大的。

未预期的财富重新分配　当未预期的通货膨胀发生时，它很可能导致财富在不同人群之间任意地重新分配。我们考虑一群工会工人，他们签订了一份规定未来3年工资水平的劳动合同。如果合同中工资的确定没有经过基于通货膨胀的指数化处理，那么这些工人未来的实际收入就具有很大的不确定性，他们很容易因价格水平意外上涨而受到伤害。现在假设未来3年的通货膨胀大大超出合同的预期。在这种情况下，这些工人所获得工资的购买力，即他们的实际收入，将远远低于签订合同时他们所希望得到的水平。

如果从社会的角度来看待这种问题，我们可能会问，工人们由于通货膨胀而损失的购买力是否真的“消失”了？答案是没有消失，他们购买力的下降与雇主购买力的上升是相互抵消的，因为这种情况下雇用工人的真实成本要低于预期值。换句话说，通货膨胀的影响不是侵蚀购买力，而是重新分配购买力，在这个例子中，部分购买力从工人转移给了雇主。如果通货膨胀率比预期的低，工人们将获得比他们预期更高的购买力，而雇主则变成受害的一方。

由通货膨胀引起财富重新分配的另一个例子发生在借用人(债务人)与出借人(债权人)身上。假设本书的一位作者想要购买一座水上别墅，并从银行贷款150 000美元用于支付购房费用。在签订抵押贷款协议不久，他听说未来的通货膨胀可能远远高于预期水平。面对这一消息他会做出什么反应？作为一位有爱国心的宏观经济学家，这位作者在听说通货膨胀率要上升的消息时可能会非常担忧，不过作为一位消费者，他应该感到高兴。因为未来他偿还贷款时所支付的美元的实际价值要远远低于预期值。而信贷员则会感到懊恼，因为用购买力来衡量，银行未来从作者手中收回的美元价值将低于签订合同时的预期值。在这个例子中，通货膨胀同样没有引起实际财富的“损失”，但是，借用人的收益是以出借人的损失为代价的。一般而言，出乎意料的高通货膨胀率会让债务人获利，而使债权人蒙受损失，因为债务人能够以较低价值的美元来偿还债务。相反，出乎意料的低通货膨胀率，则会让债权人获利，让债务人蒙受损失，因为其偿还的美元价值高于借款时的预期值。

尽管通货膨胀引起的重新分配不会直接侵蚀财富而只是造成其在不同人群之间进行转移，它们仍然会对经济产生负面影响。我们的经济体系建立在激励机制之上。要使经济能够稳健运行，人们必须确信，如果他们努力地工作，将部分收入储蓄起来，并进行明智的投资，那么在长期他们将得到更多的财富，享受更高的生活水平。一些研究者将通货膨胀严重的经济比做一个赌场，在那里财富分配很大程度上取决于运气——在现实生活中这表现为通货膨胀率的随机波动。在长期，“赌场经济”的表现很差，因为它的不可预测性打击了人们努力工作与厉行节约的动力(如果通货膨胀可以只花一个晚上就夺走你的全部积蓄，操心这些还有什么意义呢?)。不仅如此，通货膨胀严重的经济还会鼓励人们为了预见通货膨胀的趋势、保护自身利益而去消耗资源。

对长期计划的干扰 我们所要考察的通货膨胀的第五种成本，也是我们要介绍的最后一种成本，表现在它对家庭与企业长期计划的干扰上面。很多经济决策的作用时间十分漫长。例如，工人们很可能在二三十岁时就开始规划他们的退休生活。而企业的长期投资与经营战略也会对未来几十年的发展产生影响。

显然，严重而又无法预期的通货膨胀会导致难以制订长期计划。例如，假设你希望在退休时能够拥有较高的生活水平，那么你该把多少比例的收入用于储蓄以确保这一梦想的实现？这取决于三四十年之后你打算购买的产品与服务的价格。在严重而又无法预期的通货膨胀面前，你几乎无法想象到退休时你所选择的生活的成本会是多少。这样你有可能储蓄的钱太少，从而使退休后的生活不尽如人意；也可能储蓄的钱太多，令你在工作期间的生活质量遭受了不必要的牺牲。不管你选择哪种方案，通货膨胀都造成了巨大的成本。

总而言之，通货膨胀从不同的角度对经济造成了破坏。由于它的一些影响难以具体量化，因而经济学家在具体评价通货膨胀的成本时存在一些争议。不过大多数经济学家认为，低而稳定的通货膨胀率有助于保持经济的健康运行。

重点回顾：通货膨胀的真实成本

公众有时候会混淆相对价格(如文中例子里的石油价格)的变化与代表总体价格水平变化的通货膨胀这两个概念。这种认识上的不清会产生问题，因为对相对价格不合意变化的处理不同于对通货膨胀的解决方法。

通货膨胀会给经济带来大量的真实成本，从而降低经济效率，阻碍经济增长。这些成本包括：

- 价格体系中的“噪声”，即通货膨胀影响了市场参与者正确理解价格所传递信息的能力。
- 税收体系的扭曲，例如，当税法中某些规定没有经过指数化处理时，通货膨胀就会影响税收体系对人们的激励。
- “皮鞋”成本，或者称为管理现金(例如，可以通过增加去银行的次数或者安装先进的管理核算系统来管理现金的持有量)的成本。
- 未预期的财富重新分配，例如，高而不可预期的通货膨胀会损害工人的利益，而为雇主带来额外收益，同样会让债权人蒙受损失而使债务人获利。
- 对长期计划的干扰，在人们难以预测未来长期的价格变化趋势时，这种干扰就会发生。

恶性通货膨胀

尽管对于5%左右的年通货膨胀率是否会给经济带来重大成本这一问题，经济学家内部存在意见上的分歧，但几乎没有经济学家会否认这样一个事实：500%或者1 000%的通货膨胀率会严重影响经济的表现。通货膨胀率极高的现象被称为**恶性通货膨胀**。虽然官方没有明确规定把通货膨胀率高于多少的通货膨胀视为恶性通货膨胀，但是500%到1 000%的年通货膨胀率显然符合要求，应该归入其中。

在过去几十年里，以色列(1985年的400%)、拉丁美洲的一些国家(包括玻利维亚、阿根廷和巴西)、尼加拉瓜(1988年的33 000%)、津巴布韦(2007年的官方24 470%，非官方150 000%)以及包括俄罗斯在内的一些国家都曾经历过恶性通货膨胀时期。最著名的大概算1923年德国的通货膨胀，当时通胀率达到102 000 000%。在德国的这次恶性通货膨胀中，价格上涨如此之快，以至于工人每天要领两次工资才能使他们的家庭在下午价格上涨之前买得起食品，许多人的终身积蓄变得一钱不值。但有记载的最严重的一次恶性通货膨胀是1945年匈牙利在第二次世界大战末期经历的，当时通货膨胀达到了3.8×10^{27}%。美国虽然从来没有经历过恶性通货膨胀，不过，处于美国南部邦联短暂统治下的人们在美国内战时期经历的通货膨胀也可谓十分严重。1861—1865年，美国南部的价格水平上涨到内战前的92倍。

恶性通货膨胀很大程度上加剧了通货膨胀的成本。例如，在低通货膨胀时期相对较低的"皮鞋"成本在恶性通货膨胀时期会变得非常巨大，那时候人们可能要每天不止一次地去银行，以尽可能减少持有货币的时间。价格每天甚至每小时都会发生变化，这使得市场运作极其糟糕，严重阻碍了经济的增长。财富的重新分配现象会非常普遍，从而让很多人变得一无所有。不过可想而知，恶性通货膨胀持续的时间一般很短，很少出现连续几年的恶性通货膨胀现象；它们是如此具有破坏性，以至于公众很快会发出不堪忍受、要求改变现状的强烈呼吁。

通货膨胀与利率

到目前为止，我们一直关注的仍是通货膨胀的度量方法与经济成本。而通货膨胀的另一个重要方面在于它与其他宏观经济重要变量的密切联系。例如，经济学家早已认识到，在高通胀时期，利率也具有上升趋势。我们接下来将介绍通货膨胀与利率之间的联系，在后续章节的学习中，你会发现这是非常重要的背景知识。

通货膨胀与实际利率

在前面讨论通货膨胀重新分配财富的方式时，我们已经看到，通货膨胀会通过降低偿还债务时美元的价值让债权人蒙受损失，而让债务人受益。通货膨胀对债务人和债权人的这种影响可以利用一个名为实际利率的经济概念来更准确地进行解释。下面这个例子可以说明这一点。

假设阿尔法与贝塔是两个相邻的国家。在阿尔法，货币称为阿尔法币，通货膨胀率为0，预期在未来时间也会为0。贝塔的货币则称为贝塔币，通货膨胀率为10%，预期在未来时间也会维持在10%。阿尔法的银行存款年利率为2%，而在贝塔则为10%。存款人在哪个国家获得了更好的待遇?

你可能会认为，贝塔的条件更加优惠，因为该国的存款利率较高。但考虑到通货膨胀的影响，你可能会意识到，是阿尔法而并非贝塔，向存款人提供了更好的条件。要了解原因,我们需要比较两个国家一年之后存款实际购买力的变化。在阿尔法,一位存款人在1月1日把100元阿尔法币存进银行,到12月31日存款将变为102元阿尔法币。由于阿尔法不存在通货膨胀现象,年末的平均价格水平与年初相等。这样,存款人在年末所能获得的102元阿尔法币代表购买力提高了2%。

在贝塔,一位存款人在1月1日存入100元贝塔币,到年末存款将变为110元贝塔币——存款比存入时增加了10%。不过按照我们的假设,贝塔产品与服务的价格也上涨了10%。因此贝塔的存款人在年初与年末所能购买的产品与服务的量是完全相同的;他的购买力并没有增加。所以说,阿尔法的存款者获得了更加优惠的待遇。

经济学家把某种金融资产实际购买力的年增长百分比称为这种资产的**实际利率**,或者称为实际回报率。在我们的例子中,存款的实际购买力在阿尔法每年增长2%,在贝塔则保持不变。所以阿尔法存款的实际利率为2%,而贝塔为0。实际利率不同于我们所熟悉的市场利率,后者也称为名义利率。**名义利率**是指某种金融资产的名义价值或者说货币价值的年增长百分比。

阿尔法与贝塔的例子说明,通过从金融资产的市场利率或者名义利率中扣除通货膨胀率,我们可以计算包括经常账户和政府债券在内的任何金融资产的实际利率。所以在阿尔法,存款的实际利率等于名义利率(2%)减去通货膨胀率(0%),即2%。同样,贝塔的存款实际利率等于名义利率(10%)减去通货膨胀率(10%),即0。

我们可以把实际利率的这种定义写成如下的数学形式:

$$r = i - \pi$$

其中,r:实际利率;

i:名义利率;

π:通货膨胀率。

注意:实际利率并不等于名义利率除以价格水平。因为名义利率是一种回报率,以百分比来计,而不是以美元的名义量来衡量。

例5.8 1975—2010年的实际利率

实际利率有何作用?

下表列出了美国1975年以来政府10年期债券的利率数据。金融投资者在这些年份中的哪一年购买政府债券会得到最大的利益?获利最少的又是哪一年的政府债券?

年份	利率/%	通货膨胀率/%	实际利率/%
1975	8.0	9.1	−1.1
1980	11.4	13.5	−2.1
1985	10.6	3.6	7.0
1990	8.6	5.4	3.2
1995	6.6	2.8	3.8
2000	6.0	3.4	2.6
2005	4.3	3.4	0.9
2010	3.2	1.6	1.6

当实际利率(而不是名义利率)较高时,金融投资者和债权人处于十分有利的地位,因为实际利率代表他们购买力增加的幅度。可以用名义利率减去通货膨胀率来计算每年的实际利率。结果见例5.8中表的第3列。对于政府债券的购买者而言,这些年中最好的是1985年,他们享受的实际回报率高达7%。最差的是1980年,他们的实际回报率是-2.1%。换句话说,虽然名义利率为11.4%,金融投资者们在1980年却因为通货膨胀率超过了投资所赚取的利率而遭受了购买力方面的损失。

图5.3展示了1960年以来美国的实际利率状况,实际利率的值由美国联邦政府债券的名义利率减去通货膨胀率获得。我们发现,该期间某些年份实际利率为负值,但20世纪80年代中期达到了历史上的最高水平。

图5.3 1970—2010年美国实际利率状况

这里的实际利率等于名义利率(用3月期联邦政府债券的利率代替)减去通货膨胀率。

资料来源:《美国总统经济报告》2011年2月,表B-73和表B-64(http://www.gpoaccess.gov/eop/),经过作者的计算加工。

实际利率这个概念有助于我们更准确地理解通货膨胀率的意外上升会使债权人受损而让债务人受益这一事实的内在原因。假设债权人要求债务人支付任一给定的名义利率,通货膨胀率越高,债权人最终获得的实际利率就越低。所以超出预期的高通胀会使得债权人的处境恶化。与此相反,债务人则由于通货膨胀率的意外上升而使自身状况得到改善,他们支付的实际利率比预期值低。

尽管通货膨胀率的意外上升会使出借人受损而让借款人受益,但是可以预期的高通胀不一定会使财富发生重新分配,这是因为在设定名义利率水平时可以将通货膨胀率的值考虑进去。例如,我们假设出借人希望从贷款中获得2%的实际利率。如果人们确信今后的通货膨胀率为0,那么出借人可以通过设定名义利率为2%的方式来获得2%的实际利率。如果预期的通货膨胀率为10%,这时出借人仍然可以获得2%的实际利率,只要将名义利率定为12%即可。因此,如果高通胀是可以预期的,它不一定会给出借人造成损失——只要出借人能够根据预期的通货膨胀率对名义利率进行适当的调整,他们总能够实现自己所要求的实际利率。

为了解除人们对未预期到的通货膨胀的担忧，1997 年美国财政部发行了“防通胀债券”，该债券向人们支付固定的实际利率。购买该债券的人每年会收到相当于某一固定实际利率加上当年实际通胀率的名义利率。防通胀债券的所有者即便遭遇了超出预期的高通胀，其实际财富也不会受损。

费雪效应

在前文中我们曾提到这样一种现象：当通货膨胀十分严重时，利率会变得很高，而当通货膨胀率较低时，利率也会随之降低。图 5.4 展示了 1970—2010 年美国的通货膨胀率与名义利率（政府短期债券的收益率）的变化情况。注意在通货膨胀较高的时期（如 20 世纪 80 年代初），名义利率比较高，而在通货膨胀较低的时期（如 20 世纪 90 年代末和 21 世纪头几年），名义利率也比较低。

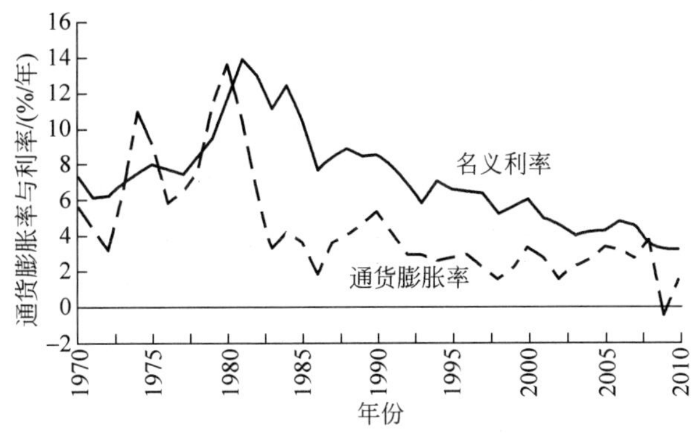

图 5.4　1970—2010 年美国的通货膨胀率与利率

当通货膨胀十分严重时利率会变得很高，而当通货膨胀率较低时利率也会随之降低。我们把这种现象称为费雪效应。

资料来源：《美国总统经济报告》2011 年 2 月，表 B-73 和表 B-64（www.gpoaccess.gov/eop）。

为什么当通货膨胀率很高时，利率也会变得很高？基于实际利率的讨论可以回答这个问题。假设近期的通货膨胀率很高，那么债务人与债权人预计在未来一段时间里通货膨胀仍将维持较高水平。我们有理由认为债权人会提高名义利率以保证其实际利率不受影响。而对债务人来说，当通货膨胀率很高时，他们也会乐意接受更高的名义利率，这是因为他们知道债权人设定更高的名义利率只是为了弥补偿还债务时美元实际价值减少所造成的损失。由于名义利率与通货膨胀率的提高幅度相同，因此他们的借款成本并没有受到影响。相反，当通货膨胀率很低时，债权人没有必要将名义利率定得很高，只需要保证一定水平的实际利率即可。这样一来，就会出现高通胀时名义利率变高，低通胀时名义利率降低的情况。这种名义利率与通货膨胀率保持同方向变化的趋势被称为**费雪效应**。它是以这种关系的发现者，20 世纪初期美国经济学家欧文・费雪（Irving Fisher）的名字命名的。

小结

- 度量通货膨胀的基本工具是消费价格指数，即 CPI。CPI 衡量的是，相对于基年购买一篮子产品与服务的费用，在当期购买同样一篮子产品与服务的花费情况。通货膨胀率是指以价格指数(如 CPI)来衡量的年价格水平变化的百分比。
- 名义量是用当期货币价值衡量的量。把名义量(如家庭的货币收入或者工人的货币工资等)除以某一相应的价格指数(如 CPI)，即可得到用实际购买力衡量的量。这一过程称为对名义量的减缩化。如果对两个不同年份的名义量进行基于某通用价格指数的减缩化处理，即可对这两个量的购买力进行比较。为了使某名义支付(如社会保障福利金)的实际购买力保持恒定水平，该名义支付每年增加的百分比应该等于相应年份的通货膨胀率。这种通过调整名义支付来维持购买力不变的方法称为指数化。
- 基于 CPI 计算得到的美国官方通货膨胀率可能由于两个原因高估了真实的通货膨胀率：首先，它可能无法准确反映产品与服务质量方面的改善；其次，CPI 的计算方法忽视了消费者可以用低价产品与服务来替代高价品这样一个事实。
- 公众有时候会混淆某种产品或服务相对价格的上涨与代表总体价格水平上升的通货膨胀这两个概念。由于对相对价格不合意变化的处理不同于对通货膨胀的解决方法，因此这种认识上的不清楚经常会产生问题。
- 通货膨胀给经济带来了大量的真实成本，其中包括：价格体系中的“噪声”；税收体系的扭曲；由于人们管理现金持有量而造成资源浪费的“皮鞋”成本；未预期的财富重新分配；对长期计划的干扰。由于这些成本的存在，大多数经济学家都认为，持续的经济增长只有在低而稳定的通货膨胀情况下才最可能发生。而恶性通货膨胀——通货膨胀率极高的现象，在很大程度上加剧了通货膨胀的成本，并对经济具有严重的破坏力。
- 实际利率是指某种金融资产购买力的年增长百分比。它等于该资产的名义利率(市场利率)减去通货膨胀率。当通货膨胀率意外升高时，实际利率会低于预期值，这将使债权人受损，让债务人获利。当通货膨胀率意外下降时，则会使债权人获利，让债务人受损。为了获得给定水平的实际回报率，当通货膨胀率较高时债权人必须设定较高的名义利率，当通货膨胀率较低时则可以将名义利率适当调低。这种高通胀时名义利率变高、低通胀时名义利率降低的趋势称为费雪效应。

名词与概念

consumer price index, CPI	消费者物价指数	deflating (a nominal quantity)	(对名义量的)减缩化
core rate of inflation	核心通货膨胀率	deflation	通货紧缩

Fisher effect	费雪效应	price index	价格指数
hyperinflation	恶性通货膨胀	price level	价格水平
indexing	指数化	rate of inflation	通货膨胀率
inflation-protected bonds	防通胀债券	real interest rate	实际利率
nominal interest rate	名义利率	real quantity	实际量
nominal quantity	名义量	rcal wage	实际工资
relative price	相对价格		

复习题

1. 试解释,某个人或家庭生活费用的变化情况可能不同于官方生活费用指数(CPI)的改变量。

2. 经济的价格水平与通货膨胀率这两个概念之间的差别在哪里?

3. 为什么在对不同时点的名义量(如工人的平均工资)进行比较时,对它们进行基于通货膨胀的调整十分重要?消除通货膨胀影响调整的基本方法是什么?

4. 试描述,指数化过程如何用于确保多年期劳动合同所规定的工资不受通货膨胀影响以维持购买能力的恒定。

5. 试给出官方通货膨胀率可能高估"真实"通货膨胀率的两个理由,并结合具体例子进行说明。

6. "诚然,不可预期的通货膨胀会造成财富的重新分配,例如,将债权人的财富转移给债务人。不过,当一方发生损失时,另一方获得了相同数量的收益。因此,从整个社会的角度来讲,并不存在真实成本。"你同意上述观点吗?请具体展开讨论。

7. 通货膨胀如何影响人们手中现金的实际回报?

8. 判断正误并解释:如果潜在的债权人与债务人都正确预计到了未来的通货膨胀率,通货膨胀就不会造成债权人与债务人之间的财富重新分配。

练习题

1. 政府的调查员认为,在所确定的基年,普通家庭的月支出情况如下所示:

20个比萨饼,每个10美元;公寓租金,每月600美元;汽油与汽车保养支出,100美元;电话服务(本地服务加上10个长途电话),50美元。

在基年的下一年,调查员发现,比萨饼的价格涨到了每个11美元,公寓租金变成每月640美元,汽油与汽车保养支出上涨为120美元,而电话服务则下降为40美元。

(1) 计算第二年的CPI以及基年到第二年这段时期内的通货膨胀率。

(2) 从基年到第二年,家庭的名义收入上涨了5%。如果用收入所能购买的产品与服务来衡量,家庭的处境是改善还是恶化了?

2. 下面列出了1990—2000年每年的CPI数据(都经过了扩大100倍的处理)。从1991年开始,依次计算前一年的通货膨胀率,并回答20世纪90年代的通货膨胀率有什么特征？

1990年	130.7	1996年	156.9
1991年	136.2	1997年	160.5
1992年	140.3	1998年	163.0
1993年	144.5	1999年	166.6
1994年	148.2	2000年	172.2
1995年	152.4		

3. 参考第2题中给出的CPI数据。一项研究发现，1990－1997年大学毕业生就业初期的真实工资水平下降了8%。1997年大学毕业生就业初期的名义工资是每小时13.65美元。

(1) 1997年大学毕业生就业初期的真实工资是多少？

(2) 1990年大学毕业生就业初期的真实工资是多少？

(3) 1990年大学毕业生就业初期的名义工资是多少？

4. 下面列出了一张假想的2012年所得税税率表，所有金额均为名义量。

家庭收入/美元	应缴税(占收入的百分比)/%
≤20 000	10
20 001～30 000	12
30 001～50 000	15
50 001～80 000	20
>80 000	25

国家立法机关希望确保，具有一定实际收入的家庭不会因为通货膨胀的影响而进入更高的税级、承担更高的税率。2012年CPI(乘以100)为175，2014年为185。为了实现立法机关的目标，2014年的所得税税率表应该在上表的基础上进行怎样的调整？

5. 根据美国人口普查局(http://www.census.gov/)的资料，美国普通4人家庭的名义收入，1980年为24 332美元，1985年为32 777美元，1990年为41 451美元，2000年为62 228美元。如果用购买力来衡量，应该如何对这4年的家庭收入进行比较？你所需的CPI数据(经过了扩大100倍的处理，以1982—1984年的平均水平作为基年水平)包括：1980年为82.4，1985年为107.6，1990年为130.7，2000年为172.2。如果以波斯金为首的委员会关于CPI的结论被确认为与事实相符，这一消息会不会影响你的答案？

6. 在基年2012年，普通消费者的食品篮子里有下列物品：

30只鸡，每只3.00美元；

10个火腿，每个6.00美元；

10份牛排，每份8.00美元。

2013年，由于养鸡场供给不足，鸡的价格上涨到每只5美元。同年火腿的价格变为每个7美元，而牛排的价格没有发生变化。

(1) 计算2012—2013年"食品费用"指数的变化。

(2) 假设消费者对两只鸡和一个火腿的偏好程度完全相同。那么，这个例子里官方

"食品费用"指数的替代偏差有多大？

7. 下表中列出了1978—1986年每年6月无铅普通汽油的每加仑价格以及各年的CPI数据。试求1979—1986年每相邻两年间的CPI通货膨胀率以及汽油相对价格的变化。你认为这段时期里汽油价格的大部分变化是由于通货膨胀的影响，还是由于汽油市场本身的因素，或者两者的作用都十分显著？

年份	汽油价格/(美元/加仑)	CPI(1982—1984年为1.00)
1978	0.663	0.652
1979	0.901	0.726
1980	1.269	0.824
1981	1.391	0.909
1982	1.309	0.965
1983	1.277	0.996
1984	1.229	1.039
1985	1.241	1.076
1986	0.955	1.136

8. 2011年1月1日，阿尔伯特进行了1 000美元的3年期投资，年利率为6%。CPI 2011—2014年各年1月1日的数据分别为100，105，110和118。2014年1月1日投资到期。试计算阿尔伯特这3年每年所获得的实际利率以及3年的实际总回报率。假设每年获得的利息被用于再度投资，自身也能产生利息。

9. 弗兰克将1 000美元的资金借给莎拉2年。他们达成协定：弗兰克每年要得到2%的实际回报。

(1) 弗兰克将钱借出时的CPI(扩大100倍)为100。他们预期一年之后CPI将变为110，两年之后变为121。这种情况下弗兰克应该向莎拉索取多高的名义利率？

(2) 假设弗兰克和莎拉对未来两年内CPI的变化毫无把握，那么他们应该对莎拉每年的偿还金额进行怎样的指数化处理，以保证弗兰克可以获得2%的实际年回报率？

正文中练习题的答案

5.1　根据表5.1，我们知道2010年家庭篮子里物品的费用仍然为680美元。如果2015年的公寓租金降为400美元，那么在2015年重新提供与2010年相同的一篮子产品与服务的费用变为620美元(400美元租金＋150美元汉堡＋70美元电影票)。从而2015年的CPI等于620美元/680美元，即0.912。在这个例子中，2010—2015年，生活费用下降了将近9%。

5.2　为了建立你自己的个人价格指数，你需要确定在基年你个人购买的一篮子产品与服务。这样，你在每个时期的个人价格指数就可以定义为该期那一篮子产品与服务的费用与基年费用的比值。由于你所购买的物品总会与普通美国消费者的采购决定在一定程度上存在差异，所以你的生活费用指数与官方的CPI会有所不同。例如，如果那些价格出现了相对显著上升的产品与服务在你基年的预算中所占的比例高于普通美国消费者,你的个人通货膨胀率将会高于根据 CPI 求出的通货膨胀率。

5.3 每年相比上年 CPI 变化的百分比如下所示:

1930 年	−2.3%=(0.167−0.171)/0.171
1931 年	−9.0%
1932 年	−9.9%
1933 年	−5.1%

负的通货膨胀被称为通货紧缩。20 世纪 30 年代价格下跌的情形与 2006 年以来价格猛涨的状况形成了鲜明的对比。

5.4 用"1982—1984 年美元"衡量,罗德里格斯的实际收入为 2 270 万美元/2.07,即 1 097 万美元。因此如果用实际方式来度量,罗德里格斯的收入要比邦德在 2001 年的收入高 89%。

5.5 用 1982—1984 年的价格水平来衡量,1950 年实际最低工资为 0.75 美元/0.24,即 3.12 美元;2010 年实际最低工资为 7.25 美元/2.18,即 3.33 美元。因此,2010 年实际最低工资比 1950 年高近 7%。

5.6 1950—2009 年生活费用的增加程度可以用 2009 年 CPI 与 1950 年 CPI 的比值来反映,即 2.18/0.24=9.10。也就是说,2009 年的生活费用大约是 1950 年的 9 倍。如果当初对最低工资进行指数化以维持其购买力,那么 2009 年的最低工资就应该是 1950 年的 9.1 倍,即 9.10×0.75 美元=6.83 美元。

第 6 章

工资和失业

学习目标

学完本章，你应该能够：

1. 讨论 20 世纪 60 年代以来美国和欧洲劳动力市场的五大趋势。
2. 用供求模型分析劳动力市场。
3. 解释劳动力需求和供给的变化如何影响了 20 世纪 60 年代以来的工资和就业。
4. 定义并计算失业率和参与率。
5. 区别三种类型的失业及其各自的成本。

1999 年，《纽约时代周刊》的专栏作家托马斯·弗里德曼(Thomas L. Friedman)写了一本关于变化中的世界经济的书——《凌志车和橄榄树》(The Lexus and the Olive Tree)[①]。这本书的主旨是现代世界最核心的特征就是经济、技术的飞速变革(以 Lexus 汽车作为代表)与传统的价值、习俗(以橄榄树——一种根长得很深的树，不容易移植——作为代表)并存。弗里德曼在书中强调，在许多国家，现代化和传统生活方式之间的矛盾导致了巨大的社会冲突。从经济角度上讲，弗里德曼认为，现代化的巨大力量扩大了"有产者"——拥有技术和经济变革优势的人及"无产者"——那些没有能力或者不愿意参与技术和经济变革的人之间的差距。

为了理解经济增长和变革如何影响不同的群体，我们必须转到劳动力市场上来研究。除了退休人员和其他依靠政府救助的人以外，大多数人都几乎完全依靠工资和薪金付账，并为未来储蓄。因此，在劳动力市场上，大多数人能看到经济增长和生产率提高的收益。

本章描述和解释了工业化国家劳动力市场上一些重要的发展趋势。我们将会发现，两大关键因素决定着目前的工资、就业和失业趋势。一个因素是经济的全球化，这一因素体现在日益重要的国际贸易中；另一个因素是进行中的技术变革。我们首先关注实际工

① New York: Farrar, Straus & Giroux, 1999.

资和就业的几大趋势，然后建立和应用劳动力市场的供求模型。我们接下来会讨论失业问题，解释如何定义和衡量失业率和一些相关的统计量。在本章的最后，我们讨论几种类型的失业以及失业给失业者和整个经济带来的成本。

劳动力市场的四大发展趋势

要从宏观经济层面了解劳动市场，有必要记住四个重要的趋势。这些趋势中有三个涉及实际工资，有一个涉及就业。我们接下来分别予以讨论。

1. 整个 20 世纪，所有的工业化国家都实现了实际工资的大幅增长

用产品与服务来衡量，在 2010 年的美国，工人的平均年收入大约是 1960 年的 2 倍，是 1929 年大萧条前的 5 倍。其他工业化国家大体都有相似的发展趋势。

2. 从 20 世纪 70 年代初开始，实际工资的增长在放缓

第二次世界大战后的那段时期，实际工资增长很快，最快的增长时期出现在 20 世纪 60—70 年代初。1960—1973 年的 13 年间，工人收入的购买力以每年 2.5%的速度上升，非常强劲。但是 1973—1996 年，实际年收入的年增长率仅为 1.1%。庆幸的是，1996—2010 年，尽管 2000—2010 年间经历了两次萧条，实际收入仍以每年约 2%的速度增长。但是，1973—2010 年的年收入增长率接近于零。

3. 最近几十年，美国的工资不平等程度有所加剧

熟练工人和非熟练工人之间的实际工资差距日益扩大，这尤其成为人们关注的焦点。虽然 1960—2010 年，人均实际收入翻番，但是生产工人的平均周实际工资却下降了。事实上，根据一些研究，最没有技术、受教育程度最差的工人的实际工资减少了 25%～30%。与此同时，受教育程度最好、技术最高的工人享受着持续增加的实际工资。最近一年的数据显示，在美国，拥有硕士学位的工人的年收入为仅有中学学历的工人的 3 倍，是那些受教育时间少于 9 年的工人的 4 倍。很多观察者担心，美国正在形成两极化的劳动力市场：很多高薪的好工作提供给受过良好教育的、拥有高技术的人；而提供给那些没有受过教育也没有技术的人的机会却越来越少。

4. 在美国，最近的几十年间，拥有工作的人的数量大幅增加

1970 年，超过 16 岁的人口中，大约 57%的人拥有工作。到 2007 年年底，整个美国的就业人口超过 1.46 亿，这一数量超过 16 岁以上人口的 63%。1980—2007 年，美国经济创造了 4 000 多万新的工作岗位——总的就业人数因此增加了 46%——而 16 岁以上人口只增加了 38%。不过，相似的工作岗位增加的情况并没有在其他大部分工业化国家发生。①

就业和工资的这些发展趋势该如何解释呢？在本章下面的部分，我们将使用劳动力市场的供求模型来分析这些重要的发展趋势。

---

① 商业周期在 1980 年和 2007 年达到波峰。

重点回顾：劳动力市场的重要趋势

- 在很长一段时期内，美国和其他工业化国家的平均实际工资大幅增加。
- 尽管实际工资长期内一直在增加，但是从20世纪70年代开始，美国的实际工资增长显著放缓。
- 最近几十年，美国的工资不平等程度加剧。大多数非熟练工人的实际工资下降了，而技术型和受过良好教育的工人的实际工资持续上升。
- 直到2008年开始出现衰退，最近几十年，美国就业显著增加——事实上，就业率的增加超过了劳动年龄层人口的增加。

劳动力市场的供给和需求

在第3章，我们介绍了如何用供求分析来决定单个产品以及服务的均衡价格和数量。在研究劳动力市场条件时，使用这种方法同样有效。在劳动力市场上，"价格"就是为了获得工人的服务而支付的工资。工资用单位时间来表达，比如，每小时或者每年。"数量"是企业所使用的劳动力数量，本书中我们主要用雇用的工人人数来衡量。当然，我们也可以选择用工作时间来衡量劳动力数量，选择哪种单位只是为了方便。

谁是劳动力市场的需求者和供给者？企业和其他雇主需要劳动力来提供产品与服务，他们是劳动力市场的需求者。而我们每个人在生活中都会提供劳动力。只要人们为了得到报酬而工作，他们就是在提供劳动力服务，就是劳动力市场的供给者，其价格就等于他们所得到的工资。本章将讨论劳动力的供给和需求两方面，重点分析劳动力市场的需求方。劳动力需求的变化对解释前面提到的工资和就业的总体变化趋势起着很关键的作用。

微观经济学家和宏观经济学家都在研究劳动力市场，使用的分析工具都是供给和需求。但是，微观经济学家关注的是诸如特定类型工作或者工资决定方面的问题。本章将从宏观的角度来观察那些影响总体或者整体经济范围内就业和工资发展趋势的因素。

工资和劳动力需求

首先考虑，在每个给定的工资水平下，是什么决定了雇主想雇用工人的数量，即劳动力需求。正如我们可以预见的，劳动力的需求取决于劳动力的生产率和产出的市场价格这两个因素。工人越多产，生产的产品与服务价格越高，在每个给定的工资水平下，雇主愿意雇用的工人就越多。

表6.1展示的是从事计算机生产与销售的香蕉计算机公司的产出与雇用的工人数量之间的关系。表中的第(1)栏展示的是香蕉计算机公司雇用技术人员的几种可能选择。第(2)栏展示的是不同雇员数量下，该公司每年能够生产的计算机数量。工人越多，香蕉计算机公司的计算机年产量就越高。为了简便起见，假定工人用于生产计算机的厂房、设备和原材料的数量都是固定的。

表 6.1 香蕉计算机公司的生产和边际产量

(1) 工人的数量	(2) 每年的计算机产量	(3) 边际产量	(4) 边际产值/美元（按照每台计算机 3 000 美元计算）
0	0		
		25	75 000
1	25		
		23	69 000
2	48		
		21	63 000
3	69		
		19	57 000
4	88		
		17	51 000
5	105		
		15	45 000
6	120		
		13	39 000
7	133		
		11	33 000
8	144		

表 6.1 的第(3)栏显示的是每个工人的**边际产量**，即增加一单位工人所获得的额外产出。每增加一个工人对总产量的贡献要比前一个工人少。随着工人投入的增加，边际产量会减少，这被称为**劳动力收益递减**。劳动力收益递减原理说明，如果使用的资本和其他投入品的数量固定，则劳动力雇用的数量越多，每位增加的工人对产量的贡献越少。

劳动力收益递减原理的经济基础是**机会成本递增原理**，又称**低果先摘原理**。公司的管理者想按照尽可能多产的方式来使用投入品。因此，当雇主拥有一个工人时，她会把这个工人指派到最多产的工作上。如果她雇用了第二个工人，她会把这个工人指派到第二多产的工作上。第三个工人将被指定到第三多产的工作上，依此类推。如表 6.1 所示，被雇用的工人数量越多，增加额外一个工人带来的边际产量就越低。

如果香蕉计算机公司的每台计算机售价 3 000 美元，则表 6.1 中的第(4)栏就是每个工人的**边际产值**。工人的边际产值是这个工人为公司带来的额外收入。具体地说，每个香蕉计算机公司的工人的边际产值等于每个工人的边际产量(以额外产出来表示)乘以产品的价格(这里为每台计算机 3 000 美元)。现在我们已经拥有了香蕉计算机公司对工人需求的所有必要的信息。

例 6.1 香蕉计算机公司的劳动力需求

香蕉计算机公司应雇用多少名工人？

假设市场上计算机技师的工资为 60 000 美元/年。香蕉计算机公司的管理者知道这是其所有竞争者支付的工资水平，所以他们不可能以低于这个水平的价格雇用到需要的工人。香蕉计算机公司会雇用多少名工人？当工资水平为 50 000 美元/年时，答案又会是多少？

香蕉计算机公司只会在工人边际产值(等于工人为公司创造的额外价值)超过工资时才会雇用这个工人。市场上计算机技师的工资为60 000美元/年。从表6.1可知,第一、第二、第三个工人的边际产值都超过60 000美元。对于香蕉计算机公司来说,雇用这些工人是有利可图的,因为从每个工人身上得到的额外收入都超过了公司所支付的工资。但是,第四个工人的边际产值只有57 000美元。如果香蕉计算机公司的管理者雇用第四个工人,他们将为57 000美元的额外产值支付60 000美元的额外工资。既然雇用第四个工人是会导致损失的行为,香蕉计算机公司只会雇用3名工人。因此,当市场上计算机技师的工资为60 000美元时,香蕉计算机公司对劳动力的需求数量为3名。

如果市场上计算机技师的工资为50 000美元/年,而不是60 000美元/年,就应当雇用第四个工人,因为他的边际产值57 000美元超出工资7 000美元。第五个工人也应当被雇用,因为他的边际产值为51 000美元——比工资多1 000美元。但是,第六个工人的边际产值只有45 000美元,所以雇用他将是无利可图的。当工资为50 000美元/年时,香蕉计算机公司的劳动力需求为5名。

练习6.1

当市场上的技师工资为35 000美元时,香蕉计算机公司将雇用多少名工人?

企业支付的工资越低,越愿意雇用更多的工人。因此,劳动力的需求和其他产品或服务的需求相似,都是随着价格(这里是指工资)的下降,需求上升。图6.1展示的是一条假想的某企业或行业的劳动力需求曲线,纵轴是工资水平,横轴是就业数量。其他因素相同时,工资越高,企业或者行业需要的工人就越少。

到目前为止,我们已经讨论了基于名义(或者说以美元衡量)工资的劳动力需求。正如第5章介绍过的,考察实际工资通常更有价值,实际工资反映了工资的购买力。我们会暂时将总价格水平保持恒定,这样名义工资的变化就反映了实际工资的变化。

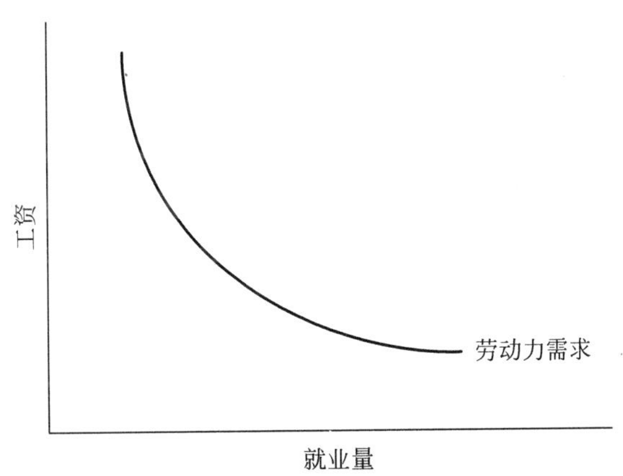

图6.1　劳动力需求曲线

劳动力需求曲线是向下倾斜的。工资越高,雇主雇用的工人就越少。

劳动力需求的移动

正如表6.1的第(4)栏所示,在任意一个给定的实际工资水平下,香蕉计算机公司将雇用的工人数量取决于他们的边际产值。那些能增加工人边际产值的经济变革将提高香蕉计算机公司额外增加的工人的价值，因此在每个给定的实际工资水平下，将会增加公司对劳动力的需求。换言之，任何一种能提高香蕉计算机公司工人边际产值的因素都将使劳动力需求曲线向右移动。

两大主要因素将会增加香蕉计算机公司的劳动力需求：(1)公司产出(计算机)的相对价格提高；(2)香蕉计算机公司工人的生产率提高。例 6.2 展示的是第一种可能情况，例 6.3 展示的是第二种情况。

例 6.2 实际工资需求的增长

如果计算机价格上升，香蕉计算机公司会雇用更多的工人吗？

假设市场上对香蕉计算机公司的计算机需求增加，使其计算机的相对价格上升到每台 5 000 美元。如果现在工人的实际工资为 60 000 美元/年，那么香蕉计算机公司会雇用多少名技师？如果实际工资为 50 000 美元，答案又会是多少？

计算机价格提高后的结果体现在表 6.2 中。表中的第(1)栏至第(3)栏与表 6.1 是一样的。给定数量的技师能制造的计算机数量不变(第(2)栏)；因此，每位技师的边际产量也不变(第(3)栏)。但是，因为每台计算机的售价从 3 000 美元增加到 5 000 美元，所以每个工人的边际产值将会增加 2/3(将表 6.2 中的第(4)栏与表 6.1 中的第(4)栏相比)。

计算机相对价格的提高将会怎样影响香蕉计算机公司的劳动力需求？让我们回顾一下例 6.1，计算机价格为 3 000 美元、市场上技师工资为 60 000 美元时，香蕉计算机公司的劳动力需求是 3 名工人。但是现在，每台计算机的售价为 5 000 美元，前 7 个工人的边际产值都超过了 60 000 美元(见表 6.2)。

表 6.2 计算机价格提高后，香蕉计算机公司的生产和边际产量

(1) 工人的数量	(2) 每年的计算机产量	(3) 边际产量	(4) 边际产值/美元（按照每台计算机 5 000 美元计算）
0	0		
		25	125 000
1	25		
		23	115 000
2	48		
		21	105 000
3	69		
		19	95 000
4	88		
		17	85 000
5	105		
		15	75 000
6	120		
		13	65 000
7	133		
		11	55 000
8	144		

因此，如果计算机技师的实际工资仍然是 60 000 美元，香蕉计算机公司对工人的需求将从 3 名增加到 7 名。

假设市场上的技师工资为 50 000 美元。在例 6.1 中，计算机价格为 3 000 美元，工资为 50 000 美元，香蕉计算机公司的劳动力需求为 5 名工人。但是，如果计算机的售价为 5 000 美元，我们从表 6.2 中的第(4)栏可以看到，第 8 个工人的边际产值超过了工资 50 000 美元。所以，当实际工资为 50 000 美元时，计算机价格的提高将使香蕉计算机公司的劳动力需求由 5 名提高到 8 名。

练习 6.2

当市场上技师的工资为 100 000 美元/年、计算机的相对价格为 5 000 美元时，香蕉计算机公司将雇用多少工人？将你的答案与市场工资为 100 000 美元、计算机相对价格为 3 000 美元时的需求进行比较。

根据例 6.2 可以得出结论：工人产出的相对价格提高将增加劳动力的需求，使劳动力需求曲线向右移动(如图 6.2 所示)。工人产出的相对价格提高将使工人变得更有价值，在任意一个给定的实际工资水平下，雇主需要更多的工人。

影响劳动力需求的第二个因素是工人的生产率。因为生产率的增加将提高工人的边际产值，从而能够增加劳动力需求，如例 6.3 所示。

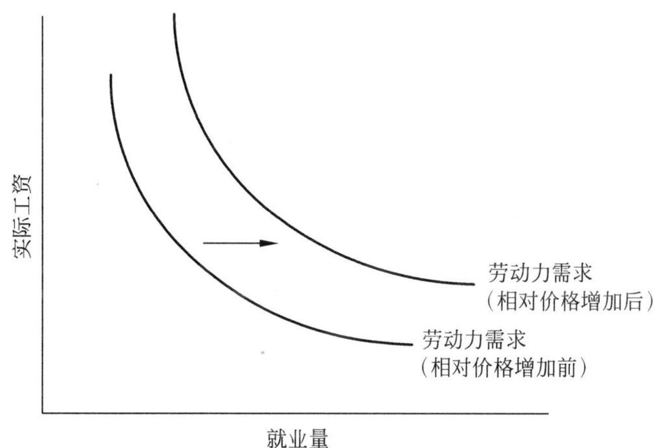

图 6.2　产出的相对价格提高增加了劳动力需求

产出的相对价格提高，增加了工人的边际产值，使劳动力需求曲线向右移动。

例 6.3　工人的生产率和劳动力需求

生产率提高是否会让工人受损？

假设香蕉计算机公司采取一种新技术，减少了装配零件的数目，使每个技师每年能比以前多生产 50%的计算机。假设每台计算机的相对价格为 3 000 美元。当实际工资为 60 000 美元/年时，香蕉计算机公司将雇用多少名技师？

表 6.3 展示的是每台计算机售价为 3 000 美元、产量提高 50%后工人的边际产量和边际产值。

生产率提高前，工资为 60 000 美元时，香蕉计算机公司需要 3 名工人(参见表 6.1)。但是，生产率提高后，前 6 名工人的边际产值都超过 60 000 美元(见表 6.3 的第(4)栏)。所以，当工资为 60 000 美元时，香蕉计算机公司的劳动力需求从 3 名工人增加到了 6 名。

表 6.3 工人生产率提高后，香蕉计算机公司的生产和边际产量

(1) 工人的数量	(2) 每年的计算机产量	(3) 边际产量	(4) 边际产值/美元（按照每台计算机 3 000 美元计算）
0	0		
		37.5	112 500
1	37.5		
		34.5	103 500
2	72		
		31.5	94 500
3	103.5		
		28.5	85 500
4	132		
		25.5	76 500
5	157.5		
		22.5	67 500
6	180		
		19.5	58 500
7	199.5		
		16.5	49 500
8	216		

练习 6.3

当技师工资为 50 000 美元/年、生产率提高 50% 时，香蕉计算机公司将雇用多少名工人？将这一结果与生产率提高前工资为 50 000 美元时的劳动力需求进行比较。

总而言之，工人产量的提高将增加劳动力的需求，使劳动力需求曲线向右移动，如图 6.3 所示。

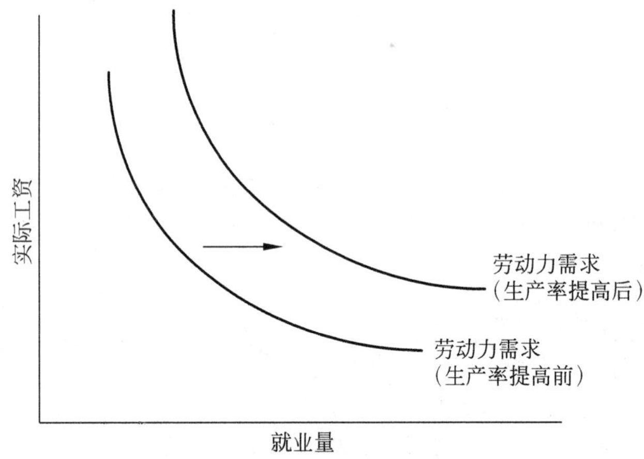

图 6.3 生产率提高增加了劳动力需求

生产率的增加使工人的边际产量增加(假设产出价格不变)，从而使边际产值增加。因为产量的增加提高了边际产值，在任意一个给定的实际工资水平下，雇主将雇用更多的工人，使劳动力需求曲线向右移动。

劳动力的供给

我们已经讨论了雇主对劳动力的需求，还需要考虑劳动力的供给。劳动力的供给方是工人和潜在的工人。在任意一个给定的实际工资水平下，潜在的劳动提供者必须决定他们是否愿意工作。在每个工资水平下所有愿意工作的人就形成了劳动力的供给。[①]

例 6.4　劳动力的保留价格

你会选择清扫邻居家的地下室还是去海滩游玩？

你本来准备今天去海边度假，可是邻居想请你打扫他的地下室。比起掸蜘蛛网，你更想去海滩。那么，你是否会接受这份清扫工作？

除非被邻里间的感情所激励，否则你对这份工作的回答很可能是："这取决于我的邻居付给我多少报酬。"如果邻居只给 10 美元或者 20 美元的报酬，而你又不是非常迫切地需要现金周转，你很可能不愿意接受这份工作。但是如果你的邻居非常有钱，也非常古怪，愿意支付给你 500 美元（举一个极端的例子），那么，你很可能接受这份工作。在 20 美元和不可思议的 500 美元之间一定会有某个最低报酬，在这个数额下，你会愿意接受这份工作。这个最低的报酬是你对自己劳动力的保留价格，在这个补偿水平下，你对是否工作持无所谓的态度。

从经济的角度来看，在某一工资水平下选择工作与否，直接应用的是成本—收益原理。你清扫地下室的成本是你时间的机会成本（你可能更想去冲浪）加上你被迫在不舒适的环境下工作的成本。衡量这些成本时，你可以问自己，"最少需要多少钱才能让我不去海滩而去打扫地下室？"这个让你能接受的最低报酬和保留价格是一样的。接受这份工作的收益则可以用你得到的报酬来衡量，有了这笔钱，你可以去买想要的新 DVD 机。只有在承诺的报酬（工作的收益）超过保留价格（工作成本）时，你才会接受这份工作。

在这个例子里，工资越高，你越愿意提供劳动。换成总人口，也是一样的道理。当然人们工作是有很多理由的，包括自我满足感、提高技术和才能的机会，以及与其他工人相处的机会。但是，对于多数人来说，收入仍然是工作的主要驱动力，因此，实际工资越高，他们越愿意牺牲其他可用的时间来工作。工资越高，人们越愿意工作的事实体现为向上倾斜的劳动力供给曲线（见图 6.4）。

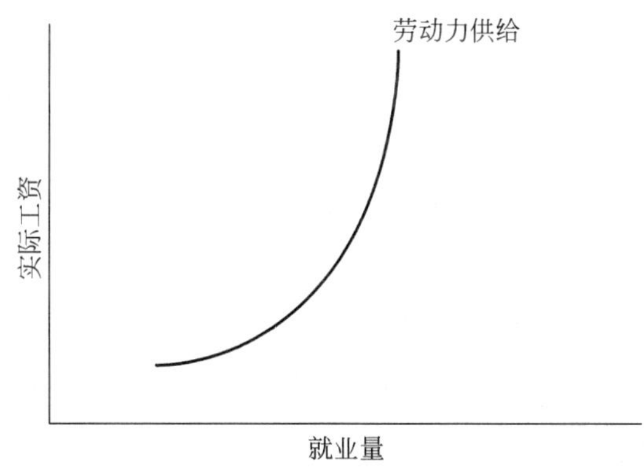

图 6.4　劳动力供给

劳动力供给曲线是向上倾斜的，因为总体而言，实际工资越高，愿意工作的人越多。

① 我们继续保持总价格水平恒定，这样名义工资变化同时代表实际工资变化。

练习 6.4

你准备在广播业谋职。本地电台将提供一个不付报酬的实习机会，这有助于你积累宝贵的经验。你还有另一个选择，就是在洗车公司工作并获得 3 000 美元报酬。你决定接受哪份工作？如果选择去实习，会不会与“劳动力供给曲线向上倾斜”相矛盾？

劳动力供给的移动

在给定实际工资水平下，任何能影响劳动力提供数量的因素都会使劳动力供给曲线移动。在宏观经济层面，影响劳动力供给的最重要的一个因素是就业适龄人口的数量，它主要由国内出生率、迁入率、迁出率、人们工作和退休的年龄等因素决定。其他条件不变时，在每一个实际工资水平下，就业适龄人口增加将使劳动力供给增加。而就业适龄人口中那些寻找就业岗位的人群所占比例的变化——例如，鼓励妇女出外工作的社会改革——也能影响劳动力供给。

现在我们既讨论了劳动力的需求，也讨论了劳动力的供给，下面将用劳动力供求分析工具研究现实世界中的劳动力市场。但是首先，请你试着用供求分析工具回答下面的问题。

练习 6.5

工会一般都比较赞成对移民进行严格的限制，而雇主则支持更宽松的移民规定。为什么？（提示：潜在工人的流入将如何影响实际工资？）

重点回顾：劳动力市场的供给和需求

劳动力的需求 每增加一个工人带来的额外产出就称为这个工人的边际产量。工人的边际产量乘以企业产出的相对价格就得到了工人的边际产值。企业只有当工人的边际产值（即工人给企业带来的额外收入）超过企业必须支付的实际工资时，才会雇用这个工人。实际工资越低，企业会雇用越多的工人。因此，劳动力需求曲线和多数需求曲线一样，都是向下倾斜的。

每个给定的实际工资下，任何能提高工人边际产值的变化都会增加劳动力需求，使劳动力需求曲线向右移动。那些能增加劳动力需求的因素有：工人产出的相对价格提高以及生产率的增加。

劳动力的供给 当实际工资大于人们时间的机会成本时，人们将会选择提供劳动力。总地来说，实际工资越高，愿意提供工作的人越多。因此，劳动力供给曲线和多数供给曲线一样，是向上倾斜的。

在给定的实际工资水平下，任何一个因素，如果它能增加可工作和愿意工作的人数，就能使劳动力供给增加，使劳动力供给曲线向右移动。增加劳动力供给的例子有：就业适龄人口数量的增加，寻找就业岗位人群在就业适龄人口中比例的增加。

解释实际工资和就业的发展趋势

现在,我们可以分析本章前面提到的实际工资和就业的重要发展趋势了。

为什么在工业化国家,实际工资会增加这么多

正如我们所讨论的,1929 年以来,美国工人的实际年收入增长了 5 倍,其他工业化国家也有类似的经历。收入的增加大大改善了这些国家中工人的生活水平。为什么在美国和其他工业国家,实际工资会增加这么多?

实际工资的大幅增加主要是由 20 世纪工业化国家生产率的持续增长引起的(我们将在第 7 章讨论生产力这种增长的原动力)。如图 6.5 所示,生产率的增加提高了劳动力的需求,增加了就业和实际工资。

对工业化国家生产率增长有突出贡献的因素中,有两个最重要:(1)20 世纪飞速的技术进步;(2)资本存量的大量增加为工人提供了更多更好的操作工具。21 世纪,劳动力供给当然也有所增加(没有显示在图中)。但是,由迅猛增长的生产率所驱动的劳动力需求增加非常大,足以抵消劳动力供给增加引起的实际工资减少的消极效应。

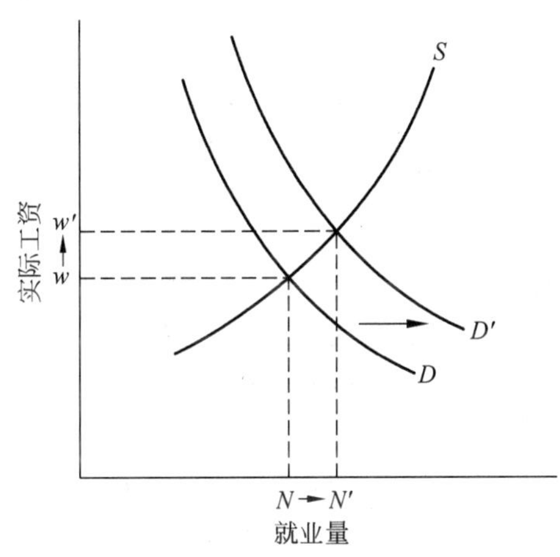

图 6.5　生产率的增加提高了实际工资

生产率的增加提高了劳动力的需求,使劳动需求曲线由 D 移动到 D'。实际工资从 w 上升到 w',就业量从 N 增加到 N'。

20 世纪 70 年代以来,美国的实际工资增长放缓了,而就业量却在迅速增长

除了 20 世纪 90 年代后期,1973 年以来美国的实际工资增长比前几十年显著放慢。但是,20 世纪 90 年代的大部分时间,整个经济历史性地创造了许多新的工作岗位。是什么导致了这些发展趋势?

首先观察一下从 20 世纪 70 年代初期开始的实际工资增长放缓问题。供求分析告诉

我们，实际工资增长的放缓是由劳动力需求增长放缓或劳动力供给增长加快，或是两者共同导致的。在需求方，从20世纪70年代初开始，美国和其他工业化国家的生产率增长都有所下降。因此，对于从20世纪70年代初开始出现的实际工资增长放缓现象，一个很有可能的解释就是生产率增长节奏的下降。

关于生产率和实际工资的关系，表6.4中有一些实证可以说明。表中罗列的是20世纪60年代、70年代、80年代以及90年代工人的劳动生产率平均年增长率和实际年收入平均年增长率。可以看出，每10年，劳动生产率的增长率和实际年收入增长率之间都是紧密对应的。特别是20世纪60年代，生产率和工资的增长率都很迅猛。从20世纪70年代开始，产量和实际工资的增长率都显著放慢，尽管20世纪90年代也有一些明显的改善。

表6.4 生产率和实际收入的增长率

年份	年增长率/%	
	生产率	实际收入
1960—1970	2.74	2.27
1970—1980	1.71	1.23
1980—1990	1.60	0.71
1990—2000	2.04	1.50
2000—2010	2.60	0.92

资料来源：1960—2000年：2010年《美国总统经济报告》(www.gpoaccess.gov/eop)；2000—2010年：美国劳工统计局(www.bls.gov)。生产率等于非农业经济部门的每小时产出；实际收入等于非农业经济部门的每小时实际报酬。

生产率增长放缓对劳动力需求所产生的影响是解释实际工资增长率下降的一个重要原因，但绝不是全部。因为我们知道，如果劳动力供给不变，劳动力需求增长放缓在导致实际工资增长减少的同时，也会导致就业增长率减少。但是，直到近期的衰退以前的最近几十年，美国的工作岗位增长得非常迅猛。在劳动力需求增长放缓的情况下，就业的大幅增加只能用劳动力供给的同步增加来解释(详见练习6.6)。

最近美国的劳动力供给的确增长得很快。特别值得一提的是，从20世纪70年代中期开始，妇女参与工作的程度不断提高，直接增加了美国劳动力的供给。其他因素，包括生育高峰期出生的一代逐渐长大成人以及比较高的移民迁入率，都有助于解释劳动力供给的增加。把劳动力需求增长放缓(生产率增长放缓的结果)和劳动力供给增长加快(妇女参与工作的程度增加以及其他因素共同作用的结果)结合起来有助于解释为什么多年来美国的实际工资增长放缓，而就业却迅速增长。

未来又会怎样？在未来的几十年内，当生育高峰期出生的人退休、参与工作的妇女比例趋于稳定以后，劳动力供给增长很有可能放慢。而生产率最近增长比较迅速，充分体现了新技术的好处。尤其是，如果目前的这种生产力趋势能持续下去，那么工人们的实际工资在未来几年极有可能增加。

练习 6.6

如前所述,1973 年以后,相对较慢的生产率增长和相对比较强劲的劳动力供给增长可以解释:(1)实际工资增长放缓;(2)1973 年以后就业迅速增加。请你画两张劳动力市场的供给和需求图,从图上把这些表示出来,一张对应 1960—1972 年,另一张对应 1973—2000 年(2001 年衰退开始之前的那段时间)。假设 1960—1972 年,生产率增长很快,但是劳动力供给增长比较适中,我们将会看到实际工资迅速增长,但是就业增长适中。现在同样分析 1973—2000 年,假设生产率增长比较慢,但是劳动力供给增长得比 1960—1972 年快,你将如何预测 1973—2000 年相对于前段时期的实际工资和就业量发展趋势?

工资不平等程度加剧:全球化的影响

美国劳动力市场的另一个重要发展趋势是工资不平等程度的加剧。很多评论员把技术型工人和非技术型工人工资差距的扩大归咎于"全球化"现象。这个非常流行的术语指的是越来越多的产品与服务的市场不再仅仅局限在国家或地区范围内,而是扩展到国际范围。

全球化的主要经济收益是它所带来的专业化和效率。每个国家不再生产公民消费所需的所有商品,而是把资源集中起来,生产相对更有优势的产品与服务。正如比较优势原理(第 2 章)所揭示的,最终的结果是所有国家的消费者都能比没有国际贸易时享受更多、更好、更便宜的产品与服务。

不过,全球化对劳动力市场的影响并非如此简单,这一点可以解释为什么很多政治家反对自由贸易。自由贸易的扩展意味着消费者停止从国内生产者手中购买产品与服务,转而购买国外制造的产品。显然,国外产品更好或更便宜,抑或两者兼有,否则消费者不会转而购买国外产品。从这个意义上讲,扩展的贸易非常明显地使消费者得益。但是,来自国外日益激烈的竞争也使一些国内产业的工人和企业所有者的处境变得更糟。

贸易发展对劳动力市场的影响可以用图 6.6 来分析。图中对比了两个不同行业的劳动力供给和需求:(a)纺织产业;(b)计算机软件产业。假设开始的时候,这两种产品几乎没有国际间的贸易。没有贸易的情况下,每个行业对工人的需求用曲线 $D_{纺织品}$ 和 $D_{软件}$ 表示。行业的工资和就业量将由劳动力需求和供给曲线相交的点决定。图中已经画出,开始时,两个行业的实际工资都一样,等于 w。纺织行业的就业量为 $N_{纺织品}$,软件行业的就业量为 $N_{软件}$。

当整个经济开放贸易(比如签订了自由贸易协定)后,将会发生什么?在这种协定下,国家将会开始生产并出口自己相对更有优势的产品或服务,进口自己不太擅长生产的产品或服务。假设比起生产纺织品,该国在生产软件方面相对更有优势。贸易开放后,该国将在软件方面获得新的国际市场,并开始生产软件,既满足国内使用的要求又满足出口需求。同时,由于该国在生产纺织品方面的效率相对比较低,消费者将开始购买国外生产的质优价廉的纺织品,而不再购买国内的产品。短期内,软件成为出口型行业,而纺织成为进口型行业。

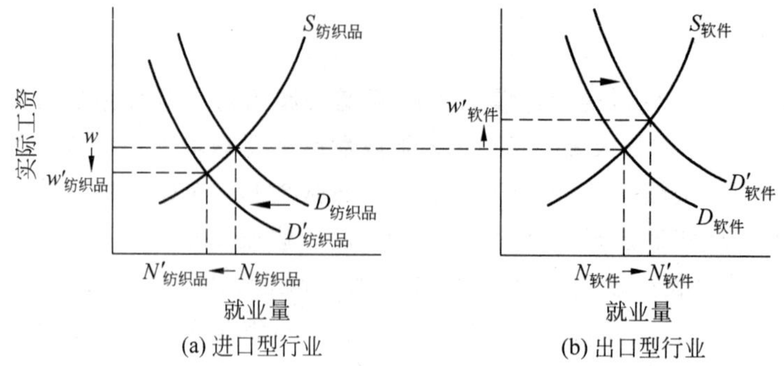

图 6.6 全球化对两个行业的劳动力需求的影响

开始时，两个行业的实际工资等于 w。贸易增加后，(a)进口型行业(纺织)对工人的需求下降，实际工资和就业量减少，而(b)出口型行业(软件)对工人的需求增加，该行业的实际工资和就业量上升。

对国内产品需求的这些变化体现在劳动力需求的变化上。出口市场的开放增加了对国内软件产品的需求，提高了其相对价格。软件价格的提高增加了软件工人的边际产值，从而使软件行业的劳动力需求曲线向右移动，由图 6.6(b)中的 $D_{软件}$ 移动到 $D'_{软件}$。软件行业的工资从 w 提高到 $w'_{软件}$，就业量也有所增加。在纺织品行业则相反。很多消费者转向来自国外的进口产品，导致国内纺织品需求下降。需求下降使国内纺织品的相对价格下降，减少了纺织行业工人的边际产值，从而使劳动力需求曲线向左移动，由图 6.6(a)中的 $D_{纺织品}$ 移动到 $D'_{纺织品}$。纺织行业的就业量减少，实际工资也从 w 下降到 $w'_{纺织品}$。

总之，图 6.6 展示了全球化会如何加剧工资的不平等程度。我们最初假设软件行业和纺织行业的工人具有同样的工资。但是，贸易开放提高了得利行业(软件)的工资，降低了受损行业(纺织品)的工资，加剧了不平等程度。

在现实世界中，尤其是在发展中国家，大部分工人的技术水平都比较低，因此由贸易导致的工资不平等程度加剧远比上面例子中刻画得严重。所以当美国等发达国家与发展中国家开放贸易时，那些使用低技术劳动力的国内行业很可能面临最残酷的竞争。相反，那些使用高技术劳动力的行业则很有可能在国际竞争中表现得十分出色。贸易的增加将进一步降低那些酬劳已经很低的工人的工资，提高酬劳已经比较丰厚的工人的工资。

贸易的增加将进一步加剧工资不平等程度，这个事实解释了一些反对全球化的政治主张，但是从总体上说，这一理由还不足以扭转全球化的趋势。在美国和世界上的其他国家，贸易的增加和专业化是改善生活水平的主要动力，因此任何试图阻止这一进程的行为都是违反经济规律的。事实上，全球化背后有一股经济力量——主要是消费者想要获得物美价廉的商品，生产者想要获得新的市场——这股力量如此强大，以至于即使政府官员阻止，这一进程也很难停止。

在这种情况下，帮助劳动力市场适应全球化的影响，而不是试图阻止全球化进程可能更有意义。从一定程度上来说，经济会自我调节。如图 6.6 所示，贸易开放后，(a)纺织行业的实际工资和就业量下降，(b)软件行业的实际工资和就业量上升。此时，软件行业的工资和工作机会将比纺织行业更有吸引力。这种情形能维持吗？非常明显，那些在纺织行业工作的工人有很强的动机离开，去软件行业谋职。

工人在岗位、企业以及行业间的流动被称为**工人流动性**。在我们的例子里，当工人从萎缩的行业向成长型行业移动时，其流动性将会减少纺织行业的劳动力供给，增加软件行业的劳动力供给。这一过程将提高纺织行业的工资，降低软件行业的工资，从而在一定程度上减弱工资不平等程度。同时，还将使工人从一个竞争力较弱的产业转移到竞争力较强的产业。从一定意义上说，劳动力市场拥有自我调节适应全球化的能力。

当然，从一名纺织工人转变成软件工程师的过程中也存在很多障碍。因此，可能需要对受冲击的部门提供过渡性资助。理论上讲，这项资助是用来培训工人，帮助其寻找新工作的。如果有些情况下不可行或者不需要——比如说，因为这个工人快要退休了——过渡性资助可以用政府支付的形式体现，用来帮助工人维持其生活水平。因为贸易和专业化增加了社会经济这块大馅饼，从全球化中获利的人可以负担必要的税收用于提供资助，同时仍然可以从贸易增加中享受净收益。

工资不平等程度的加剧：技术变革

工资不平等程度加剧的第二个来源是日新月异的技术变革。技术进步需要更多高技术、高学历的工人。新的科学知识和与此相联系的技术进步是生产率提高、经济增长的一大主要来源。生产率增加则是工资上涨、平均生活水平提高的推动力。因此从长期和平均意义上讲，技术进步无疑是工人的福音。

当然，如此大范围的结论并不是在所有的时间和地点都准确。某种特定的技术发展究竟是否对工人有益取决于革新对工人边际产值以及与此相联系的工资的影响。例如，准确快速的运算能力曾经是很有价值的一项技术，拥有这一技术的秘书能够获得优势和比较高的工资。但是，电子计算器的发明和大量生产使人工计算技能的价值减少，损害了拥有这一技术的工人的利益。

历史上，工人害怕自己的技能因为新技术的应用而逐渐失去价值，因此反对新技术，这样的例子屡见不鲜。在19世纪早期的英国，骚乱的工人破坏了能节省人力的新机器。这批工人的领袖——内德·勒德(Ned Ludd)的名字被衍生成了术语“Luddite”，意思就是反对引进新技术的人。美国民间历史中也曾出现过类似的事，一个强壮的工人——约翰·亨利试图证明人类能比蒸汽机更快地挖掘隧道，结果送了命。

上述现象对工资不平等程度有什么启示？根据一些经济学家的观点，很多新近的技术进步是**技能偏爱型**的，也就是说，技术变革对高技能工人和低技能工人边际产量的影响是不同的。更具体地说，最近这些年的技术发展看起来对高技术、高学历的工人更有利。

在这一点上，汽车生产技术的发展是一个很好的例子。20世纪20年代出现的大批量生产技术为很多低技能汽车工人提供了高薪工作。但是最近几年汽车生产技术包括汽车本身都变得相当复杂。那些最简单的生产工作已经被机器人和计算机控制的机器所取代，而这些新机器则需要高技能的操作人员来使用和维护。消费者日益奢华和个性化的要求也使汽车制造商对高技能技术人员的需求增加。因此，总体而言，汽车生产工作对技术的要求提高了。

图6.7展示的是有利于高技能工人的技术变革的影响。图6.7(a)描绘的是低技能工人的市场；图6.7(b)描绘的是高技能工人的市场。需求曲线$D_{低技能}$和$D_{高技能}$表示的是

技能偏爱型革新前对每类工人的需求。工资和就业量由每个市场上需求曲线和供给曲线的交点决定。如图 6.7 所示，在技术变革前，低技能工人的工资就比高技能工人低($w_{低技能}<w_{高技能}$)，体现出低技能工人较低的边际产量。

现在假设引入一种新技术，如计算机控制技术。这一技术变革对高技能工人有利，因为相对于低技能工人而言，它更有利于提高高技能工人的边际产量。在这个例子中我们还将假设新技术减少了低技能工人的边际产量，这或许是因为他们不能使用新技术。不过所有这些假设都是为我们的结论——低技能工人从新技术中的获益比高技能工人少——所服务的。图 6.7 显示的就是技术变革对边际产量的影响。图 6.7(b)中，技能型工人边际产量的增加提高了雇主对这些工人的需求；需求曲线右移至 $D'_{高技能}$。与此相对应，技能型工人的实际工资和就业量也上升了。相反，由于技术变革使低技能工人产出减少，雇主对他们的需求左移至 $D'_{低技能}$[如图 6.7(a)所示]。需求的降低使他们的实际工资和就业量减少了。

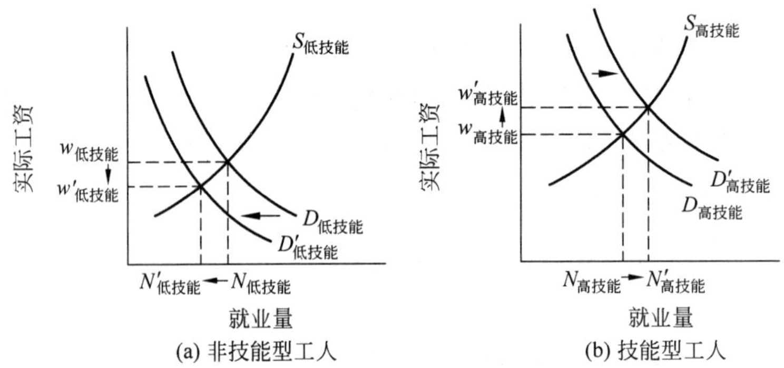

图 6.7 技能偏爱型技术变革对工资不平等程度的影响

图中显示出技能偏爱型技术变革的影响，它增加了技能型工人的边际产量，减少了非技能型工人的边际产量。对技能型工人需求的增加使其工资上升(b)，而对那些非技能型工人需求的下降使其工资降低(a)。工资不平等程度加剧。

总体而言，上述分析支持我们的结论——有利于高技能工人的技术变革将会扩大技能型工人和非技能型工人之间的工资差距。实证研究也确认了技能偏爱型技术进步对最近工资不平等程度加剧所起的作用。

既然有利于技能型工人的新技术加剧了工资的不平等程度，那么政府管制者是否应当采取行动来加以阻止？与全球化的案例一样，多数经济学家反对阻碍新技术应用的行为，因为技术进步对经济增长和改善生活水平非常必要。如果勒德们当初成功地阻碍了在英国使用节省人力的机器，那么前几个世纪的经济增长和发展将大大放慢。

解决技术变革所导致的工资不平等程度加剧的方法与全球化情况下非常相似。第一种方法是工人流动性。如果技能型工人和非技能型工人之间的报酬有差别，非技能型工人将有很强的激励去接受教育、培训技能。第二种方法是过渡性资助。政府的政策制定者应当考虑一些计划，对能够掌握技能的工人进行培训帮助，对不能掌握的工人直接提供收入支持。

重点回顾：解释实际工资和就业量的发展趋势

- 工业化国家的工人长期享受实际工资的增加，这主要是由于生产率的大幅提高增加了劳动力需求。技术进步和不断增加且日趋现代化的资本存量是长期内提高产量的两大重要原因。
- 20世纪70年代开始，生产率增长放慢(因此劳动力需求增长放慢)在一定程度上导致同时期实际工资增长放缓。同时，由于妇女参与工作比例增加、生育高峰期出生的人到了工作年龄等因素，劳动力供给增加，使实际工资进一步下降、就业量扩大。20世纪90年代后期，生产率增长重新加快，带来了实际工资的快速增长。
- 全球化和技能偏爱型技术变革加剧了工资不平等程度。全球化通过提高对出口行业工人的需求提升了这些工人的工资，却降低了进口行业工人的工资。有利于技能型工人的技术变革则是通过增加对技能型工人的需求提高了他们的工资。

任何试图阻止全球化或技术变革的行为都不是解决工资不平等的最好方法。从一定程度上说，工人流动性(工人从低工资行业向高工资行业流动)将缓和工资不平等的程度。在工人流动性可行性不大的行业，过渡性资助(政府对就业前景恶化的工人的救助)将是最好的解决方法。

失业和失业率

为了评价一个国家的经济活动水平，经济学家需要分析大量的统计数据。在前面两章，我们讨论了经济学家如何利用GDP和通货膨胀等指标进行分析。本章我们将考察就业和失业的指标。失业率是度量劳动力市场状况的敏感性指标。当失业率较低时，人们较容易维持已有的工作，也较容易找到新的工作。低失业率经常与工资的提高和工作环境的改善联系在一起，这是由于雇主要通过相互竞争来吸引新的工人和维持已有工人。

对失业的度量

在美国，由劳工统计局(BLS)负责对失业现象进行定义和衡量。劳工统计局每个月随机选取大约6万个家庭进行调查。这些家庭中的每位16岁以上(包括16岁)的成员都要被归入以下3类。

1. 在业人员。如果调查对象在进行调查的上一周从事的是全职工作或兼职工作(即使只工作几小时也算)，或者他在上周恰逢例假或病假，但本身拥有一份正常的工作，则归为在业人员。

2. 失业人员。如果调查对象在进行调查的上一周没有工作，但他在过去4周为了寻找工作进行了一些努力和尝试(如参加工作面试)，则归为失业人员。

3. 劳动力外人员。如果调查对象在进行调查的上一周没有工作，而且他在过去4周也没有寻找工作，则归为劳动力外人员。换句话说，那些既没有就业也没有失业(我们将失业定义为想找工作但还未能得到工作)的人群，我们称之为“劳动力外人员”。全日制学校的学生、不拿薪水的家庭主妇、退休人士以及那些由于疾病而没有能力工作的人都属于劳动力外人员。

劳工统计局基于调查的结果,对整个国家范围里三类人员的各自数目进行估计。

达到工作年龄的人口是上述三类人员的总和,包括年满16岁的人口。[①]

为了获得失业率数据,劳动统计局首先必须计算劳动力的规模。我们将**劳动力**定义为经济中在业人员与失业人员的总数(劳工统计局调查中的前两类人)。**失业率**则被定义为失业人口占劳动力的比例。我们要注意,(由于读书、退休、缺乏能力等原因)处于劳动力之外的人并不计入失业人口,因此他们的数量对失业率不会造成影响。一般而言,居高不下的失业率暗示着经济表现不尽如人意。

参与率是另一个有用的统计指标,即劳动力占工作年龄层人口的比率(人口中已就业和在寻找工作人群的比率)。参与率可以通过用劳动力总数除以工作年龄层(16岁以上)人口计算得到。

表6.5利用2011年4月劳工统计局的调查数据来说明劳动力市场主要统计指标的计算过程。在当月,失业人数占劳动力的9.0%。参与率约为64%,这意味着三个成年人中大约有两个人拥有工作或在寻找工作。图6.8展示了1960年以来美国的失业率数据。我们可以看到,20世纪60年代末和90年代末失业率处于非常低的水平——略高于4%。这一结果显示,美国工人在20世纪90年代后期享受了一段幸福时光。不过,2001—2003年这段时期里,随着经济在2001年进入衰退期,失业率上升了。

表6.5 2011年4月美国的失业数据 百万人

在业人数	139.7
加上:失业人数	13.7
等于:劳动力人数	153.4
加上:劳动力外人数	85.7
等于:工作年龄层(16岁以上)人口人数	239.1
失业率=失业人数/劳动力人数=13.7/153.4=9.0%	
参与率=劳动力人数/工作年龄层人口人数=153.4/239.1=64.2%	

资料来源:美国劳工统计局(www.bls.gov)。

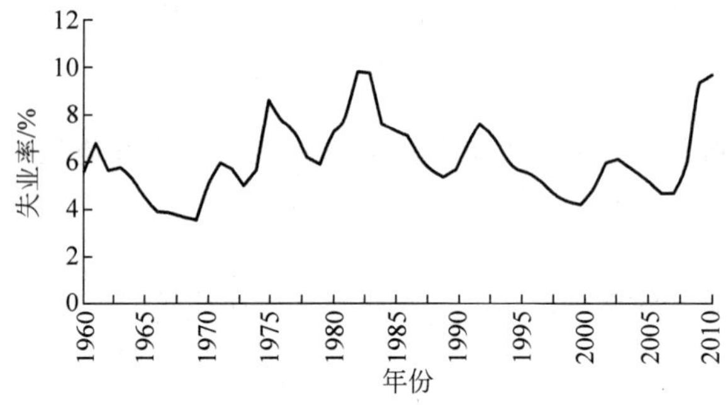

图6.8 1960—2010年美国的失业率数据

失业率——失业人口占美国劳动力总量的比例,在20世纪90年代后期仅略高于4%,这是20世纪60年代后期以来美国所实现的最低失业率。2009年由于始于2007年12月的经济衰退,失业率超过了9%。

资料来源:美国劳工统计局(www.bls.gov)。

① 要想了解美国政府是如何收集这些数据并进行分类的,请参见www.bls.gov/cps/cps_htgm.htm。

练习 6.7

下表是 2011 年 4 月劳工统计局统计的美国黑人失业数据。

百万人

在业人员	14.97
失业人员	2.88
劳动力外人员	11.19

请计算美国黑人的劳动力人数、就业适龄人口的人数、失业率和参与率，并将你的计算结果与表 6.5 中的数据进行比较。

失业的成本

失业会给国家带来经济成本、心理成本和社会成本。从经济的角度看，失业的主要成本是由于劳动力没有充分利用所造成的产出损失。产出下降带来的负担大部分压在失业者的身上：由于没有工作他们的收入下降，技能也生疏了。不过，总体而言，社会也承担了失业的部分经济成本。例如，失业的工人可以不用再支付税金，同时能得到失业救济金之类的政府援助。政府预算上的这种支出实际上会给所有的纳税人带来成本。

失业的心理成本主要由失业工人及其家庭承担。研究显示，长期处于失业状态会使人失去自尊，产生无法掌握自己生活的感觉，会令人灰心丧气，有时候甚至会导致一个人的自杀行为。[①] 那些失业工人的家人也可能由于收入减少所造成的经济困难而日益加重心理负担。

失业的社会成本是经济影响和心理影响带来的共同结果。处于失业状态的人不仅要面对严重的财务危机，还会在心理上产生恼怒、泄气和绝望情绪。因此，我们可以理解以下的社会事实：失业率上升会造成犯罪、家庭暴力、酒精中毒、吸毒和其他社会问题的加剧。这些社会问题的成本不只由失业者本人承担，很大一部分要落在整个社会肩上，因为社会必须动用更多的公共资源去处理这些问题——例如，要雇用更多的警察来扼制犯罪或者增加在社会服务方面的支出。

失业的持续期

为了评价失业对无工作人群的影响，经济学家必须知道工人失去工作的时间长度。一般而言，工人失业的时间越长，他所面对的经济成本和社会成本就越大。只失业几个星期的工人的生活水平并不会受到严重影响，因为他们可以通过动用以往的积蓄或者领取政府救济金来度过这段时间。我们认为短期失业的人群不会有类似心情低落、自尊受伤害的心理问题，他们即使存在这些问题，其程度与那些已失业数月甚至数年的人相比也要

---

① 如果想对失业现象的心理影响方面的文献进行研究，可参见 William Darity Jr. 和 Arthur H. Goldsmith 发表于 1999 年冬《经济展望杂志》(*Journal of Economic Perspectives*)第 10 期第 121～140 页的《社会心理学、失业与宏观经济学》(Social Psychology, Unemployment and Macroeconomics)。

轻微得多。

因此，在调查过程中，劳工统计局的调查人员会询问调查对象最近一次处于失业状态的时间长度。我们把一个人处于持续失业状态的那段时期称为**失业期**。对失业期的计量从工人失去工作的那一刻开始，以工人找到工作或离开劳动力队伍作为结束的标志(请牢记，处于劳动力之外的人并不属于失业人群)。失业期的长度称为**久期**。在经济处于衰退期时，失业的久期会上升，这反映了在那种经济时期寻找工作变得愈加困难的事实。

在任何一个给定的时点，总会存在一些失业期已长达半年或更久的失业工人，我们把这类人群称为长期失业人员。长期失业对失业者本身和整个社会都会带来重大的经济成本、心理成本和社会成本。

尽管长期失业现象是一种严重的问题，但大部分的失业期都很短。例如，2008 年 1 月，几乎 35%的失业者失去工作还不到 5 周，另外有 32%的失业者处于失业状态的时间为 5～14 周。换句话说，只有 33%的失业人群的失业久期大于 14 周(大约 3 个月)。然而，在 2007 年 12 月开始的经济衰退期，失业期延长了。例如，2011 年 4 月，20%的失业者处于失业状态的时间为 5 周或以下，22%的失业者处于失业状态的时间为 5～14 周，而 58%的失业者已经超过 14 周未能找到工作了。

不过，这些统计结果可能带有某种欺骗性，因为对于两个同样具有较短失业期的工人，他们可能面对两类完全不同的劳动力市场经历。一些人在度过较短的失业期之后，找到了稳定的长期工作。我们把这些人称为短期失业人员，总体而言他们不会因为失业而承受巨大的成本。但对于具有较短失业期的其他工人，情况则大大不同，他们结束失业期很可能是因为退出劳动力队伍或者是只找到了一份会让他们很快再度失业的短期工作或临时工作。因此，他们结束失业期之后，面对的只能是较短的就业时间或者是不久后又将退出劳动力队伍的困境，对于这些工人，我们称之为习惯性失业人员。他们所要承受的失业成本与长期失业人员非常相似。

失业率与“真实”失业

对失业现象的度量与 GDP 一样受到很多批判。大部分评论者认为，官方的失业率数据低估了失业的真实水平。他们特别指出，有两类人群没有包括在失业人员里面：丧志工人和不情愿的兼职工。

丧志工人是指那些愿意获得工作但在过去 4 周却没有尝试寻找工作的人。失去信心的工人经常会这么告诉调查者：由于他们在过去为获得工作尝试了很多次但从未成功过，或者是由于他们确信劳动力市场的条件无法让他们获得工作，因此他们决定不再去寻找工作。基于这些工人在过去 4 周没有尝试寻找工作的事实，他们被视为劳动力外人员而不是失业人员。一些研究者认为，把丧志工人视为失业人员是对劳动力市场状况更准确的描述。

不情愿的兼职工是指那些自己希望获得全职工作却只能找到兼职工作的人。由于这些不情愿的兼职工已经拥有工作，在统计过程中他们被视为在业人员而不是失业人员。一些经济学家建议，这些工人应该算作部分失业。

作为对这些批评的回应，近年来美国劳工统计局发布了包括对丧志工人和不情愿兼职工数量估计在内的特殊失业率。2011年4月，官方的失业率是9.0%（见表6.5），劳工统计局通过计算得到以下结论：如果将丧志工人和不情愿的兼职工都视为失业人员，那么失业率应该为15.9%。[①] 由此看来，丧志工人和不情愿的兼职工的归类问题似乎会对失业率统计结果造成显著影响。

失业的类型及其成本

经济学家发现失业可以分为三大类型：摩擦性失业、结构性失业和周期性失业。每种失业类型都有不同的原因，也会产生不同的经济和社会成本。

摩擦性失业

劳动力市场的功能就是将可选的工作和工人匹配起来。如果所有的工作和工人都一样，或者工作和工人的集合是静态、不变的，那么匹配过程将会非常迅速和容易。但是现实世界更为复杂。实际生活中，工作和工人都是异质的。对不同的工作而言，其地点、技术要求、环境和时间以及其他很多方面都有差别。对不同的工人而言，其职业理想、技能和经验、偏好的工作时段、出差的意愿等也不同。

现实中的劳动力市场也是动态的，它在不断地发展、变化。在劳动力市场的需求方，技术革新、全球化以及消费者口味的变化都会创造新的产品、新的企业甚至新的行业，同时淘汰过时的产品、企业和行业。在这种大变动下，新工作不断出现，一些旧的工作消失了。现代经济中的劳动力大军也是动态的。人们在不断地移动、学习新技能，为了照顾孩子或者回到学校继续学习而暂时离开劳动者大军，有的甚至改变了职业。

因为劳动力市场是异质和动态的，所以工人和工作的匹配过程经常要花费很多时间。例如，一名软件工程师在硅谷失去或辞去了工作，她需要花费几周甚至几个月的时间去寻找一份合适的工作。在寻找过程中，她很可能要考虑软件发展的其他领域，甚至会彻底换一份更有挑战的新工作。她也可能考虑去国内其他软件公司的所在地，如北卡罗来纳州的三角研究中心，或是纽约市的矽谷。在寻找工作的那段时期，她将被列入失业者。

与不同工作和工人的匹配过程联系在一起的短期失业被称为**摩擦性失业**。摩擦性失业的成本比较低，甚至是负的。也就是说，摩擦性失业可能产生经济效益。首先，摩擦性失业是短期的，因此它的心理成本和直接经济损失非常低。其次，寻找工作的过程最终使工人和工作更为匹配，所以摩擦性失业实际上是积极的，它将会在长期促进生产率的提高。事实上，一定数量的摩擦性失业对于迅速变化中的动态经济的顺利运行可能是必要的。

结构性失业

失业的第二种主要类型是**结构性失业**——即使在经济正常运行时也会存在的长期的、经常性的失业现象。一些因素导致了结构性失业。首先，技能缺乏、语言障碍或歧视

① 这一指标被称为U-6失业率，参见www.bls.gov。

使一些工人找不到稳定的长期工作。不断迁移的农场工人和低技能的建筑工人会不时地找一些短期的暂时性工作，而不会长期从事某种特定工作，他们就符合经常性失业的定义。

其次，有时经济改革会使一些工人的技能与已有工作之间产生长期不匹配的现象。例如，美国钢铁行业不断衰落，而软件行业迅速成长。从理论上说，失去工作的钢铁工人应当能在软件公司找到新工作（工人流动性），因此他们的失业性质应当被归入摩擦性失业。但是实际生活中，很多前钢铁工人缺乏教育、能力或在软件行业工作的非常必要的兴趣。由于市场不再需要他们的技术，这些工人将会陷入经常性或长期性失业。

我唯一的精神支柱是社会基础还不错。

最后，结构性失业还可能来源于劳动力市场本身的结构性特征，这些特征成为就业的阻碍。例如工会组织和最低工资法则，它们都可能使工资高于市场出清的水平，造成失业。我们以后还将讨论这些结构性特征。

结构性失业的成本比摩擦性失业高得多。因为结构性失业的工人在长期中产出很低，他们的空闲对自己和社会而言都会产生大量的经济损失。结构性失业的工人没有在工作中培养新技能的机会，同时现有的技能又因为闲置不用而逐渐退化，而且工人面对长期失业时的心理问题比面对短期的摩擦性失业时更为严重。

周期性失业

失业的第三种类型发生在衰退时期（产出异常低的时期），被称为**周期性失业**。图 6.8中的失业高峰反映的是衰退时期出现的周期性失业。尽管这种失业相对比较短暂，但它却是与实际 GDP 的显著下滑紧密相关的，因此经济成本相当高。在后续讨论繁荣期和衰退期的章节，我们将详细研究周期性失业。

原则上，摩擦性失业率、结构性失业率和周期性失业率加在一起构成了总失业率。实际中，不同失业类型之间的区别并不是非常明显，因此，任何将总失业率分解成三种失业类型的做法都是比较主观的和不精确的。

完全就业的阻碍

在讨论结构性失业时，我们提到劳动力市场的结构性特征可能导致长期性、经常性的失业。下面我们就来讨论其中的一些特征。

最低工资法则 美国联邦政府和很多州政府都颁布了最低工资法，对雇主支付给工人每小时的最低工资做了规定。基本的供求分析告诉我们，如果最低工资法奏效，必然会提高失业率。如图 6.9 所示，图中标出的是低技能工人的需求曲线和供给曲线，最低工资与他们的关系最为密切。劳动力供给和需求相等的点决定了市场出清的实际工资水平 w，以及相应的低技能工人的就业量 N。现在假设立法规定的最低工资为 $w_{\min}$，超过市场出清时的工资水平 w(见图 6.9)。在最低工资下，想要工作的人数为 N_B，超过了雇主想雇用的人数 N_A，结果造成了失业，失业数量为 N_B-N_A，即图中 AB 的长度。如果没有最低工资，这种失业不会存在，劳动力市场将在工资水平 w 出清。

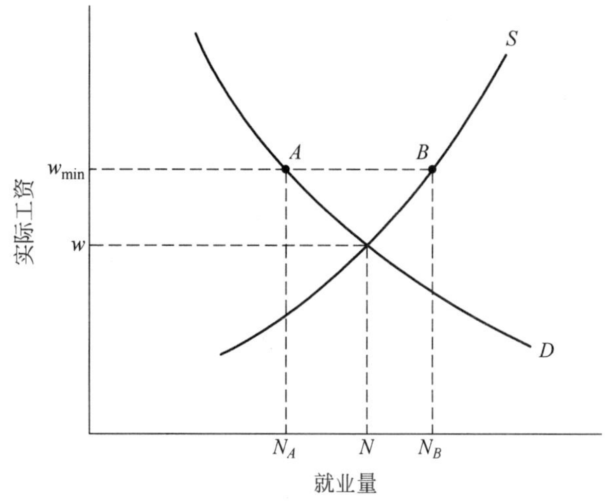

图 6.9　法定最低工资可能造成失业

如果支付给低技能工人的最低工资 $w_{\min}$ 超过市场出清时的工资水平 w，那么就会出现失业，失业量等于雇主想雇用的人数 N_A 与想要工作的人数 N_B 之间的差额。

如果最低工资会产生失业，为什么还会如此受政治家们欢迎？最低工资创造了两个工人群体：那些非常幸运、能在最低工资水平下找到工作的人以及那些因为最低工资超过市场出清时的工资而失去工作的人。因为最低工资超过市场出清时的工资水平，因此在最低工资下找到工作的工人会挣得更多。当就最低工资问题进行投票时，将从中受益并支持这项法案的工人数量很可能超过那些利益受损的工人。最低工资创造了“赢家”和“输家”两个群体，这与租金控制立法非常相似(见第 3 章)。但是与租金控制一样，最低工资带来了社会效率的损失。因此，其他的扶贫办法，如直接拨款给贫困的工人，可能更有效。

工会　工会是代表工人与雇主进行谈判的组织。他们协商的事项体现在与雇主签订的合约上，主要包括工人工资、雇用和开除工人的规定、不同类型工人的职责、工作时间和环境，以及工人与雇主发生矛盾时的解决方案。工会的谈判力量来自他们可以号召工人举行罢工——除非达成协议，否则拒绝工作。

通过罢工威胁，工会经常能让雇主同意支付一个高于市场出清时的工资水平。此时，把图 6.9 中原来的法定最低工资 $w_{\min}$ 换成工会工资水平，该图表示的就是有工会参与时的行业的情况。与最低工资案例相似，高于市场出清水平的工会工资同样会导致失业，失业量用图 6.9 中的 N_B-N_A 表示。另外，比较高的工会工资和最低工资一样，也会出现利益权衡情况。那些非常幸运能成为工会成员并因此获得工作的人将获得较高的报酬，不过很不幸，他们的收益是有代价的，牺牲的是那些由于人为高工资而失业的工人的利益。

工会对经济是否有益处？这是一个充满争议而且比较主观的问题。20 世纪早期，一些雇主在本地范围内所面临的劳动力竞争很少——如阿巴拉契亚的煤矿公司——他们在劳动力市场上占优势，能让工人在危险环境下长时间工作，却支付很低的报酬。经过与这些公司痛苦的有时甚至是比较血腥的抗争后，工会成功地消除了很多虐待工人的现象。除此之外，工会在支持进步的劳工立法方面也起到了历史性的政治作用，如禁用童工。此外，工会的领袖还经常呼吁，给工人在公司运作中一定的参与权将有助于增加产量、提高民主程度。

对工会持反对意见的人承认这些组织在过去所起的积极作用，却质疑它们在现代经济中的价值。今天，与以前的制造业工人不同，越来越多的工人更加职业化或半职业化，使得他们在公司间的流动变得更为容易。事实上，很多劳动力市场已经形成了全国性甚至世界性的规模，因此，今天的劳动者面对的是不计其数的潜在雇主。来自劳动力市场的竞争——雇主必须说服有才能的工人为自己工作——为工人提供了足够的保护。事实上，很多反对者认为，由于工会的存在，公司必须支付高工资、忍受很多不灵活的工作规章，在全球化竞争中将缺乏竞争力，因此工会越来越不合时宜。这些障碍最终将会以设有工会的企业的失败和工会工作的消失而告终。在美国，加入工会的工人所占的比例正在下降，现在占劳动力大军的 12.3%，其中很大一部分是政府工作人员，如公立学校的教师、警察等。

失业保险 劳动力市场的另一个可能增加失业率的结构性特征是失业保险，或者说对失业工人的政府转移支付。由于失业保险为失业人员在寻找工作的过程中提供了基本的生活保障，因此它有着很重要的社会价值。但是，也正因为失业保险的存在，降低了失业人员寻找工作的紧迫性，所以很有可能会拉长工人的平均失业时间。

大多数经济学家认为失业保险应当给失业人员提供基本支持，但绝不能消除工人寻找工作的动力。因此，失业保险只能持续有限的一段时间，其收益也不应该高于工人工作时的所得。

其他政府规制 除了最低工资法案外，政府对劳动力市场还有其他很多规制，包括健康安全规制——建立雇主必须遵循的安全标准，以及雇用过程中防止种族或性别歧视的规则等。

在考虑劳动力市场的规章时，立法者和其他政策制定者需要同时牢记成本—收益原理和效率原理。很多规制是有益的。但是，在一些情况下，履行规制的成本可能超过产生的收益。进一步说，如果规制会增加雇主成本和降低生产率，它们就会使劳动力需求减少，降低实际工资，加重失业，降低整个经济的收益。

重点回顾：失业和失业率

定义和衡量失业，首先要区分在业人口、失业人员和劳动力外人员。然后，我们可以用这些概念算出失业率（失业人口占劳动力的比例）和参与率（劳动力占就业适龄人口的比率）。

经济学家把失业区分为三大类型。摩擦性失业指的是与不同工作和工人的匹配过程联系在一起的短期失业。结构性失业指的是即使在经济正常运行时也会存在的长期的、经常性的失业。周期性失业指的是发生在衰退时期的失业。摩擦性失业在经济上可能是有益的，因为它改善了工人与工作之间的匹配程度，有利于增加长期内的产出。而结构性失业和周期性失业则会给工人和社会带来巨大的经济成本，使失业工人及其家庭产生巨大的心理成本。

劳动力市场的结构性特征可能导致结构性失业。这些特征包括法定最低工资、将工资设定在高出市场出清水平的工会合约、减轻工人寻找工作时的压力的失业保险以及对雇主附加额外成本的政府规制。劳动力市场的规制并不一定都是不可取的，但是应当根据成本—收益分析来确定。

小结

- 本章我们主要关注有关工资、就业和失业的四大趋势。第一，在很长一段时间内，美国和其他工业化国家的平均实际工资大幅增加。第二，尽管实际工资长期内一直在增加，但从20世纪70年代开始，美国的实际工资增长显著放缓。第三，最近几十年，美国的工资不平等程度加剧。多数非熟练工人的实际工资下降了，而技术型和受过良好教育的工人的实际工资继续上升。第四，直到前不久的经济衰退，最近几十年，美国就业率的增加超过了就业适龄人口的增加。
- 我们可以使用劳动力市场的供求模型来分析实际工资以及就业的发展趋势。在给定的价格水平下，劳动力的生产率以及工人产出的相对价格这两个因素决定了劳动力的需求。雇主只有在该工人的边际产值等于或超过公司必须支付的工资时，才会雇用这名工人。因为劳动力收益递减，因此公司雇用的工人越多，每次所增加工人的额外产出就越少。市场上的工资水平越低，被雇用的工人将越多，也就是说，劳动力需求曲线向下倾斜。那些能增加劳动力边际产值的经济变革，如工人产出的相对价格提高，或者生产率增加，都能使劳动力需求曲线向右移动。相反，那些减少劳动力边际产值的变革将使劳动力需求曲线向左移动。
- 劳动力供给曲线表示的是任何给定工资水平下愿意工作的人数。因为工资水平越高，愿意工作的人就越多，因此供给曲线是向上倾斜的。就业适龄人口的增加或者促进劳动力市场参与程度的社会改革（如劳动力队伍对妇女的接受程度增加）都将使劳动力供给增加，使供给曲线向右移动。
- 生产率的改善提高了劳动力需求，进而解释了美国20世纪以来实际工资不断增加这一现象。最近几十年，生产率增长放缓使得劳动力需求增长变慢，而劳动力供给迅速增加，这两方面的因素使实际工资增长放缓。由于移民、劳动力参与程度提高等因素，劳动力供给迅速增长，促成了就业的持续扩张。最近产出和实际工资增长率都有了一些改善。

- 造成美国工资不平等程度加剧的两大因素是经济全球化以及技能偏爱型技术进步。两个因素都增加了对劳动力的需求，从而增加了高技能、高学历工人的工资。由于这两大因素对经济增长和生产率提高非常关键，因此任何试图阻碍全球化和技术进步的行为都是违背经济规律的。一定程度上，工人从低报酬行业向高报酬行业流动(工人流动性)将会抵消工资不平等的趋势。而对技能过时的工人提供过渡性资助、培训等是更好的解决方法。
- 失业率的计算是基于劳动统计局的调查。在调查中，所有 16 岁以上的成员都被归入以下 3 类：在业人员、失业人员和劳动力外人员。劳动力就是在业人员和失业人员的总和——包括那些已经有工作的和正在找工作的人员。失业率等于失业人口除以劳动力总数，参与率等于就业适龄人口总数除以劳动力总数。
- 失业成本包括产出损失带来的经济成本、由失业者本身及其家庭承担的心理成本，以及增加的犯罪和暴力所带来的社会成本，其中长期失业的成本最大。批评家们认为官方的失业率低估了真实的失业，因为忽略了“丧志工人”和“不情愿的兼职工”。
- 存在三种广泛的失业类型：摩擦性失业、结构性失业和周期性失业。摩擦性失业是在动态异质的劳动力市场中，与工人、工作匹配过程相联系的短期失业。结构性失业指的是即使在经济正常运行时也会存在的长期的、经常性的失业现象。它源于一些因素，包括语言障碍、歧视、劳动力市场的结构性特征、技术的缺乏，或者工人技能与工作之间的长期不匹配等。周期性失业指的是发生在萧条时期的失业。摩擦性失业的成本很低，因为它的时间比较短，并且能使工作与工人之间的匹配更有效。但是，时间比较长的结构性失业以及与实际 GDP 显著减少相联系的周期性失业，其成本相对比较高。
- 劳动力市场的一些结构性特征也能导致失业，包括使公司不太愿意雇用低技能工人的最低工资法则，能将工资设定在市场出清水平上的工会，减少失业工人努力寻找工作动力的失业保险以及增加雇用工人成本的其他政府规制(尽管也可能带来收益)。

名词与概念

cyclical unemployment	周期性失业	frictional unemployment	摩擦性失业
diminishing returns to labor	劳动力收益递减	labor force	劳动力
discouraged workers	丧志工人	participation rate	参与率
duration	久期	skill-biased technological change	技能偏爱型技术进步

structural unemployment	结构性失业	unemployment spell	失业期
unemployment rate	失业率	worker mobility	工人流动性

复习题

1. 列举并讨论本章给出的劳动力市场四大重要发展趋势。

2. Acme公司正在考虑雇用简·史密斯。根据她在工作市场上的其他机会,简要求Acme公司每年支付40 000美元的报酬。Acme公司应如何决定是否雇用她?

3. 为什么20世纪美国的实际工资增加了这么多?为什么20世纪70年代开始的25年间,实际工资增长放缓了?最近这几年,实际工资又发生了什么变化?

4. 造成工资不平等程度加剧的两个主要因素是什么?简短地说明为什么这些因素能加剧工资不平等程度。从对经济效率的影响的角度比较各种解决工资不平等的政策。

5. 判断正误并解释:对于一个经济体来说,高参与率意味着低失业率。

6. 高失业率的成本是什么?你认为政府向失业者提供更多的福利将会使这些成本增加、减少还是不变?

7. 列举三种失业类型及其成因。哪种类型对经济、社会产生的成本最小?请解释。

练习题

1. 鲍勃自行车工厂的生产数据如下。

工人数量	每天装配的自行车数/辆
1	10
2	18
3	24
4	28
5	30

除了工资外,鲍勃在每辆装配的自行车上还需花费100美元的成本(零件等)。

(1) 每辆自行车售价为130美元。计算每个工人的边际产量和边际产值(不要忘了鲍勃在零件上的成本)。

(2) 绘制鲍勃对劳动力的需求表。

(3) 当自行车售价为140美元时,重做(2)。

(4) 当工人产出增加了50%、自行车售价为130美元时,重做(2)。

3. 某轻型灯泡厂工人的边际产量为$30-N$个灯泡/小时,其中N为被雇的工人总数。轻型灯泡的售价为2美元/个,除了劳动力成本外企业没有其他生产成本。

(1) 市场上工人的工资为20美元/小时。工厂经理应当雇用多少工人?当工资变为

30 美元/小时，答案变为多少？

(2) 画出工厂的劳动力需求曲线。

(3) 将每个灯泡的售价改为 3 美元，重新计算(2)。

(4) 假设轻型灯泡工厂所在城镇的劳动力供给为 20 名工人(换言之，劳动力供给曲线垂直在 20 名工人的位置)。当每个轻型灯泡售价为 2 美元时，城镇中工厂工人的均衡实际工资等于多少？当每个灯泡售价为 3 美元时，结果又将如何？

2. 下列因素将如何影响整个经济范围内的劳动力供给？

(1) 退休年龄推后。

(2) 生产率提高导致实际工资上涨。

(3) 国家起草了一份备战宣言，年轻人被征召入伍。

(4) 更多的人想要孩子(考虑短期和长期两种情况)。

(5) 社会性保障更丰厚。

3. 下面给出几种情况，分析各种情况对汽车厂装配线上非技能型工人的工资以及就业的影响。

(1) 市场对工厂装配的汽车需求增加。

(2) 燃油价格急剧上涨，导致很多消费者转向公共交通工具。

(3) 因为一些新的工作机会的出现，人们不太愿意再在工厂工作。

4. 技能型和非技能型工人都能生产小玩具。最初，我们假定两种工人的工资是一样的。

(1) 假设公司引进了电子设备，提高了技能型工人的边际产量(他们利用电子设备每小时可以生产更多的玩具)，非技能型工人的边际产量不变。用文字和图表说明两种工人的均衡工资会怎样变化。

(2) 假定当技能型工人和非技能型工人的工资差别达到一定值时，非技能型工人会愿意学习技术，请说明两种工人的供给和均衡工资会发生怎样的变化。非技能型工人接受训练之后，技能型工人的工资相对于非技能型工人会发生怎样的变化？

5. 下面是一份来自美国联邦统计局一位效率平平的调查者的报告：我调查的房子里有 65 个人，10 人是 16 岁以下的小孩，10 人是已经退休的老人，25 人有全职工作，5 人有兼职工作，还有 5 人是全职家庭主妇，5 人是 16 岁以上的全日制学生，还有 2 名不能工作的残疾人，其余的人都没有工作，但都想拥有一份工作，其中有 1 个人说他已经有 3 个月不在积极地找工作了，计算：劳动力总数、就业适龄人口数、在业人口数、失业人口数。

6. 艾伦正在下载最近月份的劳动力市场数据，不过她的网络链接速度较慢。到目前为止她获得的所有数据如下所示：

失业率/%	5.0
参与率/%	62.5
劳动力外人数/人	6 000 万

试求劳动力总数、就业适龄人口数、在业工人数和失业工人数。

7. 就下列每一场景，判断失业类型为摩擦性、结构性还是周期性，并给出理由。

(1) 钢铁制造厂倒闭，泰德失去了工作。他缺乏在其他行业工作所需的技能，因此，失业超过一年。

(2) 衰退期，大众对汽车的需求减少，艾丽斯被汽车厂裁员。等到经济回升后，她有望重新获得这份工作。

(3) 格温本来是一名秘书，因为丈夫迁到另一个州而辞去了工作。她花了一个月的时间找到了一份自己喜欢的新工作。

8. 索亚和萨特两个小镇各有劳动力 1 200 人。在索亚镇，劳动力中有 100 人失业了整整一年，而其他的劳动力都处于持续就业状态。在萨特镇，每个劳动力在过去的一年里都有 1 个月处于失业状态，其余 11 个月处于就业状态。

(1) 两个小镇在过去一年中的平均失业率分别是多少？

(2) 两个小镇平均失业期的久期分别是多少？

(3) 你认为哪个小镇的失业成本更高？试解释原因。

正文中练习题的答案

6.1 第 7 名工人的边际产值为 39 000 美元，第 8 名工人的边际产值为 33 000 美元，因此，工资水平为 35 000 美元时，雇用第 7 名工人而不是第 8 名工人将有利可图。

6.2 计算机售价为 5 000 美元时，以 100 000 美元的工资水平雇用第 3 名工人是有利可图的。因为第 3 名工人的边际产值(105 000 美元)超过工资 100 000 美元，而第 4 名工人的边际产值(95 000 美元)则低于工资 100 000 美元。当计算机售价为 3 000 美元时，我们可以参考表 6.1，发现连第 1 名工人的边际产值都低于 100 000 美元，因此在这个价格下，香蕉计算机公司不会雇用任何工人。短期内，在 100 000 美元的工资水平下，计算机价格的提高使公司对技师的需求从 0 增加到 3。

6.3 当市场上的工资为 50 000 美元时，第 7 名工人的边际产值超过 50 000 美元，而第 8 名工人的边际产值则低于 50 000 美元(见表 6.3)，因此雇用 7 名工人将是有利可图的。从表 6.1 可知，在生产率提高以前，前 5 名工人的边际产值都大于 50 000 美元，因此，50 000 美元工资水平下的劳动力需求为 5 名工人。生产率提高后，50 000 美元工资水平下的劳动力需求从 5 名增加到了 7 名。

6.4 即使实习过程中没有报酬，但是从中获得的宝贵经验很可能提高你未来的收入，所以这也可以看做一项人力资本投资。而且可以假设，你在电台工作有可能比在洗车厂工作心情更舒畅。决定到底选择哪份工作时，你应当问自己，“在考虑了电台工作可能带来的未来收入的增加以及工作本身的愉悦感后，你是否愿意为了在电台而不是洗车厂工作支付 3 000 美元？”如果你的答案是“是”，那么你就应当在电台工作，否则你应该去洗车厂。

如果我们不仅考虑货币化的工资，还考虑其他因素，比如工作中所接受的训练对于你的价值,那么选择在电台工作的决定与向上倾斜的劳动力供给曲线并不矛盾。你越看重实习经验的价值,就越可能接受这份工作,从这个意义上讲,你的劳动力供给曲线仍然是向上倾斜的。

6.5 移民将使迁入国劳动力供给增加——事实上,寻找工作是移民的主要驱动因素之一。如图所示,劳动力供给增加使雇主支付的工资降低(从 w 变化到 w'),同时使总就业量上升(从 N 变化到 N')。由于它降低了实际工资,因此工会极力反对大规模移民,而雇主则是大力支持。

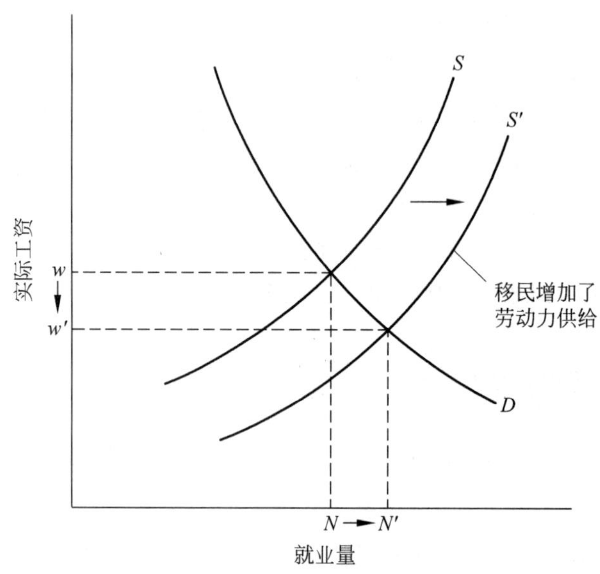

虽然上图显示了移民后经济中劳动力供给的总体变化趋势,但是它对工资的具体影响实际上还取决于移民的技能和职位。美国现行的移民政策主要以家庭团聚作为准入理由,很多移民都不是按照教育或技能来筛选的。美国还有很多非法移民,他们都在寻找经济中的工作机会。以上两大因素使美国新移民的技能相对比较低。因此,这些移民增加了低技能的劳动力供给,将会使国内低技能工人的工资下降,下降幅度超过高技能工人。一些经济学家,如哈佛大学的乔治·布加思(George Borjas)提出,低技能的移民是导致低技能工人相对于高技能工人工资下降的另一个主要因素。布加思认为美国应当效仿加拿大,对高技能、高学历的移民实施优惠政策。

6.6 下图中(a)表示的是 1960—1972 年的劳动力市场;(b)表示的则是 1973—2000 年的劳动力市场。为了便于比较,我们将两幅图中初始的劳动力供给曲线(S)和需求曲线(D)都设成一样的,隐含着相同的实际工资(w)和就业量(N)。从(a)我们可以看到由于产出的迅速增长使劳动力需求大幅增加(从 D 移动到 D'),同时劳动力供给相对也有小幅增加(从 S 移动到 S')。实际工资上升至 w',就业增加至 N'。从(b)我们可以看到,劳动力需求小幅增加(从 D 移动到 D''),劳动力供给大幅增加(从 S 移动到 S'')。1973—2000 年与 1960—1972 年相比,实际工资小幅增加,就业大幅增加。这些结果与美国劳动力市场的实际情况是一致的。

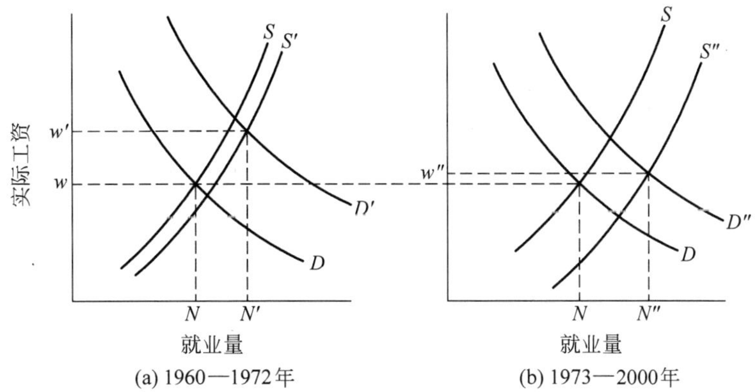

(a) 1960—1972年 (b) 1973—2000年

6.7 劳动力总数＝在业人数＋失业人数＝1 497(万)＋288(万)＝1 785(万)

就业适龄人口＝劳动力总数＋劳动力外人数＝1 785(万)＋1 119(万)＝2 904(万)

失业率＝失业人数/劳动力总数＝$\frac{288(\text{万})}{1\,785(\text{万})}$＝16.1%

参与率＝劳动力总数/就业适龄人口数＝$\frac{1\,785(\text{万})}{2\,904(\text{万})}$＝61.5%

2011 年 4 月，美国黑人在美国劳动力总数中所占比例为 11.6%，占就业适龄人口数的 12.1%，尽管美国黑人的参与率稍低于美国总人口的参与率，但美国黑人的失业率却比总人口的失业率高 79%。

第 3 部分

长期经济

人类的历史曾经历了这样一段长达数千年的漫长时期：绝大多数人都必须依靠脚下的土地谋生，凭借双手的劳动来勉强维持生计；只有很少一部分居民能够脱离这种艰苦的劳作，他们的物质生活水平达到了一定的高度，不再需要为生存而担忧，于是便有充足的时间去学习文化知识，使自己的足迹能够到达家乡之外更广阔的天地。在这一漫长的发展过程中，作为帝国都市与贸易中心的大城市开始出现并逐渐增多。不过尽管如此，大部分城市居民仍生活在水深火热之中，饱受饥饿与疾病的威胁。

直至大约300年前，发生了一次根本性的变革。受技术进步与企业创新的驱使，经济开始进入迅猛的增长阶段。经历了多年的持续发展，经济生产力的大幅提高几乎改变了我们生活的方方面面——从衣食住行的基本要求到工作娱乐的运作方式，无一不发生了翻天覆地的变化。我们不禁要问，是什么导致经济的增长？为什么一些国家的经济增长率远远高于其他一些国家？正如诺贝尔经济学奖获得者小罗伯特·E.卢卡斯(Robert E.Lucas Jr.)在一篇关于经济发展的经典文献中所指出的，“这些问题所涉及的对人类福利的影响几乎令人难以置信：一旦你开始探索它们，便很难再有精力去顾及其他事物了。”在探索经济学的道路上，尽管大多数人所做的贡献不及卢卡斯伟大，但毫无疑问他们也是非常重要的。

我们将在第3部分研究经济在长期中的行为，同时分析引起经济增长的各种因素。第7章开门见山，直接将我们带入经济增长的起因动力与最终结果的学习中。在这一章，我们会得到一个重要的结论：平均劳动生产率的提高是生活水平得到改善的主要原因，因此制定旨在改善生活水平的政策时应该将精力放在促进生产率提高上。资本积累是经济增长的重要因素，第8章和第9章都涉及这一主题。我们会在第8章考察储蓄与资本形成的过程。我们会讨论如何衡量国民储蓄，人们为什么要储蓄，以及公司资本形成决策背后的道理，并建立一个金融市场的供给需求模型。我们将在第9章进一步分析银行、债券市场和股票市场在分配储蓄资源时扮演的角色，然后我们介绍货币的概念，讨论银行系统的行为如何影响货币供给。第9章的结尾将分析货币供给和通货膨胀的长期关系。

第7章

经济增长

学习目标

学完本章，你应该能够：

1. 说明增长率的微小变化是怎样导致生活水平的大幅改变的。
2. 解释为什么人均 GDP 等于平均劳动生产率和工作人口比例的乘积，并用其来讨论经济发展的来源。
3. 讨论一个国家平均劳动生产率的决定因素，并用这些概念分析不同国家之间人均 GDP 的差别。
4. 讨论和评价政府用于促进经济增长的政策。
5. 比较和对比经济增长的收益和成本。
6. 了解经济增长与环境质量之间的权衡。

本书的一位作者曾参加过一次关于经济增长与发展的社会效应的会议。在此次会议上，一位演讲者提出了一个问题："你希望自己成为哪类人？是现今美国中产阶级中普通的一分子，还是乔治·华盛顿时期美国最富有的人？"

一位听众马上大声说："我能用两个字来回答这个问题，那就是牙医。"

或许是因为这个回答让人想起了乔治·华盛顿的著名木制假牙，全场发出一阵笑声，但它确实是个好答案。在早期的美国，牙科技术简单而原始。无论病人是贫穷还是富有，大多数牙医所做的仅仅是用一小杯威士忌作为麻醉剂，然后拔掉病人的蛀牙。

你希望自己是生活在18世纪的富人还是生活在21世纪的中产阶级？

当时其他医疗保健技术也不比牙科领先多少。18世纪，医生还没有掌握有效的方法来治疗肺结核、伤寒、白喉、流感、肺炎以及其他传染性疾病。这些如今能治愈的疾病在华盛顿时期却是人类的主要杀手。特别是婴幼儿，更容易感染百日咳和麻疹这类可能致命的传染病。即使是预防措施不错的家庭也会因这些疾病失去两三个小孩。尽管华盛顿这位出奇高大而健壮的人活了67岁，但是当时的人均寿命却只有40多岁。

医疗保健的迅速发展仅仅是日常生活在过去两个世纪发生巨大变化的一个侧面。作家史蒂芬·安布罗斯在他名为《刘易斯和克拉克的探险报告》的文章中，描述了早期美国交通运输与通信方面的局限性：

> 一个重要的事实是在1801年世界上没有什么东西比马跑得更快。无论是人、制造品、小麦、牛的肋肉（或者是待宰牲畜身上的任何部位）、信件，还是信息、想法、命令或者指示，只要杰斐逊时期人们能说得出来的东西，没有一样移动或传递的速度比马快。
>
> 而且，马匹也仅仅是在赛马场上才会跑得很快。一般的路面并不适合马奔跑。更何况当时美国并没有很多公路，而且路况糟糕。从波士顿通向纽约的公路是当时最好的公路，但在这条路上一辆轻载的公共马车……走完175英里的路程需要整整三天三夜。走完纽约到费城的100英里路程，马车需要两天两夜。①

如今，纽约人乘火车到费城只需一个半小时。乔治·华盛顿如果还在世，对此会有何看法呢？19世纪乘马车穿越这片大陆的拓荒者们对于他们的子孙后代在纽约吃早餐的当天就能在旧金山享受午餐的情况又会做何反应？

毫无疑问，你也可以想象人们的生活方式在其他方面的彻底改变，即使是在最近短短的几十年里，变化也十分巨大。例如，计算机技术与互联网仅仅在几年内就改变了人们工作和学习的方式。虽然这些变化大部分归因于科学的发展，但科学发明本身通常不会对大部分人的生活造成直接影响。新的科学知识只有经过商业化开发，才能普遍提高人们的生活水平。例如，深入了解人类的免疫系统本身对人们影响甚微，除非这种了解能促成新治疗手段或新药物的发明。而新药物的价格若高于人们的承受能力，它也将毫无用处。

艾滋病在非洲的流行就是一个悲剧性的例证。虽然一些新研制的药物可以控制艾滋病病毒所造成的影响，不过其高昂的价格却令这些疾病肆虐的非洲贫穷国家望而却步。即使这些国家可以承受药物的价格，但如果没有现代化的医院、没有经过培训的健康护理专家、没有足够的营养与卫生条件，那么药物的作用将是十分有限的。总之，一个国家生活水平的提高不仅来自科技进步，而且来自能使一般人受惠于这些进步的经济体系。

---

① Stephen E. Ambrose, *Undaunted Courage: Meriwether Lewis, Thomas Jefferson, and the Opening of the American West* (New York: Touchstone[Simon & Schuster], 1996), p. 52.

本章将探究当今世界经济增长和生活水平提高的来源。首先，我们将对工业化国家经济显著增长（以人均实际 GDP 衡量）的历史进行一次回顾。19 世纪中期以来（在一些国家更早），这些工业化国家的生活水平发生了根本转变。是什么引起了这种转变？生活水平不断上升的关键在于平均劳动生产率的持续增长，而平均劳动生产率的持续增长又取决于几个因素（既包括工人从事工作的动机与技术，也包括他们工作的法律环境与社会环境）。我们将分析每个因素，并讨论它们对政府制定促进经济增长的政策的意义。最后我们还将考察经济快速增长的成本，并思考社会经济增长是否存在上限这一问题。

关于生活水平显著提高的记录

在本章起始部分所提到的卫生保健与交通运输的进步，仅仅是过去两个世纪人们的物质财富方面发生巨变的沧海一粟，这一点在美国等工业化国家体现得尤为明显。要系统性地研究影响生活水平的因素，单凭这些传说性质的介绍是远远不够的，我们必须采用一种具体而明确的方法来衡量特定国家或特殊时期的经济福利。

在第 4 章，我们曾介绍过实际国内生产总值（实际 GDP）这个概念，它是衡量一个国家经济活动水平的基本方法。现在，让我们回想一下这个概念，从本质上说，实际 GDP 衡量的是某一段时期（如一个季度或一年）一国范围内所生产的产品与服务的物理总量。因此，人均实际 GDP 实际上提供了一种衡量某段时期一个国家的普通居民可以获得的产品和服务数量的方法。虽然我们通过第 4 章的学习已经知道，人均实际 GDP 并不是度量经济福利的完美指标，但是它与很多重要的相关变量，例如平均寿命、儿童健康和文化教育等，存在较强的正相关性。因此，经济学家把人均实际 GDP 作为衡量一个国家生活水平与经济发展进程的重要指标。

图 7.1 显示了 1929—2010 年美国人均实际 GDP 显著增长的情况。作为横向水平的比较，表 7.1 和图 7.2 展示了世界上八个主要国家 1870—2008 年某些年份的人均实际 GDP 数据。

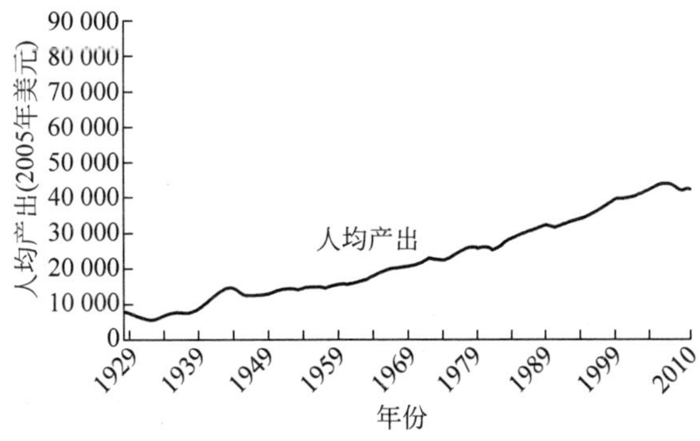

图 7.1　1929—2010 年美国经济的人均产出和单位工人产出

资料来源：美国经济分析局（www.bea.gov）。

表 7.1 和图 7.2 中的数据体现了一个引人注目的过程。例如，在美国(它在 1870 年已经是一个相对富有的工业化国家)，人均实际 GDP 1870—2008 年增长了 12 倍。而在日本，这种增长更加惊人，人均实际 GDP 在同一时期的增长速度超过 31 倍。这些统计数据的背后，蕴含了经济迅速增长与变革的惊人事实：只经历了短短几代人的时间，很多原本相对较贫穷的农业化社会就转变为高度工业化的经济——后者所拥有的平均生活水平令生活在 1870 年的人们几乎无法想象。从表 7.1 和图 7.2 中还可以看到，1950 年以后经济增长速度开始明显加快，这一点在日本和中国经济的发展过程中体现得尤为明显。此外，中国和印度 1979 年以后的发展速度远远高于之前的时期。

表 7.1 1870—2008 年 8 个国家的人均实际 GDP 状况(以 2000 年美元计算) 美元

国家	1870 年	1913 年	1950 年	1979 年	1990 年	2008 年	变化百分比/%		
							1870—2008 年	1950—2008 年	1979—2008 年
美国	2 445	5 301	9 561	18 789	23 201	31 178	1.9	2.1	1.8
英国	3 190	4 921	6 939	13 167	16 430	23 742	1.5	2.1	2.1
德国	1 839	3 648	3 881	13 993	15 929	20 801	1.8	2.9	1.4
日本	737	1 387	1 921	13 163	18 789	22 816	2.5	4.4	1.9
中国	530	552	448	1 039	1 871	6 725	1.9	4.8	6.7
巴西	713	811	1 672	4 890	4 920	6 429	1.6	2.3	0.9
印度	533	673	619	895	1 309	2 975	1.3	2.7	4.2
加纳	439	781	1 122	1 210	1 062	1 650	1.0	0.7	1.1

资料来源：Angus Maddison, *The World Economy: A Millennial Perspective* (OECD: 2001)，更新表格下载自 www.ggdc.net/maddison。人均实际 GDP 用 1990 年美元衡量。“德国”在 1950 年和 1979 年指原联邦德国。

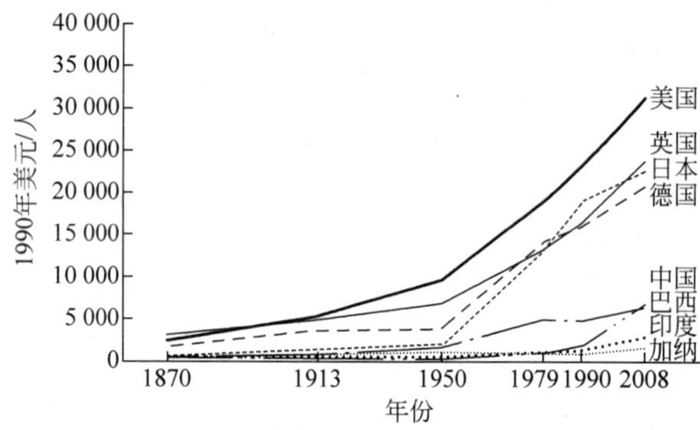

图 7.2 1870—2008 年样本国家的人均实际 GDP

1870 年，美国、英国和德国的人均 GDP 水平都比较高，而且在 1870—2008 年始终是高收入国家。日本的经济增长自 20 世纪 50 年代起明显加快，相同的情况发生在 1979 年以后的中国和印度。加纳和其他撒哈拉以南的非洲国家的经济增长速度则非常缓慢。

同时，我们也必须注意到：追溯的时间越久远，对实际GDP的历史评估越不精确。大多数政府直到第二次世界大战后才开始记录GDP的官方数据；更早时期的生产记录经常是不完整的或者是不精确的。比较相隔一个世纪或更长时间的经济产量也会出现问题，因为现今的很多产品与服务在1870年并不存在——其中一些物品在当时的人们看来几乎是不可思议的。虽然进行精确的比较存在很大困难，但是，我们可以肯定的是，在19世纪和20世纪期间，工业化国家所生产的产品与服务，无论是种类、数量还是质量都得到了大幅的增长与提高——这一事实可以从人均实际GDP的数据中反映出来。

为什么经济增长率间的“微小”差别也至关重要

表7.1的最后三栏分别显示了1870—2008年以及另外两个距离我们较近的时期的人均实际GDP的年增长率情况。乍看之下你会觉得各国的增长率没有太大区别。例如，1870—2008年，最高年增长率是日本经济所创造的2.5%，而最低的则是加纳的1.0%。

这些年增长率的差别看起来似乎微不足道，但其长期影响是不容小觑的。例如，1870年，在人均产出方面，巴西的富有程度相当于加纳的2倍。然而，到了2008年，巴西要比加纳富有4倍。这种在经济财富上的显著变化正是1.0%与1.6%增长率之间的微小差别持续作用了近140年的结果。经济增长率间的微小差别也会造成巨大的长期影响，这一事实可以用复利效应来解释。

例7.1 复利(1)

什么是复利？

1800年，你的高曾祖父在经常账户中存入10美元，其利率为4%。利息每年复合累计(每年得到的利息本身在第二年也可产生利息)。你的高曾祖父在遗嘱中指定，这个账户将在2010年移交给他最直系的后代(也就是你)。当你在2010年提取这笔资金时，这个账户里会有多少钱？

1800年这个账户里存有10美元；在1801年变为10.00美元×1.04=10.40美元；而1802年为10.00美元×1.04×1.04=10.00美元×$(1.04)^2$=10.82美元，以后各年的存款金额依此类推进行计算。从1800年存款到2010年提款，这期间经历了210年的时间。到2010年，账户上的总额变为10.00美元×$(1.04)^{210}$，即10.00美元与1.04的210次方的乘积。如果使用计算器计算，你会发现10.00美元乘以1.04的210次方等于37 757.33美元——这对于10美元来说可谓一笔非常可观的回报！

复利不同于只对初始存款支付利息的单利，它不仅要对初始存款支付利息，还要对之前积累的所有利息支付利息。如果银行对你高曾祖父的存款只支付4%的单利，那么每年的利息仅为0.4美元(初始存款10.00美元的4%)，在210年后总价值也只是10.00美元+210×0.4美元=94.00美元。所以存款价值的巨大增长来自利息的复合累计，即我们经常说的“复利效应”。

例 7.2 复利(2)

按年计算复利的前提下，2%与 6%的利率会有何区别？

根据例 7.1 所述，如果年利率为 2%，那么你的高曾祖父所存的 10 美元经过 210 年将会增值到多少？如果年利率为 6%结果又将会怎样？

如果年利率为 2%，在 1800 年这个账户里存有 10 美元；在 1801 年变为 10.00 美元×1.02＝10.20 美元；而 1802 年为 10.00 美元×$(1.02)^2$＝10.40 美元，以后各年的存款金额依此类推进行计算。到 2010 年，账户上的总额变为 10.00 美元×$(1.02)^{210}$ 即 639.79 美元。如果利率为 6%，那么经过 210 年存款总额变为 10.00 美元×$(1.06)^{210}$ 即 2 061 729.60 美元。我们可以将例 7.1 与本例的计算结果总结如下：

利率/%	205 年后 10 美元存款的价值/美元
2	639.79
4	37 757.33
6	2 061 729.60

复利效应表现为，即使利率水平相对较低、初始存款数量较小，但经过足够长时间的复合累计后，其价值也会显著增加。上述例子所体现的一个更为微妙的事实是：利率间的微小差别关系重大。2%与 4%这两个利率之间的差别似乎不大，但经过一段相当长的时间后，账户中累计的利息总额的差别就相当大。同样，利率从 4%上升为 6%的影响也十分巨大，这一点在我们的计算结果中已经体现出来了。

经济增长率的作用原理与复利率十分相似。正如银行存款额每年都以一定的利率增加，一个国家的经济规模每年也是以一定的经济增长率进行扩张的。这个类比告诉我们，即使人均产出只有相对较小的增长率(例如，年增长率为 1%～2%)，但经过一段较长的时间之后，平均生活水平也会大幅提高。对比巴西与加纳的经济发展状况，我们会发现，相对较小的增长率差别最终会导致生活水平上的巨大差距。

经济学家采用一个有用的公式来计算在不同的利率水平上使初始资金翻番的近似年份数。这个公式是用 72 除以利率。所以，如果利率是每年 2%，原始资本翻番需要 72/2＝36 年。如果利率为 4%，需要 72/4＝18 年。只有在比较低的利率水平上才可以用这个公式进行近似计算。

从这种意义上说，经济增长率在长期是一个非常重要的变量。因此，政府政策的改变以及那些仅仅对长期增长率有微弱影响的其他因素，都会对经济产生重大影响。

练习 7.1

假设 1870—2008 年，美国人均实际 GDP 的年增长率并不是表 7.1 中所示的 1.9%，而是具有了与日本一样的年增长率 2.5%。那么，美国 2008 年的人均实际 GDP 会比原来增加多少？

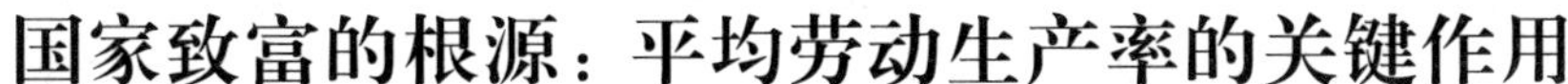

国家致富的根源：平均劳动生产率的关键作用

是什么决定了一个国家的经济增长率？为方便对这一重要问题的分析，我们将人均实际 GDP 表述为平均劳动生产率和工作人口比例的乘积。

为此，我们假设 Y 为实际总产出（例如，可以用实际 GDP 来衡量），N 为就业人数，POP 为总人口。那么，人均实际 GDP 就可以写成 Y/POP 的形式；平均劳动生产率，或者说单位工人产出则可以表述为 Y/N；而工作人口比例为 N/POP。这三个变量之间的关系为

$$\frac{Y}{\text{POP}}=\frac{Y}{N}\cdot\frac{N}{\text{POP}}$$

从这条等式中可以看到，等式右边的 N 相互抵消后，等式两边完全一样，这说明等式恒成立。如果用文字来表述它们的基本关系，则为

人均实际 GDP＝平均劳动生产率×工作人口比例

从人均实际 GDP 的表达式中，我们可以得到一些非常基本和直观的知识：人均所能消费的产品与服务的数量取决于两个条件：(1)单位工人能产出多少；(2)有多少人在工作（或者是总人口中就业者的比例）。此外，我们还意识到，由于人均实际 GDP 等于平均劳动生产率与工作人口比例的乘积，因此只有工人的生产率或者是工作人口比例在一定程度上出现了增长，人均实际 GDP 才可能实现增长。

图 7.3 和图 7.4 显示了美国 1960—2009 年在上述关系式中这三个关键变量的数据。图 7.3 展示了人均实际 GDP 和单位工人实际 GDP（平均劳动生产率）的情况。而图 7.4 则描绘了美国在这一时期就业人口在总人口（而不是就业适龄人口）中所占比例的变化趋势。从图中，我们再一次看到美国人均产出的增长是惊人的。1960—2009 年，美国的人均实际 GDP 增长了 120%。因此，到 2009 年，美国人均享有的产品与服务大约是 1960 年的 2.75 倍。图 7.3 与图 7.4 表明，劳动生产率和工作人口比例的增长促进了生活水平的提高。

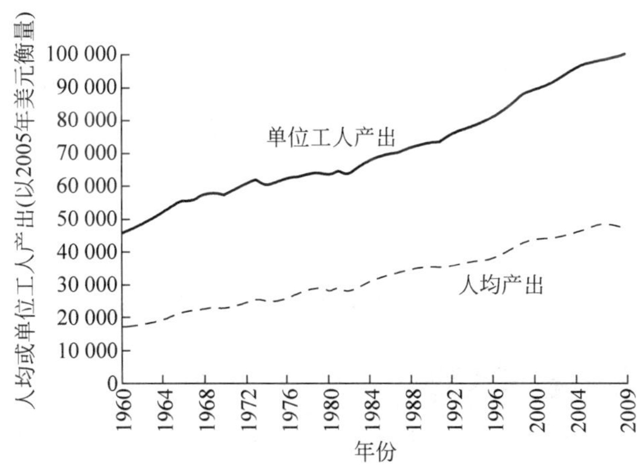

图 7.3　1960—2009 年美国人均实际 GDP 与平均劳动生产率状况

美国人均实际产出在 1960—2009 年增长了 120%，而单位工人实际产出（平均劳动生产率）则增长了 167%。

资料来源：美国劳工统计局（www.bls.gov）。

下面，我们进一步对这两个起作用的因素进行分析，首先从工作人口比例这个因素开始。如图7.4所示，1960—2009年，美国就业人口占总人口的比重从36%上升到46%，这是一个非常显著的增长。其中越来越多的女性开始外出工作的趋势是就业增加的最重要原因。另一个导致更高就业率的因素是，就业适龄人口(16～65岁的人群)在总人口中的比例增加了。这主要是因为出生在第二次世界大战后生育高峰期的一代逐渐长大，而国外年轻工人的移居入境也在一定程度上促进了劳动力的增长。

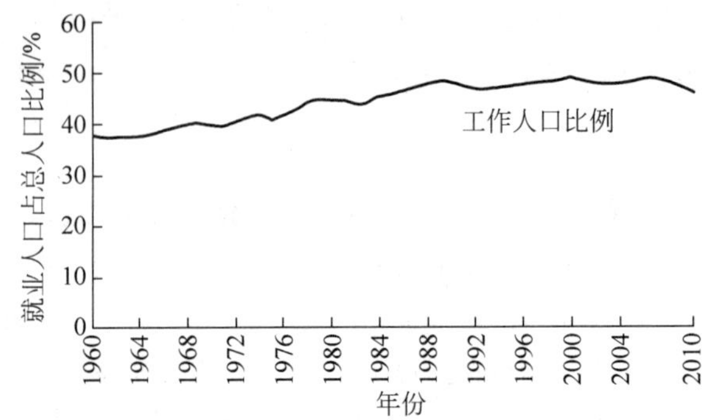

图7.4 1960—2009年美国的工作人口比例的变化趋势

美国的工作人口比例从1960年的36%增长到2009年的46%。

资料来源：美国劳工统计局(www.bls.gov)。

虽然过去40年美国工作人口比例的大幅上升极大地促进了人均实际GDP的增长，但是这种趋势肯定不会一直持续。女性的劳动力参与率似乎不大可能以过去40年的增长速度持续上升。更重要的是，出生在生育高峰期的一代人目前大部分已经处于其个人生涯中的工作时期。而到2010年，他们将陆续面临退休。随着越来越多生于生育高峰期的人离开工作岗位，工作人口比率将开始下降，而且很可能下降得很快。因此，从长期来看，由工作人口比率增加带来的生活水平的提高很可能只是一种短期现象。

决定人均产出的另一个因素——平均劳动生产率又是如何发挥作用的呢？如图7.3所示，1960—2009年，美国平均劳动生产率增长了167%——这是促使人均GDP迅速增长的主要动力。在美国历史上的其他时期，平均劳动生产率和人均产出之间的相关性更加强烈，这是因为早期的工作人口比例要比最近几十年的情形稳定。

浏览最近几年的数据会得出适用范围更广的结论。**在长期，人均产出的增长主要源于平均劳动生产率的提高。**简单地说，人们生产的越多，可以消费的就越多。因此，要了解经济增长的原因，首先必须清楚劳动生产率提高的原因。

重点回顾：经济增长与生产率

在工业化国家，人均实际GDP作为生活水平的基本指标一直在快速增长。其增长过程体现了**复利效应**：即使增长率较低，只要持续较长的时期，仍能促进经济规模的大幅增长。

人均产出等于平均劳动生产率乘以工作人口比例。1960年以来，美国的工作人口比例出现了大幅上升现象，但是这一变量在未来几十年里很可能会下降。在长期，人均产出增加和生活水平的提高主要归功于平均劳动生产率的提高。

平均劳动生产率的决定因素

是什么决定了一个国家在某个时期的劳动生产率？对于这个问题，比较普遍的看法是，工人的劳动生产率实际上是该国工人劳动积极性的反映。在其他条件一定的前提下，提倡勤勉的民族文化显然能促进工人劳动生产率的提高。但是仅用努力的程度来解释世界各国平均劳动生产率之间存在的巨大差异是远远不够的。例如，虽然印尼人与孟加拉国人很努力地工作，但美国的平均劳动生产率却是印尼的24倍，是孟加拉国的100倍。

本节将考察能说明不同国家之间或者不同时期之间平均劳动生产率主要差别的六个因素。之后，我们会对经济政策如何影响这些因素以带动劳动生产率与经济增长的具体机理进行讨论。

人力资本

为便于阐明决定平均劳动生产率的因素，我们首先介绍两位具有代表性的装配线工人，露西和埃塞尔。

例7.3 装配线上的生产率

作为一个团队是否比单干更有效率？

露西和埃塞尔的工作是包装巧克力糖并把它们放入盒内。露西是新手，每小时只能包装100颗糖。埃塞尔受过在职培训，每小时能包装300颗糖。露西和埃塞尔每周工作40小时。分别用每周包装的巧克力糖数与每小时包装的巧克力糖数来表示劳动生产率，计算：(1)露西的平均劳动生产率；(2)埃塞尔的平均劳动生产率；(3)露西和埃塞尔两人小组的平均劳动生产率。

我们在前面将平均劳动生产率笼统地定义为单位工人的产出。但要注意一点，对平均劳动生产率的度量取决于一定时间段的选择。例如，图7.3中所呈现的数据告诉我们的是，工人在一年里的人均产出。而在这个例子中，我们关注的是露西和埃塞尔每小时或者每周的产出。只要我们能够明确所用的时间单位，这些衡量劳动生产率的方法都是有效的。

这些工人的生产率高吗？

例子中给出了露西和埃塞尔每小时的生产率：露西每小时包装100颗糖，埃塞尔每小时包装300颗糖。那么，露西每周的生产率为(40小时/周)×(100颗/小时)=4 000颗/周。埃塞尔每周的生产率为(40小时/周)×(300颗/小时)，即每周12 000颗糖。

露西和埃塞尔两人合在一起每周共能包装16 000颗糖。将她们归为一组，该组的平均生产率为16 000颗/2周，即每周8 000颗。而该组每小时的平均生产率为16 000颗/80小时=200颗/小时。我们注意到，如果将她们归为一组，该组的生产率实际上是她们各自生产率的平均值。

埃塞尔的生产率比露西高，这是由于埃塞尔受过在职培训，具有比露西更高的包装技术水平。正是因为埃塞尔受过这种培训，她在一定时间内的产出要高于露西。

练习 7.2

假设埃塞尔又参加了其他糖果包装课，并学会了如何以每小时 500 颗的速度包装糖果。试分别计算露西和埃塞尔各自的每小时产出与每周产出，以及将她们归为一组时，该组的每小时产出与每周产出。

经济学家用埃塞尔比露西拥有更多的人力资本来解释她们工作效率的差异。人力资本包含工人的才能、教育、培训和技术。拥有大量人力资本的工人的生产能力高于受过较少培训的工人。例如，一个知道如何使用文字处理程序的秘书在一定时间里打出的字数肯定比不会使用这一程序的秘书多。一个熟练掌握程控诊断设备的汽车技工则能解决那些令受训较少的技工束手无策的引擎问题。

例 7.4 联邦德国与日本的经济复苏

为什么联邦德国和日本能从第二次世界大战的废墟中成功复苏？

第二次世界大战期间，德国和日本的城市建筑与工业基础遭受了大面积的破坏，战后一段时期两国均陷入贫困之中。然而不出 30 年，它们不仅完成了战后重建工作而且成为世界上的工业和经济强国。是什么原因促成了这种“经济上的奇迹”？

第二次世界大战后，联邦德国和日本的经济复苏归因于很多因素，其中包括美国在马歇尔计划下对欧洲的大量援助和美军占领日本期间对日本的扶持。然而，大多数经济学家认为，高水平的人力资本在两个国家的发展中起了至关重要的作用。

第二次世界大战末期，德国人接受了非常良好的教育，涌现出一大批资深的科学家与工程师。德国还推出了(直到现在也是如此)一个广泛的实习系统，目的是为没有经验的工人提供在职培训。这使得德国拥有熟练的产业劳动力。此外，来自民主德国与东欧一些国家的大量熟练工人(包括 2 万名有经验的工程师和技术员)的流入，也让联邦德国受益匪浅。早在 1949 年，人力资本的集中就使拥有高度发达的技术与生产力的德国制造业得到了大幅扩张。而到了 1960 年，联邦德国已成为高质量产品的主要出口国，其公民享有欧洲最高的生活水平。

日本在第二次世界大战中遭受了比德国更大的经济损失，它同样也是凭借有技能并受过教育的劳动力开始战后重建的。此外，进驻日本的美国军队对日本的教育系统进行了改革，并鼓励所有日本人接受良好的教育。不仅如此，日本人比德国人更注重在职培训，并把它作为终身就业体制的一部分。在这种体制下，日本企业希望员工在其整个职业生涯里都只效力于同一家公司，这样它们就会在职工培训方面进行大量投资。而这种对人力资本进行投资的回报，则表现为平均劳动生产率的稳步上升，特别是在制造业，这一点表现得尤为明显。到 20 世纪 80 年代，日本制造的商品已经挤入世界最高级商品的范围，而其工人也跻身最有技术工人的行列。

虽然高水平的人力资本可以促进经济快速增长，但仅有人力资本并不能带来高的生活水平。民主德国就是一个例子，战后的民主德国拥有与联邦德国一样水平的人力资本，却没有拥有与联邦德国一样的经济增长。

人力资本与实物资本(如机器、厂房)的相似之处体现在，它们主要都是通过投入时间、精力和金钱获得的。例如，一位秘书为了学习文字处理程序的使用技能，可能需要在晚上参加技术学校的学习班。这种受教育的成本不仅包括这位秘书支付的学费，也包括她花在学习上的时间的机会成本。而去学校学习的收益则表现为，当课程结束时这位秘书的工资将会增加。根据成本—收益原理，我们知道只有当收益大于成本(包括机会成本)的时候，这位秘书才应该去学习文字处理技术。通常情况下，当熟练工人与新手的工资存在较大差别时，就会有人去接受额外的教育或技能培训。

实物资本

工人的劳动生产率不仅取决于其技术水平与努力程度，还取决于其工作时使用的工具。即使是最有经验的外科医生，如果没有精密的仪器也无法实施心脏手术；而一位内行的计算机程序员如果没有计算机，他所能发挥的作用也是有限的。这些例子说明了厂房、机器等实物资本的重要性。如例 7.6 所示，实物资本的增加与改善能够提高工人的生产效率。

例 7.5　实物资本和效率

引入糖果包装机是否会提高露西和埃塞尔的效率？

让我们回到例 7.3 所描述的场景。现在，露西和埃塞尔的老板买了一台电动的糖果包装机，它只需一位工人即可实现操作。如果使用这台机器，一个未经训练的工人每小时能包装 500 颗糖。现在露西和埃塞尔的每小时产出与每周产出分别是多少？如果老板买了第二台机器，上述问题的答案是否会改变？如果买了第三台结果又是如何？

为简便起见，我们假设一台糖果包装机只能被某个工人一直使用(这一假设排除了多人合用机器安排的可能性，从而不会出现一个工人上日班时使用这台机器，而另一个工人上夜班时使用的情况)。如果老板只买了一台包装机，他会把这台包装机分配给露西(为什么？参见练习 7.3)。现在，露西每小时能包装 500 颗糖，而埃塞尔每小时只能包装 300 颗。露西的每周产出为 20 000 颗糖(40 小时×500 颗/小时)。埃塞尔的每周产出仍为 12 000 颗(40 小时×300 颗/小时)。她们两人合在一起每周总共包装 32 000 颗，平均每人每周为 16 000 颗。如果以每小时产出来衡量，两人的平均劳动生产率为每 80 小时 32 000 颗，即每小时 400 颗，是使用包装机之前平均劳动生产率的两倍。

如果有两台糖果包装机，那么露西和埃塞尔每人可以使用一台。每人每小时能包装 500 颗糖，两人一周的总产出为 40 000 颗。因此，两人的平均劳动生产率为每周 20 000 颗，即每小时 500 颗。

如果老板买了第三台包装机情况又会如何？由于只有两个工人，第三台机器将会被闲置：这对于增加总产出与平均劳动生产率毫无用处。

练习 7.3

沿袭例 7.3 与例 7.5 中的假设，试解释为什么老板要把仅有的一台包装机分配给露西而不是埃塞尔(提示：可以利用第 3 章介绍过的机会成本递增原理来解释)。

在第 4 章，我们曾把资本品定义为一种为了协助其他产品与服务的生产而生产和使用的耐用品。糖果包装机只是其中的一个例子。资本品包括机器设备(如计算机、重型推土机、装配线等)，也包括建筑物(如厂房和办公大楼)。

类似糖果包装机这样的资本品有助于提高工人的生产率。表 7.2 对露西和埃塞尔的例子进行了总结。表 7.2 中,第一栏显示的是老板可能买的糖果包装机数量;第二栏给出了露西和埃塞尔两人每周的总产量;第三栏列出了两人每周的总工作时间;而第四栏则是计算得到的每小时平均产出,它等于每周总产出除以每周的总工作时间。

表 7.2 说明了追加资本对产出影响的两个要点。首先,在工人人数一定的前提下,增加资本投入通常会提高总产出与平均劳动生产率。例如,增加一台糖果包装机,每周总产出(第二栏)增加了 16 000 颗糖果,而以每小时度量的平均劳动生产率(第四栏)增加了 200 颗。

表 7.2 糖果包装厂的资本、产出与生产率

(1)机器数量(资本)/台	(2)每周包装的糖果数量(产出)/颗	(3)每周工作时间/小时	(4)每小时包装的糖果数量(生产率)/颗
0	16 000	80	200
1	32 000	80	400
2	40 000	80	500
3	40 000	80	500

其次,已投入的资本越多,追加资本的收益就越少。我们会注意到这样的事实:第一台包装机的使用使总产出增加了 16 000 颗糖,而第二台包装机的使用对总产出的贡献仅为 8 000 颗。对于第三台机器,由于只有两个工人,它只能被闲置,从而无助于总产出与劳动生产率的提高。这个结果体现了一条广泛适用的经济原理,即资本收益递减原理。根据**资本收益递减原理**,如果劳动力数量与其他投入保持不变,那么已投入使用的资本越多,每单位追加资本获得的回报就越少。在糖果包装厂的例子中,资本收益递减意味着第一台糖果包装机带来的产出增加多于第二台,而第二台又多于第三台。

资本收益递减是企业在尽可能有效使用每单位资本的激励作用下的自然结果。为了获得最大的产出,管理人员会把第一台机器投入能获得最大效益的使用,而第二台机器将投入次优效益的使用,按照这种方法依次将机器投入使用——这体现了机会成本递增原理,即低果先摘原理。当存在很多可用的机器时,所有可以获得高效益的方法将被使用殆尽。因此,再增加一台机器对提高产出与生产率并没有多大帮助。如果露西和埃塞尔已经各自操作一台糖果包装机,那么除非是基于替换或备用的考虑,否则就没有必要再购买第三台机器。

表 7.2 带来的启示可以应用于刺激经济增长的问题。首先,向劳动力提供更多可供使用的资本会促进产出与平均劳动生产率的增长。给工人配备越充足的设备,他们的生产效率就会越高。其次,通过不断增加资本来提高劳动生产率的程度是有限的。根据资本收益递减原理,在一个经济体中,如果每个工人可利用的资本量已经很多,那么再追加资本投入的收益就会变得很小。

那么,关于向工人提供更多的资本会使他们的生产更具效率这一观点,历史上是否存在经验证据?图 7.5 显示了 1990 年 15 个主要国家的平均劳动生产率(单位工人实际 GDP)与单位工人拥有资本量之间的关系。如图所示,单位工人所拥有的资本量与生产率之间确实存在紧密联系,这与理论观点保持了较强的一致性。不过我们也应当注意到,在世界上最富有的国家，资本与生产率之间的联系相对较弱。例如，德国单位工人所拥有的资本比美国工人多，但德国工人的平均生产效率却不如美国工人。资本收益递减原理有助于解释为何高水平的资本反而使资本和生产率之间的关系减弱这一现象。另外，仅靠图7.5也无法涵盖国家间的其他很多不同之处，如经济体制或政府政策的差异等。因此，从图中无法看到这两个变量呈现完全一致的相关性。

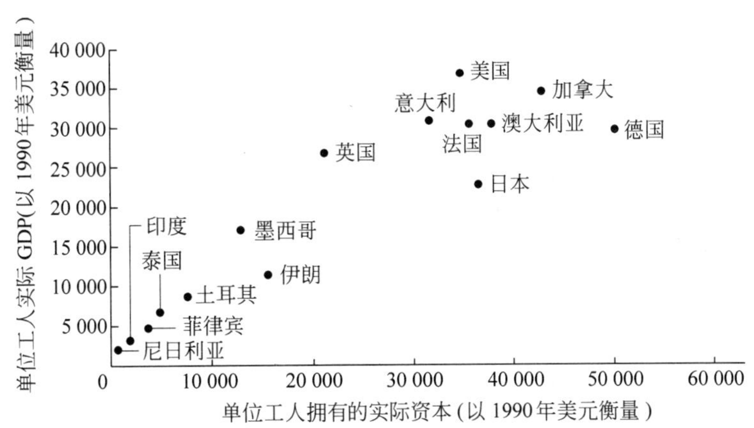

图7.5 1990年15个国家的平均劳动生产率与单位工人资本之间的联系

单位工人拥有大量资本的国家一般也拥有较高的平均劳动生产率(用单位工人的实际 GDP 来度量)。

资料来源：佩恩世界表格，美国经济调查局(www.nber.org)。

土地与其他自然资源

除了资本品之外，土地、能源、原材料等其他生产投入也都有助于提高工人的工作效率。在农业生产中，肥沃的土地是必不可少的，而现代制造业的生产过程则是围绕对能源和原材料的大量使用展开的。

总地来说，丰富的自然资源提高了工人的生产率。例如，与土地贫瘠或可耕地供给有限的国家相比，在美国或加拿大等土地资源充足的国家，农民可以收获更多更好的农作物。如今在全美国总人口中只占不到3%的美国农民，由于得益于现代农业机械以及大面积的土地资源，其粮食产出相当高，不仅为本国提供了足够的食物，部分粮食产品还出口到世界其他各国。

尽管一国的可耕地供给通常情况下不可能无限扩大，但石油、金属等其他自然资源可以通过国际市场获取。由于资源可以通过贸易手段获得，因此要求一国疆域内拥有大量自然资源其实并不是该国促进经济增长的必要条件。事实上，确实不乏一些国家或地区，如日本、中国香港、新加坡和瑞士等，其国土内并没有丰富的自然资源，却依然实现了富裕。利用先进技术等手段高效利用自然资源，其重要性丝毫不亚于对自然资源的占有。

技术

除了人力资本、实物资本与自然资源以外，一个国家开发并应用新的、更具效率的技术的能力对其生产率也具有决定性的作用。我们以交通部门为例来说明这一点。根据本章起始部分引述的史蒂芬·安布罗斯所描绘的两百年前的情况，我们可以看到，马和马车是当时基本的交通运输工具——这事实上是一种既缓慢又昂贵的方式。不过到了19世纪，蒸汽机等先进技术的诞生支撑了水上运输的发展以及国内铁路网的形成。而在20世纪，公路和机场等基础设施的广泛建设促进了内燃机的发明和航空飞行技术的发展，它们共同创造了日益快速、廉价且可靠的交通方式。可以说，技术的变化已经成为交通运输变革过程中显著的推动力。

当某一产业引入新的技术后，生产率的提高不仅仅局限于这个产业，而且表现在更为广泛的领域。例如，在18世纪末期，农民曾经只能在当地销售其产品，而现在快速航运和冷藏运输技术的应用，使农民们几乎可以将产品销售到世界上的每一个地方。有了更广阔的销售市场，农民就可以选择最适合当地土地与气候条件的产品进行专业化生产。同样，工厂可以从最廉价、最丰富的原材料产地获取原材料，生产它们在制造过程中最具效率的产品，并最终将这些产品在具有最高价格的市场上销售。以上两个例子都阐明了我们曾介绍过的比较优势原理，当所有的生产者都致力于他们相对而言最具有效率的生产活动时，生产率将得到全面的提高。

与通信技术、医学技术的进步以及计算机技术的推广一样，还有很多技术的发展对生产率的提高做出了贡献。所有迹象都表明，互联网对于美国经济的发展具有广泛的影响，它不仅促进了零售业的革新，还推动了其他很多部门的发展。事实上，大多数经济学家都会承认，新技术是提高生产率唯一最重要的源泉，也是促进整体经济增长的最重要因素。

尽管如此，经济增长并不能自发地伴随基础科学的突破而发生。为了实现新技术的有效利用，一个经济体需要企业家们将科学进步的成就进行商业化拓展，也需要营造良好的法律环境和政治环境以鼓励新技术的实际应用。

练习 7.4

一种新型包装纸的发明使得糖果包装更加简便快捷。使用这种纸可以使每人每小时手工包装的糖果数量提高200颗，使每人每小时利用机器包装的糖果数量提高300颗。利用例7.3与例7.5的数据，构建一张与表7.2类似的表格，以表现技术进步对于平均劳动生产率的影响。这时资本收益递减原则是否仍然成立？

例 7.6 劳动生产率

1995年以来，美国的劳动生产率为什么增长如此迅速？

20世纪五六十年代，大多数工业化国家都经历了实际GDP和平均劳动生产率的快速增长。例如，1947—1973年，美国的劳动生产率每年增长2.8%。① 但是，1973—1995年，美国的劳动生产率增幅下降了一半，为每年1.4%。其他国家也经历了类似的经济放缓，也有许多文章和书籍试图揭示这种现象的原因。但是，近年来，生产率增长又开始反弹，尤其在美国。1995—2007年，美国劳动生产率平均每年增长3%。是什么原因导致了美国生产率的复苏？它会持续下去吗？

经济学家都同意生产率反弹是快速的技术进步和对新信息及沟通技术(ICT)的投资增加的产物。研究表明，生产ICT(如硅片和光纤)和使用ICT的产业的生产率都在快速增长。这些技术进

① 非农业部门的劳动生产率增长数据可以从www.bls.gov上得到。

步的应用从汽车生产到零售行业引起了波纹效应。例如，互联网的快速发展让顾客得以在线购物并获得相关资讯。它还帮助企业通过在制造商和供应商之间改进协调方式而提高效率。而那些既不生产也不使用 ICT 的行业并没有经历劳动生产率的加速增长。①

乐观者们认为计算机、通信、生物技术和其他 ICT 领域的进步可以保持生产率的增长速度。其他人更为保守，他们认为由这些进步引发的生产率增长更可能是短期的而不是永久性的。我们需要更长的时间来判断哪一方的观点是正确的。

企业家精神与管理

工人生产率的高低在一定程度上取决于那些决定生产什么和如何生产的人：企业家和管理者。**企业家**是指创建新的经济企业的人。由于企业家可以引进新的产品、服务、技术流程与生产方法，他们对于保持动态、健康的经济起关键的作用。19 世纪末 20 世纪初，亨利·福特与阿尔弗雷德·斯隆（汽车业）、安德鲁·卡内基（钢铁业）、约翰·洛克菲勒（石油业）和摩根（金融业）等人在美国产业的发展中发挥了核心作用，自然地，他们在此过程中也聚集了大量的个人财富。不过，在涉及公平方面的一些法律事件中，以上这些人以及其他企业家（包括当今的企业家比尔·盖茨），也会因为他们的一些经营活动而受到指责与批评。但无法抹杀的事实是，在过去的 100 年，他们与其他许多优秀的企业领导者共同为美国的经济增长做出了卓越的贡献。例如，亨利·福特创造的大规模生产的理念大幅降低了汽车生产的成本，使得汽车能够进入美国的普通家庭。福特的事业始于他的车库，从此，这作为一个传统被千千万万的革新者传承了下来。谷歌的创始人拉里·佩基（Larry Page）和舍基·布林（Sergey Brin）开发了将互联网上搜索到的网址进行排序的方法，从而改变了大学生和许多教授的研究方法。

人们虽然可以在大学或是商学院学到诸如金融分析与市场营销等辅助技能，但企业家精神和其他创造性活动一样，本身是很难通过他人的教授而掌握的。那么，社会应该如何鼓励企业家精神？历史证明，企业家精神将一直存在，因而社会的主要责任在于通过经济高效的方式来引导企业家精神的发挥。例如，经济政策的制定者需要保证课税不会过重、规章制度不会太缺乏灵活性，以确保那些最后可能发展为大企业的小企业能够成功地度过起飞阶段。社会因素也会在其中发挥作用。在一个认为受过高等教育的人从事商业与贸易会有失身份的社会，是不会培养出成功的企业家的。在美国，商业在很大程度上被奉为令人尊敬的活动。总地来说，一个能够使企业家精神兴盛的社会与经济环境，有助于促进经济的增长与生产率的提高，在我们当今所处的高科技时代，这一点体现得尤为明显。

例 7.7　个人计算机的发明

企业家精神有作用吗？

1975 年，斯蒂夫·乔布斯（Steve Jobs）和斯蒂夫·乌兹纳克（Steve Wozniak）是为 Atari 设计计

---

① Kevin J. Stiroh, "Information Technology and the U. S. Productivity Revival: What Do the Industry Data Say?" *American Economic Review*, 92(December 2002). pp. 1559-1576.

算机游戏的两个二十多岁的年轻人。他们想要制造一台比他们正在用的那种橱柜大小的主机更小、更便宜的计算机。为了在斯蒂夫·乔布斯父母的车库里开一家店并购买原材料，他们以1 300美元的总价卖掉了他们最值钱的东西：乔布斯的二手大众汽车和乌兹纳克的惠普牌科学计算器。他们这次行动的结果是第一台个人计算机的诞生，他们以他们的新公司为其命名（也是乔布斯最喜欢的水果）：苹果。显然，乔布斯和乌兹纳克作为个人计算机发明者的平均劳动生产率是他们设计计算机游戏的好几倍。有创造性的企业家精神就像更多的资本和土地一样可以提高生产率。

经济自然主义者 7.1 为什么中世纪时期的中国经济会出现停滞现象？

在中国历史上，宋朝（公元960—1270年）是一个科技相当发达的时期；当时的发明包括纸张、水车、水钟、火药，可能还有罗盘等。但是这些发明并没有对当时经济的工业化产生显著影响，而在之后的几百年里，欧洲却比中国实现了更快的经济增长，出现了更多的技术发明。为什么中国中世纪时期的经济会出现停滞？

根据经济学家威廉·鲍莫尔（William Baumol）的研究①，宋朝时工业化的主要阻碍在于其社会体系对于企业家精神的抑制。在当时，商业和工业被认为是地位很低的活动，并不适合受过教育的人。另外，皇帝还具备占有百姓财产并控制其一切经营活动的权力，这大大降低了百姓从事风险经营的积极性。在中世纪的中国，得到地位与财富最直接的途径是参加朝廷举行的3年一次的科举考试。科举考试的优胜者将在朝廷终身担任一定的职务，这使得他们掌握权力，从而变得富有，有的朝廷官员甚至会通过贪污腐败的手段获得财富。所以，我们可以肯定的是，中世纪的中国并没有形成一个充满活力的企业家阶级，因而其科学与技术的进步无法转化为持续的经济增长。中国这段历史的经验教训告诉我们，单凭科学进步本身是不能保障经济增长的；为了获取经济利益，科学知识必须应用于商业领域，以创造新的产品，推出更高效的产品和服务的生产方式。

虽然企业家的身份更富有吸引力，但是管理者——负责日常业务管理的人，同样对决定平均劳动生产率起到了关键性的作用。管理工作所覆盖的职位范围十分广泛，从码头监工到掌管《财富》500强名单中所列企业的CEO（首席执行官），尽管职位不同，却都是管理者的身份。管理者的工作包括满足顾客需求、与供应商交涉、组织生产、筹措资金、分配人员，以及激发他们努力高效地工作。这些行为都可以提高劳动生产率。例如，20世纪七八十年代，日本管理者所引进的一些新的生产方法大幅提高了日本制造厂的生产效率。实时制（just-in-time）库存制度便是其中之一，在这种制度下，供应商只有在工厂需要某种生产零件的时候才会及时运送过去，这使得工厂不再需要专门的零件库存。日本的管理者还首先倡导将工人组织为半自主的生产团队的方法，与传统的装配线生产相比，工人变得更具有机动性与责任感。美国以及其他国家的管理者看到了这一点，他们认真地学习，并在自身的生产实践中采纳了日本的很多管理技术。

---

① "Entrepreneurship: Productive, Unproductive, and Destructive," *Journal of Political Economy*, October 1990, pp. 893-921.

政治与法律环境

到目前为止,我们所强调的都是个人在提高平均劳动生产率方面发挥的作用。事实上,政府在促进生产力提高的过程中也扮演着重要的角色。其中一个关键的作用是,政府能够创造良好的政治与法律环境,以鼓励人们采取经济高效的方式从事自己的活动——努力地工作、明智地储蓄与投资、获取有用的知识与技能,以及提供公众需要的产品与服务等。

政府对实现经济成功起到关键作用的一个特殊职能在于建立明确的产权制度。明确的产权是指法律提供明确的规则来确定资源归属(如通过契约的形式)以及如何使用资源。想象一下生活在一个由军队和警察控制的社会,统治者随时可以索取他想要的东西,而且经常将这种权力付诸行动的情景。在这样一个国家,你会有什么动机去种植好的农作物,或是创造其他有价值的产品与服务?你可能几乎没有这样的积极性,因为你生产的东西大部分将被夺走。不幸的是,在当今世界上的很多国家,上述假设竟然真实地存在。

政治与法律条件还会以其他方式影响生产率的增长。政治学家与经济学家都曾经阐述过这样的事实:政治的动荡会对经济增长造成负面影响。这一发现之所以符合事实,是因为企业家与储蓄者不会愿意将其资源投入统治不稳定的国家,特别是在权力之争引起国内动荡、恐怖行动或是游击战的情况下,这种投资几乎不大可能发生。相反,如果一个政治体制提倡自由与开放的思想交流,它将会加速新技术与新产品的开发进程。例如,一些经济史学家指出,曾经是经济强国的西班牙之所以会没落,其部分原因是由于西班牙宗教法庭的出现,它宣扬与尊崇的是正统宗教的思想,不允许任何有悖于此的思想存在。由于宗教法庭对与教会教义矛盾的关于自然界理论的排斥,西班牙的科学和技术开始慢慢衰退,从此,西班牙渐渐落后于像荷兰这种政策相对宽容的国家。

练习 7.5

一名移民到美国的孟加拉国工人可能发现,他在美国的平均劳动生产率远高于他在本国的生产率。当然,这个工人在两个国家从事的是同一份工作,其他方面的条件也相同。那么,这一向美国迁移的简单过程是如何提高这位工人的劳动生产率的?你的答案是否也部分解释了移民的动机?

重点回顾:平均劳动生产率的决定因素

- 决定一国平均劳动生产率的关键因素包括:
- 工人的技术与培训,即人力资本;
- 实物资本的数量和质量——机器、设备与建筑物;
- 土地以及其他自然资源;
- 技术在生产中的应用程度;
- 管理和创业的有效性;
- 宽松的社会与法律环境。
- 工业化国家的劳动生产率增长在20世纪70年代和80年代有所减缓,但1995年以来,它开始回升(尤其是在美国),这主要是因为信息通信技术的进步。

促进经济增长

如果一个社会希望加快自身经济增长的步伐，那么政策制定者可以采取哪些措施来实现这一目标？基于我们曾经进行的关于那些有助于平均劳动生产率与人均产出增长的因素的讨论，下面列出一些相关的政策建议。

增加人力资本的政策

由于受过良好教育并拥有熟练技能的工人比那些未经培训的劳动力具有更高的生产率，所以，大部分国家的政府通过提供教育与进行培训的方法来提高其公民的人力资本。在美国，中学以下的教育由政府作为公共教育进行普及，而对于技校、学院与大学这些高等院校，政府也提供了广泛的支持。另外，还存在一些政府资助的早期培养项目，如“先行一步”(Head Start)计划的目的是对贫困或弱智的学前儿童进行教育，以帮助他们在入学前获得相当于同龄人的人力资本水平。不仅如此，美国政府还对年轻工人的工作培训以及技术过时工人的再培训给予一定的资助，不过在力度上可能比不上其他一些国家。

经济自然主义者 7.2 为何几乎所有的国家都提供免费的公共教育？

所有的工业化国家都向其公民免费提供中学以下的公共教育，其中大部分国家还对大学以及其他高等院校进行补贴。政府为何会采取这样的政策？

美国人对接受免费公共教育已经习以为常，以至于他们会对这样的问题感到奇怪——在他们的观念里，免费教育是理所当然的。不过，既然政府并没有向所有人(除了贫困者之外)免费提供食物、医疗等基本的产品与服务，为什么它要提供免费教育？而且，对教育服务的供给与需求事实上是可以通过私人市场实现的，并不一定需要政府的协助。

为什么几乎所有的国家都提供免费的公共教育？

关于免费教育或者说教育补贴的一个重要观点认为，个人对教育服务的需求曲线并没有包括教育的所有社会收益(均衡原理在一定程度上也说明，处于均衡状态的市场并不一定能实现集体行为带来的全部利益)。例如，一个民主的政治体系要实现高效运作，很大程度上取决于公民的教育水平——而这一点对教育服务的个体需求者来说几乎不会成为他们接受教育的个人原因。如果从经济角度考虑，我们认为，个人无法实现自身接受教育所带来的全部经济收益。例如，拥有较高人力资本的人会有较高的收入，从而会上缴较多的税款——这些资金将用于提供政府服务和救助贫困者。由于所得税的存在，获得人力资本的私人收益要低于社会收益，因而在私人市场上对教育的需求，站在社会的角度来看并不是最优的。同样，受过教育的人比其他人更容易带来技术的进步与发展，从而实现生产率的提高，这会令包括他们自己在内的很多人都受益。提供公共教育的另一个理由是，那些希望对自身人力资本进行投资的贫困者可能会由于收入低下而无法实现这一愿望。

与许多经济学家一样，诺贝尔经济学奖获得者米尔顿·弗里德曼(Milton Friedman)认为，上述理由只能说明政府可以用补贴方式(这种方式被称为教育优惠券)帮助人们从私人市场获得教育服务，并不能得出政府应该直接提供教育的结论。而公共教育的捍卫者则认为，为了制定教育标准并保证教育质量，政府有必要对教育进行某些方面的直接控制。你是怎样认为的？

鼓励储蓄与投资的政策

当工人能够利用大量现代的资本存量时，平均劳动生产率就会提高。为了支持新资本的创造，政府可以鼓励私人部门提高储蓄与投资的力度。美国税法中有很多相关的规定，其目的是提高家庭储蓄与企业投资的激励。例如，设立了个人退休金账户(IRA)的家庭，可以为退休进行储蓄而不用对储蓄金及其利息支付税款(不过，当人们退休后从账户中提取储蓄金时就要面对税收问题)。在法律上对个人退休金账户进行这样的规定，目的在于增加储蓄对美国家庭的经济吸引力。类似地，美国国会还多次制定关于投资行为的税收优惠政策，以降低对新资本品进行投资的企业所缴纳的税额。第8章和第9章将详细讨论私人部门的储蓄与投资行为。

政府可以通过公共投资(创造的资本由政府所有)的方式直接促进资本形成。公共投资包括修建公路、桥梁、机场、水坝等，在一些国家，能源的供应以及通信网络的建设也由政府资助。从艾森豪威尔总统执政期间开始建设的美国州际高速公路系统，便是人们在讨论公共投资时经常提及的成功事例。这一州际公路系统的建立大大降低了美国长途运输的成本，提高了整个经济的生产效率。

在今天，计算机与通信结合所形成的网络，我们称之为互联网，也对经济产生了类似的作用。这一项目在其发展初期同样得到了政府的重要资助。很多研究证实，政府在基础设施方面的投资，即用于支持私人部门经济活动的公共资本，是经济增长的一个重要来源。

支持研究与开发的政策

技术进步的过程会带来生产率的提高，而技术进步的前提则是对研究与开发(R&D)的投资。在很多产业，企业已经有足够的激励从事研发活动。例如，政府没有必要对新型腋下除臭剂的研发进行经济上的补贴。

不过，另一些类型的知识，尤其是基础科学知识，则会带来广泛的经济效益，这种效益无法由某家企业单独获得。例如，硅材料计算机芯片的研发商对一些新兴产业的出现起到了重要作用，而它们自己却只获得了其发明所带来的一小部分收益。

由于基础研究的受益者是整个社会而不是单独的企业，政府有必要对基础研究提供一定的支持，事实上，美国政府正是通过国家科学基金会这一机构来实施这项政策的。除此之外，联邦政府也对大量的应用性研究提供资金援助，这主要体现在军事与航天技术的应用方面。在国家安全允许的范围内，政府可以通过与私人部门分享这些研究成果来促进经济增长。例如，最初基于军事目的开发的全球定位系统(GPS)，如今已经在私人客车上得到了应用，它可以帮助驾驶员方便地确定车辆的位置。

法律与政治体制

虽然经济增长主要源于私人部门的行为，但是政府在其中也扮演了重要角色：它可以提供一种良好的体制，使私人部门能够有效地运作。在这方面，我们曾经讨论过私人产权与完善的法律体系的重要性，也分析过有利于创业行为的经济环境，还特别指出了稳定的政治与自由开放的思想交流的重要意义。不仅如此，政府的政策制定者也应该将税收与管制政策对提高生产率行为(例如，投资、创新与冒险)的潜在影响纳入考虑范围。

最贫穷的国家：一个特例

世界上最富有国家与最贫穷国家的生活水平之间存在巨大差距。对最贫穷的国家而言，实现经济增长是当务之急。前面所提供的政策建议对这些国家有借鉴作用吗？这些贫穷的国家是否需要以截然不同的方式来促进经济增长？

那些促进富国经济增长的因素与政策，在很大程度上也适用于穷国经济。通过教育与培训来增加人力资本、提高储蓄与投资率、扩大对公共资本与基础设施的投入、大力支持研发的进程、鼓励创业，所有这些措施都能够提高穷国经济的增长速度。

不过，与富国相比，最贫穷的国家更应该在改善对经济起支撑作用的法律与政治环境方面加强改革力度。例如，许多发展中国家的法律体系非常不健全，这会大大增加创业与投资行为所涉及的产权的不确定性，从而打击有意从事这类活动的人的积极性。

发展中国家的课税与管制通常会给公民带来较重的负担，而其主管机构又往往缺乏效率——申请人经常要花数月甚至数年的时间才能获得经营企业或是扩建工厂的批准。一些穷国还对市场进行管制以抑制其力量的发挥，例如，银行贷款的分配与农产品的价格，这些本应由市场来决定的事情，在很多穷国却是由政府进行规划的。

制定用以改变这些现象的结构政策是实现穷国经济增长的重要前提。不过，对某些国家而言，最重要但可能也最困难的仍然是建立稳定的政治制度与完善的法律体系。缺乏政治的稳定性，国内外的投资者都不会愿意对该国有所投入，经济增长也会变得愈加困难。

那么，富国能够对穷国的发展提供一定的帮助吗？历史上，确实有很多富国对穷国伸出了援助之手，这种援助有时候表现为个别国家的借款或赠款，有时候则采取由国际机构(如世界银行)提供借款的方式。不过，历史经验告诉我们，对那些不进行诸如减少过度管制与改善法律体系之类结构改革的国家实行资金援助，作用十分有限。富国为了确保其对国外进行资助的效率，应该帮助穷国实现政治上的稳定，并鼓励其在经济结构方面进行必要的改革。

经济增长的成本

在本章和第 4 章，我们都强调了经济增长对于提高人均生活水平的正面作用。那么社会是否应该始终争取让经济以可能达到的最高速度增长？答案是否定的。虽然我们暂时承认人均产出的增加总是合意的，但是获得更高的生产率增长速度势必给社会带来成本。

经济持续增长的成本是什么？最直接的就是创造新资本的成本。我们知道，扩大资本存量能够提高未来的生产率与产出水平。但是为了增加资本存量，我们必须将原本可以用于消费品生产的资源进行转移。比如说，为了增加机械化的装配线，需要雇用更多的技术人员来开发工业机械，相应的用于设计计算机游戏的技术人员就少了。为了建造新工厂，就会有更多的木匠和木材投入工厂建设，而用于加固地窖和修葺家庭住宅的资源就减少了。简而言之，如果人们想要增加对新资本的投资，就必须少消费、多储蓄——这是一种实实在在的经济成本。

一个国家是否应该以减少消费品为代价对生产资本品进行大量投资？这一问题的答案取决于人们愿意而且能够以眼前的消费来换取将来更大的经济蛋糕的程度。如果一个国家很贫穷，或是正在经历一场经济危机，那么人们会更倾向于保证相对高的消费，而将储蓄与投资维持在较低水平。这与常识十分吻合：如果身处暴雨之中，我们就不需要再为平时的下雨天做储备了。但在一个相对富裕的国家，人们可能更愿意做出暂时的牺牲以换取未来更高的经济增长。

实现经济高速增长的成本并不只限于为资本形成所牺牲的那部分消费。在美国，19世纪与20世纪初是经济快速发展的时期，但在那时很多人要在危险恶劣的工作环境中长时间劳动。诚然，这些工人为建设美国今天的经济做出了不少贡献，但是他们的付出却是巨大的，这表现在休闲时间的减少，在一些情况下甚至是以工人的健康与安全为代价的。

经济增长的其他成本还包括用于改进技术的研发成本，以及技能培训的成本（人力资本）。事实上，实现未来的高生活水平必定是以眼前的牺牲为代价的，这正是稀缺原理的一个例子，它告诉人们，更多地拥有一种好的事物的同时，经常意味着只能较少地获得另一种好的事物。由于实现更高的经济增长会带来实际的经济成本，因此由成本—收益原理我们知道，只有当收益大于成本时，才应该寻求更高的经济增长。

增长是否存在极限

通过本章前面部分的学习，我们知道即使是相对较低的经济增长率，只要持续较长的时间，也会带来经济规模的巨大扩张。人们不禁会对此提出疑问：经济增长能否无限制地一直持续下去而不会耗尽自然资源或是造成重大的全球性环境问题？

对于经济增长无法一直持续的担忧由来已久。1972年小说《增长的极限》的出版在当时颇具影响[①]，小说中描述的计算机模拟结果显示：除非停止人口增长与经济扩张，否则整个世界将在不久的未来耗尽所有的自然资源、淡水和可供呼吸的清新空气。这本小说以及之后相继推出的一些类似作品，提出了很多具有重要意义的基本问题，对于其中的一些问题我们在这里还无法做出完全公正与客观的回答。不过，它在某些方面的结论具有一定的误导性。

与"增长的极限"主题相关的一个问题是基本的经济增长概念。一些人强调增长会受环境制约，这种观点实质上隐含了这样一个假设：经济增长总是采取扩大已有产品与服务产出数量的方式——这就会产生越来越多的冒着浓浓黑烟的工厂、排放有毒尾气的汽车以及拥挤的快餐店。如果事实真是如此，我们所处星球能够承受的经济增长肯定是有

① Donella H. Meadows, Dennis L. Meadows, Jørgen Randers, and William W. Behrens Ⅲ, *The Limits to Growth* (New York: New American Library, 1972).

极限的。但是，实际 GDP 的增长并不一定要采取这种形式。其增长也完全可以来自新型产品与高质产品的推出。例如，网球拍在几十年前还是一种比较简单的产品，当时大部分网球拍的材料均为木头。而在今天，网球拍的生产基本上都使用了新近发明的合成材料，而且采用了复杂的计算机模拟手段来实现最佳手感的设计目标。由于在消费者眼里，这些具有较高技术含量的新网球拍比以前的木制产品具有更高的价值，因此这种产品质量的提高实际上也对 GDP 的增长做出了贡献。同样，新药物的出现也促进了经济的增长，而电视节目的日益丰富、数字音响以及电子商务的普及，都为人们生活水平的提高做出了重大贡献。从中可以看到，经济增长不一定要表现为已有相同产品的重复生产，它可以源于更新、更好、更清洁、更有效率的产品与服务。

关于"增长的极限"结论的另一个问题在于，它忽视了这样一个事实：增加的财富与生产率会提高社会保护环境的能力。现实世界里，污染最严重的国家并非最富有的国家，而往往是尚处于工业化进程初始阶段的国家。在这一阶段，国家必须将大部分资源用于满足人们的基本需要——食物、住房、医疗——同时又要进行产业扩张。在这样的国家，清洁的空气与饮用水很可能会改变其基本生活需要的定位，成为一种奢侈品。而在经济发达国家，人们大部分的基本需要都可以很容易地得到满足，从而有额外的资源用于保持环境的清洁。因此，持续的经济增长可能减少污染，而并非一定会增加污染。

忽视市场力量与其他社会机制在处理资源稀缺问题上发挥的作用，是对经济增长持悲观态度的第三个误区。在 20 世纪 70 年代石油供给严重不足的那段时间里，关于能源危机与世界石油资源即将枯竭之类的标题新闻充斥各大报纸。这种媒体的力量确实不容忽视。30 年之后的今天，世界上已知的石油储备事实上比 20 世纪 70 年代所知道的更丰富。[①]

由于市场的运作，当今的能源状况比 30 年前所预期的要好得多。石油供给不足会导致价格上涨，从而改变供需双方的行为。消费者会在住宅的装修过程中使用保温绝缘材料，购买节能汽车与设备，并使用其他的可替代能源。供应商则会致力于在拉丁美洲、中国与北海油田等石油资源丰富的地区进行开采，以寻找新的石油供给的来源。简而言之，市场力量能够解决能源危机。

一般来说，任何资源的短缺都会引起价格的变化，而价格信号又会促使供需双方采取行动以解决这类供给不足的问题。根据当前经济状况来简单预测未来的做法忽视了市场体系在发现短缺现象并及时调整方面所发挥的力量。在政治压力刺激下的政府行为，例如为了保留公共场所或者降低空气污染而对公共资金进行配置的措施，又可以作为市场调节的补充手段。

尽管"增长的极限"观点确实存在很多不足之处，不过大部分经济学家都承认，并非经济增长所造成的所有问题都能通过市场或政治手段得到有效解决。其中最引人关注的可能是全球性的环境问题，例如全球变暖与热带雨林不断遭受破坏的现象，这些亟待解决的问题对现有的经济和政治机构提出了严峻的挑战。由于环境质量不能在市场上买卖，我们无法通过市场过程来保证环境质量自动实现最优水平(回忆一下均衡原理)。不只市场对此无能为力，无论是地方政府还是国家政府都无法有效地处理全球性问题。除非建立某种国际性机制来处理这类全球性环境问题，否则这些问题将会随着经济增长的继续而加剧。

---

① 油价近期的攀升再度引发人们的关注。

例 7.8 墨西哥的空气污染

墨西哥城的空气质量为何会如此之差?

像墨西哥这样既没有实现完全的工业化也不至于陷入极度贫困的发展中国家,经常会被严重的环境问题所困扰。这是为什么呢?

人们对经济增长表示担忧的一个原因在于,它会引起更大程度的环境污染。不过,经验研究表明,污染与人均实际 GDP 之间的关系更像是一个倒置的"U"形(详见图 7.6)。换句话说,一个国家的人均实际 GDP 从非常低的水平逐渐提高到"中间收入"水平时,大部分度量指标都表明环境污染现象会变得更加严重;但当人均实际 GDP 继续上升时,环境质量反而会得到改善。一个旨在考察空气质量与人均实际 GDP 之间关系的研究发现,空气质量最差时所对应的人均实际 GDP——图 7.6 中的 *A* 点——大致上与墨西哥现在的产出水平差不多。① 事实上,墨西哥城的空气质量确实很差,任何去过该市的人都可以证明这一点。

在国家的工业化进程中污染可能会加剧,这一点容易理解,但为什么当人均实际 GDP 达到非常高的水平时环境质量会有改善?对于这一现象存在很多解释。与中等收入水平的经济相比,更富有的经济在金融与软件开发等"清洁的"、高价值的服务形式方面占有更大比例,而像重工业这样会造成严重污染的产业则份额相对不高。富有的经济体通常还会设立专门的机构,来研究开发高端先进、成本低廉的污染防治技术。不过,富有的经济体更加"清洁"的主要原因其实很简单,这就和富人的住宅一般会比穷人的住宅更加干净整洁、条件更好的道理一样。当收入的提高使人们的基本需要得到满足之后,更多的资源就会被用于追求一些"奢侈品",例如清洁的环境(这符合稀缺原理)。对富有的家庭而言,他们会将额外的资源用于清洁服务的支付;而对富有的国家而言,它们会花钱为工厂与汽车安装污染控制设备。事实上,与中等收入国家和穷国相比,富国在污染防治法律方面的规定与实施更严格。

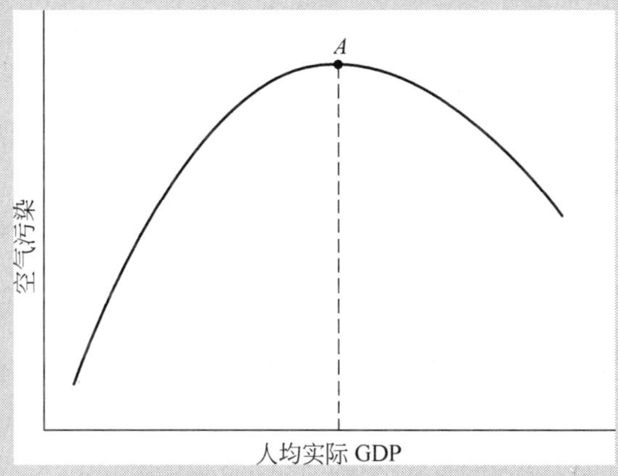

图 7.6 空气污染与人均实际 GDP 之间的关系

经验分析表明,空气污染在初始阶段会随着人均实际 GDP 的提高而加剧,但达到一定水平之后,人均实际 GDP 的提高反而会伴随着空气污染程度的下降。代表空气污染程度最厉害的点(*A* 点)所对应的人均实际 GDP 与墨西哥现在的产出水平大致差不多。

---

① Gene M. Grossman and Alan B. Krueger, "Environmental Impacts of a North American Free Trade Agreement", in Peter Garber, ed., *The Mexico-U. S. Free Trade Agreement* (Cambridge, MA: MIT Press, 1993). See also Grossman and Krueger, "Economic Growth and the Environment," *Quarterly Journal of Economics* May 1995, pp. 353-378; and World Bank, *World Development Report: Development and the Environment*, 1992.

重点回顾：经济增长过程中的发展与问题

- 促进经济增长的政策包括：提高人力资本的政策(教育与培训)；鼓励储蓄与资本形成的政策；支持研发的政策；构建一个有利于家庭和企业高效运作的法律与政治体制。法律与政治体制的低效率(例如，政府官员的腐败或者产权界定不明晰等现象)，是很多发展中国家的共同问题。
- 经济增长会产生大量成本，其中最明显的代价是对当期消费的影响。为了将更多的资源用于创造新的资本与开发新的技术，当期的消费活动会被限制在一定的水平内。只有当进一步增长带来的收益超出其产生的成本时，我们才应该去努力实现更高的经济增长率。
- 一些人认为，资源的有限性最终会导致经济停止增长。这个观点忽视了一个重要的事实：经济的增长可以表现为生产更优质、更先进的产品与服务，而不一定要求产量大幅增加。它也没有考虑到，财富的增加为节约资源以保护环境提供了更大的可能。它同样没有看到，政治与经济本身都存在很多的机制以解决这些与经济增长联系在一起的问题。不过，当经济增长造成的环境问题或者其他问题具有全球性影响时，这些机制所能发挥的作用可能就会变得相当有限。

小结

- 在过去两个世纪，工业化国家的生活水平得到了巨大的改善，这体现在人均实际GDP的大幅增长上。由于复利效应的作用，即使增长率之间只有相对较小的差异，如果持续较长的时期，也会造成人均实际GDP与平均生活水平等方面的巨大差距。因此，长期经济增长率是十分重要的经济变量。
- 人均实际GDP可以表述为平均劳动生产率(单位工人实际GDP)和工作人口比例的乘积。只有平均劳动生产率与工作人口比例这两者之一或两者同时出现提升现象，人均实际GDP才会增长。1960年以来，美国就业人口比重的不断上升对人均实际GDP的增长做出了显著贡献。不过，最近40年，人均实际GDP增长的主要来源仍然是平均劳动生产率的提高，历史上绝大多数时期的情况也是如此。
- 决定劳动生产率的众多因素包括：工人的才能、受教育水平、培训与技术，即人力资本；工人所使用的实物资本的数量与质量；可获得的土地以及其他自然资源；在产品与服务的生产和分配过程中的技术应用；企业家与管理者的作用；宽松的社会与法律环境。根据资本收益递减原理，资本存量达到一定水平之后，继续追加资本并不是提高平均劳动生产率的最有效方式。经济学家一般认为，新技术是提高生产率的最重要的唯一源泉。
- 20世纪七八十年代，大部分工业化国家的劳动生产率增长速度都开始放慢。而从1995年至今，美国生产率的提高再次加快了进程，不过，这很可能是由于这段时期新技术的大量涌现。

- 政府可以通过制定并实施一定的政策来促进经济增长。这些政策的内容包括：促进人力资本的培养；鼓励储蓄与投资(其中包括对基础设施的公共投资)；支持以基础科学为主的研究与开发；构建一个有利于家庭和企业高效运作的法律与政治体制。在世界上最贫穷的国家，法律、税收与管制体系都处于相当低的水平，它们急需实现法律与政治体制的改善和政权的稳定。
- 经济增长在带来收益的同时也会产生成本。其中比较突出的便是对当期消费的负面影响：为了实现对新资本品的高投资率，人们不得不减少消费；高速增长所造成的其他成本包括工作强度的提高以及研发成本的上升。因此，经济增长并非越快越好；经济发展是否合意取决于增长所带来的收益是否大于成本。
- 增长是否会达到极限？那些认为环境问题与资源的有限性会抑制经济增长的观点忽视了这样一个重要的事实：经济增长既可以体现为数量的增加，也可以表现在质量的提高上。事实上，产出的增加有助于提供更多的资源以营造清洁的环境。不仅如此，市场体系与政治手段的结合也能够解决经济增长过程带来的很多问题。不过，需要注意的是，那些既无法通过市场解决也无法由单个国家的政府予以管制的全球性环境问题，可能会抑制经济的增长。

名词与概念

average laber productivity	平均劳动生产率	entrepreneurs	企业家
compound interest	复利	human capital	人力资本
diminishing returns to capital	资本收益递减		

复习题

1. 20世纪，工业化国家的人均实际GDP发生了怎样的变化？这种变化给普通公民带来了什么影响？这种影响在不同地区的不同国家相同吗？(例如在日本和加纳)？

2. 为什么经济学家将平均劳动生产率视为决定长期生活水平的关键因素？

3. 什么是人力资本？为什么从经济角度而言它有十分重要的意义？新的人力资本是如何创造出来的？

4. 你雇用了5个力气不同的工人挖沟。工人如果没有铲子就无法工作，其生产率就为0。如果你所拥有的铲子不够5人使用，你将如何在工人之间分配铲子？当你得到额外的铲子时，你会把它交给谁使用？利用这个例子讨论以下问题：(1)实物资本的数量与平均劳动生产率之间的关系；(2)资本收益递减概念的含义。

5. 美国1995年以来劳动生产率增长复苏的原因是什么？你是怎样知道的？

6. 试讨论有才能的企业家与高效率的管理者如何带来平均劳动生产率的提高。

7. 政府在实现提高平均劳动生产率这个目标上有哪些主要贡献？

8. 试对这一观点进行讨论："由于环境极易遭到破坏，资源十分有限，经济最终将会停止增长。”

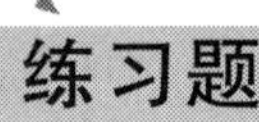

练习题

1. 有两个国家,富国和穷国。富国的实际人均 GDP 为 10 000 美元,而穷国的实际人均 GDP 只有 5 000 美元。不过,富国实际人均 GDP 的年增长率为 1%,而穷国则为 3%。试比较 10 年之后两国的实际人均 GDP。20 年后情况又会如何?穷国要想赶上富国大概需要多少年时间?

2. 计算 2030 年美国的劳动生产率会提高多少?(相对于 2010 年),如果:

(1) 生产率继续以每年 3.1%的速度增长;

(2) 生产率的增长降到 1973—1995 年这段时间的平均增长率 1.4%(提示:你不必知道每年平均劳动生产率的实际值即可回答这个问题)。

3. 在未来的几十年里,美国人口的“老龄化”将会大幅提高退休人群的比例。为了具体说明这种现象对美国生活水平的影响,我们假设,2009 年之后的 49 年里,就业人口比例回到了 1960 年的水平,而平均劳动生产率的增长幅度则与 1960—2009 年这一时期相同。在这样的情景设定之下,2009—2058 年,实际人均 GDP 的净增值将是多少?你的计算过程将会用到下表中的数据。

年　份	平均劳动生产率/美元	就业人口比例/%
1960	45 438	37.8
2009	99 763	46.0

4. 下表列出了 1979 年和 2008 年,德国与日本就业人口占总人口的比例:

国　家	1979 年	2008 年
德国	0.33	0.49
日本	0.48	0.51

利用表 7.1 中的数据,分别求出 1979 年和 2008 年每个国家的平均劳动生产率。1979—2008 年人均产出的增长中,有多少可以用劳动生产率的提高来解释,又有多少缘于就业人口占总人口比重的上升?

5. 乔安妮刚刚中学毕业,她现在有两种选择:一是再上两年大专;二是直接参加工作。她的目标是最大化 5 年之后其银行存款的数额。如果直接参加工作,在接下来的 5 年她每年将获得 20 000 美元的收入。如果继续学习,则在接下来的前 2 年,她丝毫没有收入——事实上,她还需要每年贷款 6 000 美元用于支付学费与教材费用。这笔贷款必须在大专毕业后的 3 年内偿还。不过一旦她大专毕业,每年的工资将变为 38 000 美元。乔安妮每年的总生活费用(包括消费支出与上缴税额,但不包括学费与教材费用)为 15 000 美元。

(1) 为方便起见,我们假设乔安妮的借贷行为所涉及的利率为 0。从经济角度考虑,她应该上大专还是去工作?

(2) 如果凭借中学学历,乔安妮每年能获得23 000美元的收入,你的答案会改变吗?

(3) 如果乔安妮的学费与教材费用每年为8 000美元,你的答案会改变吗?

(4) * 假设乔安妮的借贷行为所涉及的利率为10%,其他数据都与(1)一致。收入在每年年末获得,支付了必需的费用之后,剩余的金额都存入银行。利息按复利计算,于每年年末支付。同样,贷款的清偿在年末进行,贷款利息也于年末产生。在这种存在利率的情况下,乔安妮是应该上学还是应该工作?

6. 美鲜食品杂货店有两个收银台和四位雇员。每位雇员的技能水平都相同,他们既可以操作收款机(收银员),也可以从事给顾客购买的商品进行装袋的工作(装袋员)。商店所有者为每个收银台配置了一位收银员与一位装袋员。一个同时配有收银员与装袋员的收银台每小时可以为40名顾客进行结账服务,而只有收银员的收银台每小时只能服务25名顾客。

(1) 如果用每小时结账的顾客数量来衡量,美鲜食品杂货店的总产出与平均劳动生产率分别是多少?

(2) 商店所有者又增加了第三个收银台,并为之配备了收款机。假设雇员数量并没有增加,应该如何对四位雇员的工作进行重新分配以实现最大效率?这时的总产出与平均劳动生产率分别是多少(用每小时结账的顾客数量来衡量)?

(3) 如果商店所有者又增加了第四个收银台,并为之配备了收款机,请再次回答(2)中提出的问题。如果增加了第五个收银台,情况如何?在这个例子中,资本收益递减原则是否得到了体现?

7. 哈里森、卡拉与弗雷德三人都是房屋油漆匠。使用标准漆刷,哈里森与卡拉每小时都能漆100平方英尺的面积,而弗雷德每小时只能漆80平方英尺的面积。如果使用滚筒,他们三人每小时都可以漆200平方英尺的面积。

(1) 假设哈里森、卡拉与弗雷德现在手头上只有漆刷可以使用。如果将他们视为一个小组,那么这个小组以单位油漆匠每小时所漆面积来衡量的平均劳动生产率是多少?

(2) 当他们获得的滚筒数量分别为1、2、3、4时,请分别回答(1)中提出的问题。你的答案是否体现了资本收益递减原则?

(3) 油漆质量的提高将油漆匠每小时所漆的面积增大了20%(不管是使用漆刷还是滚筒,效率的提高幅度是相同的)。这一技术上的进步将如何影响你在(2)里做出的回答?资本收益递减原则依然成立吗?技术进步到底增加还是降低了获得额外一个滚筒的经济价值?

8. 赫斯特经营了一个鱼苗孵化养殖场。本年年末她的养殖场一共有1 000条鱼。她可以按照自己的意愿捕获任意数量的鱼,并以每条5美元的价格出售给各家饭店。由于大鱼会产下小鱼,赫斯特今年留在养殖场的每一条鱼在第二年都会产下一条鱼,从而使养殖场里鱼的数量会翻倍。她预计第二年每条鱼的价格仍然是5美元。赫斯特完全依靠当

---

* 表示具有一定的难度。

期卖鱼获得的收入来维持生活。

(1) 如果赫斯特想实现一年后养殖场中鱼数量的最大增长，她今年应该捕捉多少条鱼？

(2) 你认为实现鱼数量的最大增长对赫斯特来说是不是一个合理的经济策略？请说明理由。可以参考文中关于经济增长的成本部分内容的讨论。

(3) 如果赫斯特想最大化当期收入，她今年应该捕捉多少条鱼？你认为这个策略好吗？

(4) 试解释，为什么赫斯特不可能“一网打尽”所有的鱼，也不可能一条鱼都不捕捉，而是捕捉一部分，留一部分用于繁殖。

9. 判断正误：为了使基础科学的进步能够带来生活水平的改善，必须向其提供经济方面的一定支持。试对此进行分析，并在必要时利用具体事例来证明你的观点。

10. 通过分析文中讨论过的平均劳动生产率的六个决定因素对美国经济进行一个简短的评述。与其他国家相比，美国是否在某些地方存在绝对优势，在某些方面又存在不足？利用《美国统计摘要》(可通过登录 www.census.gov/compendia/statab/，在线获取数据)中的数据以及其他资料来证明你的观点。

正文中练习题的答案

7.1 如果1870—2008年，美国经济以日本的年增长率增长，则2008年的人均实际GDP将是2 445美元×$(1.025)^{138}$=73 819.70美元。而事实上，2008年美国的人均实际GDP是31 178美元，因此，在更高的增长率下，人均产出变成原来的2.37倍。

7.2 露西与以前一样，每周包装4 000颗糖，每小时包装100颗。而埃塞尔现在每小时能包装500颗糖，每周工作40个小时就能包装20 000颗。两人合在一起每周可以包装24 000颗糖。由于这是她们两人总共工作80个小时的产出结果，因而她们的每小时产出应该是24 000颗除以80，即每小时包装300颗糖，这是她们各自每小时生产率的平均值。

7.3 由于埃塞尔每小时能够手工包装300颗糖，将机器交由埃塞尔使用，其每小时额外的收益为500－300＝200颗糖。而露西每小时只能手工包装100颗糖，将机器交由露西使用，其每小时额外的收益为400颗糖。因此，将机器交由露西使用的收益大于交由埃塞尔使用的收益。我们同样可以这样分析，如果由埃塞尔使用机器，那么露西和埃塞尔两人合在一起每小时能包装500＋100＝600颗糖；如果由露西使用机器，她们两人每小时可以包装300＋500＝800颗糖。所以，由露西使用机器，产出会有更大幅度的增加。

7.4 在引入新包装纸的前提下，依靠手工劳动露西每小时能包装300颗糖，而埃塞尔每小时能包装500颗糖。如果使用机器，不管是露西还是埃塞尔每小时都可以包装800颗糖。与练习7.3的结论类似，将机器交由露西使用的收益(每小时多包装500颗糖)大于交由埃塞尔使用的收益(每小时多包装300颗糖)。所以，如果只有一台机器，应该交由露西使用。

类似表7.2的表格可以编制成下面的形式：

糖果包装厂的资本、产出与生产率之间的联系

(1) 机器数量(K)	(2) 每周包装的糖果数量(Y)	(3) 每周工作时间(N)	(4) 每小时平均劳动生产率(Y/N)
0	32 000	80	400
1	52 000	80	650
2	64 000	80	800
3	64 000	80	800

将上表与表 7.2 进行对比，你会发现在任一 K 值（机器数量）水平下，技术进步都提高了劳动生产率。

投入的第一台机器为产出增长做出了每周多包装 20 000 颗糖的贡献，新增的第二台机器每周相比原来增加了 12 000 颗糖的产出，而第三台机器的投入丝毫没有促进产出增长（因为没有富余的工人可供使用）。因此，在技术改进后，资本收益递减原则仍然成立。

7.5　尽管来到美国并不会使这位孟加拉国工人本身发生变化，但他却得益于美国所提供的提高平均劳动生产率的各种因素，这些因素与孟加拉国所提供的并不相同。这其中包括：工作时所拥有的更多更好的资本，更高的人均资源占有量，更先进的技术，经验丰富的企业家与管理者，以及有助于实现高生产率的政治法律环境。虽然我们不能保证这位移民工人的人力资本一定会上升（例如，如果他不懂英语而且没有掌握对美国经济有用的技术，那么他的人力资本就没有上升），不过一般情况下，他总是会得到一定程度的提高。

由于提高了的生产率能够带来更高的工资与生活水平，因而仅从经济角度考虑，如果这位孟加拉国工人能够迁移到美国，他就会有强烈的动机移民。

第 8 章

储蓄、资本形成和金融市场

学习目标

学完本章，你应该能够：

1. 解释储蓄与财富之间的关系。
2. 识别并应用国民储蓄的组成部分。
3. 明白人们为什么要储蓄。
4. 讨论企业投资于资本而不是金融资产的原因。
5. 用供求工具分析金融市场。

你小时候可能听父母讲过蚂蚁和蚱蜢的寓言故事。一整个夏天，蚂蚁辛勤工作，为冬天储备粮食。而蚱蜢却嘲笑蚂蚁的劳动，不听蚂蚁的忠告，只顾在太阳下享受惬意的生活。当冬天到来的时候，蚂蚁过得很好，而蚱蜢却不得不挨饿。寓意：在好光景的时候，聪明人懂得为未来储存一些东西。

当然，这个预言还有一个很现代的结局：蚱蜢被蚂蚁堆的小山绊倒，弄断了腿，因此它对蚂蚁的过失提出控诉，最后靠蚂蚁的储蓄舒适地生活下去（没人知道蚂蚁的结局如何）。寓意：储蓄是有风险的，今天应当及时享乐。

尽管现代生活有很多陷阱，但是不管对个人还是国家，储蓄都是非常重要的。人们需要为退休后的生活以及未来的其他需要（如孩子的教育、新住宅）进行储蓄。个人或家庭的储蓄也能在遇到经济突发事件（例如失去工作或没有预料到的大额医疗账单）时，提供非常关键的缓冲。从国家层面上讲，新资本品——工厂、设备和住房的生产是促进经济增长、提高生活水平的一个重要因素。正如我们在本章将看到的，生产新资本所需的必要资源主要来自国家的储蓄。

本章主要研究储蓄及其与新资本形成之间的联系。首先，我们给出储蓄、财富的定义，并考察这两者之间的联系。然后，我们转到国民储蓄（家庭、企业和政府的总储蓄）这个话题上来。因为国民储蓄决定着整个经济创造新资本的能力，所以，从宏观角度上说，它是关于储蓄的一个较为重要的衡量方式。

接下来，我们讨论家庭储蓄和企业的资本形成，我们将考虑人们为什么会选择储蓄，而不是花完他们的所有收入。再接下来，我们讨论公司的资本形成，正如我们将看到的，企业的投资行为在很多方面与决定是否增加雇员非常相似：当收益大于成本时，企业将会选择扩充其资本储备。本章的结尾，我们将通过供求理论，阐述国民储蓄和资本形成之间的关系。

储蓄和财富

总体而言，一个经济单位（不管是一户家庭、一个企业、一所大学还是一个国家）的储蓄都可以定义为其当期收入减去花在当期需要上的支出。例如，如果康斯薇洛每周收入为 300 美元，每周花费在日常生活如租金、食物、衣服和娱乐等项目上的支出为 280 美元，剩下的 20 美元存入银行，那么她每周的储蓄就是 20 美元。任何经济单位的**储蓄率**都等于其储蓄除以收入。既然康斯薇洛每周 300 美元的收入中有 20 美元是储蓄，那么她的储蓄率就等于 20 美元/300 美元，即 6.7%。

对于一个经济单位来说，其储蓄与财富是紧密相关的，财富等于资产减去负债。其中，资产包括经济单位拥有的任何一种有价值的东西，既包括金融资产也包括实物资产。例如，你或者你的家庭所拥有的现金、支票账户、股票和债券属于金融资产，而住宅、其他地产、珠宝、耐用消费品（如汽车）和珍贵的收藏品属于实物资产。负债则是经济单位所欠的债务。例如，信用卡账单、学生贷款和抵押都属于负债。

通过比较一个经济主体的资产和负债，经济学家可以计算其财富，又称净价值。做这种比较需要将其资产和负债的详细数据记录在一张表单上，这张表单就称为资产负债表。

例 8.1　编制资产负债表

康斯薇洛2012年 1 月 1 日的财富是多少？

康斯薇洛为了估计自己在 2012 年 1 月 1 日的财务情况，将她当天的资产和负债都罗列在一张资产负债表上。结果如表 8.1 所示。康斯薇洛的财富是多少？

表 8.1　康斯薇洛 2012 年 1 月 1 日的资产负债表　　美元

资　产		负　债	
现金	80	学生贷款	3 000
支票账户	1 200	信用卡账单	250
股票	1 000		
汽车（市场价值）	3 500		
家具（市场价值）	500		
总和	**6 280**		**3 250**
		净价值	**3 030**

康斯薇洛的金融资产包括她钱包中的现金、支票账户中的余额以及父母所给股票的现值，总值为 2 280 美元。另外，她还罗列了汽车和家具等实物资产，其价值总和为 4 000 美元。因此，康斯薇洛包括金融资产和实物资产在内的总资产为 6 280 美元。她的负债则有欠银行的学生贷款以及信用卡的透支额，总值为 3 250 美元。因此，康斯薇洛

2008 年 1 月 1 日的财富或净价值为其资产(6 280 美元)减去负债(3 250 美元),等于 3 030 美元。

练习 8.1

如果康斯薇洛的学生贷款不是 3 000 美元,而是 6 500 美元,那么她获得的净价值将是多少? 编制资产负债表。

储蓄和财富是相关的,因为储蓄对财富做出了贡献。为了更好地理解这种关系,我们必须对存量和流量进行区分。

存量和流量

储蓄是一个流量的概念,定义在单位时间段上。例如,康斯薇洛的储蓄是每周 20 美元。相对地,财富是一个存量概念,定义在一个时间点上。例如,康斯薇洛的财富3 030 美元指的是她在特定的一天(不妨假设为 2012 年 1 月 1 日)所拥有的财富。

为了让存量和流量间的区别更加形象化,我们可以用正在流入浴盆的水进行类比。在任何指定时刻浴盆里的水量——例如,在晚上 7:15,为 40 加仑——是一个存量,因为它是在一个特定时间点衡量的。水流入浴盆的速度——例如,每分钟 2 加仑——则是一个流量,因为它是在一个单位时间段衡量的。在很多情况下,流量是存量的变化率:如果我们知道晚上 7:15 浴盆里有 40 加仑水,水的流速为 2 加仑/分钟,我们可以非常轻松地计算出,水的存量将会以 2 加仑/分钟的速度变化,在 7:16 时等于 42 加仑,在 7:17 时等于 44 加仑,依此类推,直至浴盆中的水溢出。

练习 8.2

继续浴盆的例子:如果晚上 7:15 时浴盆里有 40 加仑的水,水以 3 加仑/分钟的变化率排出,那么 7:16 时存量和流量分别是多少? 7:17 时呢? 此时,流量是否还等于存量的变化率?

储蓄(流量)和财富(存量)之间的关系与流入浴盆的水流量和浴盆中的水存量之间的关系相似,因为储蓄的流量也能导致财富存量以相同比率发生变化。事实上,如例 8.2 所示,个人每储蓄 1 美元就给自己的财富增加了 1 美元。

例 8.2 储蓄和财富之间的联系

康斯薇洛的储蓄与财富之间有何联系?

康斯薇洛每周储蓄 20 美元。这种储蓄方式将会如何影响她 2012 年 1 月 8 日的财富? 其财富的变化有没有因为她选择用储蓄来累积资产或者用储蓄来偿还负债而不同?

康斯薇洛可以用她本周所储蓄的 20 美元增加资产(比如,为她的支票账户增加 20 美元)或者减少负债(比如,偿还信用卡欠款)。假设她将这 20 美元存入支票账户,则她的资产立刻增加了 20 美元。由于负债不变,她的财富也增加了 20 美元,变成 3 050 美元(见表 8.1)。

如果康斯薇洛决定用本周所存的 20 美元偿还信用卡欠款，那么她的欠款额将从 250 美元减至 230 美元。这一举动将使负债减少 20 美元，而资产不变。因为财富等于资产减负债，所以负债减少 20 美元将使财富增加 20 美元，变为 3 050 美元。综上所述，每周储蓄 20 美元能使康斯薇洛 2012 年 1 月 8 日的财富增加 20 美元，不论她是用这笔储蓄去增加资产还是减少负债。

储蓄和财富之间的密切联系解释了为什么储蓄对经济如此重要。今天的高储蓄率将会带来财富的迅速积累，而一个国家越富有，其人民的生活水平就越高。因此，今天的高储蓄率对改善将来的生活水平有很大的贡献。

资本的收益与损失

虽然储蓄增加了财富，但是它并不是决定财富的唯一因素。财富还会随经济单位所拥有的实物或金融资产价值的变化而变化。不妨假设康斯薇洛拥有的股票从 1 000 美元升值到了 1 500 美元，股票价值的增加使总资产的价值上升了 500 美元，而负债不变，因此，康斯薇洛 2012 年 2 月 1 日的财富增加 500 美元，从 3 030 美元升至 3 530 美元(如表 8.2 所示)。

表 8.2　股票升值后康斯薇洛的资产负债表　　美元

资　产		负　债	
现金	80	学生贷款	3 000
支票账户	1 200	信用卡账单	250
股票	1 500		
汽车(市场价值)	3 500		
家具(市场价值)	500		
总　和	**6 780**		**3 250**
		净价值	**3 530**

现有资产的价值发生变化，如果升值则称为**资本收益**，如果贬值则称为**资本损失**。资本收益能使财富增加，资本损失则会使财富减少。资本收益和损失不在储蓄的范畴内。综上所述，某个时间内个人的财富变化等于该时期的储蓄加上该时期的资本收益减去资本损失。用公式表示如下：

财富的变化＝储蓄＋资本收益－资本损失

练习 8.3

下列行为或事件将如何影响康斯薇洛的储蓄和财富?

(1) 康斯薇洛本周结束时像平常一样在银行存了 20 美元，同时又用信用卡消费了 50 美元，使信用卡的欠款达到 300 美元。

(2) 康斯薇洛从支票账户里划出 300 美元用于支付信用卡账单。

(3) 康斯薇洛的旧车被认为是复古型的，因此其市场价值从 3 500 美元升至 4 000 美元。

(4) 康斯薇洛的家具被损坏，因此价值从 500 美元跌至 200 美元。

正如例 8.3 所揭示的，资本收益和损失能对总财富产生较大的影响。

例 8.3　20 世纪 90 年代的牛市与家庭财富

20 世纪 90 年代美国家庭在储蓄很少的情况下是如何实现财富增加的?

总地来说,20 世纪 90 年代,很多美国人都感受到了繁荣和富有:这一时期,不管用哪种指标衡量,家庭财富都显示出巨大增长。而这些年间,美国家庭的储蓄却非常少,如图 8.1 所示。那么,为什么在 20 世纪 90 年代如此少的储蓄下,美国家庭能实现财富的增加?

20 世纪 90 年代,通过直接购买或者间接投资于养老基金和退休基金,越来越多的美国人开始持有股票。而此时的股价正以历史性的速度向上攀升(见图 8.1)。这一强劲上升的"牛市"提高了大多数股票的价格,很多美国人从中享受到了资本收益,不用储蓄就能增加财富。事实上,很多经济学家都认为,20 世纪 90 年代美国家庭的低储蓄率在部分程度上是受牛市的影响,因为资本收益大幅增加了家庭的财富,所以很多人觉得没有必要储蓄。

股市在 2000 年年初达到巅峰,之后的两年股价迅速下跌。有趣的是,2000 年及之后的几年,尽管股票市场价值下跌,但是这些美国家庭并没有选择增加储蓄(见图 8.2)。对于这一现象的一个解释是:2000—2006 年,家庭财富更大的组成部分——私有住宅的价值——显著上涨,这在一定程度上抵消了股票价值下跌对家庭财富造成的影响。

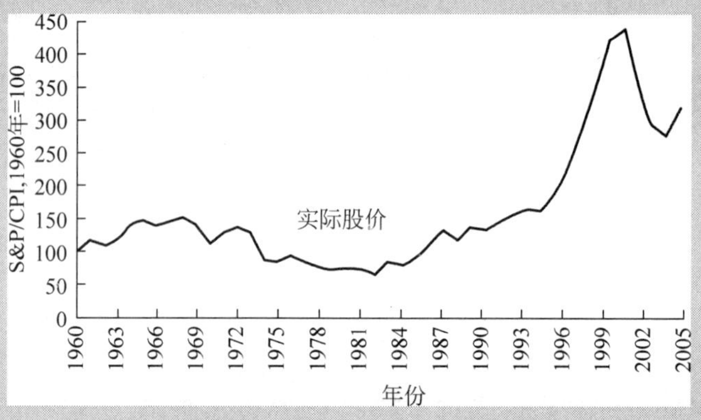

图 8.1　20 世纪 90 年代的牛市

20 世纪 90 年代,股价大幅上涨,大大增加了那些持有股票的家庭的财富。这张图表示的是 1960—2004 年已经除以消费价格指数、消除了通货膨胀影响的标准普尔 500 指数。2000 年股价达到巅峰,之后直至 2003 年年初一直在急剧下跌。

资料来源:总统经济报告(www.gpoaccess.gov/eop/)。

重点回顾:储蓄和财富

总体而言,**储蓄**等于当期收入减去当期支出。**财富**则等于资产(个体拥有的一切有价值的东西)的价值减去负债(个体所欠的债务)。储蓄用每单位时间来衡量(例如,每周多少美元),因此是一个**流量**。财富则用某一个时间点来衡量,因此是一个**存量**。从水龙头中流淌出的水流增加了浴盆中水的存量,与此相似,储蓄的流量也增加了财富的存量。**资本收益**(现有资产的价值增加)也可以使财富增加;**资本损失**(资产的价值减少)也可以使财富减少。

国民储蓄及其组成部分

到目前为止,我们已经从个人角度考察了储蓄和财富的概念。但是,宏观经济学家对整个国家的储蓄以及财富更感兴趣。我们接下来将研究国民储蓄,即国家的总储蓄。国民储蓄除了家庭的储蓄外,还包括商业公司和政府的储蓄。在本章的后面,我们将研究国民储蓄与经济中资本形成率之间的关系。

国民储蓄的衡量

为了定义整个国家的储蓄率,我们首先从第4章引入的基本会计等式开始。根据这一会计等式,某经济体的产出(或者收入)必然等于总支出。这一等式用符号表示为

$$Y = C + I + G + \mathrm{NX}$$

其中,Y代表总产出或者说总收入(总产出必然等于总收入),C代表消费支出,I代表投资支出,G代表政府采购,NX代表净出口。

现在,让我们假设净出口(NX)等于0,这会在两种情形下出现:一是该国不与其他任何国家开展贸易;二是该国进出口始终平衡。当净出口为0时,产出等于支出的条件将变成:

$$Y = C + I + G$$

为了弄清整个国家进行了多少储蓄,我们需要用到储蓄的一般定义。与其他经济单位一样,国民储蓄也等于其当期收入减去花在当期需要上的支出。整个国家的现期收入是它的GDP或者Y,也就是一年中在该国范围内生产的最终产品与服务的价值。

确认当期需要所进行的那一部分总支出比确认国家收入要困难得多。总支出的组成部分中最容易区分的是投资支出I。我们知道投资支出——用于购买新厂房、设备、其他资本品以及进行住房建设——是为了扩充经济在未来的生产能力或者给将来提供更多住房,而不是为了满足当期的需要。所以,非常明显,投资不属于为当期需要进行的支出。

要弄清家庭消费支出G和政府采购G中有多少比例是花费在当期需要上的,就没有这么直接了。当然,大多数家庭消费支出(食物、衣服、日用品、娱乐等)是为了满足当期需要。但是消费支出也包括购买使用寿命很长的耐用消费品,如汽车、家具和家用电器等。耐用消费品在购买的当年只会部分折旧,在其后的时间里,它们还能继续提供服务。因此,在耐用消费品上花费的家庭支出既满足了当期需要,也满足了未来的需要,是混合型的。

与消费支出一样,多数政府采购是为了满足当期需要。但是,与家庭购买相似,也有一部分政府采购是用于如道路、桥梁、学校、政府大楼或者部队装备等长期资本品建设。这些公共资本与耐用消费品一样,在当年只会部分折旧,大多数将在未来提供有效的服务。因此,与消费支出一样,政府采购事实上也是一个混合体,既满足当期需要,也能满足将来的需要。

在官方数据上,政府已经开始区分公共资本投资和其他政府购买,但这部分只占总体的一小部分,而且在实际中确定这类支出中多少花在当期需要上,多少花在未来需要上仍是相当困难的。基于这个理由,在本书中,为了简单起见,我们按传统把所有的消费支出(C)以及政府采购(G)都看做为了满足当期需要而进行的支出。但是我们要记住,消费支

出和政府采购中包含为未来需要而不是当期需要进行的那部分支出，因此，把所有的 C 和 G 都当做花在当期需要上的支出，将会低估国民储蓄的实际金额。

如果我们把所有的消费支出和政府采购都看做花在当期需要上的支出，那么国民储蓄就等于收入 Y 减去花费在当期需要上的支出 $C+G$，因此我们把**国民储蓄** S 定义为

$$S = Y - C - G \tag{8.1}$$

图 8.2 给出了美国 1960—2010 年的国民储蓄率（国民储蓄占 GDP 的百分比）。1960 年以来，美国的国民储蓄率由 1960 年的 21%跌到 2010 年的 11%。

图 8.2 1960—2010 年美国的国民储蓄率

1960 年以来，美国的国民储蓄率由 21%跌到了 11%。

资料来源：美国经济分析局（www.bea.gov/）。

国民储蓄中的私人和公共组成部分

为了更好地理解国民储蓄，我们将把它分解成两个主要组成部分：由家庭和企业进行的私人储蓄以及由政府进行的公共储蓄。虽然从商品和服务生产中获取的个人部分总收入是 Y，但它必须为此纳税并从政府处取得额外的收入，即转移支付，以及对持有政府债券的个人和机构的利息支付。**转移支付**是政府无偿提供给公众的、不要求当期产品或服务回报的支付。社会保障收益、福利金、农场支持经费以及公务员的退休金都属于转移支付。

用 T 来代表私人部门支付给政府的税收减去政府对私人部门的转移支付以及利息支付所得的差额。因为 T 等于私人部门的税收支付额减去从政府那里获得的各种收益、利息款，我们可以把 T 看做净税收。

$$T = \text{总税收} - \text{转移支付} - \text{政府利息支付}$$

私人储蓄是私人部门的税后收入减去花在当期需要上的支出后的部分。私人储蓄 $S_{私人}$ 等于总的私人收入减去净税收再减去消费，或者

$$S_{私人} = Y - T - C$$

私人储蓄还可以进一步分解为家庭储蓄和企业储蓄。家庭储蓄也可以称作个人储蓄，它是由家庭和个体进行的储蓄。家庭储蓄对应的是我们非常熟悉的画面——每个月一家人都会把其部分收入储存起来——这也是新闻媒体关注的焦点。但是实际上，企业也是非常重要的储蓄者——事实上企业储蓄占美国私人储蓄的很大一部分。企业用销售收入来支付工人的薪水、其他运营成本、税收以及对股东的股利。支付完这些后所剩的基

金就等于企业储蓄。一个商业性企业的储蓄主要用于购买新的资本设备，或者用于扩大运营规模。当然，企业还有其他选择，那就是把储蓄存到银行，以备将来使用。

公共储蓄（$T-G$）是既包括各级地方政府，也包括联邦政府在内的所有政府部门的储蓄。净收入 T 是政府的收入，而政府采购 G 代表的是政府在当期需要上的支出（记住，为了简便起见，我们忽略了政府采购中的投资部分）。用 $S_{公共}$ 代表公共储蓄，可以将公共储蓄的定义写成：

$$S_{公共} = T - G$$

将公共和私人储蓄放在一起，即可推出国民储蓄的表达式，即式(8.1)的另一种形式：

$$S_{私人} + S_{公共} = (Y - T - C) + (T - G) = Y - C - G = S \quad (8.2)$$

这一等式确认了国民储蓄是私人储蓄以及公共储蓄之和的事实。又因为私人储蓄能进一步分解为家庭储蓄和企业储蓄，我们可以发现，国民储蓄由三大储蓄群体的储蓄所构成：家庭、企业和政府。

公共储蓄和政府预算

尽管很多人对家庭以及企业储蓄并不陌生，但是没有多少人能够理解政府也能储蓄这一事实。公共储蓄与政府支出、征税的决定紧密相关。政府通过对私人部门征税来为其巨大的支出提供资金。如果某一年税收和支出相等，那么政府就被称为拥有一个平衡的预算。如果某一年政府支出少于税收收入，税收收入比政府支出多出的金额就称为**政府预算盈余**。当政府拥有盈余时，它会用这笔资金向公众偿还已有的债务。代数上，政府预算盈余可以写成 $T-G$，即净税收收入减去政府采购。

如果政府预算盈余的代数表达 $T-G$ 让你觉得很熟悉，那是因为它也是我们之前所看到的公共储蓄的定义。因此，公共储蓄和政府预算盈余是一致的。换言之，当政府征收的税收比支出多时，公共储蓄就是正的。例如，2000 年，联邦政府有历史上最多的预算盈余。例 8.4 显示的是公共储蓄、政府预算盈余以及国民储蓄之间的关系。

例 8.4　政府储蓄

政府储蓄如何计算？

以下是 2000 年美国政府的收入和支出数据。计算：(1)联邦政府的预算盈余或赤字；(2)各州和地方政府的预算盈余或赤字；(3)政府部门对国民储蓄的贡献。

亿美元

联邦政府	
收入	20 571
支出	18 719
各州和地方政府	
收入	13 226
支出	12 813

数据来源：美国经济分析局(www.bea.gov)。

政府储蓄包括联邦、州和地方政府的预算盈余。2000 年，联邦政府拥有 1 852 亿美元的预算盈余，各州和地方政府拥有 413 亿美元的预算盈余。整个政府部门的预算盈余为 2 265 亿美元。因此，2000 年政府部门对美国国民储蓄的贡献为 2 265 亿美元。

如果政府支出超过税收，那么国民储蓄就是负值，这种情况称做**政府预算赤字**，代数上，即支出超过税收的部分，记做 $G-T$。[①] 如果政府运作出现赤字，它必须通过发行国债向公众借款以弥补这部分差额。

虽然 2000 年政府拥有 2 265 亿美元的预算盈余，最终仍出现了赤字。到 2010 年，预算赤字达到 13 006 亿美元。下面的表格提供了具体的数据：

美元

联邦政府	
收入	23 852
支出	37 187
各州和地方政府	
收入	21 281
支出	20 952

数据来源：美国经济分析局(www.bea.gov)。

2010 年，美国联邦政府的预算赤字高达 13 335 亿美元。各州和地方政府大多维持预算平衡或者保有预算盈余，2010 年共计持有 329 亿美元的预算盈余。因此，美国各级政府的预算赤字为 13 006 亿美元。这意味着 2010 年的政府储蓄为－13 006 亿美元。

对这种政府预算的强烈反差主要有三个原因。第一个原因是政府收入由于 2001 年及 2007—2009 年的经济衰退而减少。由于许多税收依赖于收入，因此在衰退期间税收也会降低，或者比期望的上升慢。第二个原因是布什总统在其第一个任期和国会制定的减税政策。第三个原因是 2000—2010 年政府支出显著地增长了，主要用于伊拉克和阿富汗的战争以及国土安全部门应对“9·11”恐怖袭击的举措。

图 8.2 给出了美国 1960 年以来的国民储蓄率。图 8.3 则给出了 1960 年以来作为国民储蓄三大组成部分的家庭储蓄、企业储蓄和政府储蓄的情况，都按照占 GDP 的百分比衡量。从图中我们注意到，这些年企业储蓄在国民储蓄中起着最为主要的作用，而家庭储蓄的作用相对适中。正如我们在图 8.2 中看到的，家庭储蓄在近期以前一直在下降。

政府储蓄对国民储蓄的贡献随着时间不断变化。直到 1970 年，联邦政府、各州和地方政府基本上都处于预算盈余状态，对国民储蓄做出了正的贡献。但是到 20 世纪 70 年代后期，公共储蓄开始变成负值，折射出了巨大的财政赤字，其中联邦政府这一层表现得最为明显。在其后的 20 年间，除了 90 年代末的一个短暂时间以外，政府成为国民储蓄的“抽水机”。

① 注意：1 000 亿美元的预算赤字与－1 000 亿美元的预算盈余是一回事。

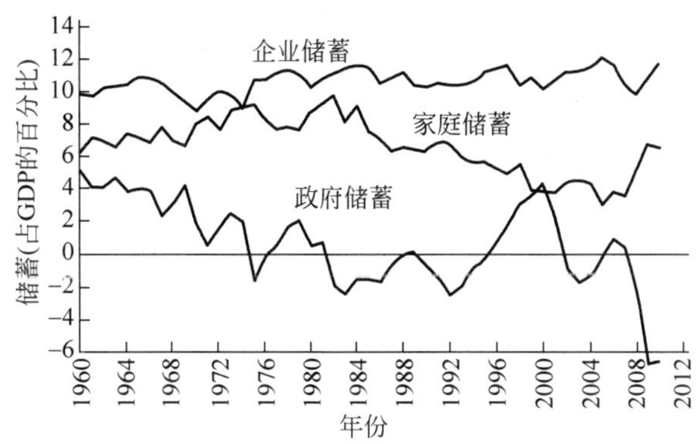

图 8.3　1960—2010 年国民储蓄的三大组成部分

在国民储蓄的三大组成部分中，企业储蓄最重要。家庭储蓄在近期以前一直在下降。政府储蓄大部分时间为负值，只有 60 年代及 90 年代末期除外。

资料来源：美国经济分析局(www.bea.gov/)。

重点回顾：国民储蓄及其组成部分

国民储蓄，即整个国家的储蓄，可以定义为 $S=Y-C-G$，其中，Y 是 GDP，C 是消费支出，而 G 是政府采购。国民储蓄是公共储蓄与私人储蓄之和：$S=S_{私人}+S_{公共}$。

私人储蓄，即私人部门进行的储蓄，可以定义为 $S_{私人}=Y-T-C$，其中 T 是净税收支付额。私人储蓄还可以进一步分解为家庭储蓄和企业储蓄。

公共储蓄，即政府进行的储蓄，可以定义为 $S_{公共}=T-G$。公共储蓄等于政府预算盈余 $T-G$。当政府预算处于盈余状态时，政府储蓄为正值；当政府预算处于赤字时，公共储蓄为负值。

人们为什么储蓄

为什么人们不把所有收入都花掉，而是把其中一部分储蓄起来？经济学家把原因分为三类。第一，人们为了满足长期目的(如安享晚年)而储蓄。在工作时期储存部分收入，能使他们在退休后维持更高的生活水准，不用完全依靠社会保障和公司年金过活。当然，除此之外，人们还为其他一些长期目的而储蓄，如孩子的大学教育费用、购买新住宅或新车等。因为很多类似的需要会在人生各个可预测的阶段出现，所以经济学家称这种储蓄为**生命周期型储蓄**。

很幸运，你的积蓄很多，它相当于一个比你的年龄大两倍的人所拥有的量。

储蓄的第二个理由是为了预防个人和家庭可能面临的突发事件，例如，失去工作或非常严重的健康问题。一般来说,个人理财顾问都会建议每户家庭准备3~6个月的收入用于应付突发事件("应急基金")。这种为了应付突发事件而进行的储蓄称为**预防性储蓄**。

储蓄的第三个理由是为了给继承人积累一部分财产。通常这笔财产是留给子女的,但也有可能捐献给慈善机构或其他有价值的事业。为了给继承人留下遗产或者为了捐献所进行的储蓄称为**遗赠性储蓄**。一般情况下,只有那些处于收入最顶层的人才会进行遗赠性储蓄。也正因为这些人控制着大部分的国家财富,所以遗赠性储蓄是总储蓄的一个重要组成部分。

当然,人们不会在头脑中刻意地把他们的储蓄仔细划分成这三类。但是,储蓄的这三个原因的确在不同程度上激励着大多数储蓄者。例8.5将会告诉大家如何用储蓄的三个理由来解释日本家庭的储蓄行为。

例8.5 日本家庭的储蓄

为什么日本的储蓄率在1990年前一直上升,之后却开始下降?

第二次世界大战之后,日本家庭将收入的15%~25%用于储蓄,这是一个异常高的储蓄率。尽管常有人把这种强烈的储蓄倾向归结为文化因素,但第二次世界大战前日本的储蓄率并不高。而且,从1990年起,日本家庭的储蓄率开始下降(虽然仍比美国储蓄率高)。为什么日本人到1990年为止储蓄率一直那么高?为什么1990年之后他们的储蓄率又下降了?

在我们刚讨论过的储蓄原因中,生命周期这一原因在日本显得格外重要。日本人都有着很长的寿命预期,很多人退休相对较早。由于有很长一段退休期,因此日本家庭必须在工作时期就开始进行大量的储蓄。当劳动力阶层占了人口很大的比例时,总储蓄率升高。当"婴儿潮"的那一代达到退休年龄时,日本的储蓄率便下降了。①

其他因素也可以解释日本储蓄率的变化,日本房屋的预付定金要求比其他国家高。1990年以前,日本的土地和房屋的价格非常高,以至于年轻人必须进行大额的储蓄或借用父母的储蓄才能购买第一套房子。1990年初期日本的房地产市场崩溃后,土地和房屋价格下跌,年轻人可以不用进行大额储蓄了。

研究还表明,遗赠性储蓄在日本也很重要。很多老人退休后和子女住在一起,为了回报子女在晚年时给予的支持和照顾,父母觉得他们必须为孩子提供大量的遗产。

但是,在日本,人们的预防性储蓄可能比其他一些国家低。虽然最近发生的经济危机减少了"终身雇佣"这一承诺的履行范围,但是日本企业仍能通过其完善的就业系统确保大学毕业后参加该企业的工人拥有终生性质的工作。工作的安全性加上日本传统的低失业率减少了预防性储蓄的必要性。

虽然很多人选择储蓄的动机不会超出我们讨论的三种理由,但是,他们选择储蓄的量可能取决于经济环境。对储蓄决定而言非常关键的一个经济变量就是实际利率。

储蓄和实际利率

大多数人都不会把现金存在床垫里。相反,他们会用储蓄做一些金融投资,希望能带

① Maiko Koga,"The Decline of the Saving Rate and the Demographic Effects,"Bank of Japan Research and Statistics Department,November 2004.

来好的回报。例如，支票账户会对其中的金额付息。更复杂的金融投资如政府债券、公司股票（见第 9 章）也会以付息、分红或资本收益的方式给予回报。理所当然，人们都想得到高回报，因为回报越高，储蓄额增长得越快。

决定储蓄量的一个最关键的回报率就是实际利率，我们用 r 来表示。回顾第 5 章，实际利率表示的是一种金融资产随着时间增加的实际购买能力。实际利率等于市场（或名义）利率（i）减去通货膨胀率（π）。

实际利率和储蓄者紧密相关，因为它是对储蓄的“奖赏”。假设你想在今年增加 1 000 美元的储蓄。如果实际利率是 5%，那么用今天的美元衡量，你所增加的储蓄将在一年后给你带来 1 050 美元的额外购买能力。但是如果实际利率是 10%，那么你今年 1 000 美元的牺牲将在明年得到价值 1 100 美元购买能力的回报。显然，其他条件相同的情况下，如果你知道明年的回报越大，今天就越愿意进行储蓄。在这两种情形下，增加额外储蓄的成本都是一样的——放弃每周一次的外出就餐。但是额外储蓄的收益——明年购买能力的增加不一样，实际利率为 10%时所获得的收益比 5%时高。

例 8.6　储蓄与消费

高储蓄率能在多大程度上改善一个家庭的生活水平?

“花费型家庭”和“节俭型家庭”在其他方面是两个比较相似的家庭，但是，这两家人在储蓄方面存在较大的差别。“花费型家庭”每年将收入的 5%储蓄起来，而“节俭型家庭”每年把收入的 20%储蓄起来。1980 年，两户家庭开始储蓄，打算一直储蓄到 2015 年工作期满退休。在劳动力市场上，两家实际年收入都是 40 000 美元，并且他们都把储蓄投资到了实际年回报率始终为 8%的共同基金上。比较两家人 1980—2015 年，每年的消费额以及退休时的家庭财富情况。

第一年，也就是 1980 年，“花费型家庭”储蓄了 2 000 美元（其 40 000 美元年收入中的 5%），消费了 38 000 美元（40 000 美元中的 95%）。“节俭型家庭”储蓄了 8 000 美元（40 000 美元中的 20%），因而只消费了 32 000 美元，比“花费型家庭”少 6 000 美元。到 1981 年，“节俭型家庭”的收入为 40 640 美元，其中增加的 640 美元代表 8 000 美元储蓄所获得的 8%的投资回报。而“花费型家庭”的收入却只增加了 160 美元（2 000 美元储蓄的 8%）。由于有了 40 640 美元的收入，“节俭型家庭”在 1981 年的消费为 32 512 美元（40 640 美元的 80%），而“花费型家庭”的消费为 38 152 美元（40 160 美元中的 95%）。可以看出，两户家庭的消费差距缩小了，从 6 000 美元下降至 1 年后的 5 640 美元。

因为“节俭型家庭”的财富增加得比较迅速，从而利息收入也增加得较快，所以，“节俭型家庭”每年的收入增长比“花费型家庭”快；每年“节俭型家庭”始终坚持把其较高收入额中的 20%用于储蓄，这与“花费型家庭”的 5%形成了鲜明的对比。图 8.4 显示的是两个家庭的消费支出路径。你可以看到，尽管开始时，“节俭型家庭”消费水平较低，却以相对较快的速度增长。到 1995 年，“节俭型家庭”的消费额已经超越了“花费型家庭”，并且从该点以后，“节俭型家庭”比“花费型家庭”多出的消费额逐年递增。尽管“花费型家庭”每年收入的 95%一直是用于消费的，但是由于其收入增长较慢，以至于到 2000 年他们的消费额比“节俭型家庭”低将近 3 000 美元（前者是 41 158 美元，后者是 43 957 美元）。到两家都退休时，也就是 2015 年，“节俭型家庭”将会比“花费型家庭”每年多消费 12 000美元（前者是 55 774 美元，后者是 43 698 美元）。更令人震惊的是退休时两家人退休积蓄的差距。“花费型家庭”到退休时所拥有的总储蓄额刚好超过 77 000 美元，而“节俭型家庭”则拥有超过385 000 美元的储蓄额，是前者的 5 倍。

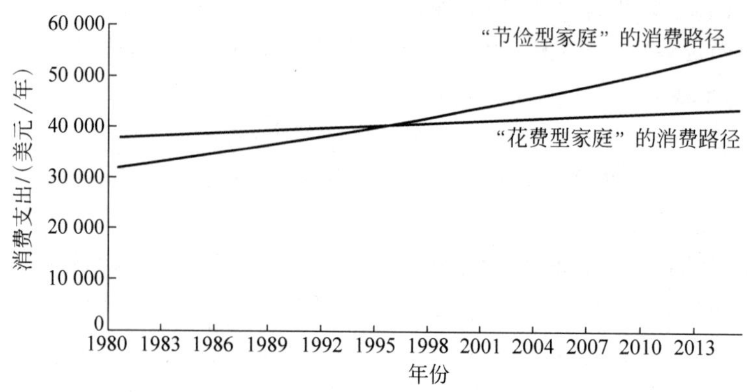

图 8.4 "节俭型家庭"和"花费型家庭"的消费轨迹

本图所显示的是"节俭型家庭"和"花费型家庭"两户家庭每年的消费额。因为"节俭型家庭"的储蓄高于"花费型家庭",因此其年消费额增长的相对较快。到 2015 年退休时,"节俭型家庭"消费的比"花费型家庭"多,而且其退休积蓄也是后者的 5 倍之多。

如此巨大的差距在部分程度上是由于我们之前所做的"实际回报率为 8%"的假设,虽然这一数值比 1980 年以来共同基金的实际回报率低,但是从历史的角度看,8%仍然是一个相对较高的回报率。此外,例子中的"花费型家庭"事实上都要比一般的美国家庭储蓄得多。许多美国家庭都承受着 5 000 美元或者更大额度的高利率信用卡债务,根本没有什么重要储蓄。关于实际利率和储蓄率有很多选择,尽管本例只采用了其中一种,但是这丝毫不影响所揭示结论的合理性,即由于复利的强大力量,高储蓄率在长期将会带来大量的回报。

当较高的实际利率增加储蓄回报,从而强化人们的储蓄意愿时,另一股力量又在从相反方向抵消着这种储蓄的动机。让我们回顾一下,储蓄的一个主要理由就是为了达到特定的目标:舒适的退休生活、大学教育或新住宅。如果达到目标所需的资金是一笔确定的数量——比如说,为住宅首期支付 25 000 美元——那么,较高的回报率就意味着家庭可以少储蓄一些而仍能达成自己的目标,因为他们储存的资金会较快地增长。例如,为了在 5 年后积累 25 000 美元,个人将在利率为 5%时每年储蓄大约4 309 美元。当利率为 10%时,积累这 25 000 美元只需要每年储蓄大约3 723 美元。在那些为了达成特定目标而储蓄的目标型储蓄者范围内,较高的利率实际上会减少其需要储蓄的金额。

总之,较高的实际利率对储蓄既有正面影响也有负面影响(因为它增加了储蓄的回报从而有正面的影响);同时也因为它减少了人们为实现既定目标每年所需的储蓄额,从而有负面的影响。实证表明,在现实中,较高的实际利率导致了储蓄的适度增加。

储蓄、自我控制与示范效应

前文讨论的储蓄理由都是基于一个理念,即人是理性的决策者,他们将会选择一个使其长期福利最大化的储蓄率。但是包括很多心理学家和一些经济学家在内的人则认为,心理因素与经济因素一样,也在影响人们的储蓄行为。例如,心理学家强调,很多人由于缺乏自我控制的能力,而没有做对自己最有利的事情。人们抽烟或者吃油腻的食物,尽管他们知道这样做会有长期的健康风险。相似地，他们可能有储蓄的良好愿望，但是由于缺乏自我控制能力，很可能做不到每月储存应有的额度。

一种强化自我控制能力的方法是从直接的环境中消除诱惑。想要尝试戒烟的人在房间里放一个不抽烟的标语，有肥胖问题的人避免吃烧烤。相似地，储蓄不够的人可以与银行签署工资所得储蓄计划，通过这一计划，每一笔所得中将会有事先确定的金额被转移，存入特别的账户，到退休前都不允许取出。储蓄实现自动化，而取出又非常困难，彻底消除了花掉所有当期收入或者挥霍掉储蓄的种种诱惑。工资所得储蓄计划帮助了很多人，使其为退休或其他原因进行的储蓄金额增加了。

自我控制假说给我们的一个暗示是：消费者信用项目的出现使借钱和花钱变得更简单，这种诱惑可能会减少人们的储蓄量。例如，最近几年银行鼓励人们凭家庭的净资产（家庭的财富值减去尚未归还的贷款值）借款。这类金融创新增加了花钱的吸引力，可能会降低家庭的储蓄率。同时，借款额度很高的信用卡的加速流行也是对很多家庭的另一大诱惑。

当一些消费者增加支出的行为刺激其他人采取相同举动时，储蓄率也可能下降。如果人们用其他人的支出作为衡量自己生活水平富足与否的尺度，那么这种示范效应就会产生。例如，一个美国家庭住在中上阶层聚居区，该地区的平均住房面积为 3 000 平方英尺，该家庭很可能认为 1 500 平方英尺的房屋不够舒适，太小了——比如，太拥挤以至于不能请朋友回来娱乐，因为很多社区成员都习惯了 3 000 平方英尺的房子。相反，一个住在低收入地区的相似的家庭可能觉得这样的房子已经相当奢侈了。

示范效应对储蓄的启示是：如果一个家庭住在消费比自己多的人群中，他们将会有很强的动机去增加自己的消费支出。当人们的满意度在部分程度上取决于相对生活水平时，其支出可能呈现螺旋式上升的情况。这与对个体家庭或整个经济最优的量相比，支出偏高，储蓄偏低。

例 8.7　美国家庭的储蓄

美国家庭为什么储蓄这么少？

美国家庭的储蓄率由 1980 年的约 10%下降到如今的约 3%。

导致低储蓄率的一个可能的原因是政府对老人的慷慨救助。从生命周期角度看，储蓄的一大重要动机是为退休后的生活提供保障。总体而言，美国政府提供的“社会安全网”并没有其他工业化国家覆盖得那么全面，对需要救助的人所提供的项目相对较少。但是，美国政府对老年人的救助项目比较完善。首先，它针对老龄人口提供收入支持。其次，美国还主要为救助退休工人提供社会保障和医疗项目。收入支持、社会保障、医疗项目这三个项目构成了联邦政府支出的主要部分。事实证明，这些项目非常成功，它们彻底根除了老年人的贫困问题。正因为美国人相信政府会在其退休后确保自己的生活水准，因此为将来储蓄的动机减少了。

生命周期中储蓄的另一个重要的目标是购买住宅。我们在前文已经看到，因为房屋的价格和首付款很高，所以日本人为了购买住宅，必须大量储蓄。在其他很多国家，情况也大致一样。但是，在美国，由于有着高度发达的金融系统，人们只需要首期支付购买价格的 20%甚至更低，就能买到住宅。

在美国，预防性储蓄的情况又如何呢？与不得不在第二次世界大战后重建的日本、欧洲不同，美国自20世纪30年代大萧条时期以来就没有经历过经济困难时期。可能正是因为国家过去的繁荣，才导致很多美国人对未来更加自信，因而不太愿意为经济突发事件储蓄，尽管美国并没有像日本和欧洲那样提供足够的就业安全保障。

美国的家庭储蓄不只低于国际标准，现在仍在不断下降中。20世纪90年代股票市场的良好业绩以及家庭住宅价格的持续上涨可能有助于解释储蓄的这种下降趋势。当美国人享受资本收益时，他们看到财富几乎不需要付出努力就可以增加，因此其储蓄的激励减少了。

心理因素也可以解释美国人的储蓄行为。例如，与其他国家不同，美国的住宅所有者能非常容易地凭借净资产借款。美国高度发达的金融系统所带来的这种能力很可能加剧自我控制问题，因为它增加了对人们支出的诱惑。最后，示范效应也可能抑制最近几十年的储蓄。第6章讨论了工资不平等程度加剧的现象，这一现象改善了高技能、高学历工人的相对状况。处于高收入层的家庭，在房屋、汽车以及其他消费品上的支出日益增加，导致那些收入刚好比他们低的家庭的支出也增加了，等等。曾经满足于中档价位汽车的中产家庭现在为了跟上群体的水准，也会觉得他们需要沃尔沃和宝马。示范效应在一定程度上使家庭的支出超过了他们的均值水平，从而使储蓄率降低。

重点回顾：人们为什么会储蓄？

储蓄的动机包括三种：为了满足长期目标如退休而进行储蓄（生命周期型储蓄），为了应付突发事件而进行储蓄（预防性储蓄），以及为了给继承人留下遗产或捐赠而进行储蓄（遗赠性储蓄）。人们储蓄的量还取决于宏观因素，如实际利率。较高的实际利率一方面增加了储蓄回报，从而激励人们进行储蓄；另一方面又使储蓄者能更容易达成特定的目标，从而减少人们储蓄的动力。总体而言，较高的实际利率导致了储蓄的适度增加。

心理因素也会影响储蓄率。自我控制就是其中之一。如果人们存在自我控制的问题，那么一些金融上的计划安排（如工资所得自动化扣除）将会使支出变得比较困难，从而使其储蓄增加。人们的储蓄决定还会受示范效应的影响，有时尽管人们可能没有与其支出相匹配的负担能力，但是他们还是会被迫接受与邻居相同的支出水平。

投资和资本形成

从整个经济的角度来看，国民储蓄的重要性在于它提供了投资所需的资金。投资（新资本品和住房的创造）对于提高平均劳动生产率、改善生活水平非常关键。

是什么因素决定了企业是否投资，以及投资多少？企业购买新资本品的理由与他们雇用工人的理由一样：他们觉得这样做有利可图。在第6章我们已经看到，雇用额外一名工人的利润主要取决于两个因素：雇用工人的成本以及工人的边际产值。同样，企业是否选择添置新厂房和新机器也取决于使用它们的预期成本和预期收益，其中预期收益等于新投资将带来的边际产值。

例 8.8 资本品投资(1)

拉里是否应该购买割草机?

拉里正在考虑从事草地护养工作。他可以通过贷款(年利率为 6%)购买价值 4 000 美元的割草机。凭借割草机以及自己的劳动,扣除汽油和设备维护成本后,拉里每个夏天净收入为 6 000 美元。这 6 000 美元净收入中的 20%必须以税收方式交给政府。假设拉里除了草地护养外,还有另一份工作可供选择,从事这一工作可获得 4 400 美元的税后收入。假设割草机随时都能以初始购买价 4 000 美元重新出售。那么,拉里是否应该购买割草机?

要决定是否投资新的资本品(割草机),拉里应当比较财务收益和成本。如果使用割草机,扣除汽油和维护成本后,他能获得 6 000 美元净收入。但是,这笔收入中的 20%,即 1 200 美元必须以税收形式上缴,因此,拉里最后得到的只有 4 800 美元。拉里从事其他工作也可以获得4 400 美元的税后收入,于是拉里购买割草机的财务收益等于 4 800 美元与 4 400 美元之间的差额,即 400 美元;这 400 美元就是割草机的边际产值。

因为割草机的价值不随时间减少,而且汽油和维护成本都已被扣除,所以拉里需要考虑的成本就只剩下割草机贷款的利息。拉里每年必须为 4 000 美元支付 6%的利息,即 240 美元。因为财务成本比财务收益(也就是割草机的边际产值)少 400 美元,所以拉里应该购买割草机。

当投资割草机的成本和收益发生变化时,拉里的决定也可能会变化,如例 8.9 所示。

例 8.9 资本品投资(2)

成本与收益的变化会如何影响拉里的决定?

改变其中一些假设,其他假设与例 8.8 一样,考虑拉里是否应该买割草机:

(1) 如果利率变成 12%,而不是 6%。

(2) 如果割草机的购买价为 7 000 美元,而不是 4 000 美元。

(3) 如果拉里净收入的纳税税率为 25%,而不是 20%。

(4) 如果割草机没有拉里预想的那么有效率,以至于他的净收入只有 5 500 美元,而不是 6 000 美元。

在上述每种情况下,拉里必须比较购买割草机的财务成本和收益:

(1) 如果利率为 12%,那么利息成本就变成 4 000 美元的 12%,即 480 美元,超过了割草机的边际产值 400 美元。拉里不应该购买割草机。

(2) 如果割草机成本是 7 000 美元,那么拉里必须借 7 000 美元而不是 4 000 美元。在 6%的利率下,他的利息成本将变成 420 美元——太高了,不值得购买,因为边际产值为 400 美元。

(3) 如果税率是 25%,那么拉里必须上缴 6 000 美元中的 25%,即 1 500 美元作为税收。税后,他的割草收入为 4 500 美元,比他从事另一种工作所能获得的收入仅仅多 100 美元。另外,这 100 美元也不足以弥补拉里必须支付的利息成本 240 美元。所以,拉里不应该购买割草机。

(4) 如果割草机没有预想中的有效,以至于拉里只能获得 5 500 美元的净收入,则税后拉里只剩下 4 400 美元——与他从事另一种工作收入相同。所以,在这种情况下,割草机的边际产值为 0。在任何大于 0 的利率下,拉里不应该购买割草机。

练习 8.4

改变例 8.9 中的假设，在这一年时间里，损耗使割草机的价值从 4 000 美元减少到 3 800 美元。拉里应当购买割草机吗？

例 8.8 和例 8.9 说明了企业在决定是否投资新资本品时所考虑的那些主要因素。在成本方面，有两个重要因素：资本品的价格和实际利率。很明显，新资本品越贵，企业就越不愿意对其进行投资。当割草机的价格为 4 000 美元时，购买割草机是有利可图的，但是当价格变成 7 000 美元时，就不是这样了。

为什么实际利率对于投资决定而言是一个重要的因素？最直接的一种情况是当企业不得不借款(就像拉里那样)购买新资本品时，实际利率决定了企业还债时的实际成本。正如抵押支付是拥有房屋的成本一样，融资成本是拥有和运行资本的主要成本。实际利率增加，其他条件一样，资本品购买对企业的吸引力将会减少。

即使企业不需要依靠借款来买新资本——比如说，因为他积累了足够的利润来购买资本——实际利率仍然是决定投资的一个重要变量。如果一个企业不用利润购买新资本，它很可能会用这些利润来购买金融资产，如能为企业赢取利息收益的债券。如果企业用利润购买新资本而不是债券，它就放弃了赢取利息收益的机会。因此，实际利率衡量的是资本投资的机会成本。实际利率增加使投资新资本的机会成本也增加，从而减少了企业投资的意愿，即使他们并不用靠借款来购买新机器、设备。

在收益方面，决定企业投资的关键因素是新资本的边际产值，边际产值应当用资本产生的收入扣除运营维护成本来计算。边际产值受一些因素的影响：如能增加单位资本创造的产品与服务的技术进步将会增加资本的边际产值。用资本生产的产品与服务的价格的提高也能增加资本的边际产值，因此也增加了投资的可能性。例如，如果割草服务的价格上升，其他条件一样，投资割草机对于拉里来说更有利可图。

经济自然主义者 8.1 为什么最近几十年对计算机的投资增加了这么多？

大约自 1980 年以来，美国企业对计算机系统的投资急剧上升(见图 8.5)。企业对计算机和软件的购买额现在已经超过了 GDP 的 2.5%，占所有私人非住房投资额的大约 24%。为什么对计算机的投资增加了这么多？

由于对计算机的投资增加额远多于其他类型的投资，因此，影响所有投资的公共因素(如实际利率和税率)不可能解释这一现象。导致计算机投资增加的两个主要原因是：计算机处理器价格的下降以及电脑边际产值的增加。近些年，计算机处理器的价格飞速下跌。该行业的一个经验规律是，给定价格下，计算机处理器的速度每 18 个月翻一番。随着计算机处理器价格的下降，对计算机的投资越来越有可能通过成本—收益检验。

再从收益方来考虑。计算机热潮开始的那几年，经济学家都没有把这一技术和产出的迅速提高联系起来。对计算机系统投资持赞成意见的人认为，计算机所创造的产品以及服务的进步难以衡量。一个人如何量化 24 小时现金提取或者网上机票预订的价值？

很多批评家认为计算机革命的收益是虚幻的，因为它产生了很多诸如不友好软件和贫乏的技术训练之类的问题。但是，近些年，美国的生产率明显增加了(参见第 7 章)，很多人把这一进步归于对计算机的投资以及计算机相关技术如互联网的发展。正因为越来越多的企业相信计算机显著提高了生产率和利润，计算机投资的热潮仍将继续。

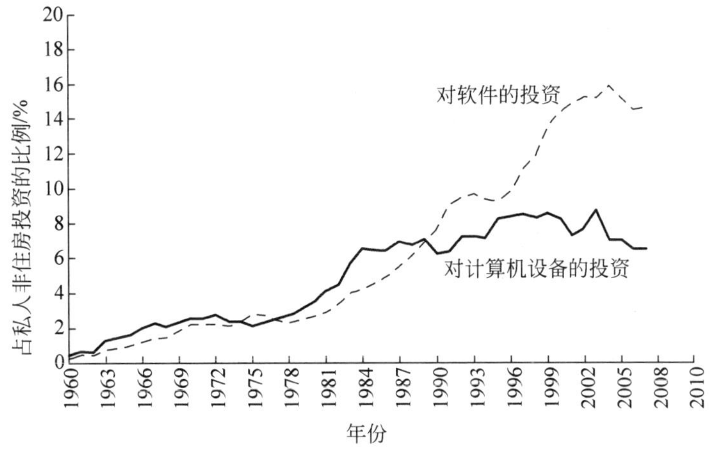

图 8.5　1960—2010 年对电脑及软件的投资

图中所示的是 1960 年以来，对计算机设备及软件的投资占私人非住房投资的比例。美国企业对计算机相关方面的投资从 1980 年开始显著上升。

资料来源：美国经济分析局(www.bea.gov/)。

重点回顾：影响投资的因素

下列因素中的任何一个都将增加企业投资新资本的意愿：

1. 新资本品价格的下降；
2. 实际利率的下降；
3. 提高资本边际产量的技术进步；
4. 对资本所产生的收入征收低税；
5. 企业产出相对价格的提高。

储蓄、投资和金融市场

在市场经济体系下(如美国)，储蓄是被自由的、市场导向的金融市场分配的。美国的金融系统包括金融机构(如银行)和金融市场(如债券市场和股票市场)。这里我们仅讨论金融市场的基本职能，而不涉及交易的特殊财产(如债券和股票)。我们将关注实际利率在把资源从储蓄者分配给借款者这个过程中所扮演的角色。在下一章，我们将更详尽地讲述金融机构和金融市场，并把这一内容与货币在经济中的作用联系起来。

图 8.6 显示了金融市场上对储蓄的供给和对投资的需求。国民储蓄和投资的数量用

横轴来衡量，实际利率用纵轴来衡量。我们将会看到，在储蓄的市场上，实际利率就像“价格”一样发挥功能。

在图 8.6 中，储蓄的供给用向上倾斜的曲线 S 表示。这一曲线表示的是在每一个实际利率下，家庭、企业和政府愿意提供的资金量。曲线之所以向上倾斜是因为实证表明实际利率的增加会刺激储蓄。储蓄的需求用向下倾斜的曲线 I 表示。这一曲线表示的是在每一个实际利率下，企业将会选择投资新资本的资金量，也就是他们需要从金融市场上借入的资金量。因为较高的实际利率提高了借款的成本、减少了企业投资的意愿，所以储蓄的需求曲线向下倾斜。

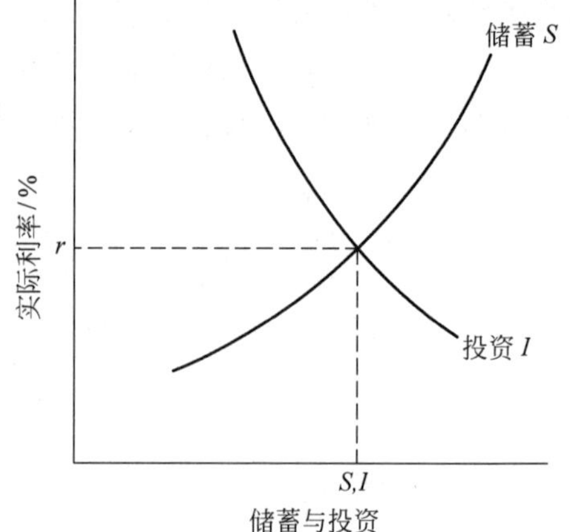

图 8.6 储蓄的供给和需求

储蓄的供给方是家庭、企业和政府，需求方则是那些想投资新资本品的借款者。储蓄的供给(S)随着实际利率的增加而增加，投资者对储蓄的需求(I)随着实际利率的增加而减少。在金融市场达到均衡时，实际利率使储蓄的供给等于需求。

姑且把向外国借款的可能性(将在第 15 章探讨)放在一边，假设一个国家只能用储蓄者所提供的资金量进行投资。那么达到均衡时，投资(储蓄的需求)等于国民储蓄(储蓄的供给)。如图 8.6 所示，储蓄和投资通过实际利率的调节达到相等。实际利率的运动使市场出清，与苹果价格使苹果市场出清的方式一样。在图 8.6 中，使储蓄市场出清的实际利率为 r，这一实际利率对应着供给曲线与需求曲线的交点。

把实际利率推向均衡水平的那股力量与其他供求情形下促成均衡的力量是相似的。假设现在实际利率超过 r。在这一较高的实际利率下，储蓄者提供的资金将超过企业愿意进行的投资。出借者(储蓄者)之间为了吸引借款者(投资者)而进行竞争，从而使实际利率下降。实际利率将一直下跌，直至 r。在这一水平下，借款者和出借者都达到满意状态，金融市场上没有留下其他机会。因此，在这个市场上均衡原理成立，这与本书中我们所学到的其他市场上的情况是一样的。

除了实际利率之外还有其他能影响储蓄供给或需求的因素，它们的变化将使这些曲线发生移动，导致金融市场实现新的均衡。实际利率的变化并不能使供给曲线或需求曲线移动，就像苹果价格的变化不能使苹果的需求或供给移动一样，因为实际利率对储蓄的影响已经包含在曲线的倾斜度中了。下面几个例子就是金融市场供求模型的应用。

例 8.10 新技术的影响

新技术的引入将如何影响储蓄、投资和实际利率？

从互联网到基因学的新应用，最近几年，一系列令人激动的新技术被引入经济生活，其中一些拥有非常巨大的商业前景。这些新技术的引入将如何影响储蓄、投资和实际利率？

任何有着商业应用前景的新技术的引入都将为那些把技术果实带给大众的商家带来丰厚的利润。用经济学家的话说，技术的突破提高了新资本的边际产量。图 8.7 显示的就是技术突破带来的影响，它直接导致资本的边际产量提高。在任何一个给定的实际利率下，资本边际产量的增加将使企业更愿意投资。因此，新技术的出现使储蓄的需求曲线向右上方移动，从 I 到 I'。

在新的均衡点 F，投资和国民储蓄比之前的均衡水平高，实际利率也比之前高，从 r 增加到 r'。实际利率的上升，反映投资者对资金的需求增加了，因为他们急于使用新技术。同时，由于实际回报提高所带来的激励，储蓄也增加了。事实上，20 世纪 90 年代后期，美国的实际利率相对较高(参见图 8.3)，投资率也比较高，反映了新技术所创造的机会。

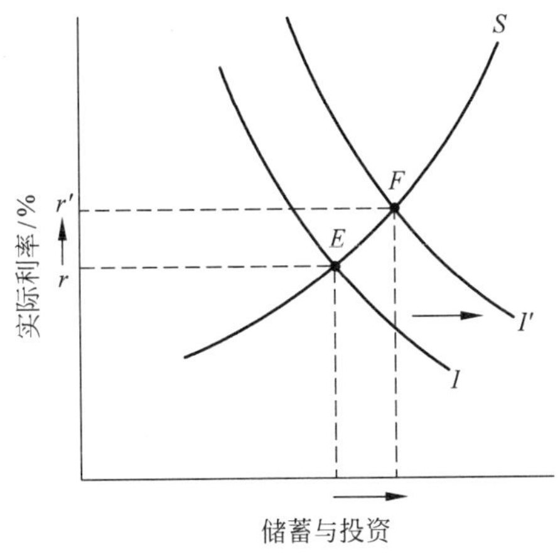

图 8.7　新技术对国民储蓄和投资的影响

技术的突破增加了新资本品的边际产量，增加了投资和对储蓄的需求。实际利率上升，国民储蓄和投资也上升。

例 8.11 考察的是改变财政政策对储蓄市场带来的影响。

例 8.11　政府预算赤字的增加

政府预算赤字的增加如何影响储蓄、投资和实际利率？

假设政府在税收不变的情况下增加了支出，从而增加了预算赤字(或者减少了预算盈余)。这一决定将会如何影响国民储蓄、投资和实际利率？

国民储蓄既包括私人储蓄(家庭和企业的储蓄)，又包括公共储蓄(等于政府预算盈余)。政府预算赤字的增加(或者是盈余的减少)将会使公共储蓄减少。假设私人储蓄不变，那么公共储蓄的减少将会使国民储蓄减少。

图 8.8 显示的是政府预算赤字对储蓄和投资市场的影响。在任何一个实际利率水平下，较高的赤字将会减少国民储蓄，导致储蓄曲线向左移动，从 S 到 S'。在新的均衡点 F，实际利率提高了，变为 r'，国民储蓄和投资都有所降低。从经济学角度看，政府也挤入了私人储蓄的“池塘”中，通过向大众发行债券为其预算赤字融资。政府额外的借款行为迫使投资者围绕较少的储蓄开展竞争，拉升了实际利率。较高的实际利率使投资的吸引力减少，所以投资随国民储蓄而减少成为必然结果。

政府预算赤字增加使投资支出减少，这种现象称为**挤出**。投资支出减少意味着资本形成放慢，从而经济增长放缓，就像我们在第 7 章看到的那样。预算赤字对经济增长的这

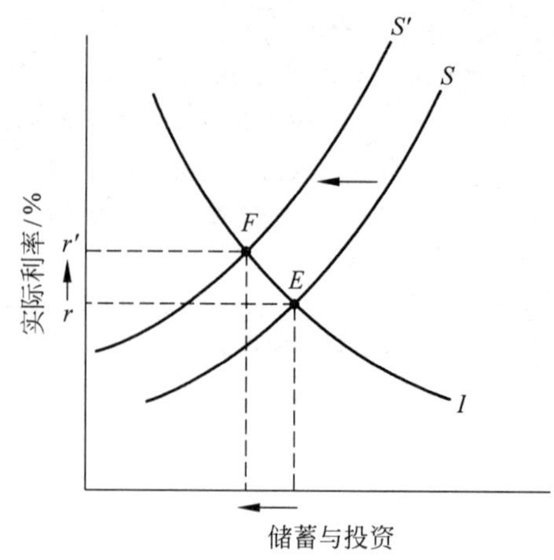

图 8.8 政府预算赤字对国民储蓄和投资的影响

政府预算赤字增加，将会使储蓄的供给减少，从而使实际利率上升、投资减少。政府赤字增加导致新资本投资减少的现象被称为挤出。

一负面效应就是赤字最重要的成本，也是经济学家建议政府缩小赤字规模的理由。注意，这一分析使得国民收入保持稳定。正如我们将在第 11 章和第 12 章所讨论的，政府支出的增加有可能促进 GDP 的增长，因此，政府支出的增加带来的国民储蓄下降有可能比较低。

练习 8.5

假设多数公众在对储蓄的决定上变得不太像本章寓言故事中提到的“蚂蚁”，而比较像“蚱蜢”，对未来的储蓄不太关心。公众的这种态度变化将如何影响资本形成率以及经济增长？

例 8.12 增加国民储蓄

是否存在增加国民储蓄的政府政策？

许多政策制定者认识到美国会从更高的国民储蓄率中获益。为了增加公共储蓄，政府可能减少预算赤字，即减少政府支付或增加税收。然而，由于政治原因，快速减少政府预算赤字是不现实的。我们曾经在前面指出，美国政府预算赤字的增长主要是源于 21 世纪初的减税、为了伊拉克和阿富汗战争而增加的军备支出以及目前的经济衰退造成的税收收入的下降和政府支出的增加。

另外，促使家庭和企业储蓄可以增加私人储蓄。例如，有的经济学家认为联邦所得税应该由消费税代替。在许多州，消费税与销售税很相似，人们在消费时才支付税收。对消费的这部分收入征税而不对储蓄的部分征税会激励人们储蓄。

另一些经济学家支持进一步降低乔治 · W. 布什在第一届总统任期内通过的资本和红利的税率。这些减税政策会增加税后收入比例，促进储蓄，进而增加私人储蓄。如果私人储蓄的增加比税收的减少多，国民储蓄就会增长。

在国家层面，高储蓄率将使新资本品的投资增加，因而使生活水平提高。在个人或者家庭层面，高储蓄率将促进财富的积累，提高防范风险的能力。本章我们研究了影响储蓄和投资决定的一些因素。后续两章将会更为贴近地观察储蓄者如何持有其财富以及金融系统如何将现有的储蓄分配给最有效率的投资项目。

小结

- 总体而言，储蓄等于当期收入减去为当期需要所进行的支出；储蓄率是储蓄额占收入的比率。财富或净价值，等于资产(实物或金融项目的价值)减去负债(债务)的市场价值。储蓄是一个流量，用单位时间的美元数来衡量；财富是一个存量，用某一个时间点的美元数来衡量。就像浴盆中的水量按照水流入的速度发生变化一样，财富存量也以储蓄率的速度增加。如果现有资产的价值上升(资本收益)，财富也会增加；如果现有资产的价值下跌(资本损失)，财富也会减少。
- 整个国家的储蓄就是国民储蓄 S。国民储蓄可以定义为 $S=Y-C-G$，其中 Y 代表总产出或总收入，C 等于消费支出，G 等于政府采购。国民储蓄可以分解为私人储蓄，即 $Y-T-C$，以及公共储蓄，即 $T-C$，其中 T 代表私人部门支付给政府的税收减去政府支付给私人部门的转移支付以及利息所得的差额。私人储蓄可以进一步分解为家庭储蓄和企业储蓄。在美国，私人储蓄的相当一部分来自企业。
- 公共储蓄与政府预算盈余是等价的，都是 $T-G$；如果政府在预算赤字下运行，那么公共储蓄就是负的。美国的国民储蓄率相对于其他工业化国家是比较低的，但是它比美国的家庭储蓄率高且稳定。
- 个人或家庭会为很多理由进行储蓄，这些理由包括生命周期目标，如为退休或新住宅储蓄；为应付突发事件储蓄(预防性储蓄)；为留下遗产储蓄(遗赠性储蓄)。人们储蓄的量还受实际利率的影响，实际利率是储蓄的“奖赏”。实证表明，较高的实际利率将会导致储蓄的适度增加。储蓄还受心理因素的影响，如自我控制程度和与周围群体拥有相同消费水平的欲望(示范效应)。
- 投资是购买或者建设新资本品的行为，住房也属于新资本品的范畴。当投资收益大于成本时，企业就会选择对新资本品进行投资。决定投资成本的两个因素是新资本品的价格和实际利率。实际利率越高，借款就越昂贵，企业也就越不倾向于投资。投资的收益是新资本的边际产值，它取决于新资本品的生产率、对收入征的税以及企业产出的相对价格等因素。
- 不考虑国际借贷时，国民储蓄的供给和需求必须相等。国民储蓄的供给取决于家庭、企业的储蓄决定以及政府的财政政策(它决定了公共储蓄的量)。对储蓄的需求等于商业企业想要在新资本上投资的数量。实际利率作为借款的价格，它的不断调整最终使国民储蓄的供给和需求相等。能影响国民储蓄的供给或需求的因素将改变储蓄、投资以及均衡时的实际利率。例如，政府预算赤字的增加将减少国民储蓄和投资，提高均衡时的实际利率。政府预算赤字增加导致投资减少的现象被称为挤出。

名词与概念

assets	资产	liabilities	负债
balance sheet	资产负债表	life-cycle saving	生命周期型储蓄
bequest saving	遗赠性储蓄	national saving	国民储蓄
capital gains	资本收益	precautionary saving	预防性储蓄
capital losses	资本损失	private saving	私人储蓄
crowding out	挤出	public saving	公共储蓄
flow	流量	saving	储蓄
government budget deficit	政府预算赤字	saving rate	储蓄率
		stock	存量
government budget surplus	政府预算盈余	transfer payments	转移支付
		wealth	财富

复习题

1. 用流量和存量的概念,解释储蓄和财富之间的关系。储蓄是财富增加的唯一方法吗?回答并解释。

2. 与储蓄的一般概念联系起来,定义国民储蓄。为什么美国关于国民储蓄的标准定义会低估经济中的真实储蓄量?

3. 美国的家庭储蓄率非常低。对于美国经济来说这是问题吗?说出你的理由。

4. 说出储蓄的三个基本动机,每个动机举一例加以说明。心理学家认为还有哪些因素对储蓄比较重要?

5. 为什么实际利率的增加会减少对储蓄的需求量?(提示:谁是储蓄的需求者?)

6. 列举能增加储蓄供给的一个因素以及能增加对储蓄需求的一个因素。分别说明各种情况下,对储蓄、投资和实际利率的影响。

练习题

1. (1) 科瑞有一辆价值 300 美元的山地自行车、一张债务为 150 美元的信用卡、200 美元现金、价值为 400 美元的 Harmon Killebrew 棒球卡、1 200 美元的支票账户以及一张 250 美元的电费账单。为科瑞编制资产负债表并计算他的净价值。在以下各部分,解释各种事件将如何影响科瑞的资产、负债和财富。

(2) 科瑞去棒球卡中心询问,发现他的棒球卡是伪造的,毫无价值。

(3) 科瑞从他的工资里取出 150 美元用于支付信用卡债务,剩下的收入全都花光了。

(4) 科瑞从他的支票账户里取出 150 美元用于支付信用卡债务。

在上述三个事件里，哪一个事件对应科瑞的储蓄部分？

2. 说明下列变量是存量还是流量，并解释。

(1) 国内生产总值；

(2) 国民储蓄；

(3) 2012 年 1 月 1 日美国房地产股票的价值；

(4) 美国货币今天早上的流通额；

(5) 政府预算赤字；

(6) 2012 年 1 月 1 日政府尚未偿还的总债务额。

3. 在下面的每个部分中，用给出的经济数据计算国民储蓄、私人储蓄、公共储蓄和国民储蓄率。

(1) 家庭储蓄＝200　　企业储蓄＝400
政府采购＝100
政府转移支付和利息支付＝100
税收收入＝150　　GDP＝2 200

(2) GDP＝6 000　　税收收入＝1 200
政府转移支付和利息支付＝400
消费支出＝4 500
政府预算盈余＝100

(3) 消费支出＝4 000　　投资＝1 000
政府采购＝1 000　　净出口＝0
税收收入＝1 500
政府转移支付和利息支付＝500

4. 艾莉和文斯是一对夫妇，他们都是大学毕业，现在都有工作。你预测一下，下面这些事件将会如何影响他们每月储蓄的量，并用储蓄动机术语解释你的答案。

(1) 艾莉得知自己怀孕了。

(2) 文斯通过报纸了解到他所在的行业可能会裁员。

(3) 文斯本希望父母能够在他们夫妇购买住房时提供帮助，但是发现父母无力负担。

(4) 艾莉宣布过几年，她想去学习法律。

(5) 股票市场的繁荣增加了夫妇俩的退休金价值。

(6) 文斯和艾莉同意在他们的遗嘱中给当地的慈善机构留下一笔可观的钱。

5. 个人退休金账户是美国政府为了鼓励储蓄而建立的。选择将部分当期收入存入个人退休金账户的个人，不用为存款缴纳所得税，也不需要为账户中收入所获得的利息缴纳所得税。但是，当存款从账户中取出时，取出的所有金额将会被当成收入按照个人当期收入税率征税。与此形成鲜明对比的是，将当期收入存入非个人退休金账户的个人必须为存款和利息支付收入税，但是将存款取出时，不用为此支付税收。个人退休金账户区别于标准储蓄账户的另一个特征是：个人退休金账户中的存款除存款人遇到巨额罚款外，不能在退休前取出。

(1) 格雷格 5 年后就要退休，现在每年能获得 10 000 美元收入。他在考虑是把收入存入个人退休金账户还是传统的储蓄账户。两种账户的名义年利率都是5%，格雷格每年的收入税率为30%(包括他的退休年份)。比较两种储蓄策略下，扣除税收后，格雷格5年后得到的总金额。个人退休金账户对他来说是一个好的选择吗？

(2) 你觉得个人储蓄账户的流行能增加家庭储蓄的量吗？在(a)储蓄对实际利率变化时的反应；(b)储蓄的心理理论这两方面的指导下回答。

6. 艾莉和文斯正考虑是否购买新住宅。他们看中的房屋价格为200 000美元。每年的维护、税收和保险等成本等于住宅价值的4%。如果维护适当，房屋的实际价值将不会改变。经济中的实际利率为6%，艾莉和文斯能以这一利率借到房屋购买的全额资金(简单起见，假设没有首付)，忽略在美国抵押利息支付可以减免税收这一事实。

(1) 艾莉和文斯每月愿意为与他们考虑购买的房子相同质量的房屋支付1 500美元租金，他们应该买下这个房屋吗？

(2) 如果他们愿意支付2 000美元月租金，(1)中的答案是否会改变？

(3) 如果实际利率是4%而不是6%，(1)中的答案是否会改变？

(4) 如果开发商愿意以150 000美元的价格卖给艾莉和文斯，(1)中的答案是否会改变？

(5) 为什么房地产公司不喜欢高利率？

7. 新电影院综合建筑的建造者正在考虑需要多少银幕。以下是她根据已有的银幕数量对每年吸引的顾客数量进行的估计。

银幕数量	顾客的总数/人
1	40 000
2	75 000
3	105 000
4	130 000
5	150 000

支付电影分销商和其他所有非利息费用后，所有者预期每张电影票能卖2美元。每个银幕的建设成本为100万美元。

(1) 画一张表格，计算从1到5个时每个银幕的边际产值。边际产值的这一趋势能说明什么问题？

(2) 如果实际利率是5.5%，将会建造多少个银幕？

(3) 如果实际利率是7.5%呢？

(4) 如果实际利率是10%呢？

(5) 如果实际利率是5.5%，那么建设成本需要下降到什么程度，建造者才会愿意建造一个五银幕的综合建筑？

8. 在以下场景中，使用供求分析来预测实际利率、国民储蓄和投资的变化，画图加以说明。

(1) 立法委员会通过了10%的投资税收优惠政策。在这一法案下，企业在新资本设备上每花费100美元，就能从政府那里得到10美元额外的税收返还。

(2) 军费开支的减少使政府预算从赤字转为盈余。

(3) 新一代的数控机器投入使用。这些机器生产产品更加迅速,瑕疵也更少。

(4) 政府提高了对企业利润的征税,其他项目的税收政策也发生了变化,以至于政府预算赤字不变。

(5) 对工作安全的关注使预防性储蓄增加。

(6) 新的环境规制增加了企业运营性资本的成本。

正文中练习题的答案

8.1 如果康斯薇洛的学生贷款额是6 500美元而不是3 000美元,她的负债将变成6 750美元(学生贷款加上信用卡债务)而不是3 250美元。她的资产价值没有变,为6 280美元。在这一情况下,康斯薇洛的财富是负的,因为其资产价值6 280美元减去负债6 750美元等于−470美元。负的财富或者说负的净价值意味着一个人欠的比拥有的多。

8.2 如果水从浴盆里抽出来,那么流量就是负的,等于−3加仑/分钟。下午7:16时,浴盆里的水为37加仑,7:17时为34加仑。存量的变化率为−3加仑/分钟,与流量相同。

8.3 (1) 康斯薇洛把她日常的20美元存起来,但是她也引入了50美元新债务。所以她每周的净储蓄是−30美元。因为她的资产(支票账户)增加了20美元,但是她的债务(信用卡债务)也增加了50美元,她的财富减少了30美元。

(2) 为了还清信用卡账单,康斯薇洛从支票账户里取出300美元偿还信用卡债务,因此资产减少了300美元,她的信用卡债务也等额减少到0。因此,她的财富不变。她的储蓄也不变(注意:康斯薇洛的收入与花在当期需要上的支出不变)。

(3) 康斯薇洛汽车价值的增加使她的资产上升了500美元。所以她的财富也上升了500美元。现有资产价值的变化不属于储蓄部分,因此,她的储蓄额不变。

(4) 康斯薇洛家具价值的下降额为300美元,属于资本损失。她的资产和财富下降了300美元。她的储蓄不变。

8.4 每年200美元的价值损失是拥有割草机的另一项金融成本,因此拉里在决定是否购买割草机时应当把这一成本考虑进去。现在,他的总成本是240美元利息成本加上200美元割草机价值损失(折旧),即440美元。这超过了边际产值400美元,所以现在拉里不应该购买割草机。

8.5 家庭储蓄是国民储蓄的一部分。家庭储蓄的下降将导致国民储蓄下降,在任何给定的实际利率水平下,将会使储蓄供给曲线向左移动。结果如图8.8所示。实际利率上升,国民储蓄和投资的均衡价值下降。低投资意味着低资本形成率,最终使经济增长放缓。

第 9 章

货币、价格与金融体系

学习目标

学完本章，你应该能够：

1. 描述金融中介机构(如商业银行)在金融体系中的作用。
2. 说明债券和股票的不同以及为什么它们的价格与利率负相关。
3. 解释金融系统是怎样改善了储蓄资源配置。
4. 讨论货币的三种职能以及货币供给是如何度量的。
5. 分析商业银行的行为如何影响货币供给。
6. 说明中央银行如何控制货币供给，以及货币供给的控制怎样与长期内的通货膨胀率相关。

“我们为钱活，哦，我的钱。让我们把钱贷出去、花出去，让它利滚利！”

——“我们为钱活”(1993 年电影《掘金者》主题曲)

Al Dubin 词，Harry Warren 曲

当人们说到“货币”这个词的时候，他们的意思与经济学家用到这个词时的意思不同。对经济学家来说，当你拿到一张支票，你就获得了收入，你没花完的部分就是储蓄。或者再想想一个在股市上做得很好的人：大多数人都会说自己在市场上“赚了钱”，但经济学家却不这样说，他们会说“这些人的财富增加了”。这些名词虽然不能组成一首让人难忘的歌曲，但是一位优秀的经济自然主义者必须谨慎使用收入、储蓄、财富和货币这些词语，因为每个词语都在金融体系中扮演着重要的角色。

在上一章，我们说过美国的金融系统包括金融机构(如银行)和金融市场(如债券市场和股票市场)，之后我们建立了金融市场的供求模型，并说明了实际利率如何把资源从储蓄者分配给借款者。本章我们在此基础上进一步讨论金融体系的机构详情。首先，我们将讨论金融机构(如银行、债券市场和股票市场)如何分配储蓄资源。然后，我们来看一下经济学家所谓的货币指的是什么，货币供给是如何由银行的借款行为创造的，以及货币供给是如何度量的。然后，我们将分析中央银行(如美国的联邦储备系统)如何影响货币供给以及一个市场经济长期内的通货膨胀率。在本章的最后，可能你写不出一首经

典的歌曲，但是你会知道普通意义上的金钱与货币、债券、股票和其他金融资产之间的联系。

金融体系及其将储蓄配置到多产用途的功能

我们曾经强调过高储蓄率和高资本形成率对经济增长以及生产率提高的重要性。但是，仅仅有高储蓄率和高投资率是不够的。一个成功的经济体不仅储蓄，而且能将这些有限的储蓄资金用在最多产的投资项目中。

在像美国这样的国家，金融体系至少从两个不同的方面改善了储蓄的配置。第一，金融体系为储蓄者提供了有关投资项目的信息。储蓄者的资金有很多种可能的使用方式，那么到底哪一种更为多产，支付的回报最高？金融系统通过评价各种资本投资的潜在产出，帮助人们把储蓄引导到最好的用途上。第二，金融市场帮助储蓄者分散了个体投资项目的风险。这样既能使单个投资者避免承受过多的风险，又能将储蓄引导到那些虽然有风险但同时也很多产的项目上，例如新技术的开发。

本节我们将简短地讨论金融市场的三个核心组成部分：银行系统、债券市场和股票市场。通过讨论，我们将阐明整个金融市场在提供投资项目信息和帮助储蓄者分散借款风险这两方面所起的作用。

银行系统

在美国，银行系统是由数以千计的商业银行组成的。这些商业银行都是私有企业，它们从个人和企业那里接受存款，然后再用这些存款进行贷款业务。银行是“**金融中介**”这类机构中最重要的一个实例，所谓金融中介，指的是那些负责把储蓄者的资金转移给借款者，实现信用延伸的企业。金融中介还有其他一些例子，比如储蓄和贷款机构以及信用联盟。

为什么像银行这样在储蓄者与投资者之间提供服务的金融中介是必要的？为什么个人储蓄者不能直接借款给那些想投资新资本项目的人？主要原因是：通过专业化，银行和其他中介在评价借款者质量方面（也就是我们前不久提过的信息收集功能）拥有比较优势。多数储蓄者，特别是小额储蓄者，缺乏时间和专业知识来确定哪些借款者能最有效地使用他们所得到的资金。而银行和其他中介则在贷款前的信息收集活动方面积累了丰富的专业知识，比如检查借款者的背景、研究借款者的商业计划是否可行，以及在贷款期限内监控借款者的行为等。因为银行在评价借款者时更为专业，所以相对于私人储蓄者而言，他们能以更低的成本进行信息收集活动，也能达到更好的效果。

银行还可以减少对借款者进行信息收集的成本——把很多个人储蓄先进行汇总然后大额放贷。每笔大额贷款只需银行进行一次评价即可，而不用像个人放贷时那样，构成贷款的每个储蓄者都需要对这笔大额贷款单独进行评价。

银行通过对借款者进行信息收集，将储蓄引导到高回报、多产的投资项目上，大大帮助了储蓄者。同时，银行通过提供信用，也帮助了借款者。与《财富》杂志评选出的有着很多筹资方式的500强企业不同，一个小企业如果想购买复印机或者重修办公室，它除了去银行之外很可能没有其他融资选择。由于银行的信贷人员在评价小额贷款方面非常专业，甚至有可能恰好与这家小企业的所有者有业务联系，因此银行能够以一个比较合理的成本收集到放贷所需的信息。同样，一个消费者想通过借款装修地下室或者给住宅加建房间，他会发现除了银行以外没有其他更好的选择。

好了，让我们向前挪动吧。你们肯定看到，刚才已经有人获得贷款资格了。

总之，银行在收集信息方面的专业化使其能够把那些寻找资金用途的小储蓄者与那些拥有优质投资项目的小借款者集合到一起。

除了能够获得储蓄的回报外，人们持有银行存款的第二个理由是为了便于支付。多数银行存款都允许其持有者通过开支票、刷借记卡或ATM卡的方式进行支付。对于很多交易来说，用支票或借记卡支付比用现金支付更方便。例如，邮寄一张支票要比邮寄现金安全，而且用支票支付能够使你保留一份交易的记录，而现金支付则不能。

例9.1 日本银行危机

20世纪90年代的日本银行业危机如何影响日本的经济？

20世纪80年代，日本的房地产数量猛增，股票价格也不断上涨。日本银行向房地产开发商提供了很多贷款，而银行本身也持有公司的股票(与美国不同，在日本，商业银行持股是合法的)。但是，20世纪90年代初，日本地价突然下跌，导致很多银行的借款者都没有能力偿还贷款。与此同时，股票价格也在急剧下跌，使银行所持股票的价值减少。产生的后果是很多日本银行陷入严重的财务困境，很多大银行接近破产边缘。这场持续了10多年的危机对日本经济究竟造成了什么样的影响？

与拥有发达的股票和债券市场的美国相比，日本一直以来都有依靠银行配置储蓄的传统。因此，当严重的财务问题导致银行不能正常运作时，很多借款者发现从银行取得信用非常困难——这种情形被称为“信用危机”。类似中小型企业这样的小额借款者一直都是通过银行来获得信用的，他们在这一风波中遭受了更大的冲击。

日本经济在多年的强劲增长后，整个20世纪90年代经历了严重的衰退。很多因素促成了这次经济的急剧下滑。其中，最为关键的一点是银行系统的实质性瓦解，银行问题所导致的信用不足阻碍了小企业进行资本投资以及在一些情况下购买原材料和支付工人工资的能力，因此经济下滑的趋势无法停止。

日本政府虽然已经意识到了这个问题，但是反应得却很慢，这在很大程度上是因为它不愿意承受将银行回复到正常财务条件所需的高额成本。最近几年，日本的银行体系有了显著的提高，但仍然存在许多问题，日本经济未能恢复到之前的高增长速率。

商业银行体系对于确定经济体中的货币量起着至关重要的作用。我们很快将再次讨论这一点，不过首先我们需要看一下债券和股票以及进行债券和股票交易的市场。

债券和股票

那些想要为投资筹措资金的大型优质企业有时会选择去银行借款，但是与一般的小额借款者不同，这些大企业通常还有很多筹资的方法，最为人所知的就是通过公司债券市场和股票市场。下面，我们首先讨论有关债券和股票的一些机制、原理，然后再回到债券以及股票市场配置储蓄的作用上来。

债券

债券是一种偿还债务的法律承诺。其债务通常包括两部分：第一，本金，即最初借出的金额，它需要在未来一个特定的时间点偿还(即到期日)。第二，对债券持有者所进行的定期利息支付称为息票支付。例如，若一张债券本金为 1 000 美元，将于 2030 年 1 月 1 日清偿，每年的息票支付为 50 美元，其息票支付等于票面利率乘以债券本金。票面利率为债券发行时所承诺的利率(票面利率等于每年息票支付除以本金)。在本例中，本金为 1 000 美元而票面利率为 5%，因此每年应支付 0.05×1 000 美元，即 50 美元。

公司和政府经常通过发行债券并将其出售给储蓄者来筹集资金。新发行的债券为了吸引储蓄者所承诺的息票率由很多因素决定，包括债券的期限、债券的信用风险以及债券的税收待遇。债券的期限指的是债券代表的债务完全付清以前所持续的时间。这个期限从 30 天到 30 年不等，甚至可以更长。长期(30 年)债券的票面年利率通常高于短期(1 年)债券的票面年利率，这是因为债券的持有者对于长期借款要求更高的票面利率(也就是每年要收到更高的票面支付)。

信用风险指的是借款者因破产而不偿还贷款的风险。如果一个借款者被认为是有风险的，那么他就得支付给借出者一个较高的利率以补偿后者所承担的失去所有或部分金融投资的风险。例如，所谓的高收益债券——不正式的名称为“垃圾债券”，指的是被信用评级机构评定为风险比较高的那些公司所发行的债券。这些债券支付的利率比那些风险较低的公司所发行的债券要高。

不同的债券在税收待遇上也有所不同。例如，由地方政府发行的“市政债券”，其利息不用缴纳联邦税，而其他类型的债券所支付的利息则被当做课税收入对待。因为税收上的优惠，所以借款者愿意接受市政债券相对较低的利率。

债券拥有者并不需要将债券保留至发行者偿还本金的那一天(到期日)。他们可以随时在由专业化债券交易商运作的有组织的市场(债券市场)上自由出售其债券。任意一个给定时间点上，特定债券的市场价值被称为债券的价格。最终，我们将会发现，给定时间点上债券的价格与此时金融市场上的利率紧密相关，如例 9.2 所示。

例 9.2 债券价格与利率

债券价格与利率之间有何关系？

2012 年 1 月 1 日，坦雅购买了一张新发行的、本金为 1 000 美元的 2 年期政府债券。债券的息票率为 5%，每年支付一次。这是 2012 年 1 月 1 日的平均利率水平。因此，坦雅或者其他任何拥有债券的人都将在 2013 年 1 月 1 日获得50 美元的息票支付，在 2014 年 1 月 1 日得到 1 050 美元(50 美元的息票支付加上 1 000 美元的本金偿还)。

2013 年 1 月 1 日收到第一年的息票支付后，坦雅决定将债券卖掉，来为度假筹集资金。她开始在债券市场上出售债券。债券的购买者可在 2014 年 1 月 1 日得到 1 050 美元，即第二次息票支付的 50 美元加上本金的 1 000 美元。她预计能够从这张“用过”的债券上获得多少资金？这取决于 2013 年 1 月 1 日债券市场的利率。

我们曾提到过，任何一个时间点上，一张“用过”的债券的价值取决于现行利率。首先假设 2013 年 1 月 1 日，当坦雅将其债券带到债券市场时，新发行的 1 年期债券的现行利率为 6%。所以，如果一个人买了一张 2013 年到期的一年期债券，票面利息为 6%，那么 2013 年 1 月 1 日他将得到 1 060 美元(1000 美元本金加 60 美元利息)。那么，会有另一位储蓄者愿意支付给坦雅 1 000 美元的债券本金吗？不，如果此人购买坦雅的债券，他将在 1 年后的债券到期日获得 1 050 美元；如果他使用这 1 000 美元购买一张支付 6%利率的新的 1 年期债券，他将在 1 年后获得 1 060 美元(1 000 美元本金加上 60 美元利息)。因此，坦雅的债券对于另一个储蓄者而言不值 1 000 美元。

这个例子表明债券价格与利率是负相关的。当新发行债券的利率上升时，投资者对已发行债券的支付意愿将下降。

那么另一位储蓄者愿意为坦雅的债券支付多少金额呢？回想一下，如果一个人在 2013 年 1 月 1 日购买了一张新发行的一年期债券，在 2014 年 1 月 1 日他将获得 1 060 美元。这 60 美元的收益相当于他支付的金额的 6%的回报。因此只有当坦雅的债券价格至少也能让其获得 6%的回报率时，他才会购买。如果坦雅债券的价格能让购买者获得 6%的回报，必须满足下面的等式：

$$债券价格\times 1.06=1\,050\ 美元$$

求解等式中的债券价格，我们得到：坦雅债券将会以 1 050 美元/1.06，即 991 美元出售。为了检验这一结果，2014 年 1 月 1 日债券的购买者将会得到 1 050 美元，比她在 2013 年 1 月 1 日支付的金额多 59 美元。她的回报率为 59 美元/991 美元，即 6%，正如我们所预料的那样。

如果现行利率变为 4%而不是 6%，又会如何？当现有利率下降时，债券价格上升，坦雅的债券价格同样上升，直至满足 4%的回报率。届时坦雅的债券的价格将满足下面的关系式：

$$债券价格\times 1.04=1\,050\ 美元$$

这意味着她的债券价格将是 1 050 美元/1.04，即大约 1 010 美元。

如果在坦雅想要出售债券时，现行利率为 5%，与她当初购买时的利率相同，那么将会发生什么情况？你将会发现，在这种情况下，债券将以其面值 1 000 美元出售。

练习 9.1

3 年期政府债券发行时的面值(本金)为 1000，息票率为 7%，利息每年年底支付。在这些债券到期的前一年，某份报纸的头条标题为“坏的经济消息导致债券价格下跌”。该报道显示，这些 3 年期债券的价格下降到了 960。那么，利率究竟发生了什么变化？在新闻报道的那个时间点，1 年期利率又是多少？

发行债券是公司或者政府从储蓄者那里获得资金的一种方法。筹资的另一种重要方法是向公众发行股票，不过这种方法仅限于公司使用。

股票

股票(或者权益)是企业部分所有权的凭证。例如，如果一个公司发行在外的股份为

100 万股，那么每股的所有权就等价于公司所有权的百万分之一。股东将通过两种形式得到其金融投资的回报：第一，股东将会得到公司定期支付的股票**红利**。红利是由公司的管理层决定的，通常取决于公司近期的利润情况；第二，当股价上升时，股东能通过资本收益的方式得到回报(我们在第 8 章讨论过资本收益和损失)。

股价是由在股票交易所(如纽约股票交易所)进行的一系列交易决定的。当股票的需求发生变化时，股票价格将上升或下降。进一步地，股票的需求又取决于一些因素，如有关公司前景的消息。例如，某医药公司宣布发现了一种重要的新药，虽然新药的生产和营销可能在今后才开始，但是该公司的股票价格很可能由于这个公告而立即上升，因为金融投资者预计公司将来的赢利会增加。例 9.3 用具体的数字说明了一些影响股价的关键因素。

例 9.3 购买新公司的股票

你应该为每股 FortuneCookie. com(好运曲奇)支付多少美元?

现在，你有一个购买新公司 FortuneCookie. com 股票的机会，这家公司计划通过互联网出售美味的好运曲奇。你的股票经纪人估计这家公司将在一年后支付每股 1 美元的红利，一年后公司的市场价为 80 美元每股。假设你认为经纪人的估计是准确的，那么你今天最多愿意为每股 FortuneCookie. com 支付多少？如果你预计每股红利为 5.00 美元，那么答案将如何改变？如果你预计一年后每股红利为 1.00 美元但是股价为 84.00 美元，那么答案又将是多少？

基于经纪人的估计，你断定，一年后自己所拥有的每股 FortuneCookie. com 股票将价值 81.00 美元——1.00 美元红利加上出售该股票所能获得的 80.00 美元。因此，计算今天你愿意为股票支付的最高价格就等价于下面的问题：如果一年后能得到 81.00 美元的回报，今天你会投资多少？要回答这个问题还需要多一条信息：如果你愿意从这家公司购买股票，那么所需的预期回报率是多少？

你如何确定持有 FortuneCookie. com 股票所需的回报率？让我们假想一下，你并不担心股票潜在的风险，这可能是由于你认为这是一件确定的事情或者由于你是一个不怕风险的人。在这种情况下，你持有 FortuneCookie. com 股票所需的回报率将与你从事其他金融投资(如政府债券)所能获得的回报率相同。其他金融投资已有的回报率给出了资金的机会成本。因此，不妨假设，政府债券现在提供的利率为 6%，那么你也会愿意接受 FortuneCookie. com 6%的回报率。在这种情形下，你目前愿意为每股 FortuneCookie. com 支付的最高价格满足下面的等式：

股票价格×1.06＝81.00 美元

这一等式定义了接受 6%回报率时你愿意支付的股票价格。求解该等式得到股票价格＝81.00 美元/1.06＝76.42 美元。如果你用 76.42 美元购买了 FortuneCookie. com 的股票，一年后你的回报率将是(81.00 美元－76.42 美元)/76.42 美元＝4.58 美元/76.42 美元＝6%，即你购买股票所需的回报率。

如果预期红利变为 5.00 美元，一年后持有股票的总收益将等于预期红利加上预期价格 5.00 美元＋80.00 美元，即 85.00 美元。再次假设你愿意接受 FortuneCookie. com 股票 6%的回报率，那么今天你愿意为每股 FortuneCookie. com 支付的最高价格满足股票价格×1.06＝85.00 美元这一等式。解这个等式得到股票价格＝85.00 美元/1.06＝80.19 美元。与前面的情况相比，我们发现比较高的预期红利提高了今天的股价。这也是关于公司前景的好消息(如医药公司宣布它发现了一种疗效显著的新药)能够立即影响股价的原因。

如果预期股票未来的价格为 84.00 美元，红利为 1.00 美元，那么一年后股票的价值也是 85.00 美元，与前面的计算过程一样。因此，你愿意为股票支付的价格是 80.19 美元。

上述例子显示，未来的红利或未来的预期股价增加将会使今天的股价上升，而储蓄者持股所需的回报率增加则会使今天的股价下降。同时我们还知道，股票市场所需的回报率与市场利率之间是紧密联系的，这意味着利率的增加将会降低股价和债券价格。

例子中是把未来股价当做给定值。但是，到底是由什么因素决定未来股价的？根据例 9.3，我们知道，今天的股价取决于股东预期今年能够获得的红利和一年后的股价。而一年后的股价又取决于下一年的红利和距今两年后的股价，依此类推。

最终，今天的股价不仅受今年预期红利的影响，还受未来红利的影响。而一个公司支付红利的能力则取决于其收入。因此，在我们提到的医药公司宣布发现新药的例子中，关于未来收入的消息(即使收入在遥远的将来才能实现)能够立刻影响公司的股票价格。

练习 9.2

继续例 9.3，你预计一年后每股 FortuneCookie.com 的价值为 80.00 美元，支付的红利为 1.00 美元。如果今天现行的利率等于你所需的回报率，为 4%，那么你愿意为该股票支付多少？如果利率为 8%，答案又是多少？如果有经济消息显示不久后利率会上升，那么你预计股价会如何变动？

在例 9.3 中，我们假设你愿意接受的股票回报率为 6%，与从政府债券上所能得到的收益率相同。但是，事实并非如此。在股票市场上进行的金融投资是有很大风险的，因为持有股票的收益是高度变化和不可预测的。例如，尽管你预计每股 FortuneCookie. com 一年后的价值为 80.00 美元，但是很有可能会出现每股低至 50.00 美元或每股高至 110.00 美元的情况。由于大多数金融投资者厌恶风险和不可预测性，因此持有风险资产(如股票)所需的回报率比持有相对比较安全的资产(如政府债券)的回报率高。持有风险资产所需的回报率与持有安全资产的回报率之间的差额称为**风险补偿**。

例 9.4 风险与股票价格

股票价格与风险之间的关系是什么？

继续例 9.3，假设预计一年后 FortuneCookie. com 支付的红利为 1.00 美元，每股的市场价值为 80.00 美元。政府债券的年利率为 6%。但是，如果你持有 FortuneCookie. com 股票这样的风险资产所需要的预期回报率比政府债券这样的安全资产高 4%(4%的风险补偿)。也就是说，你需要 10%的预期回报率才会选择持有 FortuneCookie. com 股票。那么，现在你最多愿意为股票支付多少？你觉得你所感知到的风险与股价之间有什么样的关系？

因为一年后每股 FortuneCookie. com 预计能支付 81.00 美元，所需的回报率为 10%，从而有股票价格×1.10=81.00 美元。解这个等式，得到股价等于 81.00 美元/1.10=73.64 美元，低于没有风险补偿、所需回报率为 6%的股价 76.42 美元(例 9.3)。由此我们推断出，金融投资者厌恶风险所带来的风险补偿降低了股票等风险资产的价格。

债券市场、股票市场以及储蓄的配置

与银行一样，债券市场和股票市场也提供了一种引导资金的方法，把资金从储蓄者转移到拥有好的投资机会的借款者手中。例如，一家公司计划进行资本投资，但是不愿意从银行借款，那么它将有下面两个选择：它可以发行新债券，然后出售给债券市场的储蓄者；它也可以自己发行新股，然后在股票市场上出售。出售新债券或者股票的收入可以用来为公司的资本投资提供资金。

股票和债券市场如何确保已有的储蓄被投入最多产的用途？如前所述，金融市场的两大重要功能是收集借款者的信息以及帮助储蓄者分散借款的风险，有了这两大功能，就能确保已有的储蓄被投入最多产的用途。知道债券和股票是如何定价之后，我们就可以看一下债券和股票市场的作用了。

债券和股票市场的信息化作用

储蓄者和他们的财务顾问都知道，要想获得尽可能高的金融投资回报，他们必须找到最有赢利前景的潜在借款者。这一认知正是储蓄者仔细筛选潜在借款者的强大动机所在。

例如，正在考虑发行新股或者债券的公司都知道，华尔街的专业分析师和其他金融投资者将会仔细研究公司近期的业绩以及未来的计划。如果分析师和其他潜在的购买者对这家公司未来的赢利能力有很多疑问，他们将对发行的新股提出一个较低的价格，或者会要求新发行的债券支付一个较高的利率。因此，除非管理层有足够的信心让金融投资者相信他们所计划的资金用途能够带来利润，否则公司是不会愿意到债券或股票市场上融资的。这样一来，储蓄者及其财务顾问不断搜寻高回报的行为促使债券和股票市场把资金导入最多产的用途。

风险分担和多样化

很多承诺高回报的投资项目是有很高风险的。例如，成功开发一种用于降低胆固醇的新药能为医药公司创造亿万美元的利润。但是，如果药品使用的效果比市场上的其他产品差，那么所有的开发成本将付诸东流，得不到任何补偿。假使一个人将他的毕生积蓄投入反胆固醇药品的开发，他也许能获得相当可观的回报，也有可能失去一切。总体而言，储蓄者都不愿意承担太大的风险，所以如果没有什么办法减少单个储蓄者面对的风险，那么公司想要筹集资金用于开发新药将变得非常困难。

债券和股票市场允许储蓄者采取**多样化**的金融投资，通过这种方式来帮助其减少风险。**多样化**是指将个体的财富分散到一系列不同的金融投资上以减少总风险的做法。多样化源于一句格言：“你不应该把所有的鸡蛋都放在一个篮子里。”金融投资者发现，如果将储蓄款分成若干小份，把每一份分配到大量的股票和债券上，而不是把所有的储蓄都投入一个高风险的项目，将更加安全。当其中一些金融资产的价值下降时，总会有其他一些资产的价值上升，于是收益抵消了损失。例 9.5 所表示的就是多样化的收益。

例 9.5 多样化的收益

多样化的收益是什么？

维克拉姆用 200 美元的资金进行投资，他正在考虑不同公司的两支股票——史密斯雨伞公司和琼斯防晒霜公司。假设每股价格为 100 美元。如果下雨，那么投资雨伞公司更好；如果天晴，那么防晒霜公司回报更高。表 9.1 揭示了股票价格怎样随天气变动。

表 9.1 两家公司的股价变动

实际的天气状况	每股股价的增长	
	史密斯雨伞公司	琼斯防晒霜公司
雨	+10 美元	不变
晴	不变	+10 美元

如果下雨，史密斯雨伞的股价将会上升 10%，如果晴天，股价将不变。如果晴天，琼斯防晒霜的股价预计将会上升 10%，如果下雨，股价将不变。

假设下雨的概率是 50%，天晴的概率也是 50%，维克拉姆应该怎样投资他的 200 美元？如果维克拉姆把 200 美元都投资到史密斯雨伞上，一半的机会会下雨，于是每股涨 10 美元，共计 20 美元。另一半机会，天晴，股价不变。这样，他的平均收益为 50%乘以 20 加上 50%乘以 0，等于 10 美元。

相反，他把 200 美元投资到琼斯防晒霜公司，他同样可买两股。若天晴则每股涨 10 美元(合计 20 美元)，若下雨则股价不变。平均收益为 50%乘以 20 美元加上 50%乘以 0，等于 10 美元。

尽管每种股票维克拉姆都能获得 10 美元的平均收益，但是只投资其中一种仍有很大的风险，因为他能得到的实际回报取决于下雨还是天晴，变动很大。那么维克拉姆能确保得到 10 美元的回报而没有任何不确定性和风险吗？是的，他只需要在每种股票上各投入 100 美元。如果下雨，他将从史密斯雨伞股票上获得 10 美元，从琼斯防晒霜股票上获得 0。如果天晴，他将从史密斯雨伞上获得 0，但是能从琼斯防晒霜上获得 10 美元。不论下雨或天晴，他都能确保得到 10 美元回报——毫无风险。

债券市场和股票市场的存在使储蓄者多样化的战略更易于实现——他们把储蓄分成很多小份，每一份储蓄投资一种金融资产(具体体现为持有特定公司或者投资项目的股份)。从社会的角度来看，那些高风险而又有价值的项目的资金筹集由于多样化而变得有可能，因为它不再需要个人储蓄者承担过多的风险。

对于一般人而言，一种特别方便的多样化的方法是通过共同基金间接购买债券和股票。共同基金是一种金融中介，它把自己的股份卖给公众，然后用筹得的资金购买很多金融资产。因此，持有共同基金的股份就等于持有很多不同的金融资产的小额组合，帮助储蓄者实现多样化的目的。共同基金的优点是：购买一支或者两支共同基金的股份要比直接购买很多不同的股票以及债券的成本低，耗费的时间少。过去 40 年，共同基金在美国越来越受投资者的欢迎。

经济自然主义者 9.1 为什么美国股票市场会在 20 世纪 90 年代迅速上升，然后又在 2000 年开始下降？

20 世纪 90 年代，美国的股票价格猛涨。反映 500 家主要公司股价表现的标准普尔 500 指数 1990—1995 年上升了 60%，此后的 1995—2000 年又翻了一番多。但是，21 世纪的头两年，这一指数的价值却损失了近一半。为什么美国股票市场在20世纪90年代出现热潮，而在21世纪初又衰落了？

股票价格取决于购买者对未来红利、股价的预期以及潜在股东所需的回报率。所需的回报率又进一步等于安全资产的利率加上风险补偿。从原理上分析，股价的上升可能是由下列因素造成的：对未来红利的乐观程度增加，所需回报率下降，或者两者同时发生。

上面提到的两种因素都对20世纪90年代的股价上涨热潮做出了贡献。90年代，红利迅速增长，从一个侧面反映了当时美国繁荣的经济状况。受新技术所承诺的高回报的鼓励，很多金融投资者预计未来的红利会更高。

同时，也有证据显示90年代人们持有股票所需的风险补偿下降了，因此所需的总回报率也下降了，于是股价上升。关于90年代风险补偿下降的一个可能的解释是多样化程度的增加。在那段时间里，可选择的共同基金的数量和种类都以历史性的速度增加。许多美国人开始投资这些基金，其中包括很多以前从没有买过股票的人和那些虽然买过股票但只买了几支公司股票的人。对于一般的股票市场投资者来说，多样化程度的增加可能降低了他们持股时所感知的风险，因此降低了风险补偿，从而提升了股价。另一种解释是投资者低估了经济内部，即股票市场的风险性（因为他此时可以购买共同基金），从而低估了股票的风险性，风险溢价便降到一个非常低的水平。

2000年以后，这些利好因素全都逆转了。股东对红利的增长非常失望，这在很大程度上是因为许多高科技公司没有像人们所希望的那样提供丰厚的利润。另一个打击是2002年一系列的公司会计丑闻：一些大公司为了让自己的利润比实际值多，采取了非法或者不道德的行为。经济衰退、恐怖袭击和财务丑闻等因素增加了股东对股票风险的关注，于是，他们持股所需的回报率开始从20世纪90年代的低水平不断上升。预期低额红利和高风险补偿这两大因素导致了股价的急剧下跌。仅在2003年，由于经济中开始快速发展，股价才跟着复苏。

货币及其用途

债券和股票是典型的金融资产，那么，货币在这其中占据什么地位呢？到底什么是货币？对经济学家而言，货币是任何可以在购买中使用的财产。现代世界中，货币的两个普遍例子是通货和硬币。而支票账户余额则代表了另一种可以用于支付（当你开支票支付每周的食品杂货时）的资产，因此，它也属于货币。相反，像股份这样的资产就不能在多数交易中直接使用。股票必须先被卖掉——转化成现金或者支票账户存款，然后才能开展交易，比如购买食品、杂货。

历史上，很多物品都曾被当做货币使用，如金银币、贝壳、有孔小珠、羽毛以及亚普岛上不可移动的巨石等。金属货币问世以前，最普遍的货币是在南太平洋发现的一种贝壳——货贝。近代，非洲一些地方仍在把货贝作为货币使用，例如乌干达，它在20世纪初还将货贝作为官方认可的货币，同意民众用这种贝壳支付税收。今天的货币可以是无形的，例如支票账户。

为什么人们要使用货币？货币有三大主要用途：交易媒介、计价单位和价值储藏。

当货币被用于购买产品或服务时，比如你用现金购买报纸或者开支票支付水电费账单，它就作为一种**交易媒介**在发挥作用。这是货币的第一个功能，也是最关键的功能。试想一下，如果没有货币，日常生活将会变得多么复杂。没有货币，所有的经济交易都会以**物物交换**的形式进行，也就是说，一种产品或服务必须直接与另一种产品或服务进行交换。

物物交换的效率很低，因为它需要参与交换的各方都拥有另一方想要的东西，即需求的双向符合。例如，在一个物物交换的系统中，一名音乐家必须找到一个愿意用食物交换其音乐表演的人，才能享用到正餐。按照常规来说，要达成这种需求的匹配，即各方正好需要对方所提供的商品，是非常困难的。在有货币的世界，上面提到的音乐家的问题就变得比较简单了。首先，她要找到一个愿意为其音乐表演支付报酬的人；然后，她可以用表演得到的钱去购买所需的食物以及其他产品与服务。在使用货币的社会，想听音乐的人和愿意为音乐家提供食物的人不必是同一个人。换句话说，对产品与服务的需求不再需要满足“双向符合”的条件。

在一个没有货币的世界，只有找到愿意用食物交换音乐表演的人，她才能享用到正餐。

物物交换时人们不得不寻找需求的双向符合，而使用货币的社会则成功地消除了这一问题，从而使个人能够从事特定产品或服务的专业化生产，每个家庭或者乡村都不用再生产自己最需要的产品。正如我们在第 2 章提到的比较优势原理，专业化大大提高了经济效率和生活的物质水准。货币在交易中所起的重要作用足以解释为什么储蓄者会选择持有一部分货币，虽然这样做的回报率比较低。例如，现金没有任何利息收入，而支票账户所得到的利息也比其他金融投资方式低。

货币的第二个功能是计价单位。作为**计价单位**，货币是衡量经济价值的一个基本尺度。在美国，所有的价格——包括劳动力价格(工资)和金融资产(如股份)的价格——都是用美元表示的。使用一个通用的计价单位来表示经济价值，便于对不同的产品与服务进行比较。例如，粮食可以用蒲式耳衡量，煤可以用吨衡量，但是如何确定 20 蒲式耳粮食与 1 吨煤的经济价值孰多孰少呢？把这两种商品的价值都用美元来表示，就可以比较了。货币作为计价单位的功能与其交易媒介的功能紧密相关：正因为货币可以用于买卖商品，所以所有产品的价格用它来表示才变得有意义。

货币的第三个功能是**价值储藏**，它是持有财富的一种方式。例如，一个守财奴把他的现金藏在床垫里，或者在半夜偷偷地把金币埋在老橡树下，所有这些都是他以货币形式持有财富的体现。类似地，如果你在支票账户中习惯性地存有一定金额，那么你也是在以货币形式持有部分财富。尽管货币是经济中的主要交易媒介和计价单位，但是它却不是唯一的价值储藏方式，因为还有其他很多方式来拥有财富，如持有股票、债券或者房地产等。

撇开其交易媒介的作用不谈，对于多数人而言，货币并不是持有财富的首选方式。与政府债券以及其他金融资产不同，大多数货币形式是不付息的，而且现金还有丢失或被盗的风险。但是，由于现金有着不记名以及难以追踪的优点，对于走私者、毒贩以及那些想把资产置于国税局监控视线之外的人来说，它仍然是一种非常有吸引力的价值储藏方式。

例 9.6 私人货币：伊萨卡小时和 LETS

有类似私人货币这种东西吗？

货币经常由政府发行，很少由私人发行，这部分反映出国家对私人发行货币的法律约束。在法律允许的前提下，有时也会出现一些私人货币。① 例如，在美国，私人发行的货币在 30 多个团体中流通。在纽约州的伊萨卡(Ithaca)，一种私人货币"伊萨卡小时"从 1991 年开始流通。这种货币是由该镇主席保罗·格拉夫(Paul Glover)创立的，每单位等价于该县工人平均每小时的工资 10 美元。这种货币用特殊的油墨印刷以防止伪造，专门发给当地的居民以及在当地投资的外界企业和个人使用。大约有1 600 多个企业与个人得到了这种货币，他们用这些货币直接消费。创立人保罗强调这种货币不能在其他地方使用，目的是吸引人们多在本地购买商品，促进本地经济的发展。

另一种技术更为先进的私人货币形式是与计算机交易系统相关的 LETS 信用，即地方电子交易系统。它在澳大利亚、新西兰和英国非常流行(美国大概有 10 个这样的交易系统)。LETS 的参与者首先需要列出他们想要买/卖的产品与服务的清单。当交易达成时，系统将从买者的账户中扣除相应数量的"计算机信用"，将其加入卖者的账户。由于系统允许参与者在账户中持有负的金额，因此所有成员都必须相信没有人会滥用系统购买很多产品与服务然后退出。LETS 信用只存在于计算机中，没有体现为纸币或金属的形式。从 LETS 可以窥见未来电子货币系统的发展方向。

"伊萨卡小时"和 LETS 信用有何共同点？作为交易媒介，它们都在一个团体内部发挥作用。

度量货币

我们将货币定义为"可以用于购买的金融资产"，那么在任意一个给定时刻，美国经济里有多少货币？这个问题回答起来并不简单，因为在实际中，很难将那些算作货币的资产与那些不算货币的资产明显区分开。美元的存单显然是一种货币，凡·高的画肯定不是。这两种情况比较容易鉴别，但其他一些情况就不好区分了。例如，现在经纪公司开始提供一种账户，其所有者可以把股票、债券等金融投资与支票账户、信用卡优惠结合起来。这些账户的全部或部分项目，能算作货币吗？这很难说清楚。

经济学家通过使用几种不同的定义避开了货币区分的问题，这些定义的宽泛程度逐渐递增。美国经济中，相对较窄的货币定义称为 M1。M1 等于通货和支票账户余额之和。更广的货币衡量尺度称为 M2，它等于 M1 中的所有资产加上其他一些额外的支付工具。这些支付工具有的比通货、支票的成本高，有的使用起来可能没有通货、支票方便。表 9.2 列出了 M1 和 M2 的各个组成部分，还给出了 2011 年 4 月美国所有类型资产对应的数量。但是，在绝大多数情况下，把通货与支票账户金额之和，即 M1 当做货币就够了。

---

① Barbara A. Good, "Private Money: Everything Old Is New Again," Federal Reserve Bank of Cleveland, *Economic Commentary*, April 1, 1998.

表 9.2 2011 年 4 月 M1 和 M2 的组成部分 10 亿美元

M1	**1 901.00**
通货	949.10
活期存款	553.20
其他支票型存款	394.10
旅行支票	4.60
M2	**8 946.00**
M1	1 901.00
储蓄存款	5 497.90
小面值定期存款	862.80
货币市场共同基金	684.30

注：表格已经对季节性变化做了调整。M1 中，通货指的是现金和硬币。活期存款指的是不付息的支票账户，而"其他支票型存款"则是指付息的支票账户。M2 不仅包括 M1 中的所有组成部分，还包括储蓄账户的金额，小面值(低于 10 万美元)定期存款以及货币市场共同基金(MMMFs)。货币市场共同基金这一组织将其股份出售给投资者，然后购买安全性资产(如政府债券)，并且经常允许其股东拥有一些开支票的特权。

资料来源：联邦储备银行公告(www.federalreserve.gov/releases/h6/current/)。

需要注意的是，尽管人们越来越多地使用信用卡进行支付，如食品、服装、汽车和大学学费，信用卡账户仍然不能算入 M1 或者 M2，主要原因是信用卡账户不能代表人们的财富。实际上，1 000 美元的信用卡支付代表你对某人1 000 美元的负债。

重点回顾：货币及其作用

货币是任何可以在购买中使用的资产，如通货或者支票账户。当货币被用于购买产品或服务时，它就是一种交易媒介。货币作为交易媒介的用途消除了物物交换的需要，人们再也不用为"需求双向符合"的问题而头疼了。另外，货币还是一种计价单位和价值储藏方式。

在实际中，货币的两个基本衡量尺度是 M1 和 M2。M1 是比较窄的衡量尺度，主要由通货和支票账户余额组成。M2 是更广的尺度，包括 M1 中的所有资产以及其他一些有效的支付工具。

商业银行和货币的创造

什么决定了经济中货币的数量？如果经济中的货币完全是由通货供给的，那么答案非常简单：货币供给刚好等于政府创造并投入流通的通货的价值。但是，正如我们看到的，现代经济的货币供给不仅有通货还有公众在商业(私人)银行所拥有的存款。

本章的前面曾介绍过商业银行充当金融中介的作用，接下来我们将考察商业银行及其存款者如何影响货币供给。我们将用一个虚构的国家——Gorgonzola 举例说明。首先，我们假设 Gorgonzola 没有商业银行系统。为了便于交易、消除物物交换，政府指导中央银行将100万相同的纸币盾投入流通。中央银行先印刷盾，然后将其分配到老百姓手中。此时，Gorgonzola的货币供给就是100万盾。

但是，Gorgonzola的公民对货币供给全由纸币盾构成的现状并不满意，因为纸币很容易丢失或者被盗。为了满足人们安全保管货币的需求，Gorgonzola的一些企业家建立起商业银行系统。最初，这些银行只是人们用于存放盾的储藏室。当人们需要支付的时候，他们既可以从银行取出盾，也可以更为方便地直接开张支票。

如果使用支票，银行就可以把货币直接从支付方转到收取方。在基于支票的支付系统下，纸币不需要离开银行系统，尽管当一个银行的存款者向另一个银行的存款者进行支付时，纸币可能会从一个银行流向另一个银行。假设在这个经济中，存款不支付利息，银行只能通过向存款者收取现金保管费来获得利润。

假设与现金相比，现在人们更喜欢银行存款，因此他们会选择把所有的盾都存到商业银行。表9.3就是当所有的盾都存到银行时，Gorgonzola商业银行的资产负债表。

表9.3　Gorgonzola商业银行的合并资产负债表(初始)

盾

资产		负债	
通货	1 000 000	存款	1 000 000

在Gorgonzola，其商业银行系统的资产是那些放在银行储藏室中的纸币盾。银行系统的负债则是银行顾客的存款，因为那些支票账户都代表银行欠存款者的钱。

银行所持有的现金或其他相似的资产被称为**银行准备金**。本例中，所有银行的准备金加总到一起，等于100万盾，即合并资产负债表的资产方所列出的通货。银行为了满足存款者提款或者开支票的需求，必须持有准备金。本例中，银行100万盾的准备金达到存款的100%。我们把这种银行准备金等于100%银行存款的情形称为**100%准备金运作**。

这些准备金被银行放在储藏室中，没有在公众中流通，因此不能算作货币供给。但是，银行的存款可以用于进行交易，所以它们属于货币。因此，在Gorgonzola引入“安全保管”银行后，货币的供给等于银行的存款，即100万盾，与引入银行前相等。

不久后，Gorgonzola的商业银行家开始意识到，为存款储备100%准备金是没有必要的，因为只有当存款者得到报酬或者开支票时才会有一些盾流入、流出银行，多数情况下大堆的纸币就放在储藏室中，没有被碰过也没有被用过。于是，这些银行家觉得只需要将部分存款作为准备金，就可以满足银行随机的流入、流出需求。经过一番观察后，他们推断只需要保留10%的存款就足以应付取款和支付的随机涨落。银行进一步意识到，剩下90%的存款可以贷给那些借款者以赚取利息。

所以，银行家决定只保留10万盾，即存款的10%，其他90万盾以一定利率借给了Gorgonzola的奶酪生产商。这些商人将用这笔借款来改造农场。贷款后，Gorgonzola所有商业银行的资产负债表发生了改变，如表9.4所示。

表 9.4 Gorgonzola 商业银行的合并资产负债表(经过第一轮贷款之后)

盾

资 产		负 债	
通货(=准备金)	100 000	存款	1 000 000
对农民的贷款	900 000		

贷款后,银行的准备金变成 10 万盾,不再等于 100%的存款 100 万盾。相应的,**存款准备金率**——银行准备金占银行存款的比例,现在等于 100 000/1 000 000,即 10%。如果一个银行系统持有的准备金少于存款,以至于存款准备金率少于 100%,这个系统就被称为**部分准备金银行系统**。

注意,90 万盾已经流出银行系统(比如变成了对农民的贷款),现在掌握在公众的手中。我们假设过,比起现金,私人公民在进行交易时更偏爱银行存款。因此,最终人们会把这 90 万盾再度存入银行系统。这些存款存入银行以后,商业银行的合并资产负债表如表 9.5 所示。

表 9.5 Gorgonzola 商业银行的合并资产负债表(贷出的现金再次存入银行之后)

盾

资 产		负 债	
通货(=准备金)	1 000 000	存款	1 900 000
对农民的贷款	900 000		

我们注意到,银行存款即经济中的货币供给,现在等于 190 万盾。显然,商业银行系统的存在创造了新的货币。表中作为银行负债的存款与作为资产的 100 万盾准备金以及 90 万盾贷款互相平衡。

这个故事到此并没有结束。通过检查资产负债表,银行家们惊奇地发现,准备金又太多了。在 190 万盾存款以及 10%的存款准备金率下,他们只需要 19 万盾作为准备金就够了。但是他们现在有 100 万盾准备金——其中的 81 万盾是多余的。因为把多余的货币借出所能得到的利润总是比放在储藏室多,所以银行家又开始将这 81 万盾贷出去。最后,这些贷出的货币又被重新存入银行系统,之后的银行的合并资产负债表如表 9.6 所示。

表 9.6 Gorgonzola 商业银行的合并资产负债表(经过第二轮贷款之后)

盾

资 产		负 债	
通货(=准备金)	1 000 000	存款	2 710 000
对农民的贷款	1 710 000		

现在,货币供给增加至 271 万盾,即银行存款的价值。尽管经历了这一轮贷款和存款的扩张,但是,银行家发现他们的准备金 100 万盾仍然超过现有存款 271 万盾的 10%。因此,又将发生新一轮的借出。

练习 9.3

对农民进行第三轮贷款以及公众再度将这笔货币存入商业银行后,Gorgonzola 银行系统的资产负债表会变成什么样?此时,货币供给是多少?

贷款和存款的扩张过程当且仅当准备金等于10%的银行存款时才会停止，因为只要准备金超过存款的10%，银行就会发现继续贷出额外的资金有利可图。由于每一轮结束时，准备金都等于100万盾，而存款准备金率等于10%，因此最终总存款必须等于1 000万盾。此外，资产负债表的资产与负债必须平衡，所以我们可以推出，最终对奶酪生产商的贷款等于900万盾。如果贷款等于900万盾，那么银行资产就等于贷款与准备金的总和，即1 000万盾，与银行负债相同。最终的资产负债表如表9.7所示。

表9.7　Gorgonzola商业银行的合并资产负债表(最终结果)

盾

资　产		负　债	
通货(＝准备金)	1 000 000	存款	10 000 000
对农民的贷款	9 000 000		

这一过程结束时，货币供给与总存款相等，为1 000万盾。我们可以发现，部分准备金银行系统下的货币供给，是没有银行或者100%准备金银行的经济体系下货币供给的10倍。换句话说，在10%的存款准备金率下，银行系统中所存入的每一盾都可以"支持"价值为10盾的存款。

为了更直接地计算本例中的货币供给，我们观察后发现，只要银行准备金占存款的比率超出银行想要达到的存款准备金率，就会产生新一轮的借出，从而存款再度扩张。当实际银行准备金占存款的比率等于想要达到的存款准备金率时，扩张停止。因此，银行系统的存款最后必然满足以下关系：

$$\frac{\text{银行准备金}}{\text{银行存款}} = \text{合意的存款准备金率}$$

这个公式还可以写成：

$$\text{银行存款} = \frac{\text{银行准备金}}{\text{合意的存款准备金率}} \tag{9.1}$$

在Gorgonzola，因为经济中所有的通货都流入银行系统，所以银行准备金等于100万盾。同时，银行想要达到的存款准备金比率为10%。利用式(9.1)，我们计算出存款等于(1 000 000/0.1)即1 000万盾，与我们在表9.7中得到的答案一样。

练习9.4

如果银行想要达到的存款准备金率为5%，而不是10%，试计算存款以及货币供给。如果中央银行投入流通的货币为200万盾，而存款准备金率仍然保留在10%，那么存款以及货币供给是多少？

既有通货又有存款时的货币供给

在Gorgonzola的例子里，我们假设所有的货币都以银行存款的形式存在。在现实世界中，人们显然只会将一部分货币以银行账户的形式持有，剩下的都将以通货方式持有。幸运的是，人们既持有通货又持有存款的事实并没有使货币供给的确定复杂化，下面就用例9.7来说明。

例 9.7 既有通货又有存款时的货币供给

既有通货又有存款时 Gorgonzola 的货币供给是多少？

假设 Gorgonzola 的市民选择以通货方式持有 50 万盾，剩下的存入银行。银行保留 10%的存款作为准备金。这种情况下，Gorgonzola 的货币供给是多少？

货币供给是公众手中的通货与银行存款的总和。公众手中的通货在条件中已经给出，等于 50 万盾。银行存款的数量是多少？因为中央银行发行的 100 万盾中有 50 万盾被公众作为通货使用，因此只有剩下的 50 万盾可以作为银行准备金。我们又知道存款等于银行准备金除以存款准备金比率，因此，存款金额为 50 万盾/0.10=500 万盾。货币的总供给就等于公众手中的通货(50 万盾)与银行存款(500 万盾)之和，即 550 万盾。

我们可以用一个总关系式来反映例 9.7 所体现的含义。首先，写出"货币供给等于通货加银行存款"的等式：

$$\text{货币供给} = \text{公众持有的通货} + \text{银行存款}$$

其次，我们还知道银行存款等于银行准备金除以商业银行想要达到的存款准备金率[式(9.1)]。用这一关系替代上述货币供给表达式中的银行存款，可以得到：

$$\text{货币供给} = \text{公众持有的通货} + \frac{\text{银行准备金}}{\text{合意的存款准备金率}} \tag{9.2}$$

用式(9.2)重新计算货币供给量，检验例 9.7 所得到的答案是否正确。在这一例子中，公众持有的通货为 50 万盾，银行准备金为 50 万盾，存款准备金比率为 0.10。代入式(9.2)，可以得到：货币供给=500 000+500 000/0.10=5 500 000，与之前得到的结果一样。

例 9.8 圣诞节时的货币供给

圣诞大采购如何影响货币供给？

圣诞节期间，人们通常会选择多持有一些通货，用于购买过节的商品。如果中央银行不采取任何行动，那么人们所持有的通货数量的变化将会如何影响国家的货币供给？

下面用具体数字举例说明，假设最初银行准备金为 500，公众持有的通货为 500，银行系统所要求的存款准备金率为 0.2。把这些数值代入式(9.2)，我们计算得到：货币供给=500+500/0.2=3 000。

现假设因为圣诞节购买商品的需要，公众从商业银行取出了 100 存款，手中持有的通货增加到 600。这些取款使银行准备金减少至 400。通过式(9.2)，可以计算出现在的货币供给是 600+400/0.2=2 600。所以，公众增加通货持有量的举动使货币供给下降，从3 000减少至2 600。下降的原因是什么？在 20%的存款准备金率下，银行保险柜里的每 1 美元能够"支持"5 美元的存款，也就是能够支持 5 美元的货币供给。但是，在公众手中的 1 美元则成为通货，对总货币供给的贡献只有 1 美元。所以，当公众从银行取出现金时，总货币供给下降了(在下文我们将看到，实际操作中，中央银行将会采取行动抵消公众行为对货币的影响)。

重点回顾：商业银行以及货币的创造

- 货币供给中有一部分是由私人商业银行的存款组成的。因此，商业银行及其存款者的行为将在一定程度上决定货币的供给。

- 银行所持有的现金或其他相似的资产被称为银行准备金。在现代经济中，银行准备金总是少于存款，这种情形被称为部分准备金银行运作。银行准备金与存款的比率被称为存款准备金率。在部分准备金运作下的银行系统中，该比率小于1。
- 没有被保留为准备金的那部分存款则可以被银行贷出，用来赚取利息。只要存款准备金率超出要求的水平，银行就会继续提供贷款，然后再接受存款。这一过程当且仅当实际存款准备金率与银行要求的比率相等时，才会停止。此时，所有的银行存款等于银行准备金除以合意的存款准备金率，货币供给等于公众持有的通货加上银行存款。

中央银行、货币供给和价格

联邦储备系统是联邦政府最重要的一个分支机构，经常被简称为**美联储**。美联储是美国的中央银行。与其他国家的中央银行一样，美联储有两大主要的职责。第一，它负责制定货币政策，这也意味着美联储能够决定经济中的货币流通量。第二，与其他政府机构一样，美联储担负金融市场的监管责任。经济危机时期，美联储也发挥着非常重要的作用。

在第12章，我们将介绍美联储的历史及组织结构并分析美联储在经济萧条和金融危机时如何影响美国的经济。本章我们集中讨论中央银行如何控制货币供给以及货币供给的变化在长期如何影响价格和通货膨胀率。

控制货币供给：公开市场运作

中央银行的主要职责是制定货币政策，确定国家合意的货币供给量。我们在前面已经知道，中央银行，在本章中就是美联储，并不直接控制货币供给。美联储有几种方法可以间接影响货币供给。本章我们将讨论其中最重要的一种：公开市场操作。在第12章，我们将讨论美联储用以改变货币供给的另外三种方法：贴现窗口借款、改变准备金要求和就储备支付利息。

假设现在美联储想通过增加银行准备金最终实现银行存款和货币供给的增加。为了达成这一目标，美联储开始从公众手中购买金融资产，经常购买的是政府债券。为了简化实际过程，我们可以将这一切设想成美联储用新印的货币来购买公众当初从政府购买的债券。

假设公众已经持有足够的通货，他们将把出售债券所得到的现金存入商业银行。这样，商业银行系统的准备金将会增加，增加的量就等于美联储支付给公众的债券购买款。增加的这部分准备金通过本章前面所描述的贷出以及再度存款，导致银行存款和货币供给不断扩张，对此式(9.2)已经做了总结。美联储从公众手中购买政府债券，使银行准备金和货币供给增加，这种行为被称为**公开市场购买**。

如果美联储想要通过减少银行准备金来降低货币总供给，它就会进行反向操作。美联储会把持有的部分政府债券(之前通过公开市场购买所得到的债券)卖给公众。假设公众用开支票的方式来支付债券的购买款。那么，当美联储将这些支票拿到商业银行要求兑现时，与出售的债券价值等量的准备金将从商业银行转移到美联储。然后，美联储再将这些准备金撤出流通领域，导致银行准备金减少，最终使货币总供给减少。美联储为了减少银行准备金进而减少货币总供给而把政府债券出售给公众的行为被称为**公开市场出售**。公开市场购买和出售合在一起被称为公开市场运作。**公开市场运作**是美联储影响货币供给的最为方便和灵活的工具，因此经常被使用。

例 9.9　公开市场运作

公开市场运作如何影响货币供给？

在某个经济体中，公众持有的通货为 1 000 谢克尔，银行准备金为 200 谢克尔，要求的存款准备金率为 0.2。那么货币供给是多少？如果中央银行印刷 100 谢克尔，并用这些新通货从公众手中购买政府债券，会对货币供给造成什么影响？假设公众并不希望改变自己持有的通货量。

因为银行准备金为 200 谢克尔，存款准备金率为 0.2，所以银行存款必须等于 200 谢克尔/0.2，即 1 000 谢克尔。货币供给等于公众持有的通货与银行存款之和，为 2 000 谢克尔，这一结果可以用式(9.2)来确认。

公开市场购买又使公众手中的通货多了 100 谢克尔。我们假设公众仍想继续持有 1 000 谢克尔的通货，所以他们将把额外的 100 谢克尔存入商业银行系统，因此银行的准备金从 200 谢克尔增加到 300 谢克尔。而要求的存款准备金率为 0.2，多轮的贷出和再存款最终使银行存款上升到 300 谢克尔/0.2，即 1 500 谢克尔。货币供给等于公众持有的 1 000 谢克尔加上银行存款 1 500 谢克尔，即 2 500 谢克尔。因此，公开市场购买 100 谢克尔将会使银行准备金上升 100 谢克尔，最终使货币供给增加 500 谢克尔。这一结果同样可以用式(9.2)确认。

练习 9.5

继续例 9.9 的讨论，假设现在中央银行不再对 100 谢克尔的债券进行公开市场购买，而改为对价值为 50 谢克尔的政府债券进行公开市场出售。那么，银行准备金、银行存款和货币供给将变为多少？

货币和价格

从宏观角度来说，控制货币供给之所以重要，主要是因为长期中，经济里流通的货币量与价格的总体水平是紧密相关的。事实上，我们从未听说过，一个国家在经历高且持久的通货膨胀时，其公民持有的货币量能够不表现出显著的增长。例如，在图 9.1 中，我们可以看到 9 个拉丁美洲国家在 1995—2007 年的货币增长和通胀率的关系。虽然这种关系不是很显著，但我们仍可以发现那些货币供给增长率较高的国家通常通货膨胀率也较高。

经济学家弗里德曼将通货膨胀与货币的关系总结为"通货膨胀一直并且处处都是一种货币现象"。我们在后面将看到，短期内通货膨胀可以由货币供给增加以外的因素引起。但是长期，特别是对那些非常严重的通货膨胀来说，弗里德曼的格言是相当准确的：通货膨胀率与货币供给增长率之间紧密相关。

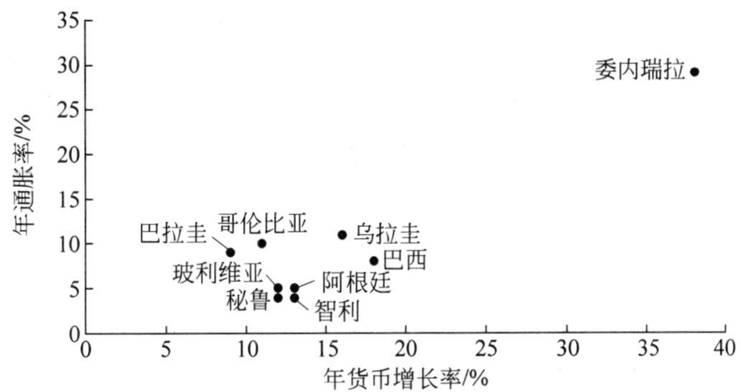

图 9.1　1995—2007 年，拉美国家的通货膨胀率和货币增长率

1995—2007 年，那些货币供给增长率较高的拉美国家往往通货膨胀率也较高。

资料来源：世界银行，《世界发展指标》。

我们从直觉上也可以感受得到货币供给与价格之间所存在的紧密联系。想象一下产品与服务的供给近似固定的情形：很显然，人们持有的现金（如美元）越多，就越有可能把那些数量已经确定的产品与服务的价格哄抬得很高。因此，如果货币供给相对于产品与服务的供给而言数量比较多（形象地说，就是很多钱在追赶着很少的产品），那么将会导致价格处于比较高的水平。同样的道理，如果货币供给迅速增加，将会导致价格迅速上升，即通货膨胀。

周转率

为了更详细地了解货币增长与通货膨胀之间的关系，有必要引入周转率这一概念。在经济学中，**周转率**是关于货币流通速度的一个衡量尺度。例如，当你购买一夸脱牛奶时，一笔美元就从你的手中转移到了杂货商的手中。然后，同样是这笔美元，可能从杂货商那里转移到一个汽车销售商手中，再从汽车销售商那里到了他的私人医生手中，等等。货币从一个人向下一个人流通得越快，它的周转率就越快。

更正式地，周转率被定义为每年货币供给中的特定美元用来购买最终产品或服务的次数，可用如下公式表示：

$$周转率=\frac{名义\ GDP}{货币存量}$$

用 V 代表周转率，M 代表特定的货币存量（如 M1，M2）。名义 GDP（交易总值的一个衡量尺度）等于价格水平 P 乘以实际 GDP（Y）。用这些变量，可以将周转率的定义写成：

$$V=\frac{P\cdot Y}{M} \tag{9.3}$$

周转率越高，“普通”美元的流通就越快。

例 9.10 美国经济中货币的周转率

美国货币供给的周转率是多少?

2010 年在美国,M1 为 18 322 亿美元,M2 为 88 164 亿美元,名义 GDP 为 146 602 亿美元。计算当年的 M1 和 M2 的周转率。

使用式(9.3),M1 的周转率为

$$V=\frac{146\ 602\ \text{亿美元}}{18\ 322\ \text{亿美元}}=8.00$$

相似的,M2 的周转率为

$$V=\frac{146\ 602\ \text{亿美元}}{88\ 164\ \text{亿美元}}=1.66$$

可以看到 M1 的周转率比 M2 快。这是因为 M1 的组成部分都是像现金和支票账户这样的货币形式,它们在交易中使用的比较频繁,所以 M1 中的每 1 美元周转的频率要高于 M2 中的每 1 美元。

很多因素决定了货币的周转率。其中一个主要因素是付款技术的进步,比如信用卡、借记卡的引入以及自动柜员机(ATM)网络的建设。这些新的技术和付款方法使人们在日常的商务活动中可以少带现金,从而大大加快了货币流通的周转率。

长期内的货币与通货膨胀

我们可以用周转率的定义来研究长期内货币与价格之间的关系。首先,将式(9.3)中关于周转率的定义改写一下,等式的两边同时乘以货币存量 M。得到

$$M\cdot V = P\cdot Y \tag{9.4}$$

式(9.4)被称为数量等式。数量等式说明货币乘以周转率等于名义 GDP。因为数量等式是式(9.3)货币定义的简单改写,所以它也是恒成立的。

数量等式有着很重要的历史意义,19 世纪末 20 世纪初的货币经济学家,如耶鲁大学的欧文·费雪(Irving Fisher),都是用这一等式来建立货币与价格之间关系的学说的。在这里,我们也可以参照前人的做法。简单起见,假设周转率 V 由现有的付款技术决定,于是在我们考虑的时间范围内可以把它近似看做常数。同样,假设实际产出 Y 也近似不变。如果我们在变量上加一条横线来表示该变量是一个常数,那么数量等式可以改写成

$$M\cdot \bar{V} = P\cdot \bar{Y} \tag{9.5}$$

在这一公式中,我们把 $\bar{V}$ 和 $\bar{Y}$ 看做不变的数。

现在看着式(9.5),想象一下,由于某些原因,美联储将货币供给 M 增加了 10%。因为假设 $\bar{V}$ 和 $\bar{Y}$ 不变,所以只有价格水平 P 也上升 10%,式(9.5)才能继续成立。根据数量等式,货币供给 M 增加 10%将导致价格水平 P 增加 10%,即 10%的通货膨胀率。

这一结论背后隐藏的其实就是我们之前提到的"直觉":如果产品与服务的数量近似不变(假设货币周转率 V 也不变),那么货币供给的增加将导致人们抬高已有产品与服务的价格。于是,货币的高增长率将导致高通胀率,这正是我们从图 9.1 中看到的。

如果货币的高增长率能导致通货膨胀,为什么这些国家还会允许货币供给上升得如此之快?通常情况下,货币的快速增长是庞大的政府预算赤字的结果。特别是在发展中

国家或者遭受战争、政治动荡的国家，有时，政府发现征税或者向公众借款并不足以弥补其庞大的支出。在这种情形下，政府唯一的办法就是印刷新钞票，用这些钱进行支付。如果流通中的货币量增加得足够大，其结果就会是通货膨胀。

有时候，一个国家的预算赤字高到只能通过印钞票来提供融资支持。我们可以用式(9.5)来分析这么做的后果。在这种情况下，M 以极高的速率增长，使得 P 以同样高的速率上升。其后果就是恶性通货膨胀，我们曾经在第 5 章讨论过这个概念。内战时期的美利坚联盟国以及第一次世界大战后的德国都经历过这种情形：它们无法收到足够的税来维持政府所需的支出，因此大量印钞票来支付政府的开支。正如式(9.5)所预测的，美利坚联盟国和德国魏玛共和国都因此遭遇了恶性通货膨胀。

式(9.5)还为我们提供了制止恶性通货膨胀的方法：降低货币供给的增长率。当然，这说起来容易做起来却很难。要实现这一点，政府必须降低支出或者增加税收，从而使政府的预算赤字可以通过借款而不是增发货币来解决。例如，德国政府在 1923 年年底进行了改革，使得政府无法通过印钞票来弥补其预算赤字。改革之后的几个月，通货膨胀的增速显著下降。然而，美利坚联盟国却未能阻止恶性通货膨胀。1863 年的盖茨堡战役和维克斯堡战役预示着美利坚联盟国显然最终将打输这场战争。由于各州政府控制着税收，美利坚联盟国根本无法收到税，它只能以高得惊人的利率出售债券。直到 1865 年 4 月美利坚联盟国战败，恶性通货膨胀才告一段落。

重点回顾：中央银行、货币供给和价格

- 中央银行通过公开市场运作来控制货币供给。公开市场购买增加货币供给，公开市场出售减少货币供给。
- 货币的高增长率总体而言将会导致通货膨胀。流通中的货币量越多，公众就会将已有的产品与服务的价格哄抬得越高。
- 周转率衡量的是货币流通的速度，它等于一段时间内完成的交易总值除以进行这些交易所需的货币存量。周转率的数值可以由公式 $V=(P\cdot Y)/M$ 计算得到，其中 V 为周转率，$P\cdot Y$ 为名义 GDP(作为交易总值的一个衡量尺度)，M 为货币供给。
- 数量等式证明货币乘以周转率等于名义 GDP，用符号表示就是 $M\cdot V=P\cdot Y$。数量等式是周转率定义式的改写形式，因此也是恒成立的。如果周转率和产出近似不变，数量等式就意味着 1%的货币供给增加会同样导致价格水平 1%的提高。换言之，货币供给的增长率等于通货膨胀率。

小结

- 美国的银行系统包括上千家商业银行，这些银行吸收个人和企业的存款来发放贷款。银行是金融中介机构的一个重要例子，金融中介机构在评估潜在借款者方面具有专业技能，使得储蓄者不用自己进行评估。

- 政府和企业也可以通过发行股票和债券进行融资。债券是偿还债务（包括本金和定期的利息支付）的一种法律承诺。当利率上升时，已有债券的价格会下降。股票是企业部分所有权的一种凭证。当预期支付的红利或预期未来的股价上升时，股票价格会上升；当金融投资者持有股票所要求的回报率上升时，股票的价格会下降。所要求的回报率等于安全资产的回报率加上用于补偿金融投资者持有风险的额外回报率（即风险补偿）。
- 金融系统（包括银行、债券市场、股票市场）从两方面改善了资源的配置。第一，它为投资者提供项目的相关信息：资金用在哪个项目上是最多产、回报率最高的；第二，金融市场通过允许储蓄者多样化金融投资来帮助他们分散借款的风险。
- 货币是任何可以在购买中使用的资产，如通货和支票账户。货币有三大主要功能：它是一种交换媒介，这意味着它可以在交易中使用。它是一种计价单位，因为经济价值一般都是用货币单位来衡量的（例如，用美元）。它还是一种价值储藏，是人们持有财富的一种方法。实际中，由于很多资产都有类似货币的性质，因此要衡量货币供给非常困难。一个相对较窄的货币衡量尺度是 M1，它包括通货和支票账户。更广的货币衡量尺度是 M2，它包括 M1 中的所有资产加上其他一些额外的资产，这些额外的资产在交易时，在一定程度上没有 M1 中所包括的那些资产方便。
- 因为银行存款是货币供给的一部分，所以商业银行和存款者的行为能够影响经济中的货币量。特别的，商业银行通过多轮的借出和吸纳存款创造了货币。货币供给等于公众持有的通货加上银行系统内的存款。
- 美国的中央银行被称为联邦储备系统，简称美联储。美联储可以通过几种途径来间接影响货币供给，其中最重要的途径是公开市场操作，即美联储对政府债券进行买卖来控制银行或公众持有的货币量。
- 货币供给的增长率与通货膨胀率息息相关，所以控制货币供给十分重要。特别是，可以利用数量等式来证明，在特定的条件下，货币供给某一百分比的增加将导致价格增加相同的百分比。

名词与概念

bank reserves	银行准备金	financial intermediaries	金融中介
barter	物物交换	fractional-reserve banking system	部分准备金银行系统
bond	债券	maturation date	到期日
coupon payments	票面利息	money	货币
diversification	多样化	mutual fund	共同基金
dividend	红利	100 percent reserve banking	100%准备金银行运作
Federal Reserve System/the Fed	联邦储备系统（美联储）		

open-market operations	公开市场运作	risk premium	风险溢价
open-market purchase	公开市场购买	stock	股票
open-market sale	公开市场出售	store of value	价值储藏
principal amount	本金	unit of account	计价单位
quantity equation	数量等式	velocity	周转率
reserve-deposit ratio	存款准备金率		

复习题

1. 阿加计划出售一张一年后到期的债券，债券的本金是 1 000 美元。他在债券市场上出售这张债券能获得 1 000 美元吗？给出你的答案并解释。

2. 股票价格上涨，但是政府债券的价格却保持稳定。你能从债券价格的表现中推测出导致股价上升的所有可能的原因吗？

3. 给出金融系统改善储蓄资源配置的两种途径，并举例说明。

4. 什么是货币？为什么即使货币比其他金融资产的回报低，人们还是会持有它？

5. 假设公众不再用通货来支付其绝大部分购物款，而改为使用支票。如果美联储不采取任何行动，那么美国的货币供给将如何变化？请解释。

6. 美联储想要减少美国的货币供给。描述它可能采取的各种方法，并解释每种方法如何达成美联储的目标。

7. 用数量等式来解释为什么货币增长与通货膨胀之间紧密相关。

练习题

1. 西蒙用 1 000 美元购买了一张由 Amalgamated 公司新发行的债券。这张债券在第一年和第二年年末均支付给持有者 60 美元；第三年年末到期时支付给持有者 1 060 美元。

(1) 这张债券的本金、期限、息票率以及息票支付分别是多少？

(2) 收到第二笔息票支付后(第二年年末)，西蒙决定将其持有的债券在市场上出售。如果那时的一年期利率为 3%，那么他预计能从债券出售中获得多少？如果利率变为 8%，结果是多少？如果利率变成 10%，结果又是多少？

(3) 如果市场利率等于息票率，你能想出一个理由使 2 年后的债券价格低于 1 000 美元吗？

2. Brothers Grimm(生姜面包屋的生产商)的股票预计一年后支付 5 美元红利，那时每股卖价预计为 100 美元。现在你愿意为每股 Grimm 支付多少金额？

(1) 如果安全利率为 5%，而且你相信投资 Grimm 没有风险；

(2) 如果安全利率为 10%，而且你相信投资 Grimm 没有风险；

(3) 如果安全利率为 5%，但是你需要的风险补偿为 3%；

(4) 假设 Grimm 预计不会支付红利，但是预期价格仍为 100 美元，重新计算(1)～(3)。

3. 你所拥有的金融投资包括 10 年后到期的美国政府债券以及一家新成立的医药公司的股票。你预计下面这些消息将会如何影响你所持有的资产的价值?

(1) 新发行的政府债券的利率上升。

(2) 通货膨胀比人们之前预期的低(提示:回顾第 5 章中提到的费雪效应)。为了简便起见,假设这一信息不会影响你对医药公司未来红利以及股价的预期。

在(3)～(6)中,假设新发行的政府债券的利率维持不变。

(3) 股票市场的巨大波动增加了金融投资者对市场风险的关注。

(4) 你所投资的那家新公司宣布它发明了一种非常有价值的新药。但是,这种新药至少 5 年后才能面世。

(5) 医药公司宣布,下一年它将不会支付红利。

(6) 美国政府宣布对处方药实施价格控制。

4. 你有 1 000 美元资金可以用于投资,现在正考虑以一定比例投资 DonkeyInc 和 ElephantInc 这两支股票。如果民主党当选(40%的概率),DonkeyInc 的股票将会有 10%的回报率,其他情况下回报率为 0;如果共和党当选(60%的概率),ElephantInc 的股票将会有 8%的回报率,其他情况下回报率为 0。民主党和共和党都有可能当选。

(1) 如果你只想使自己的平均预期回报最大化,而不考虑风险,那么你将如何投资你的 1 000 美元?

(2) 如果对两种股票分别投资 500 美元,那么你的预期回报是多少?(提示:首先考虑民主党当选和共和党当选时你的回报将分别是多少,然后将这两笔收入分别与事件发生的概率相乘。)

(3) 每种股票投资 500 美元的策略并不能给你带来最高的平均预期回报。那么为什么你还会选择这样投资?

(4) 设计一种投资策略,确保不管什么情况下都至少能获得 4.4%的回报。

(5) 设计一种无风险的投资策略,即这 1 000 美元投资所能获得的回报不受选举结果影响。

5. 第二次世界大战期间,一位名叫罗伯特·拉德弗德的盟军士兵在一个巨大的德国战俘集中营度过了几年。那个时候,集中营里关押着 5 万多名犯人,这些犯人拥有在围墙内行动的自由。拉德弗德后来写了关于这段经历的传记。他描述了集中营里的经济是如何发展的,在那里,犯人们相互交换食物、衣服和其他物品。服务(如理发),也成为交换的对象。由于缺少纸币,犯人开始用香烟(由红十字会提供)作为货币。价格的表示以及支付,都使用香烟。

(1) 在拉德弗德所在的战俘集中营,香烟是如何实现货币的三大功能的?

(2) 你觉得为什么犯人会用香烟作为货币,而不是用其他有价值的物品比如巧克力或靴子作为货币?

(3) 你认为在拉德弗德所在的集中营,一个不抽烟的犯人会愿意接受香烟作为产品或服务的交换吗?给出答案并解释原因。

6. 改变一些条件,重做本书中 Gorgonzola 的例子(见表 9.3～表 9.7),假设:(1)最初,Gorgonzola 的中央银行将 500 万盾投入流通;(2)商业银行想要持有的准备金为存款的20%。与文中提到的一样，假设公众不持有通货。

试求：

(1) 最初存款后，Gorgonzola 商业银行的合并资产负债表(与表9.3进行比较)。

(2) 第一轮贷款后，Gorgonzola 商业银行的合并资产负债表(与表9.4进行比较)。

(3) 第一轮贷出的现金再次存入银行后，Gorgonzola 商业银行的合并资产负债表(与表9.5进行比较)。

(4) 两轮贷款以及再存款后，Gorgonzola 商业银行的合并资产负债表(与表9.6进行比较)。

(5) 最终的银行准备金、贷款、存款以及货币供给是多少?

7. (1) 银行准备金为100，公众持有的通货为200，要求的存款准备金率为0.25。计算存款和货币供给。

(2) 货币供给为500，公众持有的通货等于银行准备金。要求的存款准备金率为0.25。计算公众持有的通货和银行准备金。

(3) 货币供给为1 250，其中250为公众所持有的通货。银行准备金为100。计算要求的存款准备金率。

8. 当中央银行增加1美元银行准备金时，货币供给的增加超过1美元。中央银行增加1美元银行准备金所能创造的额外货币被称为货币乘数。

(1) 解释为什么货币乘数一般都比1大。在什么特殊情况下，乘数等于1?

(2) 初始货币供给为1 000美元，其中500美元是公众所持有的通货。要求的存款准备金率为0.2。分别计算银行准备金增加1美元、5美元、10美元时所对应的货币供给的增加额。这个经济的货币乘数是多少?

(3) 总结计算货币乘数的一般规则。

(4) 假设美联储想减少货币乘数，可能因为它觉得这样的变化将使它对货币供给的控制更精确。美联储可以采取什么行动来达到其目标?

9. 实际GDP为8万亿美元，名义GDP为10万亿美元，M1为2万亿美元，M2为5万亿美元。

(1) 计算M1和M2的周转率。

(2) 证明对于M1和M2来说数量等式成立。

10. 下面给出的是2012年和2013年的数据。

项　目	2012年	2013年
货币供给	1 000	1 050
周转率	8	8
实际GDP	12 000	12 000

(1) 计算2012年和2013年的价格水平。这两年间的通货膨胀率是多少?

(2) 如果2013年的货币供给改为1 100而不是1 050，那么2012年和2013年之间的通货膨胀率是多少?

(3) 如果2013年的货币供给是1 100，产出为12 600，那么2012年和2013年之间的通货膨胀率是多少?

正文中练习题的答案

9.1 因为债券价格下降，利率必然上升。为了计算利率，首先，我们注意到债券投资者现在愿意为一年后 1 070 美元(息票支付 70 美元加上本金 1 000 美元)的回报支付的价格为 960 美元。然后在此基础上计算 1 年期的回报，用 1 070 美元除以 960 美元得到 1.115。因此，利率必然上升到 11.5%。

9.2 一年后每股股票的价值为 81.00 美元——预期未来价格与预期红利的总和。当利率为 4%时，今日的股价为 81.00 美元/1.04=77.88 美元。利率为 8%时，股票现在的价格为 81.00 美元/1.08=75.00 美元。回顾例 9.3，当利率为 6%时，每股 FortuneCookie.com 的价值为 76.42 美元。因为高利率意味着低股价，所以有关利率上升的消息将会导致股票市场下滑。

9.3 表 9.6 所显示的是经过两轮贷出和再存款后的银行资产负债表。此时，存款为 2 710 000 盾，准备金为 1 000 000 盾。因为规定的存款准备金率为 10%，所以银行将保留 271 000 盾(存款的 10%)作为准备金，然后借出剩下的 729 000 盾。农民的贷款现在变成了 2 439 000 盾。最终这笔借给农民的2 439 000 盾又将被重新存入银行，使银行存款变为 3 439 000 盾，准备金变为 1 000 000 盾。资产负债表如下所示：

盾

资　产		负　债	
通货(=准备金)	1 000 000	存款	3 439 000
对农民的贷款	2 439 000		

注意：资产等于负债。货币供给等于存款，即 3 439 000 盾。银行所持有的那些被留做准备金的通货不能计入货币供给。

9.4 因为公众不持有通货，所以货币供给就等于银行存款，而银行存款又等于银行准备金除以存款准备金比率[式(9.1)]。如果银行准备金为 1 000 000 盾，存款准备金率为 0.05，存款就等于 1 000 000/0.05=20 000 000 盾，它同时也是货币供给。如果银行准备金为 2 000 000 盾，存款准备金率为 0.10，那么货币供给和存款再次等于 20 000 000 盾，或者 2 000 000/0.10。

9.5 如果中央银行为了获得通货而出售了价值 50 谢克尔的政府债券，那么其即时效应就是使公众手中持有的通货量减少了 50 谢克尔。为了使自己持有的通货恢复到原有的水平——1 000 谢克尔，公众将从商业银行取出 50 谢克尔，于是银行准备金从 200 谢克尔减少到 150 谢克尔。要求的存款准备金率为 0.2，因此最终存款必须等于 150 谢克尔准备金除以 0.2，即 750 谢克尔(注意，为了压缩存款，商业银行将会收回部分贷款，减少在外的贷款数量)。货币供给等于公众持有的通货 1 000 谢克尔加上银行存款 750 谢克尔，即 1 750 谢克尔。这样，公开市场购买使货币供给从 2 000 谢克尔减少至 1 750 谢克尔。

第 4 部分

短期经济

美国加利福尼亚州红杉市有一块广告牌声称该市的海滩地区拥有世界上最宜人的气候。红杉市每年的平均气温和降雨量与美国其他许多城市都类似，为什么红杉市声称自己拥有最宜人的气候？这是因为红杉市的气候一年之中变化很小，冬夏两季的气温基本相同，一年四季都很舒适。虽然一些城市每年的平均温度与红杉市接近，但如果冬季非常寒冷而夏季又异常炎热，显然不是适合居住的地方。

类似的分析方法同样可以应用到经济分析上。在过去几十年中，经济的平均增长率是决定人们平均生活水平的关键因素。同时，经济增长率的短期波动也影响着经济福利。尤其当经济处于衰退期，经济增长缓慢甚至为负增长时，严重的经济危机和对社会的不满也就随之而来。在本书的第 4 部分，我们将从一些重要的经济变量——产出、失业和通货膨胀——的角度讨论经济的短期波动的原因，并研究政策制定者稳定经济的措施。

第 10 章通过描述美国经济的主要特征、回顾波动历史并介绍 2007—2009 年的经济衰退，为我们研究经济的短期波动提供必要的背景知识。第 11 章到第 13 章提出短期经济波动的分析框架和可供选择的政策措施。第 11 章主要分析支出或总需求的波动如何引起产出和失业的短期波动。这一章还解释了如何通过财政政策——与政府支出和税收相关的政策——调节支出和产出。第 12 章则关注货币政策，这是调节产出、失业的另一个有力工具。第 13 章在分析中加入了通货膨胀这个变量，研究通货膨胀的来源和控制通货膨胀的政策措施。最后，第 14 章扩展了上述分析，更具体地讨论了宏观经济政策的实践和缺陷。

第10章

经济的短期波动

学习目标

学完本章，你应该能够：

1. 说出经济周期的4个阶段，并解释经济衰退和经济扩张的主要特征。
2. 利用潜在产出和产出缺口分析一个经济体在经济周期中所处的阶段。
3. 给出自然失业率的定义并指出它与周期性失业之间的关系。
4. 利用奥肯法则分析产出缺口与周期性失业之间的关系。
5. 讨论经济在短期与长期内运行的基本差异。

"房屋的销量和价格持续下滑。"

"随着失业的增多，越来越多的人以汽车旅馆为家。"

"全球股市大幅下挫。"

"能源价格大幅上涨，股市再度下跌。"

"随着商品滞销，经济出现大幅下滑。"

"美联储计划再注入1兆亿美元以期重振经济。"

"世界银行称全球经济2009年将出现萎缩。"

上述《纽约时报》的新闻标题揭示了这样一个事实：2007—2009年美国经济经历了20世纪30年代大萧条以来最严重的经济萧条。平均收入下降；成千上万名美国人失去了工作、医疗保险甚至是住房；各级政府都被税收的下滑和人们对于失业救济和医疗保险等公共服务持续上升的需求搞得焦头烂额。

本书的第3部分讨论了长期经济增长的决定因素。纵观历史，我们发现这些因素决定了一个社会整体经济的繁荣程度。在30年、50年乃至100年的时间内，经济增长率非常微小的变动都会对个人的生活条件有很大的影响。不过，虽然经济"气候"(长期经济环境)是生活标准的最终决定要素，经济"天气"(经济环境的短期波动)也很重要。对于一个刚在经济萧条时期失业的工人而言，良好的长期经济增长率几乎没有意义。

本章我们开始考察通常被称为经济周期的经济活动的短期波动。我们先介绍经济波动的历史和特点，以及目前正在发生的经济衰退。接下来我们会给出有助于我们度量经济周期严重性的概念。这些概念能够帮助我们从不同的角度分析短期经济波动，并将产出的波动与失业的变动联系起来。最后，我们将用一个实例来描述基本的经济繁荣和衰退。这些内容将为后面各章的正式分析打下基础。在本章以及后面各章，我们都将把我们所考察的数据以及介绍的理论应用于2007年年底开始的衰退。

经济衰退和扩张

图10.1显示了1929年以来美国实际GDP的变动情况。很明显各年实际GDP的连线并不总是很平滑，凸起和下凹的部分分别表示了经济增长的快速期和缓慢期。GDP的这些波动以及类似失业率等其他变量的类似波动被称为**商业周期**。

经济衰退是指经济增长率明显低于正常水平的时期，经济衰退非常严重时就形成了**经济萧条**。从图10.1中可以找出大萧条时期，特别是1929—1933年初始的大幅下跌。此外，20世纪70年代中期和80年代早期美国经济很不稳定，1973—1975年、1981—1982年经济严重衰退。此后，1990—1991年出现了比较缓和的经济衰退。接下来的整整10年没有发生经济衰退，这是美国历史上摆脱经济衰退最长的时间，接着，2001年3月又出现了一次短期并且温和的经济衰退，持续了8个月。目前从2007年开始的衰退从图10.1中也可以很容易看到。

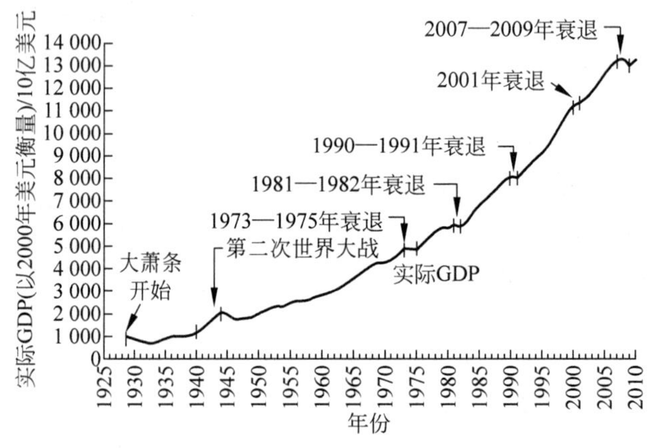

图10.1 1929—2010年美国实际GDP的波动

实际GDP并不总是稳定地增长，其发展过程中有起(经济扩张或者繁荣)有伏(经济衰退或者萧条)。

资料来源：美国经济分析局(www.bea.gov)。

关于经济衰退，报纸杂志通常采用另一种不很严谨的定义：当至少连续两个季度内实际GDP都在持续下降时，我们可以说经济处于衰退期。这个定义在某种意义上也可以说得通，因为在经济衰退的时期，实际GDP通常都会下降。不过，有些经济学家认为只要实际GDP的增长率明显低于正常值，即使增长率是正的，也应当认为处于经济衰退期。事实上，2001年的经济衰退期间，实际GDP仅在一个季度出现了下降。仅根据当时的GDP数据来判断经济扩张还是衰退是不完全的，因为通常几年之后我们会对当年的

GDP 数据做出修正。因此，经济学家通过分析判断一系列的经济数据，而不仅仅是GDP，来决定经济是处于扩张期还是衰退期。

"下面将播放系列乐曲。第一首说明官方确认了衰退已经结束，第二首代表随后的经济繁荣，第三首表示新衰退的到来。"

表 10.1 给出了 1929 年以来美国历次经济衰退的起止持续时间，还记录了每次经济衰退期的最高失业率和实际 GDP 的变化率（目前我们先不关注表格的最后一列）。衰退的起点称为**波峰**，因为这一点代表低迷前经济活动的最高水平。衰退的终点称为**波谷**，代表复苏前经济活动的低水平。表 10.1 中波峰、波谷的日期是由美国经济研究局（NBER）给出的。美国经济研究局成立于 1920 年，是由一些经济学家组成的非营利机构，主要研究短期经济波动。美国经济研究局并不是政府机构，但它关于波峰、波谷的日期被媒体和政府认定为权威数据。

表 10.1　美国自 1929 年以来的经济衰退

波　峰	波　谷	持续时间/月	最高失业率/%	实际 GDP 的变化/%	随后扩张的持续时间/月
1929 年 8 月	1933 年 3 月	43	24.9	−28.8	50
1937 年 5 月	1938 年 6 月	13	19.0	−5.5	80
1945 年 2 月	1945 年 10 月	8	3.9	−8.5	37
1948 年 11 月	1949 年 10 月	11	5.9	−1.4	45
1953 年 7 月	1954 年 5 月	10	5.5	−1.2	39
1957 年 8 月	1958 年 4 月	8	6.8	−1.7	24
1960 年 4 月	1961 年 2 月	10	6.7	2.3	106
1969 年 12 月	1970 年 11 月	11	5.9	0.1	36
1973 年 11 月	1975 年 3 月	16	8.5	−1.1	58
1980 年 1 月	1980 年 7 月	6	7.6	−0.3	12
1981 年 7 月	1982 年 11 月	16	9.7	−2.1	92
1990 年 7 月	1991 年 3 月	8	7.5	−0.9	120
2001 年 3 月	2001 年 11 月	8	5.8	0.8	73
2007 年 12 月	2009 年 6 月	18	10.0	−4.1	

注：失业率采用的是年失业率的形式。波峰和波谷时间数据来源于美国经济研究局。失业率和实际 GDP 数据来源于《美国历史统计数据》和《总统经济报告》。失业率采用波谷年失业率和其后一年失业率中的较高者。实际 GDP 变化的年度数据的测算时间是从经济活动的波峰到波谷，但是 1945 年衰退期相应的数据是 1945—1946 年实际 GDP 的年度变化，1980 年衰退期相应的数据是 1979—1980 年实际 GDP 的年度变化，2001 年衰退期相应的数据是 2000—2001 年实际 GDP 的年度变化，2007 年衰退期相应的数据是 2007—2009 年实际 GDP 的年度变化。

资料来源：波峰和波谷时间，美国经济研究局；失业率和实际 GDP，《美国历史统计数据》和《美国总统经济报告》。

如表 10.1 所示，1929 年至今，美国最严重的历时最长的经济衰退是“大萧条”。根据美国经济研究局的数据，“大萧条”始于 1929 年 10 月举世闻名的股市崩盘前两个月的 1929 年 8 月，一直持续到 1933 年 3 月。1933—1937 年经济开始恢复，增长相对较快。虽然这段时间内失业人数仍然很多，接近总劳动人数的 20%，但在技术上，我们并不把这段时间视为衰退期。1937—1938 年美国又经历一次程度较深的经济衰退。直到 1941 年年底参加第二次世界大战，美国的经济才开始全面复苏。1941—1945 年因为军备扩张，美国的经济发展很快(见图 10.1)。

与 20 世纪 30 年代截然不同的是，20 世纪 40 年代到 21 世纪初美国的经济衰退持续时间相对较短，从波峰到波谷通常为 6～16 个月。如表 10.1 所示，2007 年以前最为严重的两次经济衰退(1973—1975 年与 1981—1982 年)都只持续了 16 个月，远远低于持续了 43 个月的经济大萧条。2007—2009 年的经济衰退是第二次世界大战后持续时间最长的，GDP 从波峰到波谷下降了 4.1%。用今天的标准来看，这三次经济衰退的失业率都非常高，但与经济大萧条时期的 25%相比仍然算是比较低的。

与经济衰退对立的是**经济扩张**，它是指经济增长率明显高于正常水平的时期。**经济繁荣**指的是长时期的经济扩张。美国历史上的经济扩张出现在 1933—1937 年、1961—1969 年、1982—1990 年和 1991—2001 年，其中 1995—2000 年的经济扩张非常迅速(见图 10.1)。平均来说，经济扩张期比经济衰退期长。表 10.1 的最后一列数据显示了 1929 年以来美国历次经济扩张的持续时间。1961—1969 年的经济扩张持续了 106 个月，1982—1990 年的扩张持续了 92 个月。有史以来历时最长的经济扩张始于 1990—1991 年经济衰退的波谷，一共持续了整整 10 年共计 120 个月，直到 2001 年 3 月新的衰退开始。

例 10.1 2007 年的经济衰退

我们是如何知道 2007 年 12 月开始出现经济衰退的？

美国经济研究局下属的经济周期测定委员会得出结论，2007 年 12 月开始出现了经济衰退。该委员会是如何得出这一结论的？

经济周期测定委员会是美国经济研究局下设的一个机构，负责研究确定经济衰退发生的时间。确定经济衰退是否开始既需要大量的数据分析，也需要人为的判断。经济周期测定委员会主要根据几个度量整体状况的统计指标进行分析。该委员会希望选取那些每个月都有数据的指标，因为这些指标更容易获得而且有可能提供有关波峰和波谷的较为精确的信息。经济周期测定委员会采用的四个最为重要的指标是：

- 工业产出，它度量的是工厂和矿山的产出。
- 制造业总销售额、批发贸易额和零售贸易额。
- 非农业就业情况(在农业以外的领域就业的人口数量)。
- 扣除社保缴费等转移支付以后家庭得到的实际税后收入。

上述每一个指标都度量了经济的一个方面。因为这些指标随着总体经济的变动而变动，因此又将其称为同步指标。

通常情况下，同步指标都是在某种程度上共同变动的。在目前的经济衰退中，上述指标中有两种(就业和税后收入)表现出相同的模式。这两个指标都在 2007 年 12 月达到波峰。工业产出紧接着在 2008 年 1 月达到波峰。实际制造业和批发/零售贸易是在 2008 年 6 月最后达到波峰的。因此，经济周期的波峰是比较容易识别的。

短期经济波动的一些现象

虽然图10.1和表10.1只研究了20世纪的数据，但至少从18世纪后期以来，衰退和扩张交替已经成为工业经济的一个特征。卡尔·马克思和弗里德里希·恩格斯在1848年所著的《共产党宣言》中将这种波动现象称为“经济危机”。美国的经济学家早在一个世纪以前就开始研究短期经济波动。

经济扩张和衰退通常并不仅仅局限于几个行业或者地区，而是一种整体经济的状态，最大的波动可能会影响全世界。譬如，几乎全球所有国家的经济都受到了20世纪30年代美国经济大萧条的影响，1973—1975年和1981—1982年的经济衰退的影响范围同样波及美国之外的国家和地区。2007—2009年的经济衰退影响波及全球，直到2011年仍能感受到它的影响。

图10.2描绘了2002—2010年加拿大、德国、日本、英国和美国的实际GDP增长率。可以看到，这五个国家2008年都陷入了经济衰退，2009年情况进一步恶化了。2010年的数据显示，这些经济体的经济衰退都在2009年的某个时点结束了。

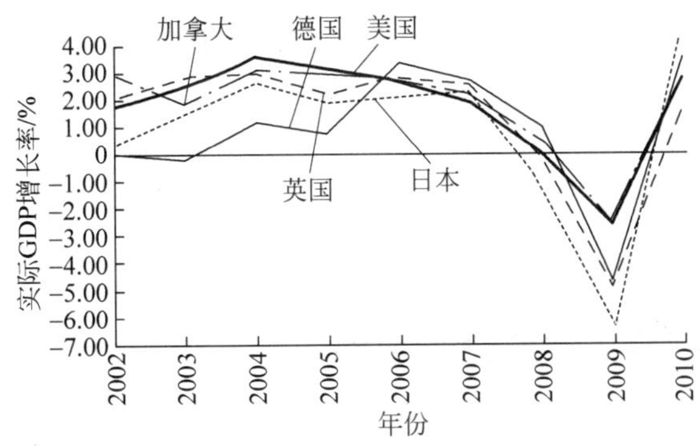

图10.2　2002—2010年五个主要国家的实际GDP增长率

五个主要工业化国家的年增长率显示这些国家都于2008年陷入衰退并持续到2009年。

资料来源：《美国总统经济报告》，2011年2月，表B112(www.gpoaccess.gov/eop)。

失业率是衡量短期经济波动的一个重要指标。在经济衰退期，失业率通常会大幅上升，直到经济复苏时期失业率才缓慢下降。前文的图6.8给出了1960年以来美国历年失业率的变动轨迹。通过关注这些年间失业率的大幅上涨，你可以找出衰退期。第6章说过由经济衰退引起的失业称为周期性失业。此外，经济衰退时期劳动力市场通常也会恶化。例如，衰退期间实际工资增长缓慢，工人几乎没有升职的机会，奖金也很少，新的劳动力(如大学毕业生)很难找到好工作。

一般而言，汽车、房产和资本设备等生产耐用品行业受经济扩张或衰退的影响大于其他行业，而服务行业或生产食品等非耐用品的行业受短期经济波动的影响则相对小得多。因此，当出现经济衰退时，汽车制造工人或者建筑行业工人失业的可能性要远远大于理发师或者面包师。

与失业率一样，**通货膨胀率**也会随着经济扩张或衰退做出有规律的变动，但是通货膨胀率的运行轨迹没有失业率那么明显。图10.3给出了1960年以来美国历年的通货膨胀率，图中阴影部分表示经济衰退时期。从图中可以看出，通常经济衰退发生之后，通货膨胀率很快会相应下降。例如，1981—1982 年的经济衰退期间伴随有通货膨胀率的急剧下降。此外，从图 10.3 中还可以看到大多数(不是全部)战后经济衰退之前，通货膨胀率都会上升。对于经济波动中伴随的通货膨胀的变化情况，我们将在第 13 章和第 14 章详细讨论。

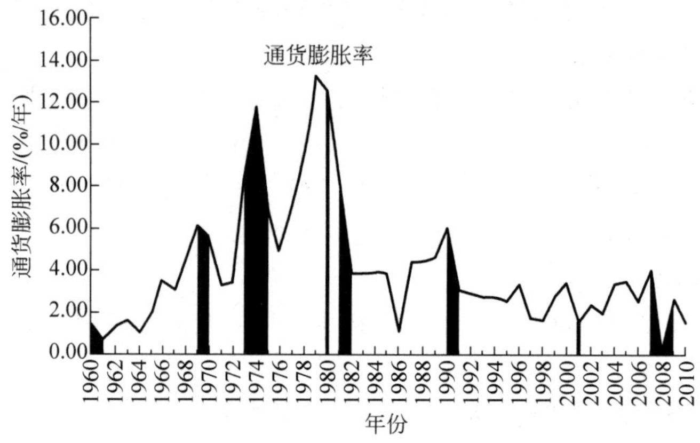

图 10.3 美国 1960—2010 年的通货膨胀情况

使用 CPI 指数的变化率来表示 1960 年以来美国历年的通货膨胀率，并且图中使用垂直的阴影部分表示经济衰退时期，可以发现 1960—1961 年、1969—1970 年、1973—1975 年、1981—1982 年、1990—1991 年、2001 年和 2007—2009 年经济衰退时期通货膨胀率呈现下降趋势，并且在很多次衰退之前，通货膨胀率都有所上升。

资料来源：《美国总统经济报告》，2010 年 2 月，表 B-64(www.gpoaccess.gov/eop/)。

重点回顾：短期经济波动的一些特征

- 衰退是指产出的增长明显低于正常水平的时期。扩张或者繁荣，是指产出的增长明显高于正常水平的时期。
- 衰退的起点称为波峰，终点(一次衰退的终点意味着下一次扩张的起点)称为波谷。
- 美国历史上最严重的经济衰退发生在 1929—1933 年经济大萧条的初始阶段。此外，1973—1975 年、1981—1982 年和 2007—2009 年也发生过严重的经济衰退。1990—1991 年和 2001 年发生过比较缓和的经济衰退。
- 短期经济波动(经济衰退和经济扩张)的持续时间和影响程度是不规则的，难以预测。
- 经济衰退和扩张通常会波及大多数地区和行业，有时候甚至会对全球经济造成影响。
- 失业率通常在经济衰退期间大幅上升，然后在经济扩张期间缓慢下降。
- 耐用品产业比其他产业更容易受经济扩张和经济衰退的影响。服务和非耐用品产业则不容易受经济波动的影响。
- 通货膨胀率通常在经济衰退前上升，在经济衰退后下降。

产出缺口和周期性失业

对于政策制定者而言，要对经济扩张或者衰退做出恰当的反应，必须知道某一次经济波动程度是“大”还是“小”，这一点对于研究经济波动的学者同样重要。直观上，“大”的经济波动是指产出水平和失业率明显偏离正常水平或趋势值。为了更好地说明经济波动的“大”、“小”如何判断，本节将介绍一个新的概念——产出缺口。产出缺口衡量在某一特定时间实际产出和其正常数值之间的差额。此外，我们还将复习周期性失业的含义——实际失业率和正常数值之间的差额。最后，我们将讨论这两个概念间的相互作用。

潜在产出

潜在产出的概念是我们考虑经济波动程度的重要出发点。潜出产出，又称潜在 GDP 或者充分就业下的产出，是经济体所能达到的最大可持续的产出(实际 GDP)。需要注意的是，潜在产出不仅仅指经济可能的最大产出。因为至少在一段时间内，资本劳动力等资源可以被过度使用，所以国家的实际产出可能暂时超出经济的潜在产出。但这种过度使用的效率并不能持续。部分原因是工人不能每周过度劳动，而机器也需要不时地停下来检修。

潜在产出并不是一成不变的，事实上这个数值随着时间的变化而增加，反映了生产过程中可利用的资本、劳动力及其生产率的增加。图 10.4 给出了 1949—2010 年美国的潜在产出。将该图与图 10.1 中给出的实际 GDP 的数据进行对比。可以看到，潜在产出比实际产出要平滑很多，这说明一个经济体中生产能力的增长是源于在长期内增长相对平缓的因素(如人力资本)。因此，潜在产出的增长也比较平缓。

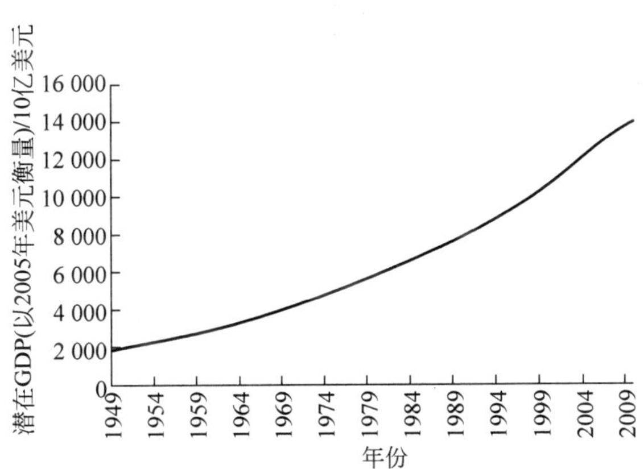

图 10.4　潜在产出，1949—2010 年

潜在产出的增长比实际 GDP 平滑很多。将这些数据与图 10.1 进行对比。

资料来源：Federal Reserve Bank of St. Louis FRED database，http://research.stlouisfed.org/fred2.

为什么一个国家的实际产出值有时增长很快，有时增长较慢，就像图 10.1 中显示的那样？从逻辑上说，实际产出的变动可能有两方面的原因。第一，产出增长率的变化可能反映一国潜在产出的增长率。糟糕的气候环境，例如严重的干旱，会降低农业经济的潜在产出增长率；科技创新的停滞也会导致工业经济潜在产出增长率的下降。假设在正常生产速度下经济中所有的资源都被充分有效利用，那么实际产出应该等于潜在产出。潜在产出增长率的显著下降将导致衰退。同样，如果新技术提高了资本利用率，或者移民的涌入带来了更多的劳动力，潜在产出就会明显提高，从而出现经济繁荣。

毫无疑问，有时候潜在产出的变动可以解释实际经济的衰退和扩张。20 世纪 90 年代后半期美国经济的繁荣在很大程度上得益于互联网等新信息技术的应用。日本 20 世纪 90 年代经济低迷的部分原因是潜在产出增长率的下降，劳动力和资本存量增速缓慢。当 GDP 增长的变化是由潜在产出增长速度的变化引起时，我们就可以采用第 7 章中介绍的政策。特别地，当经济的衰退起源于潜在产出增长率的下滑时，政府最好的措施是增加储蓄、投资、技术创新、人力资本投入和其他支持增长的方式。

产出缺口

短期经济波动的第二个解释是实际产出并不总是等同于增长率。有时即使潜在产出以正常速度增长，资本和劳动力等资源在实际生产过程中并没有被充分利用，这样实际产出会明显低于潜在产出，这时也可能产生经济衰退。反之，如果资本劳动力等资源处于过度使用状态——譬如公司要求工人加班——实际产出就会超出潜在产出，出现经济繁荣。

在任一给定的时间，实际产出与潜在产出之间的差额就是**产出缺口**。然而，我们无法简单地通过比较给定时间点实际 GDP 与潜在产出的差异来度量产出缺口，这是因为这两个量都是随着时间而增长的。例如，实际产出与潜在产出之间 1 000 亿美元的差异相对于 2 兆亿美元的潜在 GDP(大致相当于 20 世纪 50 年代初期的潜在产出水平)而言是比较大的，但是相对于 15 兆亿美元的潜在 GDP(大致相当于 2009 年的潜在产出水平)而言则是比较小的。

为了精确地度量某一年的产出缺口，我们需要在考虑当年潜在 GDP 的基础上比较实际 GDP 与潜在 GDP。因此，我们将产出缺口作为潜在产出的一个百分比来计算。特别地，令 Y^* 代表给定时间点的潜在产出，而 Y 仍然代表给定时间点的实际 GDP。我们可以将产出缺口表示为

$$\text{产出缺口}=\frac{Y-Y^*}{Y^*}\times 100\%$$

图 10.5 给出了 1949—2010 年美国的产出缺口。你可以从图中看到产出缺口在某些时候是负的，例如，20 世纪 80 年代初和 21 世纪第一个十年末期的产出缺口是非常巨大地。这反映了美国 1981—1983 年和 2007—2010 年所经历的严重的经济衰退。产出缺口为负，即实际产出低于潜在产出，资源没有得到充分利用，因此称其为**衰退型缺口**。类似地，当实际产出超过潜在产出时，资源被过度使用，经济增长过快，因此称其为**扩张型缺口**。

政策制定者们通常将衰退型缺口和扩张型缺口都视为头疼的问题。我们不难理解衰退型缺口对于经济的不利影响。存在衰退型缺口时，资本和劳动力等资源都未得到充分利用，产出和就业率均低于正常水平。

除了无法持续以外，扩张型缺口之所以被政策制定者们视为问题还出于一个更为微妙的原因：就算是暂时性的，为什么产出和就业率比正常水平高也有问题？持续时间比较久的扩张型缺口之所以令政策制定者们头疼是因为当市场上产品的需求远远超过企业的实际生产能力时，企业通常会提高产品的价格。这样一来，扩张型缺口往往会造成通货

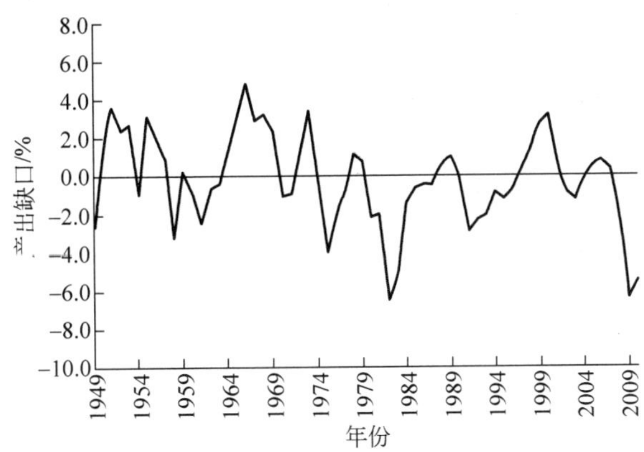

图 10.5　美国的产出缺口,1949—2010 年

资料来源：作者根据图 10.1 和图 10.4 计算而得。

膨胀的高企,从而影响经济的长期运行(我们将在第 14 章详细讨论通货膨胀的起因)。

因此,只要存在产出缺口,无论是衰退型产出缺口还是扩张型产出缺口,政府都会采取措施以使实际产出尽可能等同于潜在产出,消除两者之间的差异。在下面三章中我们将会讨论产出缺口的变动,以及政府可以采取的稳定经济、消除产出缺口的政策措施。

自然失业率和周期性失业率

不管经济的衰退是因为生产能力增长速度的下降还是实际产出低于潜在产出,只要是衰退,对于社会而言都不是好消息。因为产量的下降(或者增长非常缓慢)意味着人们生活水平的降低。衰退型产出缺口对政治家的打击更大,因为衰退型产出缺口意味着经济具有生产更多产品的能力,但由于某些原因,资本和劳动力等资源被部分闲置。衰退型产出缺口违背了效率原理,使整个经济蛋糕不必要地缩小,使经济体中个人的境况也会因此变差。

经济衰退期间资源没有充分利用的一个重要指标是失业率的提高。通常,高失业率代表生产过程中劳动力资源没有被充分利用,所以实际产出低于潜在产出(衰退型产出缺口)。同理,过低的失业率代表生产过程中劳动力资源的利用率高于正常水平,意味着实际产出超出潜在产出(扩张型产出缺口)。

为了更好地理解产出缺口和失业率之间的关系,我们回忆一下第 6 章中描述的失业的三种类型:摩擦性失业、结构性失业和周期性失业。摩擦性失业是指工人寻找工作而引起的短期失业。在持续变化的经济中,一定数量的摩擦性失业对劳动力市场的有效运行是必需的。结构性失业是长期的持续的失业,即便经济生产处于正常水平,这种失业仍然会发生。当工人的技能与社会需要不符或者无法达到雇主要求时就会产生结构性失业。例如,当钢铁行业处于下滑状态时,钢铁工人可能出现结构性失业,除非他能通过培训在新兴行业中重新找到工作。最后,周期性失业指的是因为经济衰退而产生的额外失业。

无论经济的运行状况如何,摩擦性失业和结构性失业在劳动力市场上都一直存在,而周期性失业只在经济衰退时期存在。经济学家通常把摩擦性失业率和结构性失业率统称为**自然失业率**。换句话说,自然失业率是指当周期性失业率等于零时,劳动力市场上存在的失业率，这时经济不存在扩张型产出缺口和衰退型产出缺口。本书中我们用 u^* 表示自然失业率。

周期性失业率，也就是实际失业率和自然失业率之间的差额，用符号可以表示为 $u-u^*$，其中 u 表示实际失业率，u^* 表示自然失业率。经济衰退时，实际失业率 u 超过自然失业率 u^*，因此周期性失业率 $u-u^*$ 为正值。与此相反，当经济处于扩张期时，实际失业率低于自然失业率，周期性失业率为负值。负的周期性失业率意味着劳动力市场供不应求，实际失业率降至正常的摩擦性和结构性失业率以下。

例 10.2　自然失业率

为什么20世纪头 10 年的后期美国的自然失业率远远低于 20 世纪 70 年代后期？

美国测量自然失业率的政府机构——国会预算办公室宣称，美国的自然失业率 1979 年以来一直稳步下降，从 1979 年的 6.3%下降到了 2007 年的 4.8%。[①] 而一些经济学家注意到 2000 年前后失业率保持在 4%左右，认为自然失业率应该在 4.5%或者更低的水平。为什么 20 世纪头 10 年的后期美国的自然失业率远远低于 20 世纪 70 年代后期？

自然失业率的下降有可能是因为摩擦性失业率的下降，也有可能是因为结构性失业率的下降，或者是两者的共同作用。失业率下降的解释有很多，其中一个被广泛认同的解释认为失业率的下降是美国劳动力年龄结构变化[②]的结果。因为生育高峰期出生的人口逐渐老化，美国工人的平均年龄在上升。过去 25 年内，年龄在 16～24 岁的劳动力占总劳动力的比重从 25%下降到了大约 15%。因为年轻的工人比年长的工人更容易失业，所以劳动力的老龄化有助于解释整体失业率的下降。

为什么年轻工人更容易失业？与十几岁或二十几岁的工人相比，年长的工人更愿意接受长期稳定的工作。而年轻工人倾向于短期工作，可能是因为年轻工人还没有做好投身于某种行业的准备，也可能是因为他的工作被学业或者兵役打断。年轻工人更换工作的频率更高，因此更容易发生摩擦性失业。此外，年轻工人的平均技能也低于年长工人，这使得他们更容易发生结构性失业。随着工人年龄和经验的增加，他们失业的风险也会相应下降。

自然失业率下降的另一种解释是劳动力市场日趋成熟，工人找到合适工作的难度和时间都在下降，从而降低了摩擦性失业和结构性失业。例如，近年来美国提供暂时性帮助的机构越来越多。虽然这种机构提供的安排是短期的，但是当雇主和雇员之间发现彼此合作得不错时，这种雇佣关系就可能持续下去。网上求职服务也日趋重要，它可以帮助工人很快得到国内乃至国际的招聘信息。通过减少求职时间，帮助雇主和雇员之间建立长期的雇佣关系，临时性帮助机构、网上求职服务和其他类似的创新都可能降低自然失业率。[③]

奥肯法则

从周期性失业的概念可知，当存在衰退型产出缺口时，周期性失业率为正；当存在扩张型产出缺口时，周期性失业率为负；当周期性失业率为零时，不存在产出缺口。奥

① 国会预算办公室《经济和预算展望：财务年度 2008—2017 年》，2008 年 1 月，参见网站 http：//www.cbo.gov/。

② 参见 Robert Shimer，"Why Is the U. S. Unemployment Rate So Much Lower?"，B. Bernanke and J. Rotemberg，eds.，*NBER Macroeconomics Annual*，1998。

③ 要进一步研究影响自然失业率的因素，可以参考 Lawrence Katz and Alan Krueger，"The High-Pressure U. S. Labor Market of the 1990s，" *Brookings Papers on Economic Activity*，1(1999)，pp. 1-88。

肯法则用更精确的定量方法描述周期性失业率和产出缺口之间的关系，该法则以肯尼迪总统的首席经济顾问阿瑟·奥肯(Arthur Okun)的名字命名。根据奥肯法则，周期性失业率上升 1 个百分点，产出缺口占经济生产能力的比例就上升大约 2 个百分点。[①] 例如，如果周期性失业率从 1%增长到 2%，衰退型产出缺口就会从潜在 GDP 的 2%上升到 4%。

我们也可以用等式来表示奥肯法则。从产出缺口的公式，有

$$\frac{Y-Y^*}{Y^*}\times 100\%=-2\times(u-u^*)$$

例 10.3 对奥肯法则做了进一步的解释。

例 10.3　奥肯法则和美国经济的产出缺口

奥肯法则如何应用于实际数据？

下面列出了四个年份美国实际失业率、自然失业率和生产能力的实际数据(基于 2005 年美元)。

年　份	u/%	u^*/%	Y^*/10 亿美元
1995	5.6	5.3	9 216.4
2000	4.0	5.0	10 880.7
2005	5.1	5.0	12 576.3
2010	9.6	5.2	14 017.1

1995 年周期性失业率 $u-u^*$ 等于劳动力的 0.3%(5.6%－5.3%)。根据奥肯法则，1995 年的产出缺口是上述结果的－2 倍，或者说是潜在产出的－0.6%。潜在产出据估计为 92 164 亿美元，因此 1995 年产出缺口的值为 553 亿美元。

2000 年经济扩张接近尾声，实际失业率低于自然失业率。特别地，周期性失业率为－1.0%，根据奥肯法则，这意味着产出缺口是 2.0%，美国的经济产出比当年实际应当有的产出多 2 176 亿美元。

2010 年的数据让我们对于最近的一次经济衰退的严重性有了直观的了解。周期性失业率上升到 4.4%，说明产出缺口为－8.8%。因此，根据奥肯法则，美国经济的产出与所有资源都得到充分利用的条件相比，少了 6 168 亿美元。2010 年美国人口大约为 3.09 亿，因此根据奥肯法则，如果经济不是在潜在能力以下运行，2010 年的平均收入(即人均 GDP)本可以提高近 2 000 美元(相当于一个四口之家大约 8 000 美元)。从上述分析可以看出，产出缺口和周期性失业的成本是非常巨大的，这一结论与公众和政策制定者对于经济衰退的担忧是吻合的。

练习 10.1

2011 年第一季度美国的失业率为 9.8%。据美国国会预算办公室估计，当季的自然失业率是 5.2%。2011 年第一季度实际 GDP 比潜在 GDP 相差多少个百分点？

---

① 从数字上说，奥肯法则可以表述为$(Y^*-Y)/Y^*=2(u-u^*)$。失业率和产出的关系随着时间已经变得越来越微弱。当阿瑟·奥肯 20 世纪 60 年代提出这个法则时，他认为实际 GDP 每增加 3 个百分点，失业率大约下降 1 个百分点。

例 10.4 美联储减缓美国经济发展速度

为什么美联储在1999年和2000年采取措施减缓经济发展速度?

我们在第9章中已经提到过:美联储的货币政策——主要是调整美国的货币发行量——会影响美国整体经济的发展。为什么1999年和2000年美联储要采取措施减缓美国的经济发展速度?

20世纪90年代,美国的周期性失业率下降幅度非常大。美国国会预算办公室估计,1997年的某些时候美国周期性失业率的数值甚至为负数。根据奥肯法则,周期性失业率的数值为负,从而经济中存在扩张型产出缺口,扩张型缺口越大,未来经济发生通货膨胀的可能性就越大。

1997年和1998年美联储认为当时快速增长的产出以及持续下降的失业率给美国经济造成了严重的通货膨胀压力,但这种压力被美国不断上升的生产率和国际竞争抵消了,因此实际的通货膨胀率比预期的低。因为当时的通货膨胀率很低,因此即使存在一些扩张型产出缺口,美联储也没有采取太多措施来消除这种产出缺口。

但是当1999年和2000年早期美国的实际失业率仍然不断下降,扩张型产出缺口不断扩大,实际GDP与潜在GDP之间的不平衡现象越来越严重时,美联储开始担忧未来会产生通货膨胀。因此,1999年和2000年美联储采取措施降低美国的经济发展速度,试图缩小实际GDP与潜在GDP间的差异(第12章将详细说明为什么美联储能够采取措施降低经济发展速度)。美联储的措施帮助平衡了当时的经济发展,[①]并控制了2000年的通货膨胀。但到了2001年早期,美国经济出现延迟并产生了衰退,美联储不得不调整政策,采取措施降低美国经济的衰退型产出缺口。

重点回顾:产出缺口和周期性失业

- 潜在产出是指经济体最大可持续的产出量(实际GDP)。产出缺口是在任一给定的时间,一个经济体实际产出与潜在产出之间的差额。实际产出低于潜在产出时,存在衰退型产出缺口;实际产出高于潜在产出时,存在扩张型产出缺口。衰退型产出缺口意味着经济资源的浪费,扩张型产出缺口则增加了通货膨胀的危险。因此政府会积极地消除这两种产出缺口。
- 自然失业率 u^* 是摩擦性失业率和结构性失业率之和。它是指经济在正常发展时,不存在产出缺口时观测到的实际失业率。
- 周期性失业率 $u-u^*$ 是实际失业率 u 与自然失业率 u^* 之间的差额。当经济中存在衰退型产出缺口时,周期性失业率为正;反之,当经济中存在扩张型产出缺口时,周期性失业率为负;当经济中不存在产出缺口时,周期性失业率为零。
- 奥肯法则讨论周期性失业率与产出缺口之间的关系。根据奥肯法则,周期性失业率上升1个百分点,产出缺口占潜在产出的比重就会上升2个百分点。

---

① 见2000年2月17日,美联储前主席阿伦·格林斯潘在美国众议院银行和金融服务委员会上作的美联储经济和货币政策的半年期报告。该报告的网址为:http://www.federalreserve.gov/boarddocs/hh/2000/February/Testimony.htm。

为什么会产生短期波动？前瞻与例子

究竟是什么原因产生了经济衰退和经济扩张？在前面，我们讨论了两个可能引起实际 GDP 增长率起伏的原因。第一，经济生产能力可能受到资本、劳动力等资源的增长速度以及技术进步速度的影响，从而降低或者增加自身的增长速度；第二，即使经济生产能力以正常速度增长，实际产出也可能高于或低于潜在产出，即可能存在衰退型或扩张型产出缺口。

第 7 章讨论了可能引起潜在产出增长率变动的因素，以及政府可以用来刺激潜在产出增长率的政策措施。但是我们没有讨论产出缺口如何扩大以及政府为何应当采取的相应措施。产出缺口的产生原因和解决办法是下面三章重点关注的问题。以下是这三章的主要结论总结：

1. 设想一个经济世界中，价格可以迅速调整使所有产品和服务供求平衡，那么产出缺口将不存在。但是，对于大部分产品和服务来说，价格可以迅速调整的假设不可能实现。大多数企业只是定期调整产品和服务的价格。企业更多采取的是根据需求的变动在短期内调整产品的产出和销售量，而不是根据需求的变动调整产品和服务的价格。企业的这种行为被称为**在当前价格下满足需求**。

2. 因为短期内企业通常根据当前价格下产品的需求生产，因此消费者决定购买的产品数量的变化将影响产出。当出于某种原因总消费额比较低时，实际产出会低于潜在产出；反之，当总消费额比较高时，实际产出会高于潜在产出。总而言之，经济整体消费额的变化是产出缺口存在的最主要原因。因此，政府可以通过影响总支出来消除产出缺口。例如，政府可以直接通过改变政府消费的水平影响总支出。

3. 虽然企业在短期内倾向于满足需求，但在长期内并不总是这样。如果消费需求与潜在产出之间的差异越来越大，企业最终会调整产品和服务的价格，消除产出缺口。譬如，如果消费需求超过潜在产出(扩张型产出缺口)，企业会主动提高产品和服务的价格，这种做法将引起通货膨胀。如果消费需求低于潜在产出(衰退型产出缺口)，企业不会主动提高产品和服务的价格，甚至会降低价格，这种做法将降低通货膨胀。

4. 长期内，企业通过价格调整来消除任何形式的产出缺口，使产量等同于潜在产出。因此，经济具有“自我调整”功能，随着时间的推移它可以消除产出缺口。从长期的角度而言，实际产出等于潜在产出。实际产出由经济的生产能力决定，而不是由消费决定。在长期，总消费影响的仅仅是通货膨胀率。

随着下文分析的深入，我们会逐渐理解上述观点。在详细分析前，我们先讨论一个例子，说明长期以及短期内消费和产出之间的关系。

爱尔冰激凌店：一个关于短期波动的例子

爱尔冰激凌店生产美味的冰激凌，并直接向公众出售。那么是什么决定了爱尔冰激凌店每天生产冰激凌的数量？冰激凌店的实际生产能力或称潜在产出是一个关键的因素。很明显，冰激凌店的生产能力是由资本(冰激凌制造设备的数量)、劳动力(雇用的工作人员)以及资本和劳动力的生产率决定的。虽然爱尔冰激凌店的生产能力在持续而缓慢地变化,但是有时候生产能力也会产生很大的变动,比如一台冰激凌制造设备坏了或者员工感染了流感。

但是影响爱尔冰激凌每日产量变化的主要原因不是生产能力的变化,而是公众对冰激凌需求的变化。其中一些对冰激凌需求的变动是可以预测的,如每日下午的需求量一般高于上午,每个周末的需求量高于周日,每年夏季的需求量高于其他三个季节。但也有些需求的变动是不规则的,比如炎热天气的需求高于凉爽天气;或者当一个游行队伍经过爱尔冰激凌店时,需求也可能高些。甚至有些需求的变动是难以解释的,譬如,某个周二某种冰激凌的需求量大增可能反映消费者的口味有了永久性的变化,也可能只是一个随机现象。

爱尔冰激凌店面对冰激凌需求的时起时伏,应该如何应对?我们曾经在本书的第3章讨论过基本的供求模型,如果将该模型应用到冰激凌市场上,我们可以得出冰激凌价格应该随着市场对冰激凌需求的不断变化而变化的结论。例如,当周五晚上附近的电影院散场时,爱尔冰激凌店的冰激凌价格应该上涨。而在特别寒冷和刮大风的日子,大部分人更愿意选择热饮,这时爱尔冰激凌店就应该降价。从理论上讲,第3章的供求模型认为冰激凌的价格应该几乎每一时刻都在调整,也就是说店主爱尔应该自己站在冰激凌店门前,像拍卖人一样报价,决定有多少人会按这个价格购买冰激凌。

很显然,没有一个商人会这么做。拍卖竞价的机制在一些市场,譬如谷物市场或者股票市场的确存在,但这不是冰激凌等大部分零售行业通常采用的定价方式。为什么?主要原因在于有些时候雇用一个拍卖师并建立一套拍卖系统所产生的经济收益大于其经济成本,而有些时候则不是。以谷物市场为例,很多买主和卖主在同一时间聚集在同一地点,交易数量巨大的标准化的商品(蒲式耳为单位的谷物)。在这种情况下,拍卖机制可以有效地决定谷物价格和均衡数量。相反,对于一个冰激凌店而言,某天某个时段的客流量是随机的,而且有人需要刨冰,有人需要冰激凌球,还有人需要苏打水。在这种顾客很少并且冰激凌的需求量很小的情况下,采取拍卖竞价机制的经济成本远远大于价格随时变动所得到的经济收益。

那么爱尔冰激凌店的经理应该如何对客户需求的变动做出反应?调查表明经理们通常在自己所能够得到的关于自身产品需求以及生产成本的最佳信息的基础上,设定冰激凌的价格。或许他可以将这个价格打印成菜单,抑或只是做个标记表明这个价格。接着在一段时间之内,他会保持这个价格不变,将冰激凌卖给这段时间内的消费者。我们将这种行为称为“在当前价格下满足需求”,也就是说短期内,爱尔会根据顾客的需求来确定生产和销售的冰激凌的数量。

但从长期的角度,上面的结论就不成立了。假设通过提供新鲜美味的冰激凌,爱尔冰激凌店在全市范围内建立了良好的声誉。爱尔发现排在冰激凌店门口的队伍越来越长,对爱尔冰激凌的需求越来越大。此时为了满足消费者的需求,爱尔冰激凌店的冰激凌制造设备、雇员以及店面就餐环境都处于超负荷运转状态,即在维持现有价格不变的前提下,公众对于爱尔冰激凌店冰激凌的需求数量超过了爱尔能够并且愿意提供的水平(即冰激凌店的生产能力)。扩大店面是一种可行的方法,但不是可以立刻采取的方法,爱尔冰激凌店会如何决策？

很显然爱尔可以提高冰激凌的售价，因为更高的冰激凌价格意味着更高的利润。此外，冰激凌售价的提高可能会减少消费者的需求，使得冰激凌的需求量越来越接近爱尔冰激凌店的正常生产能力。冰激凌的价格不断提高到均衡价格，这时冰激凌的需求就等于爱尔冰激凌店的生产能力。因此在长期，冰激凌的价格会调整到均衡价格水平，销售的冰激凌数量由生产能力决定。

上述的例子用浅显的语言描述了消费和产出之间的联系——当然，我们需要把上述例子扩展到整个经济范围，而不仅仅局限在一个冰激凌店。需要注意的是长期和短期内两者的关系有很大的不同。短期内，生产企业通常会维持价格不变，根据消费者的需求进行生产。因为产出是由需求决定的，所以短期内总需求是决定经济活动的一个非常重要的变量。爱尔冰激凌店可能在非常热的某一天卖出了非常多的冰激凌，但是在较为寒冷的另一天只卖出了很少的冰激凌，这些都是由需求决定的。而在长期内，产品和服务的价格调整到均衡水平，产出等于经济的生产能力。此时正如我们曾在第 7 章讨论的，投入品的数量以及投入品的生产率是决定经济活动的非常重要的变量。虽然在短期总支出会影响产出，但在长期，总支出主要影响价格。

经济自然主义者 10.1　为什么可口可乐公司要让自动售货机“知道”什么时候气温高？

《纽约时报》(1999 年 10 月 28 日期，C1 版)报道，可口可乐公司正尝试在苏打水自动售货机上安装温度传感器。为什么可口可乐公司想让自动售货机“知道”什么时候温度高？

当气温升高时，人们对凉爽的软饮料的需求增大，会提高这类饮料的市场出清价格。可口可乐公司设计的这种自动售货机的内部安装了一个计算机芯片，当气温升高时，售货机可以自动提高苏打水的价格，利用消费者需求的变化为公司赚得更多的利润。公司董事长兼首席执行官 M. 道格拉斯·依维斯特(M. Douglas Ivester)，在一次采访中描述了人们在酷暑中观看某项运动决赛时对冷饮迫切需求的心理，并且说“此时提高冷饮的价格是完全合理的”。还有报道称依维斯特先生说过“这种机器会自动实现这一过程”。该公司的其他官员也就自动售货机内的商品价格随着需求的变动而变动提出了很多方法。例如，在非高峰时期或者交通不拥堵的时候，自动售货机内的程序会下调冷饮价格。

过去自动售货机的商品定价方式类似于上文中爱尔冰激凌店的定价方式：设定一个价格，然后在现有价格不变的前提下提供商品，直到机器中所有的苏打水都销售完。具有感温功能的新一代自动售货机利用技术改变了定价方式。功能越来越强大的计算机以及互联网的发展使得一些公司，譬如航空公司的产品和服务的价格可以对消费需求的变动做出实时的反应。我们几乎可以断定，在将来的某一天，在现有价格下满足需求的生产操作方式将被淘汰。

当然，可口可乐这种“智能”自动售货机的实验也说明要实现完全灵活的定价方式还存在一些现实的阻力。首先，新的自动售货机成本更高，公司必须权衡使用之后的额外收益和额外成本后才能决定是否采用。此外，在自动售货机刚出现的一段时间内，消费者的反响不好，认为公司利用人们口渴来牟取暴利。实际生活中，消费者对于“公平”的关注往往使得公司不愿意随着需求变动而不停地调整价格。

小结

- 实际 GDP 并不是一直平稳增长。当经济以显著低于正常值的速度发展时，会出现经济衰退；当经济以显著高于正常值的速度增长时，会出现经济扩张。经济萧条是指长期并且严重的经济衰退，经济繁荣是指长期并且强势的经济扩张。有史以来最严重的经济萧条发生在 1929—1933 年。
- 经济衰退的起点称为波峰，代表低迷前经济活动的最佳状态。经济衰退的终点称为波谷，代表复苏前经济活动的最低状态。第二次世界大战以后，美国历史上经济衰退的平均时间要短于经济繁荣的平均时间，大约历时 6～16 个月。美国历史上最长时间的经济繁荣始于 1991 年 3 月，即 1990—1991 年经济衰退的终点。这次经济繁荣历时 10 年，一直持续到 2001 年 3 月，新一轮的经济衰退开始。
- 短期经济波动在持续时间和影响程度上都是不规则的，很难预测。经济扩张和衰退的影响范围并不一定局限在一个国家或地区，还可能波及全世界。经济衰退期间失业率大幅上升，衰退期间或稍后的短时期内通货膨胀率有下降的趋势。此外，经济起伏对耐用品行业的影响大于对非耐用品行业和服务行业的影响。
- 潜在产出，又称潜在 GDP 或充分就业下的产出，是指一个经济体可以实现的最大的可持续的产出量(真实 GDP)。一个经济体的实际产出与潜在产出之间的差额称为产出缺口。当实际产出低于潜在产出时，存在的差异称为衰退型产出缺口；当实际产出高于潜在产出时，存在的差异称为扩张型产出缺口。经济衰退的出现可能是因为潜在产出增长速度缓慢或者实际产出低于潜在产出。因为经济衰退意味着资源的浪费，经济扩张可能引起通货膨胀，对政府而言，无论哪一种类型的产出缺口都应该尽力消除。
- 自然失业率是指由摩擦性失业和结构性失业引起的总的失业率。当产出缺口为零时，经济中存在的实际失业率就等同于自然失业率。周期性失业是指与经济扩张或者衰退有关的失业，它等于总失业率减去自然失业率。
- 奥肯法则描述了周期性失业率和产出缺口之间的数量关系，通常周期性失业率上升 1 个百分点，产出缺口会上升 2 个百分点。
- 在接下来的几章中，我们将主要围绕整个经济支出的作用研究经济衰退和扩张。如果企业定期调整产品和服务的价格，并在价格调整前都根据消费需求进行生产销售，此时消费的波动会引起短期内产出的波动。在短期内，影响总支出的政策可以帮助消除产出缺口。在长期内，企业会调整价格使得产出缺口不存在——即经济具有“自修正”功能——总支出影响的只是通货膨胀率。

名词与概念

boom	繁荣	peak	波峰
business cycles	商业周期	potential output, Y^* (or potential GDP or full-employment output)	生产能力, Y^* (潜在 GDP 或者充分就业下的产出)
depression	萧条	recession(or contraction)	衰退(或收缩)
expansion	扩张	recessionary gap	衰退型缺口
expansionary gap	扩张型缺口	trough	波谷
natural rate of unempolyment, u^*	自然失业率, u^*		
Okun's law	奥肯法则		
output gap	产出缺口		

复习题

1. 定义衰退和扩张。经济衰退的起点、终点分别被称为什么？第二次世界大战之后美国经济发展过程中，衰退和扩张的平均历时，哪个更长？

2. 经济衰退过程中，下列哪个企业的利润下降最多：汽车制造商、靴子和鞋制造商，还是物业管理公司？哪个企业的利润下降最少？说明理由。

3. 给出潜在产出的定义。一个经济体有可能出现实际产出超过潜在产出的现象吗？说明理由。

4. 下面各指标受到经济衰退的影响有多大：自然失业率、周期性失业率、通货膨胀率以及现任总统的民意支持率？

5. 是非题：当产出等同于潜在产出时，失业率为零。说明理由。

6. 如果自然失业率是 5%，实际产出比潜在产出低 2%，那么总的失业率是多少？如果实际产出比潜在产出高 2%，结果又如何？

练习题

1. 利用表 10.1，找出 1929 年以来美国经济扩张的平均持续时间、最短持续时间和最长持续时间。随着时间的流逝，经济扩张的时间越来越长还是越来越短？美国经济是否存在长期经济扩张之后紧接着长期经济衰退的趋势？

2. 从美国经济研究局的主页(www. bea. gov/)上找出美国的三个经济衰退期，1981—1982 年、1990—1991 年和 2001 年的季度实际 GDP 数据。

(1) 在每个衰退期，分别有几个季度的实际 GDP 增长为负？

(2) 是否有某个衰退期满足“衰退至少有持续两个季度的负 GDP 增长率”这种非正式的判断标准？

3. 下面给出了美国 2000—2010 年实际 GDP 和潜在 GDP 的数据，所有数据采用了

2005 年的美元价格进行调整。计算每年的产出缺口占潜在产出的百分比，并判断属于衰退型产出缺口还是扩张型产出缺口。此外，计算每年实际 GDP 的增长率。你能确定发生在这段时间的经济衰退的起点和终点吗？

10 亿美元

年　份	实际 GDP	潜在 GDP
2000	11 226.0	10 880.7
2001	11 347.2	11 278.1
2002	11 553.0	11 652.3
2003	11 840.7	11 992.0
2004	12 263.8	12 292.1
2005	12 638.4	12 576.3
2006	12 976.2	12 874.8
2007	13 228.9	13 193.4
2008	13 228.8	13 507.8
2009	12 880.6	13 782.0
2010	13 248.2	14 017.1

资料来源：潜在 GDP：美国国会预算办公室；实际 GDP：美国经济分析局

4. 从美国劳工资料统计局的主页(www.bls.gov)上找出年龄为 16～19 岁以及年龄在 20 岁以上的劳动人员的失业率的近期数据。这两个数据有什么差别？产生这种差别的原因是什么？这种差别和 1980 年以来不断下降的自然失业率之间有什么关系？

5. 根据奥肯法则，补充下面表格中缺少的 4 个数据。所有数据都是假设的。

年　份	实际 GDP/10 亿美元	潜在 GDP/10 亿美元	自然失业率/%	实际失业率/%
2012	7 840	8 000	(a)	6
2013	8 100	(b)	5	5
2014	(c)	8 200	4.5	4
2015	8 415	8 250	5	(d)

6. 下列陈述中哪些是错误的？

(1) 产出缺口是由政府政策中意料之外的影响带来的通货膨胀压力造成的。

(2) 较低的总支出有可能导致产出跌至潜在产出之下。

(3) 支出较高的时候，产出有可能超过潜在产出。

(4) 政府政策可能有助于消除产出缺口。

正文中练习题的答案

10.1　实际失业率在 2011 年第一季度超过自然失业率 4.6%，因此根据奥肯法则，实际产出比潜在产出低 9.2%。

第 11 章

消费、产出与财政政策

本书作者之一在小时候，每到夏天，都要去几小时路程以外的祖父母家度过一段时间。当时他最喜欢的就是和祖母一起坐在前廊，听她讲故事。

祖母刚结婚时住在新英格兰，当时正值经济大萧条最严重的时期。20 世纪 30 年代中期，能够每年给孩子们买双新鞋是让祖母非常自豪的一件事情。当时在祖父母居住的小镇，很多孩子只能一直穿着破旧的鞋子，直到把鞋子穿烂了。有些可怜的孩子甚至只能光着脚上学。作者听到这些往事的时候非常不理解，就问："为什么那些孩子的父母不给他们买新鞋？"

"因为他们买不起，"祖母回答说，"他们没有钱。在大萧条期间很多父亲都失去了工作。"

"他们以前是干什么工作的？"

"他们在鞋厂工作，但是鞋厂倒闭了。"

"鞋厂为什么倒闭了？"

"因为，"祖母解释说，"没有人有钱去买鞋子。"

那个时候作者虽然只有六七岁，但还是听出祖母的话中存在严重的逻辑错误。一方面是倒闭的鞋厂和失业的工人；另一方面是孩子们没有鞋穿。为什么鞋厂不能继续运营并生产孩子们迫切需要的鞋？作者把他的疑问告诉了祖母，但是祖母只是耸了耸肩，说事实不是他想象的那样。

关闭鞋厂的故事说明了衰退型缺口对社会经济造成的影响。当经济中存在衰退型缺口时，原本可以用来生产提供有用的产品和服务的资源就被闲置了。与经济的生产能力相比，这种资源的浪费降低了整个经济的产出，减少了社会的总体财富。

上面的例子也说明了这种不幸的情况是如何发生的。假设工厂主和其他生产商不愿将卖不出去的商品囤积在库房中，而是生产刚好满足消费者需求的产品数量。

并且假设，出于某些原因，公众的消费意愿或消费能力下降了。如果消费减少，厂商会相应地减少生产（因为他们不愿意产生卖不出去的库存）并辞退一些不需要的工人。因为工人被辞退之后将失去其大部分收入（尤其在20世纪30年代政府的失业救济金还没有普及之前），因此工人必须减少消费。随着工人消费的降低，工厂会再次减少生产，辞退更多的工人，而这些工人又继续减少消费——如此恶性循环下去。在这种情况下，问题不是生产能力不足（厂商的生产能力并没有减少），而是没有充足的消费来支持正常的生产水平。

总支出的下降可能造成实际产出低于生产能力，这是20世纪前期著名的英国经济学家约翰·梅纳德·凯恩斯的主要观点。本章的主要目的是分析总消费的波动如何引起经济衰退和扩张的现象，这个理论或者说模型的思路是由凯恩斯首先提出的，因此将其称为凯恩斯基本模型，又因为用来说明该理论的图表而将其称为凯恩斯交叉模型。

我们首先介绍凯恩斯基本模型中的一些关键假设，然后介绍模型中的关键概念——总的，或者合计的计划消费。我们将解释短期经济中，总支出水平如何决定经济的实际产出，使实际产出超过或低于生产能力。也就是说，总支出的水平可能导致经济中产生生产出缺口。消费太少会导致衰退型产出缺口，太多则会引起扩张型产出缺口。

凯恩斯模型的一个重要结论是：政府可以通过影响总消费水平的政策措施减少或者消除经济中的产出缺口，这种政策措施可以称为稳定性政策。凯恩斯本人支持积极使用财政政策——与政府消费和税收相关的政策——来减少产出缺口，稳定经济。本章的后面将说明为什么凯恩斯认为财政政策可以帮助稳定经济，并讨论财政政策作为稳定工具的有效性。

在第10章中我们曾经说过，凯恩斯模型并不是对现实经济的完全模拟，该模型只适用于短期内厂商不调整价格并且根据现有需求调整生产的情况。尽管如此，这个模型仍是通往现代短期经济波动和稳定性政策理论的重要基石。在接下来的两章中，我们将引入货币政策、通货膨胀以及其他重要的经济特征，拓展凯恩斯基本模型的分析框架。

凯恩斯模型的重要假设：厂商在现有价格下满足需求

凯恩斯基本模型建立在一个关键假设上。该假设认为公司并不是根据供求情况的变化连续不断地改变价格，而是在短时间内倾向于保持价格不变，并在现有价格下满足预期的消费者需求。[①]

这个假设认为厂商在现有价格不变的前提下调整产量满足消费者需求，可见消费水平的变动对实际GDP有巨大的影响。

假设在短期内，厂商在现有价格的基础上满足消费者需求是符合实际情况的。回忆一下你购物的商店，牛仔裤的价格并不随着商店内顾客的数量或者粗斜纹棉布的价格而一直变动，通常商店会标出牛仔裤的价格并把牛仔裤卖给任何想在该价格下购买的顾客，至少价格会保持到商店所有的库存销售完毕。同样，街角比萨饼店可能保持大号比萨饼的价格几个月甚至更长的时间不变，而让比萨饼的产量由现有价格下愿意购买的顾客的需求量决定。

---

① 很明显，厂商只能以自己的生产能力为限来满足需求。因此，本章的凯恩斯分析仅在生产者拥有剩余的生产能力时才有效。

厂商之所以不频繁更改价格是因为这样做有经济成本。经济学家把这种更改价格的成本称为**菜单成本**。还是以街角的比萨饼店为例，菜单成本按照字面理解就是更改价格时打印新菜单的成本。同样，如果服装店经理更改了商品的价格，服装店也面临重新标价的成本。但是，菜单成本还包括其他一些经济成本——比如，为决定新价格而进行的市场调查的成本，通知顾客价格变动的成本。

但是，厂商并不会因为存在菜单成本就不改变其价格。如第 10 章的爱尔冰激凌店的例子中，需求和供给之间的差异足够大时——表现为销售和生产能力之间的差异——最终会使厂商更改产品价格。例如，如果没有人购买牛仔裤，那么一段时间后服装店就会降低牛仔裤的价格。另外，如果街角比萨饼店的生意非常火爆，总是有很多顾客在门口排队，最终比萨饼店的经理会提高比萨饼的价格。

与其他很多经济决策一样，改变价格的决策也会反映成本—收益的比较：如果改变产品和服务的价格带来的收益（在符合厂商正常生产能力下的销售额更高）大于修改价格引起的菜单成本，厂商就应该改变价格。正如我们强调过的，凯恩斯基本模型忽略了产品和服务的价格最终会改变的事实，只是集中在价格没有改变的短期经济。

例 11.1　新技术对菜单成本的影响

新技术会消除菜单成本吗？

凯恩斯理论假设改变价格的成本，也就是菜单成本，足够大以至于厂商不会通过调整价格对短期内市场情况的变化做出反应。但是，在很多行业，新技术的出现已经消除或者大大减少了改变价格的直接成本。譬如，使用条形码确认个人产品，此外扫描技术的使用允许杂货店经理只需要按动几个按钮就可以更改商品的价格，而不必再逐个修改肥皂和面包的价格标签。航空公司采用了完善的计算机软件来实施复杂的价格战略，在这种战略下两个乘坐同一架飞往密尔沃基的航班的乘客支付的费用可能由于其分属商务乘客和休闲乘客以及预订机票时间的不同而不同。网上零售，如网上书店，可以根据消费群的不同制定不同的产品和服务价格，甚至可能同一商品的价格对任何两个不同的人而言都是不同的。而 Ebay 和 Priceline 等网络公司则实行网上议价的价格战略。再如第 10 章（经济自然主义者 10.1）中可口可乐公司设计的可以根据室外温度自动调整软饮料价格的自动售货机，当温度上升时价格也会上升。

"您认为我们会提供更低折扣的机票？感觉真迟钝啊！"

新技术的出现降低了更改价格的直接成本，这是否会使得凯恩斯"一段时间内，厂商在维持现有价格不变的情况下根据消费需求进行生产"的假设不再符合实际情况？这是有可能的，但是，任何时候新技术都不能完全消除更改价格引起的所有经济成本。为了将价格设定在利润最大化的水平，厂商需要收集市场信息：包括竞争者价格调整的信息，产品和服务生产的信息，产品可能需求量的信息。对于厂商而言，这些信息搜集工作带来的成本仍将是巨大的。制定价格决策需要占用一定的管理时间，这也是更改价格带来的又一项成本。此外，更改价格——尤其是提高价格——可能导致消费者重新做出消费决定，转而购买其他替代品。这也是更改价格的一项成本。

计划总支出

在本章讨论的简单的凯恩斯模型中，某一时刻的产出是由经济中所有消费者想要支出的数量决定的，我们称之为计划总支出。**计划总支出**(**PAE**)是指对于最终产品和服务计划支出的总量。

第4章曾经介绍了对最终产品和服务支出的四个组成部分，它们分别是：

1. 消费支出，或简称消费(C)，是指家庭购买最终产品和服务的支出。例如食物支出、服装支出、娱乐支出和汽车家具等耐用品的支出都属于消费支出。

2. 投资(I)，是指企业对新资本品的支出，如办公楼、厂房和设备等。购买房屋和公寓(住房投资)以及增加存货(存货投资)都属于投资。[①]

3. 政府购买(G)，是指政府用于最终产品和服务的支出。兴建新的学校和医院，购买武器、用于太空计划的设备以及士兵、警察和政府职员等政府雇员的服务都属于政府购买的范围。回忆第4章中的转移支付，诸如社会保险金、失业保险金以及政府债券的利息等项目并不包括在政府消费之中。

4. 净出口(NX)，等于出口减去进口。出口是指出售给外国人的本国商品与服务；进口是指从国外购买的商品与服务，这些商品和服务包括在C、I和G中而现在必须从中扣除，因为它们并不代表国内生产。因此，净出口表示外国人对本国产品和服务的净需求。

上述四种来自家庭、企业、政府和其他国家的支出的总和构成了总支出。

计划支出与实际支出

根据凯恩斯模型，短期内产出是由计划总消费，或者说是由计划总支出决定的。那么计划支出和实际支出之间是否会有差异？回答是肯定的。举个常见的例子，厂商出售的数量与预期销售相比总是或多或少而很少相等。第4章中已经介绍过，企业的存货在政府的官方统计中通常作为一个企业的存货投资来处理。也就是说，政府统计时假设企业购买了自己的存货，因此把存货纳入企业的投资支出范围。[②]

不妨假设一个企业的实际销售额小于预期销售额，那么有一部分企业计划售出的商品就会存入库房。在这种情况下，企业实际投资额由于包括了计划外的存货，就会大于不包括这部分存货的计划投资额。我们用I^p表示计划投资，包括计划增加的存货投资。当企业实际销售额低于预期值时，企业的库存增加量就会高于计划，导致企业的实际投资(包括计划外的库存增加)高于计划投资，即$I>I^p$。

如果企业的销售额超出预期值呢？这时，企业的存货增加就会低于计划的存货增加值，最终企业的实际投资小于计划投资，即$I<I^p$。我们在例11.2中会看到具体的数据分析。

---

① 日常用语中，我们所说的“投资”通常特指金融投资，如购买股票或者债券。上文已经说过，本书中的“投资”是指购买新的资本品，例如厂房、住房和设备等，并不等同于金融投资。请读者务必分清楚这两者的差别。

② 之所以在计算GDP时将企业的存货作为企业自身的投资项目，是为了确保实际总产出和实际总支出一致。

例 11.2　计划投资和实际投资

计划投资与实际投资有何差异？

Fly-by-Night 公司一年内生产了价值 500 万美元的风筝。当年公司的预期销售额为 480 万美元，余下 20 万美元的风筝将保存在仓库中用于未来销售。同时，公司为了扩大生产，购买了价值 100 万美元的生产设备。因此，Fly-by-Night 公司的计划投资 I^p 等于购买新设备的 100 万美元加上计划库存增加的 20 万美元，计划投资额总计为 120 万美元。需要注意的是，公司的计划投资额和实际销售情况并没有关系。

如果 Fly-by-Night 公司的实际销售额仅为 460 万美元，新增的库存就是 40 万美元，而不是最初计划的 20 万美元。此时，实际投资等于用于购买新生产设备的 100 万美元加上新增库存的 40 万美元，所以 $I=140$ 万美元。我们可以看到，当企业的实际销售额低于预期销售额时，实际投资就超出了计划投资，$I>I^p$。

如果 Fly-by-Night 公司实际销售了 480 万美元的风筝，新增的实际库存等同于计划库存，20 万美元。这种情况下，实际投资和计划投资一致，$I=I^p=120$ 万美元。

最后，如果实际销售额为 500 万美元，企业不会产生新增库存，此时库存投资为零。实际投资额(只包括购买新设备)等于 100 万美元，低于预期的 120 万美元投资额，$I<I^p$。

在上文假设的基础上，我们用下面的等式定义计划总支出：

$$\text{PAE} = C + I^p + G + \text{NX} \tag{11.1}$$

从式(11.1)我们得出，计划总支出等于家庭、企业、政府和外国购买者的计划支出之和。

为了便于分析，我们将假设计划支出等于家庭、政府和外国购买者的实际支出。这是一个合理的假设，不会对基本分析造成影响。这一假设还使得我们不必使用上标来区分计划的与实际的支出、政府采购和净出口。

消费支出与经济

计划总支出中最大的组成部分是消费支出。如前所述，消费支出包括三部分：购买日用品的支出，如衣服和其他杂货；购买服务的支出，如医疗保健、音乐欣赏和大学教育；购买耐用品的支出，如汽车、家具和家用计算机。消费者的支付意愿影响着很多行业的销售和利润情况(注意，房屋的购买包括在投资中，不属于消费支出的范围。但是房屋的购买也是消费意愿影响总支出的一个途径)。

在特定的时间内，是什么决定着人们用于日常支出的费用的高低？影响因素有很多，其中影响人们消费计划的最主要因素是税后收入，或者说可支配收入。其他条件相同时，可支配收入高的家庭和个人的支出通常高于可支配收入低的家庭和个人。

图 11.1 描述了美国 1960—2010 年实际总消费支出与实际可支配收入之间的关系。图中各点都对应 1960—2010 年中某一年(如图所示，这些年是以某种标准选取的)的情况。每个点的位置是由当年的实际总消费支出和实际可支配收入两个变量共同决定的。

消费支出和个人可支配收入之间的关系可以用下面的等式描述[①]：

$$C = \overline{C} + \text{mpc}(Y - T) \tag{11.2}$$

① 你如果不熟悉线性方程，请参阅第 1 章的附录。

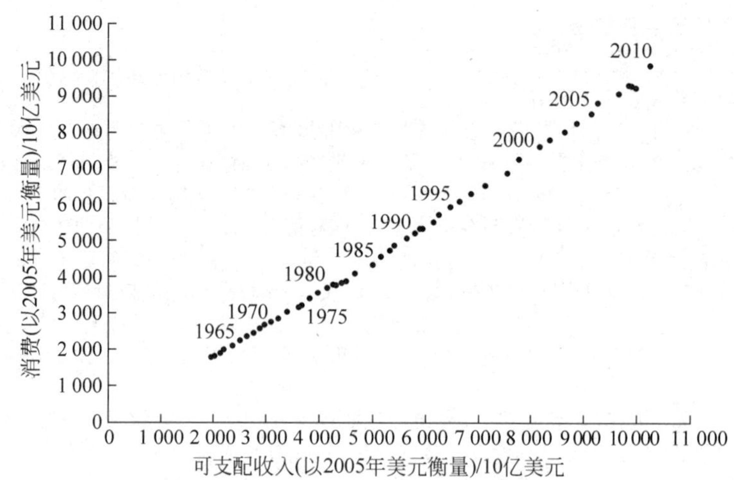

图 11.1 1960—2010 年美国消费方程

图中的每一点都代表了 1960—2010 年每一年的实际总消费与实际可支配总收入的组合。请注意消费与可支配收入之间强烈的正相关关系。

资料来源：2011 年 2 月《美国总统经济报告》，表 B-31(www.gpoaccess.gov/eop)。

式(11.2)称为消费方程。**消费方程**研究消费支出(C)与可支配收入($Y-T$)及其他所有决定消费支出的变量之间的关系。

进一步分析式(11.2)，等式右边包括两个部分，$\bar{C}$ 和 mpc($Y-T$)。$\bar{C}$ 所代表的消费量被称为**自发消费**，因为它是与可支配收入无关的(即自发的)消费。例如，当消费者们对未来更加乐观时，在当前任意可支配收入的水平上，他们都会增加消费、减少储蓄。在每个给定的可支配收入水平下，消费意愿的增加在消费方程中表现为 $\bar{C}$ 的增加。

此外，还有其他一些因素会影响消费方程中 $\bar{C}$ 的变化。例如，在可支配收入不变时，股票市场的突然繁荣或者房价的大幅上涨都会让消费者觉得自己拥有的财富增多，从而更加倾向于现期消费。这些都会引起 $\bar{C}$ 的增加。同样，股价或者房价的下跌，让消费者感觉自己变穷了，并减少在现期的消费，这会引起 $\bar{C}$ 的下降。经济学家把家庭拥有的资产的价格变化对消费支出的影响称为资产价格变动的**财富效应**。

最后，自发消费中还包括实际利率变化对消费的影响。例如，实际利率上升会使得用信用卡购买耐用品变得更加昂贵，因此人们会减少消费，增加储蓄。$\bar{C}$ 会减小，尽管可支配收入并未发生变化。反之亦然：实际利率下降会降低借款成本以及储蓄的机会成本，因此人们可能会增加自发消费，进而增加总消费支出。

例 11.3 理解财富效应

2000—2002 年美国股票市值下跌如何影响消费支出？

2000 年 3 月到 2002 年 10 月，标准普尔 500 指数作为美国股票表现的重要参考，显示美国股票市场的市值缩水 49%。据麻省理工学院的经济学家詹姆斯·波特巴(James Poterba)分析，2000 年美国家庭总共拥有大约 13.3 万亿美元的公司股票。[①] 根据标准普尔 500 指数，两年内美国所有家庭拥有的财富减少了 65 亿美元。有人通过历史数据拟合经济模型，发现家庭财富减少 1 美元会导致每年消费支出减少 3～7 美分，也就是说由于股票市场价值的缩水而引起的总消费支出的减少为 1 950 亿～4 550 亿美元，是总消费支出的 3%～7%。可实际情况是 2000—2002 年实际消费支出在不断上升。这又是为什么？

虽然 2001 年 3 月开始了新一轮的经济衰退，但是由于多方面的原因，消费支出在 2000—2002 年依然势头强劲。首先，直到 2001 年秋，人们的税后收入仍在增长，这使得消费在股市下跌的情况下仍然强劲。其次，2001 年全年以及 2002 年初期，美联储全面下调储蓄利率（我们将在第 12 章介绍美联储如何下调利率）。储蓄利率的下降进一步刺激了消费，贷款成本的下降导致汽车等大件物品销售的上扬。最后，房屋价格在这一时期大幅上涨，房屋价格的上涨所带来的消费者财富的增加在一定程度上弥补了股市缩水的影响。重复性房屋销售方面的数据度量的是长期内房屋销售和再销售的价格。数据显示，2000 年第一季度到 2002 年第三季度房屋价格上涨了 20.1%。[②] 2000 年，家庭不动产的市场总价值大约为 2.4 兆亿美元，大致抵消了同期股市下跌造成的财富缩水 37%的影响。[③]

式(11.2)右边的第二部分 mpc$(Y-T)$反映了可支配收入$(Y-T)$对消费的影响。系数 mpc 是一个常数，称为边际消费倾向。**边际消费倾向（mpc）**是指当可支配收入增加 1 美元时，人们愿意多增加的消费支出。设想一下，如果人们的可支配收入增加了 1 美元，他们会把一部分储蓄起来，而把剩下的另一部分用于消费。也就是说，消费支出将会增加，但是增加的数额少于可支配收入的增加额。因此假设边际消费倾向大于 0（收入的增加会引起消费的增加）但是小于 1（消费支出的增加少于收入的增加）。用数学方法表示就是 $0<\text{mpc}<1$。

图 11.2 给出了一个假想的消费方程，纵轴表示消费支出(C)，横轴表示可支配收入$(Y-T)$。消费方程与纵轴的截距等于外生消费 $\overline{C}$，方程的斜率等于边际消费倾向 mpc。为了分析消费方程与实际情况的拟合，我们比较图 11.1 和图 11.2，其中（图 11.1 描述了实际总消费支出和实际可支配收入之间的关系。）可以看到，总消费支出和可支配收入之间的确存在密切关系：可支配收入越高，总消费就越多。

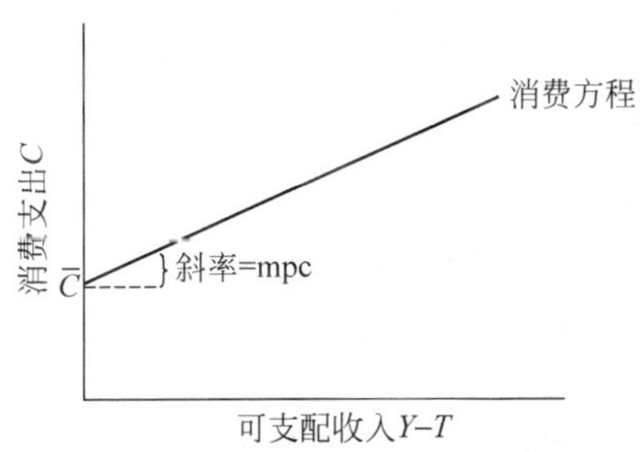

图 11.2　消费方程

消费方程描述了家庭的消费支出 C 和可支配收入$(Y-T)$之间的关系。图中纵轴截距等于外生消费 $\overline{C}$，直线的斜率等于边际消费倾向 mpc。

---

① 参见 Jame M. Poterba, "Stock Market Wealth and Consumption," *Journal of Economic Perspectives* 14 (Spring 2002), pp. 99-118 的表 1。

② 美国联邦房屋企业监督办公室（OFHEO）（www.ofheo.gov）。2003 年到 2006 年中期房屋价格持续上涨。

③ Federal Reserve Board, Flow of Funds Accounts of the United States, www.federalreserve.gov.

计划总支出和产出

回顾一下前文中祖母的回忆，她故事中的一个重要部分是生产、收入和支出之间的关系。镇上的鞋厂减少产量，鞋厂工人和鞋厂主的收入都随之减少。工人的收入减少是因为每周工作时间减少(大萧条期间的一个普遍现象)，或是因为工人被解雇以及工资率降低。鞋厂主的收入减少是因为利润降低。减少的收入迫使鞋厂主和鞋厂工人都减少支出——这种行为导致产量更低，进而收入更少。这种恶性循环导致了经济越来越低迷。

祖母的故事在逻辑上有两个关键要素：(1)产出的降低(意味着生产者得到的收入的减少)导致支出的减少；(2)支出的减少又导致产出和收入的降低。本节首先讨论第一个要素，产出和收入对支出的影响。本章稍后的部分将讨论支出对产出和收入的影响。

为什么产出和收入的变动会影响计划总支出？消费方程中消费和可支配收入之间的关系是分析这一问题的基础。因为消费支出 C 是计划总支出的主要组成部分，且消费由产出 Y 决定，所以整体来看总支出也由产出决定。下面，让我们用两种方法来分析计划总支出与产出之间的关系。首先，我们用一个数字的例子让你清晰地感受到这种关系，然后，我们用图形来表示它们。

例 11.4 计划总支出与产出的关系

计划总支出与产出之间有何关系？

在一个特定的经济中，假设消费方程为

$$C=620+0.8(Y-T)$$

消费方程中的截距 $\bar{C}$ 等于 620，边际消费倾向 mpc 等于 0.8。我们假设计划投资支出 $I^p=220$，政府支出 $G=300$，净出口 $NX=20$，税收 $T=250$。

根据式(11.1)对计划总支出的定义：

$$PAE=C+I^p+G+NX$$

要找出计划总支出的数学表达式，我们需要找出计划总支出四个组成部分各自的数学表达式。支出的第一个组成部分，消费支出，由消费方程 $C=620+0.8(Y-T)$决定。因为税收 $T=250$，可以把消费方程写成 $C=620+0.8(Y-250)$。将消费支出的表达式代入上式，得到：

$$PAE=[620+0.8(Y-250)]+I^p+G+NX$$

同样，将计划投资 I^p、政府支出 G 以及净出口 NX 的数值代入计划总支出的表达式，得到

$$PAE=[620+0.8(Y-250)]+220+300+20$$

简化该等式，注意 $0.8(Y-250)=0.8Y-200$，然后将所有与 Y 无关的项合并，结果为：

$$PAE=(620-200+220+300+20)+0.8Y=960+0.8Y$$

最后一个表达式说明了计划总支出和产出之间的数量关系。根据这个等式，注意 Y 每增加 1 美元，PAE 就会增加 0.8×1 美元，即 80 美分。这是因为等式中的边际消费倾向 mpc 在这个例子中是 0.8，因此收入增加 1 美元就会引起消费支出增加 80 美分。而消费支出是总计划支出的一个组成部分，因此消费支出增加 80 美分意味着总计划支出也增加了 80 美分。

例 11.4 的结果说明计划总支出可以分为两个部分：由产出(Y)决定的部分以及与产出无关的部分。计划总支出中与产出无关的部分称为**自发支出**。例 11.4 中，自发支出就

是计划总支出等式中的常数部分，等于 960。计划支出的这个部分并不随产出变化而变化，这部分是一个确定的常数。相反，计划总支出中与产出相关的部分称为**诱导支出**。例 11.4 中，诱导支出等于 0.8Y，是计划总支出表达式中的第二部分。根据定义，诱导支出的数值由产出的数值决定。自发支出和诱导支出共同组成计划总支出。

图 11.3 将方程 PAE=960+0.8Y 表示了出来，即一条斜率为 0.8，截距为 960 的直线。这条线被称做**支出曲线**，它显示了计划总支出与总产出的关系。

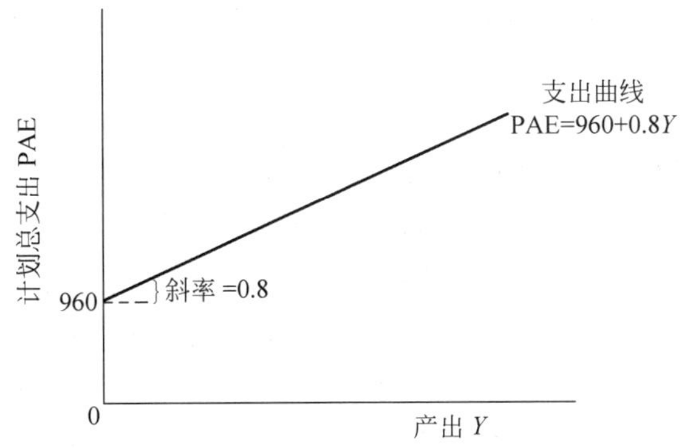

图 11.3 支出曲线

PAE=960+0.8Y 这条线被称为支出曲线，它反映了计划总支出与产出之间的关系。

支出曲线有三个重要性质。第一，斜率等于边际消费倾向。第二，截距等于自发支出。第三，自发支出的变动会导致支出曲线的移动：自发支出增加使得支出曲线上移，自发支出减少使得支出曲线下移。在本章的后面部分，我们将应用这三个性质。

重点回顾：计划总支出

- 计划总支出(PAE)是对最终产品和服务计划支出的总量。计划总支出的四个组成部分为消费支出(C)、计划投资(I^p)、政府支出(G)和净出口(NX)。当企业的销售和预期销售不一致时，计划投资额不等于实际投资额，因此存货的增加(投资的一部分)也不等于企业预期的存货增加额。
- 总支出最大的组成部分是消费支出，简称消费。消费由可支配收入，即税后收入决定，根据消费方程可知这两者的代数关系为 $C=\overline{C}+\text{mpc}(Y-T)$。
- 消费方程中的常数部分 $\overline{C}$ 表示除可支配收入外其他影响消费支出的因素。例如，房地产或股票价格的上涨会使消费者更加富有，从而更愿意消费——我们称之为财富效应——这种影响表现在 $\overline{C}$ 的增加上。消费方程的斜率等于边际消费倾向 mpc(0<mpc<1)。边际消费倾向表示可支配收入增加 1 美元时，消费增加的额度。
- 产出 Y 的增加，意味着收入的增加会引起消费的增加。因为消费是计划总支出的一部分，计划支出也由产出决定。计划总支出中由产出决定的部分称为诱导支出，与产出无关的部分称为自发支出。

短期均衡产出

上文给出了计划总支出的定义，讨论了它和产出之间的关系，下文将研究产出 Y 是如何决定的。首先回想一下凯恩斯基本模型的假设：短期内，厂商在维持现有价格水平的基础上提供消费者所需要的产品和服务。换句话说，在价格不变的短期内，企业的产量等同于计划总支出。因此，我们定义**短期均衡产出**为产出 Y 等于计划总支出 PAE 时的产出水平。

$$Y = \text{PAE} \tag{11.3}$$

短期均衡产出是价格已经确定时的产出水平。

我们可以采用两种方法来计算简单凯恩斯模型中的短期均衡产出。首先，我们可以用具体的数值范例来表示均衡产出与计划支出相等的点。而这也有两种方法：我们可以利用表格来找出 $Y=\text{PAE}$ 的点，也可以直接采用该等式。因为每一种方法都说明了基本的凯恩斯模型的一个要点，所以我们将在上一节介绍过的例子中应用这两种方法。其次，我们可以在支出曲线图中增加一条线来确定短期均衡产出。这种图被称为凯恩斯交叉图，因为图中有两条彼此交叉的线。这种方法对于说明我们在数值范例中提出的思想是非常有帮助的。

确定短期均衡产出：数值法

回忆一下在上一节给出的例子(例 11.4)，计划支出由

$$\text{PAE}=960+0.8Y$$

确定。

因此，例如当 $Y=4\,000$ 时，$\text{PAE}=960+0.8\times4\,000=4\,160$。表 11.1 给出了各种产出水平之下的计算结果：第 1 列给出的是各种产出水平；第 2 列给出的是对应于第 1 列中不同产出水平的计划总支出(PAE)。

注意，在表 11.1 中，由于消费随产出而增加，因此计划总支出(其中包括消费)也随之增加。特别地，对比第 1 列和第 2 列，可以看到产出每增加 200 时，计划总支出只增加 160。这是因为在该经济体中，边际消费倾向为 0.8，因此收入每增加 1 美元，消费和计划总支出将增加 80 美分。

短期均衡产出是指 $Y=\text{PAE}$，或者 $Y-\text{PAE}=0$ 时的产出水平。在这种产出水平上，实际投资额等于计划投资额，总产出不会改变。表 11.1 中只有一个生产水平符合这个条件，$Y=4\,800$。在这个水平下，产出和计划总支出完全相等，此时的产出正好满足消费者对于产品和服务的需求。

表 11.1 短期均衡产出的数字测定

(1) 产出 Y	(2) 计划总支出 PAE=960+0.8Y	(3) Y−PAE	(4) Y=PAE?
4 000	4 160	−160	否
4 200	4 320	−120	否
4 400	4 480	−80	否
4 600	4 640	−40	否
4 800	4 800	0	**是**
5 000	4 960	40	否
5 200	5 120	80	否

如果这个经济体的产出不等于它的均衡值 4 800，会是什么样子呢？假设产出为 4 000，根据表 11.1 的第 2 列，当产出是 4 000 时，计划总支出为 960＋0.8×4 000，即 4 160。因此产出为 4 000 时，企业的产出不能满足消费者的需求。厂商发现他们销售的数量超出了生产的数量，企业成品的存货每年会减少 160，实际投资额（包括存货投资）低于计划投资额。在企业必须满足消费者需求的假设下，企业将扩大生产。

如果将产量扩大到 4 160，厂商能否满足原定产量 4 000 时的计划总支出？答案是否定的。因为存在诱导支出，也就是当企业扩大产量时，总收入（工资加上利润）会随之增加，计划支出也会增加到 960＋0.8×4 160，即 4 288。因此 4 160 的产出水平仍然不能满足计划总支出的需求。根据表 11.1，产量在扩大到短期均衡水平 4 800 之前都不可能满足计划总支出产生的需求。

如果最初的产量高于均衡值，如 5 000，又将是什么情况？从表 11.1 可以看到，当产出等于 5 000 时，计划总支出仅为 4 960，低于企业的产值。因此在 5 000 的产出水平下，企业无法将生产的产品和服务全部卖出，很多产品将变成存货堆积在货架上和库房里（实际投资，包括存货投资，将大于预期投资）。因此，厂商会相应减少生产。如表 11.1 所示，厂商最终会把产量降低到均衡水平，即 4 800。

我们可以直接利用计划总支出的公式 PAE＝960＋0.8Y 来得出短期均衡产出。

根据定义，当 Y＝PAE 时，一个经济体处于短期均衡。

因此，利用计划总支出的公式，我们有

$$Y=960+0.8Y$$

求解 Y，得到 Y＝4 800，与我们利用表 11.1 得到的结果是一样的。

练习 11.1

假设某个与我们之前分析的一样的经济体的消费方程为 $C=820+0.7(Y-T)$，并且 $I^p=600$，$G=600$，$NX=200$，$T=600$，根据这些信息画一个类似表 11.1 的表格。

这个经济体的短期均衡产出是多少？（提示：试着将产出的数值确定在 5 000 以上。）利用计划总支出的公式直接求解短期均衡产出，来核对你的答案。

确定短期均衡产出：图示法

图 11.4 说明了我们在前面采用数值法分析的短期均衡产出水平的确定。横轴表示产出 Y，纵轴表示计划总支出 PAE。

图中有两条直线，实线是支出曲线，我们在前面曾讨论过。它反映了在每个给定的产出水平上，人们所希望购买的量。虚线的起点为原点，反映了纵轴（Y）上的变量与横轴（PAE）上的变量相等的所有点。因为一个经济体的短期均衡产出必须满足等式 $Y=$ PAE，所以本例中的短期均衡点一定位于这条线上。

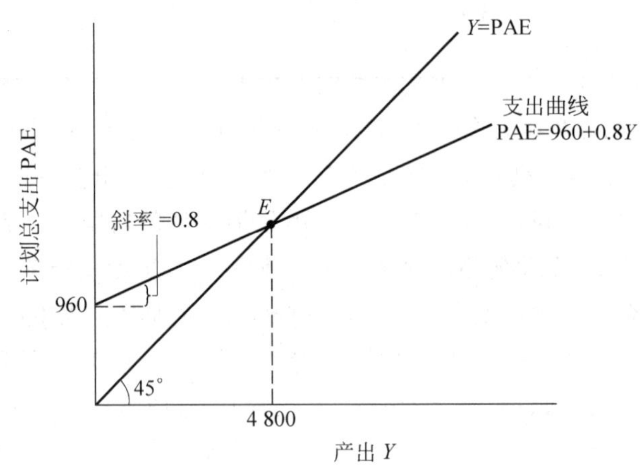

图 11.4 短期均衡产出的决定因素（凯恩斯交叉图）

45°线代表短期均衡产出的条件：$Y=$ PAE。另一条线 PAE＝960＋0.8Y，称为支出曲线，描述了计划总支出与产出之间的关系。短期均衡产出（4 800）由这两条线的交点 E 决定。这种图称为凯恩斯交叉图。

在 $Y=$ PAE 线上的哪一点经济体将处于短期均衡？图中只有一个点同时位于 $Y=$ PAE 线和支出曲线上，即两条线的交点——E 点。在 E 点，短期均衡产出等于 4 800，这与我们从表 11.1 以及直接进行数学计算得出的结果一致。

如果经济体高于或低于 E 点，情况会如何？在高于 4 800 的产出水平，产出超过了计划总支出。因此，厂商的产出将大于销售，这会促使他们减少产出。他们将持续降低产出至 4 800，此时产出等于计划总支出，相反在低于 4 800 的产出水平，计划总支出超过产出。在该区域，厂商现有的产出无法满足消费者需求，这将促使他们扩大产量。只有在 E 点，也就是产出等于 4 800 的时候，厂商的产出刚好满足对其产品和服务的计划支出。

因为图 11.4 的特性，通常称之为凯恩斯交叉图。凯恩斯交叉图形象地说明了在现有价格不变的前提下，短期均衡价格是如何确定的。

练习 11.2

使用凯恩斯交叉图确定练习 11.1 中经济体的短期均衡产出水平。支出曲线的截距和斜率分别是多少？

重点回顾：短期均衡产出

- 短期均衡产出是指等于计划总支出的产出水平，用符号表示就是 $Y=PAE$。对于某个特定的经济体，可以使用数学方法或者画图的方法来计算其短期均衡产出。
- 可以通过绘制凯恩斯交叉图得到经济的短期均衡产出。凯恩斯交叉图包括两条线：一条代表 $Y=PAE$ 的 45°线和一条代表计划总支出与产出之间关系的支出曲线。短期均衡产出由这两条线的交点决定。如果短期均衡产出与潜在产出不等，就会产生产出缺口。

计划支出和产出缺口

通过使用凯恩斯交叉图，我们已经看到需求不足如何导致衰退。为了分析支出的变化对产出的影响，我们将继续研究本章前面使用的例子。根据前面的结论，短期均衡产出为 4 800。现在假设该经济的产出能力也是 4 800，即 $Y^*=4\,800$，所以最初不存在产出缺口。接下来，我们从完全就业的起点开始，分析计划总支出的下降如何导致衰退。

例 11.5　计划总支出的降低导致衰退

为什么计划总支出的降低会导致衰退？

假设消费者对于未来的经济状况感到担忧，开始减少现有可支配收入水平下的支出。我们可以将这一改变用消费方程中的常数项 $\bar{C}$ 来表示，$\bar{C}$ 将下降到一个较低的水平。进一步假设 $\bar{C}$ 下降了 10 个单位，这意味着自发支出也下降了 10 个单位。

我们可以通过凯恩斯交叉图来说明这种下降对消费支出的影响。图 11.5 指出了最初的均衡点 E 是代表 $Y=PAE$ 的 45°线和代表等式 $PAE=960+0.8Y$ 的支出线的交点。如前所述，短期均衡产出的初始值为 4 800。我们假设产出能力 Y^* 也等于 4 800。

最初经济中的自发支出为 960，下降了 10 个单位之后变为 950。此时计划支出不再是最初的 $PAE=960+0.8Y$，而是 $PAE=950+0.8Y$。这种变化会使图 11.5 发生什么变动？支出曲线的截距（等于自发支出）从 960 变为 950，消费支出的减少使支出曲线平行地向下移动 10 个单位。图 11.4 指出了向下移动后新的支出曲线。新的均衡点下移到点 F，是新的支出曲线和 45°线的交点。

F 点位于原均衡点 E 点的左边，因此产出和支出都低于其初始值。因为 F 点的产出低于潜在产出 4 800，我们看到消费支出的下降造成了经济中衰退型缺口的产生。进一步来讲，从充分就业（产出等于潜在产出）的情况开始，任何自发支出的下降都会引起经济衰退。

图 11.5 中衰退型缺口的数值有多大？为了解答这个问题，我们根据表 11.1 建立了表 11.2。两表主要的不同是表 11.2 中的计划总支出为 $PAE=950+0.8Y$，而表 11.1 中为 $PAE=960+0.8Y$。

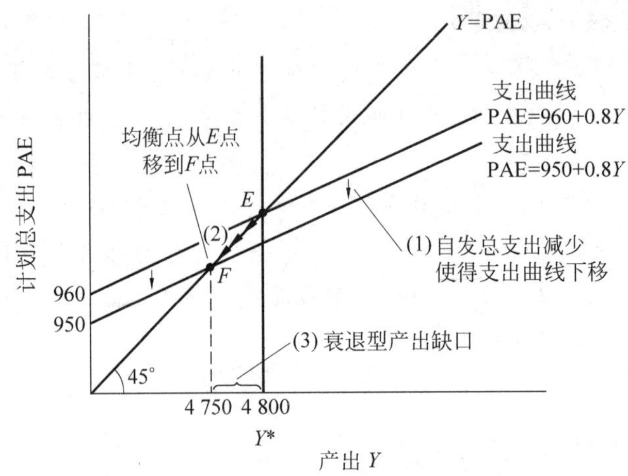

图 11.5 计划支出的减少导致经济衰退

(1)在任何现有的可支配收入下消费者支出意愿的降低将减少计划自发支出，使支出曲线向下移动。(2)短期均衡点从 E 点移到 F 点。(3)产出从 4 800 减少到 4 750，造成 50 个单位的产出缺口。

表 11.2 支出降低后短期均衡产出的数字测定

(1) 产出 Y	(2) 计划总支出 PAE＝950＋0.8Y	(3) Y－PAE	(4) Y＝PAE?
4 600	4 630	－30	否
4 650	4 670	－20	否
4 700	4 710	－10	否
4 750	4 750	0	**是**
4 800	4 790	10	否
4 850	4 830	20	否
4 900	4 870	30	否
4 950	4 910	40	否
5 000	4 950	50	否

与表 11.1 相同，表 11.2 中第 1 列代表产出 Y 可能的取值，第 2 列代表计划总支出 PAE 的取值，分别对应第 1 列产出的各种取值。当产出为 4 800，即表 11.1 中的短期均衡产出时，均衡不复存在。当产出为 4 800 时，计划支出为 4 790，产出和计划支出并不相等。随着计划总支出的下降，唯一能使 Y＝PAE 的产出为 4 750，这是新的短期均衡产出值。因此自发支出下降了 10 个单位，引起短期均衡产出下降了 50 个单位。如果充分就业下的产出为 4 800，图 11.4 中的衰退型缺口就是 4 800－4 750＝50 个单位。

练习 11.3

在例 11.5 的经济体中，我们发现当经济体的生产能力为 4 800 时，存在 50 个单位的衰退型缺口。假设经济的自然失业率 u^* 是 5%，这种衰退型缺口产生之后的实际失业率是多少？（提示：回忆第 10 章介绍的奥肯法则。）

例 11.5 说明消费者支出意愿的降低会引起自发支出的减少，进而造成短期均衡产出降低，并产生衰退型缺口。如果由于其他原因引起自发支出的减少，同样的结论依然成立。例如，假设厂商对新技术的价值产生怀疑并减少了用于新设备的计划投资额。在这种情况下，厂商不愿意投资可以表现为计划投资支出 I^p 的减少。在计划投资支出和产出无关的假设下，计划投资是自发支出的一部分。因此，计划投资支出的减少压制了自发支出和经济中的产出，这与消费意愿降低引起自发支出减少对经济的影响效果相同。同样，当政府支出以及净出口等自发支出的其他组成部分变化时，也会引起短期经济均衡产出的变动，稍后我们会看到具体的例子。

练习 11.4

根据例 11.5，假设消费者对未来经济感到乐观，$\overline{C}$ 上升了 10 个单位，也就是说自发支出增加了 10 个单位。画图分析消费者支出意愿的增加如何产生了扩张型产出缺口。求出扩张型缺口的具体数值。

例 11.6 20 世纪 90 年代日本经济衰退

为什么 20 世纪 90 年代日本经济衰退会对东亚其他国家不利？

20 世纪 90 年代，日本出现了长期的经济下滑。日本的经济问题不仅受到其本国政府，也受到泰国、新加坡等其他东亚国家的政府的高度重视。为什么东亚国家的政府担心日本经济下滑会对自己的经济产生不好的影响？

日本经济与东亚其他国家的经济在很多方面都有联系，其中最重要的就是国家之间的贸易。很多东亚国家经济的腾飞都源于出口产业的发展，而日本是很多东亚国家产品最重要的客户。当 20 世纪 90 年代日本经济下滑时，日本的家庭和企业大幅减少了对进口产品的支出额。需求的减少重创了很多出口型的东亚国家的经济。

出口产业的厂主和工人都受到不同程度的影响，出口产业的工资和利润下降引起很多东亚国家国内支出的减少。国内支出的减少又降低了其国内外的销售额，最终削弱了东亚国家的经济实力。根据文中的模型，对日本出口额的减少体现在净出口 NX 的下降上，因此东亚国家的自发支出减少。与图 11.5 的分析类似，这种自发支出的减少也产生了衰退型产出缺口。

并不是只有日本经济的起落会对其贸易伙伴产生重要的影响。美国是加拿大和墨西哥最主要的贸易伙伴，因此 2001 年开始的经济衰退导致了加拿大和墨西哥出口的下降，产生了衰退型产出缺口。向美国出口高科技产品的东亚国家也受到美国这次经济衰退的打击，新加坡等国家的 GDP 在美国经济衰退期间大幅下降。2001 年后东亚大部分国家的经济复苏在很大程度上是由于对美国和中国的出口需求增加。

例 11.7 2007—2009 年的美国经济衰退

什么原因造成了美国2007—2009 年的经济衰退?

2006 年夏天房地产价格泡沫的破灭是近期经济衰退的一个主要原因。20 世纪 90 年代末期到 2006 年夏天,美国房地产的均价以惊人的速度上涨,这吸引了希望从房地产载入史册的大繁荣中分一杯羹的借款人和贷款人。如图 11.6 所示,这种情形在美国历史上还从未出现过。此前房价年均增长率最高的年份是 1976—1979 年,当时房价以 4.7%的年均增长速度上涨。与此形成对比的是,2001—2006 年,平均房价以每年 8.2%的速度上涨。这一数字还掩盖了这样一个事实:在该期间增长率本身也在增长,从 2001 年的 4%最高发展为 2004—2005 年的 12%的年增长速度。

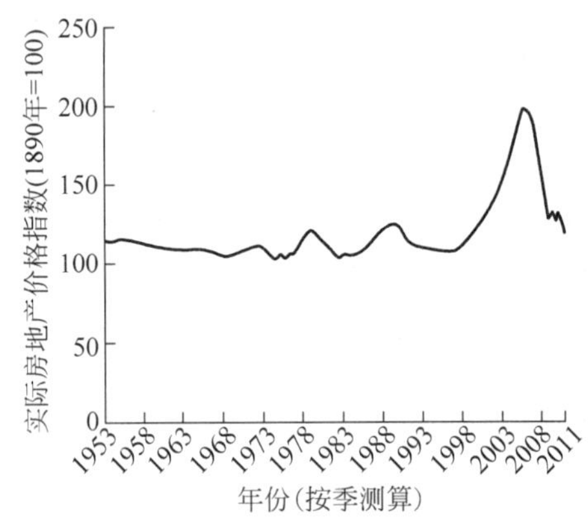

图 11.6 1953—2011 年房地产价格指数,季度数据

资料来源:Robert J. Shiller, *Subprime Solution* 图 2.1 中的数据,见 www.econ.yale.edu/～shiller/data.htm。

我们可以使用第 7 章介绍的 72 法则来理解这些数字的现实意义。以 20 世纪七八十年代的增长率,一幢房屋的平均价格 15～19 年会翻一番。而在前几年的房价暴涨期间,一幢房屋的平均价格大约 10 年就会翻一番,换句话说,比以往要快 50%～100%。

美国的房屋均价在 2006 年 7 月达到最高值。最初房价缓慢下降,从 2006 年 7 月到 2007 年 5 月大约下降了 6%。然而,2007 年 5 月到 2009 年 2 月,房价出现了快速下跌,平均房价下降了 20%多。

房地产市场泡沫的破灭及其所引发的金融市场危机使得企业和家庭从两个方面减少了支出。首先,金融市场的崩溃使得企业难以借到资金进行投资支出,消费者也很难借到资金来买房买车。其次,金融危机加剧了未来的不确定性,从而减少了自发支出,即独立于产出的支出。

这一情形可以用计划总支出(PAE)线下移来反映,如图 11.7 所示。在 E 点,计划支出和产出都等于潜在产出 Y^*。支出曲线下移之后,计划支出低于实际产出,企业的本能反应是减少生产直到产出再次等于需求(图 11.7 中从 E 点移动到 F 点)。在 F 点,经济处于衰退状态,产出低于潜在产出。此外,因为产出低于潜在产出,根据奥肯法则,失业率也超过了自然失业率。

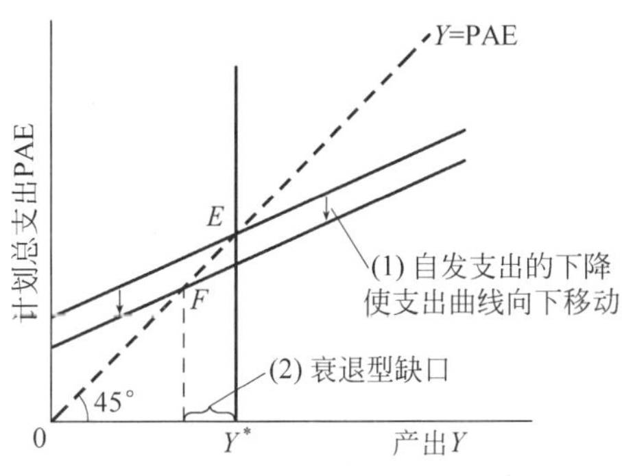

图 11.7　房价泡沫的破裂

乘数

由表 11.2 与图 11.5，我们得出了自发支出（通过 $\bar{C}$ 的减少衡量）减少 10 个单位，短期均衡产出减少 50 个单位的结论。为什么消费支出相对缓和的减少会引起产出的大幅降低？

支出的变动引起产出更大幅度的变动，这种效应就是祖母关于大萧条的故事中描述的“恶性循环”。尤其是，消费支出的下降不仅会直接减少产品的销售额，也会减少该行业生产最终消费品的工人和工厂主的收入。因为收入下降，这些工人和工厂主将减少支出，从而引起其他行业生产者的收入下降。收入的下降会进一步引起支出的减少。最后，这种支出和收入减少的相互作用会导致计划总支出和产出更大幅度的减少。

一单位自发支出的增加对短期均衡产出的影响又称为**收入—支出乘数**，简称乘数。在我们所举例的经济体中，乘数等于 5。也就是说自发支出变化 1 个单位，就会引起短期均衡产出同方向变化 5 个单位（或者如我们在例子中看到的，自发支出变动 10 个单位，短期均衡产出将变动 50 个单位）。支出的变动会引起短期均衡产出更大幅度的变动是凯恩斯基本模型的一个重要思想。

乘数的大小由什么决定？一个很重要的决定因素是边际消费倾向 mpc。如果边际消费倾向很大，收入的下降会引起人们大幅减少支出，这时乘数效应也很大。如果边际消费倾向很小，收入的下降不会引起人们大幅减少支出，乘数也就比较小。

本章的附录详细介绍了乘数的概念。

重点回顾：计划支出与产出缺口

- 自发支出的增加意味着支出曲线的水平上移，从而增加了短期均衡产出水平；自发支出的减少意味着支出曲线的水平下滑，从而降低了短期均衡产出水平。自发支出减少使得实际产出低于潜在产出，这是产生经济衰退的一个重要原因。
- 一单位自发支出的变动通常会引起短期均衡产出更大程度的变动，这就是收入—支出乘数。之所以产生乘数效应，是因为支出的初始增加会提高生产者的收入，从而进一步增加支出，提高其他生产者的收入和支出。

财政政策与衰退

根据凯恩斯基本模型，支出不足是引起经济衰退的重要原因。要防止经济衰退的发生——至少是对于那些因为需求不足而不是生产能力增长缓慢所引起的衰退——政府必须设法刺激计划支出。用以影响计划总支出，旨在消除产出缺口的政策，称为稳定性政策。试图增加计划支出和产出的政策，称为**扩张型政策**。扩张型政策通常在经济处于衰退时使用。但是有时候我们看到经济也可能"过热"，产出大于潜在产出(存在扩张型产出缺口)。扩张型产出缺口的危险在于它会增加通货膨胀，这一点我们在以后的分析中会详细说明。政府可以通过减少支出和产出来防止扩张型产出缺口的出现。试图减少计划支出和产出的政策，称为**紧缩性政策**。

稳定性政策的两个主要工具是货币政策和财政政策。我们在第 9 章讨论了长期货币政策，短期货币政策将在第 12 章介绍。本章的后面我们将主要分析在基本凯恩斯模型中可以如何利用财政政策来影响支出。财政政策是指有关政府应该支出多少以及应该收取多少税的决策。我们首先考察政府支出的变化对于短期产出的影响，然后分析税收的变化可以如何对支出和产出造成影响。接下来，我们将集中探讨 2007 年开始的经济衰退，并分析布什和奥巴马政府所采取的财政政策。

政府购买和计划支出

政府支出的政策构成了财政政策的一个重要组成部分，另一个组成部分是关于税收和转移支付的政策。凯恩斯认为政府支出的变动是减少或者消除产出缺口最切实可行、最有效的方法。凯恩斯对自己观点的论述如下：政府对于产品和服务的购买是计划总支出的一个组成部分，直接影响总支出。如果产出缺口是由过多或者过少的总支出引起的，政府可以通过改变自己的支出水平帮助经济尽快恢复到充分就业下的产出水平。20 世纪 30 年代的经济大萧条印证了凯恩斯的观点，直到 30 年代后期政府大幅提高军队支出，这次经济大萧条才告一段落。

例 11.8 衰退型缺口

政府可以如何通过改变对商品和服务的购买来消除支出缺口？

前面的例子中，我们发现消费支出减少 10 个单位会使产出出现 50 个单位的衰退型缺口。政府如何通过改变自己对产品和服务的购买(G)来消除产出缺口，帮助经济恢复到充分就业下的产出水平？

计划总支出是由等式 $\text{PAE}=960+0.8Y$ 决定的，其中自发支出等于 960。$\overline{C}$ 下降 10 个单位意味着自发支出减少 10 个单位，减至 950。在例子描述的经济中，乘数为 5，因此自发支出减少 10 个单位将带来短期均衡产出 50 个单位的减少。

要抵消消费下降对产出带来的影响，政府需要将自发支出调整到初始水平——960。在政府支出直接给定并且与产出无关的假设下，政府支出是自发支出的一部分，政府支出的变动会带来自发支出等效的变动。因此，政府只需要增加 10 个单位的支出即可将自发支出调整到原先 960 的水平

（例如，通过增加防务支出或者道路建设项目支出）。根据凯恩斯基本模型，政府支出的增加可以帮助自发支出和经济产出回归到初始水平。

政府支出增加的效应可以用图 11.8 说明。消费支出的变化引起自发支出 $\overline{C}$ 下降了 10 个单位，经济位于 F 点，此时存在 50 个单位的衰退型产出缺口。政府支出增加了 10 个单位，自发支出随之增加了 10 个单位，截距上升 10 个单位，意味着支出曲线水平上移 10 个单位。经济重新回到 E 点，此时短期均衡产出等于潜在产出（$Y=Y^*=4\ 800$），经济中不存在产出缺口。

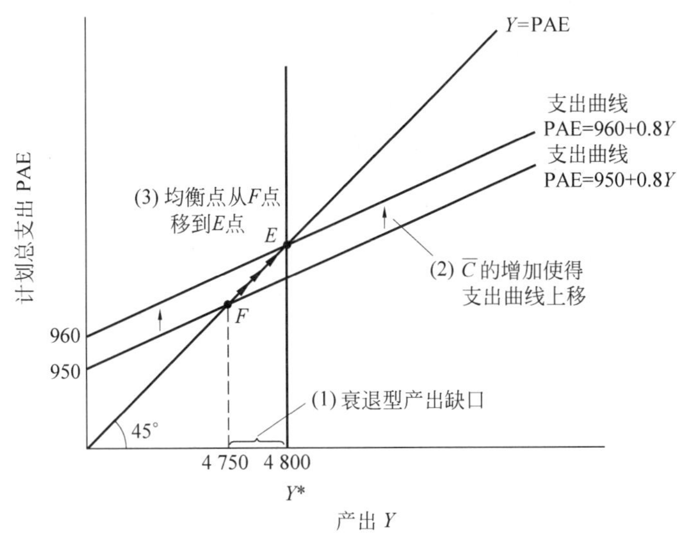

图 11.8　政府采购的增加消除了衰退型产出缺口

（1）在消费支出中的自发部分 $\overline{C}$ 下降了 10 个单位之后，经济位于 F 点，此时存在 50 个单位的衰退型产出缺口。（2）政府采购增加 10 个单位，自发支出也会随之增加 10 个单位，从而使支出曲线移回原来的位置，均衡点从 F 点移到 E 点。（3）在 E 点，产出等于潜在产出（$Y=Y^*=4\ 800$），经济中不存在产出缺口。

练习 11.5

在练习 11.4 中，我们分析了消费者对未来经济表示乐观从而产生扩张型产出缺口的情况。讨论这种情况下如何通过改变政府采购来消除产出缺口。请画图分析。

例 11.9　军队支出对经济的影响

军队支出刺激了经济吗？

20 世纪 60 年代的一个反战宣言中有这样一句话："战争是一门好生意。投入你的儿子吧。"战争本身浪费了非常多的财力和人力资源，从任何角度上都不能够被称为"好生意"，但是军队支出和战争不是一回事情。根据凯恩斯基本模型，政府支出增加带来的计划总支出的增加可以帮助经济走出衰退或者萧条。那么军队支出刺激了总需求吗？

图 11.9 描述了美国 1940—2010 年军队支出占 GDP 比重的变化。图中阴影部分对应于表 11.1 中的衰退时期。在第二次世界大战（1941—1945 年）期间，这个比重达到最高峰，大约是美国 GDP

的 38%。在朝鲜战争(1950—1953 年)期间,这个比重达到有史以来的第二个高峰。在 1967—1969 年的越南战争以及 20 世纪 80 年代里根政府的军队建设期间,在阿富汗和伊拉克战争中,军队支出占 GDP 的比重也有所上升,但是相对于上面的两个高峰,这几次的比重都不是很大。

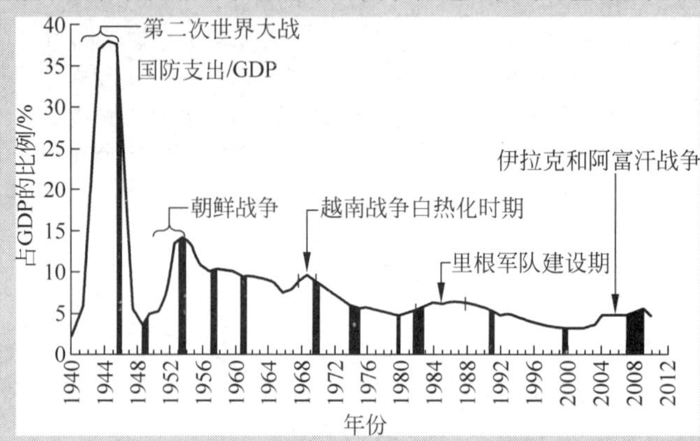

图 11.9 1940—2010 年美国军队支出占 GDP 的比重

军队支出占 GDP 的比重在第二次世界大战时期、朝鲜战争、越南战争以及 20 世纪 80 年代里根政府的军队建设时期都有所上升。军队支出的增加通常伴随着经济的扩张和失业率的下降。阴影部分表示衰退时期。

资料来源:美国经济分析局(www.bea.gov)。

图 11.9 证实了这样一个观点:扩张的军队支出可以帮助刺激总需求。以第二次世界大战时期为例,大量的军队支出帮助美国经济从大萧条中恢复过来。美国的失业率从 1939 年的 17.2%(此时军队支出占 GDP 的比重不足 2%)下降到 1944 年的 1.2%(此时军队支出占 GDP 的比重超过 37%)。随着世界大战的结束,美国军队支出大幅减少,1945 年以及 1948—1949 年美国又发生了两次小规模的经济衰退。当时有很多人担心战争结束之后经济大萧条会继续,战争之后这两次相对缓和的经济衰退减轻了人们的这种担忧。

此外,第二次世界大战之后国防支出的增加通常伴随着经济的扩张。1950—1953 年朝鲜战争的同时美国出现了强势的经济扩张,失业率从 1949 年的 5.9%下降到 1953 年的 2.9%。停战协议签署之后的 1954 年,虽然当时军队支出并没有减少,美国仍然开始了新的经济衰退。20 世纪 60 年代越南战争期间以及 80 年代里根政府军队建设时期美国经济又开始扩张。美国政府用于军队以及国家安全方面支出的小规模增加也缓和了 2001 年开始的经济衰退。这些现象都说明了政府支出的增加——如购买武器、其他军队设施以及军人的服务——可以帮助刺激经济。

税收、转移支付和总支出

财政政策是指政府关于支出多少和收取多少税的决策。我们已经看到政府支出变化对于短期产出的影响,现在我们来关注税收政策及其影响。

在第 8 章,我们对净税收(T)的定义如下:

$$T=\text{总税收}-\text{转移支付}-\text{政府利息支付}$$

作为财政政策一部分的税收政策涉及净税收的前两部分:总税收和转移支付。回忆一下,转移支付是政府对于公众的支付,而当期是没有收到商品或服务的。转移支付的例子包括失业保险福利、社会保障福利以及支付给农民的收入补助金。

凯恩斯基本模型认为,与政府购买支出一样,税收和转移支付水平的变化也可以用来影响计划总支出，消除产出缺口。然而，与政府支出不同的是，税收和转移支付的变动并不直接影响计划支出。它们通过影响个人的可支配收入，间接地影响计划支出。我们回忆一下，可支配收入为 $Y-T$。税收减少一单位或者转移支付增加一单位都将导致净税收减少一单位。根据消费方程，当可支配收入增加时，居民会增加支出。因此，减税或者增加转移支付的措施都能够增加计划总支出。同样，增税或者减少政府的转移支付会减少家庭的可支配收入，从而减少计划支出。

"陛下，我的航行不仅能找到一条通往东方的新航线，还能创造 3 000个新的工作岗位。"

例 11.10　通过减税缩小衰退型产出缺口

政府可以如何通过减税缩小产出缺口？

在我们假设的经济体中，消费支出减少 10 个单位会产生 50 个单位的衰退型产出缺口。这种衰退型产出缺口可以通过增加 10 个单位的政府购买来消除。假设我们没有增加政府购买，财政政策制定者决定通过改变税收的水平来刺激消费支出。他们要如何改变税收才能消除产出缺口？

直观的想法是政策制定者减少 10 个单位的税收，但是这种想法是错误的。下面我们来分析一下原因。

衰退型产出缺口产生的原因是在每种产出水平 Y 下，家庭的消费支出减少了 10 个单位，即消费方程中的常数项 $\bar{C}$ 减少了 10 个单位。要消除这个衰退型产出缺口，税收政策的变化应该能够诱导人们在每种产出水平下都增加 10 个单位的消费支出。如果减少 10 个单位的税收，就相当于增加了 10 个单位的可支配收入$(Y-T)$，在每个产出水平下消费支出仅仅增加 8 个单位。

为什么？因为在这个例子中边际消费倾向是 0.8，也就是说当税收减少一个单位，可支配收入增加一个单位时，消费支出只增加 0.8 个单位(其他减税的部分用来储蓄)。自发支出增加 8 个单位还不足以将产出恢复到充分就业的水平。

要增加 10 个单位的消费支出，财政政策的制定者需要减税 12.5 个单位。它会使可支配收入 $Y-T$ 增加 12.5 个单位。因此，消费的增加量即为边际消费倾向乘以可支配收入的增长，即 $0.8\times12.5=10$。所以，在任何产出水平下，每减税 12.5 个单位都会使居民增加消费 10 个单位。

表 11.3 显示了这些变化。由于消费量下降了 10 个单位，均衡产出水平下降到 4 750。当净税收等于最初的 250 时，第(3)列表示可支配收入等于 $4\,750-250=4\,500$。消费下降后，消费方程变成 $C=610+0.8(Y-T)$。这样，当 $Y=4\,750$，$T=250$ 时，消费量等于 $610+0.8(4\,750-250)=610+0.8\times4\,500=4\,210$，正如第(4)列所示。若减税12.5个单位，即税收为 237.5，在此产出水平下，可支配收入将增长 12.5，达到 $4\,750-237.5=4\,512.5$。消费会增长 $0.8\times12.5=10$。于是，$C=610+0.8(4\,750-237.5)=4\,220$。这种增加的幅度恰好能抵消 $\bar{C}$ 下降 10 个单位对经济的影响，促使经济恢复到充分就业的水平。

表 11.3　减税 12.5 个单位的初始影响

(1) 产出，Y	(2) 净税收，T	(3) 可支配收入，$Y-T$	(4) 消费，$610+0.8(Y-T)$
4 750	250	4 500	4 210
4 750	237.5	4 512.5	4 220

注意：这里 T 代表的是净税收，或者税收减去转移支付，因此如果我们增加 12.5 个单位的转移支付，也可以得到同样的效果。因为消费者会将他们收到的转移支付的 0.8 倍用于消费，这样在任何产出水平下消费者都会增加 10 个单位的消费支出。

如图 11.6 所示，减税的效果与增加政府购买的效果是一样的。减税 12.5 个单位会引起任何产出水平下 10 个单位的消费支出的增加，因此在图中减税的效应等于将支出线水平上移了 10 个单位。均衡点仍然是 E 点，此时实际产出等于经济的生产能力。

练习 11.6

在某个经济体中，计划投资增加 20 个单位会使得经济从原先不存在产出缺口变为存在扩张型产出缺口。说出两种可以用来消除这种扩张型产出缺口的财政政策。假设边际消费倾向为 0.5。

例 11.11 《2001 年经济增长和税收减免调停法案》

为什么 2001 年美国政府要发放数以百万计的 300 美元和 600 美元的退税补偿支票？

2001 年 5 月 25 日，美国国会通过《2001 年经济增长和税收减免调停法案》(EGTRRA)，美国总统乔治 · W. 布什在 6 月 7 日签署了这份法案。EGTRRA 大幅降低收入税率并提供一次性的退税补偿支票，单个纳税人支票的面值为 300 美元，已婚夫妇两人支票总的面值为 600 美元。数以百万计的家庭在 2001 年的八九月份收到了这些支票，总面值为 380 亿美元。

虽然美国官方直到 2001 年 11 月才公开宣布美国出现了经济衰退(美国经济研究局宣布此次经济衰退开始于 2001 年 3 月)，有证据表明从 2001 年春季开始，美国经济就发展缓慢。美国国会和总统都希望通过向家庭和个人发放退税补偿支票来刺激消费者的支出。现在回想起来，这次退税补偿的时机非常好，因为当时美国经济和消费信心在 2001 年 9 月 11 日纽约和华盛顿遭受恐怖袭击后受到了严重打击。

那么退税补偿是否如预想的一样刺激了消费支出？在 2006 年发表的一份研究中，经济学家发现家庭在得到退税补贴的前 6 个月内就花掉了大约 2/3。① 这说明补贴对消费有明显的作用。2001 年最后一个季度和 2002 年美国消费支出势头良好，帮助美国经济快速复苏。

财政政策与 2007—2009 年经济衰退

财政政策是美国应对近期的经济衰退的一个重要手段。布什总统和奥巴马总统都提出了一揽子旨在刺激私人支出的减税、税收抵免和增加开支计划并得到了美国国会的批准。两届政府所采取政策的差异说明了具有不同侧重的财政政策仍然可以有相同的最终目标。

《2008 年经济刺激法案》是在布什总统当政的最后一年实施的。该法案提出 2008 年到 2009 年年初大约减免 1 000 亿美元的税收，增加 600 亿美元的政府支出。而奥巴马执

① David S. Johnson, Jonathan A. Parker, and Nicholas S. Souleles, "Household Expenditure and the Income Tax Rebates of 2001", *American Economic Review*, December 2006, pp. 1589—1610.

政第一个月通过的《2009 年美国经济复苏和再投资法案》则提出减税大约 2 000 亿美元，增加政府支出 6 000 亿美元。如此看来，《2008 年经济刺激法案》是由大约 2/3 的税收减免和 1/3 的支出增长组成的，而《2009 年美国经济复苏和再投资法案》则包括 1/4 的税收减免和 3/4 的支出增长。

美国国会预算办公室(CBO)分析了两个法案的效果，发现与基本的凯恩斯模型所预测的刚好吻合。据美国国会预算办公室估计，《2008 年经济刺激法案》在"(2008 年)第二季度和第三季度使得消费增长率分别提高了 2.3%和 0.2%，但是第四季度税收抵免结束后消费增长率反而下降了 1.0%。"类似地，由于《2009 年美国经济复苏与再投资法案》，2009 年实际 GDP 在 2009 年第三季度提高了 1.2%～3.2%，在第四季度提高了 1.5%～3.5%。[①]

为什么一位总统强调减税而另一位则更重视增加政府开支？这个问题超出了本书的讨论范围。其分歧主要反映了各届政府在看待减税和增加政府开支对于长期增长而非短期产出的影响方面的差异。政策的差异还取决于大多数经济学家对于财政政策所持的异议。我们将在下面讨论这些难题。

作为稳定性工具的财政政策：三个限制

凯恩斯基本模型可能会给读者造成这样的印象：财政政策的精确使用一定能够消除产出缺口。但是现实世界比经济模型复杂得多，在本章的最后，我们将讨论使用财政政策作为稳定性工具的三个限制。

财政政策和供应面 到目前为止我们一直在讨论使用财政政策影响计划总支出。但是很多经济学家认为财政政策除了影响计划总支出之外，还会对经济的潜在产出产生影响。正如第 7 章所述，一方面，从支出的角度看，公路、飞机场和学校等公用设施的投资的确会对经济生产能力的增长率产生比较大的影响。另一方面，税收和转移支付项目也会对家庭、个人和企业的经济行为以及经济激励产生影响。也有一些凯恩斯理论的反对者一直认为财政政策并不能影响计划总支出，而只会对潜在产出的增长速度产生影响。一些经济学家和记者持有这种观点，他们就是通常所说的供应经济学政策支持者，在里根总统的第一届总统任期(1981—1985 年)内，供应经济学政策达到了顶峰。现在，更多的学者认为财政政策既影响了计划支出，也影响了经济生产能力的增长速度。

赤字问题 制定稳定性财政政策时需要注意的另一个问题是需要避免大量而且长期的预算赤字。第 8 章曾介绍过，政府的预算赤字是指政府支出超出税收的部分。持久的政府赤字减少了国家的储蓄，从而减少了对新资本品的投资，而新资本品的投资是经济长期增长的主要源泉。

控制赤字的需要使得通过增加政府支出或者减少税收来对付经济低迷的做法从经济

① 研究包括"Did the 2008 Tax Rebates Stimulate Short-Term Growth?","Estimated Impact of the American Recovery and Reinvestment Act on Employment and Economic Output as of September 2009,"and "Estimated Impact of the American Recovery and Reinvestment Act on Employment and Economic Output from October 2009 through December 2009."上述三项研究均可见 www.cbo.gov/publications/collections/collections.cfm? collect=12。

和政治的角度而言都不是非常有吸引力。例如，布什和奥巴马政府的政策都造成了不断增长的巨额预算赤字。如此巨大的预算赤字及其造成的日益加剧的债务问题很有可能让未来的执政者在今后的经济萧条期间更为谨慎地应用财政政策。

财政政策的相对不灵活性 使用财政政策另一个受到限制的地方是财政政策在稳定经济方面不是非常灵活。我们所举的例子一直隐含了这样一个假设：政府可以迅速地改变支出或者税收水平，及时消除产出缺口。但是在实际中，改变政府支出或者税收水平必须经过一系列的法律过程，这就导致财政政策有可能无法对经济状况做出及时的反应。例如，美国总统必须提前至少 18 个月将改变预算和税收水平的议案提交国会。

限制财政政策灵活性的另一个因素在于财政政策制定者除了稳定总支出之外，还有其他很多目标要实现，如建立强大的国防力量来保证国家经济的正常运行和人民的正常生活。如果说加强国防力量需要增加政府支出，同时为了稳定计划总支出又需要减少政府支出，政府该如何做？政府很难通过政治途径解决这种冲突。

缺乏灵活性使得财政政策并不如凯恩斯基本模型描述的那样有效。虽然如此，很多经济学家仍然认为财政政策是非常重要的稳定性工具，原因有二：第一个原因是**自动稳定**的存在，也就是说法律中有些条款规定产出降低时自动增加政府支出或者自动降低税收水平。比如有些政府支出被称为“衰退援助”，当失业率达到某一水平时，这些政府支出就会自动流向社会。此外，税收和转移支付也会自动对产出缺口做出反应，当 GDP 下降时，收入税水平会下降（因为家庭的应税收入下降了），同时失业救济金和福利会上升——这些措施都不需要国会的批准。政府的这些自动改变支出和税收的措施可以在避免法律过程延缓的情况下在经济衰退时期增加计划支出，在经济扩张时期减少计划支出。

财政政策虽然很难对经济的变化做出及时的反应，但可以有效地解决经济衰退中长期存在的问题，这是财政政策成为重要的稳定性工具的另一个原因。在 20 世纪 30 年代的经济大萧条以及 90 年代日本经济的持续低迷中，财政政策都起到了比较好的稳定性作用。2007—2009 年的经济衰退是又一个例子。回忆一下第 10 章中提到的，这是第二次世界大战之后历时最长的经济衰退。然而，由于现代经济中财政政策相对缺乏灵活性，政府最开始都会尝试用货币政策来稳定总支出。货币政策可以比财政政策更为迅速地得到实施，这是因为美联储可以很快对货币政策进行调整。我们将在下一章重点讨论货币政策的稳定作用。

重点回顾：财政政策和计划支出

财政政策影响总支出、消除产出缺口的工具包括两类：(1)改变政府购买；(2)改变税收或者转移支付。政府购买的增加引起自发支出同等程度的增加。税收的减少或者转移支付的增加同样会增加自发支出，不过自发支出增加的幅度是边际消费倾向与减税额或者转移支付增加额的乘积。财政政策的变化对短期均衡产出最终的影响等于自发支出的变动额乘以乘数。如果经济处于衰退期，政府购买的增加、税收的减少或者转移支付的增加都可以用来刺激支出，消除衰退型产出缺口。

实施财政政策之前必须考虑三个重要的问题：

- 税收和转移支付项目的改变有可能影响家庭与企业的动机和经济行为。
- 政府必须权衡财政政策的短期效果与其可能造成的巨大且持续的预算赤字。
- 支出和税收的改变需要时间，因此财政政策可能是见效相对缓慢且缺乏灵活性的。

小结

- 凯恩斯基本模型描述了计划总支出或计划总消费的波动如何引起实际产出偏离潜在产出。支出过少导致衰退型产出缺口，支出过多又导致扩张型产出缺口。该模型建立在严格的假设基础上，假设认为企业并不是每次都通过改变价格来适应需求的改变。通常企业在一段时间内设置一个固定的价格，然后在这个价格下满足消费者的需求。
- 计划总支出是指对最终产品和服务的计划支出。总支出的四个组成部分分别是消费、投资、政府购买和净出口。通常假设计划消费、政府购买和净出口等于实际消费、政府购买和净出口。实际投资与计划投资并不总是相等，因为企业的实际销售额可能比预期销售额多一些或者少一些。如果企业的销售额低于预期销售额，它们就会将多出来的商品作为存货。因为增加的存货也是投资的一部分，所以这种情况下实际投资(包括存货投资)高于计划投资。
- 消费与支配收入或称税后收入相关，二者之间的关系可以用消费方程表示。可支配收入增加 1 美元时，消费的增加额称为边际消费倾向(mpc)。边际消费倾向的取值总是大于 0 小于 1(0＜mpc＜1)。
- 实际产出的增加会引起计划总支出的增加，因为产出越多(也就是收入越高)，家庭和个人就消费得越多。计划总支出可以分成两个部分：自发支出和诱导支出。**自发支出**是指计划总支出中与产出无关的部分，**诱导支出**是指计划总支出中由产出决定的部分。
- 在价格确定的时期内，**短期均衡产出**是指恰好等于计划总支出的产出水平。短期均衡可以通过一个比较产出的可能取值和相应的计划总支出的表格确定，也可以通过凯恩斯交叉图确定。
- 自发支出的变动会引起短期均衡产出的变化。当经济开始位于充分就业的水平时，自发支出的下降会产生衰退型产出缺口；自发支出的增加会产生扩张型产出缺口。一单位自发支出的增加所引起的短期均衡产出的增加值被称为**乘数**。自发支出的增加不仅直接增加支出，还会增加生产者的收入，从而进一步刺激支出，如此循环。因此乘数的取值大于 1，也就是说自发支出增加 1 美元会引起短期均衡产出超过 1 美元的增加。

- 政府通过稳定性政策消除产出缺口,帮助经济恢复到充分就业水平。两类主要的稳定性政策分别是货币政策和财政政策。稳定性政策通过变化计划总支出来影响短期均衡产出。例如,政府购买直接增加了自发支出,因此可以通过增加政府购买来减少或者消除衰退型产出缺口。同样,税收的减少或者转移支付的增加提高了公众的可支配收入,从而在任何产出水平下会增加等同于边际消费倾向乘以减税额或者转移支付增加额的消费支出。消费支出越高,短期均衡产出就越多。
- 使用财政政策作为稳定工具必须满足三个要求。第一,财政政策除了影响计划总支出,还可能影响潜在产出。第二,庞大持久的政府预算赤字会减少国家的储蓄,降低经济增长速度。控制赤字的要求可能会限制扩张型财政政策的使用。第三,改变财政政策需要经过一系列的法律过程,从短期稳定的角度讲,财政政策的灵活性不足。不过自动稳定装置——规定产出降低时政府支出自动增加或者税收自动下降的法律条款——可以在一定程度上帮助减少立法过程的时滞,稳定经济。

名词与概念

automatic stabilizers	自动稳定装置	induced expenditure	诱导支出
autonomous consumption	自发消费	marginal propensity to consume, mpc	边际消费倾向
autonomous expenditure	自发支出	menu cost	菜单成本
consumption function	消费方程	planned aggregate expenditure, PAE	计划总支出
contractionary policies	紧缩性政策	short-run equilibrium output	短期均衡产出
expansionary policies	扩张性政策	stabilization policies	稳定性政策
expenditure line	支出曲线	wealth effect	财富效应
fisical policy	财政政策		
income-expenditure multiplier	收入—支出乘数		

复习题

1. 凯恩斯基本模型的关键假设是什么?解释为什么在接受总支出是引起短期经济波动的主要原因这一观点时需要这个假设。

2. 举出一种价格不断变化的产品或者服务以及一种价格很少变化的产品或者服务。为什么会出现这种不同?

3. 定义计划总支出,列出其组成部分。为什么产出变化时计划支出也跟着变化?

4. 解释为什么计划支出和实际支出会出现差异。举例说明。

5. 画图表示消费方程，并标出图中的纵轴和横轴。讨论：(1)消费方程图形从左到右的移动的经济含义；(2)消费方程平行上移的经济含义。给出可能导致消费方程平行上移的一个原因。

6. 画出凯恩斯交叉图。解释图中两条线的经济含义。在只给出这个图的情况下，你如何决定自发支出、诱导支出、边际消费倾向以及短期均衡产出？

7. 利用凯恩斯交叉图，解释本章中提及的2007—2009年经济衰退的主要原因。

8. 定义乘数，并从经济角度解释为什么乘数的取值大于1。

9. 政府考虑两种可供选择的政策，其中一个是增加50个单位的政府购买，另一个是减少50个单位的税收。哪种政策对计划总支出的刺激作用更大？为什么？

10. 讨论现实世界中使用财政政策稳定经济比凯恩斯基本模型中设想的困难的三个原因。

练习题

1. Acme制造厂今年生产了价值400万美元的产品，并且预期销售完所有的产出。同时该厂也计划购买150万美元的新设备。在年初公司仓库中有50万美元的存货。计算该厂的实际投资额和计划投资额：

(1) 该厂实际销售了价值385万美元的产品；

(2) 该厂实际销售了价值400万美元的产品；

(3) 该厂实际销售了价值420万美元的产品。

假设Acme制造厂的情况与其他企业的情况一样，在哪种情况下实际产出等于短期均衡产出？

2. 下表给出了不同年份辛普森一家的税前收入、税收和消费支出数据。

美元

税前收入	税收	消费支出
25 000	3 000	20 000
27 000	3 500	21 350
28 000	3 700	22 070
30 000	4 000	23 600

(1) 列出辛普森一家的消费方程，找出家庭的边际消费倾向。

(2) 如果辛普森一家的收入为32 000美元，并且支付了5 000美元的税收，你认为他们会将多少美元用于消费？

(3) 辛普森买彩票中了奖。因此，辛普森一家在任何税后收入的水平上都增加了1 000美元的消费支出(收入中不包括彩票奖金)。这个变化如何影响消费方程的图形？

如何影响边际消费倾向？

3. 一个经济可以用下面的等式描述：

$$C = 1\,800 + 0.6(Y - T)$$
$$I^p = 900$$
$$G = 1\,500$$
$$\mathrm{NX} = 100$$
$$T = 1\,500$$
$$Y^* = 9\,000$$

(1) 找出计划总支出和产出之间的数量关系式。

(2) 找出经济中的自发支出和诱导支出。

4. 在第 3 题描述的经济体中：

(1) 编制一个类似表 11.1 的表格，并找出短期经济均衡产出。考虑 8 200～9 000 美元间短期均衡产出的可能取值。

(2) 通过凯恩斯交叉图说明经济的短期均衡产出的决定因素。

(3) 经济中的产出缺口是多少？如果自然失业率是 4%，那么实际失业率是多少(使用奥肯法则)？

5. 在第 3 题和第 4 题描述的经济体中，找出下列措施对短期均衡产出水平的影响：

(1) 政府支出从 1 500 美元增加到 1 600 美元。

(2) 税收从 1 500 美元下降到 1 400 美元(政府购买保持原有的水平不变)。

(3) 计划投资支出从 900 美元下降到 800 美元。

6. 某经济体初始处于充分就业水平，但是计划投资支出(自发支出的一部分)的下降把该经济体推入了衰退。假设该经济体的 mpc 为 0.75，乘数是 4。

(1) 计划投资下降后，衰退型产出缺口是多大？

(2) 政府需要将支出改变多少，才能帮助经济恢复到充分就业水平？

(3) 政府需要改变多少税收来达到同样的效果？

(4) *假设政府的预算初始处于平衡水平，也就是说政府支出等于税收收入。平衡预算法案禁止政府产生赤字。财政政策制定者是否可以在不违背平衡预算法案的前提下采取措施帮助将该经济体的就业恢复到充分就业水平？

7. 某经济体可以用下面的等式描述：

$$C = 40 + 0.8(Y - T)$$
$$I^p = 70$$
$$G = 120$$
$$\mathrm{NX} = 10$$
$$T = 150$$
$$Y^* = 580$$

经济的乘数为 5。

---

* 表示题目具有一定的难度。

(1) 找出计划总支出和产出之间的数量关系式。

(2) 编制一个表格,找出短期均衡产出水平的数值(提示:该经济体基本处于充分就业水平)。

(3) 为了消除产出缺口,政府支出需要改变多少?需要改变多少税收来达到同样的效果?利用凯恩斯交叉图描述这些财政政策的影响。

(4) 假设 $Y^* = 630$,重复(3)中的计算。

(5) 用凯恩斯交叉图表示你在(2)(3)(4)中的结果。

8*. 某经济体可以用下面的等式描述:

$$
\begin{aligned}
C &= 3\,000 + 0.5(Y - T) \\
I^p &= 1\,500 \\
G &= 2\,500 \\
\mathrm{NX} &= 200 \\
T &= 2\,000 \\
Y^* &= 12\,000
\end{aligned}
$$

(1) 计算该经济体的自发支出、乘数、短期均衡产出和产出缺口。

(2) 用凯恩斯交叉图表示短期均衡。

(3) 计算为了消除产出缺口,自发支出需要改变的量。

(4) 假设政府决定通过减税来消除产出缺口。要实现这一目标,必须减少多少税?

9*. 某经济体的净出口为零,其他情况与第 7 题中描述的一样。

(1) 计算短期均衡产出水平。

(2) 国外经济的恢复增加了本国的出口需求,因此净出口额增长到 100。此时的短期均衡产出水平是多少?

(3) 假设国外经济恶化减少了本国的出口需求,净出口额下降到 −100。重复(2)中的计算(负的净出口意味着出口少于进口)。

(4) 根据上面的答案解释一国的经济衰退或者扩张对其他国家的影响。

正文中练习题的答案

11.1　首先需要写出计划总支出 PAE 和产出 Y 之间的关系式。回忆计划总支出的定义,然后将给定的数值代入,得到

$$
\begin{aligned}
\mathrm{PAE} &= C + I^p + G + \mathrm{NX} \\
&= [820 + 0.7(Y - 600)] + 600 + 600 + 200 \\
&= 1\,800 + 0.7Y
\end{aligned}
$$

使用上面给出的表达式编制一个类似表 11.1 的表格,可能需要经过一些试验,犯过一些错误之后才能够找出合适的产出可能值[第(1)列]。

---

* 表示题目具有一定的难度。

短期均衡产出的决定因素

(1) 产出 Y	(2) 计划总支出 PAE=1 800+0.7Y	(3) Y−PAE	(4) Y=PAE?
5 000	5 300	−300	否
5 200	5 440	−240	否
5 400	5 580	−180	否
5 600	5 720	−120	否
5 800	5 860	−60	否
6 000	6 000	0	**是**
6 200	6 140	60	否
6 400	6 280	120	否
6 600	6 420	180	否

短期均衡产出等于 6 000，这是唯一满足 Y=PAE 条件的产出水平。利用计划总支出的公式，得到 $Y=1\,800+0.7Y$。求解 Y，得到 $Y=6\,000$，与我们从表中得到的结果相同。

11.2　下图描述了短期均衡产出的决定因素，$Y=6\,000$。支出线的截距为 1 800，斜率是 0.7。注意截距等于自发支出，斜率等于边际消费倾向。

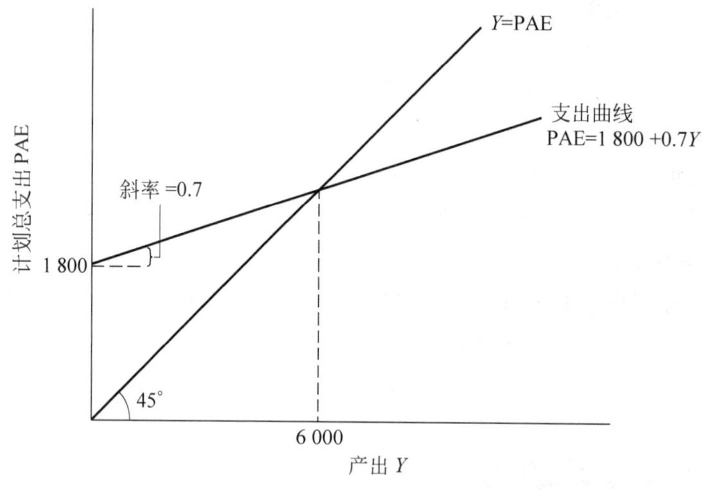

11.3　这个问题用第 10 章介绍的奥肯法则解决。例子中的衰退型缺口是−50/4 800，或者潜在产出的−1.04%。根据奥肯法则，循环失业率是产出缺口的一半(乘以−1)，即 0.52%。自然失业率是 5%，因此产生衰退型缺口后总的失业率大致为 5.52%。

11.4　本题其实是正文中分析的倒转。意味着 $\bar{C}$ 增加了 10 个单位，即自发支出也增加了 10 个单位，支出曲线的截距上移了 10 个单位。支出曲线平行上移了 10 个单位，导致均衡产出增加，出现了扩张型产出缺口。文中产出下降了 50 个单位，在这里，产出上升了 50 个单位，达到 4 850。下面验证短期均衡产出是否真的是 4 850。自发支出增加 10 个单位意味着 PAE 从 $960+0.8Y$ 变成 $970+0.8Y$。当 $Y=4\,850$ 时，$\text{PAE}=970+0.8\times4\,850=4\,850$，即 $Y=\text{PAE}$。

11.5　在练习 11.4 中，$\bar{C}$ 增加 10 个单位使自发支出也增加了 10 个单位，支出曲线的截距上移了 10 个单位。支出曲线平行上移 10 个单位导致均衡产出增加，出现了扩张型产出缺口。为了消除这个缺口，政府应该减少 10 个单位的支出，帮助自发支出恢复到初始水平。支出曲线下降到最初的位置，使得产出回到了充分就业的水平。图形类似图 11.8，不同的是支出曲线由于消费支出的增加而上移，由于政府支出的减少而下移。

11.6　计划投资增加 20 个单位引起自发支出增加了 20 个单位，从而造成短期均衡产出更大程度的变化。要消除自发支出这 20 个单位的变化，可以将政府支出减少 20 个单位，也可以增加税收（或者减少转移支付）以减少消费支出。因为 mpc＝0.5，要在同等产出水平上减少 20 个单位的消费，政府需要增加 40 个单位的税收（或者减少 40 个单位的转移支付）。在任何产出水平下，40 个单位的税收增加会减少 40 个单位的可支配收入，消费者因此减少了 0.5×40＝20 个单位的消费，正好可以消除扩张型产出缺口。

附录　凯恩斯基本模型中的乘数

本附录主要建立在本章所举例的经济体的基础上，目的在于更详细地介绍凯恩斯基本模型中的收入—支出乘数。在例子中，我们发现自发支出减少 10 个单位会引起短期均衡产出减少 50 个单位，减少的数额是支出减少额的 5 倍，即经济中的乘数等于 5。

为什么会产生乘数效应？例子中一开始消费支出减少了 10 个单位（更精确地说是消费方程的常数项 $\bar{C}$ 减少了 10 个单位）有两方面的影响。首先，消费支出的减少直接减少了 10 个单位的计划总支出。其次，支出的减少同时减少了生产者（工人和厂主）10 个单位的收入。例子中假设边际消费倾向为 0.8，消费品的生产者因此会将自己的消费减少 8 个单位，即他们收入损失的 0.8。这些支出的减少又会引起其他生产者的收入减少 8 个单位，这些生产者会减少 6.4 个单位的消费支出。减少的 6.4 个单位的支出又会令其他一些生产者的收入下降 6.4 个单位，这些人跟着减少 5.12 个单位的消费，即 6.4 的 0.8 倍，如此下去。即使一段循环之后支出和收入的减少产生的影响已经很小，这种过程仍会一直不停地进行下去。

将所有循环减少的收入和支出加总，计划总支出中消费支出最开始的 10 个单位的减少对经济的影响可以表示成

$$10+8+6.4+5.12+\cdots$$

省略号表示这种减少的影响不断持续，永远不停。消费支出初始的减少带来的影响可以进一步写成

$$10[1+0.8+(0.8)^2+(0.8)^3+\cdots]$$

这个表达式更清楚地说明每个循环中支出的减少都是上一次循环中支出减少数额的 0.8 倍，因为上一次循环中收入减少时的边际消费倾向为 0.8。

设 x 是位于 0 和 1 之间的任意数字，将上式用更加普遍的表达方式写为

$$1+x+x^2+x^3+\cdots=\frac{1}{1-x}$$

如果 $x=0.8$，那么消费支出的变化对计划支出和产出的总的效应为

$$10\left(\frac{1}{1-0.8}\right)=10\left(\frac{1}{0.2}\right)=10\times5=50$$

这个结果与前面得到的结果一致，短期均衡产出减少了 50 个单位，从 4 800 变为 4 750。

用类似的分析方法可以得出凯恩斯基本模型中乘数的代数表达式。mpc 是可支配收入的边际消费倾向，自发支出增加一个单位，首先会在第一轮循环中使支出增加一个单位；在第二轮循环中使支出增加 $mpc\times 1=mpc$ 个单位；在第三轮循环中使支出增加 $mpc\times mpc=mpc^2$ 个单位；在第四轮循环中使得支出增加 $mpc\times mpc^2=mpc^3$ 个单位，如此一直循环下去。自发支出增加一个单位，对短期均衡产出造成的总的影响可以表示成

$$1+mpc+mpc^2+mpc^3+\cdots$$

因为 $0<mpc<1$，我们可以将上面的表达式改写成 $1/(1-mpc)$。因此凯恩斯基本模型中，给定边际消费倾向 mpc，乘数就可计算出来，为 $1/(1-mpc)$。当 $mpc=0.8$ 时，$1/(1-mpc)=1/(1-0.8)=5$，与上文中得到的结果也是一样的。

第 12 章

货币政策与美联储

金融市场参与者和评论员长期以来一直试图预测美联储的行为。有一段时间，CNBC 财经新闻节目《扬声器》定期播放被评论员称为“格林斯潘公文包指示器”的节目。这个节目主要观察时任美联储主席的阿伦·格林斯潘与联邦公开市场委员会开会的情况。联邦公开市场委员会是负责制定美国货币政策的机构。如果格林斯潘的公文包很鼓，其中或许装的是宏观经济数据和分析结果，人们就会猜测美联储打算改变现有利率。相反，如果格林斯潘的公文包显得比较空，人们则认为美联储基本不会改变利率。

“刚开始我们猜中的可能性达到 17/20，也就是 20 次中猜中了 17 次，”该节目的台柱马克·海恩斯(Mark Haines)说，“但这是一个内置的自毁机制，因为格林斯潘的公文包总是由他本人整理。他可以决定是否将公文包弄得很鼓或者很空，这与第二天要做出的决定无关。格林斯潘从未公开承认过我们这个指示器的存在，但是我认为他肯定知道这件事情。最近两次我们都猜错了，可能格林斯潘希望我们结束这个节目。”①

公文包指示器反映了公众对美联储主席和其他货币政策制定者的密切关注。人们认真研究管理者们的每次演讲、国会报告和采访，期望能够从中找出货币政策未来走势的蛛丝马迹。公众之所以对美联储的货币决策(尤其是利率水平)如此关注是因为美联储的政策对金融市场乃至整体经济都有非常重要的影响。

本章将分析货币政策的运行机制，货币政策是两个稳定性政策中的一个(另一个为财政政策，我们在第 11 章讨论过)。从上章可知，稳定性政策是用来影响计划总支出从而消除产出缺口的政府政策。货币政策和财政政策这两种稳定性政策都很重要并且在不同时期发挥了作用。相比之下，货币政策的灵活性更大，对经济动态的反应也更加灵敏，这是因为货币政策是由美国联邦储备委员会公开市场委员会(FOMC)制定的，不像财政政策那样需要经过国会一系列的法律程序。因此，通常情况下，美国政府更多地采取货币政策而不是财政政策来稳定经济。

在本章的开头，我们将首先对美联储做一个直观的了解：为什么会有美联储？它在

① 罗伯特·H. 弗兰克，“数字安全”(Safety in Numbers)，《纽约时报》，1999 年 12 月 28 日，第 35 页。

历史上是如何应对银行挤兑的？它在今天发挥着什么样的功能？然后，我们分析货币政策对短期产出的影响。我们会专门探讨美联储如何通过调控名义利率来影响实际利率，从而影响支出决定。接下来我们将根据第 11 章介绍的凯恩斯基本模型，分析短期内实际利率对计划支出和均衡产出的影响。最后，我们将通过更为细致地考察货币供给变化与名义利率变化之间的关系来了解货币政策的一些细节。

联邦储备系统

我们在第 9 章首次介绍了联邦储备系统。如前所述，美联储是美国的中央银行，而中央银行通常有两大主要的职责。第一，它们负责制定货币政策，这也意味着一国的中央银行决定经济中的货币流通量。在本章我们将会看到，这个职责意味着联邦系统的一举一动也会对经济中的利率造成影响。第二，中央银行与其他政府机构共同担负着金融市场的监管责任。尤其在金融市场出现危机时，中央银行发挥着非常重要的作用。

联邦储备系统的历史及组织结构

1913 年，美国国会通过了《联邦储备法案》，作为这一法案产物的**联邦储备系统**于 1914 年开始运行。与所有的中央银行一样，美联储是一个政府机构。与私人商业银行赢利的目标不同，像美联储这样的央行主要致力于推进公共目标，如经济增长、低通胀以及金融市场的平稳运行。

《联邦储备法案》建立了由 12 个地方性联邦储备银行组成的系统。这些银行位于不同的地理区域——我们称之为联邦储备地区。美国国会希望，全国各地联邦储备银行的建立能确保国家在制定政策的过程中得到不同地区的资料。事实上，地方性联储银行都会经常对本地区的经济情况进行评估，然后将信息报告给华盛顿的政策制定者。同时，它们还为本地的一些商业银行提供多种服务，如支票清算服务。

对不起，先生，我想你还不大清楚美联储的性质。

在国家层面上，联邦储备系统是由**管理委员会**领导的。拥有一大批专业人员的管理委员会位于华盛顿，由 7 名管理者组成，每位管理者都由总统直接任命，任期为 14 年。但是，这些管理者是交错上任的，每两年就会有一位新的管理者被提名，成为委员会成员。同时，总统还将任命委员会中的一名成员作为联邦储备委员会的主席，任期为 4 年。美联储主席与财政部部长是美国政府中仅次于总统的最有影响的两位经济政策制定者。最近的两任美联储主席，保罗·沃尔克和阿伦·格林斯潘，都非常受人尊重，并且有着相当大的影响力。

决定货币政策的机构是"**联邦公开市场委员会**"(FOMC)。该委员会由 7 位联储管理委员会成员、纽约联储银行主席以及轮流当职的其他 4 位地方性联储银行的主席(共 12 人)组成。联邦公开市场委员会每年大约开 8 次会议，来分析经济状况，决定货币政策。

美联储在稳定金融市场中的作用：银行恐慌

1913 年美联储的建立是由一系列金融市场危机推动的。由于这些金融危机对市场本身以及整个美国经济都造成了很大的破坏，所以美国国会希望美联储能够消除或者至少控制这些危机。19 世纪和 20 世纪初期，银行恐慌很可能是最具破坏性的金融危机了。发生**银行恐慌**时，只要出现一家或多家银行濒临破产的新闻或者谣传，就会立刻导致存款者纷纷赶去银行取出他们的资金。

为什么会发生银行恐慌？一个重要的原因是部分准备金运作体系的存在。美国和其他工业化国家使用的都是部分准备金银行系统。在这样的系统中，银行准备金少于存款，这意味着如果所有的存款者都决定取出存款，那么银行手头将没有足够的现金用于支付。通常情况下，部分准备金并不构成问题，因为每天只有一小部分存款者会取出他们的资金。但是，如果谣言盛传一家或多家银行遇到了财务困难甚至可能破产，那么存款者将会开始恐慌，排起长队去取钱。因为银行准备金少于存款，所以一次极大规模的恐慌甚至可能导致一家财务良好的银行出现现金短缺，最终迫使其破产倒闭。（电影《生活多美好》中有一幕场景，乔治·贝利试图说服储户不要取走他们的全部存款并清户。）

联邦储备系统的成立是为了应对 1907 年发生的尤为严重的银行恐慌。美联储配备了两个重要的工具以避免或缓和银行恐慌。首先，美联储有权对银行进行监管。这么做的初衷是希望人们知道美联储在密切监督银行家的一举一动后，能够对银行有更大的信心，从而减少发生恐慌的可能性。其次，美联储可以向银行发放贷款。其思路是，在恐慌期间，银行可以从美联储借入现金来偿付储户，从而避免倒闭。

美国从 1914 年美联储建立伊始到 1930 年间没有发生过银行恐慌，但是，在 1930—1933 年却经历了历史上最严重、最漫长的一系列银行恐慌。经济史学家认为，这场恐慌的部分责任应该归咎于美联储，因为它既没有充分认识到问题的严重性，也没有采取积极的行动对局势加以控制。

例 12.1 1930—1933 年的银行恐慌以及货币供给

经济大萧条期间的银行恐慌对货币供给有何影响？

美国经历过的最为严重的银行恐慌事件发生在大萧条早期，也就是 1930—1933 年。这一时期美国将近 1/3 的银行被迫倒闭。这个近乎瘫痪的银行系统也是大萧条异常严重的一个重要原因。由于只有很少的银行在运作，因此在 20 世纪 30 年代早期，小企业和消费者很难得到贷款。除此之外，银行恐慌还产生了另一个重要影响，即它大大减少了国家的货币供给。

在银行恐慌时期，人们不敢把存款放在银行，因为他们担心银行会破产，担心他们的钱会血本无归（这是在联邦存款保险引入之前的情况，后文会介绍该保险）。1930—1933 年，很多银行存款者把他们的钱从银行取出，改成持有通货。这些取款行为减少了银行的准备金。公众持有的通货每增加 1 美元，货币的供给同步增加 1 美元；但是银行准备金每增加 1 美元，则会增加几美元的货币供给，因为在部分准备金银行系统中，每一美元的准备金都能“支持”几美元的银行存款。这样，公众从银行取款后，增加了手中持有的通货，但是却等量地减少了银行的准备金，最终导致总货币供给的净减少（通货加上存款）。

除此之外，因为银行担心恐慌事件会导致存款者取款，所以也增加了存款准备金率，在任意一个给定的银行准备金水平下，所能支持的存款数量减少了。因此，存款准备金率的变化也趋向于使货币供给减少。

表 12.1 所示的是在几个选定时间点，公众持有的通货、存款准备金率、银行准备金以及货币供给的数据。从表中可见，1931 年公众持有的通货量以及存款准备金率都在不断增加，而银行准备金则在减少。从最后一栏可以看到，美国的货币供给在 1929 年 12 月到 1933 年 12 月这段时间内下降了大约 1/3。

表 12.1　1929—1933 年美国几个重要的货币统计量

时　间	公众所持有的通货	存款准备金率	银行准备金	货币供给
1929 年 12 月	3.85	0.075	3.15	45.9
1930 年 12 月	3.79	0.082	3.31	44.1
1931 年 12 月	4.59	0.095	3.11	37.3
1932 年 12 月	4.82	0.109	3.18	34.0
1933 年 12 月	4.85	0.133	3.45	30.8

注：关于通货、基础货币以及货币供给的数据都是以 10 亿美元为单位的。

资料来源：Milton Friedman and Anna J. Schwartz，*A Monetary History of the United States*，1863—1960，(Princeton，N. J.：Princeton University Press，1963)，Table A-1.

回忆式(9.1)

$$银行存款=(银行准备金)/(期望的准备金-存款准备金率)$$

利用式(9.1)，我们可以推出，公众通货持有量的增加以及存款准备金率的增加都趋向于减少货币的供给。这些影响在 1930—1933 年表现得非常强烈，以至于整个国家的货币供给呈现大幅下降趋势，如表 12.1 第四栏所示，尽管单独而言，通货持有量和银行准备金是增加的。

练习 12.1

使用表 12.1 中的数据，验证货币供给与其决定因素的关系是否与式(9.2)$\left(即货币供给=公众所持有的通货+\dfrac{银行准备金}{期望的准备金-存款准备金率}\right)$一致。如果公众 1930 年 12 月以后停止从银行取款，以至于其通货持有量一直停留在 1930 年 12 月的水平，那么 1931—1933 年货币供给会下降吗？

练习 12.2

根据表 12.1，1931 年这段时间内，美国的货币供给从 441 亿美元下降到了 373 亿美元。而面对存款者不断取款的情况，美联储也的确在 1931 年通过公开市场购买对银行的准备金进行了补充。下面计算：

(1) 1931 年美联储投入经济的准备金数量。

(2) 假设每年公众持有的通货以及存款准备金比率仍然与表中所示的一样，美联储需要投入多少准备金才能使 1930 年以后的货币供给保持不变？为什么 1931 年美联储被批评为“行动过于胆怯”？

美联储阻止20世纪30年代银行恐慌的行动宣告失败后，政策制定者决定考虑用其他方法来控制恐慌。1934年，美国国会创建了一个**存款保险**系统。在该系统下，政府为存款者提供担保——在现行规则中，那些存款低于10万美元的客户即使在银行破产的情况下也能如数得到他们的存款。存款保险根除了当谣言盛传银行陷入财务困难时人们取出存款的动机，将恐慌扼杀在萌芽状态。事实上，存款保险建立后，美国没有发生过严重的银行恐慌。

不幸的是，存款保险也不是解决银行恐慌的完美方法。它的一个显著弊端是：当存款保险成为强制性规定时，储户知道不管发生什么情况他们都会得到保护，因此他们毫不关心存款所在行是否做出了谨慎的贷款。这种情形将会导致银行和其他已投保中介机构的行为更加轻率。例如，20世纪80年代，美国很多储蓄和贷款的机构纷纷破产，部分原因就在于贷款和金融投资过于轻率。与银行一样，这些机构的储蓄和贷款也有存款保险，因此，当这些机构出现问题时，美国政府必须对储蓄和贷款的所有者提供全额补偿。这最终耗费了美国纳税人数以千亿计的美元。为了防止此类事件再次发生，美联储和其他政府机关需对银行进行检查，确信它们是在谨慎贷款。

货币政策与经济波动

现在我们考察可以如何利用货币政策来消除产出缺口和稳定经济。基本的思路是相对直接的。正如我们将在本节看到的，计划总支出要受到经济中居支配地位的实际利率水平的影响。特别地，较低的实际利率会促使家庭和企业增加计划支出，而较高的实际利率则会降低支出。通过调节实际利率水平，美联储可以让计划支出向着理想的方向运行。在基本的凯恩斯模型的假设下，企业只生产刚好满足人们所需求的商品和服务，因此美联储稳定计划支出的政策将同时实现稳定的总产出和就业。

美联储可以通过控制货币供给来控制经济中的名义利率。我们将在本章后面对此进行分析，现在先来看一下对名义利率的控制如何实现短期内对实际利率的控制。然后我们会讨论实际利率的改变会如何影响计划支出和均衡产出。

美联储能否调节实际利率水平

通过调节货币供给量，美联储可以调节经济的名义利率水平。但是储蓄和投资决策等很多重要经济决策是由实际利率水平决定的，要影响这些决策，美联储必须对实际利率水平施加一定的影响。

很多经济学家认为美联储可以调节实际利率水平，或者说至少在某一段时间内可以调节实际利率水平。回忆第5章介绍的实际利率的定义：

$$r = i - \pi$$

实际利率水平 r 等于名义利率 i 减去通货膨胀率 π。美联储可以通过改变货币供给量来比较精确地调节名义利率水平。此外，通货膨胀率的变化相对于政策措施或者经济状况而言很缓慢，具体原因将在下一章解释。因为通货膨胀的缓慢调节，美联储采取的改变名义利率水平的措施通常会引起实际利率水平产生同等程度的变化。

在第8章的分析中我们认为令国家储蓄等于新资本品投资时的利率水平为均衡实际利率水平。这里美联储可以调节实际利率的事实似乎与之前的分析相矛盾。之所以产生这种自相矛盾的结论是因为两个结论基于的时间长度不同。通货膨胀率不能很快地进行调整,因此美联储可以在短期内调节实际利率水平。但是在长期——譬如几年或者更长的时间——通货膨胀率和其他经济变量调整以后,实际利率水平由储蓄和投资共同决定。因此美联储通过调节实际利率水平影响消费和投资支出的能力在短期最强。

联邦基金利率在货币政策中的作用

虽然人们很容易知道上千种利率水平和其他金融数据,不过公众、政治家、媒体和金融市场最关注的可能还是联邦基金利率。

联邦基金利率是商业银行之间进行同业短期(通常是一个晚上)拆借时的利率水平。举个例子,如果一家银行的准备金达不到法定准备金要求,这家银行可能就要从另一家有多余准备金的银行借一些准备金。虽然名称与联邦有关,但是联邦基金利率并不是官方政府的利率,它与联邦政府无关。

与其他金融市场如政府债券市场相比,商业银行同业贷款市场的规模显得很小,有人可能因此判断说除了商业银行的经理之外,很少有人关注联邦基金利率。但事实上很多人都非常关心联邦利率水平,这是因为40多年来,美联储一直基于联邦基金利率水平来反映货币政策。的确,每次联邦公开市场委员会的会议结束时,美联储都会公布是上调还是下调或者维持联邦基金利率不变。美联储同时会简要地说明联邦基金利率未来可能的变化趋势。因此相对于其他金融变量,联邦基金利率的变化反映了美联储的货币政策计划。①

为什么美联储会选择这样一个特殊的名义利率水平?在第9章我们已经介绍过,实际操作中美联储通过调节银行准备金影响货币供给量。因为公开市场运作直接影响银行准备金的供给,因此美联储通过调节联邦基金利率就可以影响银行准备金的供给。但是为什么美联储的官员选择使用联邦基金利率,而不是短期政府债券利率等其他同样有效的短期名义利率?

图12.1概括了1970年1月到2011年5月美国联邦基金利率的变化。从图中可以看出,美联储允许联邦基金利率随着经济状况的不同产生较大的波动。

现实经济中并非只有一种利率,而是有数以千计的利率水平。由于各种利率通常会一起变动(从而允许我们简单地以利率来概括),美联储调节联邦基金利率的措施往往会引起其他利率的同向变化。不过,其他利率(如长期政府债券利率或企业发行的债券的利率)与联邦基金利率的同向变化趋势只是一种趋势,而不是一种实际存在的关系。现实中,美联储对其他利率的调节可能并没有其对联邦基金利率调节的程度精确,这增加了美联储的政策决策的难度。

---

① 美国联邦公开市场委员会的公告可在美联储的网站浏览,网址为 www.federalreserve.gov。

图 12.1 1970—2011 年的联邦基金利率

联邦基金利率是指商业银行之间进行同业短期(通常是一个晚上)拆借所支付的利率水平。因为美联储通过设定联邦基金的利率水平来执行货币政策,因此联邦基金利率为人们广泛关注。在不同的经济状况下,美联储允许联邦基金利率随之产生大幅的变化。

资料来源:Federal Reserve Bank of St. Louis (http://research. stloulisfed. org/fred2/).

计划总支出和实际利率水平

在上一章我们了解了计划支出如何受到实际产出 Y 的影响。产出的变化影响个人的可支配收入$(Y-T)$,从而影响消费支出——可以用消费方程分析具体影响过程。对总支出可能产生重要影响的另一个变量是实际利率水平 r。

通过第 8 章中对储蓄和投资的讨论,我们知道实际利率影响家庭和企业的经济行为。对于家庭而言,实际利率水平越高,储蓄的回报就越多,因此家庭会更多地储蓄。① 在收入一定的情况下,家庭要进行更多的储蓄就需要减少消费。因此实际利率上升增加了储蓄与同等收入情况下实际利率上升减少了消费支出是一个意思。

实际利率上升时,贷款购买新车的成本更高,因此购车量减少。

实际利率上升会减少家庭的支出,这是很容易理解的。例如,人们购买汽车、家具等耐用品时通常需要从银行、信用机构或者金融公司贷款。如果实际利率上升,购买汽车或钢琴所需的每月还款额也会增加,人们就不太愿意在现期购买耐用品。在可支配收入和其他影响消费的因素不变时,实际利率上升降低了人们的消费支出意愿。

除了减少消费支出,实际利率上升也抑制了企业进行资本品投资。正如原本打算购买汽车或者钢琴的消费者会因为实际利率上升带来更多的融资成本而重新考虑购买计

---

① 实际利率水平越高,家庭得到一定的利息收入所需要的储蓄额就会下降,因此实际利率水平对储蓄的净影响从理论上来说比较模糊。但是实际经验表明实际利率上升对储蓄通常有正的影响。

划，企业也会因为实际利率上升重新考虑自己的投资计划。比如说，升级一个计算机系统对于制造企业而言是有利的，并且升级系统的费用可以通过在3%的实际利率下贷款来融资。但如果现在实际利率上涨到6%，公司的融资成本就上升了1倍，对于企业来说，原先的计算机系统升级计划可能变得得不偿失。同样，居民投资——购买房屋和公寓——也是投资支出的一部分。实际利率上升提高了贷款成本，同样也抑制了这种投资支出。

我们可以得出结论：在任何给定的产出水平下，消费支出和计划投资支出随着实际利率的上升而减少。反之，实际利率的下降通常会减少融资成本，从而刺激消费和投资支出。

例 12.2 计划总支出和实际利率水平

利率对计划总支出有何影响？

在某个经济体中，计划支出的组成部分为

$$C = 640 + 0.8(Y - T) - 400r$$

$$I^p = 250 - 600r$$

$$G = 300$$

$$NX = 20$$

$$T = 250$$

这个经济体类似于上一章例子中的经济体，唯一不同的是在这个例子中实际利率 r 影响消费水平和计划支出。比如，消费表达式的最后一部分，$-400r$，说明实际利率每上升一个百分点(0.01)，从4%上升到5%，就减少消费支出 $400 \times 0.01 = 4$ 个单位。同样，计划投资表达式的最后一个部分也表示实际利率每上升一个百分点(0.01)，就减少消费支出 $600 \times 0.01 = 6$ 个单位。因此实际利率上升一个百分点，消费支出下降4个单位、投资支出下降6个单位，也就是说计划总支出总共下降了10个单位。在前面的例子中，可支配收入$(Y-T)$的变化引起了消费支出0.8倍的变化(见第一个等式)，其中政府购买 G、净出口 NX 以及税收 T 都假定为常数。

要找出计划总支出 PAE 和产出之间的数量关系式，回顾第11章一开始介绍的计划总支出的定义：

$$PAE = C + I^p + G + NX$$

将上面例子中支出的四部分表达式带入计划总支出的定义式：

$$PAE = [640 + 0.8(Y - 250) - 400r] + [250 - 600r] + 300 + 20$$

等式右边第一个括号内的是消费的表达式，其中将 T 的数值代入；第二个括号内表示计划投资，后面两个数值部分表示政府购买和净出口。将与产出 Y 相关的部分和与产出 Y 无关的部分区分开，简化等式得到：

$$PAE = [(640 - 0.8 \times 250 - 400r) + (250 - 600r) + 300 + 20] + 0.8Y$$

进一步简化为

$$PAE = [1\,010 - 1\,000r] + 0.8Y \tag{12.1}$$

在式(12.1)中，括号中的部分表示自发支出，即计划总支出中与产出无关的部分。注意在这个例子中自发支出由实际利率 r 决定。诱导支出，即计划总支出中由产出决定的部分，在这个例子中等于 $0.8Y$。

例 12.3 实际利率水平和短期均衡产出

利率对短期均衡产出有何影响?

现在,假设美联储设定实际利率 r 等于 0.05(5%)。令式(12.1)中 $r=0.05$,得到:

$$PAE=[1\,010-1\,000\times0.05]+0.8Y$$

简化表达式,得到

$$PAE=960+0.8Y$$

即实际利率水平为5%时,自发支出等于960,诱导支出等于 $0.8Y$。短期均衡产出是指等于计划总支出的产出水平。要计算短期均衡产出,我们可以使用第11章中介绍的表格方法,比较产出可能的取值以及各产出水平对应的计划总支出。当产出恰好等于支出,即 $Y=PAE$ 时,短期均衡产出就确定了。

然而,比较这个例子和上一章中的例子我们发现,这里计划总支出的数学表达式 $PAE=960+0.8Y$ 和我们在上一章例子中得出的表达式一样。因此表11.1同样可以解答本例,我们得出的短期均衡产出也为 $Y=4\,800$。

我们还可以使用图形的方法计算短期均衡产出,也就是第11章中介绍的凯恩斯交叉图。同样,图11.4在这里也适用。

练习 12.3

上例描述的经济体中,假设美联储将实际利率水平设定在3%,而不是5%。计算此时的短期均衡产出水平(提示:考虑4 500~5 500的数值)。

美联储应对经济衰退

到现在为止,我们已经证明了关于实际利率与均衡产出之间的如下关系:

$$\downarrow r \Rightarrow \uparrow \text{计划}\ C\ \text{与计划}\ I \Rightarrow \uparrow PAE \Rightarrow (\text{乘数}) \uparrow Y$$

实际利率的下降导致计划消费与计划投资的上升,进而使得计划总支出上升。在乘数效应下,短期的均衡产出也上升了。与此同理

$$\uparrow r \Rightarrow \downarrow \text{计划}\ C\ \text{与计划}\ I \Rightarrow \downarrow PAE \Rightarrow (\text{乘数}) \downarrow Y$$

即实际利率的上升使得计划消费与计划投资下降,进而造成计划总支出下降。在乘数效应下,短期均衡产出也下降了。

这两组关系是理解货币政策如何影响经济运行的关键。下面,我们先分析如何运用货币政策对抗衰退,然后再分析如何运用货币政策对抗通胀。

假设经济正面临衰退型产出缺口:实际产出低于潜在产出,消费计划太低。为了消除衰退型缺口,美联储应该降低实际利率,刺激消费和投资支出。根据我们介绍过的理论,支出的增加又会导致产出增加,使经济恢复到充分就业的状况。

我们继续上一节中的例子:假设经济生产能力 Y^* 等于5 000,并且美联储设定的实际利率水平依然为5%。经济中的乘数为5。

我们已经计算了当实际利率水平为5%时,经济短期均衡产出是4 800。如果经济的

生产能力是5 000，那么产出缺口$(Y-Y^*)$等于5 000－4 800＝200。实际产出低于经济的生产能力，因此经济中存在衰退型产出缺口。为了消除经济衰退，美联储需要下调实际利率，将总支出增加到5 000的充分就业水平。也就是说，美联储的政策目标是增加200的产出。因为经济中的乘数等于5，要增加200的产出就要将自发支出增加200/5＝40个单位。

美联储要将实际利率下调多少才能够增加40个单位的自发支出？根据式(12.1)我们知道经济中的自发支出为$(1\,010-1\,000r)$，因此r减少一个百分点，自发支出就会增加1 000×0.01＝10个单位。要增加40个单位的自发支出，美联储需要下调4%的实际利率，即将实际利率从5%降到1%。

简而言之，为了消除200的衰退型产出缺口，美联储需要将实际利率从5%下调到1%。需要注意的是，按照通常的经济逻辑，美联储减少实际利率水平就会增加短期均衡产出。

美联储防止经济衰退的政策可以用图12.2表示。实际利率的下降带来任何支出水平下计划支出的增加，使得支出曲线平行上移。当实际利率等于1%时，支出曲线和$Y=$PAE线相交于$Y=5\,000$的点，产出等于经济生产能力。

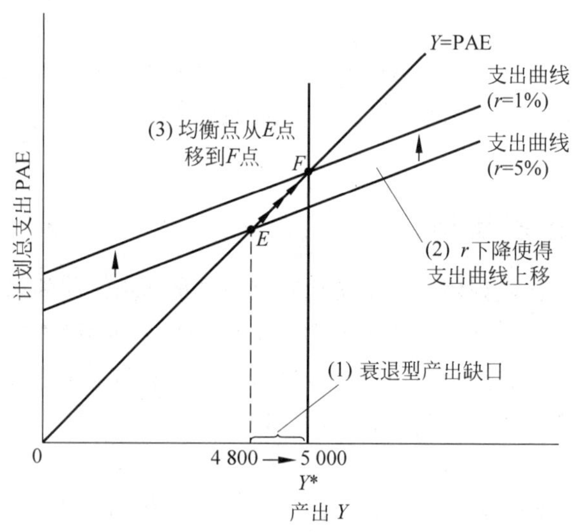

图 12.2 美联储防止衰退

(1)当实际利率等于5%时，支出曲线和$Y=$PAE线相交于E点，此时的产出为4 800；(2)低于经济的生产能力5 000(存在200的衰退型产出缺口)；(3)如果美联储将实际利率下调至1%以刺激消费和投资支出，支出曲线会水平上移；(4)在新的交点F，产出等于经济的生产能力5 000。

练习 12.4

假设练习12.3中的经济生产能力不是5 000而是4 850，美联储需要下调多少实际利率才能帮助经济恢复到充分就业水平？仍然假定经济中的乘数为5。

例 12.4　美联储与 2001 年的恐怖袭击

美联储如何应对 2001 年的经济衰退和恐怖袭击？

美国经济的增长速度到 2000 年秋季再次放缓，高新产业的设备投资大幅下降。根据美国经济研究局的调查，2001 年 3 月美国进入经济衰退期。更糟的是，2001 年 9 月 11 日纽约和华盛顿遭受的恐怖主义袭击震惊了全国，美国的航空和金融等行业遇到了严重的问题。

2000 年年底美联储开始关注越来越明显的经济低迷走势，当时美联储设定的联邦基金利率为 6.5%（见图 12.1）。在 2001 年 1 月联邦公开市场委员会例会期间，美联储突然将联邦基金利率下调了 0.5%，这是一个惊人的举动。之后联邦基金利率继续下调，到 6 月该利率水平已经低于 4%。但是到了夏季快结束的时候，人们还无法预测这次经济低迷会给美国经济带来多么严重的影响。

2001 年 9 月 11 日世界贸易中心和五角大楼遭受恐怖主义袭击，近 3 000 人死亡，情况发生了突变。恐怖袭击伤及很多人，并使经济受到沉重的打击。曼哈顿下城的物质损失达到了几十亿美元，该地区的很多企业和公司不得不关门。作为金融系统的监管部门，美联储采取了很多措施帮助恢复纽约市金融区的正常活动（实际进行公开市场交易的纽约联储银行距离世贸中心只有一个街区）。在袭击之后的那个星期，美联储将联邦基金利率暂时下调到 1.25%，帮助缓和当时的金融形势。

“9·11”之后的几个月美联储开始关注这次恐怖袭击对美国经济可能造成的间接影响。美联储担心消费者对未来的经济感到悲观而大幅减少现期支出，支出的减少又会带来投资的减少，最终计划支出的减少会恶化已经存在的经济衰退。为了刺激支出，美联储持续下调联邦基金利率。

在衰退结束的 2001 年 11 月，基金利率达到 2.0%，比前一年低 4.5%。许多因素，包括布什总统的减税政策都使得 2001 年的衰退比较温和。但很多经济学家认为美联储的迅速行动在减少经济衰退以及“9·11”恐怖袭击对经济的影响方面起了至关重要的作用。

美联储应对通货膨胀

到目前为止我们一直在不考虑通货膨胀的情况下讨论如何稳定产出。下一章我们会将通货膨胀纳入分析的框架。现在我们先简单地说明扩张型产出缺口——计划支出，从而实际产出超出潜在产出——是通货膨胀产生的一个重要原因。当存在扩张型产出缺口时，企业会发现产品和服务的需求超出了它们通常的产出水平。虽然一定的时间内，企业可能会在维持价格不变的情况下力图满足所有的需求，但是如果这种高需求持续下去，企业最终会提高价格，从而将出现通货膨胀。

因为扩张型产出缺口通常会导致通货膨胀，美联储同样会尽量消除扩张型产出缺口。消除扩张型产出缺口——产出水平相对于潜在产出而言“太高”的步骤正好与消除衰退型产出缺口——产出水平相对于潜在产出而言“太低”——相反。我们知道要消除衰退型产出缺口就要下调实际利率，通过刺激计划支出来增加产出。因此要消除扩张型产出缺口就要上调实际利率，通过增加融资成本减少支出和计划投资。计划支出的下降将引起产出的下降，从而减轻通货膨胀压力。

我们仍使用前面的例子，现在假设潜在产出不是 5 000，而是 4 600。在最初的 5% 的实际利率水平下，短期均衡产出是 4 800，因此存在 200 的扩张型产出缺口。

与前面一样，经济的乘数是 5。因此要减少 200 的总产出，美联储需要减少 200/5＝40 个单位的自发支出。根据式(12.1)，我们知道该经济体的自发支出是(1 010－1 000r)，因此 r 增加一个百分点，自发支出就会减少 1 000×0.01＝10 个单位。要消除这种扩张型产出缺口，美联储需要上调4%的实际利率，将实际利率从5%提高到9%。实际利率的上升将使计划总支出和产出下降到潜在产出4 600，从而消除了通货膨胀压力。

美联储抑制通货膨胀的政策效果可以用图12.3表示。当实际利率等于5%时，支出曲线和Y＝PAE线相交于图中的E点，此时产出等于4 800。要减少计划支出和产出，美联储需要上调实际利率到9%。实际利率上升减少了消费和投资支出，使得支出曲线向下移动。在新的均衡点G，实际产出等于潜在产出4 600。美联储上调实际利率的措施——收缩性政策措施——消除了扩张型产出缺口和通货膨胀的威胁。

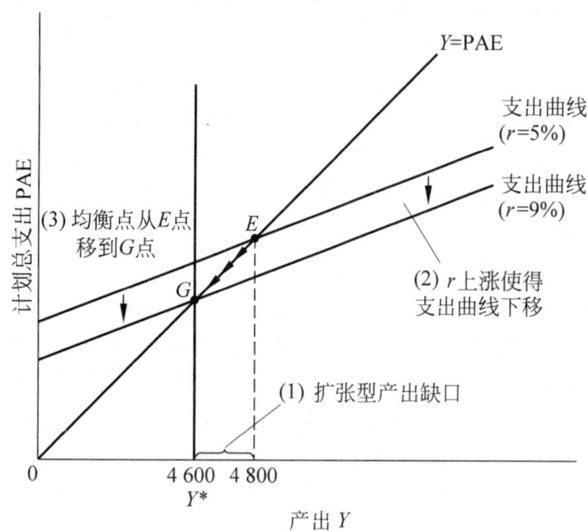

图 12.3 美联储应对通货膨胀

(1)当实际利率等于5%时，支出曲线和Y＝PAE线，即45°线，相交于图中的E点，此时短期均衡产出等于4 800；(2)如果潜在产出是4 600，经济中就存在200的扩张型产出缺口；(3)如果美联储上调实际利率到9%，更高的实际利率将减少消费和投资支出，使支出曲线向下移动；(4)提高实际利率使支出曲线下移，短期均衡点由E点移到G点，实际产出等于4 600。

"老实说，美联储采取措施之前，我比现在还喜欢玩过山车。"

例 12.5 提高利率

为什么美联储在2004年和2005年提高了利率?

2004年6月，美联储开始紧缩货币政策，联邦基金利率从1.0%上升到1.25%(见图12.1)。联邦公开市场委员会的每一次会议，都决定继续将联邦基金利率上调0.25%以紧缩货币。直到2005年8月，在历时一年的紧缩之后，联邦基金利率达到3.50%。为什么2004年美联储要开始提高联邦基金利率?

由于2001年11月开始的经济复苏比以往缓慢，而就业增长也很慢，美联储便不断降低联邦基金利率直到2003年6月的1.0%。当复苏见效后，这种很低的联邦基金利率便不再适用。就业的增长低于上一次经济复苏时，在2003的下半年实际GDP的增长率近于6%，而在2004年为4.4%。另外，到2004年6月失业率降到5.6%，比通常预计的自然失业率高不了多少。尽管2004年开始通货膨胀，但更多是由于油价的疯涨，排除能源增长后的通胀率其实并不高。于是，美联储开始提高利率以防止出现扩张型缺口，从而造成更高的通胀率。美联储提高利率的行为可以看做对未来的通货膨胀的一种预防。假如美联储等到扩张型缺口出现时再采取行动，通胀问题会变得很严重，美联储必须将联邦基金利率提高更多。

美联储的利率政策影响了整体经济，尤其是金融市场。本章的开头介绍过金融市场参与者进行了大量的尝试来预测美联储政策变化。经济自然主义者 12.1 说明了金融投资者希望看到的是什么样的消息，以及为什么这种消息对他们很重要。

经济自然主义者 12.1 为什么通货膨胀的消息打击了股票市场？

金融市场参与者每天都密切关注通货膨胀数据。通货膨胀率上升或者超出预期值的报道往往会引起股票价格的大幅下跌。为什么通货膨胀的坏消息对股票市场的负面影响如此之大？

金融市场投资者担心通货膨胀是因为通货膨胀会对美联储的政策产生影响。金融投资者知道当出现扩张型产出缺口的信号时，美联储通常会提高利率以减少计划支出，给经济“降温”。这种收缩性政策措施会从两个方面打击股票价格。第一，这种政策降低了经济活动的增速，使得上市企业的预期销售和利润减少。低利润意味着企业可能支付给股东的红利减少。

第二，实际利率的上升增加了人们持有股票要求的基本收益率，因此降低了股票的价格。在第 9 章我们已经说明为什么金融投资者要求的持有股票的回报率上升会导致股票价格下降。直观上，如果利率水平上升，政府新发行债券等可选择的有息资产对于投资者的吸引力会变大，股票需求减少，股票价格降低。

美联储是否应对资产价格的变动做出反应？

美联储的主要精力一直放在减小产出缺口和保持较低的通货膨胀上。在大多数情况下，这都是成功的战略。然而，经济学家近期开始质疑美联储对于一般经济状况的关注，认为美联储还应当关注资产价格。20 世纪 90 年代末期的股市暴涨、暴跌以及 21 世纪初的房地产泡沫都激发了这方面的争论。

例如，因为制定了有效的货币政策，维持了经济的高速增长和 20 世纪 90 年代尤其是后半期资产价格的上升，美联储以及美联储委员会主席阿伦·格林斯潘受到了很多赞誉。在有史以来最长的经济扩张时期内，1995 年 1 月至 2000 年 3 月标准普尔 500 股票市场指数(S&P)增长了 223%。美国股票市场强势持久的增长帮助刺激了额外的消费支出，进一步刺激了经济扩张。

股价在 2000 年 3 月达到最高点，但在随后的两年内股票价格大幅缩水，有人质疑美联储是否应该先发制人地提高利率水平，限制投资者的“非理性投机”。① 过度乐观的投资者情绪导致了股票价格的不正常上升，因此当 2000 年投资者意识到企业的收益不能支撑如此高的股价时，股票价格大幅缩水。有评论认为如果美联储之前对股票市场进行干涉，可能

① 在 1996 年 12 月 5 日的讲话中，美联储主席阿伦·格林斯潘提到了投资者这种“非理性投机”行为可能的影响，详见 http://www.federalreserve.gov/boarddocs/speeches/1996/19961205.htm。

会降低股价不切实际的增长速度，避免随后股票市场的崩溃和消费者财富的大量损失。

在 2002 年 8 月的一次座谈会上，阿伦·格林斯潘为美联储 20 世纪 90 年代后期的货币政策行为进行了辩护，指出确定资产泡沫——资产的价格上涨到不切实际的高度——是一件非常困难的事情，“只有等到泡沫破灭的时候才能够确认泡沫的存在。”[①]格林斯潘还说，即使我们确认了投机泡沫的存在，美联储在阻止投资者哄抬股价的投机行为方面能够做的也有限——除非泡沫“导致经济活动的大幅收缩”。同时格林斯潘还认为“所谓在恰当的时间增加紧缩的力度可以帮助预防 20 世纪 90 年代泡沫的说法几乎是不可能的”。但早在 1999 年美联储就已经开始关注可以“有效缓和泡沫发生时的附带影响，平缓到下一次扩张之前的过渡期的政策”。[②]

格林斯潘的讲话突出了用货币政策来解决资产市场“泡沫”所存在的两个基本问题。第一，美联储比金融市场更能识别资产价格过高的问题，但在实际操作中，美联储并不比个人投资者对股票市场拥有更多的信息。第二，即使美联储确信“泡沫”存在，货币政策也不是解决问题的好办法。美联储可通过提高联邦基金利率、降低经济发展速度来降低股票价格，但如果这种政策导致经济衰退，增加了失业，则是美联储更不愿看到的。由于这些原因，虽然美联储能控制股票市场的条件，但在使用货币政策时，它更关注通胀、支出和产出，而不是股票价格。

经济学家开始质疑这两个问题在当期的经济衰退之前是否真的像表现出来的那样严重。1999—2006 年房价的急速上涨如今被称为“房地产泡沫”。产出的大幅下跌和失业率的急速上升显然是房地产泡沫破裂造成的，即 2007—2008 年房价在急剧上升之后急速下跌。正如我们在第 11 章讨论的，房价的下跌引起了计划总支出的下降，这既是由住宅建设的萎缩直接造成的，也是财富的减少对于消费支出的间接影响。2008 年以前的观点是，发现资产价格泡沫即使是可能的，也困难重重，因此与视图阻止泡沫的发生相比，更好的做法是削弱泡沫破裂的影响。如今，经受了泡沫破裂的种种影响，看到清除泡沫破裂的困难如此艰巨之后，经济学家正在认真地重新考虑货币政策在阻止资产泡沫方面的作用。

重点回顾：货币政策和经济

- 实际利率的上升减少了消费支出和计划投资支出。通过调节实际利率，美联储可以影响计划支出和短期均衡产出水平。
- 为了抵御经济衰退（存在衰退型产出缺口），美联储应该下调实际利率，从而刺激计划支出和产出。相反，为了消除通货膨胀的威胁（存在扩张型产出缺口），美联储应该上调实际利率，抑制计划支出和产出。
- 美联储一直以来很少用货币政策来影响资产价格。相反，美联储关注的是保持价格稳定，使产出接近潜在产出。20 世纪 90 年代末期的股市泡沫似乎对这种做法提供了支持，然而 21 世纪初的房地产泡沫则给出了相反的证据。

① 格林斯潘的讲话详见 http://www.federalreserve.gov/boarddocs/speeches/2002/20020830/default.htm。

② 美联储货币政策的年终报告，1999 年 7 月 22 日美联储主席阿伦·格林斯潘在银行和金融服务委员会，美国参议院前的工作报告，详见 http://www.federalreserve.gov/boarddocs/hh/1999/July/Testimony.htm。

美联储和利率

第 9 章介绍美联储体系时侧重介绍了美联储调节货币供给(公众持有的通货和支票账户的数量)的工具。货币政策制定者的一个重要任务是决定国家的货币供给量。如果你经常阅读经济新闻,可能会觉得美联储的主要任务并不是调节国家的货币供给。这是因为新闻媒体关注的几乎都是美联储关于利率变动的决策。的确,在每次联邦公开市场委员会会议之后,美联储发布的几乎都是关于短期利率调整的声明,该利率被称为联邦基金利率(本章前面曾详细介绍过联邦基金利率)。

事实上,从调节货币供应的角度分析货币政策和从利率设定的角度分析货币政策是等同的,两者之间并不矛盾。调节货币供给和调节名义利率水平相当于一枚硬币的两面:美联储设定的任何一个货币供应量都对应着一个特定的名义利率水平,反之亦然。存在这种密切联系是因为名义利率就是货币的"价格"(确切地说,是货币的机会成本)。美联储通过调节经济中的货币供给量来调节货币的"价格"水平(名义利率)。

为了更好地理解美联储如何决定利率水平,我们首先从货币市场的需求开始讨论。在公众的货币需求给定时,美联储可以通过改变货币的供应量来改变利率水平。稍后我们会说明美联储如何通过调节利率来影响计划支出和整体经济。

货币需求

货币是可以在交易中使用的资产,如现金和支票账户。货币也可以看成是类似于股票、债券和房地产一类的价值储存形式——换句话说,是一种金融资产。从金融资产的角度看,货币可以理解成财富的一种持有方式。

人们需要决定以何种形式持有自身拥有的财富。打个比方,拉里拥有 10 000 美元的财富,他可以选择全部以现金的方式持有;也可以选择以 5 000 美元现金和 5 000 美元政府债券的方式持有;还可以选择以 1 000 美元现金、2 000 美元支票账户、2 000 美元政府债券和 5 000 美元珍稀邮票的方式持有。现实中有上千种可以选择的实物资产、金融资产和资产组合。拉里持有财富的方式是不确定的。以何种方式持有财富的决策也称为**资产分配决策**。

拉里或者其他财富拥有者选择什么样的资产组合是由什么因素决定的?在其他所有条件相同时,人们通常会选择预期收益高并且风险小的资产持有财富。人们也可以通过多样化——持有多种不同的资产——降低资产组合的整体风险。[①] 很多人拥有汽车、房子等实物资产,因为这些实物资产在提供服务(交通或者庇护所)的同时还可能提供一定的财务收益(譬如房地产市场升值的时候)。

这里我们不需要讨论所有的资产分配决策,只需要讨论一部分就足够了,即人们选择

---

① 第 9 章详细介绍了风险、收益和资产多样化。

用货币(包括现金和支票账户)方式持有多大比例财富的决策。一个人决定以货币方式持有的财富数量就是这个人的**货币需求量**。因此如果拉里决定以现金方式持有其全部的10 000 美元财富,他的货币需求量就是 10 000 美元。如果拉里决定持有 1 000 美元现金、2 000 美元支票账户、2 000 美元政府债券和 5 000 美元珍稀邮票,他的货币需求量就是3 000美元——1 000 美元现金加上 2 000 美元经常账户。

个人或者家庭应该选择持有多少货币? 成本—收益原理告诉我们:只有当持有货币的收益大于成本时,人们才应该增加货币持有量。在第 9 章我们说过,持有货币最主要的收益在于增加了资产的流动性,因为货币可以应用于任何经济交易。拉里拥有的股票、汽车和房产都是有价值的资产,但是他不能用这些资产购买生活用品或者支付租金。但是他可以用现金支票账户支付这些日常的消费。因为货币在日常交易中不可或缺的地位,拉里必定会选择以货币的形式持有一部分财富。而且,如果拉里属于高收入阶层,他决定持有的货币的数量一般会超过一些低收入阶层持有的货币量,这是因为拉里需要比低收入阶层的人进行更多的日常交易,因此要支出更多的货币。

拉里持有货币的收益还受到他所处社会中技术和金融的进步程度的影响。例如,在美国,由于信用卡、借记卡和自动取款机的出现,人们为了满足日常交易需求而持有的货币数量大大减少,也就是说在任何收入水平下,公众对于货币的需求量都下降了。例如,1960 年美国以现金和支票账户形式持有的货币量(货币流通额 M1)约占 GDP 的 28%,但是到 2009 年这个比例下降到了约 9%。

ATM 机等技术创新减少了人们为了日常交易需要而持有的货币量。

虽然货币是一种非常有用的资产,但是持有货币也存在经济成本——更准确地说,是机会成本——因为大多数货币几乎得不到利息收入。持有现金根本没有利息,持有支票账户的利息也非常少,几乎为零。简便起见,我们假设货币的名义利率为零。相反,债券或股票等其他资产可以产生正的名义收益,因为债券发行者在每一段时间内都会支付给持有人一个固定的利息;再如股票有潜在的红利收入,而且如果股票增值,持有人会得到资本收益。

持有货币的成本增加的原因在于,为了以货币形式持有 1 美元财富,人们必须放弃以其他收益更高的形式持有的 1 美元财富。如果人们不以货币方式持有财富,而选择一种有利息收益的资产方式,后一种资产带来的利率水平就是持有货币的机会成本。其他条件相同时,名义利率越高,持有货币的机会成本就越高,人们的货币持有量也就越少。

到目前为止我们一直在讨论个人的货币需求,其实企业同样需要持有货币与顾客交易以及支付工人和供应商的报酬。个人货币需求量的决定因素同样影响着企业的货币需求量。也就是说,在决定持有多少货币时,企业同个人一样权衡着持有货币带来便利交易的好处以及持有这种无利息资产的经济成本。虽然下文的分析中我们不会区分个人持有和企业持有的不同，但是读者应该知道在美国经济中，企业的货币持有量占整个货币储量的很大一部分。

影响货币需求的宏观因素

对于每个家庭和企业而言，货币需求量由很多因素决定。例如，一个向数千名顾客提供服务的大型零售企业可能选择比较多的货币持有量，而一个每月给客户开账单以及支付雇员工资的律师事务所可能选择比较少的货币持有量。每个人或者每个企业选择的货币持有量都不完全相同，但是从宏观角度讲，影响货币持有量的因素主要有三个：名义利率、实际产出和价格水平。

- 名义利率(i)。除了货币之外，其他政府债券等可选择资产的利率水平决定了持有货币的机会成本。现行的名义利率水平越高，持有货币的经济成本就越高，因此个人和企业的货币需求量也就越少。

名义利率到底是什么？现实经济中有上万种不同的资产，每种资产都有自身的利率水平（收益率）。我们所说的名义利率到底是什么资产的收益率？虽然有很多不同的资产，每种资产又都有不同的利率，但是这些资产的利率几乎是同时上升或者下降的。之所以得出这个结论，是因为如果某些资产在其他资产的利率下降时大幅上升，金融投资者就会蜂拥而上购买高收益的资产，而抛售低收益的资产。因此，虽然现实中有很多不同的利率，我们谈及的综合利率这个概念还是有经济意义的。在本书中，我们所说的名义利率均指平均利率。

名义利率是影响货币持有成本的一个宏观因素。影响持有货币收益的宏观要素是：

- 实际收入或者产出(Y)。总的实际收入或者产出的增长——通常用实际GDP表示——意味着个人和企业买卖的产品或服务数量的增长。例如当经济处于繁荣期时，人们会增加购物，商店中的顾客会增多。为了满足交易增加的需求，个人和企业都需要持有更多的货币。因此实际产出水平越高，货币的需求量也就越大。

影响持有货币收益的第二个宏观要素是：

- 价格水平(P)。产品或服务的价格越高，完成某一特定交易所需要的货币（美元、日元或者欧元）数量就越多。因此价格水平越高，货币需求量就越大。

现在一些年轻人在周六晚上出去看电影或吃快餐时所要携带的货币可能是他们父辈在25年前做同样事情需要携带的货币量的5倍，也就是说现在的周六聚会比25年前需要更多的货币。需要说明的是，现在的价格水平比过去高并不意味着现在人们的生活水平比过去差，因为人们的名义工资上涨了很多。不过总体来说，高的价格水平意味着人们需要随身携带更多的货币，无论是以现金还是支票的形式。

货币需求曲线

为了更好地帮助货币政策制定者做出正确的货币决策，经济学家通常关注货币总需求。由公众决定的货币需求总量和由美联储决定的货币供给量共同决定了美国经济中的现行利率水平。

经济中的货币总需求用图形来表示，称为货币需求曲线（见图 12.4）。**货币需求曲线**说明了货币的需求量 M 和名义利率 i 之间的关系。货币需求量 M 是指货币的名义需求量，用美元（或者日元，或者欧元，随着国家的不同而不同）表示。名义利率的上升增加了持有货币的机会成本，从而减少了货币的需求量，因此货币需求曲线向下倾斜。

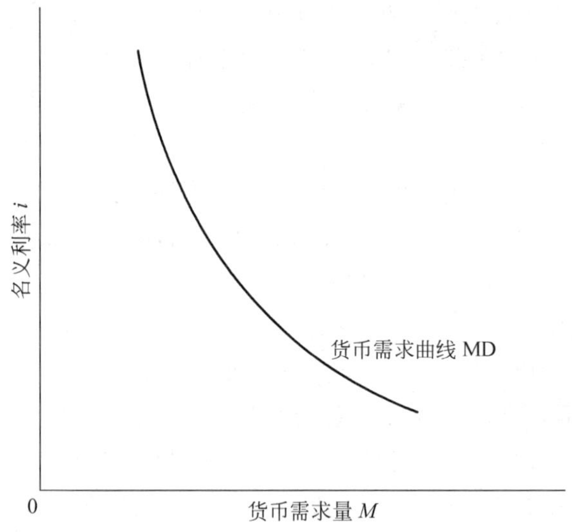

图 12.4 货币需求曲线

货币需求曲线说明了货币需求量 M 和名义利率 i 之间的关系。因为名义利率的上升增加了持有货币的机会成本，所以货币需求曲线向下倾斜。

如果将名义利率看成货币的“价格”（更准确地说，机会成本），将人们愿意持有的货币量看成“数量”，货币需求曲线就类似于某种产品或服务的需求曲线。向下倾斜的需求曲线意味着产品或服务的价格越高，人们对其的需求也就越少。

对于某一给定的利率水平，任何一种导致人们愿意持有更多货币的变化都会使货币需求曲线向右平移，而任何一种导致人们倾向于减少持有货币量的变化都会使货币需求曲线向左平移。因此，与标准的需求曲线一样，除了货币价格（即名义利率）以外的其他因素的变化会引起需求曲线的平移。除了名义利率之外，我们介绍了影响货币需求的两个宏观因素：实际产出和价格水平。两个变量中任何一个的增加都会使货币需求曲线向右移动（如图 12.5 所示）。实际产出或者平均价格水平中任何一个的下降则会使货币需求曲线左移。

当其他一些影响持有货币的收益或者成本发生变化时，货币需求曲线也会移动，譬如上文提到的技术进步和金融工具的成熟。例如，自动取款机的出现减少了人们需要持有的货币的数量，使货币需求曲线向左移动。经济自然主义者 12.2 介绍了外国人持有的美元数量也可能移动货币需求曲线。

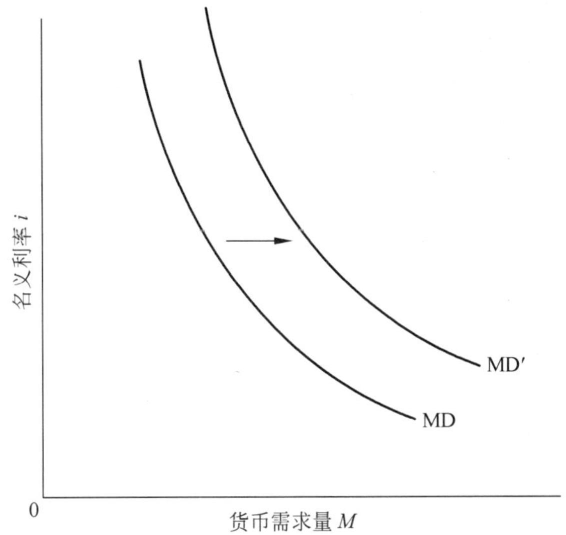

图 12.5　货币需求曲线的移动

在任一给定的名义利率水平下，使人们希望持有更多货币的变化——譬如一般价格水平或者实际GDP 的增加——都会使货币需求曲线向右移动。

经济自然主义者 12.2　为什么阿根廷人均持有的美元比美国公民人均持有的美元多？

据估计，阿根廷境内流通的美国货币人均超过 1 000 美元，比美国境内的人均美元持有量还要多。其他很多国家也持有大量的美元。大约有 3 000 亿美国通货（超过发行量的一半）在美国境外流通。为什么阿根廷人和其他非美国居民持有这么多的美元？

美国居民和企业主要是为了满足交易的需求而不是储存价值才持有美元的。美国人通常更多地选择债券或者股票作为价值的储存手段，因为它们能够支付利息或者股利，与货币相比是更好的选择。但是对于其他国家的居民，尤其是那些经济或者政治不稳定的国家而言，又是另外一种情况。以阿根廷为例，20 世纪七八十年代阿根廷遭受了常年居高不下的通货膨胀，用阿根廷比索进行的金融投资严重贬值。在没有更好选择的条件下，很多阿根廷人认为美元的价值比阿根廷比索稳定，于是开始储蓄美国通货，而这一判断被证明是正确的。

阿根廷官方 1990 年开始承认美元是一种官方货币。在那一年阿根廷建立了一个新的货币体系，称为货币挂钩。在这种体系下，美元和阿根廷比索可以进行一比一的自由兑换。阿根廷人开始习惯在自己的钱包中同时放入美元和比索用于交易。但是到了 2001 年，阿根廷的货币问题卷土重来，货币局体系崩溃，阿根廷比索相对于美元的价值急速下降，通货膨胀再次出现。随后几年阿根廷的美元需求再次上升。

有些国家不仅经受着通货膨胀，国家政局也不稳定。在不稳定的政治环境下，人们的积蓄，包括银行存款面临被征收或者被政府课以重税的风险。人们认为秘密储藏美元是保住财产的最安全的方法，据估计大约价值 100 万美元的 100 美元钞票被藏在手提箱中。

因为美元能以较小的体积储存大量的财富，所以许多国际罪犯，大多是毒品交易商，持有大量100美元钞票。现在欧元的价值比美元高，并且有面值500欧元的钞票，人们预计毒品交易商和现金囤积者会转而持有500欧元的钞票。如果真是这样，美元的需求量将会下降。

货币供给和货币市场均衡

当市场上存在需求的时候，还会没有供给吗？我们知道货币的供给量是由中央银行调节的——在美国，由美联储调节货币供给量。如第9章所述，美联储调节货币供给量的主要工具是**公开市场操作**。比如要增加货币供给量，美联储可以用刚刚造出来的纸币从公众手中购买证券(这属于公开市场购买)，把新造的美元投入流通。

图12.6用一个简单的图反映了货币的供给和需求。纵轴代表名义利率，横轴代表名义货币量(用美元表示)。名义利率越高，持有货币的机会成本就越高，因此货币需求曲线向下倾斜。而美联储决定的货币供给量是确定的，因此我们用一条垂线代表货币供给曲线，这条垂线在横轴上的截距代表美联储选择的货币供给数量，用 M 表示。

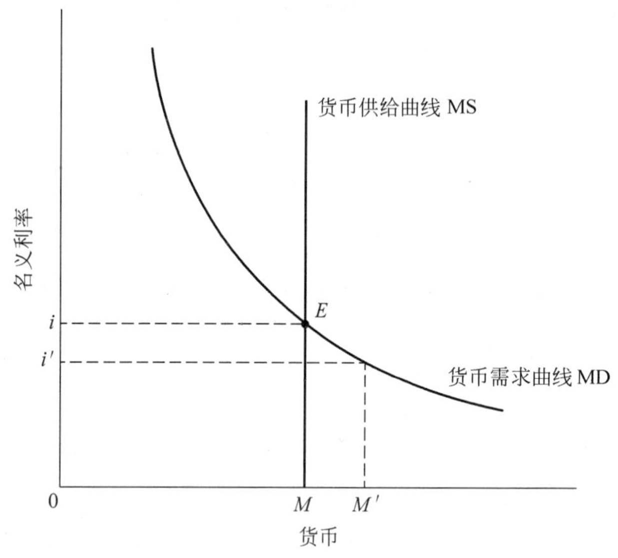

图12.6 货币市场的均衡

货币市场的均衡发生在 E 点，此时公众的货币需求等于美联储提供的货币量。使得货币的供需相等的均衡的名义利率水平是 i。

在标准的供求分析中，市场均衡发生在供给曲线和需求曲线的交点处，在图12.6中用 E 点表示。流通中的货币均衡量 M 就是美联储选择供给的货币数量。均衡名义利率 i 是用货币需求曲线表示的公众需要的货币数量等于美联储决定的固定货币供给量时的利率水平。

通过回顾第9章介绍的利率与债券市场价格之间的关系，我们可以更好地理解货币市场是如何达到均衡状态的。在前面的章节中，现有债券的价格和利率**负相关**。利率越高，债券的市场价格越低；反之，利率越低，债券的市场价格越高。在理解了利率与债券价格关系的基础上，考虑如果货币市场上名义利率低于均衡状态的利率水平——如名义利率取图 12.8 中的 i'值，会发生什么情况？在这种利率水平下，公众的货币需求是 M'，比流通中实际存在的货币数量 M 多。如果实际持有的货币量小于希望持有的货币量，公众（个人、家庭和企业）会有什么反应？人们可能会出售债券等有息资产以得到更多的货币。但是如果每个人都要出售债券而没有人愿意购买，这些想要减少债券持有量的行为就会降低债券的价格，这与市场中到处充斥着苹果，苹果的价格就会下降一样。

债券价格的下降等同于利率的增加，公众这种试图出售债券和其他产生利息收益的资产来增加货币持有量的集体行为会降低债券价格，因此市场利率上升。随着利率的上升，公众的货币需求量将会减少（沿着货币需求曲线从右向左移动），直到利率达到图 12.8 中的均衡水平 i。此时人们持有的货币量正好是他们希望持有的货币量。

练习 12.5

如果货币市场中的初始名义利率高于均衡水平，描述货币市场调节到均衡状态的过程。在货币市场向均衡状态调整的过程中，债券价格会有什么变化？

重点回顾：货币需求

- 将经济看做一个整体，货币需求是指个人、家庭和企业选择以货币形式持有的财富数量。持有货币的机会成本用名义利率水平 i 衡量，它是债券等其他可选择资产的收益。持有货币的收益在于货币进行交易的方便性。
- 实际 GDP(Y)或者价格水平(P)的增加使得交易需要的名义货币增加，因此经济中的货币总需求增加。影响持有货币的收益或者成本的技术和金融创新同样会影响货币需求，例如自动取款机的出现就减少了货币的需求。
- 货币需求曲线说明了货币总需求量 M 和名义利率 i 之间的关系；名义利率上升增加了持有货币的机会成本，从而减少了货币需求量，因此货币需求曲线向下倾斜。
- 除了名义利率之外，其他影响货币需求因素的变化也可能引起货币需求曲线的移动。例如，实际 GDP 或者价格水平的增加使得货币需求量变大，货币需求曲线向右移动；反之，实际 GDP 或者价格水平减少使得货币需求量变小，货币需求曲线向左移动。
- 在货币市场上，货币需求曲线向下倾斜，反映了名义利率的上升增加了持有货币的机会成本进而降低了人们所愿意持有的货币量。货币供给曲线是垂直的，位于美联储选择供给的货币数量处。均衡的名义利率 i 是公众所需求的货币量与美联储提供的固定的货币供给量相等时的利率。

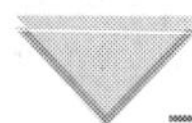

美联储如何调节名义利率

本节我们首先要说明一个事实：公众和媒体讨论的美联储政策通常都是关于名义利率的决策，而不是关于货币供给量的决策。确实，美联储的政策制定者通常采用将利率水平定为某种目标值的方法来表述他们的计划。现在我们已经有了足够的背景知识去理解美联储如何将调节经济中货币供给量的能力转变为调节名义利率的能力。美联储可以通过三种方式调节货币供给：公开市场操作、贴现窗口借款和直接影响银行准备金。

公开市场操作

如图 12.6 所示，名义利率是由货币市场的均衡决定的。假设因为某些原因美联储决定降低利率。要降低利率水平，美联储需要增加货币供给量。方法有很多，如上文中提到的用新造的货币从公众手中购买政府债券（属于公开市场购买）等。

图 12.7 说明了美联储决定增加货币供给量产生的影响。如果初始货币供给量为 M，图中货币市场在 E 点实现均衡，均衡名义利率为 i。假设美联储通过公开市场购买债券增加货币供给量到 M'。货币供应量的增加使得垂直的货币供应曲线向右移动，于是货币市场的均衡点从 E 点移到 F 点。在 F 点，均衡名义利率从 i 下降到 i'。即如果公众持有注入经济中的额外货币，名义利率水平必然要下降。

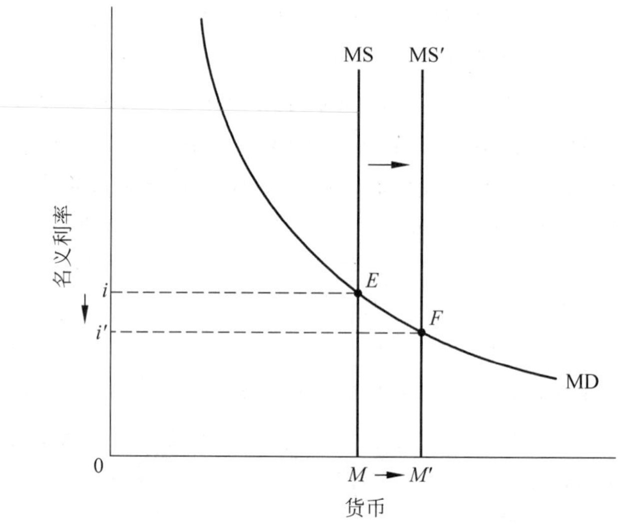

图 12.7 美联储下调名义利率

美联储可以通过增加货币供应量下调均衡名义利率。在货币需求曲线给定的情况下，货币供应量从 M 增加到 M' 使货币市场均衡点从 E 点移到 F 点，因此均衡名义利率从 i 下降到 i'。

为了更好地理解美联储扩大货币供给量对金融市场的影响，请再次回忆利率水平和债券价格之间的负相关关系。为了增加货币供给量，美联储必须从公众手中购买政府债券。但是如果家庭和企业一开始就对自己的资产持有方式很满意，他们只会在高于现有价格的情况下出售债券。也就是说，美联储的债券购买会提高公开市场上的债券价格。我们知道债券价格越高，利率水平越低。因此美联储购买债券的行为降低了现有的名义利率。

美联储决定上调利率时会有类似的情况发生。要上调利率水平，美联储需要减少货币供给量。货币供给量的减少需要通过公开市场出售实现，美联储必须向公众出售政府债券从而得到货币[①]（美联储通过前面所说的公开市场购买得到了大量的政府债券用于公开市场操作）。美联储出售债券的行为降低了公开市场上的债券价格。债券价格越低，利率水平就越高。因此美联储购买债券的行为降低了现行的名义利率。从货币需求和供给的角度，要说服公众减少货币持有量就有必要上调利率。

从图12.6和图12.7，我们知道调节利率水平和调节货币供给量是相互关联的。如果美联储官员要将名义利率设定在一个特定的水平，他们只能将货币供给调节到这个特定名义利率水平所对应的数量。美联储不可能分开设定利率水平和货币供给量，因为在给定的货币需求曲线下，利率水平和货币供给量是一一对应的。

货币政策措施既可以用利率水平的变化表示，也可以用货币供给量的变化表示，但为什么美联储（还有几乎其他所有的中央银行）都选择用名义利率而不是货币供应量表达自己的政策措施？其中一个原因是，货币政策对于经济和金融市场产生影响的主要途径是改变利率水平，因此美联储选择用利率水平的变化来表述自身措施产生的所有影响，这一点将在下文进行说明。还有一个原因是相对于货币供应量而言，公众对利率水平更为熟悉。此外，金融市场可以一直监控利率的变化，这也使得美联储的利率政策易于观测。相比之下，测度经济中的货币数量需要收集银行存款数据，这需要大量的时间投入；政策制定者和公众很可能在几个星期之后才能够清楚地意识到这些措施对货币供给量的影响。

贴现窗口借款

虽然美联储通常用公开市场操作控制货币供给，影响联邦基金利率，它还可以通过另外两种办法改变货币供给。其中一种叫做贴现窗口借款。回忆第9章，商业银行持有的用于储户取款的现金和资产称为准备金。它的数量等于存款乘以准备金要求，如式(9.1)所示。当某个商业银行的准备金不足时，它必须从联储借入准备金。基于一些历史原因，美联储对商业银行进行的资金借出被称为**贴现窗口借款**。美联储对借入准备金的商业银行所收的利率被称为**贴现率**。美联储提供的准备金贷款直接增加了银行系统内的准备金数量，最终导致银行存款和货币供给的增加。

注意不要混淆贴现率和联邦基金利率。贴现率是商业银行付给美联储的利率，而联邦基金利率是商业银行互相拆借短期贷款的利率。[②]

---

① 不要将美联储在公开市场操作中对已存在的政府债券的出售混同于财政部为美国预算赤字筹资而发行的新债券。公开市场操作的出售减少了货币供给，而新发售债券不影响货币供给。区别在于美联储不会将从公开市场出售中得到的货币再投入循环使用，因此会减少公众持有的货币量。相反，财政部将会用它新发债券筹集的资金去购买产品和服务。

② 贴现率，又称基本贷款利率，通常比联邦基金利率高1%。

准备金要求与就储备支付的利息

正如第 9 章，尤其是式(9.2)所示，经济中的货币供给取决于三个因素：公众选择持有的通货量、银行准备金供给以及商业银行维持的存款准备金比率。存款准备金率等于银行总准备金与总存款之比。如果银行把所有的存款都用作准备金，存款准备金率为 100%，银行就无法进行贷款。如果银行借出更多存款，存款准备金率将下降。

在一定范围内，商业银行可以自由设定其想要维持的存款准备金率。但是，为了安全起见，美国国会授权美联储为所有的商业银行设定一个最低存款准备金率。这个由美联储设定的法定存款准备金率被称为**准备金要求**。

美联储可以通过改变准备金要求来影响货币供给，虽然多数情况下这种方法很少被使用。例如，假设商业银行现有的存款准备金率维持在 3%，美联储想要扩大货币供给。它通过降低准备金要求，比如说到 2%，从而使所有的商业银行可以借出更多的储备，而维持比例较低的储备。如果银行打算发放新的贷款，这些新的贷款将带来更多的储备，正如我们在第 9 章所看到的。因此整个经济范围内存款准备金率的下降将会导致货币供给上升。

假如另一方面，美联储希望紧缩货币供给。如果美联储将准备金要求增加到 5%，商业银行需将其存款准备金率至少提高到 5%。它会导致存款和贷款的紧缩，从而降低了货币供给。

2008 年 10 月，美联储又增加了一种影响银行储备的新方法。具体来说，美联储开始对商业银行在美联储的法定要求的储备余额和超额储备余额(即超过法定储备的那部分储备金)支付利息。2008 年 10 月以前，这些余额是没有利息的，因此银行会尽量保持最低的储备余额，而将超出法定储备的部分尽可能贷出去。换句话说，“对于法定储备余额支付的利息由美联储决定，其目的是有效地消除此前法定储备强加给存款机构的潜在税赋”。[①]

这使得美联储掌握了控制货币供给的另一种工具。例如，假设美联储希望减少货币供给。它可以提高支付给储备余额的利率，从而提高储备金占存款的比例，因为如果储备金的利率与风险更高的贷款的利率相差无几，银行显然更愿意持有储备金。这将导致货币供给下降，进而提高整个经济体中名义利率的水平。

很多观察家认为随着今后若干年经济逐渐复苏，这将成为一个重要的货币政策工具。美联储在近期的经济衰退期间大幅提高了货币供给，主要是通过将银行持有的债券和其他金融资产转换为在美联储的储备余额的增加。随着经济逐渐复苏，银行将开始减少储备余额，将其贷出，从而通过货币乘数过程实现货币供给的增长。美联储可以通过提高对储备余额支付的利率来延缓这一过程，即降低银行将其储备转换为贷款的动力。

---

① 参见 www.federalreserve.gov/monetarypolicy/reqresbalances.htm 上的文章“Interest on Required Balances and Excess Balances”。

重点回顾：美联储和利率

美联储通过改变货币供给量调节名义利率。政府债券的公开市场购买交易增加了货币供给量，降低了均衡名义利率。相反，债券的公开市场出售交易减少了货币的供给量，提高了均衡名义利率。美联储可以通过调整货币供给量来抵消货币需求量的变化对名义利率水平可能产生的影响。

小结

- 美国的中央银行是美联储。美联储有两个主要职责：一是制定货币政策，即决定向市场投放多少货币；二是监管金融市场，特别是银行。美联储于 1914 年设立，其初衷就是为了减除或控制银行挤兑的发生。银行挤兑是储户在流言的驱使下，因为害怕银行破产而要求向银行取回存款。由于银行手头没有足够的现金，所以即便是财务方面没有问题的银行也会在出现银行挤兑时发生破产。
- 短期内美联储可以调节名义利率和实际利率，其中实际利率等于名义利率减去通货膨胀率。因为通货膨胀率的调节非常缓慢，美联储可以通过调节名义利率来调节实际利率。长期内实际利率是由储蓄和投资共同决定的（见第 8 章）。美联储关注最多的名义利率是联邦基金利率，也就是商业银行同业拆借的短期贷款利率。
- 美联储的措施之所以影响经济是因为实际利率水平的变化会影响计划支出。例如，实际利率的上调将增加贷款的成本，减少消费和计划支出。因此通过上调实际利率，美联储可以减少计划支出和短期均衡产出。反之，通过下调实际利率，美联储可以刺激计划总支出，提高短期均衡产出。美联储政策的最终目标是消除经济中的产出缺口。为了消除衰退型产出缺口，美联储应该下调实际利率。为了消除扩张型产出缺口，美联储应该上调实际利率。
- 名义利率由货币市场的供给和需求决定。货币需求曲线说明了货币的需求量和名义利率之间的关系。名义利率上升增加了持有货币的机会成本，减少了货币需求的数量，因此货币需求曲线向下倾斜。除了名义利率之外，其他影响货币需求的因素的变化会引起货币需求曲线向左或者向右移动。例如，价格水平或者实际 GDP 的上升增加了货币需求量，使得货币需求曲线向右移动。美联储系统通过公开市场操作决定货币供给量。货币供给曲线是一条横轴截距等于美联储设定货币供给量的垂线。当货币供给等于货币需求时，货币市场达到均衡，此时的名义利率是均衡名义利率。
- 美联储可以通过增加货币供给（使货币供给曲线向右移动）来降低名义利率或者

通过减少货币供给(使货币供给曲线向左移动)来提高名义利率。

- 美联储可以使用三种工具来改变货币供给。第一种是公开市场操作,即美联储购买或者出售政府债券来增加(通过购买)或者减少(通过出售)货币供给。第二种是贴现窗口借款,即商业银行从美联储借更多的储备。第三种涉及直接改变银行储备,既可以通过改变储备要求也可以通过调整美联储所持有的储备余额的利率支付。

名词与概念

banking panic	银行恐慌	federal funds rate	联邦基金利率
Board of Governors of the Federal Reserve System	联邦储备系统管理委员会	Federal Open Market Committee	联邦公开市场委员会
demand for money	货币需求	money demand curve	货币需求曲线
deposit insurance	存款保险	portfolio allocation decision	资产分配决策
discount rate	贴现率	primary credit rate	一级信贷利率
discount window lending	贴现窗口借款	reserve requirements	准备金要求

复习题

1. 为什么实际利率水平会影响计划总支出?举几个例子。

2. 美联储面临衰退型产出缺口。你认为美联储会做出什么反应?逐步解释美联储政策的变化对经济可能产生的影响。

3. 美联储决定采取一项收缩性政策措施。你认为名义利率、实际利率和货币供给量会有什么样的变化?在什么情况下采取这种政策最合适?

4. 用图形表示美联储如何调节名义利率。美联储可以调节实际利率吗?

5. 美联储在公开市场购买债券会对名义利率产生什么影响?分析:(1)公开市场购买对债券价格的影响;(2)公开市场购买对货币供给量的影响。

练习题

1. 美国联邦储备系统是根据1913年由美国国会通过的《联邦储备法案》建立的,于1914年开始运作。与所有的中央银行一样,美联储是一个政府部门。下列有关美联储的说法中哪些是错误的?

(1) 美联储拥有对银行的监管权。

(2) 美联储的目标是促进经济增长,将通货膨胀维持在较低水平,并监督金融市场的平稳运行。

(3) 美联储是“最后的借款人”。

(4) 美联储可以像商业银行一样赢利。

2. 某经济体可以用下面的等式来描述：

$$C = 2\,600 + 0.8(Y - T) - 10\,000r$$
$$I^p = 2\,000 - 10\,000r$$
$$G = 1\,800$$
$$NX = 0$$
$$T = 3\,000$$

实际利率水平用十进制表示为 0.1(即 10%)。

(1) 找出计划总支出和产出之间的数量关系式。

(2) 使用表格或者其他方法，计算短期均衡产出。

(3) 用凯恩斯交叉图说明你得出的结论。

3. 在第 2 题描述的经济体中，假设潜在产出 Y^* 等于 12 000。

(1) 为了帮助经济恢复到充分就业水平，美联储应该将实际利率设定在什么水平？假设经济中的乘数是 5。

(2) 假设潜在产出 $Y^* = 9\,000$，重复(1)中的计算。

(3)* 说明你在(1)中得到的实际利率水平使得经济在潜在产出下的国民储蓄额等于计划投资额。这个结果说明当经济处于充分就业水平时，实际利率水平一定与储蓄市场处于均衡时的利率相等。(回顾第 8 章中关于国民储蓄的分析。)

4*. 某经济体可用下面一些等式描述：

$$C = 14\,400 + 0.5(Y - T) - 40\,000r$$
$$I^p = 8\,000 - 20\,000r$$
$$G = 7\,000$$
$$NX = 1\,800$$
$$T = 8\,000$$
$$Y^* = 40\,000$$

(1) 找出计划总支出与产出以及实际利率之间的数学表达式。

(2) 为了消除产出缺口，美联储应该如何设定实际利率水平？[提示：设产出 Y 等于(1)中得出的等式中的潜在产出，解出的实际利率就是使计划总支出等于潜在产出的利率水平。]

5. 在圣诞节购物季节，零售店、网上零售公司和其他商业机构的销售额大幅上升。

(1) 你认为圣诞节期间货币需求曲线会有什么样的变化？画图说明。

(2) 如果美联储不采取任何措施，圣诞节期间的名义利率会有什么变化？

(3) 事实上由于美联储的措施，当年第四季度的名义利率没有出现大的波动。解释为什么美联储可以使圣诞节期间的名义利率保持稳定，并画图说明。

---

* 表示题目具有一定的难度。

6. 下表中列出了当乌玛持有不同量货币时的预计年度收益：

美元

平均货币持有量	总收益
500	35
600	47
700	57
800	65
900	71
1 000	75
1 100	77
1 200	77

如果名义利率为9%，乌玛平均需要持有多少货币？5%时呢？3%时又如何？这里假设她所期望的货币持有率为100美元的倍数(提示：根据放弃的利息和额外货币持有量，列表比较每多持有100美元货币时的额外收益和机会成本)。

7. 你认为如下几点会对整体经济范围内的货币需求量产生何种影响？给出解释。

(1) 经纪人之间的竞争降低了出售持有的债券或者股票所需支付的委托费用。

(2) 杂货店开始接受信用卡支付方式。

(3) 金融投资者更加关注股票不断上升的风险。

8. 对于第7题中的每种情况，如果美联储不改变货币供给，名义利率如何变化？用货币市场供求图解释。

正文中练习题的答案

12.1　对于表12.1中的每个日期，都有：

$$供币供给=现金+\frac{银行储备}{期望储备-存款准备金率}$$

例如，1929年12月，有：

$$45.9=3.85+\frac{3.15}{0.075}$$

如果1933年12月公众持有的现金为3.79而不是4.85，其差额(4.85－3.79＝1.06)存入银行。那么1933年12月的银行储备为3.45＋1.06＝4.51，货币供给等于$3.79+\frac{4.51}{0.133}=37.7$。因此，如果公众不增加持有的现金，那么货币供给在1930—1933年间仍将下降，只不过仅下降大约一半。

12.2　1931年，公众持有的现金增长了8亿美元，而银行储备仅下降了2亿美元。这意味着美联储这一年通过公开市场操作发放了6亿美元。1931年年末的现金为45.9亿美元。为使货币供给与1930年12月的441亿美元相等，美联储必须保证银行有441亿－45.9亿＝395.1亿美元的存款。1931年的存款准备金率为0.095，这意味着银行储备为37.5亿美元，大于实际情况(31.1亿美元)。为了不使货币供给下降，美联储必须使银行储备上升 6.4 亿美元。而美联储仅仅上调了相当于 6.4 亿美元一半的银行储备，这一举动受到了指责。

12.3 如果 $r=0.03$，消费就为 $C=640+0.8(Y-250)-400\times0.03=428+0.8Y$，计划投资为 $I^p=250-600\times0.03=232$。因此计划总支出等于

$$\begin{aligned}\text{PAE} &= C+I^p+G+\text{NX}\\ &= (428+0.8Y)+232+300+20\\ &= 980+0.8Y\end{aligned}$$

为了得出短期均衡产出水平，可以编制类似表 12.1 的表格。在列出产出（第 1 列）的可能取值时通常要运用试错法。

短期均衡产出等于 4 900，此时产出才满足 $Y=\text{PAE}$ 的条件。

我们也可以通过设 $Y=\text{PAE}$，代入计划总支出的表达式中求解，这种方法更加简单。用 $\text{PAE}=980+0.8Y$ 代替 PAE，得到：

$$\begin{aligned}Y &= 980+0.8Y\\ Y(1-0.8) &= 980\\ Y &= 5\times980=4\,900\end{aligned}$$

因此，将实际利率水平从 5%下调至 3%，使得短期均衡产出从 4 800 增长到 4 900。

短期均衡产出的决定因素

(1) 产出 Y	(2) 计划总支出 PAE=980+0.8Y	(3) Y−PAE	(4) Y=PAE?
4 500	4 580	−80	否
4 600	4 660	−60	否
4 700	4 740	−40	否
4 800	4 820	−20	否
4 900	4 900	0	**是**
5 000	4 980	20	否
5 100	5 060	40	否
5 200	5 140	60	否
5 300	5 220	80	否
5 400	5 300	100	否
5 500	5 380	120	否

12.4 当实际利率水平等于 5%时，产出为 4 800。实际利率下调一个百分点将增加 10 个单位的自发支出。因为模型中的乘数是 5，要增加 50 个单位的产出就需要减少实际利率一个百分点，将之从 5%下调至 4%。产出增加了 50 个单位，达到 4 850，经济中不再存在任何产出缺口。

12.5 名义利率水平高于均衡水平意味着人们实际持有的货币超过他们希望持有的货币量。为了减少货币持有量，人们会用持有的一些货币购买债券等付息资产。如果每个人都试图购买债券，债券的价格就会上升。债券价格的上升等同于市场利率的降低。当利率下降时，人们就会愿意持有更多的货币。最终利率下降到人们正好愿意持有美联储供给的货币数量的水平，货币市场达到均衡。

Principles of Macroeconomics

第 13 章

总需求、总供给和商业周期

学习目标

在阅读了本章内容之后，你应该能够：

1. 定义总需求曲线，解释它为什么向下倾斜，并解释它的移动。

2. 定义总供给曲线，解释它为什么向上倾斜，并解释它的移动。

3. 说明商业周期中总需求曲线和总供给曲线如何决定产出和通货膨胀率。

4. 分析经济如何根据扩张型缺口和衰退型缺口进行调整，并将其与经济自调整的概念联系起来。

2007 年 12 月，美国经济进入了 25 年来最严重的衰退期。这次衰退的深度，用产出损失和高失业率等因素以及在 2008 年秋季横扫全世界的金融危机来衡量，已经达到了可被称为大衰退的程度。

有三个重大事件通常被认为是引起这次大衰退的原因。第一，美国历史上最大的房地产泡沫在 2006 年 7 月破裂，平均房价在接下来的 18 个月里下跌了 30%。较高的房价使得家庭增加了他们的消费，当房地产泡沫破裂时，消费者支出也相应下降了。第二，金融危机在 2008 年秋天横扫了美国和欧洲。此次危机的产生，一部分原因是房地产泡沫的破裂，但也有与经济无关的影响因素。在危机期间，利率飙升，这使得企业很难甚至不可能借到资金进行投资支出。第三，石油价格冲击使得油价达到了史上最高水平。例如，2008 年夏天，汽油的价格飙升到了历史最高水平，整个美国的汽油价格都达到了每加仑 4 美元。

这些因素是如何触发大衰退的？本章我们推出了**总需求—总供给**(AD-AS)模型。该模型提供了一个评价诱发大衰退的可能原因的框架，可以帮助我们更广泛地理解商业周期。我们分三个步骤来构建这个模型。第一，我们构建总需求模型，将其与前两章(第 11 章和第 12 章)关于计划的总支出、产出和通货膨胀率，以及它们与财政政策和货币政策的分析联系起来。第二，我们通过研究企业如何根据对它们的产品需求的变化制定价格设定决策来构建总供给模型。第三，我们将总需求和总供给放在一起，来看如何同时确定产出和通货膨胀率。

我们对总需求—总供给模型有了应用理解之后，就可以把模型用于工作中，来分析商业周期，并研究如何使用稳定性政策来削弱它们的影响。在这个过程中，我们要密切关注在过去几年中发生的事件，以及这些事件是如何引起大衰退的。

总需求—总供给模型：简述

总需求—总供给(AD-AS)模型是宏观经济学中最有用的模型之一。与基本的凯恩斯模型相比，它具有两个显而易见的优势。第一，我们可以用它来分析产出和通货膨胀率的波动。在基本的凯恩斯模型中，我们无法解释通货膨胀率的变化，因为我们的基本假设是价格水平保持不变。第二，基本的凯恩斯模型是一个短期模型，而AD-AS模型既可应用于短期，也可用于长期。

图13.1给出了总需求—总供给模型(AD-AS)图。这是我们将AD-AS模型应用于真实世界的工具。当前的通货膨胀率π位于纵轴上，当前的产出水平Y位于横轴上。总需求(AD)曲线在保持其他因素为常数的前提下给出了计划支出与通货膨胀率之间的关系。总供给(AS)曲线在保持其他因素为常数的前提下给出了企业想要得到的产出量与通货膨胀率之间的关系。为了衡量产出缺口，图中也给出了潜在的产出Y^*。

图13.1中显示的经济是处于长期均衡中的。AD曲线和AS曲线在潜在产出Y^*处交汇时，经济就达到了长期均衡。长期均衡中的通货膨胀率被称为预期通货膨胀率π^e，因为这是消费者、企业和政府认为会在长期内占主导地位的通货膨胀率。

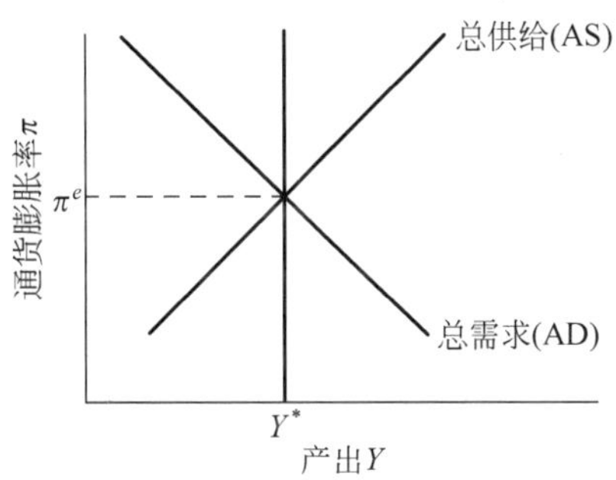

图13.1 总需求—总供给图示

总需求(AD)曲线之所以向下倾斜，是因为通货膨胀率导致计划支出和产出增加。总供给(AS)曲线之所以向上倾斜，是因为供给的产量增加，导致通货膨胀率提高。从长期来看，经济是平衡的，因为AD曲线和AS曲线会在潜在的GDP Y^*处交汇。

图13.2给出了处于短期均衡的经济。短期均衡是这样一种情形：AD曲线和AS曲线在潜在GDP之上或之下的实际GDP处交汇。AD曲线或AS曲线的移动(或者两条曲线的同时移动)，都会使得经济脱离长期均衡。通过对比图13.1和图13.2，你可以看到这一点。类似地，总需求和总供给的变化也可以促使经济从短期均衡移向长期均衡。

这表明了我们应如何使用AD-AS模型来解释商业周期：AD曲线和AS曲线的变动会使得经济脱离长期均衡，同时也能让经济重新回到长期均衡。在接下来的两节中，我们要分别介绍AD曲线和AS曲线背后的推理，这样你们就可以理解为什么它们会呈现为

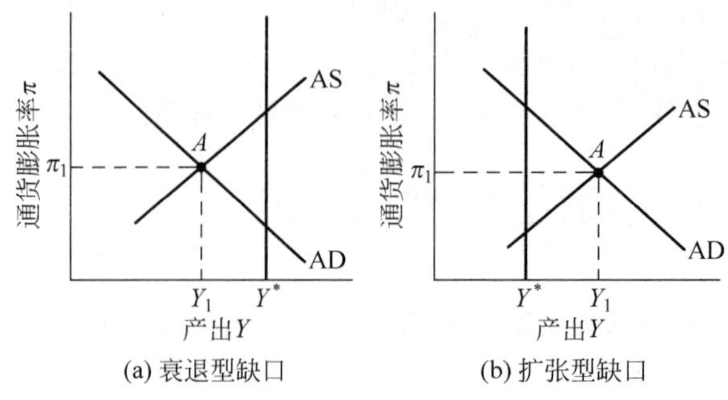

图 13.2 短期均衡

当 AD 曲线和 AS 曲线在潜在产出之上或之下的产出水平上交汇时，经济就达到了短期均衡。在图(a)中，存在一个衰退型缺口，因为当前的产出水平 Y 低于潜在产出 Y^*。在图(b)中，存在一个扩张型缺口，因为当前的产出水平 Y 高于潜在产出 Y^*。

那样的曲线，以及为什么它们会移动。然后，我们就可以把 AD-AS 模型应用到像大衰退这样的真实世界里的各种情形中了。

总需求曲线

总需求(AD)曲线给出了其他因素不变的情况下，消费者、企业、政府和国外客户在各个通货膨胀率下想购买的产出数量。特别地，AD 曲线表明，在其他因素不变的情况下，当通货膨胀率升高的时候，计划支出的数量和需要的产出都会下降。图 13.3 给出了典型的 AD 曲线。

我们需要回答关于 AD 曲线的两个问题：

- 为什么 AD 曲线会向下倾斜？
- 是什么因素导致 AD 曲线发生移动？

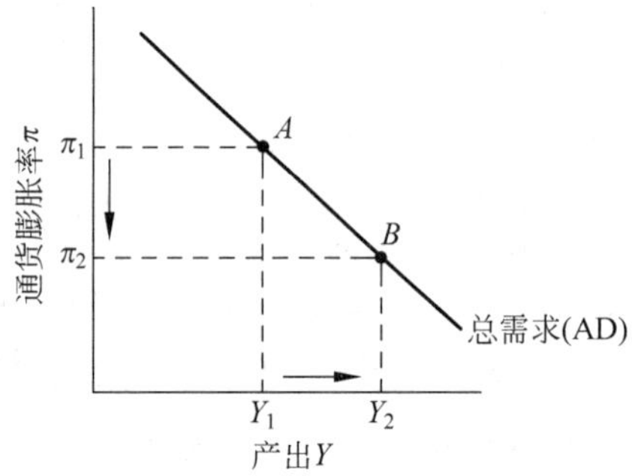

图 13.3 总需求（AD）曲线

AD 曲线之所以向下倾斜，是因为通货膨胀率的下降导致计划消费、投资和净出口增加，进而导致短期产出增加。

为什么 AD 曲线会向下倾斜？

AD 曲线之所以向下倾斜，是因为在所有其他因素保持不变的情况下，通货膨胀率 π

上升，导致计划消费 C、投资 I^p，以及净出口 NX 下降，进而导致计划支出 PAE 和短期产出 Y 下降。我们可以将这种关系表示为

$$\uparrow \pi \Rightarrow \downarrow \text{计划的 } C\text{、}I^p \text{ 以及 NX} \Rightarrow \downarrow \text{PAE} \Rightarrow \text{(通过乘数)} \downarrow Y\text{。}$$

我们还研究了这一关系中的后三部分。我们特别将计划的总支出(PAE)定义为

$$\text{PAE} = C + I^p + G + \text{NX}$$

降低了的计划消费、投资、政府支出，或者净出口减少了计划支出。在前面的两章中，我们使用了基本的凯恩斯模型来证明，计划支出的减少会通过乘数效应降低短期均衡产出。了解了计划支出要素的变动会导致短期产出的变动之后，我们就可以关注通货膨胀率与这些要素之间的关系了。(目前，我们暂时忽略政府支出，因为它主要是由政府官员决定的。在下面，我们还会反过来讨论政府支出变动的影响。)

通货膨胀率和计划支出是通过美联储的货币政策反应机制联系在一起的。特别地，当通货膨胀率升高时，美联储会提高实际利率，而实际利率的提高会导致消费、投资和净出口的减少。类似地，当通货膨胀率下降的时候，美联储会降低实际利率，而实际利率的降低则会导致消费、投资和净出口的增加。

联邦政府的货币政策反应机制

货币政策反应机制描述了中央银行(如美联储)如何针对经济状况的变化采取相应的措施。

我们将要研究一项特别简单的货币政策反应机制：当通货膨胀率上升的时候，美联储会调高实际利率，而当通货膨胀率下降的时候，美联储会调低实际利率。利用符号表示，我们可以得到

$$\uparrow \pi \Rightarrow \uparrow r \text{ 以及 } \downarrow \pi \Rightarrow \downarrow r$$

实际上，我们在之前的章节里已经确定了这种关系，只不过没有将其称为一种反应机制。让我们回顾一下其中的分析，以便理解为什么美联储要这样做。我们还会研究 AD 曲线为什么向下倾斜。

美联储的主要职责之一就是保持较低且稳定的通货膨胀率。例如，在最近几年，美联储尝试将美国的通货膨胀率保持在 2%～3%的范围内。美联储如何履行这一职责？通过利用货币政策来减少产出缺口。特别地，当通货膨胀率 π 由于扩张型缺口而上升时，美联储就要调高实际利率 r，以便减少消费 C 和投资 I。消费和投资的减少会降低计划的总支出 PAE，并通过乘数效应，使均衡产出 Y 降低。随着实际产出 Y 相对于潜在产出 Y^* 的下降，产出缺口会逐渐缩小。我们可以用符号表示为

$$\uparrow \pi \Rightarrow \uparrow r \Rightarrow \downarrow \text{计划的 } C \text{ 和计划的 } I \Rightarrow \downarrow \text{PAE} \Rightarrow \text{(通过乘数效应)} \downarrow Y$$

类似地，当出现衰退型缺口时，通货膨胀率将下降。美联储会通过调低实际利率来应对通货膨胀率的下降，从而导致消费、投资和均衡产出的上升。我们可以用符号表示为

$$\downarrow \pi \Rightarrow \downarrow r \Rightarrow \uparrow \text{计划的 } C \text{ 和计划的 } I \Rightarrow \uparrow \text{PAE} \Rightarrow \text{(通过乘数效应)} \uparrow Y$$

现在，我们在通货膨胀率和美联储通过实际利率所作的反应之间建立了联系。注意，我们也在通货膨胀率和产出之间建立了联系：通过两个逻辑链的两端，我们可以得到

$$\uparrow \pi \Rightarrow \downarrow Y$$

以及

$$\downarrow \pi \Rightarrow \uparrow Y$$

这样，我们就证明了 AD 曲线必须向下倾斜，就像图 13.3 所显示的那样。

是什么因素导致 AD 曲线发生移动？

总需求曲线显示了在其他要素保持不变的情况下，计划支出和产量随着通货膨胀率所发生的变化。我们需要考察这些其他要素，以便理解它们如何导致 AD 曲线的移动以及原因何在。

在研究详细内容之前，我们需要了解一些术语。在第 3 章中，当我们介绍单一市场的需求曲线，并对需求量的改变与需求改变进行区分时，我们曾经界定过一些术语。在这里，我们需要将焦点放在 AD 曲线的移动上。我们把总需求的变化定义为 AD 曲线的移动。

具体而言，总需求的增加就是 AD 曲线向右移动，总需求的减少就是 AD 曲线向左移动。图 13.4 分别显示了总需求的增加和减少。在本章接下来的部分，我们都将使用这一说法，而且，在本节中我们会始终参考图 13.4。

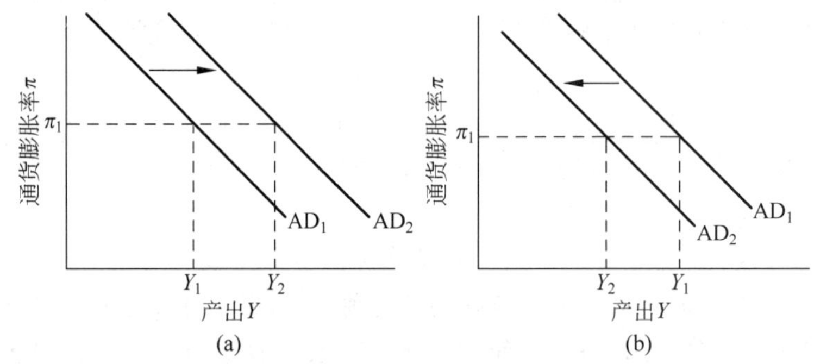

图 13.4 总需求的变化

总需求的变化就是 AD 曲线的移动。图(a)显示了总需求的上升；图(b)显示了总需求的下降。

需求冲击

计划支出受到产出（例如，消费是实际 GDP 的函数）和通货膨胀率（例如，当美联储通过调高或调低实际利率对通货膨胀率的变化作出应对时，消费和投资也会相应上升或降低）变化的影响。但是，除了产出或通货膨胀率之外，还有许多因素对支出存在影响。例如，即使产出或通货膨胀率没有发生变化，消费者的信心和消费者的真实财富的变化也会影响其消费支出。商业信心的下降，或者新技术机会的出现，会导致企业降低或提高计划投资。外国人购买本国商品或本国居民购买外国商品的意愿的变化，会导致计划的净进口水平的变化。

由产出或通货膨胀率的变动以外的因素引发的计划支出的变化，称为**需求冲击**。这些事件之所以被称为冲击，是因为它们是家庭、企业、政府，或外国购买者在制定关于计划支出决策时没有预期到的事件。此外，由于需求冲击会影响计划支出，所以也会影响短期产出，进而提高或降低总需求。因此，需求冲击是 AD 曲线移动的一个原因。

例 13.1　房地产价格与需求冲击

房地产价格的提高会影响总需求吗？

假设房地产的平均价格开始上升，就像美国在 1999—2006 年那样。这样会提高家庭的真实财富，因此会导致消费和计划总支出也相应上升。那么它是如何影响总需求的呢？

让我们看一下图 13.4(a)，并假设初始产出和通货膨胀率分别是 Y_1 和 π_1。房地产价格的上升导致计划支出增加，计划支出的增加反过来又提高了产量。这样，在通货膨胀率保持为 π_1 的情况下，实际 GDP 从 Y_1 移动到了 Y_2。由于我们是随意选择的 π_1，所以在每一个通货膨胀率水平上，产出都有所增加，这样 AD 曲线就从 AD_1 移动到了 AD_2。因此，房地产价格的上升提高了总需求。

例 13.1 中房地产价格的上升被称为**正向的需求冲击**，因为冲击导致 AD 曲线向右移动。**负向的需求冲击**具有相反的影响，导致 AD 曲线向左移动，如图 13.4(b)所示。

练习 13.1

假设企业对它们下一年的业务前景极为悲观。这是一种需求冲击吗？如果是，那么是正向的还是负向的呢？解释你的推理。

稳定性政策

稳定性政策是政府用于影响计划总支出的政策，目标是消除产出缺口。回想一下，稳定性政策的两种主要工具是财政政策和货币政策。财政政策指的是关于政府要支出多少，以及收取多少税收的决策。货币政策指的是关于货币供应规模以及经济中的利率水平的决策。

总体上的稳定性政策，以及财政政策和货币政策的具体变化，都会影响总需求和 AD 曲线的移动。在大衰退期间，财政政策和货币政策都被积极应用，所以值得我们花点时间来理解每一种政策是如何影响总需求的。

财政政策：政府支出与税收的变动　财政政策会影响政府采购和税收水平，进而影响总支出和产出。例如，假设政府为了降低预算赤字而削减其支出。在任何给定的通货膨胀率下，这都会导致支出下降，AD 曲线向左移动(如图 13.4(b)所示)。政府支出的增加会导致 AD 曲线向右移动。

税收的变化也会促使 AD 曲线发生移动。假设政府削减税收，回想一下，这会提高家庭的可支配收入，使得他们提高消费支出。较高的消费支出水平导致计划支出和实际 GDP 增加。在任何给定的通货膨胀率下，都有这个效应，因此，削减税收能够导致 AD 曲线向右移动，如图 13.4(a)所示。提高税收则起到相反的作用：可支配收入下降，消费和产出下降，AD 曲线向左移动，如图 13.4(b)所示。

货币政策：在通货膨胀率不变的情况下，实际利率的变动　我们之前曾经论述过，美联储的货币政策反应机制是 AD 曲线向下倾斜的原因。在该分析中，我们暗含的假定是美联储有一个目标通货膨胀率 π^*，而且当通货膨胀率高于 π^* 时，美联储会调高实际利率，当通货膨胀率低于 π^* 时，美联储会调低实际利率。不过，即使当通货膨胀率稳定时，美联储也可以自由调整实际利率。美联储这样做的可能原因有两个。

第一个原因是美联储可能决定改变其目前的目标通货膨胀率。例如，假定美联储认为它的目标通货膨胀率过高。为了降低通货膨胀率，美联储需要通过调高实际利率来减少计划支出和产出。在图 13.4(b)中，这意味着，在通货膨胀率为 π_1 的情况下，产出从 Y_1 下降到了 Y_2。我们是随意选择的 π_1，所以这表示美联储的目标通货膨胀率降低，会导致 AD 曲线向左移动。

现在考虑这样一种情形，美联储认为它当前的目标通货膨胀率过低，那么美联储就可以通过调低实际利率来刺激支出。参考图 13.4(a)，这意味着，在通货膨胀率为 π_1 的情况下，产出从 Y_1 提高到了 Y_2。跟前面的情况一样，我们是随意选择的 π_1，所以我们可以证明，美联储目标通货膨胀率的提高，会导致 AD 曲线向右移动。

美联储会改变实际利率的第二个原因是它关注产出水平相对于潜在产出的高低。例如，如果美联储认为目前的产出水平过低(例如，经济处于严重的衰退期)，它就可以调低实际利率，从而导致消费、投资和产出提高。同样，这与图 13.4(a)中的情形是一致的。

稳定性政策：总结它对总需求的影响 让我们总结一下政府如何通过稳定性政策影响总需求。首先，假设政府希望提高总需求，那么它有三种工具可以选择(每一种都可以单独使用，也可以彼此结合使用)：

- 提高政府支出；
- 削减税收；
- 降低实际利率。

其次，如果政府希望降低总需求，它也有三种选择：

- 降低政府支出；
- 提高税收；
- 提高实际利率。

重点回顾：总需求(AD)曲线

- 总需求(AD)曲线给出了其他因素不变的情况下，消费者、企业、政府和国外客户在各个通货膨胀率下想要购买的产出数量。
- AD 曲线之所以向下倾斜，是因为美联储的货币政策反应机制：较高的通货膨胀率导致美联储调高实际利率，进而导致支出和短期均衡产量下降。
- 需求冲击(不是因为产量或通货膨胀率的变化而导致的计划支出的变化)会导致 AD 曲线发生移动。正向的需求冲击导致 AD 曲线向右移动，而负向的需求冲击则导致 AD 曲线向左移动。
- 稳定性政策，也就是使用财政和货币政策来弥补产出差距，也会导致 AD 曲线发生移动。较高的政府支出水平、较低的税收，以及较低的利率，都会提高总需求，而较低的政府支出、较高的税收和较高的利率，都会降低总需求。

总供给曲线

迄今为止，我们都在关注总需求(AD)曲线。AD曲线具体体现了我们在前面两章中进行的经济推理。具体而言，基本的凯恩斯模型告诉我们，在给定的价格水平上，计划总支出必须等于短期均衡产出。AD曲线是在这个模型上建立的，表明当通货膨胀率上升时，计划总支出和短期均衡产量会下降，而当通货膨胀率下降时，计划总支出和短期均衡产量会上升。

这就给我们留下了一个难以回答的重要问题：是什么因素导致通货膨胀率上升或下降呢？在本节中，我们通过构建**总供给**(AS)曲线来帮助我们回答这个问题。AS曲线表明了在保持所有其他因素不变的情况下，企业想要实现的产出水平(实际GDP)与通货膨胀率之间的关系。研究过AS曲线的细节之后，我们就可以使用它和AD曲线一起来分析为什么通货膨胀率会上升和下降。图13.5给出了典型的AS曲线。

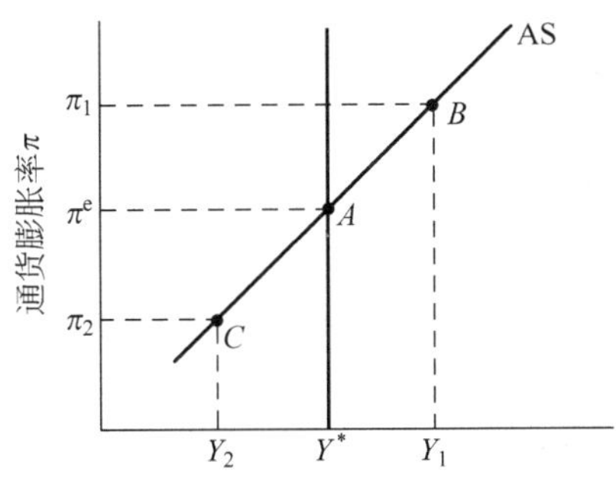

图13.5　总供给(AS)曲线

AS曲线向上倾斜是因为当企业提高产出时，通货膨胀率会上升。

正如我们在阐述总需求(AD)曲线时所做的那样，我们必须回答关于AS曲线的两个问题：

- 为什么AS曲线会向上倾斜？
- 是什么导致AS曲线移动？

为什么AS曲线会向上倾斜？

在最初推导基本的凯恩斯模型时(第11章)，我们做了一个关键假设：在短期内，企业会在预设的价格点上满足对其产品的需求。也就是说，企业不会通过改变它们的价格来应对产品需求的变动。相反，企业会设定一段时期内的产品价格，然后在这些价格点上满足对其产品的需求。我们认为，因为一种被称为菜单成本的现象，这些假设在短期内基本是可以实现的。菜单成本指的是这样一种事实，即要想改变价格，企业肯定会产生成本。我们在第11章给出的例子包括一个饭店的案例，其中菜单成本就是字面意义上的印刷新菜单的成本，而一个服装店在经理决定改变价格的时候，所面临的菜单成本则是重新为所有商品打印标签或者重新调试计算机程序的成本。

现在，我们可以把假设放宽：企业在预设价格下出售其所有产出，并开始研究产出与通货膨胀率之间的关系。为了做到这一点，我们必须研究一下这种关系存在的两个重要原因：通货膨胀惯性与产出缺口。

通货膨胀惯性

物理学家注意到，除非受到外力作用，否则物体会按固定的速度和方向移动。他们把这种趋势称为惯性。将这个原理应用于经济学上，很多学者指出通货膨胀也具有惯性，即只要经济是在潜在产出水平下运行并且不存在对价格水平的外来冲击，通货膨胀就会保持基本不变。

经济学家把这种现象称为通货膨胀惯性。如果某一年的通货膨胀率为2%，那么下一年的通货膨胀率可能是3%甚或是4%。除非国家正在经历非同寻常的经济状况，否则在下一年，通货膨胀率不太可能会上升到6%或8%，也不太可能会下降到-2%。这种相对缓慢的变化，与经济中的其他变化明显不同，如股票或商品的价格有可能每天都会出现剧烈的变化。例如，石油价格在某一年中就可能上涨20%，而在下一年则可能暴跌20%。而大约从1992年以来，美国每年的通货膨胀率大致维持在2%～4%的范围内。

为什么在现代工业化国家中，通货膨胀的调整相对缓慢？为了回答这个问题，我们必须考虑两个对通货膨胀的决定起重要作用的密切相关的因素：公众的通货膨胀预期；长期工资和价格合同。

通货膨胀预期 我们首先考虑公众对通货膨胀的预期。在谈判未来的工资和价格时，买方和卖方都会考虑自己对未来几年中通货膨胀的预期。因此，今天对未来通货膨胀的预期有助于决定未来的通货膨胀率。例如，假设弗雷德是一位公司员工，他的老板柯林认可他在上一年的工作表现，双方同意在下一年将弗雷德的实际工资上调2%。他们协商的名义或美元工资上调应当是多少？如果弗雷德认为下一年的通货膨胀率是3%，那么会要求将名义工资上调5%，这样他就可以得到实际工资2%的增加。如果柯林也认可下一年的通货膨胀率将是3%，她就会同意将弗雷德的名义工资上调5%，因为这样实际工资的上调将是2%。因此，弗雷德和柯林对价格上涨比率的预期影响了至少一种价格——弗雷德的名义工资——实际的上涨比率。

除了影响劳动合同，类似的动因还会影响生产投入合同。例如，假设柯林正在与供应商谈判，她同意为下一年的复印纸和订书钉支付的价格取决于她预期的通货膨胀率。如果柯林预期供应商的价格相当于其他产品或服务的价格不会发生变化，而且通货膨胀率大约为3%，那么她会同意供应商提价3%。如果她预期通货膨胀率大约为6%，那么她会同意下一年的复印纸和订书钉提价6%，因为她知道名义上提价6%意味着相对于其他产品和服务，办公用品的价格并未发生变化。

因此，整个经济范围内，预期通货膨胀率越高，名义工资和其他投入的成本就增加得越多。然而，如果工资和其他生产成本会随着预期通货膨胀而快速增长，那么企业会迅速提升其价格来抵消成本。这样一来，高的预期通货膨胀率就会导致高的实际通货膨胀率。类似地，如果预期通货膨胀比较低，那么工资和其他成本的增加也相对会比较缓慢，从而实际通货膨胀也会比较低。

练习 13.2

假设老板和员工都同意下一年的实际工资应该上涨 2%。

(1) 如果下一年的通货膨胀预期为 2%,那么下一年的名义工资会发生什么变化?

(2) 如果下一年的通货膨胀预期为 4% 而不是 2%,那么下一年的名义工作会发生什么变化?

(3) 结合你在(1)和(2)中给出的答案,说明预期通货膨胀的上升会如何影响下一年的实际通货膨胀率。

实际的通货膨胀在一定程度上取决于预期的通货膨胀,这一结论带来了新的问题:是什么决定了预期的通货膨胀?在很大程度上,人们的预期受其近期的经历的影响。如果一段时期内通货膨胀均维持低而稳定的水平,那么人们可能会预期它将保持在较低的水平。但是,如果近期的通货膨胀一直很高,人们会预期它将继续保持在较高的水平。如果通货膨胀一直不稳定,忽高忽低地不断变化,那么公众的预期同样会变得不稳定,随着有关经济形势和经济政策的新闻或谣言而上升或下降。

图 13.6 形象地描述了稳定的低通货膨胀是如何维持自我恒定的。如果低通货膨胀率维持了一段时间,人们会继续给出低通货膨胀预期。名义工资和其他生产成本的增加因此会变得缓慢。如果企业的提价幅度仅够覆盖成本,那么实际通货膨胀也会像预期的那样比较低。较低的实际通货膨胀率反过来又使得预期通货膨胀率比较低,从而永久地保持了"良性循环"。

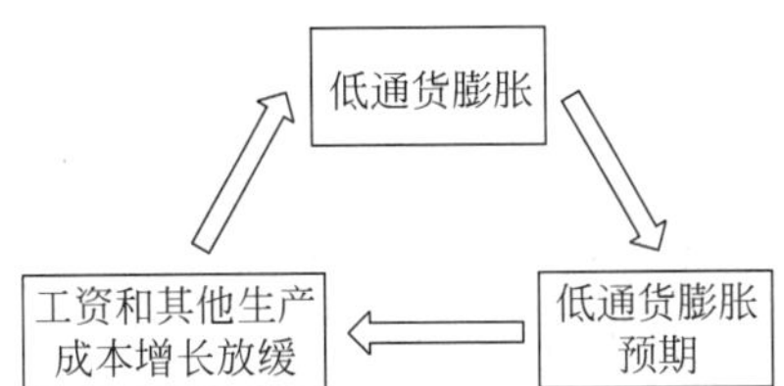

图 13.6 低通货膨胀与预期低通货膨胀的良性循环

低通货膨胀使得人们对未来的通货膨胀保持低预期。因此,人们能够接受工资以及所提供的产品和服务的价格的低增长,这会保持较低的通货膨胀(和预期通货膨胀)。类似地,高通货膨胀使得人们的预期通货膨胀较高,从而引发高通货膨胀。

反过来,同样的逻辑也适用于高通货膨胀的经济中:旷日持久的高通货膨胀率导致了公众对于通货膨胀的高预期,结果使名义工资和其他生产成本出现更大幅度的上涨。如图 13.6 所示,这反过来又造成了较高的实际通货膨胀率,从而陷入恶性循环。通货膨胀预期在工资和价格决定中发挥的作用有助于解释为什么通货膨胀的调整往往显得缓慢。

长期工资和价格合同 通货膨胀预期在通货膨胀惯性中的作用由于第二个关键因素,即长期工资和价格合同的存在而得到了加强。例如,工会劳动合同通常长达 3 年。类似地,约定了价格的制造企业的零部件和原材料采购合同的期限也往往有数年之久。

长期合同的作用是"固定"了工资和价格的上涨,而工资和价格则取决于签订合同时的通货膨胀预期。例如，高通货膨胀环境下，工会可能要求合同期内名义工资的上涨高于价格稳定的经济环境下所要求的工资上涨。

总之，在没有外界冲击的前提下，通货膨胀在长期内倾向于保持稳定，至少在像美国这样的低通货膨胀的工业化经济中是这样的。换句话说，通货膨胀具有惯性(或者像一些人说的，是“黏性的”)。通货膨胀具有惯性是出于两个主要原因。第一个原因是人们对通货膨胀的预期。低通货膨胀率使得人们预期未来的通货膨胀低，从而降低了工资和价格上涨的压力。同样，高通货膨胀率使得人们预期未来的通货膨胀高，从而加速了工资和价格的上涨。通货膨胀在长期内保持稳定的第二个原因是长期工资和价格合同的存在，这加强了预期的作用。长期合同有助于强化人们的通货膨胀预期的效果。

练习 13.3

根据图 13.6，讨论为什么美联储会积极维持美国的低通货膨胀。

产出缺口和通货膨胀

物体受到外力作用时，运动状态会发生变化；同样，很多经济因素也会造成通货膨胀率的变化。影响通货膨胀率的一个重要因素是产出缺口，我们在第 10 章将其定义为某个时点实际产出与潜在产出之间的差异占潜在产出的比例。在某一时刻，短期均衡产出水平恰好等于经济中的长期生产能力，或称潜在产出。不过这并不是必然的。产出可能超过潜在产出，产生扩张型缺口；产出也可能低于潜在产出，产生衰退型缺口。接下来我们将分析下列三种可能的情况将如何影响通货膨胀：无产出缺口、扩张型缺口和衰退型缺口。

无产出缺口：$Y=Y^*$ 如果实际产出等于潜在产出，那么根据定义不存在产出缺口。当产出缺口为零时，企业将满足于销售量等于最大可持续生产率。这样一来，企业将没有动力来降低或提升其产品相对于其他产品和服务的价格。然而，企业对其销售量满意，并不代表通货膨胀(整体价格水平的变化率)为零。

要了解原因，让我们回顾一下通货膨胀惯性的概念。假设通货膨胀以每年 3%的速度稳定增长，因此公众的通货膨胀预期是每年 3%。如果公众的通货膨胀预期反映在长期合同中达成的工资和价格的上涨幅度中，那么企业的劳动力和原材料成本每年将上涨3%。为了抵消成本，企业需要每年将其产品价格上调 3%。注意，如果每年所有的企业都将价格上调 3%，那么经济中各种产品和服务的相对价格(如冰激凌的价格相对于出租车费)不会发生变化。尽管如此，整个经济中的通货膨胀率仍为 3%，与之前的几年一样。我们可以总结如下：如果产出缺口为零，那么通货膨胀率将维持不变。

扩张型缺口：$Y>Y^*$ 假设现在存在扩张型缺口，绝大多数企业的销售量超过了其最大可持续生产率。我们可以设想在需求量超过企业希望提供的数量的情况下，企业最终将试图提高其相对价格。也就是说，它们提高的价格将超过成本的增长。如果所有的企业都这么做，那么通货膨胀率将以前所未有的速度上涨。因此，当存在扩张型缺口时，通货膨胀率趋于上涨。

衰退型缺口：$Y<Y^*$ 最后，如果存在衰退型缺口，企业的销售量将低于其生产能

力，因而它们将愿意降低其相对价格以增加销售量。在这种情况下，企业的价格上涨将低于由现有的通货膨胀率决定的成本的上涨，从而不足以完全弥补成本的增加。这样一来，当存在衰退型缺口时，通货膨胀率趋于下降。

推导 AS 曲线：图形分析

结合通货膨胀惯性和存在产出缺口时通货膨胀的变化，我们现在可以推导 AS 曲线。特别地，我们可以用下面的等式对前面学到的进行总结：

当前通货膨胀(π)＝预期通货膨胀(π^e)＋产出缺口造成的通货膨胀变化

等式右边的第一项为预期通货膨胀而不是通货膨胀惯性，这是因为如前所述，通货膨胀最主要的诱因就是经济参与者对未来的通货膨胀的预期。

我们先来看一下不存在产出缺口时的情形。此时

当前通货膨胀(π_1)＝预期通货膨胀(π^e)

我们用图 13.7 中的 A 点来表示这种情形。接下来，假设经济中存在扩张型缺口。在这种情形下，通货膨胀率将等于经济中的通货膨胀惯性与扩张型缺口造成的通货膨胀之和，即

当前通货膨胀(π_2)＞预期通货膨胀(π^e)

这一情形在图 13.7 中用 B 点来表示。最后，假设存在衰退型缺口，即

当前通货膨胀(π_2)＜预期通货膨胀(π^e)

当前通货膨胀低于预期通货膨胀，这是因为衰退型缺口促使企业降低价格，从而给通货膨胀率施加了向下的压力。将图 13.7 中的 A 点、B 点和 C 点连接起来就大致勾勒出了预期通货膨胀率为 π^e 时的 AS 曲线。

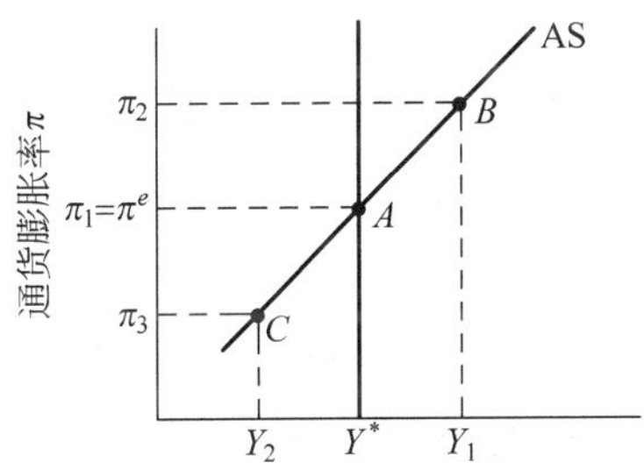

图 13.7　AS 曲线的推导

在 A 点，产出等于潜在产出，因此通货膨胀等于预期通货膨胀($\pi_1=\pi^e$)。在 B 点，产出高于潜在产出，因此通货膨胀高于预期通货膨胀($\pi_2>\pi^e$)。在 C 点，产出低于潜在产出，因此通货膨胀低于潜在通货膨胀($\pi_3<\pi^e$)。

是什么导致 AS 曲线发生移动？

总供给(AS)曲线给出了其他因素不变的情况下，企业愿意生产的产出量与通货膨胀率之间的关系。正如我们在分析 AD 曲线时所做的一样，接下来我们需要考察其他的因素，并了解它们导致 AS 曲线发生了怎样的移动以及原因何在。

与总需求的分析一样，我们需要了解几个术语。**总供给的变化**是指 AS 曲线的移动。

总供给的增加就是AS曲线向右移动；总供给的减少就是AS曲线向左移动。图13.8给出了这两种情况。

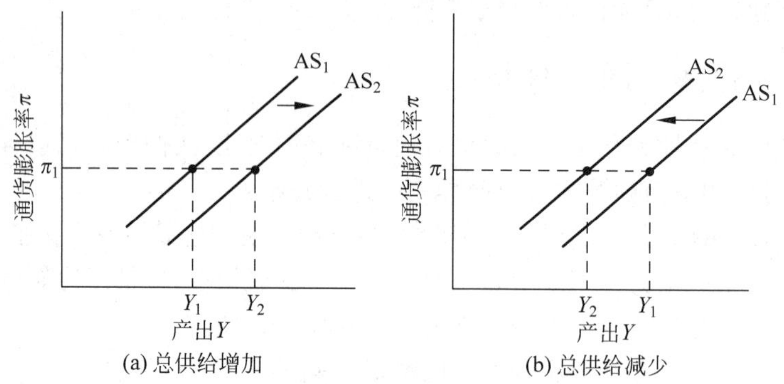

图13.8 总供给的变化

总供给的变化表现为AS曲线的移动。图(a)反映的是总供给的增加；图(b)反映的是总供给的减少。

现有资源和技术的变化

在任意给定通货膨胀率下，企业可以通过增加用于生产的资源来扩大生产。这反映在图13.8(a)中。经济初始的产出为Y_1，通货膨胀率为π_1，接下来企业雇用了更多的劳动力、资本和原材料或者是上述三种的某种组合。这使得企业将产出由Y_1提高到Y_2，而通货膨胀率仍为π_1。这里π_1的选取完全是随机的，因此对于我们所选择的任何通货膨胀率都适用，从而意味着当企业拥有更多的可用资源时整条AS曲线都会向右移动。

技术的变化对于总供给的影响与资源的变化相同。例如，假设某制造商没有雇用更多的工人或购买更多的机器设备，而是找到了能够提升工人和机器设备的利用率的方法。这意味着凭借与以前相同的资源，以相同的价格销售产品，企业可以生产更多的产品。一般来说，技术进步会使AS曲线向右移动。

通货膨胀预期的变化

我们在前面讨论过通货膨胀预期是如何形成的以及良性循环和恶性循环是如何加深这种预期的(见图13.6)。通货膨胀预期为什么会发生变化？通货膨胀预期发生变化对AS曲线会有何影响？

假设某些行业的物价和工资开始以高于其他行业的速度上涨。这将导致实际通货膨胀率高于预期，从而使人们调高对通货膨胀的预期。图13.9显示了预期通货膨胀上升时AS曲线是如何移动的。最开始时，经济中的AS曲线为AS_1，预期通货膨胀为π_1^e。通货膨胀预期上升后，预期通货膨胀变为π_2^e，整条AS曲线向上移动，这是因为产出缺口对于实际通货膨胀仍然具有相同的影响。

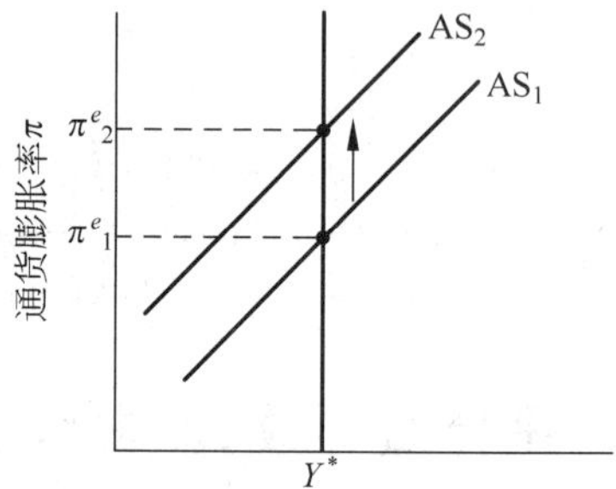

图13.9 预期通货膨胀的上升

预期通货膨胀由π_1^e上升到π_2^e将引起AS曲线向上移动。类似地，预期通货膨胀的下降将引起AS曲线向下移动。

练习 13.4

画一条 AS 曲线，并标明当前的预期通货膨胀率。如果通货膨胀预期下降，AS 曲线将如何移动？

通货膨胀冲击

可能影响通货膨胀率的第二个因素是直接影响价格的冲击，我们称之为通货膨胀冲击。**通货膨胀冲击**是对通货膨胀的正常变化造成突然影响的，与产出缺口无关的冲击。例如，进口原油价格的大幅上涨会抬高汽油、燃油和其他原油制品的价格。

通货膨胀冲击的一个著名的例子是 20 世纪 70 年代初原油价格的急剧上涨。1973 年年末，以色列与阿拉伯联军的赎罪日（Yom Kippur）战争期间，石油输出国组织（OPEC）大幅削减对工业化国家的原油输出，在短短几个月内就使得世界石油的价格上涨到原来的 4 倍。石油价格的上涨迅速传导到汽油、燃油以及航空运输等严重依赖石油的产品和服务的价格。石油价格的上涨，加上农产品短缺造成的食品价格上涨，促使 1974 年美国通货膨胀率显著上升。

类似 1973 年石油价格大幅上涨这样造成通货膨胀上升的通货膨胀冲击被称为负向的通货膨胀冲击，它会造成 AS 曲线向左移动。类似 1986 年石油价格大幅下降这样使得通货膨胀降低的通货膨胀冲击被称为正向的通货膨胀冲击，它会造成 AS 曲线向右移动。

重点回顾：总供给（AS）曲线

- 总供给（AS）曲线给出了其他因素不变的情况下，企业愿意生产的产出量与通货膨胀率之间的关系。
- AS 曲线之所以向上倾斜，是因为实际通货膨胀与实际产出和潜在产出之间的缺口有关：当产出低于潜在产出时，实际通货膨胀低于预期通货膨胀；当产出高于潜在产出时，实际通货膨胀高于预期通货膨胀。
- 现有资源和技术的变化以及预期通货膨胀的变化会使 AS 曲线移动。
- 通货膨胀冲击也会使 AS 曲线移动。负向的通货膨胀冲击使得 AS 曲线向左移动，正向的通货膨胀冲击使得 AS 曲线向右移动。

了解商业周期

你已经了解了 AD 曲线和 AS 曲线的基本知识，现在我们就可以把它们结合在一起来分析商业周期了。具体而言，我们将使用 AD-AS 模型来回答下面两个问题：

（1）商业周期的根本成因是什么？

（2）稳定性政策有作用吗？

我们将在本节阐述第一个问题，然后在下一节阐述第二个问题。

让我们回到图 13.1 和图 13.2。图 13.1 给出了处于长期均衡中的经济：产出等于潜

在产出 Y^*，通货膨胀率处于预期的水平 π_1^e 上。图 13.2 给出了处于短期均衡中的经济，图(a)阐释了衰退型缺口，图(b)展示了扩张型缺口。问题“商业周期的根本成因是什么?”可以被重新表述如下：是什么因素促使经济从图 13.1 中的情形变成了图 13.2 中的情形？简单回答一下就是 AD 曲线和 AS 曲线的移动促使经济脱离了长期均衡，进入了存在衰退型缺口或扩张型缺口的状态。我们接下来分别研究这些可能性。

需求冲击：AD 曲线的移动

图 13.10 解释了 AD 曲线的移动如何导致商业周期的产生。图 13.10(a)表明，AD 曲线向左移动，打开了衰退型缺口。作为对比，图 13.10(b)显示 AD 曲线向右移动，打开了扩张型缺口。

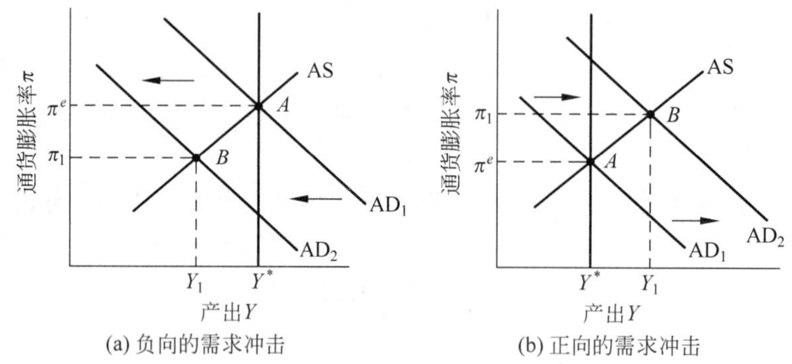

图 13.10 需求冲击与商业周期

在每一个图中，经济都是从长期均衡开始。图(a)显示了衰退型缺口：负向的需求冲击致使 AD 曲线向左移动，降低了产出(从 Y^* 到 Y_1)和通货膨胀率(从 π^e 到 π_1)。图(b)显示了扩张型缺口：正向的需求冲击致使 AD 曲线向右移动，提高了产出(从 Y^* 到 Y_1)和通货膨胀率(从 π^e 到 π_1)。

是什么因素导致 AD 曲线移动，并促使经济脱离长期均衡？在本章前面的内容中，我们找到了三种可能性：需求冲击、财政政策的变化，以及货币政策的变化。经济学家发现，需求冲击是由于 AD 曲线移动而导致商业周期形成的最常见原因。下面的例子说明了这一点。

例 13.2 互联网泡沫对美国经济的影响

互联网泡沫如何影响美国经济？

互联网泡沫实际上是 1995—2000 年发生的股票市场的蓬勃发展。股票市场繁荣的推动力之一是互联网公司发行的新股票，如 Netscape.com、AOL.com，以及 Amazon.com。在此期间，标准普尔(S&P)500 股票指数几乎翻了一番，导致家庭财富大大提高，进而导致总需求的提高和扩张型缺口的产生，就像在图 13.10(b)中所显示的那样。

互联网泡沫于 2000 年 3 月破灭。到了 2002 年秋天，在互联网泡沫期间所获得的大多数收益都被抹去，家庭财富大大缩水。结果导致总需求的下降，就像在图 13.10(a)中所显示的那样，从而造成了 2001 年的衰退。

通货膨胀冲击：AS 曲线的移动

AS 曲线的移动也会引发商业周期，如图 13.11 所示。图 13.11(a)显示了 AS 曲线向左移动，打开了衰退型缺口；而图 13.11(b)则显示了 AS 曲线向右移动，打开了扩张型缺口。

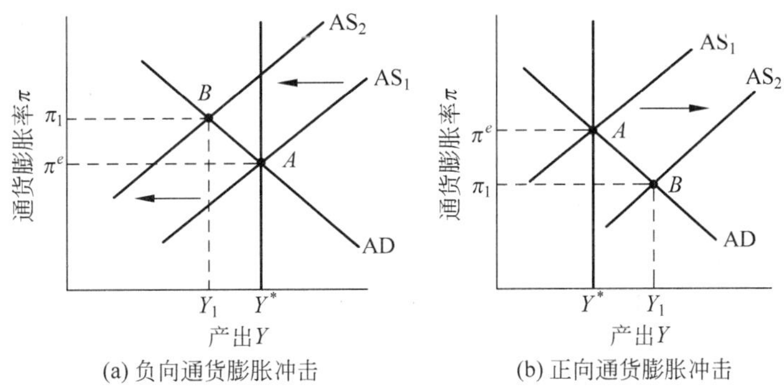

图 13.11　通货膨胀冲击与商业周期

在每一个图中，经济都是从长期均衡开始。图(a)显示了衰退型缺口：负向的通货膨胀冲击致使 AD 曲线向左移动，降低了产出(从 Y^* 到 Y_1)和通货膨胀率(从 π^e 到 π_1)。图(b)显示了扩张型缺口：正向的通货膨胀冲击致使 AD 曲线向右移动，提高了产出(从 Y^* 到 Y_1)和通货膨胀率(从 π^e 到 π_1)。

现有的资源和技术的变化，预期的通货膨胀率的变化，以及通货膨胀冲击，都是 AS 曲线可能发生移动的原因。经济学家发现，价格冲击是 AS 曲线发生移动的最常见诱因。

例 13.3　石油价格对美国经济的影响

20 世纪七八十年代，石油价格如何影响美国经济的？

美国经历了两次“石油冲击”，1973—1974 年和 1979 年分别出现过石油价格迅速飙升的现象。在第一次，石油价格增长了三倍，然后在第二次翻了一番。这两次都可以看作是通货膨胀冲击：总供给降低，如图 13.11(a)所示，导致经济在 1973 年年末和 1980 年年初都陷入衰退。

原油价格在 1982 年年初达到顶峰。然后在 1982—1986 年下降了 50%，给美国经济带来了正向的通货膨胀冲击。在此期间，总供给上升：首先，扭转了 20 世纪 70 年代的负向通货膨胀冲击(也就是说，图 13.11(b)中的 AS 曲线向右移动)；然后，在经济返回潜在水平之后再一次使 AS 曲线发生移动。

利用 AD-AS 模型来研究商业周期

例 13.2 和例 3.3 说明了 AD-AS 模型如何被应用于真实世界的商业周期中。让我们总结一下我们在这些例子中所遵循的步骤，然后将它们应用于对大衰退的分析。

使用 AD-AS 模型研究商业周期的五个步骤

在例 13.2 和例 13.3 中，叙述了像股票市场繁荣或石油价格冲击这样的事件，我们追踪了这些事件对经济产出和通货膨胀率的影响。我们可以将我们的分析总结为下列五个步骤。

步骤 1：画一幅类似于图 13.1 的图。一定要标出经济的长期均衡点，其中产出位于潜在产出 Y^* 上，而通货膨胀率位于预期的通货膨胀率 π^e 上。

步骤 2：看一下这种事件是否会影响 AD 曲线、AS 曲线或是对这两种曲线都有影响。从这里可以了解推动 AD 曲线和 AS 曲线移动的因素。你可以写下推动 AD 曲线移动的因素（需求冲击、财政政策、货币政策）和推动 AS 曲线移动的因素（现有的资源和技术的变化、预期通货膨胀率的变化，以及通货膨胀冲击），将所发生的事件归到其中一个类别中，然后看一下事件会促使相关曲线向哪个方向移动。

步骤 3：使曲线向适当的方向移动。

步骤 4：找出新的短期均衡。

步骤 5：对比新的短期均衡与初始的长期均衡。一定要把新的产出水平与潜在产出进行比较，将新的通货膨胀率与预期通货膨胀率进行比较。

用 AD-AS 模型分析大衰退

2009 年，美国的实际 GDP 大概比潜在产出低 8%。核心通货膨胀率从 2007 年的 2.7%下降到了 2009 年的－0.7%。

现在，我们可以使用 AD-AS 模型来理解大衰退。有三件事最常被认为是此次大衰退的诱因：始于 2006 年中期的房地产价格下跌，从 2007 年年初到 2008 年中期的石油价格的飙升，以及 2008 年秋天全世界范围内的金融动荡。下面是相应的五个步骤。

步骤 1：画一幅类似于图 13.1 的图。见图 13.12 中的图(a)。2007 年的经济位于 A 点。

步骤 2：看一下这种事件是否会影响 AD 曲线、AS 曲线或是对这两种曲线都有影响。房地产价格的下跌和全世界范围内的金融危机是负向的需求冲击。我们曾经提到过，房地产价格的下跌是导致家庭财富下降的原因，这会导致消费支出的下降和总需求的降低。全世界范围内的金融危机也是一种负向的需求冲击，因为它会影响投资支出。特别地，金融危机会极大提高对企业贷款收取的利率。这会直接导致投资支出的下降和总需求的降低。

石油价格在 2007 年 1 月至 2008 年 8 月之间几乎翻了一番。不过，2008 年 9 月到 2009 年 1 月，石油价格又几乎回落到了 2007 年 1 月的水平。因此，美国经济在 2007 年年初至 2008 年中期经历了负向的通货膨胀冲击和总供给的减少，然后又在 2008 年中期至 2009 年年初经历了正向的通货膨胀冲击和总供给的增加。

步骤 3：使曲线向适当的方向移动。负向的需求冲击会导致 AD 曲线向左移动；在图 13.12(b)中显示为从 AD_1 移动到 AD_2。负向的通货膨胀冲击会导致 AS 曲线向左移动，但是正向的通货膨胀冲击导致 AS 曲线向右移动，并且两者的移动量相等，所以 AS 曲线仍然保持在 2007 年时的水平上。

步骤 4：找出新的短期均衡。新的短期均衡点是图 13.12(b)中的 B 点。

步骤 5：对比新的短期均衡与初始的长期均衡。经济从图 13.12(b)中的 A 点移动到 B 点。2009 年的实际产出 Y_1 低于潜在产出 Y^*，2009 年的实际通货膨胀率 π_1 低于预期通货膨胀率 π^e。

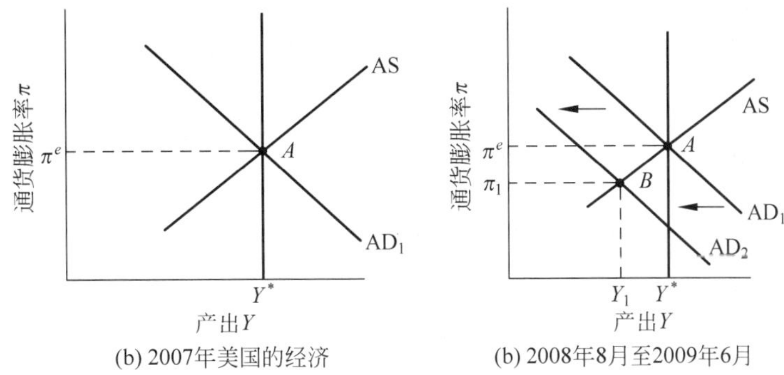

图 13.12　大衰退

图(a)显示了位于 A 点处于长期均衡状态的美国经济。图(b)显示经济进入了衰退期(从 A 点移动到了 B 点)。房地产价格的下跌和金融危机导致消费、投资和净出口下降,进而产生导致 AD 曲线向左移动的需求冲击(从 AD_1 移动到 AD_2)。产出下降到 Y_1,通货膨胀率 π_1 低于预期的通货膨胀率 π^e。在图中,AS 曲线没有发生移动,因为 2007 年年初到 2008 年中期出现的石油价格的飙升被 2008 年中期至 2009 年年初的石油价格的下降所抵消。

因此,大衰退的故事就是一个负向需求冲击的故事。房地产价格泡沫的破裂和 2008 年的金融危机降低了总需求,导致经济进入了严重的衰退。石油价格的动荡在微观经济学水平上可能非常重要,但在宏观经济水平上,它们没有产生持续性影响。

重点回顾:了解商业周期

- 商业周期是由总需求和总供给的变动引起的。
- 总需求变动的主要原因是需求冲击,而总供给变动的最常见原因是通货膨胀冲击。
- 通过下列五个步骤,可以将 AD-AS 模型用于研究商业周期:
  - 显示经济处于长期均衡;
  - 找出影响 AD 曲线和/或 AS 曲线的因素;
  - 使 AD 曲线和/或 AS 曲线向适当的方向移动;
  - 找出经济的新的短期均衡;
  - 比较新的短期均衡与初始的长期均衡,以表明产出和通货膨胀率如何受到影响。
- 大萧条是两种负向的需求冲击的结果:房地产价格的下跌和 2008 年的金融危机。

经济自调整与稳定性政策

政府可通过实施财政政策和货币政策促使经济摆脱衰退,或者使在高于潜在产出水平上运行的经济放慢速度。我们可以通过使用 AD-AS 模型来研究这两种类型的政策的效果。我们会发现,引发衰退的冲击的性质(例如,需求冲击与通货膨胀冲击),对于政府如何反应至关重要。

不过，在返回稳定性政策之前，我们首先需要研究一下如果政府不采取稳定性政策，经济将会如何发展。结果证明，这是理解政府应该如何使用稳定性政策的关键。

经济的自调整

在基本的凯恩斯模型中，如果计划支出的一种或多种构成元素(消费、投资、政府支出或净出口)不发生变化，产出缺口就不会消失。该模型说明，财政政策和货币政策对于消除产出缺口非常重要。没有稳定性政策，经济就会无限期地处在低于潜在 GDP 的水平上。

基本的凯恩斯模型建立在一个关键假设上：企业以固定的价格满足对其产品的需求。对于 AD-AS 模型，我们则放松了该假设，如今价格水平可以变化而通货膨胀则可因总需求和总供给的移动而上升或下降。基本的凯恩斯模型和 AD-AS 模型之间的这一差异是非常重要的，因为如果价格水平不再是固定的，那么产出缺口可以通过通货膨胀的上升或下降被消除。这就是经济的自调整特性。

扩张型缺口

图 13.13 显示了经济中存在扩张型缺口时长期内是如何调整的。经济最初位于均衡状态，实际产出为 Y_1，实际通货膨胀为 π_1。在该点，由于实际支出 Y_1 大于潜在支出 Y^*，存在扩张型缺口。只要美联储不改变货币政策反应机制且没有需求冲击，AD 曲线就将停留在 AD_1 的位置。

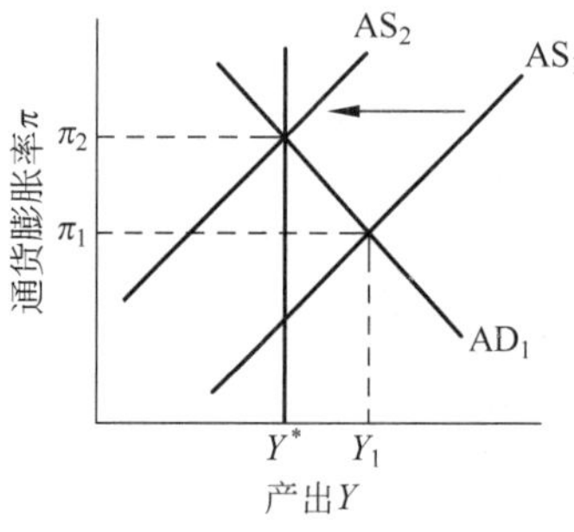

图 13.13 针对扩张型缺口的调整

经济最初位于均衡状态，实际产出为 Y_1，实际通货膨胀为 π_1。在该点，存在扩张型缺口。随着预期通货膨胀上升进而导致实际通货膨胀上升，AS 曲线向左移动，从 AS_1 移动到 AS_2。美联储遵循其货币政策反应机制，随着通货膨胀的上升而上调实际利率，因此支出和产出随通货膨胀的上升而下降，经济沿 AD 曲线移动到长期均衡点，产出为 Y^*，通货膨胀为 π_2。

既然 AD 曲线不动，那么怎样才能实现长期均衡呢？从图中看，AS 曲线必须由 AS_1 左移到 AS_2，通货膨胀必须由 π_1 上升到 π_2。但是，AS 曲线为什么会向左移动？其背后的经济意义是什么？

正如我们在本章前面所讨论的，工人和企业对于通货膨胀的预期使得 AS 曲线发生移动，这正是经济由短期均衡调整为长期均衡的机理。扩张型缺口下，企业面对需求的提高，实施的调价速度高于成本的上升速度，这导致实际通货膨胀率和预期通货膨胀率均上涨。特别地，假设企业发现实际产出高于潜在产出，这意味着大多数企业将经历对其产品的超额需求，此时它们将以提高产品价格来应对。这将提高通货膨胀率，因为不仅是某一产品的价格相对其他产品的价格在上涨，而是整体价格水平在以更快的速度上涨。

这还仅仅是故事的开始。回顾图 13.6，看看“低通货膨胀”文本框。如果我们将这个文本框改为“更高的通货膨胀”，并且沿顺时针方向移动到下一个文本框，我们将“低通货膨胀预期”改为“更高的通货膨胀预期”。由于工资和成本的上升速度加快了，更高的通货膨胀预期使得 AS 曲线向左移动；也就是说，我们将“工资和其他生产成本增长缓慢”文本框中的内容改为“工资和其他生产成本加速上涨”。现在我们得到了完整的循环：实际通货膨胀持续上升，导致预期通货膨胀上升，进而导致工资和成本以更快的速度上升。

这解释了通货膨胀为什么会上升，但是实际产出为什么会降低到潜在产出呢？回忆一下美联储的货币政策反应机制：当通货膨胀上升时，美联储会调高实际利率。因此，当通货膨胀上升时，美联储将调高实际利率，从而导致支出下降，因此经济将沿着 AD 曲线移动，随着通货膨胀的上升，产出将下降。这样一来，经济就由短期均衡转变到长期均衡，实际产出等于潜在产出 Y^*，实际通货膨胀等于预期通货膨胀 π_2。

衰退型缺口

衰退型缺口下经济的调整过程与扩张型缺口下的调整过程类似。图 13.14 给出了通货膨胀针对衰退型缺口的调整。同样，经济最初位于均衡状态，实际产出为 Y_1，实际通货膨胀为 π_1。在该点，由于实际支出 Y_1 小于潜在支出 Y^*，存在衰退型缺口。只要美联储不改变货币政策反应机制且没有需求冲击，AD 曲线将停留在 AD_1 的位置。

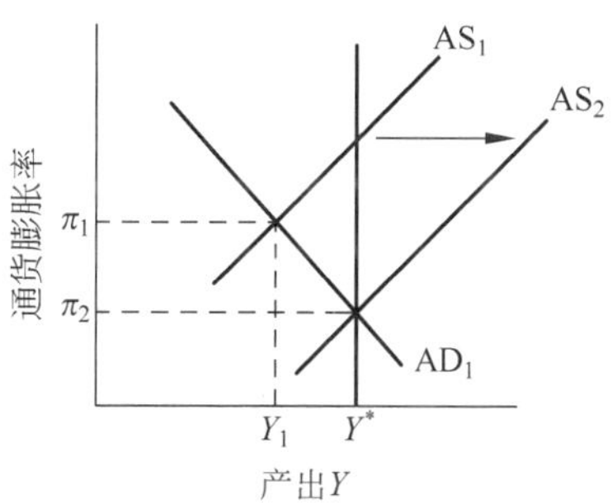

图 13.14　针对衰退型缺口的调整

经济最初位于均衡状态，实际产出为 Y_1，实际通货膨胀为 π_1。在该点，存在衰退型缺口。随着预期通货膨胀下降进而导致实际通货膨胀下降，AS 曲线向右移动，从 AS_1 移动到 AS_2。美联储遵循其货币政策反应机制，随着通货膨胀的下降而调低实际利率，因此支出和产出随通货膨胀的下降而上升，经济沿 AD 曲线移动到长期均衡点，产出为 Y^*，通货膨胀为 π_2。

与经济中存在扩张型缺口时一样，AS 曲线也必须移动，这里是从 AS_1 右移到 AS_2，以便在 AD 曲线保持不动的情况下填平缺口。随着工人和企业对于通货膨胀的预期由于衰退型缺口而下降，通货膨胀将由 π_1 下降到 π_2。（与扩张型缺口的情形一样，图 13.6 可以提供很大的帮助。在这里，较低的通货膨胀导致较低的预期通货膨胀，反过来又会降低工资和其他生产成本的增速。)因为美联储将遵循其货币政策反应机制,随着通货膨胀的下降调低实际利率,从而刺激消费和投资支出的上涨,实际产出将由 Y_1 上升到潜在支出 Y^* 。

稳定性政策的作用?

我们通过对于图 13.13 和图 13.14 的分析,得出了一个重要的一般性结论:经济在长期中会自调整。换句话说,如果有足够长的时间,不需要货币政策或者财政政策(除了美联储政策反应机制对实际利率的调整)的改变,产出缺口也会消失。扩张型产出缺口通过通货膨胀的上升而消除,衰退型产出缺口则通过通货膨胀的下降而消除。这一结论与不包括自调整机能的基本的凯恩斯模型大相径庭。两种结果的不同可以解释为基本的凯恩斯模型关注的是价格不变的短期,没有考虑长期中价格和通货膨胀的变化。

经济倾向于自调整是否意味着不需要积极的货币政策和财政政策来稳定产出?这个问题的答案主要取决于自调整过程发生的速度。如果自调整发生得非常慢,以至于实际产出长期不同于潜在产出,那么积极地应用财政政策和货币政策有助于稳定产出。但是如果自调整的速度很快,那么大多数时候积极的稳定性政策可能都是不适用的,因为在实践中政策制定存在滞后和不确定性。事实上,如果经济迅速回到充分就业的水平,那么政策制定者试图稳定支出和产出的措施往往会弊大于利,例如,导致实际产出对于潜在产出的“超调”。

经济自调整的速度取决于很多因素,包括长期合同是否盛行、产品和劳动力市场的效率和灵活性。然而,一个合理的结论是:初始的产出缺口越大,经济自调整的过程所需的时间就越长。根据这一结论,稳定性政策不应被用来消除相对较小的产出缺口,但是在消除较大的缺口时(例如,当失业率异常高企时),稳定性政策有可能非常有用。我们将在下一章探讨这些问题。

重点回顾:AD-AS 模型与经济的自调整

- 通货膨胀逐渐调整,把经济带入长期均衡(这个现象被称为经济的自调整趋势)。通货膨胀的上升将消除扩张型缺口,通货膨胀的下降将消除衰退型缺口。
- 自调整过程的速度越快,越不需要积极的稳定性政策来消除产出缺口。实践中,产出缺口越大,政策制定者试图消除产出缺口的措施越能奏效。

小结

- 总需求(AD)曲线给出了其他因素不变的情况下,消费者、企业、政府和国外客户在各个通货膨胀率下想要购买的产出数量。AD 曲线之所以向下倾斜,是因为美联储的货币政策反应机制:较高的通货膨胀率导致美联储调高实际利率,进而导致支出和短期均衡产量下降。需求冲击(不是因为产量或通货膨胀率的变化而导致的计划支出的变化）会导致 AD 曲线发生移动。正向的需求冲击导致 AD 曲线向右移动，而负向的需求冲击则导致 AD 曲线向左移动。稳定性政策也会导致 AD 曲线发生移动。

- 总供给（AS）曲线给出了其他因素不变的情况下，企业愿意生产的产出量与通货膨胀率之间的关系。AS 曲线之所以向上倾斜，是因为实际通货膨胀与实际产出和潜在产出之间的缺口有关：当产出低于潜在产出时，实际通货膨胀低于预期通货膨胀；当产出高于潜在产出时，实际通货膨胀高于预期通货膨胀。现有资源和技术的变化以及预期通货膨胀的变化会使 AS 曲线移动。通货膨胀冲击也会使 AS 曲线移动：负向的通货膨胀冲击使得 AS 曲线向左移动，而正向的通货膨胀冲击则使得 AS 曲线向右移动。
- 商业周期是由总需求和总供给的变动引起的。总需求变动的主要原因是需求冲击，而总供给变动的最常见原因是通货膨胀冲击。
- 通过下列五个步骤，可以将 AD-AS 模型用于研究商业周期：

  (1) 显示经济处于长期均衡；

  (2) 找出影响 AD 曲线和/或 AS 曲线的因素；

  (3) 使 AD 曲线和/或 AS 曲线向适当方向移动；

  (4) 找出经济的新的短期均衡；

  (5) 比较新的短期均衡与初始的长期均衡，以表明产出和通货膨胀率如何受到影响。
- 不采取稳定性政策的情况下，产出缺口可以通过经济的自调整特性得到消除。是否需要实施积极的稳定性政策取决于产出缺口的规模以及造成该产出缺口的冲击的性质。

名词与概念

aggregate demand (AD) curve	总需求（AD）曲线	demand shocks	需求冲击
aggregate supply (AD) curve	总供给（AS）曲线	inflation shock	通货膨胀冲击
change in aggregate demand	总需求的变动	long-run equilibrium	长期均衡
change in aggregate supply	总供给的变动	monetary policy rule	货币政策反应机制
		self-correcting property	自调整特性
		short-run equilibrium	短期均衡

复习题

1. 与总需求（AD）曲线相关的两个变量是什么？解释为什么通货膨胀率的变化会影

响计划支出的各组成部分并且导致 AD 曲线向下倾斜。

2. 说明下列各项如何影响 AD 曲线并解释原因。

(1) 政府采购的增加。

(2) 增税。

(3) 企业出于对未来的乐观预期而增加计划投资支出。

(4) 美联储调低通货膨胀目标。

3. 讨论产出缺口与通货膨胀之间的关系。这一关系在 AS 曲线中是如何得到反映的?

4. 画一张描绘除以短期均衡的经济的 AD-AS 图。讨论不采用稳定性政策的情况下长期内经济是如何达到长期均衡的,并在图中予以反映。

练习题

1. 解释下列各项如何影响 AD 曲线并说明原因。

(1) 消费者信心的增加导致消费支出的上升。

(2) 政府减少收入税。

2. 解释下列各项如何影响 AS 曲线并说明原因。

(1) 美联储调高目标通货膨胀率。

(2) 石油价格急剧下降。

3. 美联储调高目标通货膨胀率。使用 AD-AS 图来反映其对于产出和通货膨胀率的短期和长期影响。假设经济初始时处于长期均衡。

4. 假设面对衰退型缺口,政府采取了减税的措施,但是由于立法延迟,税收的削减要在 18 个月后才能实现。假设政府的目标是使产出和通货膨胀重返长期均衡,使用 AD-AS 图来说明这一政策举措事实上有可能被证明是事与愿违的。

5. 假设石油价格的持续上升在造成通货膨胀冲击的同时还引起了潜在产出的降低。使用 AD-AS 图来显示在下列两种情形下石油价格的上升对于短期与长期的产出和通货膨胀率的影响:

(1) 政府并未采取稳定性政策。

(2) 政府削减税收并增加政府支出。

6. 某个经济体最初处于衰退中。使用 AD-AS 图说明在下列各种政策下该经济体是如何回复长期均衡的。讨论每种方法在产出损失和通货膨胀方面的成本和收益。

(1) 美联储调高目标通货膨胀率。

(2) 美联储并未调整目标通货膨胀率,而是继续遵循目前的货币政策反应机制。

7. 假设经济最初处于长期均衡。现在,由于房价的下跌,消费者降低了消费支出。

(1) 解释消费支出的降低是如何影响 AD 曲线的。

(2) 解释你对于问题(1)的答案是如何影响经济的短期均衡的。使用 AD-AS 图来说明你的答案。

(3) 现在,假设除了消费支出的下降,该经济体还经历了负向的通货膨胀冲击。

① 解释负向的通货膨胀冲击是如何影响 AS 曲线的。

② 使用 AD-AS 图讨论政府目前就稳定性政策必须做出什么选择。

8. 判断正误：经济的自调整倾向使得根本没有必要积极地应用稳定性政策。用一段话到三段话来解释。

正文中练习题的答案

13.1　对于未来的悲观预期将促使企业减少投资支出。这将降低总需求，因为投资支出的减少与通货膨胀率的改变是无关的。此外，由于总需求降低，企业的悲观预期被视为负向的需求冲击。

13.2　(1) 如果下一年的通货膨胀预期为 2%，而工人预期其实际工资会上涨 2%，那么他们会预期或要求其名义工资增加 4%。

(2) 如果下一年的通货膨胀预期为 4%而不是 2%，那么他们会预期或要求其名义工资增加 6%。

(3) 如果工资成本增加，企业将需要提高其产品和服务的价格以抵消增加的成本，这将导致通货膨胀的上涨。在(2)中，当通货膨胀预期为 4%时，企业面临的名义工资的增长大于(1)中通货膨胀预期仅为 2%时的增长。因此，我们可以预期当预期通货膨胀为 4%时，企业将价格提高的幅度会大于预期通货膨胀仅为 2%时。

根据这个例子，我们可以得出结论，通货膨胀预期的增加将导致通货膨胀的增加。

13.3　如果通货膨胀率较高，那么由于高的通货膨胀预期以及长期工资和价格合同的存在，经济会停留在高通货膨胀状态；如果通货膨胀较低，那么经济会由于同样的原因而停留在低通货膨胀状态。然而，因为高通货膨胀会给社会带来经济成本(参见第 5 章)，美联储有动力保持低通货膨胀，避免高通货膨胀状态，从而帮助维持公众的低通货膨胀预期，进而在未来进一步降低通货膨胀，以实现图 13.6 所阐述的“良性循环”。

13.4　图形与图 13.9 相同，只不过 AS 曲线是向下移动。

Principles of Macroeconomics

第 14 章

宏观经济政策

学习目标

学完本章内容之后，你应该能够：

1. 讨论美联储面对需求冲击和通货膨胀冲击时可采取的政策。

2. 解释锚定的预期通货膨胀的作用，以及央行在保持较低的通货膨胀方面的声誉。

3. 描述财政政策可以如何影响总需求和总供给。

4. 说明为什么宏观经济政策既是一门艺术也是一门科学。

在前面四章里，我们分析了财政政策和货币政策下暗含的基本经济学知识。我们通过一些案例，指出了政策制定者将增加多少政府支出、缩减多少税收或采取怎样积极的货币政策，来消除某个衰退型缺口，并在短期内，将产出恢复到充分就业水平。尽管这些案例在理解财政政策和货币政策如何起作用方面很有帮助，但它们夸大了制定政策的准确性。

在分析宏观经济政策时，我们可以尝试将经济视为一辆汽车，并将政策制定者看作它的驾驶员。在恰当的时间，通过明智而审慎地转向、刹车或加速，汽车驾驶员能够安全地控制这辆汽车。她可以驾驶它绕过障碍物。当汽车在爬坡阶段速度缓慢时，她可以加速，或者判断是否需要施加额外的动力来超越另一辆汽车。当汽车处于下坡阶段，行驶速度过快，或前面存在危险时，她可以刹车。

不幸的是，引导宏观经济政策比驾驶一辆汽车要困难得多。汽车驾驶员通常能够明确地知道自己所处的位置。她同样知道她的目的地，并能清楚地看到前面的道路。她能准确地控制加速装置、刹车和方向盘。最后，大多数时候，她能从经验中获知汽车将如何对她的行动做出反应以及这些反应在何时发生。然而，现实世界中的经济状况却更为复杂，因为经济政策制定者比汽车驾驶员拥有的信息和管理手段更少得多。正如本书的一位作者所写的那样，“如果制定货币政策真的与驾驶汽车类似，那么，这辆汽车也是一辆速度计不可靠，挡风玻璃有雾，反应倾向于不稳定，并且加速或刹车装置反应迟缓的汽车。”

本章我们将同时考察宏观经济政策的艺术和科学两个方面。首先，使用 AD-AS 模型，来分析在面对总需求和总供给冲击时的稳定性政策。其次，以通货膨胀为中心，描述货币政策能够更好地发挥效用的方式。再次，我们将考察财政政策在潜在产出上的效用，以及决策制定者怎样才能权衡财政政策在短期和长期经济运行中的表现。最后，回到问题：宏观经济政策是一门艺术还是一项科学研究？

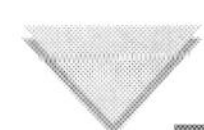

稳定性政策的作用是什么？

在前面的章节中，我们讨论了经济的自调整特性，这一特性将使得产出缺口不会无限期地持续，而是通过提高或降低通货膨胀率来消除。经济的自调整趋势是否意味着不需要具有侵略性的货币政策和财政政策来稳定产出？这个问题的答案主要取决于自调整过程运转的速度。如果自调整进行得非常缓慢，以至于实际产出与长期的潜在产出不同，那么，使用积极的财政政策和货币政策将有助于稳定产出。

而另一方面，如果自调整进行得非常迅速，鉴于在决策制定过程中所涉及的滞后性和不确定性，那么，采取积极的稳定性政策或许并不适宜(例如，在第11章中，我们确定了适用于财政政策的问题种类)。的确，如果经济迅速地恢复到充分就业水平，那么，政策制定者打算稳定开支与产出的尝试或许最终会变得弊大于利，例如，导致实际产出超过了潜在产出。

在特定阶段，经济的自调整速度取决于多种因素，包括长期合同的普遍性、产品和劳动力市场的效率和灵活性。也就是说，自调整机制假设企业面对产出缺口会改变其价格和/或相应的成本。然而，长期合同和市场不完善会使这一过程减慢，并导致产出缺口持续较长一段时间。

一般而言，经济学家已经发现，初始的产出缺口越大，经济恢复长期均衡所需要的自调整时间就越长。这一发现表明，稳定性政策来不能被用于积极地消除相对较小的产出缺口，但可以被用来消除较大的产出缺口，比如大衰退引起的缺口。

引起产出缺口的根本原因，对于考虑稳定性政策的作用而言也同样重要。尤其是，稳定性政策会以不同的方式影响经济，而这种方式取决于经济状况是受到了需求冲击还是价格冲击。

稳定性政策与需求冲击

假设大规模的负向的需求冲击打破了经济的长期均衡，并使经济陷入严重的衰退；图13.10(a)便举例说明了这一情况。注意，负向的需求冲击使得通货膨胀率 π_1 低于预期通货膨胀率 π^e。当缺乏稳定性政策时，经济的自调整机制将促使 AS 曲线向下移动，并在一个较低的预期价格水平上重新恢复长期均衡。

就巨大的产出缺口而言，自调整过程可能会耗时数月乃至几年。如果政府意识到这一点，那么，它就可以利用财政政策或货币政策来增加总需求，并促使经济恢复到长期均衡，参见图14.1。

正如我们在前面章节讨论的那样，政府可以通过两种方式来增加总需求。首先，美国

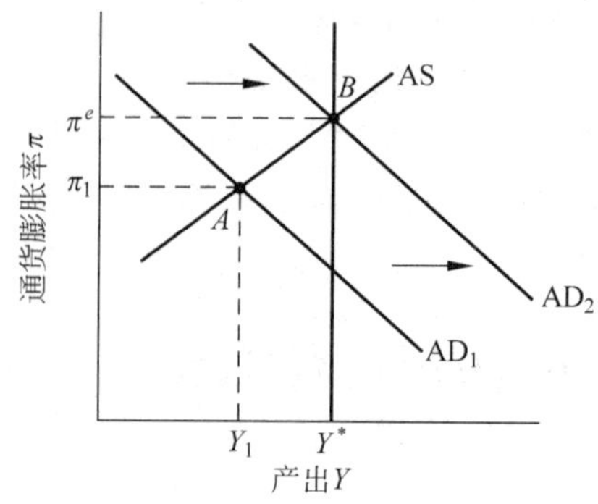

图 14.1 稳定性政策与负向的需求冲击

经济处于衰退期，产出为 Y_1，通货膨胀率为 π_1。当前的通货膨胀率低于陷入衰退之前的预期通货膨胀率 π^e。此时，可以在不引起通货膨胀的情况下运用扩张性财政政策和/或扩张性货币政策。

国会和总统可以通过增加政府支出和降低税收来实行扩张性财政政策。这将直接(通过增加政府支出)和间接(通过降低税收，增加可支配收入来刺激消费)地增加计划支出。其次，美联储可以运用扩张性货币政策。这将降低利率，刺激投资支出增加，进而提高计划支出和产出。因此，就负向的需求冲击来说，积极的稳定性政策可以将经济恢复到衰退之前的产出和价格水平。

例 14.1 联邦政府对 2001 年衰退的回应

联邦政府对 2001 年衰退采取了何种应对措施?

我们在例 11.11 和例 12.4 中使用基本的凯恩斯模型阐述了这个问题。让我们应用 AD-AS 模型再次探讨这个问题。回想一下，网络经济泡沫的爆发是 2001 年衰退的主要原因。这是一个负向的需求冲击，它促使 AD 曲线向左移动，如图 13.10(a)中的 B 点。2001 年发出的退税支票增加了家庭的可支配收入，并增加了总需求，例如图 14.1 中的 B 点。

美联储开始调低利率，虽然这样做已经无法改变 2000 年年末的通货膨胀，但是，正如我们在例 12.4 中所讨论的那样，2001 年 9 月 11 日，恐怖主义袭击迫使美国政府做出了更加积极的回应。截至 2001 年 11 月，联邦基金利率已经比一年前降低了 4.5 个百分点，刺激了消费支出和交易支出两方面的增长。扩张性货币政策和财政政策的联合使用，增加了总需求，并推动经济朝着潜在产出的方向移动。

稳定性政策与通货膨胀冲击

正如我们已经看到的那样，总需求冲击并不需要美联储在通货膨胀和产出稳定性之间做出艰难选择。然而，总供给冲击确实会产生这样的一种两难境地。一方面，如果美联储维持初始的目标通货膨胀率，经济可能会经历长时间的衰退或出现扩张型缺口；另一方面，如果经济加速恢复到潜在的 GDP，美联储将不得不改变目标通货膨胀率。

我们用图 14.2 和图 14.3 来解释这一两难境地。在两张图中，经济最初都位于长期均衡状态，产出 Y_1 等于潜在产出，通货膨胀 π_1 等于预期通货膨胀，也等于美联储的长期通货膨胀目标。一次负向的通货膨胀冲击使得两张图中的 AS 曲线均从 AS_1 移动到 AS_2。美联储面对通货膨胀的上升，遵循货币政策反应机制，调高了实际利率；实际利率的上升引起了计划支出的下降，产出从 Y_1 下降到 Y_2。

现在，经济处于衰退中，产出为 Y_2，通货膨胀为 π_2，美联储面临的选择是：采取积极的货币政策——调低联邦基金利率以提高总需求；或者是遵循货币政策反应机制，将通货膨胀降低到 π_1。图 14.2 给出了美联储放松货币政策后的产出和通货膨胀。特别地，美联储将长期通货膨胀目标调高到 π_3，也就是当经济恢复潜在产出时工人和企业所预期的通货膨胀水平。这样一来，美联储就调低了每一通货膨胀水平下的实际利率，使得 AD 曲线右移，从 AD_1 移动到 AD_2。随着 AD 曲线向右移动，通货膨胀率向着美联储新的长期通货膨胀目标 π_3 上升。

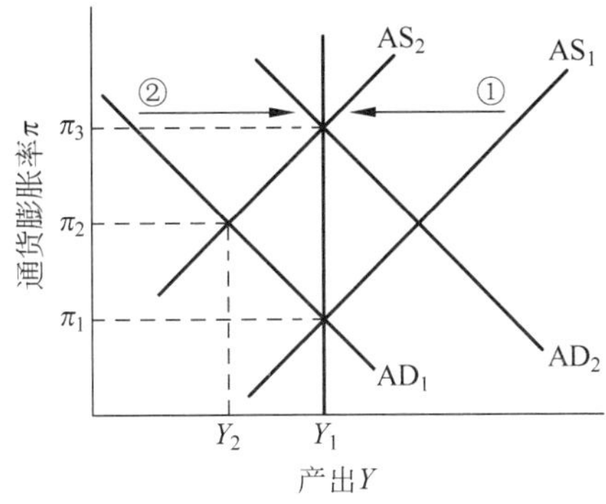

图 14.2　顺应通货膨胀冲击

经济最初位于长期均衡状态，产出 Y_1 等于潜在产出，通货膨胀 π_1 等于预期通货膨胀，也等于美联储的长期通货膨胀目标。①一次负向的通货膨胀冲击使得 AS 曲线从 AS_1 移动到 AS_2。美联储面对通货膨胀的上升，遵循货币政策反应机制，调高了实际利率；实际利率的上升引起了计划支出的下降，产出从 Y_1 下降到 Y_2。②美联储通过放松货币政策来顺应通货膨胀冲击。特别地，美联储将长期通货膨胀目标提高到 π_3，因为这是负向的通货膨胀冲击发生后工人和企业所预期的通货膨胀率。这样一来，美联储就调低了每一通货膨胀水平下的实际利率，使得 AD 曲线右移，从 AD_1 移动到 AD_2，产出也重新回到潜在产出 Y_1。AS 曲线不会再次发生移动，因为美联储的举措认可了通货膨胀预期的上升。

通货膨胀的上升确认了新的预期通货膨胀水平 π_3：工人和企业预期通货膨胀将持续上升，因此他们将争取工资和产品价格的更快上涨，这将驱使实际通货膨胀和预期通货膨胀向 π_3 上升。因此，AS 曲线将停留在 AS_2 的位置，经济最终将在新的更高的长期通货膨胀率 π_3 下回到潜在产出水平。因此，负向的通货膨胀冲击所引起的较高的通货膨胀率将持续，而且事实上将因为美联储的货币政策而进一步上升。

经济学家使用**适应性政策**(**accommodating policy**)一词来描述任由冲击造成影响的政策。在本例中，美联储的适应性政策旨在让通货膨胀冲击降低短期内的产出并降低短期和长期内的通货膨胀。美联储的适应性政策有两方面的重要影响：一方面，在短期内，经济将经历一个衰退期，而支出冲击将带来通货膨胀的上升，接下来在通货膨胀进一步上升的同时产出将上升；另一方面，在长期，经济将回落到初始的潜在产出，但是通货膨胀仍然高企。衰退期的缩短和程度减弱的可能性是以长期通货膨胀率的提高为代价的。

与顺应负向的通货膨胀冲击的做法相反，美联储的另一个选择是坚持现有的长期通

货膨胀目标 π_1。为此，美联储必须让实际利率高于长期目标，即使是出现了负向的通货膨胀冲击时也不降低实际利率来予以顺应。图 14.3 说明了这一情况。因此，经济停留在 Y_2 的时间长于美联储顺应冲击时，也就是说，当美联储调低利率时负向的通货膨胀冲击造成的衰退时间更长。

美联储让利率维持在高水平而不是消除衰退型缺口的意愿将使工人和企业相信通货膨胀不会提高到他们所预期的水平 π_3。因此，预期通货膨胀率将开始下降，AS 曲线将开始向 AS_1 的位置回移。注意美联储是如何反应的：随着 AS 曲线向右移动，实际通货膨胀率将下降，美联储将遵循货币政策反应机制，调低实际利率。实际利率的降低将提升计划支出和产出，缩小衰退型缺口，最终经济将回到潜在产出和初始的通货膨胀水平 π_1。

在决定采取上述两种政策中的哪一种时，美联储可能希望知道如果不对货币政策进行调整，经济需要多长时间才能恢复潜在水平。这个问题的答案取决于当负向的通货膨胀冲击造成衰退型缺口时，总供给曲线向下移动的速度。如果 AS 曲线的移动速度很快，那么美联储更有可能将目标通货膨胀率维持在 π_1，因为衰退的时间可能比较短。相反，如果 AS 曲线的移动速度比较慢，那么美联储更有可能提高目标通货膨胀率来避免出现长时间的衰退。

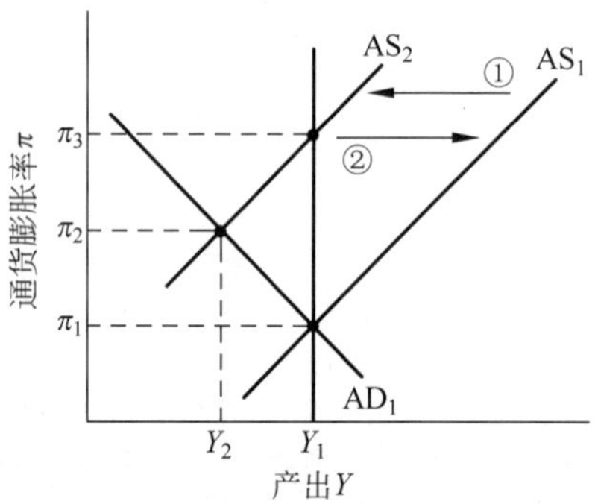

图 14.3 在负向的通货膨胀冲击后维持低通货膨胀

经济最初位于长期均衡状态，产出 Y_1 等于潜在产出，通货膨胀 π_1 等于预期通货膨胀，也等于美联储的长期通货膨胀目标。①一次负向的通货膨胀冲击使得 AS 曲线从 AS_1 移动到 AS_2。面对负向的通货膨胀冲击，美联储将长期的通货膨胀目标维持在 π_1 并调高了实际利率。②通货膨胀 π_2 低于人们在发生通货膨胀冲击后的预期通货膨胀 π_3，因此工人和企业将调低自己的通货膨胀预期，从而使得 AS 曲线向右移动。这一过程一直持续到长期均衡在美联储的长期通货膨胀目标 π_1 下得到恢复，通货膨胀预期也将下降到 π_1。

具有讽刺意味的是，负向的通货膨胀冲击发生后总供给曲线下移的速度部分取决于公众对于美联储将采取的行动的预期。如果人们相信美联储会保持最初的目标通货膨胀率，那么即使通货膨胀率暂时上升，他们对未来通货膨胀率的预期也不会改变。如果是这种情况，那么我们就将人们对于通货膨胀的预期描述为**被锚定的**。当负向的通货膨胀冲击使得通货膨胀上升时，预期被锚定的人相信美联储会采取行动来保证通货膨胀率迅速回落到初始的水平。工人们要求通货膨胀性工资增长和企业涨价的可能性将会降低。这样一来，通货膨胀的第二轮效应就会被消除，总供给曲线将更为迅速地移回 AS_1，而产出也会更快地恢复潜在水平。因为如果通货膨胀预期被锚定，衰退的持续时间都将缩短，因此美联储也更愿意保持目标通货膨胀率不变。

如果与此相反，美联储曾经频繁地对通货膨胀率的上涨采取适应性政策，那么人们的通货膨胀预期就不太可能被锚定。如果公众相信美联储会调高目标通货膨胀率，那么他们对未来的通货膨胀的预期就会更高。工人会要求更高的工资增长，企业也会更快地涨价。在这种情况下，短期总供给曲线将会更加缓慢地下移，回到完全就业状态的时间也将延长。因此，美联储应不惜一切代价让公众相信自己将维持最初的目标通货膨胀率。

经济自然主义者 14.1 20 世纪 80 年代的通货膨胀是如何被遏制的？

美国的通货膨胀率在 20 世纪 70 年代末曾经达到两位数，1980 年为 13.5%，而 1983 年却下跌到 3.2%，并且在此后的 7 年始终保持在 2%～5% 的水平。20 世纪 90 年代，通货膨胀进一步下降，大多数年份仅为 2%～3%。20 世纪 80 年代的通货膨胀是如何被遏制的？

20 世纪 80 年代通货膨胀得到遏制最直接的功劳应归于当时的美联储主席保罗·沃尔克。1979 年 10 月 6 日沃克尔召集了一次不同寻常的秘密的周六会议。会后，联邦公开市场委员会同意采取强有力的反通货膨胀的货币政策。表 14.1 列出了这次政策变化对美国经济的影响，其中包括 1978—1985 年的部分宏观经济数据。

表 14.1 中的数据与我们对反通货膨胀的货币政策的分析非常一致。首先，正如我们的模型所预测的，短期内美联储维持其低目标通货膨胀率以及不愿顺应通货膨胀冲击的做法将导致衰退。事实上，1979 年美联储采取了措施之后就发生了两次衰退：1980 年较短的一次和 1981—1982 年较为严重的一次。注意，1980 年和 1982 年的实际 GDP 增长率是负的，而失业率则大幅上升，并在 1982 年达到了 9.7% 的高点。名义利率和实际利率也上升了，这是货币政策改变的直接影响。然而，1979—1981 年，通货膨胀率却并未对这项措施有什么明显的反应。上述所有结果与我们在图 14.3 中进行的短期分析是一致的。

表 14.1 美国的宏观经济数据，1978—1985 年

%

年份	实际 GDP 增长率	失业率	通货膨胀率	名义利率	实际利率
1978	5.5	6.1	7.6	8.3	0.7
1979	3.2	5.8	11.4	9.7	−1.7
1980	−0.2	7.1	13.5	11.6	−1.9
1981	2.5	7.6	10.3	14.4	4.1
1982	−2.0	9.7	6.2	12.9	6.7
1983	4.3	9.6	3.2	10.5	7.3
1984	7.3	7.5	4.3	11.9	7.6
1985	3.8	7.2	3.6	9.6	6.0

资料来源：作者根据《美国总统经济报告》(www.gpoaccess.gov/eop)计算。

然而，到 1983 年，情况却发生了显著变化。1983—1985 年实际 GDP 出现强劲增长，经济得到了复苏。1984年,可能会阻碍复苏的失业率也开始下降。利率仍然维持在相对较高的水平,这可能反映了除货币政策之外的其他一些因素的影响。最为重要的是,通货膨胀率在1982—1983年下降,并稳定在了一个相对较低的水平。从那时起,美国的通货膨胀率一直保持在较低的水平。

经济自然主义者14.2 促成大稳健的原因是什么?

1985—2007年,实际GDP的增长和通货膨胀都比1985年之前的年份稳定得多。如图14.4所示,实际GDP增长率的变化性大约是1985年之前年份的一半。此外,通货膨胀率下降了2/3。[①] 但是为什么美国的宏观经济波动性下降得如此显著?

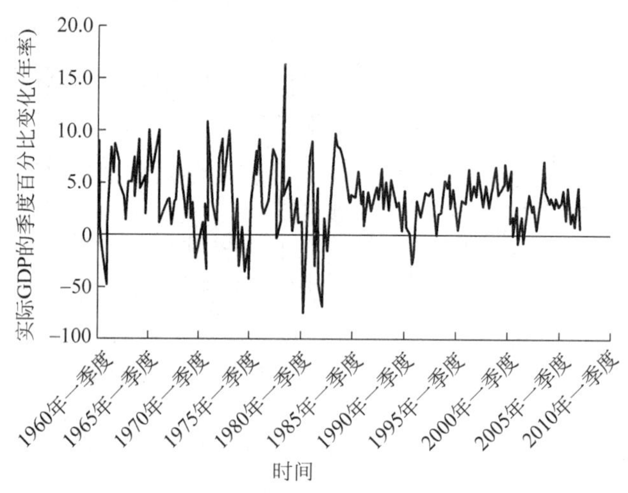

图14.4 实际GDP波动变化

1985—2007年,实际GDP的波动急剧降低。

资料来源:美国经济分析局(www.bea.gov)。

宏观经济波动性的降低为经济带来了很多益处。它改善了市场功能,使得制订经济及交易计划更加简单,并降低了用于管理通货膨胀的资源风险。更稳定的产出和就业,降低了家庭和企业面临的经济不确定性。

许多经济学家认为,更好的宏观经济政策,尤其是货币政策,是使产出和通货膨胀波动性下降的原因。在1981年之前,美联储经常允许通货膨胀上升,以对抗总需求和总供给冲击。为了遏制随之而来的通货膨胀,美联储经常周期性地采取这种做法。货币政策从松到紧的显著变化很容易导致产出和通货膨胀发生波动。然而,自20世纪80年代初期以来,美联储更加努力地抑制通货膨胀的上升。通过锚定通货膨胀预期目标,这些努力发挥了作用,正如我们刚刚所讨论的那样,这不但稳定了通货膨胀,而且稳定了产出。[②]

---

① 见 Olivier J. Blanchard and John A. Simon,"The Long and Large Decline in U. S. Output Volatility," *Brookings Papers on Economic Activity*, No. 1 (2001), pp. 135-164。曾经选修过统计学课程的学生都知道,科学家们通常用变量的方差(或其平方根,被称为标准差)来测量变量的变化。

② Ben Bernanke,"The Great Moderation," February 20, 2004, www.federalreserve.gov/boarddocs/speeches/2004/20040220/default.htm.

尽管大多数经济学家都将通货膨胀波动性的下降归功于美联储，但也有其他人认为是经济结构的变化，而非美联储的举措，在很大程度上降低了产出的波动性。这些结构变化包括技术变化、商业惯例以及其他结构特征改变，它们提高了经济容纳冲击的能力。这些变化的例子包括：更好的库存管理、放松管制、从制造业向服务业转变，以及提高贸易和国际资本流动的开放程度。

重点回顾：稳定性政策的作用

为了应对会引起总需求冲击的支出变化，可以运用财政政策和货币政策，将产出恢复到潜在产出水平，并将通货膨胀率恢复到长期的预期通货膨胀率。但是，总供给冲击（例如，通货膨胀冲击）会迫使美联储在持续通货膨胀与稳定产出之间做出选择。然而，如果通货膨胀预期被锚定，那么在受到通货膨胀冲击之后，经济会比较快地恢复到潜在产出的水平。通过监控核心通货膨胀率，美联储可以确定一次通货膨胀冲击是否会导致第二轮通货膨胀效应，并可以采取相应的措施。

通货膨胀预期和信誉

正像我们在前面两个经济自然主义者专栏中看到的那样，宏观经济的表现可以通过锚定通货膨胀预期得到改善。但是什么可以决定通货膨胀预期是否被锚定呢？大多数经济学家都相信这取决于**货币政策的信誉**，也就是公众在何种程度上相信即使会带来短期的经济成本，中央银行仍会履行低通货膨胀的承诺。

信誉的重要性在前文有关负向的通货膨胀冲击的分析中已经做了说明。在上面的例子中，美联储“通货膨胀斗士”的美誉阻止了第二轮通货膨胀效应的产生并且加快了就业率在初始的通货膨胀下回到完全就业状态的速度。经济学家确定了几种制度上的特征，它们会影响中央银行保持低通货膨胀这一宣言的信誉和能力。这些特征包括中央银行的独立性程度、中央银行公开宣布的目标通货膨胀率和抗击通货膨胀的声誉。

中央银行的独立性

如果中央银行可以不受短期的政治考虑的影响，那么货币政策的信誉就会提高，这种情况有时候被称为**中央银行的独立性**。独立性高的中央银行更有可能对经济保持一个长远的视角。特别地，在必要的时候他们可以采取反通货膨胀的政策，即使这种政策可能引起短暂的衰退。而由选举产生的政治家要定期重新参选，所以他们有可能出于短期的政治考虑而以长期内通货膨胀上升为代价让经济过度扩张。由于信誉提高了，独立的中央银行可以更加容易地锚定公众对通货膨胀的预期，缩短任何通货膨胀性或衰退型缺口的持续时间并且提高整体经济的稳定性。

中央银行的独立性是由各种影响因素决定的。在许多可能的因素中，我们列出以下四个。

- 中央银行官员的任期长度。一般认为,中央银行官员的任期越长,中央银行就越独立,尤其当他们的任期是岔开的时候,某一任总统或者立法机关就无法将他们同时换掉。
- 中央银行的行为是否会受到频繁的干预、审查或是立法机关的否决。受到的频繁干预和审查越少,中央银行就越独立。
- 中央银行是否像很多国家那样,有义务通过购买新发行的政府债券来弥补财政赤字。这种义务会降低中央银行的独立性。
- 中央银行的预算受政府立法或是行政机关控制的程度。如果中央银行被允许自行制定并且控制预算,那么中央银行就会更具独立性。

美联储通常被认为是相对独立的中央银行。美联储的 7 位成员的 14 年任期是被交错安排的,与众议员、总统、参议员分别每两年、四年和六年就要面临一次再选举形成了对比。虽然美联储管理委员会的任命必须通过参议院批准,美联储也会受到国会的监管,但是美联储的日常政策行为却不会受到行政、立法或是司法机关的检查、批准或是否决。此外,美联储无须为财政赤字融资,而且拥有自己的预算。不过,创建美联储的法律(《美联储法案》)也并不明令禁止行政或司法机关对美联储的干预。而在很多国家,关于中央银行的立法中对此都是有明文规定的。

实验证据证明了国家必须促进中央银行的独立性。拥有更高独立性的中央银行的国家的通货膨胀率更低。更重要的是,大多数研究表明,低通货膨胀并不以低产出和低就业率为代价。通过提升中央银行的信誉,更高的中央银行独立性会带来更理想的整体经济结果。

宣布一个目标通货膨胀水平值

一些经济学家相信,在中央银行宣布了明确的目标通货膨胀值的那些国家,通货膨胀预期更容易被锚定,人们也会认为中央银行的信誉更高。我们在对货币政策反应机制的讨论中,已经引入了目标通货膨胀率这一概念。一般而言,要想制定明智的政策,中央银行必须搞清楚自己希望达到的通货膨胀率。更富争议的问题是,中央银行是否应该公开其目标通货膨胀率。赞成者认为公开一个具体的长期目标通货膨胀值并且保持在该水平上将增加中央银行的信誉并且可以更好地锚定预期。

很多中央银行公布了通货膨胀目标。例如,加拿大银行从 1991 年开始公布其目标通货膨胀值,1995 年以来,这个目标都是 2%。2011 年 3 月,英格兰银行的目标通货膨胀率是 2%,而巴西中央银行的目标是 4.5%。其他中央银行也或者提供了目标通货膨胀率的范围,或者既提供了目标值也提供了目标通货膨胀率的范围。例如,以色列银行和新西兰储备银行 2011 年 3 月的目标通货膨胀率都介于 1%～3%之间;而在智利这个范围是 2%～4%。

对外公布通货膨胀目标的中央银行通常还向公众提供额外的信息。这些信息可能包括他们对通货膨胀的预告、实际 GDP、其他变量以及关于为了实现目标需要采取的政策的一些讨论。拥护者们相信公布通货膨胀目标并提供支持性信息既可以提高中央银行的信誉还可以降低家庭和企业所面临的不确定性。这有助于锚定通货膨胀预期,保持低通货膨胀率并且维持完全就业水平。

注意，中央银行公布长期通货膨胀目标的好处是这样一来，中央银行就能够控制长期通货膨胀率。但是，要中央银行公布长期实际 GDP 或是就业率的目标是没有意义的，因为这些变量是由许多不受中央银行控制的因素决定的(如生产率和劳动力供给)。

公布了通货膨胀目标之后，中央银行可以选择严格地坚持这一水平，也可以更为灵活。设定严格目标的中央银行会始终试图实现目标而不考虑产出水平。就像我们所看到的，当经济受到支出困扰的时候，这个政策可以将产出保持在潜在产出水平，然而如果中央银行将总供给冲击(如通货膨胀冲击)的初始通货膨胀上涨都消除了的话，则可能导致经济衰退。

实际上，所有公开通货膨胀目标的中央银行都采取灵活的通货膨胀目标——他们试图在对短期总供给冲击采取行动时，能够把支出缺口和通货膨胀都考虑在内，从而在长期内或相对长的期间实现通货膨胀目标。在这些情况下，所公布的通货膨胀目标与货币政策反应机制中的目标通货膨胀率是相对应的。

公开目标通货膨胀值的拥护者们相信这种做法可以降低金融市场和公众中的不确定性。不确定性的降低允许人们制订更有效的计划，节约了他们用来保护自己不受意料之外的通货膨胀影响的资源，还优化了市场机能。通过用中央银行的声望来支撑实现目标的承诺，拥护者们也相信公开通货膨胀目标会提升中央银行的信誉并锚定通货膨胀预期。

设定通货膨胀目标的支持者们强调不论在发展中国家还是发达国家，这项政策都获得了成功。他们相信在巴西、智利、墨西哥和秘鲁等国的实际经验解释了拉丁美洲人口最多的 9 个国家能够降低其通货膨胀率的原因，这些国家的通货膨胀率从 20 世纪 80 年代的年均 160%和 90 年代前五年的 235%降到了 1995—1999 年的年均 13%和 2000—2004 年的 8%。①

美联储等不向公众公布明确目标的中央银行，在制定政策的时候其实对通货膨胀目标或范围也心中有数。虽然没有公布一个明确的数字，但是这些中央银行也表示将保持低通货膨胀，只是没有明确说明具体的数字。拥护这种方式的人们认为公布目标通货膨胀率过于缺乏弹性，而且可能会降低中央银行应对突发事件的灵活性。他们担心公布明确的目标会导致中央银行过度关心通货膨胀而不够重视稳定支出和保持完全就业。最后，反对美国公布通货膨胀目标的人们强调美联储在没有采用这种方式的情况下已经取得了很好的成果。他们认为应该遵从"东西没坏就不要修它"这一谚语。

例 14.2　通货膨胀目标

通货膨胀目标为什么不能为零?

因为中央银行往往表示青睐稳定的价格，因此从逻辑上看长期的通货膨胀应该是 0。但是，大多数经济学家都认为通货膨胀为零的目标太低，而公布明确的通货膨胀目标的中央银行都会选择很低但是大于零的目标。通货膨胀目标为什么不能设为零?

---

① Ben Bernanke,"Inflation in Latin America: A New Era?"February 11, 2005. http://www.federalreserve.gov/boarddocs/speeches/2005/20050211/default.htm.

这是出于以下几种原因。首先，因为要想始终实现通货膨胀目标在现实中是不可能的，所以为零的通货膨胀率增加了经济遭遇通货紧缩（也就是负的通货膨胀）的风险。美国在 20 世纪 30 年代、日本在 20 世纪 90 年代经历的通货紧缩都表明通缩一旦开始就难以停止，而且它会导致实际 GDP 长期而令人痛苦的下降，尤其是当人们预期通货紧缩会持续的情况下。许多政策制定者更愿意通过将目标通货膨胀率设定在大于零的水平上来降低通货紧缩的风险。

其次，美联储可能会想用负的实际利率来抵消对经济的负面冲击，但是这要求通货膨胀率大于零。回顾一下，实际利率等于名义利率减去通货膨胀率。因此，负的实际利率要求将名义利率设定在小于通货膨胀率的水平上。但是，如果通货膨胀率为零（或小于零），负的实际利率就要求有负的名义利率。但是联邦基金利率不能小于零，因为银行宁可保留其储备金而不愿意用负的名义利率对外贷款。所以，负的实际利率要求通货膨胀率大于零。

再次，正像我们在第 5 章中所看到的，有些证据表明传统的衡量通货膨胀的方法趋于将“真实”通货膨胀率高估一个百分点。所以，如果美联储想要保持“真实”的物价稳定（也就是说，为零的“真实”通货膨胀率），则要求用传统方法衡量的通货膨胀率至少为 1%。

最后，一些经济学家相信一定程度的通货膨胀会加快经济机器运转的速度。第 6 章的分析表明在一个有效运转的经济体中，技术变化和产品需求的转移可能会要求某些产业和职位的实际工资率有所下降，即使其他产业和职位上的工资都是在上涨。如果通货膨胀为正，当工人的名义工资的增幅小于通货膨胀率时，实际工资会下降。例如，如果工人的名义工资上涨了 4% 而价格水平上涨了 5%，她的实际工资（也就是说，她用收入能够买到的物品和服务）会下降。但是，如果通货膨胀率为零，价格没有变化，那么工人实际工资下降的唯一方法是实际工资本身的下降。有证据表明工人会竭尽全力地制止名义工资下降。[①] 他们比较能够接受的情况是：名义工资水平上升一个小的百分比，即使通货膨胀降低了他们的实际工资。所以，通货膨胀为一些产业的实际工资降低及实现经济效率提供了“润滑剂”。[②] 但是，“润滑剂”理论的评论家们认为工人不愿意接受名义工资很小的下跌和零通货膨胀率。在低通货膨胀环境下，有时由于必要性，调低名义工资可能更常见，工人们也更容易接受这个主意。

中央银行的声誉

信誉最终只能通过表现来获取并且维持，而且中央银行的表现部分取决于是“通货膨胀鹰派”还是“通货膨胀鸽派”。**“通货膨胀鹰派”**指的是那些即使需要付出降低产出和就业率的代价，也要实现并且保持低通货膨胀的人。**“通货膨胀鸽派”**指的是那些并不致力于实现和保持低通货膨胀的人。

“通货膨胀鹰派”相信稳定的低通货膨胀有助于长期经济的增长，因此值得付出一些可能的短期成本。不过有一点看似荒谬，即使在短期内，“通货膨胀鹰派”可能也会实现更稳定的产出和就业水平。那些得到“通货膨胀鹰派”声誉的中央银行更容易锚定人们的通货膨胀预期。正如我们已经学过的那样，锚定的预期使通货膨胀冲击的第二轮效应降低，从而减小了通货膨胀冲击对通货膨胀水平的影响。回顾一下，锚定的预期也加快了紧随

---

① 这并不表明名义工资永远都不会下降。例如，航空业内的很多工人由于他们的雇主与西南航空和蓝色喷气机公司等低成本的航空公司竞争，而不得不接受更低的名义工资。

② George A. Akerlof, William T. Dickens, and George L. Perry, “The Macroeconomics of Low Inflation,” *Brookings Papers on Economic Activity*, No. 1 (1996), pp. 1-76.

着负向的通货膨胀冲击和总需求冲击之后的短期总供给曲线下移的速度。所以,通过锚定通货膨胀预期,被认为是“通货膨胀鹰派”的中央银行即使在短期内,也更有能力稳定产出和潜在GDP。

但是中央银行怎样才能获得通货膨胀鹰派的声誉呢?一些中央银行的官员们只有通过实施“通货膨胀鹰派”的货币政策才能获得这个声誉。不过,有些时候,总统可以在职业或学术背景的基础上,专门挑选那些已经获得“通货膨胀鹰派”声誉的人来为政府服务。吉米·卡特任命保罗·沃尔克为美联储主席就是这种情况的一个好例子。

重点回顾:通货膨胀预期和信誉

如果通货膨胀预期被锚定,宏观经济的表现可能会得到改善。锚定的预期取决于中央银行反通货膨胀宣言的可信性。以下制度性特征可能有助于提升中央银行的信誉:中央银行独立于政府的行政和司法机关的程度;明确的通货膨胀目标的公布;中央银行作为“通货膨胀鹰派”的声誉。

财政政策与供给方面

迄今为止,我们一直在讨论货币政策及其影响。从现在开始,我们将转而介绍财政政策。回顾第11章和第13章,我们曾经关注过财政政策(政府支出和税收)在决定总支出和总需求方面的作用。例如,可以看到,增加政府支出和降低税收可以通过提高总需求来实现经济的扩张。然而,大多数经济学家都认为财政政策既影响经济的生产能力或称潜在产出,也影响总需求。一般而言,**供给方面的政策**就是影响潜在产出(经济的“供给方面”)的政策。我们在这里所讨论的财政政策基本上是这个意义上的供给方面的政策。

例如,正如我们曾经讨论过的,政府在公共资本方面的支出将增加总支出。然而,这种支出也可能影响经济的潜在产出。艾森豪威尔总统时期开始修建的州际公路就是一个例子。州际公路系统降低了长途运输的成本,从而提高了美国经济的生产能力,增加了潜在产出。因此,公共资本方面的支出可能既是供给方面的政策,又对总需求有所影响。

政府税收和转移支付项目会影响对家庭和企业的激励,从而影响他们的经济行为。经济行为的改变反过来又会影响潜在产出、税收和转移支付项目,在这个程度上同样具有供给方面的影响。例如,降低利息收入(与总收入不同)的税率有可能增加人们的储蓄愿望,这与我们在第8章看到的相符。尽管储蓄的增加在短期内会造成消费和总需求的降低,但长期内储蓄的增加会带来投资的增加,促进经济中资本以更快的速度形成。

税收和转移支付政策同样会通过影响劳动力供给来影响潜在产出。例如,对收入减税有可能通过引导人们工作更长的时间而增加潜在产出。例如,假设汤姆税前每小时赚10美元,应缴的税率为40%。因此,汤姆每工作1小时,将赚取10美元,将10美元的40%,即4美元用来缴税,而税后收入为6美元。表14.2的第一行给出了汤姆的情况。

现在假设他应缴的税率为 30%。如果他们的税前收入仍为每小时 10 美元，那么他每小时应缴的税将减少到 10 美元的 30%，即 3 美元，税后收入为 7 美元(见表 14.2 的第二行)。因此，汤姆应缴的税率由 40%降低为 30%将使汤姆的税后工资由每小时 6 美元增加到 7 美元。

表 14.2 减税对于汤姆的税后工资率的影响

税前工资/美元	税 率	所缴的税/美元	税后工资/美元
10	40%(=0.40)	4	6
10	30%(=0.30)	3	7

税率的降低有可能增加人们愿意工作的时间，减少他们在家看电视和做家务的时间，因为宅在家里的机会成本增加了。例如，他们多看 1 小时电视的机会成本等于他利用这 1 小时工作可以赚到的税后工资，而这笔钱从 6 美元增加到了 7 美元。

根据成本—收益原理，个人是通过比较额外的收益与额外的成本来做决定的。因此，经济学家在研究税率对激励的影响时，关注的是人们的边际税率，即边际或额外 1 美元收入的税率，或者说，当税前收入上升 1 美元时，税收增加的数量。一个人的边际税率与其平均税率可能存在很大的差别。**平均税率**是通过用总税收除以总税前收入得到一个人所缴纳的税收占其税前收入的百分比。

尽管在表 14.2 中，汤姆的边际税率与平均税率没有差别，但对大多数人而言情况并非如此，如下面的练习 14.1 所示。2007 年，美国联邦政府、州政府和地方政府的总税收收入大约是美国 GDP 的 30%，而且很多税收(如财产税)与收入没有关系。然而，很多美国人所面临的收入的边际税率高于 30%。

练习 14.1

假设汤姆收入中 10 000 美元及以内的部分不缴税，而 10 000 美元以上的部分则要支付 20% 的税。因此，如果他赚了 11 000 美元，则需支付 0.20(11 000 美元-10 000 美元) = 200 美元的税。类似地，如果他赚了 15 000 美元，则需支付 0.20(15 000 美元-10 000 美元)= 1 000 美元。计算汤姆的收入为 5 000 美元、11 000 美元和 15 000 美元时，他的平均税率和边际税率。

边际税率的变化除了影响工作时间以外，还会影响劳动供给的其他方面。例如，考虑一名学生关于是否花费时间和金钱成为医生的决策。从经济学的角度，这一决策中人力资本的投资回报是这名学生成为医生后相对于没有获得医学学位时可以额外赚取的收入。如果收入的边际税率比较高，那么成为医生的经济激励就会比较低，这名学生可能就不会进行这样的投资。同样，较低的边际税率会增加人们成为企业家或者是承担商业风险(如开办自己的企业)的动力，因为他们知道大部分收入将归自己所有。正如我们在第 7 章所讨论的，企业家精神是经济发展的重要来源。

图 14.5 说明了当边际税率降低时，总需求和总供给都出现增长的情形。在前文的讨论中，减税使得总需求曲线向右移动，从 AD_1 移动到 AD_2。而现在，减税还增加了潜在产

出,因此,短期和长期的实际产出都会增长。通货膨胀率是否也会增长则取决于这两种增长的相对幅度。为了简单起见,我们在图中将通货膨胀设定为保持不变,不过实际情况不一定如此。

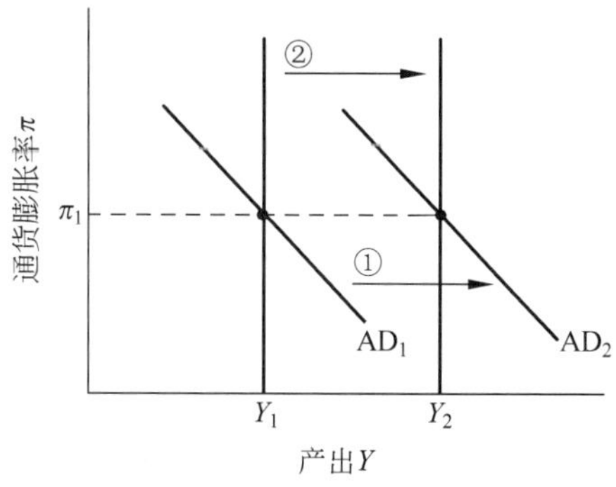

图 14.5　税率下调对于总需求和总供给的潜在影响

经济最初处于均衡状态,产出 Y_1 等于潜在产出,通货膨胀 π_1 等于预期通货膨胀,也等于美联储的长期通货膨胀目标。①税率的下调使得 AD 曲线从 AD_1 移动到 AD_2。②如果税率下调对于供给方面的影响比较显著,那么通货膨胀将保持在 π_1,而产出将从 Y_1 增加到 Y_2。

尽管经济学家们都认为税率会影响经济行为,但对于影响的大小甚至是方向却存在争议。在我们之前所举的例子中,我们解释了税率的降低意味着汤姆税后工资率的增加。正如我们所提到的,汤姆税后工资的增加激励他多工作而减少看电视的时间,因为不工作而看电视的机会成本增加了。相反,因为减税带来的汤姆税后工资的上涨有可能导致另一种结果,即收入的增加使得汤姆觉得自己可以缩短工作时间而仍然可以支付账单。[①]对于劳动力市场的经验研究表明,个人劳动供给对税收变化的反应取决于很多因素,其中包括年龄、性别、婚姻状况和受教育情况。例如,经常进入和脱离劳动力市场的已婚妇女比她们的丈夫更容易对税率的变化作出反应,而男性在税率变化时始终更倾向于留在全职的劳动力市场上。

很多美国人都在为较高的税率而感到苦恼,但是欧洲的边际税率却比美国高得多。在下面的例子中,我们将研究欧洲较高的边际税率是造成普通的欧洲人比普通的美国人工作时间短这一论断。

经济自然主义者 14.3　为什么美国人比欧洲人工作的时间长?

普通的美国人比普通的欧洲人工作的平均时间长。美国的平均工作周更长,而且美国人通常更少休假、更晚退休、失业率更低。如表 14.3 所示,1993—1996 年,美国人的平均工作时间是意大利人的 100/64=1.56 倍,或者说比意大利人的工作时间长 56%。类似地,美国人的平均工作时间比德国人长(100−75)/75=33%。与此相反,日本人的平均工作时间则比美国人长(104−100)/100=4%。原因何在呢?

① 学过微观经济学入门课程的学生可能会意识到这是替代效应和收入效应的例子。

表 14.3 人均工作时间与边际税率,1993—1996 年

国家	相对于美国的年均人均工作时间(美国=100)/小时	边际税率/%
日本	104	37
美国	100	40
英国	88	44
加拿大	88	52
德国	75	59
法国	68	59
意大利	64	64

资料来源:Edward C. Prescott, "Why Do Americans Work So Much More Than Europeans?" Federal Reserve Bank of Minneapolis *Quarterly Review*, July 2004, pp. 2-13.

爱德华·普雷斯科特(Edward Prescott)发现大部分差异都可以用这些国家劳动收入的不同边际税率来解释。① 例如,日本人工作最勤奋,边际税率也最低,为 37%。意大利人工作时间最短,其边际税率也最高,为 64%。此外,1970—1974 年,欧洲的边际税率最接近美国,欧洲人工作的平均时间也与美国人差不多。普雷斯科特得出结论,欧洲边际税率的降低将大幅增加劳动供给和潜在产出。

大多数经济学家都同意欧洲大陆人比美国人工作时间短这一事实可以用较高的税率来解释,但是也有很多经济学家指出,除此之外还有其他的解释。这些解释包括欧洲人加入工会的比例较高以及限制工作时间和商店营业时间的政府法规。工作时间的差异也可能与欧洲国家涵盖失业、疾病、残疾和提前退休的更为慷慨的社会保障体系有关。②

有些观察者认为欧洲与美国的工作时间差异只不过是因为欧洲人比美国人更懂得休闲和过"好日子"。然而,正如普雷斯科特所指出的,大多数欧洲国家的人在过去(那时,税率也更低)比现在工作的时间长得多,这说明欧洲人和美国人的潜在偏好可能并没有很大的差异。不过,更大范围的欧洲国家样本长期内工作时间下降与税率的降低仅有微弱的相关性。③ 显然,这仍然是一个具有争议的话题。

如果减税能够增加潜在产出,那么为什么不把税率降为零?答案是,从根本上说,政府支出只能由税收支付。当然,政府可以将财政赤字维持一段时间,靠借债来弥补支出和税收之间的差额。但是赤字是有害的(如第 8 章所述,赤字有可能减少国民储蓄),而政府负债最终也必须由未来的税收偿付。因此,长期内,税率的水平应当与政府的支出相适应。

最重要的是财政政策不仅能影响总供给,还能影响总需求。因此,在制定财政政策

① 普雷斯科特所说的边际税率包括消费税和所得税。

② Stephen Nickell, "Employment and Taxes," London School of Economics Centre for Economic Performance Discussion Paper No. 634, May 2004, and Alberto Alesina, Edward Glaeser, and Bruce Sacerdote, "Work and Leisure in the U. S. and Europe: Why So Different?" National Bureau of Economic Research Working Paper No. 11278, April 2005.

③ Olivier Blanchard, "The Economic Future of Europe," *Journal of Economic Perspectives* 18, No. 1 (2004), pp. 3-26.

时，政府官员不仅要考虑稳定总需求，还需要考虑其对建立在经济生产能力上的政府支出、税收和转移支付的可能影响。

重点回顾：财政政策与供给方面

- 供给方面的政策是影响潜在产出的政策。财政政策影响总需求，但财政政策也可能属于供给方面的政策。
- 政府在公共资本方面的支出（如公路、机场和学校）会增加总支出，但也可能增加潜在支出。
- 政府税收和转移支付项目会影响家庭和企业受到的激励，进而影响其经济行为。
- 当边际税率降低时，人们可能会增加工作时间、提高教育方面的投资以及更多地参与创业冒险，这些都有助于增加潜在产出。不过税率变化对于劳动供给的影响仍然是一个富有争议的话题。
- 财政政策制定者不仅要考虑支出和税收对总供给的影响，还要考虑它们对总需求的影响。

政策制定：艺术还是科学？

完美的宏观经济政策要求达到以下几点：(1)对经济现状有准确的认识；(2)对不实施任何经济政策的情况下经济的未来轨道有所认识；(3)知道准确的潜在产出价值，以判断现有产出缺口的存在性和规模；(4)对财政政策和货币政策工具有完全且迅速的控制力；(5)了解经济对政策变化会在何时有怎样的反应。

不幸的是，现实世界中的宏观经济政策与理想状态有很大的距离。现有的宏观经济指标，如实际 GDP，经常要到数月后才能知道，而且即使在那之后也会经历多次修正。由于政策制定者们对经济现状没有非常准确的认识，所以他们可能无法采取果断的行动。

此外，政策制定者们往往并不确定如果不实施任何经济政策，经济的未来轨道将是怎样的。如果即使没有任何政策变化，经济也能在短期内移回潜在水平，那么政策制定者们采取的任何试图消除产出缺口的行动就是没有必要的也不明智的。政策的变化可能会导致经济过热，而不仅仅是使经济加速回到完全就业的状态，从而不得不在将来采取相反的政策，并可能导致经济动荡。

经济学家们也无法确定准确的潜在产出水平和自然失业率。例如，大多数经济学家现在都认为 20 世纪 70 年代的宏观经济政策太具扩张性（因此，太具通货膨胀性），因为政策制定者们高估了产出的潜在水平，并且低估了自然失业率。

即使政策改变是必需的，政策制定者们也需要很长的时间来实施恰当的政策变化。宏观经济政策的**内在时滞**指的是政策变化从被需要那天到真正实施那天之间的时间差。在这段时间里，政策制定者的经济顾问们必须确认存在一个持续的产出缺口，并且确定正确的政策变化。政策制定者们接下来就要接受这种政策变化的必要性并且付诸实施。

货币政策的内在时滞比财政政策的内在时滞短得多。货币政策制定者们接受了改变联邦基金利率的必要性后,他们只需要等到下一次联邦公开市场委员会会议的时候。因为该委员会每年开 8 次会,最大的时滞大约为 7 个星期。在紧急情况下,委员会可以在两次会议之间通过电话会议采取行动。一旦委员会决定改变联邦基金利率,纽约的联邦储备银行几乎立刻就可以实施公开市场操作来使利率移到所需的水平。

但是,财政政策的内在时滞却相当长。在总统提出改变税率或者增加政府支出的提案后,需要通过白宫和国会的批准。这个过程可能要花去很长一段时间,尤其是当白宫和国会其中一方甚至两方受到反对党的控制时。这些延误的原因之一在于改变税率和增加支出可以有很多种具体形式。是减少个人所得税还是企业所得税?是增加国防支出还是教育支出?即使国会批准这项政策改变,总统也签发了法案,有时也要花很长时间来实施税收的变化或者增加附加的支出。

最后,经济学家们对政策变化的准确的产出效应只有一个大概的估计。边际消费倾向并不能被准确地掌握,而且不是在所有的收入变化下都一样。类似地,美联储的决策者们也只能大致地估计一定的实际利率变化对计划产出的影响。经济学家们构建了能够较好地追踪经济的历史表现的统计模型,然而这些模型经常得出有关未来经济走势的令人失望的、不可靠的预测。问题部分在于经济的外生变量值(如政府支出或税率)很难估计。此外,经济结构本身有时候会随着时间变化而变化。例如,实际利率对投资的影响程度在长期会变化。

此外,财政政策和货币政策的制定者们始终无法确定对计划支出的影响经过多长时间才会发生。宏观经济政策的**"外在时滞"**指的是从政策实施那天到政策对经济的影响大部分实现那天之间的时间差。财政政策比货币政策的内在时滞长,而外在时滞却要短一些。政府支出的变化对实际 GDP 和经济会立刻产生影响,不过乘数效应仍会持续。类似地,家庭经常会通过立刻增加消费支出来回应政府的减税措施。而当美联储改变实际利率时,投资对此的反应会慢得多,因为利率是企业在建设一家新工厂或是购买一台昂贵的新机器之前会考虑的因素之一。

因为我们对经济的认识是不完全的,政策制定即使在最佳状态也是不完美的。根据总供给—总需求模型,政策制定者们并不能准确地了解总需求会多快对政策变化产生多大的反应。他们也没法知道当产出超过潜在水平时,短期总供给曲线会以多快的速度上移;也不知道当产出低于潜在水平的时候,总供给曲线会以多快的速度下移。

20 世纪 60 年代,经济学家们对自己通过恰当的货币政策和财政政策将产出保持在潜在产出水平的能力更有信心。他们相信自己可以计算出任何产出缺口的规模并制定政策来消除缺口。很多经济学家还相信自己能够用不同的政策情景来预测未来的经济走势,而且他们很愿意实施频繁的政策改变来进行经济的"微调"。最后,很多经济学家错误地认为政策制定者可以通过只高一点点的通货膨胀来长久地保持高产出水平,并且他们对现在被普遍接受的长期总供给曲线是垂直的这一观点也持怀疑态度。

过去几十年的经验已经让经济学家谦虚多了,即使是在确认产出缺口时也是如此。

一些经济学家相信当失业率为 4.5%时，产出处于潜在水平；但是另外一些经济学家相信自然失业率是 5.5%甚至 6.0%。所以，当实际失业率介于 4.5%和 6%之间时，一些经济学家认为存在衰退型缺口而另一些经济学家却认为存在扩张型缺口。

由于这些不确定性，宏观经济政策制定者们倾向于谨慎行事。例如，美联储避免对利率进行大幅调整，也很少一次性地将联邦基金利率提高或者降低 0.5 个百分点以上（如从 5%到 5.5%）。实际上，对利率的调整一般是 0.25 个百分点。类似地，政策制定者们也更少试图对经济进行"微调"了。

那么，宏观经济政策制定究竟是艺术还是科学？实际上，看起来它二者都是。科学的分析，比如对详尽的经济统计模型的开发，已经被证明在政策制定上是非常有用的。但是基于长期经验的人类判断（被称为宏观经济政策的"艺术"）在成功的政策制定中扮演了重要的角色，并且可能会持续发挥作用。

重点回顾：政策制定——艺术还是科学？

宏观经济政策制定是一门困难而且不精确的科学。政策制定者们对经济的准确状态、在不进行政策改变的情况下经济的未来走势或是潜在产出的准确水平没有足够的了解。他们对政策工具没有完美的控制，对政策改变的影响也没有精确的认识。而内在时滞和外在时滞的存在使得政策制定更加困难。因此，宏观经济政策制定既是一门艺术也是一门科学。

小结

- 支出的外生变化使总需求曲线发生移动。作为回应，美联储可以调整目标实际利率，使长期内的储蓄等于投资，来保持稳定的通货膨胀水平和支出。
- 通货膨胀冲击迫使美联储在保持通货膨胀水平和稳定产出水平中选其一。如果通货膨胀预期被锚定，供给冲击之后产出回到潜在水平的速度会快得多。
- 锚定的通货膨胀预期会改善经济的长期表现，也可能降低产出和通货膨胀水平短期内的波动。如果中央银行的政策被认为是可信的，并且公众相信中央银行保持低通货膨胀水平的承诺，那么通货膨胀预期更有可能被锚定。
- 如果中央银行不受短期政治考虑的影响并且能够从长期上对经济进行计划，那么中央银行的信誉会得到提升。如果中央银行公开宣布一个确定的通货膨胀目标或是拥有"通货膨胀鹰派"的声誉，中央银行的信誉也会得到提升。
- 供给方面的政策是影响潜在产出的政策。财政政策影响总需求，不过它也可能属于供给方面的政策。政府在公共资本方面的开支将增加总支出，但是也可能增加潜在产出。政府税收和转移支付项目会影响对家庭和企业的激励。边际税率降低后，人们的反应可能是延长工作时间、增加教育投入或承担更多的创业风险，而这些都有助于提高潜在产出。税率变化对于劳动供给的影响程度在某种程度上仍然存在争议。财政政策制定者们应当将支出和税收决策对于总供给和总需求的影响纳入考虑范畴。

- 经济学家们认为将开车和管理经济进行类比并不明智。与开车不同,宏观经济政策的制定是一门不精确的科学。政策制定者对经济的准确状态、不实施政策改变时经济的未来走势或是潜在产出的准确水平没有足够的了解。此外,他们对政策工具没有完美的控制,对政策变化的影响也没有准确的认识。在过去几十年内,经济政策的制定者们对于自己对经济进行"微调"的能力也谦虚多了。

名词与概念

accommodating policy	适应性政策	inflation hawk	通货膨胀鹰派
anchored inflationary expectations	锚定的通货膨胀预期	inside lag (of macroeconomic policy)	(宏观经济政策的)内在时滞
average tax rate	平均税率	marginal tax rate	边际税率
central bank independence	中央银行的独立性	outside lag (of macroeconomic policy)	(宏观经济政策的)外在时滞
credibility of monetary policy	货币政策的可信性	supply-side policy	供给方面的政策
inflation dove	通货膨胀鸽派		

复习题

1. 假设税率上调。如果供给面的效应最小化,税率上调对支出、通货膨胀水平和实际利率的短期效应是什么?如果美联储将目标实际利率调整到新的使储蓄等于投资的长期实际利率水平,会有什么长期效应?

2. 实施收紧的货币政策,比如沃尔克领导下的美联储在20世纪80年代初期实施的政策,短期内会如何影响产出、通货膨胀和实际利率?长期呢?

3. 假设油价突然上涨。短期内油价上涨对产出和通货膨胀会有什么影响?由于负向的通货膨胀冲击,美联储会面临什么样的"困境"?

4. 什么是锚定的通货膨胀预期?它会如何减小负向的通货膨胀冲击带来的成本?

5. 什么因素决定了中央银行的独立性?拥有独立的中央银行有什么好处?

6. 边际税率的降低如何影响总需求和总供给?

练习题

1. 假设经济最初处于长期均衡状态,然后美联储通过提高目标通货膨胀率来实施更为宽松的货币政策。

(1) 解释向更为宽松的货币政策的转变对总需求曲线会有什么影响。

(2) 用(1)中的结果和总需求—总供给图来解释短期和长期内实际 GDP 和通货膨胀水平会因此发生什么变化。

2. 假设经济最初处于长期均衡状态,并经历了一次正向的通货膨胀冲击。

(1) 解释 AS 曲线在短期内将如何变动。

(2) 用(1)中的结果和总需求—总供给图来解释如果美联储放任正向的通货膨胀冲击,短期和长期内实际 GDP 和通货膨胀水平会因此发生什么变化。

(3) 用(1)中的结果和总需求—总供给图来解释如果美联储不放任正向的通货膨胀冲击,短期和长期内实际 GDP 和通货膨胀水平会因此发生什么变化。

3. 假设经济最初处于长期均衡状态。由于房价下跌,假设消费者降低了消费支出。

(1) 解释消费支出的降低如何影响 AD 曲线。

(2) 如果美联储不改变货币政策反应机制,美联储将如何应对消费支出的下降?用总需求—总供给图进行分析并解释你的答案。

(3) 现在,假设除了消费支出的下降以外,经济还遭受了负向的通货膨胀冲击。

① 解释负向的通货膨胀冲击将如何影响 AS 曲线。

② 利用总需求—总供给图讨论美联储如今必须采取什么样的货币政策(提示:考虑美联储是否应当实施紧缩的货币政策。)

4. 假设油价或食品价格大幅上涨。

(1) 如果核心通货膨胀率不变,美联储对通货膨胀预期和通货膨胀冲击第二轮效应会有什么推测?会有什么反应?

(2) 如果核心通货膨胀率显著上升,美联储对通货膨胀预期和通货膨胀冲击第二轮效应会有什么推测?会有什么反应?

5. 拥有独立的中央银行有什么好处?哪些组织特征使得一家中央银行具有独立性?

6. 假设经济最初处于长期均衡状态,而政府降低了边际税率。

(1) 画一张类似图 14.5 的图来分析并解释如果减税对总需求的影响超过对总供给的影响,短期和长期内产出和通货膨胀将发生什么变化。

(2) 如果减税对总供给的影响超过对总需求的影响,你在(1)中得出的结论会受到什么影响?画一张类似图 14.5 的图来解释。

7. 解释一下宏观经济政策的制定不是一门精确的科学如何影响你对下列情况的推荐政策反应:

(1)你预计自然失业率是 5%,而真实的失业率是 5.5%。

(2)你预计自然失业率是 5%,而真实的失业率是 8%。

8. 利用本章介绍的理论,解释为什么采取更为紧缩的、更为反通货膨胀的货币政策有可能在政治上是不受欢迎的。

9. 解释宏观经济政策的制定不是一门精确的科学会如何影响你针对下列情况所建议的政策反应:

(1) 你预计自然失业率是 5%,而实际的失业率是 5.5%。

(2) 你预计自然失业率是 5%,而实际的失业率是 8%。

正文中练习题的答案

14.1 如果汤姆的收入是 5 000 美元，他不用缴税，因此他的平均税率是 0%。如果他的收入是 5 001 美元，他仍然不用缴税，因此他的边际税率也是 0%。

如果汤姆的收入是 11 000 美元，他需要缴纳 0.2(11 000 美元－10 000 美元)＝200 美元的税，因此其平均税率为 200 美元/11 000 美元＝0.018，即 1.8%。如果他的收入提高 1 美元，即总收入为 11 001 美元，需要缴纳 0.2(11 001 美元－10 000 美元)＝200.20 美元的税。因此，他需要额外缴纳 0.20 美元的税，边际税率为 20%。

如果汤姆的收入为 15 000 美元，他需要缴纳 0.2(15 000 美元－10 000 美元)＝1 000 美元的税，因此他的平均税率是 1 000 美元/15 000 美元＝0.067，即 6.7%。如果他的收入提高 1 美元，即总收入为 15 001 美元，他需要额外缴纳 0.20 美元的税，边际税率为 20%。

第 5 部分

国际经济

近几十年来经济的一个决定性趋势就是国家经济的“全球化”。 20世纪80年代中期以来，国际贸易总额的增长速度几乎达到世界GDP增长率的两倍，而国际资本流量的增长速度也已达到世界GDP增长率的数倍。 从长期的角度来看，我们今天看到的国家经济的一体化并非史无前例：在第一次世界大战之前，英国是国际经济体系的中心，在很多方面几乎和美国一样达到了“国际化”，包括广泛的国际贸易和借贷。 但是即便是19世纪最有远见的商人或者银行家也会为今天通信和交通的革命给国际经济关系带来的巨大变革感到惊讶。 例如，现在电话会议和互联网可以使人们在地球的不同地方进行“面对面”的商务谈判和会议。

在本书中我们已经介绍了经济中国际问题的一些方面（例如，第2章讨论了比较优势和贸易；第6章分析了劳动力市场对全球化的影响）。 第15章将重点放在了另外两个国际经济学话题上。 第一个是汇率。 理解汇率是非常重要的，因为它在商业模式的决定中发挥着关键作用。 第二个是产品的国际贸易、国际资本流动与国内资本形成之间的关系。 我们重点关注国际资本流动的决定，并介绍一国可以如何通过从国外借贷来增强国内资本的形成。

Principles of Macroeconomics

第 15 章 汇率、国际贸易和资本流动

学习目标

在阅读了本章内容之后，你应该能够：

1. 定义名义汇率并讨论浮动汇率和固定汇率的优点和不足。

2. 利用供给和需求来分析名义汇率在短期内是如何决定的。

3. 定义实际汇率，给出不二价法则的总结，并理解购买力平价理论是如何决定长期实际汇率的。

4. 利用国内储蓄和贸易差额之间的关系来理解国内储蓄、贸易差额与净资本流入是如何相互联系的。

5. 分析国际资本流动的决定因素，以及这些流动是如何影响国内储蓄和国内实际利率的。

两个到伦敦观光的美国人感慨他们在理解英国货币上遇到的困难。“英镑、先令、两便士、三便士、鲍勃(一先令)，还有奎德(一镑)，这简直把我逼疯了。”一个美国人说，“今天早上我花了 20 分钟才弄清楚应该付给出租车司机多少钱。”

另一个美国人比较乐观。“实际上，”他说，“自从我采取了新方法之后，就再没有一点问题了。”

第一个美国人很感兴趣，忙问：“你的新方法是什么？”

第二个人回答说：“现在每当我上了出租车，我就把我身上所有的英国货币给司机。你相信吗，我每一次支付的费用都没有错过！”

与不熟悉的货币打交道——将外国货币兑换成美元——是每一位国际游客面临的问题。[①] 这个问题变得复杂是因为**汇率**——一个国家的货币交换成另一个国家货币的兑换率——会发生不可预知的变动。因此 1 美元可以购买的英镑、俄国卢布、日元或者澳元的数量随时间不同而不同，有时变动很大。

① 今天的英国货币已不像开篇故事中介绍的那么复杂了。1971 年，英国改成了十进制货币系统，即 1 英镑＝100 便士。以前的传统英式货币体系，即 1 英镑＝20 先令，1 先令＝12 便士，已经作废了。

但是,汇率变化的经济后果比它们对旅游和旅客的影响更广泛。例如,美国出口品的竞争力部分取决于美国产品兑换成外国货币的价格,即取决于美元与这些货币之间的汇率。同样,美国人为进口品支付的价格也部分取决于美元和生产这些产品的国家的货币之间的相对价值。汇率还会影响跨国界金融投资的价值。对于贸易和国际资本流动有很强依赖性的国家——世界上的大多数国家,汇率的波动对经济有显著的影响。

本章讨论汇率、国际贸易和国际资本流动,及其在开放经济中扮演的角色。我们首先介绍名义汇率——一国货币与另一国货币的交易比率。接下来,我们将讨论汇率在短期由什么决定。汇率可以分成两大类:浮动汇率和固定汇率。浮动汇率的值是由本国货币市场,也就是外汇市场决定的。相反,固定汇率的值由政府确定在一个固定的水平。我们将看到一个国家的货币政策在决定汇率方面起着非常重要的作用。此外,在采用浮动汇率的开放经济中,汇率成为货币政策的一个工具,几乎与实际利率如出一辙。

虽然大多数工业化国家使用浮动汇率,很多小国和发展中国家仍然采用固定汇率,所以我们在重点介绍浮动汇率的同时也将考虑固定汇率的情况。在有关汇率这一话题的最后将介绍实际汇率(即用一国产品交换另一国产品的比率),并讨论汇率在长期中是怎样决定的。

最后,我们将考察美国产品和服务的国际贸易方面的数据,并分析产品和服务贸易是如何与国际资本流动之间联系的。特别地,我们将分析对于包括美国在内的很多国家,国外储蓄是如何作为国内储蓄的一个重要补充为资本形成提供资金的。

汇率

产品、服务和资产在国家间贸易的经济利益与在国内贸易的经济利益相似。在这两种情况下,产品和服务之间贸易的专业化和效率都更高,而资产间的贸易使金融投资者可以通过向更值得投资的项目提供资金获得更高的回报。但这两种情况也有所区别:国内贸易中,服务和资产的贸易通常只涉及一种单一货币——美元、日元、比索,取决于该国的官方货币是什么形式——而国家间的贸易通常涉及不同的货币。例如,如果一个美国常住居民想要购买一辆韩国生产的汽车,他(或者更可能是汽车经销商)必须先将美元兑换成韩国货币,通常称为韩元。于是韩国汽车生产商将获得韩元支付。同样,一个阿根廷人要购买美国公司的股票(一种美国的金融资产)首先必须将他的阿根廷比索兑换成美元,再用美元购买股票。

名义汇率

两种货币相互兑换的比率称为**名义汇率**,简称汇率。例如,假设 1 美元可以兑换 90 日元,美国和日本货币之间的名义汇率就是 90 日元/美元。每个国家都有很多名义汇率,即每种兑换货币与该国货币之间的兑换比率。因此美元的汇价可以用英镑、瑞典克朗、以色列谢克尔、俄国卢布或者其他国家的货币来表示。

表 15.1 给出了 2011 年 3 月 14 日纽约外汇交易收市时美元和 5 种其他主要货币的兑换率。如表 15.1 所示,汇率可以用购买 1 美元所需外国货币的数量(左栏)或者购买 1

单位外国货币所需美元的数量(右栏)来表示。这两种方式等价且互为倒数。

表 15.1　美元的名义汇率

国　家	外币/美元	美元/外币
英国(英镑)	0.619	1.616
加拿大(加拿大元)	0.977	1.024
墨西哥(比索)	11.996	0.083
日本(日元)	81.647	0.012
欧盟(欧元)	0.713	1.402

美联储统计公报 H.10,2011 年 3 月 14 日。

例 15.1　汇率

加拿大元与英镑之间的汇率是怎样的?

我们也可以根据表 15.1 中的数据换算出表中任意两个国家的货币之间的汇率。例如,假设你需要了解英镑与加拿大元之间的汇率。如表 15.1 所示,我们可以用 1 美元购买到 0.977 加拿大元,用 1 美元购买到 0.619 英镑。这意味着

0.977 加拿大元 = 0.619 英镑

因此,我们可以用两种方法求解英镑与加拿大元之间的汇率。首先,我们可以通过在等式的两边同时除以 0.977 来得到 1 加拿大元等于多少英镑:

1 加拿大元 = 0.619/0.977 英镑 = 0.634 英镑

其次,我们可以在等式的两边同时除以 0.619:

1 英镑 = 0.977/0.619 加拿大元 = 1.578 加拿大元

练习 15.1

从报纸的商业信息版或者互联网上(如圣路易斯联储银行 FRED 数据库,http://research.stlouisfed.org/fred2/),找出美元兑英镑、加拿大元和日元价值的报价单。根据这些数据计算如下汇率:(1) 英镑兑加拿大元;(2) 加拿大元兑日元。分别用两种形式表示你得到的汇率(如用 1 加拿大元兑英镑数和 1 英镑兑加拿大元数)。

图 15.1 显示了 1973—2010 年美元的名义汇率。图中用美元兑换其他主要货币的平均价值作为美元的价值,优于只用一种外国货币(如日元或英镑)的价值表示的美元价值。将 1973 年设为基年,当年的美元价值等于 100。假设某年美元的价值是 120,则该年美元相对于其他主要货币的价值比 1973 年提高了 20%。

从图 15.1 中可以看到,美元的价值随时间波动,有时上升(如 1980—1985 年),有时下降(如 1985—1987 年和 2002—2008 年)。一种货币相对其他货币价值的上升称为**升值**,一种货币相对其他货币价值的下降称为**贬值**。因此可以说美元在 1980—1985 年升值而在 1985—1987 年和 2002—2008 年贬值。

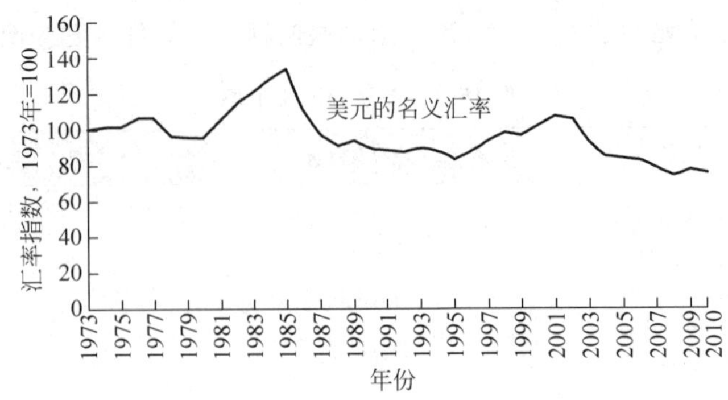

图 15.1 1973—2010 年美元的名义汇率

图中显示了美元兑换其他主要货币的平均价值，以 1973 年的价值为基数 100。

资料来源：圣路易斯联储银行 FRED 数据库（http://research.stlouisfed.org/fred2/）。

本章我们使用符号 e 代表一个国家的名义汇率。如表 15.1 所示，汇率可以用外国货币兑一单位本国货币或反之的方式来表示。如何选择没有一定之规，完全是随意的，但选择也是必要的，因为在分析汇率时必须时刻保持一致。因此，我们定义 e 代表一单位本国货币可以购买的外国货币的数量。例如，如果我们将美国作为"本国"而将日本作为"外国"，e 的定义就是 1 美元可以购买的日元数。这样定义名义汇率的好处是，e 值的上升代表本国货币升值或者坚挺，因为每一单位本国货币可以买到更多单位的外国货币。类似地，e 值的下降代表本国货币贬值或者疲软，因为每一单位本国货币可以买到更少单位的外国货币。

浮动汇率与固定汇率

如图 15.1 所示，美元和其他货币之间的汇率并不固定，而是持续变化的。实际上，美元的价值每天、每小时，甚至每分钟都在变化。货币价值出现这样的波动对于美国这种使用浮动汇率的国家来说是正常的。**浮动汇率**的价值并不是官方确定的，而是由**外汇市场**（不同国家的货币互相兑换的市场）上这种货币的供给和需求变化决定的。下文将讨论货币供给和需求的决定因素。

有些国家不允许其货币的价值随市场情况变化，而是维持一个固定汇率。**固定汇率**的价值由官方政府政策决定（建立固定汇率的国家独立决定其货币的汇率价值，但有时也会根据与其他国家的协议来确定汇率）。有些国家将其货币与美元挂钩使得兑美元的汇率固定。此外，一些非洲国家将其货币的价值与欧元固定挂钩。在经济大萧条之前，还有很多国家使用金本位，即货币价值与黄金的盎司数固定挂钩。

汇率应该固定还是浮动

因为浮动汇率被大多数国家采用，我们接下来将集中介绍浮动汇率。然而，除了采取浮动汇率制度外，还可以令汇率固定。在历史上，固定汇率曾经占有非常重要的地位，如今仍然在很多国家采用，特别是在小国和发展中国家。

国家应该采取固定汇率还是浮动汇率？在简单比较这两种汇率制度的时候，我们将集中讨论两个主要问题：(1)汇率体系对货币政策的影响；(2)汇率体系对贸易和经济一体化的影响。

一国采取的汇率体系对中央银行使用货币政策来稳定经济的能力有很大影响。浮动汇率实际加强了货币政策对于总需求的影响。然而，固定汇率阻止决策者使用货币政策稳定经济，因为决策者必须用货币政策来保持汇率的市场均衡价值等于官方价值。

对于类似美国这样的大经济体，放弃通过货币政策来稳定经济的能力是不明智的。因此，大经济体应当在绝大多数时候实施浮动汇率。然而，对于小经济体来说，放弃这一能力可能有些好处。一个有趣的例子是阿根廷，1991—2001 年保持了比索与美元之间 1 比 1 的汇率。尽管 1991 年以前，阿根廷遭受了恶性通货膨胀，但比索与美元挂钩后阿根廷的通货膨胀与美国基本相当。阿根廷通过将比索与美元挂钩并放弃调整货币政策的自由，将自己置于美联储的“保护伞”下，来避免通货膨胀。

不幸的是，2002 年年初，投资者担心阿根廷无法偿还国际借款，这迫使阿根廷放弃固定汇率，任由比索浮动。比索贬值，阿根廷经历了一次严重的经济危机，至今仍未完全从中恢复。阿根廷的教训是，如果其他政策效果不佳，紧靠固定汇率并不能阻止小国产生通货膨胀。巨额国外借款造成的财政赤字最终将阿根廷推向了经济危机的深渊。

另一个重要的问题是汇率体系对贸易和经济一体化的影响。固定汇率的支持者认为固定汇率减少了未来汇率的不确定性，有利于国际贸易和跨国经济合作。例如，设想一家考虑扩大出口业务的企业，其潜在利润将取决于所在国的货币相对于出口国的货币的远期价值。在浮动汇率制度下，因为本国货币的价值随着供给和需求的变化而波动，因此很难在事前进行预测。这种不确定性有可能令企业不愿扩大出口业务。固定汇率的支持者认为如果汇率是官方固定的，那么就可以降低或者是消除未来汇率的不确定性。

这种论点的问题在于，固定汇率是不能永远维持的，正如我们在 20 世纪 90 年代末的东亚经济危机和阿根廷经济危机中所看到的。虽然固定汇率下汇率不像浮动汇率那样每天波动，但是被设定在市场均衡汇率水平之上的固定汇率有可能导致该国货币价值突然间发生预料之外的大幅下跌。例如，1997 年，泰国的货币(泰铢)在短短两周内下跌幅度超过 67%。因此，无论是在固定汇率体系还是在浮动汇率体系下，试图对未来 10 年后的汇率进行预测的企业都将面临同样的不确定性。

固定汇率所具有的潜在不稳定性促使一些国家尝试采用一种更为激进的方法来解决汇率的不稳定性问题：使用同一货币。

欧元：欧洲的统一货币

第二次世界大战以来，西欧各国始终致力于增进彼此间的经济合作和贸易往来。欧洲的领导人认为统一和一体化的欧洲经济更具生产力，相对于美国经济可能也更具竞争力。为了实现这一目标，这些国家 20 世纪 70 年代在被称为欧洲货币体系(EMS)的支持下建立了固定汇率。然而，欧洲货币体系却并不稳定。多国货币相继发生贬值，1992 年维持汇率稳定方面遇到的巨大困难迫使包括英国在内的多个国家放弃了固定汇率体系。

1991 年 12 月，在荷兰的马斯特里赫特，欧共体(EC)成员国达成了被称为《马斯特里赫特条约》协议。于 1993 年 11 月生效的该协议的一项主要规定是成员国将致力于采用统一的货币。1999 年 1 月 1 日，包括法国、德国和意大利在内的 11 个西欧国家开始采用被称为欧元的统一货币。欧元逐步取代了法郎、德国马克、意大利里拉以及其他国家的货币。这一进程于2002年年初结束,旧货币完全被欧元所取代。

欧元的诞生意味着欧洲各国之间开展贸易时不必再兑换货币,正如位于各州的美国人可以互相贸易而不用费心将“纽约的美元”兑换成“加利福尼亚的美元”。欧元不仅使得欧洲各国不必维持固定汇率,而且有助于促进欧洲的贸易和合作。

既然如此多的欧洲国家如今有了统一的货币,它们也需要采用统一的货币政策。欧共体成员国达成一致,欧洲货币政策将由新的欧洲中央银行(ECB)——位于德国法兰克福的多国机构实施。事实上,ECB已经成为“欧洲的美联储”。

多个国家采取单一货币政策的一个潜在问题是:不同的国家面临不同的经济状况,因此单一的货币政策不能对所有国家的所有问题作出反应。例如,近年来,欧洲某些国家(如希腊、爱尔兰、葡萄牙和西班牙)由于巨额的政府预算赤字而面临金融危机,而另一些国家(如德国)则担心通货膨胀的上涨。前一组国家更青睐宽松的货币政策,而后一组国家则愿意采用紧缩的货币政策。由于ECB只能为采用欧元的所有国家选择单一的货币制度,欧盟各成员国之间有可能存在利益冲突,而国际货币基金组织不得不直接为希腊、爱尔兰和葡萄牙等国提供支持。

重点回顾:名义汇率

- 两种货币之间的名义汇率是一种货币可以兑换成另一种货币的比率。更具体地说,任何一个国家的名义汇率 e 是指购买一单位本国货币所需要的外国货币单位数。
- 升值是指一种货币相对于其他货币的价值增加(e 增加);贬值是一种货币的价值下降(e 减少)。
- 汇率既可以是浮动的(根据这种货币在外汇市场的供给和需求自由变化);也可以是固定的,即数值由官方政府政策确定。

短期汇率的确定

美国等采用浮动汇率的国家的货币的国际价值持续变化。是什么决定了某一时间点上的名义汇率?本节将用供求分析来回答这个短期中的经济学问题。本章的后面将讨论长期汇率如何决定。

供求分析

本节将分析外汇市场上影响供给和需求的因素,以及美元的汇率变动。我们将看到,通常外汇市场上美元的需求来自希望购买美国产品和资产的外国人,而供给来自需要外国货币来购买外国产品和资产的美国公民。均衡的汇率是指外汇市场上美元供给和需求相等时美元的价值。

在进一步讲述前,我们需要搞清楚所用的术语。第12章分析了美联储的货币供给和公众的货币需求方式如何影响名义利率。但该章介绍的国内货币市场中的供给和需求，不同于外汇市场上美元的供给和需求。如前文所述，外汇市场是各国货币互相交易的市场，外汇市场上美元的供给与美联储的美元供给不同；更确切地说，外汇市场上的美元供给是美国家庭和企业用来交换其他货币的美元数量。同样，外汇市场上美元的需求不同于美国国内的美元需求，外汇市场上的美元需求是指外国货币持有者希望购买的美元数量。

要理解上述区别，我们需要牢记一点：美联储决定美国经济中美元总的供给量，但是这些美元并不是外汇市场上美元供给的一部分，除非有家庭或者企业试图用持有的这些美元交换外国货币。

美元的供给

任何持有美元的个人或者组织，无论是国际银行还是将美元埋在后院的俄罗斯公民，都是外汇市场潜在的美元提供者。但实际上，外汇市场上美元的主要提供者是美国的家庭和企业。为什么美国的家庭或企业想要提供美元兑换外国货币？主要有两个原因：第一，美国家庭或企业可能需要外国货币来购买外国产品或服务。例如，一个美国汽车进口商需要日元来购买日本汽车，或者一个美国游客需要日元在东京购物。第二，美国家庭或者企业需要外国货币来购买外国资产。例如，一家美国共同基金希望购买日本公司发行的股票，或者一名美国人想要购买日本的政府债券。因为日本资产是用日元定价的，美国家庭或者企业需要将美元兑换成日元来购买这些资产。

外汇市场上美元的供给如图 15.2 中向上倾斜的曲线所示。我们主要讨论美元与日元兑换的市场，不过其他任意两种货币的交易市场都与之类似。图中纵轴表示购买每一美元所需的日元数量，即美元—日元汇率。横轴表示日元—美元市场上被交易的美元数量。

图中美元的供给曲线向上倾斜，也就是说，每一美元可以购买的日元越多，人们愿意提供给外汇市场的美元就越多。为什么？对于给定价格的日本产品、服务和资产，1 美元可以购买的日元越多，这些产品、服务和资产用美元衡量就越便宜。

例 15.2　汇率对进口产品价格的影响

汇率如何影响进口产品的价格？

假设一款视频游戏在日本价值 5 000 日元，且 1 美元可以购买 100 日元，这款视频游戏的美元价格就是：5 000 日元×1 美元/100 日元＝50 美元。①

但是，如果 1 美元可以购买 200 日元，那么这款 5 000 日元的视频游戏的美元价格就是：5 000 日元×1 美元/200 日元＝25 美元。

① 1 美元兑换 100 日元的汇率和 100 日元兑换 1 美元是一样的。在本例中我们采取了第一种形式，因为在做乘法时日元的单位会被消去，结果就是以美元为单位表示的。

假设较低的美元价格会促使美国人增加他们在日本产品、服务和资产上的消费，那么较高的日元—美元汇率将增加外汇市场上美元的供给。因此美元的供给曲线向上倾斜。

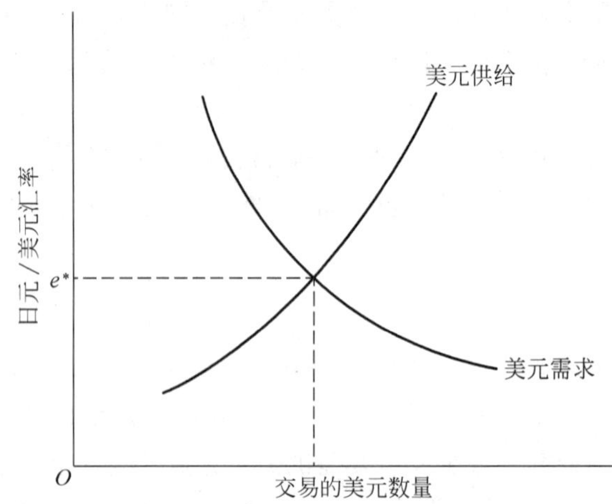

图 15.2 日元—美元市场上美元的供给和需求

外汇市场上美元的供给曲线之所以向上倾斜，是因为随着每一美元对应的日元数量的增加，日本产品、服务和资产对美国购买者更具吸引力。美元的需求曲线之所以向下倾斜，是因为美元相对于日元越贵，日元的持有者就越不愿意购买美元。均衡时的汇率 e^* 又称为汇率的基础价值，在该汇率下美元的供给等于需求。

美元的需求

在日元—美元外汇市场上，美元的需求者是那些想要将日元兑换成美元的人。在日元—美元市场上，任何恰好持有日元的人都是美元的潜在需求者，但绝大多数美元的需求来自日本的家庭和企业。为什么日本的家庭和企业需要美元？购买美元的原因与购买日元的原因相类似。首先，持有日元的家庭和企业需要美元来购买美国的产品和服务。例如，一家日本公司想要获得美国生产的软件的许可权就需要用美元来支付费用；再比如，一名日本学生在美国大学学习必须用美元交学费。该公司或者该学生只要提供日元就可以购买到必需的美元。其次，家庭和企业需要美元来购买美国资产。举两个例子：一家日本公司购买夏威夷的房地产或者某个日本养老金购买微软公司的股票。

图 15.2 中向下倾斜的曲线代表了对美元的需求。因此当美元相对于日元升值时美元的需求降低，而美元相对于日元贬值时美元需求增加。

例 15.3 汇率对于出口产品的价格的影响

汇率是如何影响出口产品的价格的？

假设一款美国软件的许可费价值 30 美元。如果一位日本商人需花费 200 日元来购买1 美元，那么这款软件需花费日本人：

30 美元×200 日元/1 美元=6 000 日元[①]

但是，如果 1 美元只能购买 100 日元，那么这款 30 美元的软件的日元价格就是：

30 美元×100 日元/1 美元=3 000 日元

随着日元/美元的汇率逐渐下降，美国产品、服务和资产变得更加便宜，对日本人也更有吸引力了。这激励他们购买更多的美国产品、服务和资产，从而增加了对美元的需求。

美元的均衡价格

如前所述，美国采取浮动汇率，即美元的价值由外汇市场上的供给和需求决定。在图 15.2 中，美元的均衡价值是 e^*，即美元的供给等于需求时的日元—美元汇率。总的来说，**汇率的市场均衡价值**不固定，随着外汇市场上美元供给和需求的变化而变化。

美元供给的变化

人们向日元—美元外汇市场提供美元是为了购买日本的产品、服务和资产，因此影响美国家庭和企业购买日本产品、服务和资产的因素也将影响外汇市场上美元的供给。一些因素会增加美元的供给，使美元的供给曲线向右移动。这些因素包括：

- 对日本产品偏好的增加。例如，假设日本企业生产某种新流行的电子消费品，为了获得购买这些产品的日元，美国进口商将增加其向外汇市场上提供的美元。
- 美国实际 GDP 的增加。美国实际 GDP 的增加提高了美国人的收入，使其购买更多的产品和服务(回顾第 11 章介绍的消费方程)。消费增加的一部分将由从日本进口的产品组成。为了购买更多的日本产品，美国人将为了取得必需的日元而提供更多的美元。
- 日本资产实际利率的增加。美国家庭和企业为了购买日本资产以及产品和服务而购买日元。其他因素(如风险)保持不变，日本资产的实际汇率越高(或对美国资产支付的实际利率越低)，美国人选择持有的日本资产就越多。为了购买更多的日本资产，美国家庭和企业将向外汇市场提供更多的美元。

提供美元，需求日元。

反之，减少对日本产品的需求，降低美国的 GDP，或者降低日本资产的实际利率或者提高美国资产的实际利率，将减少美国人对日元的需求，从而减少其向外汇市场提供的美元，美元的供给曲线向左移动。

例如，假设日本公司生产了更引人入胜、更逼真的游戏，在视频游戏市场上比美国产品更

① 在本次计算中我们采取了日元/美元的比率，因为在做乘法时美元的单位会被消去，结果就是以日元为单位表示的。

有优势。假设其他条件相同，这个变化将如何影响日元对美元的相对价值？

日本视频游戏质量的提高增加了美国对这种游戏的需求。为了获得购买更多日本视频游戏所必需的日元，美国进口商将向外汇市场提供更多的美元。如图 15.3 所示，美元供给的增加将降低美元的价值。换句话说，1 美元购买的日元比以前少了。与此同时，日元相对美元升值，同样数量的日元能够买到更多的美元。

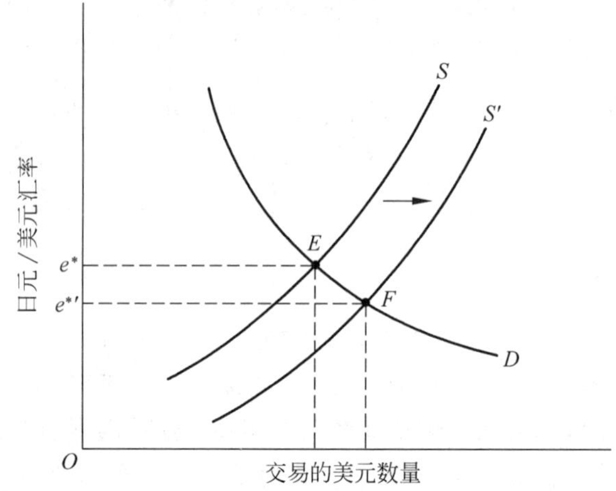

图 15.3 美元供给的增加降低了美元的价值

对日本视频游戏需求的增加使得美国人向外汇市场提供更多的美元来获得购买游戏所必需的日元。美元的供给曲线从 S 移动到 S'，减少了美元相对于日元的价值。汇率的基础价值从 e^* 下降到 $e^{*\prime}$。

练习 15.2

美国经济进入衰退期，实际 GDP 下降。假设其他条件不变，经济疲软将如何影响美元的价值？

美元需求的变化

引起外汇市场上美元的需求变化，且由此引起美元供给曲线移动的因素，与影响美元供给的因素相似。增加美元需求的因素包括：

- 对美国产品偏好的增加。例如，日本航空公司可能发现美国制造的飞机更加出色，因此决定多购进几架美国制造的飞机。为了购买美国飞机，日本航空公司需要从外汇市场购买更多的美元。
- 国外实际 GDP 的增加，意味着国外收入的提高，因此对美国进口的需求更多。
- 美国资产的实际利率的增加，使得美国资产对外国储蓄者更有吸引力。为了获得美国资产，日本储蓄者需要更多的美元。

货币坚挺是否意味着强盛的经济？

政治家和公众通常因自己国家的货币“坚挺”而感到骄傲，即货币的价值相对其他货币较高或者在增长。同样，政策制定者通常认为货币贬值（“疲软”）是经济失败的一个标志。

与我们通常的想法不同的是，一国货币的实力与其经济实力并没有直接的联系。例如，图 15.1 显示美元相对于其他主要货币的价值在 1973 年高于在 2007 年的水平，但美国 2007 年的经济表现要好于 1973 年，当时美国经济处于深度衰退和通货膨胀时期。此外，图 15.1 中 1980—1985 年美元价值明显上涨，但这一时期美国恰好处于衰退和高失业率状态。

货币坚挺并不等同于经济强盛的一个原因是货币升值（e 的增长）往往会减少该国的净出口。例如，美元相对日元坚挺（即 1 美元可以比以前购买更多的日元），日本产品相对美元变得更便宜。结果是美国人可能更愿意购买日本产品而不是本国生产的产品。同样，坚挺的美元代表 1 日元购买的美元更少了，所以对于日本消费者而言，美国的出口产品更加昂贵。美国产品用日元衡量变得更贵，日本消费者购买美国出口产品的意愿下降。因此坚挺的美元可能使美国出口行业，以及在美国本国市场上与外国企业竞争的行业（如汽车制造业）的销售和利润都减少。

货币政策和汇率

很多因素影响一个国家的汇率，其中最重要的影响因素就是该国中央银行的财政政策。财政政策对汇率的影响主要是通过其对实际利率的影响表现出来的。

假设美联储担心通货膨胀，因而采取紧缩的财政政策。这项政策对美元价值的影响如图 15.4 所示。在采取这项政策前，汇率的均衡价值是 e^*，位于供给曲线 S 和需求曲线 D 的交点（图中 E 点）。财政政策收紧提高了美国国内的实际利率 r，使美国资产对外国金融投资者更具有吸引力。外国投资者购买美国资产的意愿增加，提高了对美元的需求，需求曲线从 D 向右移动到 D'，美国投资者购买更多的美国资产（从而购买更少的外国资产）的意愿降低了对美元的供给，供给曲线从 S 向左移动到 S'。均衡点从 E 点移动到 F 点。需求增加的结果是美元的均衡价值从 e^* 上升至 $e^{*\prime}$。

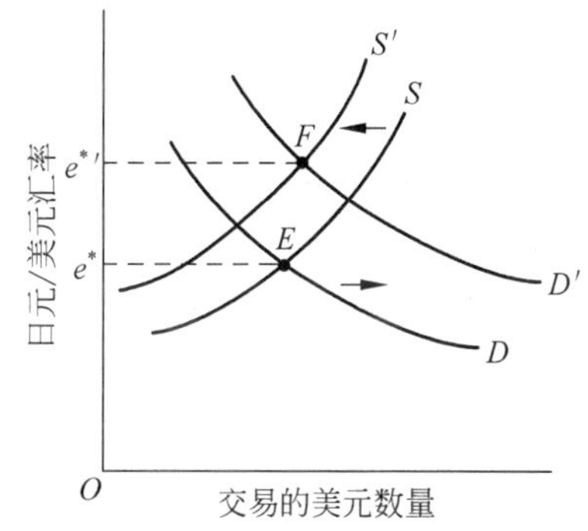

图 15.4 紧缩的财政政策使得美元坚挺

美国的财政政策收紧，增加了外国储蓄者和美国人对美国资产的需求。对美国资产需求的增加，提高了对美元的需求。需求曲线从 D 移动到 D'。美国储蓄者对美国资产的需求增加降低了美元供给，使供给曲线向左移动。汇率从 e^* 增长到 $e^{*\prime}$。

简言之，美联储紧缩的财政政策提高了对美元的需求或减少了美元供给，引起美元升值。类似的逻辑下，宽松的财政政策降低了实际利率，从而减少美国资产（如债券）对美国人或外国人的吸引力。这减少了对美元的需求，增加了美元的供给（美国人会购买更多国外资产），引起美元贬值。

美元在 20 世纪 80 年代前半期的升值及其在 2002—2007 年间的贬值主要都是由美国的货币政策造成的。特别地，20 世纪 70 年代末，美联储为应对高通胀而大幅提高实际利率以期降低总需求。结果美国的实际利率从 1979 年和 1980 年的负增长转为 1983 年和 1984 年高于 5%的增长（参见前文的图 5.3）。受到高额实际回报的吸引，国内外储蓄者争相购买美国资产，使得美元价值显著上涨。美联储降低通货膨胀的努力取得了成功。

20 世纪 80 年代中期，美联储放松了财政政策。实际利率的下降减少了对美国资产的需求，美元也由此开始贬值，几乎跌落到 1980 年的水平。

类似地，图 15.1 表明美元从 2002 年年初开始明显贬值。贬值的原因有很多，这里集中介绍两点。第一，在此期间内，美国的发展比其出口的大多数国家（加拿大、墨西哥、日本）快。结果，美元的供给（为了支付进口）增加了。第二，我们在第 12 章提到，美联储把联邦基金利率从 2001 年年初的 6%下调到 2003 年 6 月的 1%，直到 2004 年 6 月一直保持为 1%。虽然联邦基金利率的急剧下降并不伴随着长期名义利率和实际利率的同等下降，但它们也下降了。美国实际利率的下降降低了美国债券对美国人和外国人的吸引力。因此，美元的供给上升，需求下降，造成了美元的贬值。

汇率作为货币政策工具

封闭经济中，货币政策仅仅通过实际利率影响总需求。例如，紧缩的货币政策通过提高实际利率减少消费和投资支出。下面我们将看到采用浮动汇率的开放经济下，汇率作为另一种货币政策的手段，可以加强实际利率变动产生的影响。

假设政策制定者担心通货膨胀并决定控制总需求。出于这个目的，他们提高实际利率来减少消费和投资支出。但如图 15.4 所示，较高的实际利率同样增加了对美元的需求，使得美元升值。美元的升值进一步减少了总需求。这是为什么？因为美元升值减少了进口产品的成本，增加了进口。同样，美元升值使美国出口品在国外市场价格上升，减少了美国的出口。净出口＝出口－进口，是总需求的四个组成部分之一。因此，通过减少出口和增加进口，美元的坚挺（更有价值，实际汇率更高）降低了总需求。[①]

总体而言，浮动汇率下，紧缩的货币政策减少净出口（因为美元变得坚挺）以及消费和投资支出（因为实际利率更高）。相反，宽松的货币政策削弱美元，刺激净出口，强化了实际利率降低对消费和投资支出的影响。因此，相对于我们之前研究的封闭经济的例子，**在采用浮动汇率的开放经济下，货币政策更有效。**

美联储前主席沃尔克在 20 世纪 80 年代早期采取的紧缩性货币政策很好地说明了货币政策对净出口（贸易差额）的影响。沃尔克收紧银根的政策是 1980—1985 年美元升值 50%的主要原因。1980 年和 1981 年，美国的出口适当高于进口，存在贸易盈余。这在很大程度上是受美元坚挺的影响。1981 年后美国贸易差额产生赤字，至 1985 年年底，美国贸易赤字达到 GDP 的 3%。不到 5 年的时间内发生了显著变化。

重点回顾：短期内汇率的决定因素

- 供求分析是研究短期汇率决定因素的有用工具。美国的家庭和企业为了获得用来购买外国产品、服务和资产的外国货币而向外汇市场提供美元。外国人为了获得美国产品、服务和资产而在外汇市场购买美元。均衡汇率，也被称为汇率的基础价值，是指外汇市场上美元供给和需求相等时美元的价值。

① 我们暂时假设美国产品用美元表示的价格与外国资产用外国货币表示的价格都不变。

- 对外国产品偏好的增加、美国实际 GDP 的增加，或者外国资产实际利率的增加，将提高外汇市场上对美元的供给，降低美元的价值。对美国产品偏好的增加、国外实际 GDP 的增加，或者美国资产实际利率的增加，将提高外汇市场上对美元的需求，提高美元的价值。
- 紧缩的货币政策将提高实际利率，增加对美元的需求并使美元坚挺。美元坚挺通过减少净出口（总需求的一个组成部分）来增强紧缩的货币政策对总支出的影响。反之，宽松的货币政策将降低实际利率，削弱美元。

长期汇率的决定

本节将讨论长期汇率是如何决定的。在短期的分析中，我们假设美国产品用美元表示的价格和用外国货币表示的价格（例如，用日元表示的索尼 PlayStation 的价格）是一样的。在长期的分析中，我们必须放松这个假设。我们用于讨论长期中汇率决定的理论称为购买力平价理论。为了解释这个理论，我们首先介绍实际汇率。

实际汇率

名义汇率告诉我们本国货币相对于外国货币的价格。正如我们将在本节看到的，实际汇率告诉我们本国产品或服务相对于平均外国产品或服务的平均价格。

例 15.4　购买本国产品还是进口产品

你应当购买本国产品还是进口产品？

假设你负责一家美国公司的采购，公司计划购买大量新计算机。这个公司的计算机专家指定了两种满足规格需求的样品：一种是日本制造；一种是美国制造。因为这两种样品本质上相等，公司将购买价格较低的那种。但是，因为计算机使用生产国的货币定价，价格不能直接比较。你的任务就是判断两个样品中哪个更便宜。

为了完成任务，你需要两组数据：美元和日元之间的名义汇率及两种样品用其生产国货币表示的价格。

假设一台美国制造的计算机价值 2 400 美元，一台日本制造的类似的计算机价值 242 000 日元。如果名义汇率是 1 美元 110 日元，应该购买哪种计算机？

为了比较价格，我们必须将两种计算机的价格用相同的货币表示。要用美元来比较，我们首先将日本计算机的价格兑换成美元。价格用日元表示是￥242 000（￥代表“日元”），同时我们知道￥110＝$1。为了得到计算机的美元价格，我们注意到对任何产品或服务：

$$\text{日元价格} = \text{美元价格} \times \text{用日元表示的美元价格}$$

注意，用日元表示美元的价值就是日元—美元汇率。移项代入并求解，我们得到

$$\text{美元价格} = \frac{\text{日元价格}}{\text{日元}-\text{美元汇率}} = \frac{¥242\,000}{¥110/\$1} = \$2\,200$$

注意日元的符号同时出现在除式的分子和分母中，所以同时消除。我们的结论是日本计算机更便宜，为 2 200 美元，比美国计算机的价格 2 400 美元便宜 200 美元。因此应该采购日本计算机。

练习 15.3

利用同样的数据,通过将两种价格都用日元表示,比较日本计算机和美国计算机的价格。

日本计算机更便宜的事实意味着你的公司将选择日本计算机而不是美国计算机。通常来说,一个国家在国际市场上的竞争能力部分取决于其产品和服务的价格与外国产品和服务价格的相对比值。在上面的假想例子中,国内(美国)产品的价格相对外国(日本)产品的价格是 2 400 美元/2 200 美元,或者 1.09。美国计算机比日本计算机贵 9 个百分点,使美国产品处于竞争劣势。

经济学家更普遍地关注某个国家的产品和服务的平均价格相对于其他国家的产品和服务的平均价格,即该国的实际汇率。一国的**实际汇率**是指当价格用同种货币表达时,国内产品或服务与外国产品或服务相对的平均价格。

为了得到实际汇率的公式,回忆 e 代表名义汇率(1 美元兑换外国货币单位的数量)以及 P 代表国内物价水平,通常用消费者价格指数衡量。用 P 衡量国内产品或服务"平均"价格;用 P^f 表示外国物价水平,衡量外国产品或服务"平均"价格。

实际汇率等于国内产品或服务的平均价格相对于国外产品或服务的平均价格。但因为两种价格水平用不同的货币表示,因此不能定义实际汇率为 P/P^f。在上面有关美国计算机和日本计算机的例子中,为了将外国价格转换为用美元表示,我们必须用外国价格除以汇率。根据这个准则,外国产品和服务的平均美元价格等于 P^f/e。我们可以将实际汇率写成

$$\text{实际汇率} = \frac{\text{国内产品价格}}{\text{国外产品价格,用美元表示}} = \frac{P}{P^f/e}$$

简化上面的表达式,分子和分母都乘以 e,得到

$$\text{实际汇率} = \frac{eP}{P^f} \tag{15.1}$$

即实际汇率的公式。

为了验证这个公式,我们用它重新解答例 15.4。为了讨论的方便,我们假设计算机是美国和日本生产的唯一的产品,因此实际汇率只是美国计算机的价格相对于日本计算机的价格。在这个例子中,名义汇率 e 是¥110/$1,国内(一台计算机的)价格 P 是 2 400 美元,国外价格 P^f 是 242 000 日元。利用式(15.1),得到

$$\text{计算机的实际汇率} = \frac{(¥110/\$1)\times \$2\,400}{¥242\,000} = \frac{¥264\,000}{¥242\,000} = 1.09$$

与之前得到的答案相同。

实际汇率是国内产品相对于国外产品价格的整体评价,是一个重要的经济变量。它合并了名义汇率与不同国家的产品和服务的相对价格。如上面的例子所示,实际汇率很

高时，国内产品平均比外国产品贵（用同种货币标价时）。实际汇率高意味着国内生产者难以将产品出口到其他国家（国内产品价格被高估），同时进口产品在国内销售增加（因为进口产品相对于本国产品更便宜）。

实际汇率高导致出口减少，进口增加，因此我们推断实际汇率较高时，净出口通常较低。反之，如果实际汇率较低，本国生产者很容易出口产品（因为其产品的定价低于外国同类产品），而且国内居民将购买更少的进口产品（因为进口产品比国内产品价格昂贵）。因此实际汇率较低时，净出口通常较高。

在之前的分析中，我们看到了名义汇率 e 的上升使出口对外国人更加昂贵，而进口对美国人更加便宜，从而降低了净出口。式(15.1)表明其他变量（如 P/P^f）不变的情况下，e 的上升也会提高实际汇率。实际汇率的上升将再次减少净出口。

汇率的基本理论：购买力平价（PPP）

购买力平价（PPP）是解释名义利率决定因素的最基本的理论。为了理解这个理论，我们首先讨论一个基本的经济学概念——不二价法则。

不二价法则认为如果运输成本相对很低，国际贸易中的商品在各个地区的价格一定都相同。例如，假设运输成本不高，1 蒲式耳小麦的价格在印度孟买和澳大利亚悉尼应该是一样的。注意这个情况暗含的假设是实际汇率在长期必须等于 1。

假设情况并非如此。例如，假设悉尼小麦的价格只是孟买价格的一半，此时小麦商将有很大的动力去购买悉尼的小麦并卖到孟买，以两倍于购买价格的价格出售。随着小麦被运离悉尼，当地的小麦供给将下降，悉尼的小麦价格将上升，而小麦流入孟买也将使当地的小麦价格下降。

根据均衡原理（第 3 章），只有当未开发的获利机会被消除，即只有当小麦的价格在悉尼和孟买变得相等或基本相等时（差额应小于从澳大利亚向印度运输小麦的成本），小麦的国际市场才会恢复均衡。我们来看一个例子。

例 15.5　产品价格与实际汇率的关系

小麦价格与实际汇率有何关系？

假设 1 蒲式耳谷物在悉尼价值 5 澳大利亚元而在孟买价值 150 卢比。如果不二价法则对谷物适用，澳大利亚和印度之间的名义汇率是多少？因为 1 蒲式耳谷物的市场价值在两个地方必须是相同的，我们知道谷物的澳大利亚价格必须等于谷物的印度价格，所以

$$5\text{ 澳大利亚元} = 150\text{ 印度卢比}$$

同除以 5，得到

$$1\text{ 澳大利亚元} = 30\text{ 印度卢比}$$

因此，澳大利亚和印度之间的名义汇率应是 1 澳大利亚元 30 卢比。

或者，如果我们利用式(15.1)和 PPP 假设，即实际汇率为 1，

$$1 = \frac{eP}{P^f}$$

其中

$$e = P^f/P = \frac{150\text{ 印度卢比}}{5\text{ 澳大利亚元}} = \frac{30\text{ 印度卢比}}{1\text{ 澳大利亚元}}$$

练习 15.4

黄金价格在纽约是每盎司 300 美元而在瑞典斯德哥尔摩是每盎司 2 500 克朗。如果不二价法则对黄金适用，美元和瑞典克朗之间的名义汇率是多少？

上述例子说明了购买力平价的应用。根据**购买力平价理论**，名义汇率的确定必须保证不二价法则成立。

购买力平价理论的一个非常实用的预测为：长期内，经历过显著通货膨胀的国家的货币将会贬值。为了说明原因，我们扩展对上例的分析。

例 15.6 购买力平价

通货膨胀如何影响实际汇率？

假设印度的通货膨胀十分严重，以至于在孟买 1 蒲式耳谷物的价格从 150 卢比上升到 300 卢比。澳大利亚没有通货膨胀，所以悉尼谷物的价格仍为 5 澳大利亚元。如果不二价法则对谷物适用，澳大利亚和印度间的名义汇率将发生什么变化？

我们知道 1 蒲式耳谷物的市场价值在两个地方必须是相同的。因此

$$5\text{ 澳大利亚元} = 300\text{ 印度卢比}$$

即

$$1\text{ 澳大利亚元} = 60\text{ 印度卢比}$$

名义汇率现在是 1 澳大利亚元 60 卢比。在印度发生通货膨胀之前，名义汇率是 1 澳大利亚元 30 卢比。所以在这个例子中，通货膨胀使得卢比相对澳大利亚元贬值。澳大利亚没有通货膨胀，其货币相对于卢比升值。

通货膨胀和贬值之间的联系从经济学上是说得通的。通货膨胀意味着一个国家的货币在国内市场失去购买能力，而汇率贬值意味着该国的货币在国际市场上失去购买能力。

图 15.5 显示了 1995—2004 年南美最大的 10 个国家年均通货膨胀率和年均名义汇率贬值率。[①] 通货膨胀率用一国消费者价格指数每年的改变率来衡量；贬值用相对于美元的价值变化来衡量。显然，这段时期南美国家的通货膨胀率变化巨大。例如，智利的通货膨胀率与美国通货膨胀率相差不到 2 个百分点，而委内瑞拉的通货膨胀率为每年 33%。

图 15.5 证实了购买力平价理论的预测：1995—2004 年通货膨胀严重的国家几乎都经历了快速的货币贬值。

购买力平价理论的缺陷

实证研究已经证实了购买力平价理论在预测相对长期内名义利率变化的有效性。此外，如图 15.5 所示，这个理论尤其有助于解释为什么高通货膨胀的国家容易面临汇率的贬值。但是该理论在预言汇率的短期波动方面并不是很有效。

购买力平价理论的一次非常戏剧化的失败发生在 20 世纪 80 年代早期的美国。如

① 由于第 10 个国家厄瓜多尔于 2000 年采用美元作为货币，其数据为 1995—2000 年的。

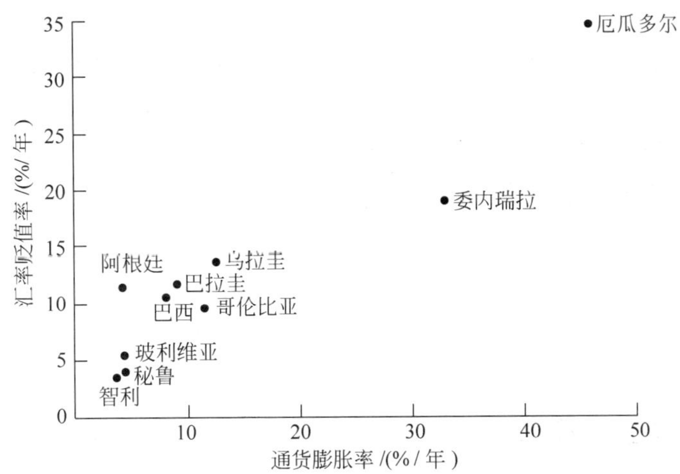

图 15.5 1995—2004 年南美国家的通货膨胀和货币贬值

1995—2004 年南美 10 国的年均通货膨胀率和名义汇率贬值率(相对美元)波动很大。高通货膨胀伴随着名义汇率的大幅贬值(厄瓜多尔的数据为 1995—2000 年的)。

资料来源:国际货币基金组织,《国际金融统计》(*International Financial Statistics*),以及作者的计算。

图 15.1 所示,1980—1985 年美元的价值相对于美国贸易伙伴的货币几乎上涨了 50%。紧接着 1986—1987 年美国经历了一次幅度更大的贬值。只有当 1980—1985 年美国的通货膨胀率远低于其贸易伙伴及 1986—1987 年远高于其贸易伙伴的时候,购买力平价理论才可以解释这种过山车似的行为。但实际上,在这两个时期美国与其贸易伙伴的通货膨胀是相似的。

为什么购买力平价理论在短期无效?购买力平价理论建立在不二价法则的基础上,即一种国际贸易中的商品的价格在各个地区必须是相同的。在像谷物或者黄金这种广泛交易的标准化商品中,不二价法则是可以成立的。然而,不是所有的产品和服务都在国际上交易,并且不是所有的产品都是标准化的商品。

很多产品和服务并不在国际上交易,因此不二价法则潜在的假设——运输费用相对很低——对这些产品和服务不适用。例如,假设将理发这种服务从印度出口到澳大利亚,那么每当悉尼居民想理发时,就需要将一名印度的理发师运到澳大利亚去。高昂的运输费用使得理发这种服务不能开展国际贸易,不二价法则对它不适用。因此即使澳大利亚的理发价格是印度的两倍,短期内市场力量也无法使价格回到均衡点(长期内一些印度的理发师可能移民到澳大利亚)。非贸易产品和服务的其他例子还有农业用地、建筑、沉重的建筑材料(其价值相对于运输成本来讲很低),以及极容易腐烂的食物。

此外,还有些产品使用非贸易产品和服务作为投入品:如在墨西哥提供的麦当劳汉堡中同时包括了贸易成分(冷藏的汉堡包肉饼)和非贸易成分(柜台员工的劳动力)。通常来讲,非贸易产品和服务在一个国家产出中占的比重越大,购买力平价理论对该国汇率的适用性就越低。①

不二价法则和购买力平价理论不时失效的第二个原因在于不是所有国际贸易的产品和服务都像谷物或黄金一样是完全标准化的商品。例如，美国生产的汽车和日本生产的汽车就不一样：其外观、马力、可靠性和其他特征都不同。这些不同使得有些人对一个国家的汽车(相对于其他国家而言)有强烈的偏好。所以即使日本汽车比美国汽车贵10%，美国汽车也不一定能大量占领日本市场，因为即便高出10个百分点的额外费用，很多日本人仍然偏爱日本生产的汽车。当然在确保消费者不转向便宜产品的前提下，某种产品和服务的涨价空间也是有限的。由此可见不二价法则以及购买力平价理论并不能很好地适用于非标准化商品。

重点回顾：长期内汇率的决定

- 实际汇率是当价格用同种货币表示的时候，国内产品或服务的平均价格相对于国外产品或服务的平均价格。实际汇率的一个有用的公式是 eP/P^f，其中 e 是名义汇率，P 是国内物价水平，P^f 是外国物价水平。
- 实际汇率的上升说明国内产品相对于国外产品变得更贵，导致出口减少，进口增加。反之，实际汇率的下降会使净出口增加。
- 名义汇率决定因素的最基础理论，购买力平价(PPP)，建立在不二价法则的基础上。不二价法则认为运输成本相对较低时，国际贸易商品的价格在各个地区都必须相等。根据购买力平价理论，两种货币之间的名义汇率可以通过用一种货币表示商品的价格等于另一种货币表示同种商品的价格来计算。
- 购买力平价理论的一个实用预测为：经历了明显通货膨胀的国家的货币长期内有贬值的倾向。但是购买力平价理论并不适用于短期。很多产品和服务是非贸易的，且不是所有贸易的产品都是标准化的，这些降低了不二价法则的适用性，进而影响了购买力平价理论。

贸易差额和净资本流入

在第4章我们引入了一个术语——净出口(NX)，即一个国家的出口总额减去进口总额。表示国家出口总额减去进口总额的另一个等价的术语是**贸易差额**。因为每个季度或者每年的出口并不一定等于进口，所以贸易差额(或净出口)也不总是等于零。如果某一个特定时期内的贸易差额是正值，即出口总额超过进口总额，则称该国这段时期内拥有**贸易盈余**，盈余额等于出口总额减去进口总额。如果贸易差额是负值，即进口大于出口，则称该国有**贸易赤字**，赤字额等于进口总额减去出口总额。

① 贸易壁垒，如关税和限额，也提高了将产品从一个国家运到另一个国家的成本。因此贸易壁垒和运输成本一样，都降低了不二价法则的适用程度。

图 15.6 显示的是 1960 年以来美国贸易差额的各个组成部分。实线代表美国的出口,虚线代表美国的进口,两者都用占 GDP 的百分比表示。当出口超过进口时,两线之间的纵向差距就是美国的贸易盈余(用占 GDP 的百分比表示)。当进口超过出口时,两线之间的纵向差距代表的是美国的贸易赤字。

从图 15.6 中首先可以看出,过去几十年国际贸易已经成为美国经济中越来越重要的部分。1960 年,美国 GDP 中只有 5%是用于出口的,而进口额也仅占 GDP 的 4.3%。到了 2008 年,近 13%的美国产品被出售到国外,进口占美国 GDP 的比例超过 17%。2009 年进口与出口的急剧下降是源于 2007 年年底开始的全球经济衰退,这次衰退始于美国,并于 2008 年年底和 2009 年年初波及世界其他地区。

实物和金融资产在国际范围内的购买或出售(经济上等价于国际范围内资金的借出和借入)被称为**国际资本流动**。从一个具体的国家的角度来看,如以美国为例,国外投资者对国内(美国)资产的购买称为**资本流入**,国内(美国)家庭和企业对国外资产的购买则称为**资本流出**。为了记住这些术语,可以这样理解:资本流入意味着资金流进本国(国外储蓄者购买本国的资产),而资本流出意味着资金流出本国(国内储蓄者购买国外的资产)。两者的差额就称为**净资本流入**——资本流入减去资本流出。

贸易差额代表一国出口的产品与服务的价值和进口的产品与服务的价值之间的差额。净资本流入则代表国外投资者对国内资产的购买额与国内居民对国外资产的购买额之间的差额。这两种差额之间有着精确且非常重要的联系:在任意一个给定的时期内,贸易差额和净资本流入的总和为零。为了方便起见,我们把这种关系写成等式:

$$NX + KI = 0 \tag{15.2}$$

其中,NX 代表贸易差额(即净出口),KI 代表净资本流入。式(15.2)给出的关系是一个恒等式,这意味着它是恒成立的。[①]

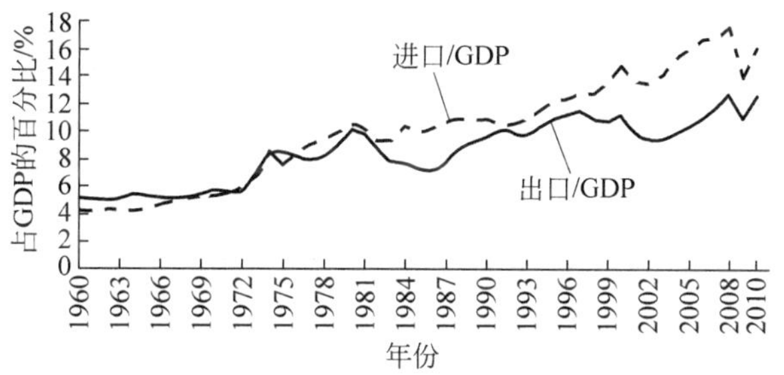

图 15.6 1960—2010 年美国的贸易差额

图中显示了美国的出口和进口占 GDP 的百分比。20 世纪 70 年代末以来,美国一直有贸易赤字,即进口大于出口。

资料来源:美国经济分析局(www.bea.gov)。

① 从严格意义上说,式(15.2)并不是非常准确的。经常账户(CA)包括净出口、要素收入(即国外投资收入的净流动)和国际转移支付(即一国居民向另一国居民的非市场转移支付)。因此,准确的关系是 CA+KI=0。不过,净要素收入加国际转移支付尚不到经常账户的 10%。为了便于讨论,在式(15.2)中使用净出口而不是经常账户更适宜。

例 15.7 贸易差额与净资本流入

日本公司可以用日元做些什么？

假设一名美国居民购买了一件进口商品（不妨假设其购买的是价值 20 000 美元的日本汽车）。假设美国购买者通过支票支付，于是日本的汽车生产商在美国银行拥有了一个 20 000 美元的账户。

日本生产商将会如何处置这 20 000 美元？基本上，会有两种可能的情况。第一种，日本公司可能会用这 20 000 美元购买美国生产的产品与服务，如美国生产的汽车零件或者管理人员的夏威夷之旅。在这种情况下，美国将会有 20 000 美元的出口额，与 20 000 美元的汽车进口额相互平衡。因为出口等于进口，所以美国的贸易差额不受这些交易的影响（对于这些交易来说，NX＝0）。同时，由于没有进行任何资产的买卖，因此没有发生资本的流入或流出（KI＝0）。所以，在这种场景下，交易差额加上净资本流入等于零的条件，如式（15.2）所示，能够得到满足。

第二种，日本汽车生产商可能会用这 20 000 美元购买美国的资产，如美国的国债或者邻近其田纳西州工厂的一些土地。在这种情况下，美国将会产生一个 20 000 美元的贸易赤字，因为 20 000 美元的汽车进口额没有出口来抵消（NX＝－20 000 美元）。但是同时，美国又相应得到一笔 20 000 美元的资本流入，反映日本人购买了美国的资产（KI＝20 000 美元）。因此，贸易差额与净资本流入的总和再次等于零，满足式（15.2）。

事实上，还有第三种可能：日本汽车公司可能会与美国以外的其他团体交换它所拥有的美元。例如，公司可能会用其美元与另一家日本公司或个人交换日元。但是，这笔美元的购买者又将与汽车公司一样，拥有相同的选择——购买美国的产品与服务，或者购买美国的资产——因此，净资本流入与贸易赤字相等这一结论仍将成立。

贸易差额与资本净流入之间的关系指出了政策制定者经常忽略的：拥有贸易赤字的国家必定有资本净流入。也就是说，式（15.2）告诉我们，如果存在贸易赤字（NX＜0），那么净资本流入一定为正（KI＞0）。因此，旨在减少贸易赤字的贸易保护主义政策必然也减少了国际资本的流入。

国际资本流动

与产品和服务的生产一样，储蓄和投资也不会因国家之间的界限而受到限制。一名美国居民的储蓄的最有效利用方法可能不在美国，而是在泰国修建工厂或在波兰兴办企业。同样，对于巴西的储蓄者而言，使投资多样化而分散风险的方法最好是持有几个不同国家的债券和股票。随着时间的推移，越来越多的金融市场已经允许进行跨国借贷了。一个金融市场，如果其借方和贷方分别属于不同国家的居民，则称之为**国际金融市场**。

国际金融市场至少在一方面与国内金融市场不同：与国内金融交易不同，国际金融交易至少受到两个国家的法律、法规的管制，即受到借方和贷方各自所在国法律的双重规制。因而，国际金融市场的规模往往取决于国家之间的政治经济合作。例如，在相对和平的 19 世纪末 20 世纪初，国际金融市场得到了较为快速的发展。当时的世界霸主英国是国际上的最主要借出方，它的储蓄被用于世界各地。然而，1914—1945 年，两次世界大战和大萧条急剧削减了国际贸易及国际资本流动。直到 20 世纪 80 年代，国际贸易和国际资本流动才恢复到 19 世纪末的水平。

借出相当于购买实物资产或金融资产，而借入相当于卖出实物资产或金融资产，这一点对于我们理解国际金融市场很有帮助。例如，储蓄者购买公司的股票和债券，这对于储户来说是金融资产，而对于公司来说则是负债。类似地，购买政府债券对储户来说是金融资产，而对政府来说是负债。储蓄者同样也可以用购买实物资产（如土地）的方式提供资金。我向你购买一块土地，尽管在通常意义上我并没有借钱给你，但事实上我为你的消费或投资提供了资金。我得到了土地的出租价值，就像债券的利息和股票的红利一样。

从宏观经济学的角度看，国际资本流动有两个重要作用。首先，正如我们在本章前面所述，国际资本流动的存在使得贸易差额成为可能；贸易赤字意味着净资本流入，贸易盈余意味着净资本流出[回顾式(15.2)]。其次，国际资本流动通过向国外融资的办法弥补了一国投资机会与储蓄之间的缺口。本章接下来的部分将集中讨论这一点。

国际资本流动的决定因素

资本流入指的是国外投资者对国内资产的购买，资本流出指的是国内居民对国外资产的购买。这不禁让人提出一个问题：为什么国外投资者想要购买美国的资产，而美国人也想要购买国外的资产？

决定任何资产（不管国内资产还是国外资产）对投资者吸引力的基本因素是**收益**和**风险**。金融投资者都寻求高回报；因此，其他因素（如资产的风险程度与国外资产提供的回报）不变的情况下，国内较高的实际利率将使其资产对国外投资者而言更具吸引力，从而促进资本流入。同时，国内较高的实际利率将吸引本国居民在国内储蓄，从而减少资本流出。于是，其他条件相同时，国内较高的实际利率将导致净资本流入。相反，国内较低的实际利率将趋向于创造净资本流出，因为金融投资者都到国外寻找更好的投资机会。

图 15.7 显示的是一国净资本流入与其实际利率之间的关系。当国内实际利率很高时，净资本流入为正值（国外投资者对国内资产的购买额超过国内居民对国外资产的购买额）。但是，当实际利率很低时，净资本流入为负值（即这个国家经历着净资本流出）。

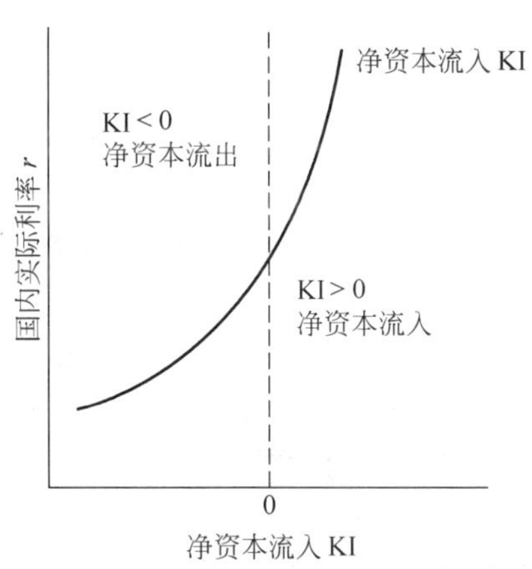

图 15.7 净资本流入和实际利率

资产的风险程度和国外资产提供的回报不变的情况下，国内较高的实际利率将吸引国外的投资者购买国内的资产，使净资本流入增加。国内较高的实际利率还将减少国内储蓄者购买国外资产的动力，使资本净流出减少。因此，其他条件相同时，国内实际利率 r 越高，净资本流入 KI 就越高。

风险对资本流动的影响与实际利率对资本流动的影响恰好相反。每一个给定的实际利率下，国内资产的风险增加将会使净资本流入减少，因为国外投资者不太愿意购买国内的资产，而国内储蓄者也倾向于购买国外的资产。例如，政治动荡增加了在该国投资的风险，趋向于使净资本流入减少。图 15.8 显示的是风险增加对资本流入的影响：在每一个国内实际利率下，风险的增加减少了净资本流入，使资本流入曲线向左移动。

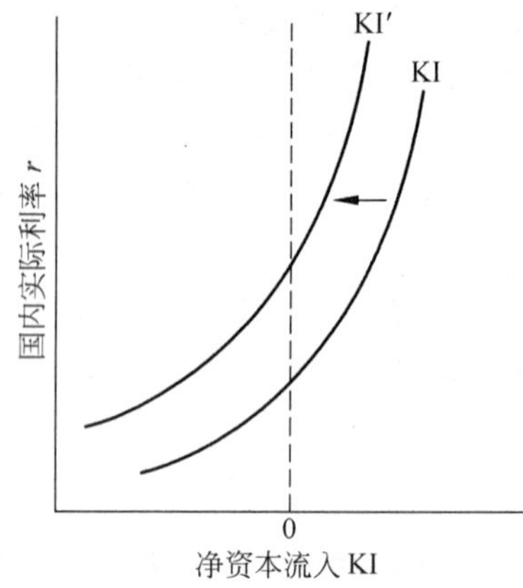

图 15.8 风险的增加使净资本流入减少

由政局不稳定性加剧等引起的国内资产风险程度的增加，将会减少国外投资者和国内储蓄者持有国内资产的欲望。在每一个国内实际利率下，资本流入的供给下降，使 KI 曲线向左移动。

练习 15.5

给定国内的实际利率和风险，你预计国外实际利率的增加会对净资本流入产生什么影响？给出你的答案，并画图说明。

储蓄、投资和资本流入

国际资本流入与国内的储蓄、投资之间有着紧密的联系。正如我们接下来将看到的，资本流入扩大了国内储蓄的总额，增加了可用于投资的资金数量，而资本流出则减少了可供投资的储蓄量。因此，资本流入有助于促进国内的经济增长，而资本流出则会抑制经济的增长。

为了推导资本流入、储蓄和投资三者之间的关系，首先，让我们回顾一下第 4 章介绍的相关知识，总产出或收入 Y 必定等于四部分支出之和：消费(C)、投资(I)、政府采购(G)和净出口(NX)。写出这一等式，我们得到：

$$Y = C + I + G + \mathrm{NX}$$

接下来，我们将等式两边同时减去 $C+G+\mathrm{NX}$，得到：

$$Y - C - G - \mathrm{NX} = I$$

从第 8 章我们知道国民储蓄 S 等于 $Y-C-G$。如果我们在前面的公式中做一些替代，可得到：

$$S - \mathrm{NX} = I \qquad (15.3)$$

式(15.3)描述了净出口 NX 与资本流入 KI 的关系，特别是贸易差额加上资本流入等于零，即 NX+KI=0，这意味着 KI=−NX。如果我们用 S 代替上述公式里的 $Y-C-G$，用 KI 代替 −NX，我们将会发现：

$$S+\mathrm{KI}=I \tag{15.4}$$

式(15.4)这一关键结果反映了国民储蓄 S 与净资本流入 KI 的总和必然等于国内对新资本品的投资 I。换句话说，在一个开放经济里，可用于国内投资的储蓄金额不仅有国民储蓄(国内的私人和公共储蓄)，还有国外储蓄者提供的资金。

第 8 章介绍了储蓄—投资关系图。该图显示在一个封闭的经济里，储蓄的供给必然等于储蓄的需求。类似的图表同样可以应用于开放经济，但是开放经济的储蓄供给包括净资本流入和国内储蓄。

图 15.9 显示的是开放经济中的储蓄—投资关系图。国内实际利率反映在纵轴上，储蓄和投资流动反映在横轴上。与在封闭经济里一样，向下倾斜的曲线 I 代表想进行资本投资的公司对资金的需求。曲线 S+KI 代表的是储蓄的总供给，包括国内储蓄 S 和来自国外的净资本流入 KI。由于较高的国内实际利率增加了国内储蓄和净资本流入，因此 S+KI 曲线向上倾斜。如图 15.9 所示，开放经济中的均衡实际利率 r^* 使储蓄的总供给量(包括来自国外的净资本流入)与国内为了进行资本投资而产生的对储蓄的需求量相等。

图 15.9 同时揭示了净资本流入使经济体受益的机理：吸引了大量国外资本流入的国家将拥有较多的总储蓄供给，从而会有一个较低的实际利率和一个较高的新资本投资率。美国和加拿大在经济发展的初期都受益于大规模的资本流入，今天很多发展中国家也正面临这样的情况。因为资本流入对风险表现得相当敏感，所以，如果一个国家政局稳定并能保障国外投资者的权益，该国将能比没有这些特征的国家吸引更多的国外资本，从而发展得更快。

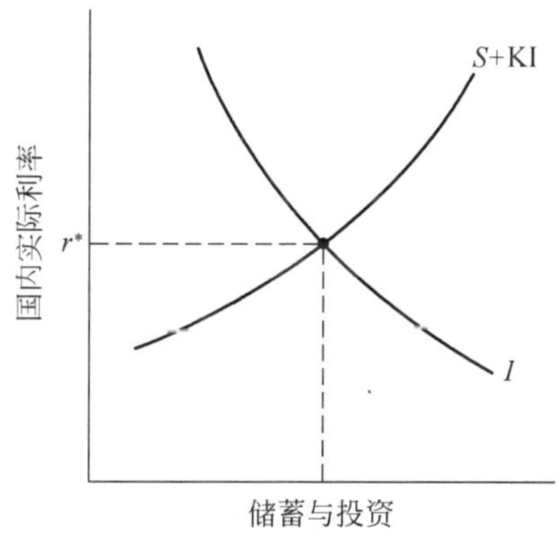

图 15.9　开放经济的储蓄—投资图

开放经济里的储蓄总供给等于国民储蓄 S 与净资本流入 KI 之和。国内实际利率的增加将同时使储蓄的总供给 S 和 KI 增加。国内为了进行投资而产生的对储蓄的需求用曲线 I 表示。均衡的实际利率 r^* 使得包括资本流入在内的储蓄总供给等于国内对储蓄的需求。

储蓄率与贸易赤字

是什么因素导致了贸易赤字？媒体的报道有时宣称，贸易赤字的产生是因为该国生产的产品质量差或者是其他国家对进口施加了贸易约束。尽管这些解释非常流行，但是目前还没有什么经济理论或者实证对此加以支持。例如，美国对中国有着很高的贸易赤字，但是没有人会认为美国的产品普遍比中国差。很多发展中国家虽然趋向于对贸易施加更严厉的约束，但仍有很高的贸易赤字。

经济学家认为，形成贸易赤字的主要原因并不是一国出口产品的质量或者不公平贸易约束的存在，而是低国民储蓄率。

我们已从式(15.3)中看到了国民储蓄与净出口之间的关系，$S-\text{NX}=I$，可写作：

$$S - I = \text{NX} \tag{15.5}$$

根据式(15.5)，如果我们保持国内投资(I)不变，那么一个较高的国民储蓄率(S)就意味着一个较高的净出口水平(NX)，而一个较低的国民储蓄水平就意味着一个较低的净出口水平。此外，如果一个国家的国民储蓄比投资少，即 $S<I$，那么式(15.5)就暗含着净出口 NX 为负值，也就是说该国存在贸易赤字。从式(15.5)得出的结论是，保持国内投资不变，低国民储蓄趋向于与贸易赤字(NX<0)有关，高国民储蓄趋向于与贸易盈余(NX>0)有关。

为什么低国民储蓄率与贸易赤字有关？如果一个国家的国民储蓄率比较低，那么该国的家庭和政府就会有较高的支出率(占国内收入和产出的比重)。因为家庭和政府支出中有相当一部分是用于购买进口品的，所以可以想见一个低储蓄、高支出的经济体将会有很大的进口量。此外，一个低储蓄经济体把很大一部分国内产品用于消费，因此减少了可供出口的产品与服务的数量。在高进口、低出口的状况下，低储蓄经济体将遭受贸易赤字。

存在贸易赤字的国家也必然会接受资本流入[式(15.2)告诉我们，如果贸易赤字存在，即 NX<0，必然有净资本流入 KI>0 为正值]。那么，低国民储蓄率是否也与净资本流入相一致？是的。低国民储蓄率的国家将没有足够的储蓄为国内投资融资，于是该国可能有很多好的投资机会可供国外储蓄者选择，从而导致资本流入。还有一种等价的解释方法，国内储蓄的不足将趋向于拉高国内的实际利率，从而吸引国外资本流入。

例 15.8　美国的贸易赤字

为什么美国的贸易赤字如此巨大？

如图 15.6 所示，截至 20 世纪 70 年代中期，美国的贸易差不多一直处于平衡状态。但是，70 年代末期以来，美国开始出现巨大的贸易赤字(特别是 80 年代中期和 90 年代后期)。事实上，2006 年和 2007 年，贸易赤字达到美国 GDP 的 5.7%。为什么美国的贸易赤字会如此巨大？

图 15.10 显示的是美国 1960—2010 年的国民储蓄、投资和贸易差额(所有的量都用占 GDP 的比重表示)。从图上我们注意到，20 世纪 70 年代末期开始，贸易差额始终是负值，即出现了贸易赤字。同时，我们还注意到，贸易赤字对应的正好是投资超过国民储蓄的时期[正如式(15.5)所要求的]。

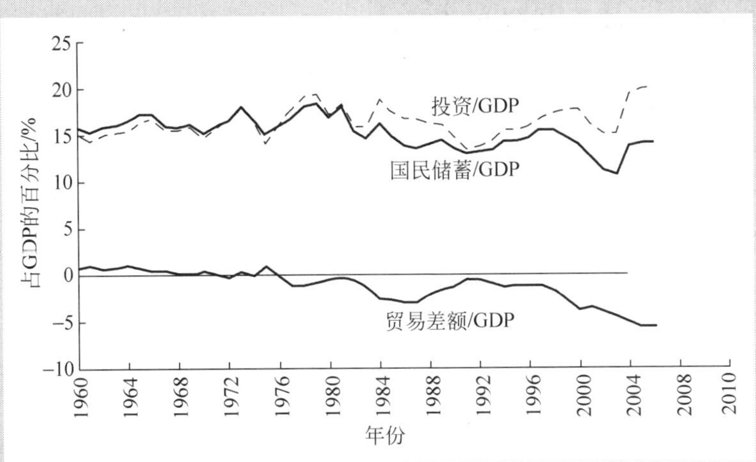

图 15.10 1960—2010 年美国的国民储蓄、投资和贸易差额

20 世纪 70 年代以来，美国国民储蓄开始低于国内投资，这意味着出现了严重的贸易赤字。

资料来源：美国经济分析局(www.bea.gov)。

20 世纪 60 年代以及 70 年代初，美国的国民储蓄和投资大致处于相等的状态，因此那段时期美国的贸易差额接近零。但是，70 年代末和 80 年代，美国的国民储蓄开始急剧下降。导致国民储蓄下降的一大原因是当时的巨额政府赤字。又因为投资没有像储蓄那样下降，所以 80 年代美国的贸易赤字开始扩大，这种趋势直到 1990—1991 年的大萧条时期才得到控制，因为那段时间投资也下降了。90 年代，储蓄和投资都开始回升，但是 90 年代末国民储蓄再度下降。此次下降与美国联邦政府倒没有什么关系，因为它的预算处于良好的盈余状态。导致储蓄下降的真正原因是消费支出的大幅上扬。而在这些增加的消费支出中有相当一部分是用于购买进口产品与服务的，这又增加了贸易赤字。2002 年，联邦政府又开始面临巨大的财政赤字。这进一步减少了国民储蓄，并导致了 2004 年的贸易赤字。

美国的贸易赤字是一个隐患吗？贸易赤字意味着美国非常依赖国外的储蓄来为国内资本形成融资(净资本流入)。这些国外的贷款最终都必须连本带利一起偿还。如果国外的储蓄资金投资得当，美国经济因此增长，那么偿还贷款将没有任何问题。但是，如果美国的经济增长放缓，那么偿还国外借款将在未来造成不小的经济负担。

"可我们谈的不仅仅是买辆车——我们谈的是改善美国对日本的贸易赤字。"

重点回顾：国际资本流动和贸易差额

- 跨越国界的资产的购买或出售称为国际资本流动。如果美国的个人、企业或政府从国外借款，则称美国拥有一笔资本流入。这种情况下，国外储蓄者购买了美国的资产。如果美国的个人、企业或政府借款给国外的某些人，即购买国外的资产，则称美国有一笔资本流到国外。一个国家的净资本流入等于资本流入减去资本流出。
- 如果一国进口的产品与服务比出口的多，它必须通过从国外借款来弥补这一差额。类似地，如果一国出口比进口多，它将把等于这一差额的资金借给国外投资者。因此，我们得到一个会计等式，在每一时期，贸易差额 NX 和净资本流入 KI 之和必然等于零。
- 可用于国内新资本投资的资金等于国内储蓄与来自国外的净资本流入之和。回报越高，国内投资的风险就越低，来自国外的净资本流入也就越大。资本流入通过为投资提供更多资金使经济体受益，但是如果新资本品投资的回报不足以偿还国外的借款，那么资本流入也可能成为负担。
- 导致贸易赤字的一个重要原因是低国民储蓄率。如果一个国家储蓄很少、支出很多，那么其进口的产品与服务的数量将会大于出口的产品与服务的数量。同时，一个国家的低储蓄率还意味着该国需要更多的国外借款来为国内投资支出融资。

小结

- 如果汇率是浮动的，那么紧缩的货币政策将增加对货币的需求，减少货币的供给，使之升值。坚挺的货币通过减少净出口，增强了紧缩的货币政策对总需求的影响。相反，宽松的货币政策降低了实际利率，使得货币疲软，进而刺激净出口。
- 两种货币之间的名义利率是指一种货币与另一种货币交换的比率。一种货币相对于其他货币价值的上升称为升值；一种货币相对于其他货币价值的下降称为贬值。
- 供求分析是研究短期汇率决定因素的有用工具。均衡汇率，又称汇率的市场均衡价值，等于外汇市场上这种货币供给和需求相等时汇率的价值。
- 一种货币由希望获得外国货币以便购买外国产品、服务和资产的该国居民提供。对外国产品偏好的增加、本国实际 GDP 的增加、外国资产实际利率的增加或本国资产实际利率的降低都将提高外汇市场上这种货币的供给，进而降低其价值。一种货币的需求主要来自希望购买该国产品、服务和资产的外国人。外国人对本国产品偏好的增加、国外实际 GDP 的增加、本国资产实际利率的增加或国外资产实际利率的降低都将提高外汇市场上这种货币的需求，进而提高其价值。
- 实际汇率是当价格用同一种货币表示时，国内产品或服务的平均价格相对于外国产品和服务的平均价格。实际汇率同时反映了名义汇率和各国之间的相对价格水平。实际汇率的增加意味着国内产品和服务相对于外国产品和服务变得更昂贵，将造成出口减少，进口增加。相反，实际汇率的下降倾向于增加净出口。

- 长期内名义汇率决定的一个基础理论是购买力平价(PPP)理论，它建立在不二价法则的基础上。不二价法则指出，如果运输费用相对很低，那么国际贸易商品的价格在各个地区必须相等。根据购买力平价理论，我们可以通过令一种货币表达商品的价格等于另一种货币表达同种商品的价格，来计算两种货币间的名义汇率。购买力平价理论准确地预测了经历明显的通货膨胀的国家的货币在长期将趋于贬值。不过，因为很多产品和服务不能进行国际贸易，而且不是所有贸易的产品都是标准化的，因此购买力平价理论在解释汇率的短期波动时效果要差得多。
- 贸易差额，或净出口，是指某个时期内一国的出口额减去进口额。并非每个时期的出口都与进口相等。如果出口大于进口，则称其差额为贸易盈余；如果进口大于出口，则称其差额为贸易赤字。
- 国民储蓄率较低是导致贸易赤字的主要原因。低储蓄、高支出的国家要比高储蓄的国家进口得更多。同时，前者消费的国内产品也比后者多，因而导致出口量低于后者。此外，低储蓄的国家很可能拥有更高的实际利率，从而吸引净资本流入。因为贸易差额与净资本流入之和为零，所以较高的净资本流入对应着巨额的贸易赤字。
- 一国的实际利率越高，并且在该国投资的风险越低，则其净资本流入也越高。资本流入扩充了一国的储蓄总量，使得国内投资增加，经济增长加快。使用资本流入为国内资本形成融资的一个缺陷是资本的回报(利息和红利)给了国外投资者而不是国内居民。

名词与概念

appreciation	升值	market equilibrium value of the exchange rate	汇率的市场均衡价值
capital inflows	资本流入	net capital inflows	净资本流入
capital outflows	资本流出	nominal exchange rate	名义汇率
depreciation	贬值	purchasing power parity(PPP)	购买力平价
fixed exchange rate	固定汇率	real exchange rate	实际汇率
flexible exchange rate	浮动汇率	trade balance	贸易差额
foreign exchange market	外汇市场	trade deficit	贸易赤字
international capital flows	国际资本流动	trade surplus	贸易盈余
law of one price	不二价法则		

复习题

1. 在浮动汇率制度下，宽松的货币政策(实际利率较低)如何影响汇率的价值？汇率的这种变化是趋于削弱还是增强货币政策对产出和就业的影响？请解释。

2. 为什么美国的家庭和企业会向外汇市场提供美元？为什么外国人会从外汇市场购买美元？

3. 日元汇率为1美元兑110日元，墨西哥比索汇率为1美元兑10比索。日元与比索之间的名义汇率是多少？用两种方法表示。

4. 定义名义汇率和实际汇率。这两个概念之间有何联系？

5. 举例说明为什么一国的净资本流入总是等于贸易赤字。

6. 资本流入或流出与国内对于新资本品的投资有何联系？

练习题

1. 如果政府实施宽松的货币政策，而且汇率是浮动的，其结果有可能是下列哪项？

(1) 实际利率下降，净出口增加。

(2) 实际利率上升，净出口减少。

(3) 坚挺的货币有助于刺激出口。

(4) 对货币的需求上升，货币的供给下降。

2. 使用表15.1中的数据，计算墨西哥比索与日元之间的名义汇率。用两种方法表示。如果比索对美元升值10%而日元对美元的价值保持不变，你的答案将有何改变？

3. 假设一瓶法国香槟酒的价格是20欧元。

(1) 如果欧元对美元的汇率是0.8，即1美元等于0.8欧元，那么这瓶香槟酒在美国的价格是多少？

(2) 如果欧元对美元的汇率上涨到1，那么这瓶香槟酒在美国的价格是多少？

(3) 如果欧元对美元的汇率的上升导致美国对法国香槟酒的支出上升，那么欧元对美元的汇率上升将使外汇市场上的美元供给数量发生怎样的变化？

4. 假设苹果iPod的价格为240美元。

(1) 如果欧元对美元的汇率是1，即购买1美元需要花费1欧元，那么iPod在法国的价格是多少？

(2) 如果欧元对美元的汇率下降到0.8，那么在法国购买iPod需要花多少钱？

(3) 如果欧元对美元的汇率下降，那么法国对iPod的购买量和外汇市场上的美元需求量会发生怎样的变化？

5. 在其他条件不变的前提下，下列几种情况将如何影响美元的价值？请解释。

(1) 人们认为美国股票的投资风险增加。

(2) 欧洲计算机公司用印度、以色列和其他国家生产的软件替换美国生产的软件。

(3) 随着东亚经济复苏，国家金融投资者在该地区发现了大量新的高回报投资机会。

6. 去年到今年，蓝地的 CPI 从 100 涨至 110，红地的 CPI 从 100 涨至 105。蓝地的货币单位布鲁去年价值 1 美元而今年价值 90 美分。红地的货币单位瑞得去年价值 50 美分而今年价值 45 美分。

计算去年到今年蓝地对红地的名义汇率以及蓝地对红地的实际汇率变化的百分比（将蓝地作为本国）。相对红地，你认为蓝地的出口将从汇率的变化中受益还是受损？

7. 一辆英国生产的汽车标价 20 000 英镑。一辆与之相似的美国生产的汽车售价 26 000 美元。在外汇市场上 1 英镑兑换 1.50 美元。分别从美国的角度和英国的角度计算汽车的实际汇率。哪个国家的汽车价格更有竞争力？

8. 下列交易如何影响美国的①贸易盈余或贸易赤字，②资本流入或资本流出？证明每种情况下贸易差额与资本净流入之和为零。

(1) 一位美国出口商向以色列出口软件，并用得到的钱购买以色列公司的股票。

(2) 一家墨西哥公司用向美国出口石油得到的钱购买美国政府的债券。

(3) 一家墨西哥公司用向美国出口石油得到的钱购买美国企业制造的石油钻探设备。

9. 使用类似图 15.9 的图说明下列事件对某个作为国外净借款方的国家的实际利率和投资的影响。

(1) 由于新技术带来的投资机会增加。

(2) 政府预算赤字上升。

(3) 国内居民决定增加储蓄。

(4) 国外投资者认为向该国投资的风险增加。

正文中练习题的答案

15.1　答案由于数据选取时间的不同而不同。

15.2　美国 GDP 的下降减少了消费者的收入，进而减少了进口。因为美国人购买的进口产品减少了，他们向外汇市场供给的美元也减少了，所以美元的供给曲线向左移动。供给的下降增加了美元的市场均衡价值。

15.3　美国计算机的美元价格是 2 400 美元，1 美元等于 110 日元。因此，美国计算机的日元价格是 110 日元/美元×2 400 美元，即 264 000 日元。日本计算机的价格是 242 000 日元，因此日本计算机更便宜的结论与使用哪种货币进行比较没有关系。

15.4　不二价法则适用于黄金，因此每盎司黄金的价格在纽约和斯德哥尔摩必须相等：

300 美元＝2 500 克朗

两边同时处以 300，得到

1 美元＝8.33 克朗

因此，汇率是 1 美元 8.33 克朗。

15.5　外国实际利率的上升增加了外国资产对国内外投资者的吸引力，本国的净资本流入因而会下降。净资本流入的供给曲线向左移动，如图 15.8 所示。

词　汇　表

A

absolute advantage 绝对优势

如果某人完成任务所需的时间比另一个人少，那么此人就具有绝对优势。

accommodating policy 适应性政策

听任冲击效果发生的政策。

aggregate demand（AD）curve 总需求曲线

显示其他所有要素保持不变的情况下，消费者、企业和政府以及外国的消费者在每一通货膨胀率下希望购买的产出量的曲线。

aggregatesupply（AS）curve 总供给曲线

显示其他所有要素保持不变的情况下，企业希望生产的产出量与通货膨胀率之间关系的曲线。

anchored inflationary expectations 锚定的通货膨胀预期

即使通胀率暂时上升，人们对未来通货膨胀率的预期也不会改变。

appreciation 升值

一种货币相对于另一种货币，价值增加。

assets 资产

某人所拥有的任何有价值的东西。

attainable point 生产可能点

任何一种用现有资源可以生产出的产品组合。

automatic stabilizers 自动稳定器

这是一个法则——当实际产出减少时，政府支出将会自动增加或者税收将会自动减少。

autonomous consumption 自主消费

与可支配收入水平无关的消费支出。

autonomous expenditure 自主支出

不受产出影响的那部分计划总支出。

average benefit 平均收益

进行 n 个单位活动所获得的总收益除以 n 所得到的结果。

average cost 平均成本

进行 n 个单位活动所付出的总成本除以 n 所得到的结果。

average labor productivity 平均劳动生产率

每名雇佣工人的产出。

average tax rate 平均税率

总税收除以税前总收入。

B

balance sheet 资产负债表

详细记录一个经济主体的资产和负债的表单。

bank reserves 银行准备金

商业银行为满足存款者取款及支付的需要而持有的现金或者类似的资产。

banking panic 银行恐慌

当出现一个或多个银行濒临破产的新闻或者传言时，存款者纷纷赶去银行取款的事件。

barter 物物交换

产品或者服务之间的直接交换。

bequest saving 遗赠性储蓄

为留下遗产而进行的储蓄。

Board of Governors 管理委员会

美联储的领导机构，由总统任命的 7 名委员组成，每名委员的任期为 14 年，每两年就会有一名委员任期结束，新的管理者被提名替换其职位。

bond 债券

偿还债务的一种法律承诺，通常包括本金和利息支付。

boom 热潮

特别强劲和广泛的扩张。

business cycle 商业周期

GDP 和其他变量的短期波动。

buyer's reservation price 买方愿付价格

买方愿意为产品支付的最高价格。

buyer's surplus 买方剩余

买方愿付价格与实际支付价格之间的差额。

C

capital gains 资本收益

现有资产的价值增加。

capital good 资本品

为生产其他产品与服务而生产和使用的耐用品。

capital inflows 资本流入
国外家庭和企业对国内资产的购买。
capital losses 资本损失
现有资产的价值减少。
capital outflows 资本流出
国内家庭和企业对国外资产的购买。
cash on the table 桌子上的现金
对交易中未实现的收益的经济学比喻。
central bank independence 中央银行的独立性
中央银行可以与短期的政治目的绝缘，并可以对经济保持一个长期的视角。
change in aggregate demand 总需求的变化
总需求曲线的移动。
change in aggregate supply 总供给的变化
总供给曲线的移动。
change in demand 需求的变化
整条需求曲线的移动。
change in quantity demanded 需求量的变化
沿着曲线，需求量随价格的变化所做的运动。
change in quantity supplied 供给量的变化
沿着曲线，供给量随价格变化所做的运动。
change in supply 供给的变化
整条供给曲线的移动。
comparative advantage 比较优势
如果某人完成任务的机会成本比另一个人低，那么此人在这项任务上就拥有比较优势。
complements 互补品
如果一种商品的价格上升将会导致另一种商品的需求曲线向左移动，那么这两种商品就是消费上的互补品。
compound interest 复利
一种将初始存款和之前的所有利息都作为计息基础的利息支付方式。
constant(or parameter) 常量(或参数)
数值固定的量。
consumer price index(CPI) 消费者价格指数
衡量相对于某一固定年份(基年)购买一篮子产品与服务的费用，在当期购买同样一篮子产品与服务的花费情况。
consumption expenditure (or consumption) 消费支出
家庭在产品与服务(如食物、衣服和娱乐)上的支出。
consumption function 消费函数
消费支出与其决定变量——如可支配收入(税后收入)——之间的关系。
contraction 紧缩
见“衰退”(recession)。
contractionary policies 紧缩性政策
政府为了减少计划支出和产出而采取的政策。
core rate of inflation 核心通货膨胀率
除了能源和食品之外的价格水平变化率。
coupon payments 息票支付
定期对债券持有者进行的利息支付。
coupon rate 票面利率
债券发行时所承诺的利率。
credibility of monetary policy 货币政策的信誉
公众在何种程度上相信即使会带来短期的经济成本，中央银行仍会履行低通胀的承诺。
cyclical unemployment 周期性失业
衰退时期所发生的失业。

D

deadweight loss 无谓的损失
由于采用某一政策造成的经济剩余的减少。
deflating (a nominal quantity) 紧缩化名义量
通过把名义量除以价格指数(如 CPI)来表示实际量的过程。
deflation 通货紧缩
多数产品与服务的价格下降以至于通货膨胀率为负值的情形。
demand curve 需求曲线
一条表示每个价格下消费者愿意购买的某种商品总量的曲线。
demand for money 货币需求
个人或企业选择以货币形式持有的财富数量。
demand shocks 需求冲击
由产出或通货膨胀率以外的因素引起的计划支出的变化。
dependent variable 因变量
在一个等式中，由另一个变量值来决定其大小的变量。
deposit insurance 存款保险
一个保证存款者在即使出现银行破产的情况下也

不会损失一分一毫的政府担保系统。

depreciation 贬值

一种货币相对于另一种货币，价值下降。

depression 萧条

特别严重或者持续时间特别长的衰退。

diminishing returns to capital 资本收益递减

如果使用的劳动力和其他投入量不变，那么已经投入使用的资本数量越大，额外一单位资本所能带来的产出增加越少。

diminishing returns to labor 劳动力收益递减

如果使用的资本和其他投入量不变，那么已经投入使用的劳动力数量越大，额外一名工人所能带来的产出增加越少。

discount rate (or primary credit rate) 贴现率（或一级信贷利率）

美联储向商业银行借出准备金时所收的利率。

discount window lending 贴现窗口借款

美联储为商业银行所提供的准备金借款。

discouraged workers 丧志工人

那些声称想要工作、但是在过去的四个星期中却没有努力寻找工作以至于仍然失业的人。

diversification 多样化

将拥有的财富分散到很多不同金融投资上以减少总体风险的做法。

dividend 红利

股东凭借其股份所得到的定期支付。

duration 久期

失业的时间长度。

E

economic efficiency 经济效率

见“效率”(efficiency)。

economic surplus 经济盈余

采取任何行动的经济盈余等于其收益减去成本。

economics 经济学

一门研究人们在资源稀缺的条件下如何选择，以及这些选择对社会造成的结果的学科。

efficiency 效率

所有产品与服务的生产和消费都达到社会最优水平时的情况。

efficient point 效率点

对于任意的产品组合，如果凭借现有资源不可能使其中一种产品的产量增加而其他产品的产量不变，那么该组合被称为效率点。

entrepreneurs 企业家

开创新企业的人。

equation 等式

描述两个或多个变量之间关系的数学表达式。

equilibrium 均衡

一种稳定、平衡、不发生变化的情形，在这种系统中所有起作用的因素都被其他因素所抵消。

equilibrium price and equilibrium quantity 均衡价格和均衡数量

产品的需求曲线与供给曲线相交所决定的价格和数量。

equity 股票

见“股票”(stock)。

excess demand(or shortage) 超额需求（或短缺）

当产品价格低于均衡水平时，需求量与供给量之间的差额；存在超额需求时，消费者没有达到满意状态。

excess supply(or surplus) 超额供给（或过剩）

当产品价格超过均衡水平时，供给量与需求量之间的差额。

expansion 扩张

经济超过正常水平显著增长的时期。

expansionary gap 扩张型缺口

当实际产出高于生产能力时所出现的负的产出缺口($Y>Y^*$)。

expansionary policies 扩张性政策

政府为了增加计划支出和产出而采取的政策。

expenditure line 支出曲线

显示计划总支出与产出之间的关联的曲线。

F

federal funds rate 联邦基金利率

商业银行之间短期贷款（经常是隔夜拆借）的利率。因为美联储经常通过改变联邦基金利率的方式来实施其政策，所以这一利率是金融市场关注的焦点。

Federal Open Market Committee (or FOMC) 联邦公开市场委员会

制定货币政策的委员会。

Federal Reserve System (or the Fed) 联邦储备系统

（或美联储）
美国的中央银行。

final goods or services 最终产品或服务
最终用户所消费的产品或服务。因为它们是生产过程中的终端产品，所以应纳入 GDP 的计算范围。

financial intermediaries 金融中介
用从储蓄者那里筹集到的资金提供信用给借款者的企业。

fiscal policy 财政政策
涉及政府预算的决定，其中包括对政府收入与支出总额和构成的确定。

Fisher effect 费雪效应
当通货膨胀比较高时，名义利率也倾向于比较高；当通货膨胀比较低时，名义利率也倾向于比较低。

fixed exchange rate 固定汇率
由官方政府政策明确规定数值的汇率。

flexible exchange rate 浮动汇率
数值不由官方规定而随外汇市场上货币供求状况变化的汇率。

flow 流量
定义为单位时间上的衡量指标。

foreign exchange market 外汇市场
不同国家货币互相交易的市场。

fractional-reserve banking system 部分准备金银行系统
准备金比存款少，即存款准备金比率小于 1 的银行系统。

frictional unemployment 摩擦性失业
与不同工作和工人的匹配过程联系在一起的短期失业。

full employment output 充分就业产出
见"潜在产出"(potential output，Y^*)。

G

government budget deficit 政府预算赤字
政府支出超过税收收入的部分($G-T$)

government budget surplus 政府预算盈余
政府税收收入超过政府支出的部分($T-G$)，政府预算盈余等于公共储蓄。

government purchases 政府采购
联邦、各州以及地方政府对最终产品与服务的购买行为；政府采购既不包括转移支付(不要求当期产品或服务回报的政府支付)，也不包括政府债券的利息支付。

gross domestic product(GDP) 国内生产总值
一个国家在一定时期里所生产的所有最终产品与服务的市场价值。

H

hyperinflation 恶性通货膨胀
通货膨胀率非常高的情形。

I

income-expenditure multiplier (or multiplier) 收入支出乘数(或乘数)
自主总需求增加一单位对短期均衡产出的影响。

independent variable 自变量
在一个等式中，决定其他变量数值的变量。

indexing 指数化
每期增加某一名义量的值，使其增加幅度等于某相关价格指数上升的百分比程度。指数化过程可以防止通货膨胀削弱名义量的购买能力。

induced expenditure 内生支出
取决于产出 Y 的那部分计划总支出。

inefficient point 无效点
对于任意的产品组合，如果凭借现有资源可以使其中一种产品的产量增加而其他产品的产量不变，那么该组合被称为无效点。

inferior good 劣等品
当购买者的收入增加时，需求曲线将会向左移动的产品。

inflation dove 通胀鸽派
那些并不致力于实现和保持低通货膨胀水平的人。

inflation howk 通胀鹰派
那些即使需要付出降低产出和就业率的代价也要实现和保持低通货膨胀水平的人。

inflation-protected bonds 防通货膨胀债券
支付相当于固定的实际利率加上当年实际通货膨胀率的名义利率的债券。

inflation shock 通货膨胀冲击
与一国产出缺口无关的通货膨胀率的突然变化。

inside lag (of macroeconomic policy) (宏观经济政

策的)内在时滞
政策变化从被需要那天到真正实施那天之间的时间差。

intermediate goods or services 中间产品或服务
在生产最终产品与服务过程中所消耗的那些产品或服务,因此它们不应纳入 GDP 的计算范围。

international capital flows 国际资本流动
国际范围内实物资产与金融资产的购买或出售。

investment 投资
企业在最终产品与服务上(主要是资本品和房产)的支出。

L

labor force 劳动力
经济中在业人员与失业人员的总数。

law of one price 不二价法则
如果运输成本相对较小,那么一种国际性的贸易品的价格必然在所有地方都相等。

liabilities 负债
某人亏欠的债务。

life-cycle saving 生命周期储蓄
为了满足长期目标(如退休、大学教育费用或者住房购买)而进行的储蓄。

long-run equilibrium 长期均衡
总需求曲线与总供给曲线在潜在产出 Y^* 处相交的状态。

M

M1
发行在外的通货和支票账户金额之和。

M2
M1 中的所有资产加上其他一些额外的支付工具,这些支付工具有的比通货、支票的成本高,有的使用起来可能没有通货、支票方便。

macroeconomics 宏观经济学
一门研究国民经济的表现以及政府用来改善经济表现的各种政策的学科。

marginal benefit 边际收益
一项活动的边际收益就等于额外进行一单位活动所能带来的总收益的增加。

marginal propensity to consume(mpc) 边际消费倾向
当可支配收入上升 1 美元时,消费上升的数量。我们假设 0<mpc<1。

marginal tax rate 边际税率
当税前收入上升 1 美元时,税收增加的数量。

market 市场
任何产品的市场包括所有的买者和卖者。

market equilibrium 市场均衡
在某一市场价格下,所有买者都对其购买的数量,所有卖者都对其出售的数量表示满意的状态。

market equilibrium value of the exchange rate 汇率的市场均衡值
外汇市场上外汇供求数量相等时的汇率。

market interest rate 市场利率
见“名义利率”(nominal interest rate)。

maturation date 到期日
偿还债券本金的日期。

medium of exchange 交易媒介
可以用于购买商品与服务的资产。

menu costs 菜单成本
改变价格的成本。

microeconomics 微观经济学
一门研究稀缺资源下的个体选择及其对个体市场上价格与数量的影响的学科。

monetary policy 货币政策
决定国家货币供给的政策。

monetary policy rule 货币政策反应机制
描述类似美联储这样的中央银行针对经济状况的变化如何采取行动的机制。

money 货币
任何可以用于购买的资产。

money demand curve 货币需求曲线
一条表示货币总需求量 M 与名义利率 i 之间关系的曲线。因为名义利率上升会使持有货币的机会成本增加,所以人们对货币的需求量将会减少,因此货币需求曲线是向下倾斜的。

multiplier 乘数
见“收入支出乘数”(income-expenditure multiplier)。

mutual fund 共同基金
将自身股份出售给公众,然后用所得资金购买一系列金融资产的金融中介。

N

national saving 国民储蓄

整个经济的储蓄，等于 GDP 减去对产品与服务的消费支出和政府采购，即 $Y-C-G$。

natural rate of unemployment（u^*）自然失业率

总失业率中由摩擦性失业和结构性失业所造成的那部分比率。另一种等价的说法是，不存在周期性失业现象时的失业率，此时经济在产出上既没有衰退型缺口也没有扩张型缺口。

net capital inflows 净资本流入

资本流入减去资本流出。

net exports 净出口

出口减去进口。见"贸易差额"(trade balance)。

nominal exchange rate 名义汇率

两种货币互相兑换的比率。

nominal GDP 名义 GDP

用当年价格来衡量的 GDP 数量。名义 GDP 衡量的是产出现期的美元价值。

nominal interest rate (or market interest rate) 名义利率(或市场利率)

某种金融资产名义价值的年增长百分比。也被称为市场利率。

nominal quantity 名义量

用当期货币价值来衡量的量。

normal good 正常品

当购买者的收入增加时，需求曲线将会右移的产品。

normative economic principle 规范经济原则

说明人们应当如何行事的原则。

O

Okun's law 奥肯法则

产出缺口(与产出能力相比)每增加 2%，周期性失业率将会上升 1%。

100% percent reserve banking 100%准备金银行

银行准备金与所有存款数相等的情形。

open-market operations 公开市场运作

包括公开市场购买和公开市场出售。

open-market purchase 公开市场购买

为了增加银行准备金和货币供给，美联储向公众购买政府债券。

open-market sale 公开市场出售

为了减少银行准备金和货币供给，美联储向公众出售政府债券。

opportunity cost 机会成本

一项活动的机会成本等于为了进行这项活动而放弃的另一个次优选择的价值。

output gap 产出缺口

经济的产出能力与某一个时间点上实际产出之间的差额，$(Y-Y^*)/Y^*$。

outside lag (of macroeconomic policy)(宏观经济政策的)外在时滞

政策实施那天到政策对经济的影响大部分实现那天之间的时间差。

outsourcing 外包

该术语逐渐意味着用工资低廉的国外工人代替本国工人提供服务。

P

parameter 参数

见"常量"(constant)。

Pareto efficient 帕累托效率

见"效率"(efficient)。

participation rate 参与率

劳动力占工作年龄层人口的比率(即工作年龄层人口中已就业和在寻找工作人群的比率)。

peak 波峰

衰退的开始；低迷时期之前经济活动的最高点。

planned aggregate expenditure(PAE) 计划总支出

产品与服务的总计划花费。

portfolio allocation decision 组合分配决策

关于持有财富的具体形式方面的决策。

positive economic principle 实证经济原则

预测人们将如何行事的原则。

potential output, Y^* (or potential GDP or full-employment output) 产出能力(或潜在 GDP 或充分就业产出)

一个经济在正常水平下能够用其资源(如资本和劳动力)生产出的产出量(实际 GDP)。

precautionary saving 预防性储蓄

为了防止突然性事件，如失业或紧急医疗，而进行的储蓄。

price ceiling 价格上限

法律规定的最高价格。

price index 价格指数

度量相对于一类产品或服务的基年价格，这些相同产品或服务在当期的平均价格。

price level 价格水平

用一种价格指数(如 CPI)来衡量的特定时间点的总体价格水平。

primary credit rate 一级信贷利率

见"贴现率"(discount rate)。

principal amount 本金

初始的借款额。

private saving 私人储蓄

经济中私人部门的储蓄等于私人部门的税后收入减去消费者支出($Y-T-C$);私人储蓄可以被进一步分解为家庭储蓄和企业储蓄。

production possibilities curve 生产可能性边界

描述一种产品在另一产品各种可能的生产水平下所能达到的最大产量的图形。

public saving 公共储蓄

政府部门的储蓄等于净税收收入减去政府采购($T-G$)。

purchasing power parity (PPP) 购买力平价

国际贸易中的一个理论,它研究不二价法则成立的前提下名义汇率的确定。

Q

quantity equation 数量等式

货币供给量乘以货币周转率等于名义 GDP:$M \cdot V=P \cdot Y$。

R

rate of inflation 通货膨胀率

每年价格水平变化的百分比,例如,可以用 CPI 来衡量。

rational person 理性人

拥有明确目标并愿意为了实现这些目标而努力尝试的人。

real exchange rate 实际汇率

国内产品或服务相对于国外产品或服务的价格(价格都用一种通用的货币表示)。

real GDP 实际 GDP

利用基年而不是当年的价格水平对产量进行计价的 GDP;实际 GDP 衡量生产的实际产出量。

real interest rate 实际利率

某种金融资产购买能力的年增长百分比。任何一种资产的实际利率等于其名义利率减去通货膨胀率。

real quantity 实际量

从实物角度(例如产品与服务的数量)来衡量的变量。

real wage 实际工资

支付给工人的以实际购买能力度量的工资。任一给定时期的实际工资可以通过用名义(美元价值)工资除以当期 CPI 来计算得到。

recession(or contraction) 衰退(或紧缩)

经济增长率显著低于正常水平的时期。

recessionary gap 衰退型缺口

当产出能力超过实际产出时所出现的负的产出缺口($Y<Y^*$)。

relative price 相对价格

相对于其他产品与服务的价格而言,某种产品或服务的价格。

reserve requirements 准备金要求

由美联储设定的、要求商业银行保持的最低存款准备金率。

reserve-deposit ratio 存款准备金率

银行准备金占银行存款的比例。

rise 纵向距离

见"斜率"(slope)。

risk premium 风险补偿

金融投资者持有风险资产所需的回报率与安全资产的回报率之差。

run 横向距离

见"斜率"(slope)。

S

saving 储蓄

当期收入减去花在当期需要上的支出。

saving rate 储蓄率

储蓄占收入的比例。

self-correcting property 自调整特性

产出缺口不会一直持续,而是会被通货膨胀的上涨或下降所消除。

seller's reservation price 卖方愿接受价格

卖方愿意出售额外一单位产品最少所需的货币数量。一般来说它在数值上等于边际成本。

seller's surplus 卖方剩余

卖者得到的实际支付价格与其愿接受价格之间的差额。

short-run equilibrium 短期均衡

总需求曲线与总供给曲线在高于或低于潜在产出的实际 GDP 处相交的情形。

short-run equilibrium output 短期均衡产出

产出 Y 与计划总支出 PAE 相等时的产出水平。这一时期的产出水平所对应的价格是预先确定的。

shortage 短缺

见“超额需求”(excess demand)。

skill-biased technological change 技能偏爱型技术变革

对高技能型工人和低技能型工人的边际产出影响程度不同的技术变革。

slope 斜率

在一条直线上,任意两点的纵向距离和横向距离之间的比率。

socially optimal quantity 社会最优量

产品的生产和消费达到最大经济剩余时的产量。

stabilization policies 稳定性政策

为了消除产出缺口而采取的用于影响计划总支出的政府政策。

stock 存量

定义在某个时间点上的衡量指标。

stock(or equity) 股票(或者权益)

代表企业部分所有权的凭证。

store of value 价值储藏

可以作为财富持有方式的一种资产。

structural unemployment 结构性失业

即使经济以正常的速度运转仍然会存在的长期的习惯性失业。

substitutes 替代品

如果一种产品的价格上升将会导致另一种产品的需求曲线右移向右移动(或价格下降将会导致另一种产品的需求曲线向左移动),那么这两种产品就被称为消费中的替代品。

substitution effect 替代效应

由于产品价格变化引起消费者转向其替代品最终所导致的产品需求量的变化。

sunk cost 沉没成本

当人们做出决定时已经无法恢复的成本。

supply curve 供给曲线

一条表示每个价格下卖者愿意出售的某种产品总量的曲线。

supply-side policy 供给方面的政策

影响潜在产出的政策。

surplus 过剩

见“超额供给”(excess supply)。

T

total surplus 总剩余

买方愿意接受的价格与卖方愿意销售的价格之间的差额。

trade balance (or net exports) 贸易差额(或净出口)

一个特定时期内(一个季度或一年)一国的出口总额减去进口总额。

trade deficit 贸易赤字

在给定时期内,当进口超过出口时,一国进口总额与出口总额之间的差额。

trade surplus 贸易盈余

在给定时期内,当出口超过进口时,一国出口总额与进口总额之间的差额。

transfer payments 转移支付

政府无偿提供给公众的、不要求现期产品或服务回报的支付。

trough 波谷

衰退的结束;经济复苏以前的最低点。

U

unattainable point 不可达到点

用现有资源在生产上不可能实现的产品组合。

unemployment rate 失业率

失业人数占劳动力总数的比例。

unemployment spell 失业期

个人处于持续失业状态的那段时期。

unit of account 计价单位

经济价值的基本衡量尺度。

V

value added 增加值

对于任何企业而言,其增加值等于产品或服务的市场价值减去从其他企业购买的投入品的成本。

variable 变量

可以自由选取不同值的量。

velocity 周转率

衡量货币流通速度的一个尺度，等于一定时期内完成的交易额除以进行这些交易所需的货币量。数学表达式为 $V=\frac{P \cdot Y}{M}$，其中 V 代表周转率，$P \cdot Y$ 代表名义 GDP，M 代表货币存量。

vertical intercept 纵向截距

在一条直线上，当自变量等于 0 时，因变量所取的值。

W

wealth 财富

资产减去负债后的价值。

wealth effect 财富效应

资产价格的变化将会影响家庭财富，从而影响其在消费品上的支出。

worker mobility 工人流动性

工人在不同工作岗位、不同企业和不同行业之间的流动。

译 后 记

本书的两位作者特别值得一提。一位是《牛奶可乐经济学》系列畅销书的作者，被誉为通俗经济学第一人的美国康奈尔大学教授罗伯特·H. 弗兰克。弗兰克教授曾与他人共同著述《赢家通吃的社会》，对消费行为理论有很大影响。另一位是美国联邦储备委员会(Fed)主席本·S. 伯南克。虽然囿于相关规定，伯南克无法参与本版的修订工作，而由他人代为完成，但是本书宏观部分的框架和指导思想均是建立在伯南克奠定的第一版的基础上的。

参与本书翻译工作的还有庄孟升、陈晓霜、任随光、许思睿、黄柯彦、谢翔、吴晓丹、梁震宇、周雅楠、郝利凡、杨海亮、于平、寇世奇、王晓宇、吴垠康、侯拥华、苗向东、潘姝苗、盛文群、吴克华、郑璐璠、方震宁、曹春华、吴芳、张影、高海波、李伟光、陈峰、杨君、陈松、刘庆云、郭静、申宝霞。

由于译者水平有限，加上时间比较仓促，文中错误和不当之处在所难免，恳请读者批评指正。

译 者

2012 年 12 月

教师反馈表

McGraw-Hill Education，麦格劳-希尔教育出版公司，美国著名教育图书出版与教育服务机构，以出版经典、高质量的理工科、经济管理、计算机、生命科学以及人文社科类高校教材享誉全球，更以丰富的网络化、数字化教学辅助资源深受高校教师的欢迎。

为了更好地服务于中国教育界，提升教学质量，2003 年**麦格劳-希尔教师服务中心**在京成立。在您确认将本书作为指定教材后，请您填好以下表格并经系主任签字盖章后寄回，**麦格劳-希尔教师服务中心**将免费向您提供相应教学课件或网络化课程管理资源。如果您需要订购或参阅本书的英文原版，我们也会竭诚为您服务。

<table>
<tr><td>书名：</td><td colspan="4"></td></tr>
<tr><td>所需要的教学资料：</td><td colspan="4"></td></tr>
<tr><td>您的姓名：</td><td colspan="4"></td></tr>
<tr><td>系：</td><td colspan="4"></td></tr>
<tr><td>院/校：</td><td colspan="4"></td></tr>
<tr><td>您所讲授的课程名称：</td><td colspan="4"></td></tr>
<tr><td>每学期学生人数：</td><td colspan="2">______人______年级</td><td>学时：</td><td></td></tr>
<tr><td>您目前采用的教材：</td><td colspan="4">作者：____________出版社：________________
书名：____</td></tr>
<tr><td>您准备何时用此书授课：</td><td colspan="4"></td></tr>
<tr><td>您的联系地址：</td><td colspan="4"></td></tr>
<tr><td>邮政编码：</td><td></td><td>联系电话</td><td colspan="2"></td></tr>
<tr><td>E-mail：（必填）</td><td colspan="4"></td></tr>
<tr><td colspan="3">您对本书的建议：</td><td colspan="2">系主任签字

盖章</td></tr>
</table>

清华大学出版社经管事业部

北京海淀区学研大厦 B509

邮编：100084

电话：010-62770175-4506/4903

传真：010-62775511

电子邮件：xuyy@tup.tsinghua.edu.cn

McGraw Hill Education

麦格劳-希尔教育出版公司教师服务中心

北京-清华科技园 创业大厦 907 室

北京 100084

电话：010-62790299

传真：010-62790292

教师服务热线：800-810-1936

教师服务信箱：Instructor_cn@mcgraw-hill.com

网址：http://www.mcgraw-hill.com.cn